AF278164

La Ilustración

Anthony Pagden

La Ilustración
Y por qué sigue siendo importante para nosotros

Traducción de Pepa Linares

Alianza editorial
El libro de bolsillo

Título original: *The Enlightenment: And Why it still Matters*

Primera edición: 2015
Segunda edición: marzo de 2026

Diseño de colección: Estrada Design
Diseño de cubierta: Manuel Estrada
Imagen de cubierta: Extracto de la portada de la *Encyclopédie* (1772). Dibujado por
Charles-Nicolas Cochin y grabado por Bonaventure-Louis Prévost.

PAPEL DE FIBRA
CERTIFICADA

ISBN: 979-13-7009-183-5
Depósito legal: M-134-2026
Printed in Spain

Índice

Para Giulia
Tu mihi sola places

Prólogo a la edición española

1

Escribí este libro para responder a dos preguntas estrechamente relacionadas: qué es –o qué fue– «la Ilustración» y
por qué sigue siendo importante para nosotros. Sea cual sea la
respuesta a estas preguntas –si es que la hay–, es evidente que
lo que en español se conoció como *Ilustración*, en alemán
como *Aufklärung*, en francés como *Lumières*, en italiano como
Illuminismo, en inglés como *Enlightenment* y en danés
como *Oplysningstiden* ha sido, y sigue siendo, objeto de un
debate persistente y a menudo encarnizadamente polémico,
que va mucho más allá de lo que el filósofo escocés David
Hume llamaba las «celdas y escritorios» de la vida académica.
Pues la Ilustración, fuera lo que fuese además de eso, fue
siempre un movimiento proteico, compuesto por filósofos,
ensayistas, poetas, dramaturgos, científicos de la naturaleza e
incluso músicos. Para muchos ha representado el momento

en que Europa y los pueblos de las colonias de ultramar, en las Américas del Norte y del Sur, se liberaron de lo que se conocía como «prejuicios» que se les habían impuesto durante siglos, sobre todo por la teología y la doctrina de la Iglesia, por las convenciones sociales y las costumbres no sometidas a examen, a cuyo amparo la mayoría había regido hasta entonces sus vidas. Marie-Jean-Antoine Nicolas de Caritat, marqués de Condorcet, una de las figuras más ilustradas de su tiempo –matemático e historiador, adalid de la igualdad de derechos entre hombres y mujeres y entre todos los pueblos de todas las razas, y abolicionista que concibió el primer sistema estatal de educación del mundo–, dijo que este fue el momento en que la humanidad había logrado por fin

> demostrar tener una verdad independiente de los dogmas religiosos, de los fundamentos, y de las sectas; es decir, que es en la constitución moral del hombre donde hay que buscar el fundamento de sus deberes, el origen de sus ideas de justicia y de virtud[1].

Por esta razón fue condenada, como era de prever, por los reaccionarios del periodo posrevolucionario en Francia, Gran Bretaña y España como un intento de derribar el viejo orden establecido y garante de la seguridad. Y a pesar de que ninguno de los escritores que hoy asociamos con la Ilustración –ni siquiera los políticamente más radicales– abogó abiertamente por la revolución, se generalizó la interpretación de que habían sido los precursores intelectuales de la Revolución Francesa. En opinión de Joseph de Maistre, el más extremo de los reaccionarios posrevolucionarios, lo que él llamaba la «época de la filosofía», la «Edad de la Razón y de las Luces», no había sido nada menos que una «guerra a muerte» entre el cristianismo y lo que él denominaba desdeñosamente «filosofismo», del cual este último había salido vencedor, aunque por poco tiempo, esperaba. Los objetivos de todos aquellos que se consideraban «ilustrados», afirmaba, consistían en convertir en materia de estudio «al hombre y su entorno», de forma que «todo aquello que puede decirse de su alma, de sus orígenes y de su destino se convirtió en un asunto secundario que no procedía de la Revelación, sino de las observaciones que ellos proporcionaron». De Maistre pudo haber sido un extremista, un monárquico y un papista. Pero sus opiniones sobre los objetivos de lo que él llamaba la detestable «secta filosófica» de la Ilustración fueron compartidas por muchos, todavía hoy.

Sin embargo, no fue solo de revolución y desorden de lo que se culpó a la Ilustración. Su supuesto énfasis en la tiranía de la «razón» –que aún hoy la mayoría considera su rasgo definitorio– fue condenado por los escritores del Romanticismo como lo que el filósofo alemán Johann Georg Hamann llamaba «una mera aurora boreal», pálida e insustancial. Según el entendimiento de los románticos, los filósofos de la Ilustración habían expulsado la pasión y la compasión, y las habían sustituido por una confianza inquebrantable en la razón. Quizá hubieran liberado a la humanidad de las cadenas de la religión revelada y de la dependencia de los teólogos respecto de la autoridad de los grandes pensadores del pasado –en particular Aristóteles y santo Tomás de Aquino–, que había asfixiado todo verdadero saber científico durante siglos, pero en el proceso, se afirmaba, habían convertido al hombre en una máquina. El «cosmopolitismo» al que de un modo u otro estaban comprometidos todos los escritores de la Ilustración se interpretó como poco más que el deseo de desprenderse de todos los lazos de esas emociones compartidas que tradicionalmente habían unido al género humano en familias, y a las familias en naciones, y disolver en el proceso gran parte de su humanidad ordinaria. «Tales filósofos –se mofaba Jean-Jacques Rousseau de los cosmopolitas– aman a los tártaros para no tener que amar a sus vecinos». De ahí se sigue el argumento, defendido hoy tanto por los «comunitaristas» norteamericanos (generalmente de izquierdas) como por los conservadores nacionalistas (generalmente de derechas), de que la concepción misma de Ilustración y cosmopolitismo ha vaciado al mundo moderno de todo propósito y dirección moral. Así, a la Ilustración se la ha considerado responsable de la mayoría de los males de la modernidad, desde el Terror revolucionario francés hasta el «desencantamiento» del mundo de Max Weber, pasando por las cámaras de gas de Auschwitz. Para los pensadores posmodernos y poscoloniales del siglo XX fue la fuente de un fervor injustificado por la ciencia, lo que Jean-François Lyotard describió célebremente como el «gran relato» que convirtió a la historia toda en la historia del triunfo de la racionalidad –y por tanto en la historia de Europa–, barriendo inevitablemente, en el proceso, las culturas, afiliaciones y vínculos locales y todo lo no europeo. La Ilustración se encuentra en el origen de todas las formas de universalismo europeo y es, por tanto, responsable de todos los males –y de ninguno de los posibles beneficios– del imperialismo europeo.

Luego están los desacuerdos sobre si esta Ilustración fue en realidad lo que casi todos sus críticos y la mayoría de sus defensores tienden a suponer: un movimiento uniforme y coherente, incluso, como algunos han sostenido, un «proyecto» o, más polémico aún, una «ideología». Hay quien ha argumentado que no hubo una sola «Ilustración», sino muchas «Ilustraciones», que en lugar de ser un movimiento universal fue, de hecho, la conjunción de varios movimientos nacionales: que hubo una Ilustración francesa, una alemana, una española y una holandesa, y así sucesivamente. Fueron meros accidentes del tiempo y del espacio (como si el tiempo y el espacio fueran alguna vez meramente accidentales) los que reunieron a Campomanes en España, Beccaria en Italia y Diderot en París, Hume en Escocia y Kant en Alemania. Se ha afirmado que no fue predominantemente un movimiento intelectual, sino social, supeditado a la existencia de cafés, tertulias o logias masónicas. Se ha argumentado que no hubo una «Ilustración» sino dos: una conservadora o moderada y otra radical. En esta versión, todo lo verdaderamente democrático y republicano del mundo occidental moderno −el laicismo, la igualdad entre los sexos, la igualdad de oportunidades para todos, la tolerancia, los derechos humanos− es fruto de la «Ilustración radical». Y todo rasgo de cautela, vacilación, incompletud y «libertarismo» constituye la mísera herencia de la «Ilustración moderada»[2]. También están aquellos que niegan que existiera en absoluto, argumentando que fue esencialmente una fantasía del siglo XIX que sirvió únicamente como medio para explicar la transformación de Europa a raíz de las revoluciones americana y francesa[3].

En este libro he intentado ofrecer y defender una imagen algo diferente de la Ilustración. He procurado demostrar que el argumento, ampliamente aceptado todavía hoy, de que lo que ha llegado a llamarse el «proyecto ilustrado» fue principal y exclusivamente un intento de someter toda la naturaleza, actividad y creencias humanas a la «razón» ha llevado a una falsa comprensión de lo que es verdaderamente significativo de la Ilustración y de por qué sigue siendo aún hoy objeto de vivo interés y a menudo de encarnizado debate. Es cierto que ser «ilustrado» daba el derecho, y la obligación, a cada individuo a ejercer sin trabas la razón individual, a someter a la crítica el mundo moral humano por entero. «Nuestra época –decía Immanuel Kant en un pasaje célebre de la primera de sus tres grandes "Críticas", la *Crítica de la razón pura*– es una auténtica época crítica, y a la crítica ha de someterse todo. La religión por sagrada y la legislación por su carácter majestuoso se han creído exentas, y con ello se han ganado la desconfianza de los demás. Por tanto, no pueden pretender el genuino respeto que la Razón garantiza solo a las cosas capaces de soportar un examen público y libre»[4].

Pero si la Ilustración se hubiera quedado en eso no habría sido más que una prolongación en el tiempo del empirismo de la denominada «Revolución Científica» del siglo XVII. En esta obra he sostenido que el proyecto filosófico ilustrado, al contrario que la ciencia del siglo XVII, convencida de que todo conocimiento derivaba de la interacción de los sentidos con el mundo exterior, atribuyó el conocimiento al «sentimiento», como se llamó en la época, especialmente al más importante de todos: la «simpatía» (o «empatía», como diríamos hoy). Partiendo de esta base, se llegó a la conclusión de que todos los seres humanos comparten la misma naturaleza y de que su capacidad para reconocerse unos a otros como tales permitía fundar una nueva ciencia –una «ciencia humana»– capaz de sustituir a la teología y de ser el contrapunto, igualmente riguroso, igualmente laico, de las ciencias naturales. Fue la concepción de una «humanidad» culturalmente diversa pero racialmente homogénea lo que hizo posible la evolución del ideal «cosmopolita» moderno. He querido demostrar que de todos los aspectos distintivos de la Ilustración que continúan entre nosotros –laicismo, derechos humanos, liberalismo e incluso economía de mercado– este es más consistente. A falta de ese aspecto, el mundo globalizado que hoy habitamos no habría existido jamás.

Sería este un motivo para no tropezar en la misma piedra que los historiadores modernos que oponen una imaginaria «Ilustración» radical a otra supuestamente «moderada»[5]. Y no solo porque así no puede explicarse la compleja red de comunicaciones que cruzó Europa de cabo a rabo durante el siglo XVIII, ni entenderse la admiración que Diderot sentía por Montesquieu, sino también porque esa forma de verlo fragmenta un cuerpo de ideas que, si bien ecléctico, se mostró absolutamente coherente en lo relacionado con sus objetivos finales. Y es también un motivo para evitar esa otra tendencia de la historiografía moderna que pretende analizar la Ilustración siguiendo líneas nacionales. Adjudicarse «*la* Ilustración» significa adjudicarse el liderazgo intelectual (y tal vez moral) del mundo moderno. Pero la Ilustración fue un fenómeno europeo o, si se quiere, puesto que también tuvo lugar en las Américas, un fenómeno occidental. Aunque no cabe duda de que existieron estilos literarios, modos de pensar, grados de fe, cosas importantes que en cierto modo distinguieron a los británicos de los franceses o a los franceses de los españoles, tampoco esto da cuenta de un proyecto intelectual que fue transnacional y transcultural por naturaleza.

2

El hecho de que la «Ilustración» abarcara la totalidad de Europa está fuera de duda. Sin embargo, la historiografía más tradicional tiende a situarla en unas partes de Europa y a excluirla de otras. En efecto, la Europa del sur, la Europa católica, España, junto con Portugal e Italia –esta última con las salvedades de Ferdinando Galiani, Cesare Beccaria, Gaetano Filangieri y algunos otros– se tratan como excepciones. Razones históricas no faltan, desde luego. La «Ilustración» como proyecto filosófico consciente fue una creación fundamentalmente francesa con raíces inglesas, circunstancia por la que se excluye también otra gran parte de Europa: Holanda, Irlanda, Escandinavia, Polonia y Rusia. Y aunque sus raíces fueran inglesas, lo cierto es que la «Ilustración inglesa» empalidece cuando se la compara con la escocesa. No obstante, existen motivos muy concretos para la persistente y lamentable exclusión de España. El primero de ellos tiene que ver con el lugar predominante (al que he aludido en esta obra) que ocupó la escolástica española en la historia intelectual de la Europa moderna. He sostenido que el principal objetivo de la crítica de la nueva epistemología del siglo XVII –la epistemología de Hobbes, Locke y Spinoza, e incluso la de Descartes–, con la que la Ilustración contrajo una enorme deuda intelectual, era para Jean D'Alembert –redactor junto con Diderot de la *Encyclopédie*, la empresa más característica de la Ilustración– «eso que se llamó ciencia durante los siglos de la ignorancia». Los autores más influyentes de aquella ciencia, conocidos comúnmente con el nombre de «escolásticos», desde Francisco de Vitoria, Domingo de Soto y Luis de Molina en el siglo XVI hasta Francisco Suárez en el XVII, fueron españoles. He sostenido también que los escritores de la Ilustración estaban decididos a poner la mayor distancia entre ellos y los racionalistas del siglo XVII, pues, como D'Alembert dijo de Descartes y habría podido decir de todos, aunque «ha demostrado tener un ingenio agudo capaz de sacudirse el yugo de la escolástica, la opinión y la autoridad, en una palabra, los prejuicios y la barbarie», procedió a sustituirlas por sus propias certezas falsas[6]. Pero al mismo tiempo los ilustrados no tenían la menor intención de recuperar ningún elemento de la escolástica, en especial los relacionados con los orígenes de la sociabilidad que Hobbes, Locke, Descartes y Spinoza habían desechado con tanta eficacia. Puesto que los españoles se hallaban entre los «escolásticos» más conocidos, no nos sorprende que se les considerara los mayores portadores del «yugo de la escolástica». Una afirmación no del todo falsa. Por lo general, los profesores de universidad han sido siempre y siguen siendo fundamentalmente reaccionarios. Los cambios en los sistemas de conocimiento raras veces proceden del mundo académico. Y puesto que la escolástica española fue durante más de un siglo la corriente intelectual más potente de Europa, no sorprende que aun cuando la «Revolución Científica» hubiera arrasado con sus premisas más queridas, las siguientes generaciones de profesores se resistieran a abandonarlas. Como observaba cáusticamente el autor de la entrada correspondiente a la «filosofía escolástica» en la *Encyclopédie*, el estudio de la filosofía en España y Portugal se encontraba «en la misma situación en que estuvo entre nosotros desde el siglo XII hasta el siglo XVI. Los profesores se niegan a enseñar nada nuevo y adoptan todas las precauciones posibles contra la ilustración»[7]. Y no se trata del típico desprecio de los franceses por la vida intelectual de su vecino del sur. En 1730, Martín Martínez, un sujeto algo repelente, decía en un tono de desesperación semejante sobre sus colegas que la universidad y sus profesores se comportan como si el prestigio de las escuelas consistiera en la obstinación y los malos métodos de enseñanza[8]. Pero este oscurantismo no se limitaba a las facultades del mundo ibérico. La mayor parte de las universidades europeas, al menos en los primeros años del siglo XVIII, se hallaban en una situación muy parecida. Por ejemplo, Edward Gibbon, el gran historiador inglés, hablaba cáusticamente de su breve experiencia en Oxford, donde «pasé los catorce meses más inútiles y desperdiciados de mi vida», porque «los colegios de Oxford y Cambridge, que se fundaron en los siglos oscuros de la ciencia bárbara y falsa, continúan contaminados por los vicios de su origen. Su gobierno... se encuentra aún en manos de los clérigos, hombres cuyas formas están muy lejos del mundo actual y cuyos ojos están cegados por la luz de la filosofía»[9]. Pero, de nuevo, una mirada a lo que se enseñaba en Oxford durante los años cincuenta del siglo XVIII subrayaba que la principal fuente de la «ciencia falsa y bárbara» eran los escolásticos españoles. Otro tanto podría haberse dicho de Heidelberg o de París. Incluso en «este primer Siglo de las Luces –se lamentaba D'Alembert refiriéndose a las universidades francesas– [la sombra de la escolástica] aún obstaculiza el progreso de la filosofía». Por tal razón, entre otras, pocos de los grandes autores de la Ilustración ocuparon cargos universitarios.

Cabe también la posibilidad de que la Iglesia española, por haber estado tan identificada con el Estado durante el reinado de Isabel y Fernando, conservara su peso intelectual sobre la opinión pública con mayor eficacia que la iglesia de Francia, pero, como he tratado de demostrar, aunque el derrocamiento de la teología fue una de las metas fundamentales de la Ilustración, lo cual hacía imprescindible atacar a la mítica defensa de la historia cristiana, cosa que las generaciones anteriores habían evitado, no era en absoluto necesario ser ateo para ser ilustrado. Si los españoles observaron sus creencias religiosas con mayor tesón que, digamos, los franceses, lo mismo podría decirse de los ingleses. El hecho de ser español y, a mayor abundamiento, benedictino, no impidió que Benito Jerónimo Feijoo, por ejemplo, sostuviera sobre la condición de las mujeres, según lo expresa en su *Teatro crítico universal* –una obra admirablemente «ilustrada» en casi todos los aspectos–, opiniones bastante más «ilustradas» que las expresadas por Diderot en *Sur les femmes*.

Sobre España se cierne además la herencia de la llamada *leyenda negra* del siglo XVI. Según las historias ampliamente propagadas por los enemigos protestantes de España –en especial por los holandeses– sobre la Inquisición y los horrores de la conquista de América, los españoles eran un pueblo cruel, rapaz y, sobre todo, dominado por los curas, del cual no podía esperarse nada nuevo ni excepcional. A principios del siglo XVIII hacía tiempo que se habían olvidado los orígenes de esta sanguinaria imagen inventada durante el prolongado conflicto entre católicos y protestantes, pero sobrevivió la sensación, compartida también por muchos españoles, de que la Iglesia y la herencia de los conquistadores habían aislado a España del mundo moderno. Como afirmaba Pedro Rodríguez Campomanes –helenista, jurista, historiador y ministro de Hacienda de 1762 a 1783–, si España quería recuperar su sitio a la cabeza de Europa necesitaba algo más que una simple reforma. La monarquía española debía despojarse de la carga de su pasado; no tenía más remedio que «cambiar su ser», como decía con frecuencia el propio Campomanes[10]. En el caso de los franceses, que hicieron mucho por propagar la leyenda, el que la España del siglo XVIII estuviera gobernada por los Borbones, que según los términos del «pacto de familia» de 1761 se habían jurado apoyo mutuo y perpetuo, facilitaba la interpretación de la crítica a España como una crítica velada, o cuando menos una advertencia, a la Francia del antiguo régimen.

Pero existe aún otro motivo que explica el indebido olvido del papel de España –o mejor, de los españoles– en la historia de la Ilustración filosófica, y no es otro que el hecho de que la mayoría de los grandes pensadores españoles de la época fueran economistas políticos, dado que la economía política y la economía en general no despertaron el interés histórico que hubieran debido despertar, lo cual se debe en parte a que, con pocas excepciones, se escribió de una forma que no le permitía trascender el momento histórico inmediato para el que fue concebida, y en parte porque muchos de sus hallazgos se vieron eclipsados por el desarrollo de una aproximación al tema mucho más matemática durante los siglos XIX y XX. Sin embargo, no cabe duda de que en el siglo XVIII los españoles, junto con los napolitanos y los escoceses, formaron la vanguardia de esa disciplina. Por ejemplo, Dugald Steward, el biógrafo de Adam Smith, en su evaluación del progreso de la economía política, que definía como la ciencia que se había «propuesto la mejora de la sociedad, no mediante planes para nuevas constituciones, sino iluminando la política de los actuales legisladores», enumeraba por sus «más celebradas obras» a los siguientes autores: Pedro Rodríguez Campomanes, François Quesnay, Anne-Robert Turgot, Cesare Beccaria y el propio Smith; es decir, un español, dos franceses, un italiano y un escocés, posiblemente la muestra representativa más amplia de la sociedad ilustrada europea que cabía imaginar, al menos para Stewart[11]. En 1754, bajo la atenta mirada de Carlos VII de Nápoles, el administrador Bartolomeo Intieri creó la primera cátedra de ciencia política –llamada «commercio e meccanica»– de toda Europa. En 1759 Carlos se convertiría en Carlos III de España, cuya función iba a consistir en introducir en España lo que el país necesitaba: «ciencias útiles, principios económicos, espíritu general de ilustración», según las palabras que Gaspar de Jovellanos –otro miembro de la élite ilustrada española– pronunció en 1788 ante los miembros de la Real Sociedad Económica Matritense[12]. Nadie puede dudar del enorme éxito de Carlos.

Pero incluso si todo esto es históricamente cierto, ¿por qué debería importarnos todavía hoy? La respuesta es bastante simple: de todos los movimientos intelectuales que han cambiado el rumbo de la historia moderna –sin importar de qué rincón del globo procedan– quizá ninguno ha demostrado tener un impacto tan duradero en la evolución de la especie humana como lo que llamamos Ilustración. El mundo –y no únicamente el mundo occidental– no está dividido entre dos concepciones del «bien», como tantos enemigos de la Ilustración creyeron. Nada tan complejo podría resolverse jamás en dicotomías hegelianas nítidas. Pero en la inmensa variedad de los asuntos humanos existe al menos una percepción de lo que podría considerarse como dos objetivos humanos en gran medida contrarios –aunque también simplificados en exceso–.

Por un lado están aquellos –los populistas y los nacionalistas– que afirman que no existen valores universales, que todos los seres humanos construyen sus universos propios según su distinta comprensión del bien, y que esto está determinado únicamente por las sociedades y las comunidades en las que viven. Están quienes argumentan que existen «valores europeos», que son «individualistas», y «valores asiáticos», que son colectivos. Luego hay afirmaciones aún más constreñidas de que cada comunidad, cada pueblo, cada nación tiene su propio conjunto particular de ideas sobre lo que constituye el «bien», y que nadie fuera de esa comunidad está en posición de determinar o juzgar adecuadamente. Están los defensores de la «política de la identidad» que argumentan que existe, digamos, una identidad nacional «francesa» que es en muchos aspectos incompatible con una identidad nacional «española». Y luego, por supuesto, están los grandes sistemas religiosos monoteístas –el judaísmo, el cristianismo y el islam–, cada uno de los cuales afirma que sí existen valores universales, códigos universales de creencia, sistemas universales de derecho, pero que estos han sido dictados, «revelados» a cada pueblo por una única deidad creadora. Los defensores de cada uno de estos argumentos están de acuerdo en algunos puntos; en la mayoría no. Todos ellos, a su manera, son enemigos de la Ilustración.

Por otro lado están quienes creen en los derechos, en la igualdad (en particular en la igualdad entre los sexos y entre las razas), en la necesaria universalidad de todos los objetivos humanos, por muy variadas que puedan ser sus manifestaciones individuales políticas e incluso jurídicas. Los que creen que, más allá de qué libertades concretas podamos disfrutar como individuos, estas solo pueden ser garantizadas por leyes fundamentadas en principios que son comunes a toda la humanidad y, de manera crucial, que todas esas leyes, y todos los principios morales que las sustentan, son humanos, no divinos. Estos, podríamos decir, son los valores que la Ilustración, la Ilustración de Hume y Diderot, de Kant y Campomanes, nos ha legado. La Ilustración, pues, sigue siendo importante porque nosotros, en Europa, en «Occidente», somos sus herederos. Es por ello que no nos puede resultar indiferente comprender plenamente qué fue[13].

Enero de 2026

Agradecimientos

La idea inicial de esta obra se remonta tanto tiempo atrás que apenas me acuerdo. A lo largo del camino he recibido muchas ayudas de personas muy distintas. Las primeras versiones vieron la luz en forma de conferencias en la Universidad de Santiago de Compostela, cuando tuve la fortuna de ser titular de una cátedra itinerante del Banco de Bilbao y Vizcaya, y en el Seminario Público de la Fundación Juan March de Madrid. En aquellas ocasiones, como en tantas otras, mi amigo José María Hernández hizo de lector paciente y profundamente crítico. Presenté otras versiones en el ámbito de las Priestley Lectures en la Universidad de Toronto, la Solomon Katz Distinguished Lecture en la Universidad de Washington y la Verne Moore Lecture en la Universidad de Rochester.

Como de costumbre, me siento en deuda con mis editores, Will Murphy de la Random House y Matthew Cotton de la Oxford University Press, por la corrección paciente y esmerada. Me gustaría dar las gracias también a mi agente Andrew

Wylie, sobre todo por su paciencia, y a Scott Moyers, que se tomó la molestia de leer de principio a fin varios de los primeros capítulos y cuyos comentarios me ayudaron a ver con mayor claridad la dirección que debería haber tomado. Jeff New, Hayley Buckley y Emma Barber leyeron el manuscrito entero con una atención escrupulosa y me ahorraron varios errores y numerosos desatinos.

He contraído una deuda especial con Peter Campbell, que leyó el libro en un primer borrador, hizo amplios comentarios y me propuso numerosas revisiones que, a mi parecer, han beneficiado enormemente la presente versión. Como siempre, mi esposa Giulia Sissa me ha enmendado tantas cosas que sería difícil enumerarlas. A ella, a su apoyo, su generosidad, su inteligencia y su amor, también como siempre, le debo tanto que ni puedo expresarlo ni podré recompensárselo nunca.

Prólogo

Entre las muchas divisiones ideológicas del mundo moderno, una de las más persistentes, complejas y polémicas es la disputa sobre la herencia de la Ilustración. La Ilustración –periodo de la historia europea que se extiende aproximadamente desde la última década del siglo XVII hasta la primera del siglo XIX– ejerció una influencia mucho más profunda y constante en la formación del mundo moderno que las anteriores convulsiones de signo intelectual. Aunque el Renacimiento y la Reforma transformaron también de un modo irreversible primero las culturas europeas y posteriormente todo el orbe cristiano, para la mayoría de nosotros no dejan de ser simples períodos históricos. No ocurre lo mismo con la Ilustración. Si nos consideramos modernos, progresistas, tolerantes y, en general, de mentalidad abierta, si no nos asusta la investigación de las células madre y sí las creencias religiosas fundamentalistas, tendemos a considerarnos «ilustrados». Con tal convencimiento nos declaramos de hecho herederos –aunque herederos distantes– de un movimiento intelectual y cultural concreto.

Se han producido acalorados debates para determinar qué fue la «Ilustración», cuándo y cómo ocurrió, y si hubo una o varias. Se la ha querido dividir en grupos radicales y conservadores o en distintas versiones nacionales, en las cuales los ingleses, sensatos y razonables, o los alemanes, solemnes y filosóficamente serios, se han contrapuesto por lo general a los franceses, improvisadores y literarios en exceso. Algunas de estas distinciones tuvieron su origen en el propio siglo XVIII. Varias no son más que pura fantasía especulativa. Pero, a pesar de las claras diferencias existentes en su seno, la Ilustración se identifica con una idea elevada del raciocinio y de la bondad de los seres humanos y con una confianza –mesurada y a veces escéptica– en el progreso y en la capacidad humana de superación. Por regla general, se la identifica con la idea de que todos los individuos tienen derecho a definir sus objetivos y a no dejar que otros lo hagan en su lugar y –lo que viene a ser lo mismo– a vivir su vida de la mejor forma posible sin la ayuda o los impedimentos que impongan los decretos divinos. Se la ha considerado fuente de la mentalidad laica y libre de dogmatismos de la política moderna y liberal, así como el origen intelectual de todas las manifestaciones del universalismo, desde el reconocimiento de la unidad intrínseca del género humano y de la perversidad de la esclavitud y del racismo hasta el sentimiento humanista que anima a «Médicos sin Fronteras». Se suele ver en ella el origen intelectual de esa convicción que aún emerge tímidamente entre nosotros de que todos los seres humanos comparten los mismos derechos básicos, de que las mujeres piensan y sienten igual que los hombres o de que los africanos lo hacen igual que los asiáticos. Como movimiento intelectual fue también el principio de las disciplinas académicas –economía, sociología, antropología, ciencias políticas y ciertos tipos de filosofía moral– que determinan en gran parte nuestra forma de ver la vida y de vivirla. La modernidad fue hija de numerosos planteamientos intelectuales y científicos, desde la invención del motor a vapor hasta Internet, pocos de los cuales pueden atribuirse a la Ilustración (a pesar de que el filósofo alemán Gottfried Wilhelm Leibniz fuera el primero en concebir ya en el siglo XVIII el sistema binario en el que se basan los ordenadores digitales de la actualidad). En cambio, sí podemos atribuir a la Ilustración el mundo fundamentalmente laico, experimental e individualista que, a la postre, hizo posibles todas esas innovaciones. Un mundo en el que las viejas formas de asociación, las creencias y las tradiciones supuestamente irreductibles que durante siglos habían dividido a los seres humanos en grupos llenos de desconfianza mutua y, a veces, brutalmente homicidas, se fueron abandonando de un modo lento, doloroso e irreversible. Esto no significa que sin Ilustración no hubiera existido la modernidad –sea cual sea nuestro modo de entender esta última– o que sin Ilustración continuáramos siendo herejes quemados en la hoguera u oyentes de sermones que prometen las penas del infierno como entretenimiento semanal, pero lo más seguro es que no habría sucedido como sucedió y donde sucedió.

A la Ilustración se debe también el concepto moderno de sociedad global. El mundo, por supuesto, sigue firmemente dividido en naciones, muchas de ellas enzarzadas entre sí en feroces disputas. Al observador un poco escéptico le parecerá un objetivo lejano lo que en cierta ocasión se llamó optimistamente en las Naciones Unidas «Nuestra Comunidad Global». Pero el hecho de que la mayoría de las personas educadas y de mentalidad liberal estén dispuestas a cooperar más allá de sus fronteras ha de ser un motivo de esperanza.

Ese «globalismo» o «cosmopolitismo» es también un concepto ilustrado. Uno de los objetivos de este libro es explicar cómo se hizo posible que un pequeño grupo de intelectuales europeos dejaran de referirse a sí mismos como ingleses, franceses, holandeses, sajones, españoles o napolitanos para tenerse por «ciudadanos del mundo». El cosmopolitismo es un credo antiguo, pero con anterioridad al siglo XVIII había acogido sobre todo a unos cuantos objetores y marginados sin raíces como Diógenes el Cínico, que acuñó la expresión en el siglo V antes de Cristo; o se había relacionado con el imperio (uno de los más grandes cosmopolitas de la antigüedad, Marco Aurelio, fue a su vez uno de los más grandes emperadores romanos); o había servido de excusa para la uniformidad religiosa (ni en el cristianismo ni en el islam hay naciones, solo un pueblo bajo un Dios).

Sin embargo, durante la Ilustración, la idea de ser un «ciudadano del mundo» adquirió significados muy diferentes. Se concibió como una forma de ecumenismo abierto a cuantos se sentían preparados para vivir conforme a unos códigos legales y morales básicos; como un medio de combatir el tribalismo reduccionista que para muchos era la causa última de la mayor parte de los males que aquejaban al mundo; como un modo de comprender las relaciones humanas e internacionales, capaz de conseguir por fin lo que el utilitarista inglés Jeremy Bentham llamaba «el escaparate de la humanidad» para lograr la «paz universal y perpetua» que se le ha negado a la especie *Homo sapiens sapiens* desde su creación. Puede que hoy no hayamos avanzado mucho en la consecución de estas aspiraciones, pero si existe una cierta idea de justicia universal, si incluso los estados más poderosos se sienten a veces obligados a respetar las normas del derecho internacional, eso se lo debemos a la Ilustración.

Sin embargo, no todo el mundo lo ve de esta forma. Hoy en día ha crecido la desconfianza hacia los valores y las aspiraciones que se identifican estrechamente con «Occidente» –a su vez una invención del siglo XVIII–, de los cuales la Ilustración parece una infame representante. El último siglo y medio de la historia euroamericana ha llegado a considerarse –y no sin razón– poco más que una letanía de guerra y opresión, explotación y colonizaciones. A la luz de esa historia, las ideas de la Ilustración –o de lo que suele entenderse por tal–, etéreas, optimistas y ecuménicas, parecen viejas, cuando no hipócritas y presuntuosas. Ahora se acusa a la Ilustración de ser la responsable última del «eurocentrismo» que condujo sin remedio a una intolerancia implacable de todo aquello y de todo aquel que osara desafiar sus objetivos reduccionistas y racionalistas, lo que la convirtió en la partera del imperialismo y del racismo moderno.

En cierto sentido, tales acusaciones no carecen de fundamento. Aunque muchas de las reivindicaciones que se hacen en su nombre podrían hallarse en otras culturas del mundo, la Ilustración fue sin la menor duda un proceso limitado a Europa y a la población de sus colonias de ultramar. Tampoco cabe negar que la confianza en su propia cultura que la Ilustración contribuyó a inculcar en «Occidente» –derivada del sentimiento de independencia intelectual y no de una supuesta idea superior de Dios– influyó después en el concepto de «misión civilizadora» que se desarrolló en el siglo XIX (y también en el XX). Si podemos liberar a los nuestros de lo que el marqués de Condorcet calificaba de «sagrados déspotas y conquistadores descabellados», argumentaba el razonamiento, tendremos la obligación de contribuir a que lo consigan también aquellos que en otras partes del globo sufren aún sumidos en la oscuridad. Y añadía: «Seremos para ellos [...] generosos libertadores». Y si no daban muestras de querer la liberación se debería tan solo a que «sus sacerdotes y sus reyes» les impedían ver lo que podían ganar de seguir nuestro ejemplo. En tal caso estaría justificado, según las infames palabras de Jean-Jacques Rousseau, forzarlos a ser libres. Pero ninguno de los ilustrados intelectuales del siglo XVIII –los *philosophes*, como solían llamarlos los franceses, empleando un término que nombra a quien era al mismo tiempo algo más y algo menos que un «filósofo»– adoptó jamás semejantes puntos de vista. De hecho, los aterrorizaba la posibilidad de un futuro dominado por un grupo pequeño de lo que ellos llamaban «monarquías universales», que, en palabras de Immanuel Kant, solo podrían ser «cementerios de la libertad» y «despotismos sin conciencia». La línea que supuestamente lleva del racionalismo del siglo XVIII y la apoteosis de la ciencia moderna, vía atrocidades tales como las matanzas del Congo Belga y las Guerras del Opio en China, a la práctica dominación del mundo por las llamadas grandes potencias de Europa y de los Estados Unidos, es ilusoria. El verdadero origen de muchas de las innegables injusticias que «Occidente» ha perpetrado en el «resto del mundo» en tiempos recientes –no digamos las que ha hecho contra sí mismo– se encuentra en otra parte: en la perversidad del nacionalismo y del racismo «científico» de finales del siglo XIX, en la sensación de omnipotencia producto de las nuevas tecnologías de la Revolución Industrial y en el resurgimiento de una piedad cristiana y un

fervor evangélico (protestantes) que habrían aborrecido todos los *philosophes*.

Están también aquellos que acusan a la Ilustración de dina-
mitar los antiguos y reputados sistemas de creencias religiosas,
de situar la razón por encima de cualquier otra facultad humana o de reducir el sentimiento, la solidaridad, el afecto y las
emociones a una mera ilusión, destruyendo por el camino
toda posibilidad de una creencia consoladora en una deidad
omnisciente y benévola. El mundo, dicen, no está hecho de
individuos, como creían ingenuamente los *philosophes* y sus
seguidores. Los seres humanos no son los creadores de los
mundos sociales y políticos que habitan, sino sus criaturas.
Viven en culturas complejas que han evolucionado durante
largos periodos de tiempo, todo lo cual hace insostenible la fe
ilustrada en una «naturaleza humana» científicamente inteligible. Sin duda, como los ilustrados defendían, todos los seres
humanos deberían reconocerse como tales los unos a los otros
y respetar las formas ajenas de organizarse, pero es sencillamente absurdo creer que, empleando solo la razón, unas criaturas tan diferentes pueden ponerse de acuerdo en algo tan
complicado como la mejor forma de vivir la vida. Sin la guía de
la tradición, sin esos sistemas de creencias religiosas que todas
las sociedades humanas poseen y han poseído siempre, los humanos están perdidos. Todos los intentos –la mayoría de los
cuales han tenido lugar en Europa o bajo la influencia de la
Ilustración europea– de emplear la coacción para hacer realidad la visión de un mundo completamente nuevo, ideal y racional han dado como resultado horrores inimaginables. Solo
hay que ver, decían, lo que ocurrió en la Revolución Francesa,
la Revolución Rusa, la Revolución China. Por no citar el resultado final del nacionalsocialismo y del fascismo.

Es completamente cierto que la Ilustración fue profundamente antirreligiosa. Hubo algunas «figuras ilustradas» indiscutibles, sobre todo en el sur de Europa, que fueron creyentes sinceros. El italiano Giambattista Vico (al que volveremos a encontrar), en muchos aspectos uno de los personajes más radicales del siglo, fue sin la menor duda un creyente, pese a los intentos de presentarlo como espinosista y, por tanto, deísta, si no directamente ateo. Otro tanto puede decirse de Benito Jerónimo Feijoo, tal vez el español más «ilustrado» de la época, y además fraile benedictino. Otras figuras de la Ilustración pertenecieron a órdenes menores (por lo general tan solo un medio para asegurarse unos ingresos estables) y, como observó David Hume, en aquel periodo escaseaban los verdaderos ateos –incluso en París–, pero la mayor parte de los grandes del siglo XVIII, si bien no exactamente ateos, no solían prestar atención a las deidades de ninguna de las religiones monoteístas del mundo y, en términos generales, se encontraban más cómodos con el politeísmo. Ser «ilustrado» significa, como recoge la famosa afirmación de Immanuel Kant, liberar la mente humana de «la bola y la cadena de su permanente minoría de edad» impuesta, entre otros, por «los dogmas y las fórmulas» de la religión establecida. Casi todos los *philosophes* habrían coincidido en que la conveniencia de creer o no en una vida más allá de la muerte para compensar las carencias de esta –o en la existencia de una deidad de corazón bondadoso que nos ayuda en los momentos de apuro– es un asunto de elección y de inclinación, pero subrayaban la necesidad de tener una comprensión clara de lo que significa apoyar semejantes creencias y, sobre todo, el derecho de cada individuo, si lo considera oportuno, a rechazarlas sin ser perseguido.

No es cierta, en cambio, esa idea frecuente y a veces no cuestionada de que la Ilustración fue un movimiento interesado sobre todo en dominar las pasiones y cualquier otra manifestación de los sentimientos o los afectos humanos. El ejercicio de la razón representó un papel decisivo en el proceso ilustrado, pero reducir un proyecto intelectual altamente complejo, lleno de matices y no pocas veces indirecto –sostendré que se trató efectivamente de un *proyecto*–, a lo que luego se dio en llamar «el imperio de la razón» es, como espero demostrar, un simplismo absurdo. Al fin y al cabo, el propio David Hume –junto con Kant, el mayor de los filósofos del siglo XVIII– dijo en frase famosa que «la razón es y debería siempre ser una esclava de las pasiones y no pretenderá jamás ninguna otra tarea que no sea servirlas y obedecerlas». La Ilustración tuvo tanto que ver con el rechazo de las pretensiones de la razón y de la elección racional como con su defensa.

Se la ha acusado también de interesar únicamente a una pequeña camarilla de intelectuales diseminados a lo largo y ancho de Europa, y en parte es verdad. Pero si la camarilla fue relativamente pequeña, la enorme difusión de sus obras llegó desde Estocolmo hasta Nápoles y desde Boston hasta Bombay. Sus miembros escribieron en muchas lenguas distintas tratados filosóficos, económicos y antropológicos; obras de teatro, poemas, novelas e historias; y en algunos casos –como en *La ciencia nueva* de Vico o *El espíritu de las leyes* de Montesquieu– textos que desafían cualquier clasificación reduccionista. Los ilustrados, ciertamente, sedujeron a todo el público instruido de la época. Aspiraron también a superar los estrechos círculos profesionales en los que se encerraron sus predecesores. Hume se lamentaba de que todo el conocimiento de tiempos anteriores había estado «encerrado en universidades y celdas, apartado del mundo y de las buenas compañías». Tal y como él lo veía, su misión consistía en liberar el conocimiento de sus prisiones y hacerlo comprensible para lo que llamaba la parte «convertible» de la humanidad. Incluso Kant, que creó un lenguaje filosófico extraordinariamente complejo, tenía la ambición de que los numerosos artículos que escribió para la prensa alemana mensual llegaran a lectores de un ámbito extrauniversitario, como efectivamente ocurrió. Muchos de los razonamientos de los *philosophes*, convenientemente simplificados, llegaron también a públicos más amplios gracias a los periódicos, un medio relativamente nuevo, y varias obras fueron a su modo auténticos éxitos de ventas. La novela sentimental de Jean-Jacques Rousseau, *Julia, o la nueva Eloísa,* se hizo tan famosa que se alquilaban ejemplares por horas. Pese a todo lo cual, la Ilustración nunca fue un movimiento populista. Los lectores devotos de Rousseau, acomodados, formados e instruidos, pertenecían a la nueva clase media. Ciertamente la mayoría de los ilustrados europeos del siglo XVIII no recelaron menos del encendido entusiasmo de las masas –lo que Denis Diderot calificaba de «perversidad, estupidez, falta de humanidad, sinrazón y prejuicio»– que sus contemporáneos no ilustrados. La Ilustración, argumentaba Kant, al menos en sus inicios, servía solo para «los *hombres de letras* que se dirigían a todo el *público lector*», pero en el siglo XVIII el tamaño de «todo el público lector», aunque en aumento, era aún muy pequeño. Solo con el tiempo, creía Kant, y con el buen gobierno que, convencidos por los eruditos, pondrían en práctica los líderes políticos, acabarían por «ilustrarse» todos los demás. La Ilustración no fue, pese a lo que sostuvieron sus enemigos, un movimiento revolucionario, sino reformista, y las reformas constituyen inevitablemente un proceso que va de arriba abajo.

La mayor parte de lo conseguido desde el final de la Segunda Guerra Mundial hasta hoy se debe a su herencia. En un mundo lleno de regímenes corruptos, homicidas y en nada ilustrados puede parecer un logro muy modesto. Pero frente a ese comportamiento no ilustrado, sobre todo en el ámbito internacional, la mayoría de los estados más poderosos, aunque solo sea en apariencia, aceptan la universalidad de los derechos humanos y de la justicia, que no son –como proclamó en una ocasión el ayatolá Jomeini– una mera expresión cultural del imperialismo de Occidente. Contamos con un Tribunal Internacional de Justicia desde 1998 y con un Tribunal Penal Internacional, aunque algunas naciones del mundo, por otra parte ilustradas, se nieguen a adoptar sus resoluciones. Hemos conseguido, si no universalmente, al menos de un modo muy amplio, ciertos acuerdos relativos al cambio climático y al calentamiento mundial y a las posibles medidas a tomar. Cada vez resulta más difícil que los culpables de «crímenes contra la humanidad» –en sí mismo un concepto ilustrado– escapen a la censura o al castigo, como quedó claro con los señores de la guerra implicados en las atrocidades cometidas durante el conflicto de los Balcanes en la década de 1990. Pese a las acusaciones de ser poco más que agentes de un nuevo tipo de «imperio no oficial», el Banco Mundial y el Fondo Monetario Internacional, sin interferir demasiado en los asuntos internos, tratan de lograr que todas las naciones alcancen los niveles económicos medios, y por eso mismo sociales, característicos de los estados del mundo «desarrollado». Puede que ciertos conceptos como «comunidad internacional» y «gobernación global» carezcan de contenido específico; pero el simple hecho de que se utilicen estas expresiones e impongan un cierto respeto puede constituir un motivo de esperanza. La mayoría de las naciones aceptan sin cortapisas que las distintas religiones y tradiciones deben tolerarse, aunque solo sea porque la seguridad y el bienestar social incluyen en cierta medida todo aquello que es importante para los seres humanos, por muy incomprensible que nos parezca.

Pero muy pocos estados defenderían el derecho de las creencias religiosas a merecer un trato de excepción allí donde entran en conflicto con las leyes laicas del Estado o con los valores de la «comunidad internacional». La ley internacional –y las leyes de la mayoría de los estados– no aceptan que los matrimonios forzosos o los homicidios por causa de honor sean simples costumbres locales comparables a la danza Morris o al juego de bolos de la especialidad *ten-pin*. La mutilación genital femenina –objeto ya durante el siglo XVIII de un debate apasionado– no se considera un asunto de opinión sino la violación de un derecho humano básico.

Sin la Ilustración nada de esto sería realidad. Por esa razón no tiene únicamente un interés profesional para los historiadores; por eso nos importa todavía; y por eso importa saber en qué consistió. Este libro no quiere ser un panfleto político ni una homilía moral. Es un libro de historia, un intento –tomando prestadas las palabras que el moribundo Hamlet le dice a Horacio, el leal historiador humanista– de «contar ... mi causa como es debido». Pero todo estudio histórico que aspire a superar la mera arqueología debe ser una reflexión sobre lo que el presente le debe al pasado.

París – Los Ángeles – Venecia
Septiembre de 2012

Introducción
¿Qué es Ilustración?

1

En 1794, Marie-Jean-Antoine Nicolas de Caritat, marqués de Condorcet, se ocultaba en un cuarto minúsculo de la casa que madame Vernet poseía en la calle Servandoni de París. A la luz de una vela tapada para no descubrir su paradero a las acechantes fuerzas de la Revolución Francesa, escribió el *Bosquejo de un cuadro histórico de los progresos del espíritu humano*, un fragmento breve de lo que pretendía ser una obra mucho más extensa. Condorcet fue uno de los grandes matemáticos de todas las épocas, uno de los fundadores del cálculo diferencial y el primero que estudió el posible resultado del empleo de las matemáticas en la toma de decisiones, circunstancia que le convierte en uno de los padres de la ciencia política moderna. Fue también defensor de la igualdad de derechos de la mujer, los pueblos y las razas, y un abolicionista que planificó el primer sistema educativo nacional. Como todos los hombres de su clase en el siglo xviii, tuvo una participación intensa en la vida política[1]. Fue partidario activo de la Revolución en los momentos iniciales, representante de París en la Asamblea Nacional de 1791 y posterior secretario de la misma. Aunque pertenecía a los girondinos, el más moderado de los dos partidos revolucionarios, hasta el día de su muerte vio en la Revolución una fuerza que había acelerado el curso normal de la historia. Él, como sus redactores, estaba convencido de que la Constitución no solo servía para la nueva Francia republicana, sino también para toda la humanidad[2]. En diciembre de 1792, cuando la Asamblea Nacional llevó a los tribunales a Luis XVI, acusado de traición, Condorcet se manifestó de acuerdo, convencido, como el radical angloamericano Tom Paine –en ese momento naturalizado ciudadano francés–, de que aquel acto enseñaría al mundo que también los reyes debían rendir cuentas de sus delitos. No obstante, y debido a que él, como todos los buenos liberales –incluido Paine, naturalmente–, negaba el derecho del Estado a disponer de la vida humana, se opuso resueltamente a la ejecución del monarca, actitud que no le ganó amigos entre las filas de los revolucionarios de la línea dura; más tarde, en 1793, cuando votó en contra de la nueva constitución propuesta por los jacobinos, se le tachó de traidor y de enemigo de la Revolución. El 8 de julio emitieron contra él una orden de busca y captura, de ahí su refugio en la calle Servandoni. El 25 de marzo de 1794, sintiendo que el Terror le pisaba los talones y temeroso de que la prolongación de su estancia en la casa pudiera acarrearle algún daño a la bondadosa madame Vernet, huyó de París, llevando por todo equipaje un libro de poemas de Horacio. Se cree que pasó la noche del 26 en el campo, alrededor de Clamart, a unos nueve kilómetros de París, y que el 27, exhausto, hambriento y, al parecer, herido en una pierna, se detuvo en una posada y pidió una tortilla. Cuando el posadero le preguntó de cuántos huevos, él respondió: «De doce». Inmediatamente le arrestaron y le condujeron a Bourg-la-Reine, donde debía esperar el enjuiciamiento del temible Tribunal de la Revolución. Solo los aristócratas comían tantos huevos de una sentada[3]. Dos días después, el 29 de marzo de 1794, moría dentro de la cárcel en circunstancias misteriosas, víctima de lo que Edmund Burke, un conservador angloirlandés, orador, filósofo y teórico de la política, calificó resueltamente de «impostura de los políticos moralistas»[4].

Condorcet fue una de las víctimas más eminentes, distinguidas y amadas del furor revolucionario; sin embargo, para los enemigos de la Ilustración, tanto de extrema izquierda como de extrema derecha, se convirtió en uno de los peores exponentes de aquella fe en la racionalidad humana que supuestamente había hecho posible la Revolución. «Ese *philosophe* tan querido de la Revolución –decía el archiconservador Joseph de Maistre–, que dedicó su vida a preparar la infelicidad de la generación actual, deseaba amablemente la perfección de la posteridad»[5]. La opinión de Maximilien Robespierre, el sangriento teórico del Terror, no era mucho mejor: «Alguna vez gran geómetra –así lo calificó después de su muerte–, o eso decían los hombres de letras, y gran hombre de letras según los geómetras, acabó siendo un conspirador timorato despreciado por todos los partidos»[6].

Gran parte de las críticas, especialmente en el caso de De Maistre, no iban dirigidas contra la obra matemática de Condorcet, aunque su idea de regular la vida con la certeza de la predicción parecía a muchos –por ejemplo, al crítico literario romántico Charles-Augustin Sainte-Beuve– una receta de la «mediocridad universal», en la que no quedaba espacio para «las grandes virtudes y los actos de heroísmo», un mundo flamante y luminoso cuyos desdichados habitantes se morirían de aburrimiento. Se atacaba sobre todo el *Bosquejo,* su obra más accesible y la que llegaría a ser más conocida[7].

Como se desprende en parte de este título tan provisional, el *Bosquejo* es una historia universal dividida en diez «edades» de la humanidad. Comienza con las pequeñas hordas nómadas de la prehistoria, cuya naturaleza solo puede deducirse del «examen de las facultades morales e intelectuales y de la constitución física del hombre». Conduce luego al lector por las sucesivas etapas de la evolución social de los seres humanos hasta llegar a la situación contemporánea para él de las «naciones ilustradas de Europa». La última edad existirá en el futuro. Allí será donde todas las promesas del periodo que Condorcet, al igual que sus coetáneos, califica de «Siglo de las Luces» y «Siglo de la Filosofía», y que hoy llamamos Ilustración, «acabarán por cumplirse». Según Condorcet, las ciencias naturales, que tan asombrosos resultados habían obtenido en el siglo XVII, se basaban en una idea única e indiscutible: todas las leyes del universo son «necesarias y constantes» en el tiempo, y puesto que los seres humanos forman parte del universo, el estudio de su historia, aunque no revele leyes tan precisas como las físicas, permite que el historiador «prediga con grandes probabilidades los acontecimientos futuros». En tal caso, ¿qué nos deparará el porvenir? Dada la situación en la que se hallaba mientras escribía, el optimismo de Condorcet parece excesivo, pero él nunca tuvo dudas.

Nuestras esperanzas en las condiciones futuras de la especie humana podrían resumirse en tres puntos fundamentales: la supresión de las desigualdades entre las naciones; el progreso hacia la igualdad dentro de cada pueblo; y por fin el perfeccionamiento real de la humanidad. Todos los pueblos se acercarán algún día al estado de civilización que posean los más ilustrados, los más libres y los más liberados de prejuicios, como ya lo están los franceses y los angloamericanos.

Hoy, después del empleo que se ha hecho de la palabra en los siglos XIX y XX, somos mucho más cautelosos con el concepto de «civilización», pero Condorcet no lo entendía como una condición cultural y política indiferenciada que había de imponerse a todos los pueblos del mundo, sino como lo que él denominaba «una difusión constante de la Ilustración», una condición que permitiría a la humanidad adquirir:

La necesaria ilustración para que los hombres se conduzcan conforme a su razón en los asuntos cotidianos de la vida y se mantengan libres de prejuicios, de modo que puedan conocer sus derechos y vivir en libertad para ejercerlos de acuerdo con su conciencia y sus opiniones; lo cual, mediante el desarrollo de sus facultades, habrá de permitirles obtener los medios seguros para satisfacer sus necesidades.

Evidentemente en 1794 no existían aún esas condiciones, pero Condorcet aseguraba a sus lectores que «el progreso conquistado por la ciencia y la civilización» era de tal calibre que había «motivos fundamentados para creer que la naturaleza no ha impuesto límites a nuestras esperanzas». Ya en aquel momento –o eso creía él– todos los seres ilustrados del mundo compartían los principios que respaldaban la Constitución francesa y pronto los compartiría la humanidad al completo. Pronto, lo que él llamaba «las grandes religiones del Oriente» –no solo el islam, sino también y especialmente, el cristianismo–, que durante tantos siglos habían mantenido a sus humillados seguidores atrapados en una infancia perpetua y en un estado de esclavitud sin esperanza, quedarían desenmascaradas y se descubriría lo que en realidad fueron: mentiras, trucos y engaños. Cuando llegara ese momento: «El sol saldrá sobre un mundo de hombres libres que no reconocerán más dueño que su propia razón, en el que los tiranos, los esclavos y el clero con sus instrumentos necios e hipócritas quedarán confinados a la historia y el teatro». Ese día, tal como él había afirmado delante de los ciertamente escépticos miembros de la Academia Francesa doce años antes: «Asistiremos a la victoria de la razón en una guerra larga y dolorosa y al fin podremos escribir: ¡La verdad ha vencido, la especie humana se ha salvado!»[8].

En el futuro imaginado por Condorcet hay algunos aspectos que en la actualidad pueden recordar negativamente los objetivos de las misiones civilizadoras que se difundieron por el mundo durante el siglo XIX. En cambio, y pese a su fe en los beneficios que finalmente habría de proporcionar la inevitable marcha adelante de la civilización occidental, era muy consciente del saqueo que esa civilización había llevado a cabo «en esas inmensas tierras», debido a su búsqueda insaciable de «azúcar y especies» en África, Asia y América y a causa «de las traiciones, del sangriento desprecio por los hombres de otro color u otras creencias y de nuestra insolencia y nuestras usurpaciones»[9]. Pero Condorcet creía firmemente en que ahora que los propios perpetradores se habían quitado de encima a los reyes y a los clérigos, culpables en gran parte de tales horrores, el saqueo pasaría a ser un recuerdo lejano y los pueblos de Asia y de África (por desgracia, ya era demasiado tarde para los pobres indios de América) esperarían pacientemente el día en que pudieran convertirse en «amigos y discípulos» de los nuevos europeos ilustrados.

La idea que Condorcet tenía del futuro, si bien criticada y puesta en tela de juicio, continúa ejerciendo una enorme influencia en el imaginario del mundo occidental. Aunque él no empleara nunca el término, se trata de una idea profundamente cosmopolita. El cosmopolitismo, como otros muchos elementos de la tradición filosófica de Occidente, se encuentra entre nosotros desde la Antigüedad. Se dice que el primero en emplear el término fue Diógenes el Cínico en el siglo IV a. C. Célebre por vivir dentro de una cuba y recorrer las calles de Atenas a plena luz del día con un candil en la mano buscando «un hombre justo», respondió así a la pregunta por su ciudad *(polis)* de procedencia: «Yo soy un ciudadano del mundo *(kosmo-polites)*»[10]. Más tarde adoptaron la palabra los estoicos que, como veremos, influyeron en los cambios de la historia posterior. A pesar de las oprobiosas críticas que recibió el «cosmopolitismo» durante los siglos XIX y XX, por considerarse una forma de inmoralidad y una traición a las creencias del ser humano y a los auténticos objetos de su lealtad, que no residían en el mundo, sino en la nación, la idea ha demostrado una vitalidad considerable. Sirvió de inspiración para la Sociedad de Naciones, para las Naciones Unidas y para el Tribunal Internacional de La Haya y continúa sosteniendo una esperanza, siempre acosada y aun así continua, en la posible existencia de unas leyes auténticamente internacionales. En la actualidad es el fundamento teórico de los conceptos de «justicia internacional», «gobierno mundial», «sociedad civil global» y «patriotismo constitucional»[11]. Según las acertadas palabras de Kwame Anthony Appiah, filósofo anglo-ghanés y él mismo cosmopolita ejemplar: «... ciertamente la idea ha demostrado ser toda una superviviente»[12].

La versión cosmopolita de Condorcet era, como él mismo, una criatura típica de «la Ilustración». Pero esta afirmación suscita un cierto número de interrogantes, puesto que la propia naturaleza de la Ilustración fue objeto de airados y furibundos debates ya desde el mismo siglo XVIII. Ningún otro movimiento intelectual, ningún otro periodo histórico, ha provocado tanto desacuerdo, tanta intransigencia e incluso tanta indignación. Los conceptos fundamentales de la casi totalidad de los conflictos que han surgido en el mundo moderno cuando se ha querido definir y entender la «naturaleza humana» –modernismo, posmodernismo, universalismo, imperialismo y multiculturalismo– se remiten en última instancia a un modo de entender la Ilustración. Ningún tema de debate histórico, ninguna de las grandes controversias sobre los puntos de inflexión de la historia o sobre el momento exacto del comienzo de la «modernidad» –o sobre el Renacimiento, la Reforma, la Revolución científica o la Revolución industrial– ha tenido tanto peso en las divisiones ideológicas del mundo moderno.

El debate a propósito de la identidad de la Ilustración empezó con la Ilustración misma. En diciembre de 1783, el *Berlinische Monatsschrift,* un periódico muy leído y de tono progresista, publicó un artículo de Johann Friedrich Zöllner, teólogo y pedagogo reformista, que trataba sobre la conveniencia de que los matrimonios fueran solo civiles; tema bastante reservado que habría pasado inadvertido –y que tal vez no habría leído nadie– de no ser por una única nota a pie de página: «¿Qué es ilustración? –preguntaba Zöller–. Preguntar esto es casi tan importante como preguntar qué es verdad y, claro está, se debería responder antes de empezar a ilustrarse. En todo caso, ¡yo jamás he oído la respuesta!»[13]. Puede que sea la nota a pie de página más importante de la historia del pensamiento occidental, y sin duda la más discutida. Seis años más tarde, poco después del estallido de la Revolución Francesa, Christoph Martin Wieland, poeta y filósofo alemán –denominado el Voltaire alemán–, cuando se hallaba en el retrete buscando lo que afectadamente calificó de una «maculatura» (en otros términos, un trozo de papel higiénico), encontró «no sin dar cierto respingo de asombro» que aquella hoja «de buen papel blanco y suave» que sostenía en la mano llevaba impresas seis preguntas, la primera de las cuales era: «¿Qué es ilustración?»[14].

El debate que Zöllner había comenzado sin darse cuenta parecía un acontecimiento únicamente alemán, pero la amplia difusión del término «Ilustración» –*Enlightement* en inglés, *Aufklärung* en alemán, *Lumières* en francés, *Illuminismo* en italiano, *Oplysning* en danés– y la confusión que produjo no se limitaba en absoluto a los países de habla alemana (Alemania no existía aún como tal). En Francia, Inglaterra, España, Suecia, Holanda, Italia y Portugal se formulaban preguntas semejantes por lo menos desde mediados de siglo. A pesar de lo cual, no era cierto que «todo el mundo conociera la respuesta», como afirmaba Wieland con demasiado optimismo. El propio Condorcet, que no tenía por qué padecer de la ansiedad intelectual que afligió a los historiadores modernos, la calificaba de «disposición del espíritu». Los alemanes hablaban de un *Denkart,* un estado mental; y los franceses, de *mentalité* o concepción del mundo. Moses Mendelssohn, el gran filósofo judío, lo consideraba la parte teórica de la educación (siendo la cultura la parte «objetiva»)[15]. Para Karl Leonhard Reinhold, que fue francmasón y durante algún tiempo novicio jesuita, se trataba del proceso mediante el cual «los hombres capaces de racionalidad se convierten en hombres racionales»[16]. Para el jurista prusiano Ernst Ferdinand Klein, más prosaico, significaba libertad de prensa (a veces, en un acto de voluntarismo, quiso imaginar que Federico el Grande, rey de Prusia, la aprobaría). Para el teólogo radical Carl Friedrich Bahrdt consistía en «el derecho más importante, más sagrado y más invulnerable del hombre… a pensar por sí mismo»[17]. Era «pura agudeza», en palabras de Georg Friedrich Hegel, el filósofo alemán del siglo XIX, que se infiltraba en el pensamiento humano como un «perfume» o –dado que él, por así decirlo, no estaba muy seguro de sus beneficios– como una «infección»[18]. Bien podría ocurrir que, como dijo en 1932 Ernst Cassirer, filósofo alemán (y autor del que aún se considera el estudio más convincente de la Ilustración), «el auténtico pensamiento de la Ilustración no es solo la suma total de lo que pensaron y dijeron sus mayores representantes», sino un proceso, «el impulso interior de la vida intelectual», que consiste «no tanto en ciertas doctrinas individuales como en la forma y manera de la actividad intelectual en general»[19]. Fuera lo que fuese, se trataba de un concepto ubicuo. Incluso un clérigo que vivía en Escocia, una de las islas más remotas de Europa, respondía airado a James Boswell, habitante de una ciudad de las tierras bajas escocesas, que en la *ultima thule* él y sus compañeros eran «mucho más ilustrados» de lo que se podía imaginar[20].

Aun así, y pese a los interrogantes y a la enorme obra histórica que creció alrededor de la Ilustración, nos hallamos muy lejos de conocer con seguridad su significado. ¿Qué eran en concreto las «luces» de Wieland? ¿De dónde procedían? ¿Hablamos de un proyecto filosófico o de un movimiento social; de una combinación de ambas cosas o de ninguna de ellas? Entonces, queda una pregunta distinta. Aunque en toda Europa (incluida Escocia) hubiera gente orgullosa de llamarse «ilustrada», aunque esa gente tuviera conciencia de vivir lo que podía denominarse «Siglo de las Luces» o «Siglo de la Filosofía», aunque creyera que se trataba de una época nueva y probablemente de un cambio en la historia occidental, ¿«Ilustración», «filosofía», etc. significaban lo mismo para todos? Algunos historiadores argumentan que, examinados de cerca, hay pocas cosas que tengan en común, por ejemplo, los filósofos británicos o alemanes, los *philosophes* franceses, los historiadores italianos y los economistas políticos españoles, salvando el horror al fanatismo y a la intolerancia y una cierta camaradería, lo que en realidad no permite hablar de «*la* Ilustración». Por el contrario, como ha propuesto el historiador J. G. A. Pocock, convendría abandonar definitivamente el artículo y hablar solo de «Ilustraciones»[21].

En efecto, en casi todos los aspectos se aprecian diferencias significativas entre lo que se consideraba ilustrado en Francia, en los estados de lengua alemana o en Gran Bretaña; no digamos en España, Portugal, Nápoles, Milán, Dinamarca e Irlanda. Como es lógico, la influencia intelectual, moral y afectiva de la tradición, las instituciones, la religión y las costumbres, incluso entre las cabezas más independientes, variaba mucho de unos sitios a otros de Europa. Los italianos, los españoles y los portugueses fueron bastante más cautelosos con la religión oficial y el gobierno monárquico que los franceses o los británicos (o que muchos alemanes). Los franceses llegaron mucho más allá que los británicos en su ateísmo, aunque solo sea porque en Francia la Iglesia católica había tenido mucho más poder que la anglicana e incluso que la escocesa en Gran Bretaña. Filósofos, ensayistas, historiadores, novelistas, dramaturgos y poetas –aunque la mayoría escapa a una definición exclusiva–, que formaban lo que se llamó «república de las letras», constituían un grupo muy heterogéneo; los hubo más o menos radicales y más o menos exitosos, y otros (en general, por razones de peso) se quedaron en el anonimato. Unos procedían de medios sociales acomodados, otros –entre ellos dos de los más conocidos, Denis Diderot y Jean-Jacques Rousseau– eran hijos de artesanos (aunque prósperos y educados), no pocos tenían títulos aristocráticos y algunos habían recibido las órdenes menores. No cabía esperar que un grupo tan heterogéneo estuviera de acuerdo en todo, hablara con la misma voz o compartiera la misma posición intelectual.

Tampoco podemos considerar la Ilustración un movimiento único y coherente; no más, desde luego, que cualquier otra corriente transformadora de la historia. Al igual que el Renacimiento, la Reforma y la muy discutida revolución científica, que la precedieron, o la revolución industrial, la democrática y la socialista, que vinieron después, se resiste a las definiciones simplistas. Fue algo más que una revolución de las costumbres o un proyecto de reforma política o legislativa moderada, como argumentaba el gran historiador italiano Franco Venturi, aunque fue sin duda las dos cosas[22]. Fue más que una cultura de salón y más de lo que dice la famosa expresión del filósofo alemán Jürgen Habermas: «un espacio público»[23]. No se trató solo de un nuevo tipo de mercado del libro o de un fenómeno clandestino de osados panfletistas antisistema. Todas estas cosas, cada una a su modo, fueron elementos altamente significativos de la cultura europea del siglo XVIII[24], pero sostener que uno cualquiera de ellos o todos juntos formaron «*la* Ilustración» equivale a vaciar el concepto de una gran parte de su contenido filosófico real, sin lo cual el debate se convierte para nosotros –herederos conscientes o no– en poco más que una disputa de anticuarios. Porque la Ilustración fue por encima de todo, tal como sus defensores afirmaron una y otra vez, «el siglo de la *filosofía*». Es significativo que Zöllner no preguntara: «¿Qué es *la* Ilustración?» o ni siquiera «¿Qué es un ilustrado?», un *Aufklärer* o un filósofo, que habría sido otro modo de formular la misma pregunta. En cambio, se preguntaba «¿Qué es ilustración?». Es decir, no preguntaba por un estado mental, ni por un periodo de la historia intelectual o social, ni por los objetivos de una fraternidad de intelectuales. Preguntaba por el contenido de un proceso intelectual.

En la actualidad, cuando hablamos de «*la* Ilustración» nos referimos también a un momento concreto –el «largo» siglo XVIII, como se ha llamado en algunas ocasiones–, caracterizado por unas inquietudes intelectuales muy distintas a las que relacionamos con el siglo XIX y, sobre todo, con el Romanticismo. Inútil decir que los *Aufklärer* no se vieron de ese modo. Ellos se identificaban e identificaban sus objetivos con el presente histórico; y sus inquietudes, con el futuro histórico. Eran conscientes de vivir en el siglo de las «luces» o de la «filosofía», pero también, según las célebres palabras de Kant, de que «la edad de la Ilustración no era aún una edad ilustrada»[25]. En efecto, el propio Kant no tenía una opinión muy favorable de la situación de la humanidad en su época, ni siquiera dentro de las cultas y refinadas sociedades europeas.

En materia civil [escribía aún en 1789] continuamos siendo menores de edad. Se nos juzga conforme a leyes que no podemos conocer en su totalidad y a libros que no entendemos... Esto nos ha colocado en una situación tal de minoría de edad que si desaparecieran todas las imposiciones seríamos incapaces de gobernarnos... Carecemos de la facultad de juzgar por nosotros mismos. En lugar de conciencia natural, tenemos una conciencia artificial que se guía por el criterio de lo aprendido por otros; no es costumbre o virtud, sino obediencia[26].

No obstante, si todavía «nos» queda un largo camino para conocernos y ser intelectualmente independientes es que hacemos progresos. Ilustración, como filosofía (aunque, significativamente, no como teología), fue siempre un proceso abierto. Pero nadie, por muy ilustrado que fuera, preveía con exactitud lo que podía deparar el futuro. Todos, sin embargo, daban por sentado la existencia de un avance constante hacia algo parecido a la «Décima Edad» de Condorcet. El propio Kant afirmó en cierta ocasión: «sea cual sea el mayor grado de perfección en el que deberá detenerse la humanidad, y por grande que se mantenga el abismo que separa la idea de su ejecución, nadie puede ni debe determinar tales cosas, porque solo la libertad es capaz de traspasar todos los límites que se propongan»[27]. Y aunque podamos discutir otras muchas cosas, lo cierto es que «Ilustración» supuso un interés por comprender la evolución histórica del espíritu humano. Como ha resumido acertadamente el filósofo francés Michel Foucault, la pregunta «¿Qué es Ilustración?» señala «la discreta aparición en la historia del pensamiento de un interrogante que la filosofía moderna no ha sido capaz de responder, pero tampoco de eludir»[28]. Y –añade– ha constituido inevitablemente una pregunta que «buscaba una diferencia: ¿qué diferencia real introduce el hoy respecto al ayer?».

Puesto que, como vio Foucault, la Ilustración fue sin lugar a dudas un proceso continuo, es posible que ningún movimiento cultural o intelectual anterior o previo haya sido tan profundamente consciente del lugar que ocupó en la historia. En este punto, se distingue de los dos grandes periodos de cambio que la precedieron, el Renacimiento y la Reforma, de los cuales, como veremos, se consideró continuadora en muchos aspectos fundamentales. Muchos habitantes de los siglos XV y XVI hablaron de la experiencia de «*un* renacimiento», es decir, una recuperación de valores y formas de vida que, según su percepción, estaban enterrados desde la destrucción del mundo antiguo; pero pocos, o ninguno, sentían de verdad «*el* Renacimiento» como un periodo histórico. Sabían que el mundo había cambiado, pero no atribuían un significado histórico definitivo al cambio. Otro tanto puede decirse de «la Reforma», que pretendía restablecer lo que se pensaba que había sido la primitiva Iglesia apostólica, más tarde pervertida y degradada por siglos de corrupción romana. No cabe duda de que muchos reformadores, y algunos de sus críticos con conciencia histórica, como Paolo Sarpi, que vivió en la Venecia del siglo XVI, sabían que la Cristiandad estaba dividida, quizá irremediablemente, pero no eran conscientes de que los actos y las ideas de Lutero y de Calvino pudieran cambiar la cultura europea para siempre. Y desde luego no era esa su intención. Si el Renacimiento y la Reforma son para nosotros dos épocas claras y diferenciadas del pasado, dos momentos de un gran cambio cultural, moral e intelectual, se debe en gran parte a la «Ilustración», que, conocedora de su propia identidad histórica, los convirtió en sus precedentes.

La Ilustración –y así lo dijeron todos sus exponentes– fue, como buena corriente filosófica, una corriente *crítica*. En este sentido, cabe hablar de auténtico inicio de la modernidad en tanto que proceso abierto en continua progresión y objeto de análisis y revaluación constante. Tuvo, como veremos, una idea clara de cuál era y por qué la dirección que debía tomar la humanidad, pero nunca puso límites a su futuro desarrollo. El objetivo era alcanzar el «estado de civilización» de Condorcet, pero una vez logrado no había por qué detenerse. No existía un final de la historia.

Al contrario que el Renacimiento o la Reforma, la Ilustración no empezó queriendo recuperar un pasado sacralizado, sino atacándolo en provecho del futuro. Si calificamos un siglo de «filosófico» únicamente por rechazar el conocimiento de siglos anteriores, escribía Jean D'Alembert, matemático, filósofo, maestro de Concorcet y una personalidad sobre la que volveremos con frecuencia, entonces el XVIII debería denominarse «siglo de la Filosofía por excelencia»[29]. Fue una época que quiso destronar toda premisa intelectual, todo dogma, todo «prejuicio» (una de las palabras favoritas) que previamente hubieran ejercido alguna influencia en el espíritu humano. En un famoso pasaje de la primera de sus tres grandes críticas, la *Crítica de la razón pura* (ella misma, por descontado, una obra crítica), decía Immanuel Kant:

[La nuestra] es una auténtica época crítica y a la crítica ha de someterse todo. La religión por sagrada y la legislación por su carácter majestuoso se han creído exentas, y con ello se han ganado la lógica desconfianza de los demás. Por tanto, no pueden pretender el genuino respeto que la Razón garantiza solo a las cosas capaces de soportar un examen público y libre[30].

El deber de todo ilustrado –decía el barón de Holbach, uno de los polemistas más radicales del siglo XVIII– era «atacar la fuente de los prejuicios que ha padecido durante tantos siglos la especie humana»[31]. Para los integrantes de lo que Kant llamó «la parte pensante de la sociedad», *no* actuar, *no* cuestionar, equivalía a un estado de infantilismo prolongado, pues, así como los seres humanos no pueden prolongar para siempre su infancia, estancarse en la niñez intelectual equivale a aceptar la negación del propio ser. Los escritores de la Ilustración, según el relato entusiasta de Condorcet, querían «probar que conocían una verdad independiente de los dogmas religiosos, esenciales o sectarios y que era en la constitución moral del hombre donde había que buscar el fundamento de sus obligaciones y el origen de sus ideas sobre la virtud y la justicia»[32]. Ellos eran los auténticos *philosophes*. Hablaban con distintas voces, escribían en muchas y diferentes lenguas y empleaban formas de expresión tan diversas como la poesía o la biología; no obstante, y aunque ninguno utilizó jamás el término, todos colaboraban en un único «proyecto».

2

La expresión «proyecto ilustrado», citada incluso en exceso, fue acuñada probablemente hace unos treinta años por el filósofo escocés Alasdair MacIntyre (sobre el que volveré más adelante). No se trata de una expresión gratuita. Para MacIntyre, el proyecto aspiraba exclusivamente a aplicar el intelecto racional a los turbios confines de la mente humana, allí donde acechan los peligros, las fuerzas antisociales del prejuicio, la religión, la superstición y las emociones ingobernables e inconcebibles; cosas todas que conspiran para privar al individuo autónomo del conocimiento y del dominio de sí mismo. Ilustración, como decía Wieland, es «luz suficiente... para que aquellos que se iluminan con ella no sean ciegos ni displicentes y para que nada les impida querer ver y ser capaces de ver». Todo lo cual significa separar lo verdadero de lo falso, desenredar lo que está enredado, dividir lo complejo en sus componentes sencillos y luego seguirlos hasta sus orígenes. Y por encima de todo, significa que «ningún concepto o pretensión que los hombres tomen por verdaderos están libres de un análisis ilimitado». Solo así será posible reducir finalmente «la enorme cantidad de errores y engaños perniciosos que oscurecen el entendimiento humano»[33]. El fallo, según la opinión de MacIntyre, estaba en que el empeño en la primacía de la razón y el «debate racional» había acabado siempre por desterrar del espíritu humano lo que, desde tiempos de Aristóteles, era el principal sostén de la vida moral, intelectual y política: el concepto de virtud. Una pérdida por la que los hombres no habían recibido nada a cambio. Sus «luces» intelectuales eran en realidad oscuridad moral[34].

Pero MacIntyre no es el responsable de esta imagen de la Ilustración como mera aplicación de la razón a las enormes complejidades de la condición humana. Sus artífices fueron los primeros románticos, algunos de los cuales habían crecido a la sombra de la Ilustración. Ansiosos por sustituir lo que consideraban el frío racionalismo, el desalmado secularismo y el cosmopolitismo árido y desarraigado de la Ilustración por un apasionado apego a la patria, a la tierra y a los sentimientos, juzgaron la cultura filosófica de la Ilustración un intento de someter implacablemente a toda la humanidad al peso muerto de lo que ellos, significativamente, llamaban el «imperio de la Razón». Aquello que antes se consideraba un instrumento de libertad pasó a considerarse una forma de esclavitud; lo que antes servía para desenmascarar la confusión intelectual y los engaños de la religión y de la entrega acrítica a las costumbres, pasó a considerarse una forma de engaño en sí misma. La razón humana, se decía, era, en el mejor de los casos, un instrumento lleno de imperfecciones para entender la condición humana; y la fe supuestamente acrítica que la Ilustración depositaba en ella había conducido a formas de esclavitud que en épocas pasadas la historia humana no se había atrevido siquiera a imaginar. Ya en 1774, Johann Gottfried Herder, filósofo e historiador alemán, en principio uno de los más devotos pupilos de Kant y más tarde uno de sus críticos más decididos y perspicaces, condenaba lo que él llamaba el cacareo sobre la «civilización» y la «ilustración» heredado de «nuestros Voltaire y Hume, Robertson e Iselin... clásicos fantasmas del ocaso». Los que «alababan las *luces* de nuestro siglo; es decir su *superficialidad* y su *desenfreno*, su *acaloramiento* en las ideas y su *frialdad* en los *actos,* su *fuerza aparente* y su *aparente libertad,* la *debilidad letal* y el *agotamiento* ocultos bajo la *incredulidad,* el *despotismo* y la *ostentación»,* fueron víctimas de un engaño y su proyecto se quedó en fraude filosófico[35]. A partir de ahí es fácil echar la culpa absoluta de los excesos del positivismo de finales del siglo XIX, de la Revolución Industrial y de los horrores de la modernidad que se siguieron a las perversas ambiciones del «Siglo de la Filosofía».

La caracterización que el Romanticismo hizo de la Ilustración y su consiguiente condena inspiraron un feroz ataque moral no solo contra todas las formas de racionalismo sino contra la totalidad del edificio de la «civilización occidental». La índole depredadora de los europeos constructores de imperios de finales del siglo XIX y los horrores de la primera mitad del XX contribuyeron a consolidar la idea de que toda fe en la capacidad humana de mejora a través de la razón y el conocimiento, todo ensayo de crítica y toda creencia en el universalismo en cualquiera de sus manifestaciones solo podían conducir al camino que supuestamente había recorrido ya Europa: de los engaños de la Ilustración al nacionalismo, al imperialismo, al racismo seudocientífico, a la movilización de las masas por parte del «socialismo científico» y por fin, inexorablemente, a las cámaras de gas de Auschwitz.

Tal vez la versión más extrema y más influyente de este juicio sea la *Dialéctica de la Ilustración,* una obra breve, a veces perversa, pero también inmensamente inteligente, publicada en 1947. Para sus autores, Max Horkheimer y Theodor Adorno, ambos huidos de la Alemania nazi y refugiados en Nueva York, el gran enemigo era la cultura técnica del mundo moderno y las instituciones que la posibilitaron, de cuya manifestación más horrenda los dos habían sido testigos. Todo lo cual, a su parecer, fue posible por la Ilustración. No criticaban la idea de «liberar a los hombres del miedo y hacerlos dueños de sí mismos». La tragedia, tal como ellos lo veían, era que la Ilustración no había conseguido ninguna de las dos metas. Por el contrario, al separar el mito de la razón y entronar esta última como único bien humano, la propia Ilustración se había transformado en un mito, «el mito de que podemos prescindir de la imaginación mítica»[36]. El resultado fue una especie de quimera perversa que dejó tras de sí una estela de atrocidades y cuyo resultado fue «una tierra plenamente iluminada que irradia un triunfal desastre». Engañada por su fe en la capacidad de los seres humanos para superar su estado por medio de la razón, la Ilustración, resuelta a hacer coincidir sus ideas con la realidad, impuso al mundo toda suerte de horrores. Todas las revoluciones intelectuales del siglo XIX, a cuyo estallido contribuyeron a pesar suyo los propios románticos, el auge del nacionalismo, el fracaso de las ciencias humanas creadas por los «inflexibles enciclopedistas», que acabaron por convertirse en positivismo, racismo –«esa soberbia del individuo burgués convertida en barbarie colectiva»– y por fin neodarwinismo, eugenesia, etc.; todo esto y mucho más era para Horkheimer y Adorno el resultado inevitable de la pretensión dieciochesca de vivir exclusivamente conforme a la razón. Antes del siglo XVIII «solo los pobres y los salvajes estuvieron expuestos a la ferocidad de los elementos capitalistas» (ya que incluso el mercado fue una criatura inevitable de la Ilustración), pero cuando la Ilustración se adueñó de la imaginación de los europeos, el autoritarismo y el imperialismo, «la más terrible manifestación de la *ratio*», adoptando la nueva y espantosa forma de fascismo y nacionalsocialismo, se impusieron al mundo entero. «Y fue la mano de la filosofía la que lo escribió en la pared»[37].

Horkheimer y Adorno no fueron los únicos en achacar la responsabilidad del Holocausto a una cierta forma de ilustración. Después de la Segunda Guerra Mundial circularon ampliamente algunas versiones mucho más groseras de su tesis, quizá porque se necesitaba algo mayor que la maldad humana para explicar lo que parecía inexplicable: el horror absoluto de Auschwitz. En julio de 1946, Kurt Kauffmann, abogado defensor de Ernst Kaltenbrunner, el oficial de las SS de más alto rango juzgado en Nuremberg por crímenes contra la humanidad, leyó ante el tribunal una larga digresión sobre el nihilismo moderno. Según su opinión, el racionalismo procedente de Inglaterra se convirtió en «religión del Estado en Francia»; luego «estalló la Revolución Francesa y escribió la idea de la emancipación humana con letras de fuego en el cielo de Europa... El sarcasmo y el desprecio contra todo lo sagrado se apoderó de las masas delirantes...». Más tarde, «estas ideas conquistaron Alemania, que durante aquel siglo miraba a Francia con asombro y reverencia. La religión pasó a ser adoración a la humanidad. Kant dio el paso definitivo cuando extrajo las últimas consecuencias del principio de la ciencia libre». De ahí a la monstruosidad ideológica del Reich de Hitler solo había un paso, y lo dio Hegel. Según Kauffmann, Kaltenbrunner fue poco menos que la víctima de un proceso histórico absolutamente descaminado que había comenzado con la Ilustración francesa[38]. El presidente del tribunal descartó la argumentación de Kauffmann por considerarla «irrelevante para la opinión de los miembros del tribunal». En efecto, a Kaltenbrunner se le consideró culpable y fue puntualmente ejecutado.

No obstante, algunas versiones menos pintorescas de la idea conviven aún con nosotros. Los poscolonialistas y los enemigos radicales de la «globalización» ven en la Ilustración –igual que Horkheimer y Adorno– una apoteosis del racionalismo que menosprecia las diferencias y que, en nombre de la ciencia, destruye el ambiente, despoja a los pueblos indígenas de su dignidad moral y sus derechos legales y, siempre que puede, de su identidad cultural; y que condena a más de dos tercios de la población mundial a la penuria y la miseria para satisfacer las necesidades excesivas del otro tercio. Aunque ya no existan los imperios, el espíritu de la Ilustración, que facilitó su éxito durante el siglo XIX, lejos de desaparecer, se limitó a cambiar de lenguaje. En palabras del filósofo inglés John Gray, la Ilustración imaginó «la emancipación y la civilización universales», pero, en realidad, no hizo más que dar otro nombre al «imperialismo cultural de Occidente»[39]. En la modernidad poscolonial, los herederos de la Ilustración ya no extienden su dominio con la excusa de la «civilización», la emancipación, la autodeterminación o cualquiera de los términos eufemísticos que emplearon los constructores de imperios del siglo XIX para disimular sus intenciones, sino hablando de «desarrollo», «democracia», «buen gobierno», «imperio de la ley», etc. Sus agentes, antes los estados nacionales, son ahora las instituciones internacionales: el FMI, el Banco Mundial y un buen número de instituciones globales de carácter solidario, aparentemente sinceras pero engañadas. Aquel proyecto que comenzó en el siglo XVIII con la apuesta de liberar a los individuos de su dependencia de la rigidez social y los códigos morales con que los poderes seculares y religiosos del antiguo régimen los mantenían a raya, dispuesto a crear una sociedad digna en la que prosperaran los seres humanos, se transformó durante el siglo XX en poco más que un intento de la presuntuosa élite europea de imponer su voluntad y su imagen al mundo entero. Y lo hizo así porque en el fondo de su corazón late la idea errada de que todos los seres humanos pueden y deben elegir la vida que quieren vivir exclusivamente por medio de la razón, al margen de las comunidades, las creencias religiosas, las costumbres y los vínculos afectivos propios del medio en el que han nacido. La razón fue una forma específicamente europea de tiranía.

3

Naturalmente, decir que la Ilustración consistió en someter todos los aspectos de la vida humana a la razón no carece de fundamento. De haberse tratado únicamente de una opinión no habría tenido una vida tan larga. Ser un ilustrado, como dijeron todos, equivalía a ser crítico, y la crítica necesita de la razón. Como argumentaba Kant en la más famosa de las numerosas respuestas que recibió la inquietante pregunta de Zöllner, la razón era lo único que permitía al individuo todavía infantil abandonar la «minoría de edad causada por él mismo». La minoría de edad, explicaba Kant, era la «incapacidad de utilizar el entendimiento sin la guía de otro». La palabra empleada por Kant, *Unmündigkeit,* hace referencia a la situación legal de los niños y las mujeres, que tanto en el código civil romano como en las leyes de la Alemania contemporánea del filósofo carecían de capacidad para representarse ante un tribunal, cosa que debía hacer por ellos un adulto de sexo masculino[40]. Para superar esa minoría, explica Kant sirviéndose de la imagen de un andador, tenían que «abandonar las riendas del carrito que los sujeta». El andador estaba pensado para que los niños aprendieran a caminar; en cambio, el andador de la sociedad, la Iglesia, las convenciones sociales y los prejuicios solo creaban una ilusión de aprendizaje; en realidad, tenían la intención de mantener al niño atado de por vida. ¡Y era tan fácil –reflexionaba Kant– y tan cómodo aceptar la situación! La mayor parte de los hombres (y la totalidad del «bello sexo» –Kant no hablaba como un ilustrado cuando se refería a la mujer) vivía de un modo más parecido al de los niños o los animales domésticos. «Si dispongo de un libro que piensa por mí, de un pastor que tiene conciencia por mí, de un médico que juzga mi dieta por mí, etc., es evidente que no necesito preocuparme de mis cosas. Basta con que pueda pagarlo para no tener la necesidad de pensar; otros se harán cargo en mi lugar de las labores tediosas». La Ilustración dará al individuo la posibilidad de caminar por su cuenta. Liberará al hombre (y poco a poco también a la mujer) de las limitaciones que se le han impuesto. No obstante, para llegar a esa conclusión deberá cuestionarse qué es lo que han dicho su pastor, su médico, los libros que lee e incluso los gobernantes que le gobiernan. Tendrá que renunciar a «los dogmas y a las fórmulas, a todos esos instrumentos mecánicos del uso (mejor dicho, del mal uso) racional de los talentos naturales de la humanidad», a todo aquello que representaba «la bola y la cadena de su permanente minoría de edad»[41]. Y para lograrlo, tendrá que pensar por sí mismo. Para Kant, aunque ni mucho menos solo para él, el lema de la Ilustración era la célebre frase de Horacio, *sapere aude*, es decir «atreverse a saber», y no cabe duda de que para saber hay que recurrir a la razón.

Sin embargo, como espero demostrar, no todo acababa aquí[42], porque en el centro del «proyecto ilustrado» estaba la voluntad de alcanzar ni más ni menos que una nueva definición de la naturaleza humana, para lo cual no basta con aplicar la razón con absoluta libertad. Se necesitaba, en primer lugar, comprender las «pasiones», especialmente las que en el siglo XVIII se denominaban «sentimientos». Se necesitaba una reevaluación completa de la sociabilidad humana y, por descontado, de la historia de los hombres; además de una nueva forma de entender el lugar que ocupa la humanidad en la naturaleza contando con que la naturaleza no depende de ningún designio divino. Se necesitaba un estudio de las diferencias –y de las semejanzas–, en particular las que presenta-

ban los millares de pueblos repartidos por toda la Tierra. El
resultado fue lo que durante el siglo XVIII se denominó
«ciencia del hombre», que sustituía a todas las ideas anteriores –muy especialmente las de los teólogos– sobre la condición humana. La Ilustración aspiraba a describir y definir a la
humanidad en sus aspectos inmensamente variados, como lo
habían hecho –con otros métodos e instrumentos– las ciencias naturales que durante el siglo XVII lograron avances
asombrosos en la descripción y definición del mundo natural. Según la concepción de D'Alembert, la nueva ciencia
compararía una serie de «mapamundis basados en distintas
proyecciones», un hilo o una «cadena» de verdades –a
D'Alembert le gustaba mezclar sus metáforas– que guiara a la
humanidad para salir del laberinto en el que había estado
presa durante siglos[43]. El proyecto consistía en demostrar la
verdad irreductible de dos supuestos básicos que, desde entonces, han sido fuente de controversia. El primero dice que
si bien la especie humana es única entre las especies animales,
no tiene nada que ver con la divinidad (ni siquiera aceptando
que esa divinidad exista). La «ciencia del hombre» había de
ser resueltamente laica. El segundo afirma que existe una
«naturaleza humana» universal que puede ser entendida allí
donde se encuentre. Las numerosas, evidentes y reconocibles
diferencias entre europeos, asiáticos, africanos y amerindios
eran el resultado del ambiente, la educación y la cultura. Aunque tales cosas no se consideraban irrelevantes o accesorias,
ninguna pertenecía a la estructura de la condición humana.
De todo ello se desprende que los seres humanos comparten
una disposición común a la vida social, universal y política en
lo que en última instancia podría denominarse la «ciudad
mundial» o «cosmópolis».

Según el filósofo contemporáneo francés Jean-François Lyotard, introductor del término «posmodernismo», los seres humanos son básicamente criaturas narradoras, no tanto *Homo sapiens* como *Homo fabulans,* y lo que se cuentan unos a otros mantiene viva su conciencia. Las religiones y los sistemas políticos son relatos, y el gran problema de la historia del pensamiento occidental –se lamentaba en 1978– era que procedía de lo que él llamaba el «metarrelato» *(grand récit)* de la Ilustración. La finalidad de aquel metarrelato no era someter la indócil personalidad humana a la razón, sino crear –siempre según Lyotard– el imposible concepto de identidad humana universal; un destino humano universal que él denominaba «cosmopolítico»[44]. En eso consistía la historia del mundo moderno, que –o así lo creía él– iba a ser sustituido por el mundo «posmoderno». El mundo moderno había «arraigado en el lector a través de siglos y siglos de humanismo y de "ciencias humanas"». En la medida en que ese fue efectivamente el objetivo del «Siglo de la Filosofía», Lyotard lleva razón. La presente obra tiene la intención de explicar cómo llegó a ser así.

1. Toda coherencia perdida

1

En 1835, Alexis de Tocqueville, aristócrata liberal y ocasional parlamentario, se dispuso a registrar y analizar sus impresiones sobre la sociedad absolutamente nueva y sin precedentes que había aparecido al otro lado del Atlántico. Comenzó por brindar a sus lectores franceses una idea de cómo había llegado a ser lo que era una nación tan bisoña como los Estados Unidos de América: tan evidentemente hija de Europa y de la Ilustración, y aun así, en tantos aspectos, tan distinta a Europa y tan peligrosamente poco ilustrada. Tocqueville creía que los Estados Unidos eran tal vez el beneficiario inconsciente de un extraordinario proceso histórico europeo comenzado en el siglo XVI, durante el cual, Martín Lutero y Juan Calvino, los grandes reformadores religiosos, «sometieron algunos dogmas de la antigua fe a la razón individual». No obstante, y a pesar de su modernidad aparente, ambos, en especial Martín

Lutero, «no salieron del estrecho círculo de las ideas religiosas». Un siglo más tarde, Francis Bacon, científico, filósofo, ensayista y político inglés, y el filósofo francés René Descartes, extrajeron del reino de la religión la obra de Lutero para convertirla en una «filosofía propiamente dicha, capaz de superar las fórmulas heredadas, destruir el imperio de la tradición y derrocar a la autoridad establecida». Y con ello hicieron posible lo que desde entonces se ha conocido por «revolución científica». Aproximadamente un siglo después, los pensadores de la Ilustración «generalizaron los mismos principios, para que los hombres sometieran al examen individual todas las cosas que eran objeto de fe»[1]. De este proceso histórico nació el mundo moderno y con él la sociedad moderna quintaesenciada: los Estados Unidos de América.

Tocqueville volvía la mirada al siglo que había producido dos revoluciones igualmente grandes y al mismo tiempo muy distintas –la americana y la francesa– que, juntas, como él apuntaba, transformaron el mundo para siempre. Y escribía también cuando ya los atributos más evidentes de la Ilustración habían desaparecido barridos por la enorme carnicería de las guerras napoleónicas, pero su breve historia del nacimiento del mundo moderno, aunque impresionante en sí misma, no era del todo nueva. En 1759, más de medio siglo antes de que él escribiera *La democracia en América,* y en un mundo radicalmente diferente, Jean-Baptiste Le Rond D'Alembert –por emplear su nombre completo– había llegado a conclusiones prácticamente idénticas. D'Alembert, hijo ilegítimo de la novelista y *salonnière* Claudine Guérin de Tencin y de un acaudalado oficial de artillería llamado Louis-Camus Destouches, fue, entre otras cosas, matemático, filósofo y musicólogo, secretario permanente de la Academia

Francesa y editor, con Denis Diderot, de uno de los productos más característicos de la Ilustración: la *Encyclopédie,* publicada en varios volúmenes y redactada por varios autores con la intención de abarcar la totalidad del conocimiento humano, desde la filosofía hasta la hidrografía. D'Alembert fue un hombre agudo, cortés y, como la mayoría de los grandes escritores de la Ilustración, un feroz enemigo de toda clase de dogmas. Al contrario que los científicos y los hombres de letras distinguidos –que generalmente gustaban de adoptar poses mucho más serias–, en el retrato que le pintó Quentin de La Tour en 1754, D'Alembert aparece con una sonrisa burlona en los labios. Poseía también un profundo sentido histórico. Comenzó sus *Ensayos sobre los elementos de la filosofía* con un breve esbozo de la «mentalidad del hombre de mediados del siglo XVIII». Todos los siglos, explicaba D'Alembert, cuando llegan a la mitad de su recorrido –es decir, el momento en el que él escribía– desean desprenderse de lo acumulado hasta el momento. Así, a mediados del siglo XV, la toma de Constantinopla por el sultán Mehmed II en 1453 provocó el exilio a Italia de los intelectuales bizantinos, artífices «del renacimiento de las letras occidentales». Luego, a mediados del siglo XVI, aparecieron los reformadores, Lutero y Calvino, «apoyados por unos y atacados por otros con el fervor que solo los intereses de Dios, bien o mal entendidos, inspiran en los hombres», y entre los dos destruyeron las certezas dogmáticas de la religión. Como consecuencia de esta serie de acontecimientos, «conocimientos de todo tipo y la ilustración salida de los errores y las controversias abordaron incluso ciertos asuntos en sí mismos muy alejados de tales polémicas». Más tarde, a mediados del siglo XVII, llegó Descartes, fundador de una nueva filosofía; y por fin, a mediados del XVIII, «a juzgar por aquellos acontecimientos que nos mueven a actuar o que nos ocupan por elección nuestra, por nuestras costumbres, nuestras obras y nuestras conversaciones... se advierte un cambio notable en las ideas».

La invención y la aplicación de las nuevas formas de filosofar, esa especie de entusiasmo que acompaña a todos los descubrimientos, una cierta exaltación de las ideas que produce en nosotros el espectáculo del universo... todas estas cosas han estimulado de tal modo la mente humana que, impulsada en todos los sentidos por su propia naturaleza, ha barrido con lo que tenía delante, como un torrente que revienta sus diques y arrasa violentamente aquello que encuentra a su paso... Los hombres más lentos se han visto obligados a sacudirse el yugo de la opinión; la mayoría, una vez desechadas tantas cosas, rompió con las restantes... y después de esforzarse mucho por desandar sus pasos, buscaron y acabaron por aceptar un nuevo sistema de ideas como una suerte de recompensa por su valor y sus obras. Así, desde los principios de las ciencias profanas [naturales] hasta los fundamentos de la ciencia revelada, desde los problemas de la metafísica hasta los del gusto, desde la música hasta la moral, desde las controversias teológicas hasta los temas propios de la economía y el comercio, desde la política hasta el derecho de los pueblos y la jurisprudencia civil... en una palabra, desde las cosas que nos afectan de pleno hasta las que menos nos afectan, todo ha sido objeto de discusión, de agitación, de análisis.

Pero no todo lo que salió de aquel torbellino fue admirable. A D'Alembert, el escepticismo y la ironía en lo relativo a la falibilidad humana no le permitían aceptarlo sin más. «Una luz nueva en algunas cuestiones y una nueva oscuridad en otras... produjeron esta efervescencia general del espíritu, así como el

ir y venir del mar trae unas cosas a la playa y se lleva otras».
Pero, al final, cualesquiera que fueran los valores duraderos del
«Siglo de la Filosofía», había llegado el momento de «determinar el objetivo, la índole y los límites de esta revolución, cuyas ventajas e inconvenientes serán mejor conocidos por la posteridad que por nosotros». La finalidad de la *Encyclopédie* sería
proporcionar un registro duradero del conocimiento humano,
capaz de «hacer por nuestro siglo y por los que han de venir lo
que... nuestros ancestros no lograron hacer por nosotros»[2].

En cierto modo, todo lo dicho puede sonar a una reducción de la historia a la certeza del álgebra, pero sirve para comprender lo que aquellos que se tuvieron por arquitectos del
nuevo mundo ilustrado debieron al Renacimiento y más directamente a la Reforma –entendida no como una renovación religiosa, sino como una revolución que destronó efectivamente a todas las religiones– y a la filosofía racionalista que
se desarrolló a partir de la obra reformadora. No obstante, el
«Siglo de la Filosofía» se distinguió del Renacimiento y de la
Reforma en que ya no hubo marcha atrás. La Ilustración era
un proceso continuo que quizá nunca llegaría a completarse,
pero todos los que participaron estaban seguros de su carácter
irreversible. Como Condorcet había dicho en 1782 a la Academia Francesa, el enorme progreso de las ciencias naturales
«asegura ya el progreso de las ciencias morales» y eso «nos
preservará de la vuelta a la barbarie». Fue un tema recurrente.
En aquella nueva edad ilustrada, en aquella «época feliz»,
Condorcet garantizaba a sus colegas lo siguiente: «... la especie
humana no repetirá nunca más esa alternancia de periodos de
luces y sombras a la que, según parece, nos tenía condenados la
naturaleza». La verdad había triunfado definitivamente. «¡La
humanidad se ha salvado!»[3].

La somera prehistoria concebida por D'Alembert y Tocqueville se convirtió a grandes rasgos en la genealogía más repetida de la Ilustración: el Renacimiento había preparado el terreno a la Reforma, sin la cual no habría podido darse la revolución científica del siglo posterior, que sentó las bases del «Siglo de la Filosofía».

En realidad, los historiadores no están seguros de que en el siglo XVII se pueda hablar con propiedad de revolución científica –sí de cambios significativos, pero no tanto de *revolución*– y observan que una gran parte del pensamiento anterior, del cual no es lo menos representativo la fe en el Dios cristiano, sobrevivió durante todo el siglo y aún más allá. Isaac Newton –el «último mago», como le llamó en el siglo XX el prestigioso economista John Maynard Keynes– escribió más de teología que de matemáticas (aunque ya entonces las matemáticas ocupaban poco espacio en la página). Y no solo de teología. En 1936, cuando Sotheby's subastó los documentos personales de Newton, se descubrió que también sentía un interés profundo y bastante crédulo por la astrología (en ese momento muy relacionada con la astronomía) y, aún más desconcertante, por la alquimia, y que hasta el día de su muerte había tenido la esperanza de convertir el plomo en oro, una especie de ambición quijotesca, por no decir sencillamente una perversión, para el futuro «guardián y director de la Casa de la Moneda»[4].

Aun así –ninguna revolución lo ha cambiado nunca todo–, la enorme transformación de todas las facetas del conocimiento, desde la astronomía hasta la filosofía moral, que ciertamente tuvo lugar en el siglo XVII, supuso un cambio en la forma y los medios de entender el cosmos que no ha conocido parangón hasta el siglo XX con la llegada de la tecnología del ordenador, y puede que tampoco entonces. Naturalmente, no fue, como Tocqueville y D'Alembert querían hacernos creer, la obra de dos hombres. Desde Bacon hasta Descartes, deberíamos añadir, entre otros, al físico italiano Galileo Galilei, al astrónomo y matemático francés Pierre Gassendi, a Isaac Newton y a los filósofos John Locke y Thomas Hobbes. Al humanista holandés Hugo Grotius y al judío hereje y filósofo Baruch Spinoza se les reconocen también sendas aportaciones decisivas. Y otro tanto puede decirse del cartesiano francés Nicholas Malebranche y del enciclopedista y hugonote Pierre Bayle.

Todos estos pensadores del siglo XVII, cada cual a su modo, llevaron a cabo la destrucción sistemática de lo que en el siglo XVIII se llamó «el sistema». Dicho en sentido peyorativo, como era el caso general, el «sistema» solía identificarse con la teología y, más concretamente, con lo que durante mucho tiempo se conoció por «escolástica». «Escolástica» fue en origen un término impreciso para nombrar, sin otras intenciones, lo que se enseñaba en las «escuelas» –es decir, en las universidades de la Europa medieval–, donde un «escolástico» no era otra cosa que un profesor. No obstante, los profesores siempre han tenido una fama dudosa, y en el siglo XV el término «escolástica» se convirtió en un insulto contra los practicantes del mal latín y del razonamiento artificioso. Se acusaba a los escolásticos de malgastar el tiempo, el suyo y el de sus alumnos, con preguntas abstrusas, cuyas respuestas, cuando existían, no interesaban a nadie fuera del ámbito universitario. Es dudoso que alguna vez se organizara un debate sobre cuántos ángeles podían bailar en la cabeza de un alfiler, pero con estos ejemplos se querían caracterizar los principales temas de la mayoría de las discusiones teológicas. Era, claro está, una caricatura de lo que en realidad constituyó un imponente edificio intelectual, pero como en todas las caricaturas, también en esta había algo cierto. Según lo que D'Alembert decía de los «escolásticos» cuando su influencia no había desaparecido en absoluto, sus «preguntas vacías y académicas tenían tan escasas posibilidades de instruirnos como de hacernos mejores»[5].

La mayoría de los escolásticos eran teólogos. La teología –estudio *(logos)* de Dios *(theos)*– se ocupaba de las llamadas causas «primeras», lo que, partiendo del título de una de las obras de Aristóteles, pasó a denominarse «metafísica», es decir, aquello que está «más allá» o «después» de la física; obviamente, la elucidación de las siempre misteriosas intenciones de la divinidad. Por tanto, la teología, al menos para los profesionales, se consideraba la «madre de las ciencias». A lo largo de la Edad Media, y en algunos lugares incluso hasta el siglo XVIII, las que hoy llamamos filosofía moral, jurisprudencia, epistemología y psicología, se estudiaban como materias dependientes de la teología. La mayor parte de los grandes teólogos habían escrito sobre estos temas desde el siglo XIII. La teología había nacido para comprender la naturaleza del Dios cristiano a través de los escritos dispersos dejados por sus seguidores, especialmente la Biblia y, dentro de la Biblia, el Nuevo Testamento, pero como tales escritos ofrecían poco más que una ética rudimentaria, los teólogos cristianos se vieron obligados a buscar en otra parte las respuestas a las grandes preguntas sobre la naturaleza del universo. Era inevitable que se dirigieran a las fuentes griegas, las únicas a su disposición, para convertir el cristianismo –en lo fundamental un culto mistérico que abominaba del mundo en la Roma de los últimos tiempos– en un «judaísmo helenizado», por emplear una expresión reciente. En el siglo XIII, gracias a la obra enciclopédica del gran dominico santo Tomás de Aquino, aquella teología fuertemente helenizada pasó a ser un estudio exhaustivo del mundo natural y del elevado lugar que ocupaba el hombre en él. Santo Tomás, el «doctor angélico», aristócrata y dominico, nacido en el sur de Italia, primo de los Hohenstaufen, una familia del Sagrado Imperio Romano Germánico, era gordo y genial, tan gordo que al final de su vida hubo que fabricarle ex profeso un escritorio en el que se había practicado una incisión para que acomodara su abdomen. Y quizá fue también el más original e influyente de los pensadores cristianos durante los años que separan a san Agustín, autor en el siglo v de *La ciudad de Dios*, la obra fundamental de la teología cristiana, de John Locke y Thomas Hobbes, que vivieron en el xvii. Naturalmente, el «tomismo» no era la única escuela teológica, pero poco a poco fue imponiéndose en las facultades de las universidades europeas y hoy en día es la doctrina semioficial de la Iglesia católica.

Los primeros ataques contra la «escolástica» llegaron de los humanistas del siglo xv, que ridiculizaban su forma de argumentar y la «bárbara» jerigonza latina de sus escritos, pero fue en el siglo xvii cuando de verdad se demolió el edificio metafísico. Con todo, mantuvo su influencia en muchas universidades europeas hasta bien entrado el siglo xviii, cuando todavía se consideraba el rival más peligroso de la «nueva filosofía» o, como la llamaban los *lumières* franceses, de la «Filosofía» a secas. La «escolástica –advierte D'Alembert en el "Discurso preliminar" de la *Encyclopédie*–, que abarcaba las que se llamaron ciencias durante los siglos de la ignorancia, impide aún el progreso de la Filosofía en este primer siglo de la Ilustración»[6].

El método de los escolásticos se basaba principalmente en la llamada «hermenéutica». Esto es, su ciencia consistía en una concienzuda lectura y relectura del canon de unos textos supuestamente autorizados, que a la altura del siglo XVI habían sobrepasado la Biblia para incluir la obra de los primeros teólogos griegos y latinos, de los «Padres de la Iglesia» y de un selecto número de santos denominados «Doctores de la Iglesia» (hasta la fecha, treinta y tres), junto con un canon de autores clásicos griegos y varios romanos; el más importante de todos ellos, con gran diferencia, Aristóteles, cuya autoridad durante casi toda la Edad Media fue tan grande que se le conocía sencillamente por «el Filósofo».

Cuando el brillante y precoz Thomas Hobbes –que representará un papel importante en este relato–, hijo de un clérigo renegado, llegó a Oxford en 1603 para iniciar sus estudios, los escolásticos –se lamentaba– habían reducido la filosofía a lo que él llamaba mordazmente «mera aristotelidad»[7]. «La filosofía natural de estas Escuelas –diría más tarde– era más un sueño que una ciencia y se exponía con un lenguaje necio y trivial». Pero no solo era ilusoria la «filosofía natural»; es decir, las ciencias naturales. «Yo creo –añadía– que no existe nada más absurdo en el terreno de la filosofía natural que lo que ahora se llama *Metafísica aristotélica;* nada más repugnante para el gobierno que lo que él dijo en su *Política;* ni nada más ignorante que gran parte de su *Ética*»[8]. (En 1683 Oxford se vengó de su desprecio con la quema ritual de sus dos obras mayores, *Leviatán* y *De Cive*).

La meta principal de los grandes filósofos y científicos de la naturaleza del siglo XVII era destronar a la escolástica aristotélica, lo que en la práctica significaba destronar a la teología. Pocos de estos hombres –si hubo alguno– tuvieron nada que objetar al estudio de Dios como tal, siempre que se limitara a la comprensión de la divinidad –el *theos*– y tampoco pretendían inmiscuirse en los instrumentos que ayudaban a comprender las operaciones del mundo natural o a imponer cómo debían vivir su vida u organizar sus sociedades los hombres. Sostenían que todo lo que entraba en las ciencias naturales –y lo que en el siglo XVIII se llamaría «ciencia del hombre»– solo podía entenderse a través de la experiencia directa. Sobre estos asuntos ni Dios ni sus teólogos tenían nada que decir. «Teólogos, ocupaos de lo vuestro», aconsejaba ya en 1588 Alberico Gentili, jurista italiano y renegado protestante que llegó a ser *Regius Professor* de derecho civil en Oxford. Varios siglos más tarde, en 1833, el filósofo alemán Friedrich Schelling resumiría en pocas palabras la trayectoria: «La historia de la filosofía moderna –escribió– va del derrocamiento de la escolástica hasta nuestros días». Se trata quizá de una simplificación, pero en lo esencial estaba en lo cierto. Poco a poco la escolástica fue sustituida en casi todas las universidades de Europa por lo que significativamente solía denominarse «filosofía mecánica»; es decir, una filosofía basada únicamente en los irreductibles e incontestables primeros principios y en la experiencia directa; una filosofía que, en palabras de Schelling, «había borrado como una esponja» todo lo anterior[9].

La revolución que produjo cambió para siempre el paisaje intelectual de Occidente y abrió enormes posibilidades al conocimiento científico, porque al arrinconar a la teología se acabó con la idea de que solo podía existir una fuente de conocimiento o una autoridad. Pocos escolares ignorarán la anécdota del enfrentamiento de Galileo con la Iglesia a propósito de la teoría heliocéntrica. Habiendo llegado a la conclusión, mediante sus propias observaciones y contra la opinión establecida, de que la Tierra gira alrededor del Sol, y no lo contrario, Galileo se halló en una situación muy delicada con la autoridad eclesiástica. Teológicamente hablando, no había nada que dependiera de la antigua visión ptolemaica de los cielos, aparte de la interpretación literal de unas cuantas frases aisladas de la Biblia. El propio astrónomo del Vaticano había confirmado los hallazgos de Galileo, pero el cardenal Roberto Bellarmino (ahora santo y uno de los doctores de la Iglesia), aunque en privado estaba de acuerdo con Galileo, afirmaba que si las resoluciones de la Iglesia en este caso –aunque no era, como él reconocía, materia de fe– podían refutarse mediante la observación directa, ocurriría lo mismo con cualquier otro. Y en efecto, ocurrió. Pero en 1633, después de una larga y enconada lucha, y para salvarse de la condena a muerte por hereje, Galileo se prestó a retractarse de sus opiniones. No obstante, en el momento en que abandonaba la sala de audiencias, remachó concisamente en un susurró: *eppur si mouve* («pero se mueve»). La anécdota, probablemente apócrifa, es muy expresiva, y Galileo, tal vez por ser la víctima más famosa de la Inquisición, se convirtió en el más celebrado adalid de la nueva ciencia. Ni la palabrería clerical ni el antiguo tomismo, ni siquiera la supuesta palabra de Dios (y no es que Dios tuviera que decir nada especial sobre este tema) podían alterar los hechos crudos de la existencia. Pensara lo que pensara la Iglesia –o las iglesias, ya que los protestantes se mostraban tan recelosos como los católicos ante los retos que las ciencias empíricas planteaban a su autoridad–, la Tierra continuaría moviéndose alrededor del Sol por toda la eternidad.

2

Tal como vieron Tocqueville y D'Alembert, los orígenes históricos de esta impresionante transformación se remontaban a la Reforma. En cambio, cualquier persona familiarizada con los escritos de Lutero y de Calvino dudaría de que la verdadera intención de ambos reformadores fuera someter el dogma a la «razón individual». Sería más cierto lo contrario. Lejos del racionalismo, Lutero fue un cristiano fundamentalista que pretendía responder a una inspiración divina; en cuanto a su teología, que distinguía claramente la Ley *(Gesetz)* del Evangelio *(Evangelium),* dejaba muy poco espacio, si dejaba alguno, para lo que él llamaba con desprecio «filosofía» y menos aún para la «razón individual». Pero no fue la teología de Lutero –ni la de su sucesor, Juan Calvino–, lo que puso en marcha la revuelta contra la religión en el siglo XVII. En el caso particular de Calvino, archidogmático y quemador de herejes, el impulso –así lo dejó dicho François-Marie Arouet (más conocido por su apodo de «Voltaire»)– era un «odio teológico» tan profundo como el de sus rivales católicos. Lo que al final acabó con el poder y el crédito de la Iglesia católica y de todas las iglesias no fue la Reforma, sino las terribles guerras de religión que se prolongaron desde mediados del siglo XVI hasta mediados del siglo XVII y el enfrentamiento por las diferencias teológicas que trajeron consigo[10]. Como dijo Voltaire, si alguien en aquel momento le hubiera contado a Lutero que «iba a destruir la religión de Roma en media Europa, no se lo habría creído. Llegó mucho más allá de lo que pretendía, como suele ocurrir en todas las disputas y en casi todos los asuntos humanos»[11].

El torbellino que siguió al enfrentamiento de Martín Lutero con la Iglesia en los años veinte del siglo XVI dejó a toda la Cristiandad dividida contra sí misma. Por primera vez en la historia, los pueblos de Europa no se enfrentaban unos a otros por las aspiraciones dinásticas, el territorio o la defensa de los supuestos derechos de sus gobernantes, sino por la fe.

Aunque, en realidad, tanto en las guerras de religión francesas (1562-1598) como en la Guerra Civil inglesa (1642-1651) o en el enfrentamiento entre España y Holanda (1568-1648) – llamado en España la «Rebelión de Holanda», y en Holanda, la «Guerra de los Ochenta Años», y propagado desde el norte hasta los mares del sur de China– estuvo en juego algo más que la gracia de Dios o la autoridad del Papa. Como ocurre con la mayor parte de las ideologías, el catolicismo en sus distintas versiones, así como las diversas tendencias del protestantismo que se le oponía, resucitaron antiguas divisiones y, a lo largo y ancho del continente, dieron fuerza a varios grupos disidentes armados de nuevos argumentos para respaldar creencias antiguas. Aun así, y pese a las dosis de cinismo y de oportunismo que incluye necesariamente todo conflicto ideológico, fue la religión lo que dividió Europa y la convirtió durante más de un siglo en una tierra letal.

La mayor y la última de estas conflagraciones fue la que hoy llamamos Guerra de los Treinta Años. Comenzó en 1618, con la deposición de Matías, emperador del Sacro Imperio Romano Germánico, que fue rápidamente sustituido por el protestante Federico V del Palatinado. El conflicto, extendido por el centro y el este de Europa, arrastró en un momento u otro a la totalidad de los principales estados del continente, desde España hasta Suecia. Los enormes ejércitos formados a tal efecto dejaron inmensas zonas de Europa en ruinas llameantes. La sangría produjo millones de muertos. Según los cálculos, 5.750.000 víctimas, que, consideradas conforme al porcentaje de la población mundial, arrojan un resultado considerablemente mayor que el de la Primera Guerra Mundial[12]. Otros millones murieron de hambre y de enfermedades. Cuando al fin terminó, había perecido más de un tercio de la población de Europa central. Como subrayó un Voltaire atónito al releer su propio relato de la carnicería: «¿Es una historia de tigres y de serpientes la que acabo de escribir? No, es una historia de hombres; los tigres y las serpientes no tratan de esa forma a su propia especie»[13].

En 1644, las legaciones de unas doscientas potencias protestantes y católicas se reunieron en Westfalia, una provincia del noreste de Alemania, para negociar un acuerdo. Casi cuatro años más tarde, después de muchas discusiones, la mayor parte centradas en cuestiones de protocolo, primero el 30 de enero y luego el 24 de octubre de 1648, se llegó por fin a un acuerdo definitivo entre los participantes. La «Paz de Westfalia», como se conoció, fue el primer tratado entre naciones soberanas con el que se logró una paz duradera y no, como en los anteriores, un mero acuerdo de cese el fuego temporal. Fue también la primera reunión auténticamente internacional de los estados europeos, y la primera en reconocer formalmente la existencia de dos estados nuevos, las Provincias Unidas de los Países Bajos, que había proclamado su independencia efectiva de España cuarenta años antes, y la Confederación Suiza, que se convertía en una república soberana independiente del imperio de los Habsburgo. Pero lo más importante es que la Paz de Westfalia confirmó que los «agravios de la religión» habían sido «en gran parte la causa y la ocasión de la presente guerra». A partir de ahí, quedó establecida la línea divisoria entre lo público y lo privado, se estableció el derecho a la tolerancia religiosa y se excluyeron para siempre del escenario político las diferencias confesionales y el Papado. No sorprende que el Papado fuera la única parte en conflicto que se negó de plano a suscribir el acuerdo.

Según la opinión de Inocencio X, después de reunir todos los epítetos peyorativos que se le pasaron por la cabeza, el acuerdo era: «nulo, inválido, inicuo, injusto, inane, merecedor de condena y reprobación y vacío de significado y de efecto por siempre jamás»[14]. Pero en aquel momento solo tenía cerca a sus obispos y unos cuantos fieles para que le oyeran. Incluso sus majestades más católicas, los reyes de España y de Francia, aceptaron sin discusiones que a partir de ese momento la religión no desempeñaría ningún cometido en la política internacional. En adelante, las monarquías de Europa emplearían la siguiente fórmula para definir la relación del Estado con la Iglesia: *cuius regio eius religio,* cuya traducción viene a decir que compete al rey decidir cuál ha de ser la religión del reino. Fue una solución clara, aceptable y esencialmente secular a un problema que durante casi un siglo había sembrado el continente de cadáveres[15].

Pero el tratado no logró una paz inmediata, ni siquiera duradera. El enfrentamiento se prolongó nueve años más en Alemania. De 1648 a 1656 Polonia y Lituania se vieron invadidas por oleadas de suecos y de cosacos rusos y ucranianos que acabaron con un tercio de la población. Los polacos aún lo llaman «el Diluvio» y lo consideran una de las peores calamidades de su historia especialmente calamitosa. Siguió, en 1650, la primera de las guerras anglo-holandesas (hubo tres en total), en 1660 la guerra anglo-española, en 1668 la llamada «Guerra de Devolución» entre España y Francia, en 1701 la Guerra de Sucesión en España, etc.

Pero ninguno de estos conflictos estalló por razones religiosas. Tampoco fueron guerras civiles, los más sangrientos y devastadores de los conflictos humanos. A partir de 1648 las naciones europeas no volvieron a la guerra por sus desacuerdos sobre las intenciones de Dios respecto a la humanidad. (Tal vez la única excepción sea Irlanda, donde las diferencias confesionales aún pueden tener consecuencias sangrientas, pero es que allí la religión se convirtió en una causa anticolonial, en un modo de liberar el país de un gobierno odiado no solo por protestante, sino también por inglés). Desde 1648, las desordenadas y divididas monarquías de Europa comenzaron un lento proceso de transformación en estados nacionales modernos, muchos de los cuales existen todavía. Como escribió el gran filósofo liberal John Stuart Mill en 1859, la violencia que desató la Reforma en toda Europa produjo una situación de la que ninguna de las facciones salió victoriosa:

> Cuando se apagaron los fuegos del conflicto, sin dar la victoria a ninguna de las partes, las iglesias y las sectas limitaron sus expectativas a conservar los territorios ya ocupados, las minorías cayeron en la cuenta de que no tenían la menor posibilidad de llegar a ser mayoritarias y tuvieron que pedir permiso para discrepar a los que no habían podido convertir.

La tolerancia –o lo que hoy se llama «tolerancia negativa»: la voluntad de aceptar que continúen existiendo aquellos que tú sabes que están equivocados– se admitía, según Mill, con «reservas tácitas» por parte de «casi todas las personas religiosas... incluso en los países más permisivos»[16]. A fin de cuentas, lo que llevó a las iglesias cristianas de Europa a renunciar a su poder sobre el criterio de los individuos no fue el reconocimiento de un yerro, ni la voluntad de aceptar la posible validez de las opiniones contrarias, sino la derrota en el campo de batalla.

La Paz de Westfalia hizo posible la «Europa de las naciones» de la Edad Moderna y corrió un telón, que se conserva hasta la fecha, entre el sur católico y el norte predominantemente protestante. Con el tiempo, el norte protestante, que había sido pobre, atrasado y agrario, se hizo rico, innovador y urbano; el sur, especialmente Italia, España y Portugal, que durante muchos siglos habían sido las regiones más poderosas, creativas y ricas de Europa, comenzaron a decaer poco a poco hasta convertirse en una sombra leve y empobrecida de su antigua identidad; una situación que no se empezaría a superar hasta el siglo XIX en el caso de Italia y hasta entrado el XX en los casos de Portugal y España. Solo Francia, situada a medio camino entre los dos, fundamentalmente católica pero con una considerable población protestante, mantuvo sin merma su estatus y su autoridad. No es una coincidencia que la Ilustración –aunque su influjo en la Europa católica suele subestimarse– esté más directamente vinculada a Francia, a los territorios de lengua alemana y a Gran Bretaña y a sus colonias de América. Como decía Adam Smith a los lectores de la influyente *Edinburgh Review* en 1756 (con una buena dosis de exageración),

> aunque el conocimiento se cultiva en una u otra medida en casi toda Europa, solo en Francia e Inglaterra se ha cultivado con éxito y prestigio suficientes para llamar la atención de las naciones extranjeras. En Italia, donde revivió por primera vez [durante el Renacimiento] está prácticamente extinguido, y lo mismo puede decirse de España, el país en que, después de Italia, se dieron los inicios del genio moderno[17].

Al parecer de Hobbes –y en esto no fue un caso atípico entre la generación que vivió la Guerra Civil inglesa–, las luchas desencadenadas por la Reforma eran el resultado directo de las sofisterías de los escolásticos[18]; «la religión de Estado», como puntualizó agriamente John Locke, casi contemporáneo de Hobbes, «es al final el problema del Estado»[19]. El conflicto religioso destruyó la fe en el sistema intelectual que hasta entonces había sustentado la autoridad de la Iglesia católica y que ya no podía sostener las estructuras políticas, morales e intelectuales legisladas en otros tiempos por ella. «Fue intención manifiesta del señor Hobbes –escribía Adam Smith en 1759– someter la conciencia de los hombres directamente a los poderes civiles, y no a los eclesiásticos, cuya ambición y cuya turbulencia, como él mismo nos enseñó con el ejemplo de su propia época, constituyen la principal fuente de los desórdenes de la sociedad»[20]. Los europeos, que una vez vivieron en un mundo de certezas teológicas y que al menos en materia de fe habían compartido una cultura, se encontraban ahora desorientados. La teología les había proporcionado no solo una forma de entender sus relaciones con Dios, sino también de comprender el mundo físico y el mundo moral, por tanto tuvieron que revisar no solo las antiguas certidumbres, sino también –lo que es más importante– la totalidad de los antiguos métodos de investigación.

Junto con la destrucción del acuerdo religioso, el orden antiguo se vio obligado a enfrentarse a otro reto llegado de ultramar. Desde finales del siglo XV se extendió por toda Europa la información de las hasta entonces desconocidas sociedades de África, Asia y especialmente América. Y los europeos, en palabras de Locke, empezaron a «mirar más allá del humo que desprende su chimenea»[21]. Descubrieron, entonces, unos mundos que a muchos les parecieron no solo distintos, sino en muchos aspectos esenciales el reverso exacto de lo que en Europa se consideraba normal. Las desbocadas fanta-

sías que había despertado América –supuestamente llena de
vírgenes siempre jóvenes, de ciudades de oro, de fuentes de la
eterna juventud, de amazonas, de hombres con cabeza de perro, de ríos que fluían contracorriente y de mujeres que orina-
ban de pie– no tardaron en evaporarse. Con todo, quedaron
los datos reales de la etnografía amerindia, en sí misma suficientemente impresionante. Pero lo que movió a los europeos
a investigar con medios distintos lo que significaba ser humano no fue solo su comparación con aquel «otro» nuevo y
pasmoso. Bastó el simple hecho de la existencia del continente
americano –cosa que los antiguos desconocían y cuya posibilidad negaron siempre con rotundidad– para dar al traste con
la idea, largamente acariciada, de que su ciencia, y todas las
cosas que sustentaba –incluida la mayor parte del concepto
cristiano de humanidad–, podía ser omnisciente.

El 18 de marzo de 1523 el humanista italiano Pietro Pomponazzi dio una conferencia en la Universidad de Padua sobre
las teorías aristotélicas en materia de geografía y ciencias de la
tierra, en la que explicó que Aristóteles y su comentador árabe
del siglo XII, Abû al-Walîd Muhammad ibn Rushd –conocido
en Occidente por el nombre de Averroes–, negaban la existencia de vida por debajo de las antípodas. (También san Agustín
se mofaba de esa posibilidad, ya que, según él, los habitantes
habrían tenido que vivir cabeza abajo y la lluvia, en vez de caer
sobre ellos, caería desde ellos). «Esto, señores –dijo Pomponazzi a los asistentes– es lo que pensaban Aristóteles y Averroes,
pero ¿qué deberíamos pensar nosotros hoy?». Acababa de recibir una carta en la que un amigo veneciano le describía el «hemisferio sur», donde «navegando durante tres meses, se topó
con más de trescientas islas separadas entre sí, que, además de
ser habitables, estaban habitadas». (Aquel amigo pudo ser An-

tonio Pigafetta, que de 1519 a 1522 acompañó al navegante portugués Fernando de Magallanes en su circunnavegación de la Tierra).

Entonces, ¿dónde quedaban Aristóteles y Averroes? «Yo sostengo –se respondía Pomponazzi– que cuando la experiencia y la razón [y por "razón" quería decir lo escrito en los textos canónicos] entran en conflicto, debemos abandonar la razón y acatar la experiencia».

La «razón» de los antiguos negaba la existencia de vida por debajo del ecuador. El descubrimiento de América había demostrado que era posible. Como diría más tarde Galileo: «Un solo hombre común que nos acercara la Naturaleza sería capaz de derrotar a mil demóstenes y a mil aristóteles»[22]. La Naturaleza, para cualquiera que la mirara de frente, sin la ceguera de los dogmas teológicos, podría decirnos de sí misma todo lo que necesitáramos saber; lo que la ciencia podía y debía hacer era ponerle un espejo delante. Ya en el primer decenio del siglo XVII se hizo evidente, entre otras cosas, que el final de la Cristiandad unida y el descubrimiento de América habían «acercado la Naturaleza» y, por el camino, habían sumido en el caos el consenso filosófico de Europa. Frente a tales incertidumbres, la única conclusión posible para una persona reflexiva era que en este mundo no existían las certezas ni las fuentes indiscutibles de autoridad. Como resultado, se creó una metáfora nueva y fundamentalmente acristiana, según la cual la autoridad ya no procedía de la iluminación o de la gracia, sino de lo que el ensayista francés Michel de Montaigne, que vivió y padeció las guerras de religión de Francia, expresó con una frase célebre: «de lo que es propiamente mío». El conocimiento del mundo, el acierto o el error de los actos, ya eran cosas que el individuo debía decidir con su actitud y por su cuenta. El poeta inglés John Donne lo captó en 1611 de un modo conmovedor y al mismo tiempo un poco desesperado:

> Y una nueva filosofía pone todo en duda,
> el elemento fuego está bien extinguido;
> perdidos están sol y tierra; ningún ingenio humano
> puede dirigir al hombre hacia donde encontrarlos.
> ...
> Todo está hecho pedazos, toda coherencia perdida,
> toda justa distribución o relación debida:
> príncipe, súbdito, padre, hijo, son cosas olvidadas,
> pues cada hombre en soledad se piensa
> un fénix y que no puede haber
> otro de tal condición y él solo es él[23].

Ser un ave Fénix era la finalidad de todo individuo pensante: surgir de las cenizas del orden antiguo, sin otro medio que el propio intelecto, para afirmar que uno es único en su especie: que no es *él* [el hombre], sino él... y más tarde, como otras generaciones más ilustradas añadirían, que no es *ella*, sino ella.

Lo que Donne llamaba «nueva filosofía» comenzó con una sencilla pregunta: «¿Cómo puedo yo saber algo?». Se trataba de la pregunta fundamental de la antigua escuela de los escépticos. Este interrogante, y la necesidad de encontrar una respuesta, recibió a veces el nombre de «reto de Carnéades» por el nombre de uno de sus principales exponentes. Carnéades de Cirene, orador y ex boxeador de voz chillona que vivió en el siglo I a. C., se planteó que si era posible –y él lo demostró con frecuencia– defender con la misma fuerza una cosa que su contraria, nada podía conocerse del mundo con seguridad. En cierta ocasión célebre (año 155), Carnéades, que llegó a Roma con una misión diplomática, pronunció dos discursos en dos días sucesivos. En el primero argumentó la existencia de un orden natural en un cosmos regido por una ley natural, cuya réplica era la sociedad humana. Nosotros empleamos la razón para descubrir ese orden, y esto, concluía, es la justicia. El segundo día argumentó que no existe orden alguno en el cosmos, que de hecho el cosmos no es más que un conjunto de átomos y que, puesto que existe una sociedad civil, esta ha de ser una creación puramente humana. La razón sirve para establecer un acuerdo entre los seres humanos sobre lo que es justo. Así pues, la justicia no es otra cosa que lo posible y lo útil. En ambas ocasiones fue aclamado a gritos y conducido en triunfo alrededor de la ciudad por un público que era básicamente el mismo. Esto provocó su inmediata expulsión de Roma para proteger la moral de la juventud. El escepticismo nunca ha estado bien visto por los que defienden algún tipo de autoridad.

La primera de las dos posiciones antitéticas que expuso Carnéades era la que defendía los estoicos; la segunda, los epicúreos. Volveremos a encontrarnos con ellas porque, junto con el escepticismo, fueron las escuelas filosóficas predominantes de la Antigüedad. Pero, con el auge del cristianismo, el escepticismo y la mayoría de las formas de epicureísmo quedaron silenciados durante mucho tiempo. Los cristianos no eran más amantes de las incertidumbres que los magistrados romanos y, además, ellos sí disponían de una respuesta a la pregunta sobre el conocimiento. Todo lo que conocemos procede de Dios. Dios es el único garante necesario para saber que todo aquello que creemos con motivo está bien creído.

Pero después de varios siglos de conflicto, a los que cabe añadir la inquietante presencia de mundos antes desconocidos al
otro lado del océano que hicieron temblar las certezas de la
Iglesia y de los teólogos, esta sencilla suposición no parecía
tan evidente ni tan incontrovertible. El escepticismo había
vuelto, y daba la impresión de ser el único recurso para mirar
cara a cara al universo.

El escepticismo regresó en numerosas formas; desde la
tendencia más moderada a cuestionar la autoridad establecida hasta la más extrema, denominada escepticismo pirrónico
(por el nombre del filósofo griego Pirrón, c. 365-275 a. C.),
según la cual el conocimiento cierto del mundo exterior es
absolutamente inaccesible. En palabras del propio Pirrón, no
existe ninguna diferencia entre el «sí» y el «no».

Pero la mayor parte de los filósofos del siglo XVII pensaba
en algo intermedio. Muchos estaban dispuestos a aceptar la
evidencia de sus sentidos, probablemente imperfectos y confusos, pero en definitiva nuestro único vínculo con la realidad. (El llamado «sensacionalismo»). Estaba, además, la certeza del propio sujeto conocedor y razonante. Descartes se
preguntaba qué ocurriría si «me convenzo a mí mismo de
que no hay absolutamente nada en el mundo, ni cielo ni tierra
ni mentes ni cuerpos. ¿Se seguiría de esto que yo tampoco
existo?». No, se contestaba, porque «si *yo* me he convencido
de algo es que ciertamente existo». Y concluye: «la proposi-
ción de que yo soy, existo, es necesariamente cierta desde el
momento en que está propuesta por mí o concebida por mi
mente»[24]. El razonamiento, que luego encontraría su fórmula en la famosa frase latina *cogito ergo sum* –«pienso, luego
existo»– llegaría a convertirse en una de las piedras de toque
de la nueva filosofía.

No hubo muchos escépticos que llegaran al extremo de dudar de la existencia del mundo, pero el pensamiento de Descartes se parece mucho al de Montaigne y al de John Donne: la única cosa de la que se puede estar seguro procede del contacto inmediato y directo del individuo con el mundo exterior. Las consecuencias de este pensar escéptico para la tradicional concepción cristiana del mundo, incluso en sus manifestaciones más moderadas, resultaron demoledoras.

Pero sería erróneo afirmar que muchos de los filósofos de los siglos XVII y XVIII fueron verdaderos escépticos. Hubo algunos, ciertamente; por ejemplo, el obispo Berkeley afirmaba que los objetos por sí mismos, con independencia de la persona que los percibe, no poseen existencia material, y acuñó la frase *esse est percipi* («ser es ser percibido»), pero muchos más –en especial los que relacionamos con la revolución científica: Descartes, Hobbes y Bacon– trabajaban para buscar una alternativa al escepticismo. Y sus alternativas proporcionaron a los modernos –como se les conocería– los instrumentos necesarios para derribar la vacilante fortaleza metafísica de la «madre de las ciencias», en cuyo lugar levantaron un método autónomo y laico cuyo único punto de partida eran las proposiciones «claras y evidentes», según la famosa frase de Descartes. Toda autoridad, en especial la contenida en la palabra escrita, aunque procediera de un erudito venerado y difunto, y hasta de Dios mismo, se descartaba de un modo absoluto. Esto no significa que todas las cosas dichas por los antiguos –o por los teólogos escolásticos– dejaran de ser ciertas, pero ya no se admitía su verdad por el simple hecho de que unos determinados autores humanos o divinos las hubieran escrito.

La revolución científica, aunque muchos historiadores posteriores hayan querido mitigar la violencia de su ruptura con el pasado, fue una verdadera «revolución» en el sentido moderno del término. No se trató, como en muchas de las anteriores –por ejemplo, la Reforma–, de un viraje (que, al fin y al cabo, es el significado original de la palabra «revolución»). Tampoco fue la revaloración de un pasado sacralizado, como en el Renacimiento, un intento de purificar lo que el abuso había profanado. La revolución científica supuso una ruptura radical, decisiva e irreversible.

Por encima de todo, el logro de los modernos fue establecer para siempre una rigurosa indagación científica de las certidumbres basadas a priori en cualquier condición, creencia, costumbre o texto autorizado. Situaron el «Yo» en el centro de todos los estudios de la condición humana. Partiendo de estas premisas, los escritores de la Ilustración se dispusieron a elaborar un programa de reforma social, intelectual y moral que en última instancia sirviera para transformar no solo aquellos países en los que la Ilustración se hizo efectiva, sino, poco a poco, toda Europa y finalmente el mundo entero.

3

Tal es la genealogía de la «Ilustración» que más se ha repetido en el tiempo. Su autoridad descansa fundamentalmente en la forma que tuvo la propia Ilustración de entender su prehistoria. No solo D'Alembert, sino también Voltaire, Diderot, Shaftesbury, Kant –a los que encontraremos más adelante– y muchos otros tuvieron una idea muy parecida de sus orígenes. No es menos evidente que los grandes pensadores de la Ilustración debían muchas cosas a un canon propio de los filósofos empíricos y los científicos de la naturaleza del siglo

XVII –Newton, Galileo, Locke, Hobbes, Descartes, Spinoza–
que ya conocemos. Pero esa genealogía no explica por qué fue
tan distinta a las revoluciones anteriores en el pensamiento y
en los valores. Y tampoco explica por qué la propia idea de la
«Ilustración» ha ejercido una influencia tan profunda en
casi todos los aspectos de la vida de lo que a partir del siglo
XVIII comenzó a llamarse «Occidente». En la actualidad solo
la mentalidad oscurantista de los fundamentalistas religiosos
pone en duda las bases de la ciencia moderna, pero en casi
todas partes se discuten cuáles son los elementos heredados
de la Ilustración en lo relacionado con la universalidad de los
derechos, la situación de la mujer, el respeto y la tolerancia
que se deben a las religiones diferentes, etc. Y se discute
también el que fue el principio más importante de la Ilustración, del que derivan todos los demás: esto es, que los seres
humanos no solo pertenecen a una misma «especie», sino
que comparten una misma identidad y que, en última instancia, pertenecen a una sola comunidad mundial... a una
«cosmópolis».

Para comprender lo que separa lo que llamamos Ilustración de sus orígenes del siglo XVII debemos analizar de cerca
un elemento de la gran máquina teológica que garantizó en su
momento el predominio intelectual de la Iglesia católica. El
descubrimiento de América y el fin de los antiguos acuerdos
a raíz de las guerras de religión no fueron hechos tan destructivos para la fe en la divinidad o para el mensaje de los Evangelios; ni siquiera destruyeron en concreto ninguno de los argumentos de los teólogos, siempre que estos se atuvieran
estrictamente a los asuntos teológicos. En cambio, sí negaron
la creencia en lo que la concepción tradicional del catolicismo
llamaba «derecho natural», el *ius naturae* o *ius naturale*.

Este extremo requiere una explicación. Para los cristianos existían tres clases de leyes, clasificadas en orden de perfección. En lo más alto estaba la ley divina o eterna, solo conocida por Dios. Era, como les gustaba decir a los escolásticos, algo parecido al proyecto que dibuja el arquitecto antes de construir el edificio. En la medida en que resulta absolutamente ininteligible para el hombre, este la conoce solo en forma de revelación: el Decálogo y los Evangelios. En el lenguaje medieval, las religiones, por lo menos las tres reconocidas en la Europa de comienzos de la Edad Moderna –cristianismo, judaísmo e islam– eran *leges* –es decir, se basaban en una ley– y, como tales, se distinguían de otros sistemas de creencias, que por lo general se tachaban indistintamente de «supersticiones». Como dijo Hobbes, la religión no era evidentemente «una filosofía, sino una ley»[25].

En la base de la jerarquía se hallaba la ley positiva o humana, promulgada por las sociedades humanas para su gobierno. Las leyes positivas eran de obligado cumplimiento porque las decretaba la comunidad, el poder correspondiente o un cuerpo legislativo actuando de parte de la comunidad y en su provecho. Se trataba de creaciones puramente humanas, la mayoría convencionales en origen o, como se dice algunas veces en la actualidad, «solo moralmente permisibles». Por ejemplo, a Dios y a la naturaleza no les importa por qué lado de la carretera se conduce, pero una sociedad, para estar segura, necesita una ley que imponga la circulación por el mismo lado para todos.

Por debajo de la ley divina y por encima de la ley positiva se hallaba la ley natural, generalmente entendida como aquella que regula los hechos del mundo natural. En cambio, aplicada al comportamiento humano, su interpretación fue objeto de furiosas polémicas nunca resueltas. La «ley natural –decía Diderot en el artículo que escribió al efecto en 1755 para la *Encyclopédie*– es un concepto tan repetido que la mayoría de las personas están convencidas en su fuero interno de conocer con exactitud lo que significa»[26]. Pero nunca hubo dos personas que coincidieran por completo. A pesar de sus incertidumbres y sus excentricidades, la idea de que existía en la naturaleza –accesible para todos los seres racionales, al margen de los valores y de las culturas de procedencia– un conjunto de reglas en definitiva útiles para juzgar la conducta humana sobrevivió hasta el siglo xix, cuando Hegel la enterró bajo la losa del Idealismo. Como tantas otras cosas en Occidente, fue Platón quien planteó la existencia de una ley o derecho natural común a toda la humanidad, y Aristóteles quien desarrolló el concepto. Los antiguos estoicos, que representan un papel fundamental en este relato, la llamaron *koinos nomos* (ley universal). Más tarde fue perfeccionada y extendida –demasiado extendida, según muchos– por varias generaciones de comentaristas, hasta que en el siglo xvii pasó a definir lo que distingue el bien del mal, lo racional de lo irracional y lo humano de lo no humano. Las leyes positivas eran de obligado cumplimiento solo si eran justas, y para serlo debían estar de acuerdo con el derecho natural o, cuando menos, no quebrantarlo. Por ejemplo, un gobernante no podía aprobar una ley que forzara a sus súbditos a practicar el canibalismo o los sacrificios humanos (una realidad desde el momento en que hubo que analizar el posible significado de la conducta de los indios americanos, o de lo que de ellos se contaba). Semejante ley, como se decía, no sería valedera para «el tribunal de la conciencia».

En principio, la ley natural no había sido más que la suma de los comportamientos de todas las criaturas vivientes, humanas o no. Se dice que Ulpiano, jurista del siglo III, opinaba que no era «exclusiva de la especie humana, pues pertenece también a los animales», pero este extremo la hacía irracional y no muy diferente a un instinto bruto[27]. No obstante, el propio Ulpiano reconocía que los humanos tienen instintos más complejos que los animales, pues, para él, la vida moral y racional de los hombres nada tenían que ver con la naturaleza. Como cristiano, creía que solo Dios era la fuente última de la conducta moral. Durante la Edad Media, en cambio, la definición del derecho natural experimentó una transformación radical[28]. Si para los romanos había existido algo que los seres humanos compartían con el mundo de los animales, los teólogos necesitaron separar inmediatamente a la humanidad de cualesquiera otras formas de vida. Aunque la humanidad haya sido creada con las mismas normas que el resto del universo, y aunque las leyes que gobiernan los actos humanos formen parte del cuerpo de leyes generales que gobiernan la materia restante, para los teólogos los hombres eran una parte sublime de la creación por la que Dios sentía un interés especial, el único animal dotado de razón (y de lenguaje) y el último vínculo de lo que se llamaba la Gran Cadena de la Existencia, que unía a todos los seres vivos con la deidad. Era, en palabras de santo Tomás de Aquino, «el horizonte, la línea limítrofe entre las cosas corpóreas e incorpóreas»[29].

A santo Tomás de Aquino se debe el que sería hasta el siglo XVII el relato autorizado –de hecho, doctrinal– de la ley natural. La ley es uno de los medios (el otro es la gracia) de que se sirve Dios para dirigirnos hacia nuestro fin último o hacia los bienes que nos son propios. También los animales actúan en función de sus metas, pero solo recurriendo al instinto que Dios ha inculcado en ellos. En ciertos aspectos, los humanos poseen también una comprensión puramente instintiva de la ley natural. (Su respuesta al hambre, a la sed y al miedo a la muerte no es muy diferente de la de otros animales), pero al mismo tiempo son los únicos que «participan» de la ley eterna a través de la comprensión racional de las leyes divinas. A esto llamaba santo Tomás ley natural, la que permite a los seres humanos dirigirse a su fin último a través del entendimiento y la voluntad[30].

La criatura racional, escribió,

> se encuentra sometida a la divina providencia de una manera superior a las demás, porque participa de la providencia como tal, y es providente para sí misma y para las acciones de los demás. Por lo mismo, hay también en ella [la criatura racional] una participación de la razón eterna en virtud de la cual se encuentra naturalmente inclinada a los actos y fines debidos. Esta participación de la ley eterna en la criatura racional es lo que se llama ley natural.

Tales palabras separan la ley natural del instinto básico y la elevan a una especie de puente entre lo puramente animal y lo divino. La ley natural no es ni más ni menos que «el efecto de la luz divina en nuestro interior»[31]. Con esta definición, santo Tomás de Aquino sentó las bases de todos los estudios posteriores sobre la esencia de lo «humano».

En una posición no del todo cómoda entre la ley natural y la ley positiva se encontraba el llamado «derecho de las naciones» o «derecho de gentes», del latín *ius gentium*. En principio fue la ley vigente en Roma para el trato con las *gentes;* es decir, los ciudadanos no romanos. En un sentido más amplio, no obstante, fue lo que en el siglo II el jurista Gayo consideraba la ley que «la razón natural establece entre los hombres y la que se observa en todos los pueblos». Se trataba de una especie de derecho universal aplicable más allá de las fronteras de cada Estado. Pero nadie supo a ciencia cierta si formaba parte de la ley natural o de la ley positiva, que, en palabras del teólogo español Francisco Suárez, «surge por conclusiones probables y común estimación de los hombres»[32]. Ninguna de estas definiciones fue en absoluto satisfactoria, de ahí que las controversias que provocó la definición del derecho de gentes ejercieran una fuerte y duradera influencia en el pensamiento jurídico de la Europa posterior, así como en los intentos subsiguientes de imaginar cómo tendría que gobernarse un mundo auténticamente cosmopolita e ilustrado.

Alguna de las definiciones de ley natural debidas a santo Tomás se consideró definitiva hasta que en el siglo XVII –como tendremos ocasión de ver– se revisó radicalmente el concepto. Pero aquella ley había sido solo una parte de un proyecto mucho más ambicioso. El santo fue el principal introductor de la obra de Aristóteles en el pensamiento cristiano, especialmente de lo que se conocía por la tríada moral aristotélica: la *Ética a Nicómaco,* la *Política* y la *Economía* (aunque esta última resultó no ser del filósofo griego). Santo Tomás «aristotelizó» el cristianismo –como san Agustín lo había «platonizado»– y al mismo tiempo «eclesiastizó» al «Filósofo»[33]. Pero Aristóteles, no así Platón, había creado un lenguaje científico completo que abarcaba desde las leyes del movimiento hasta el alma humana; el primero y en muchos aspectos también el último de los grandes sistemas universales de conocimiento. En definitiva, a él debemos los rudimentos de casi todas las ciencias naturales modernas: física, astronomía, biología, fisiología y hasta geología y meteorología. A esto hay que añadir la lógica, la filosofía moral y la ciencia política. Otros griegos, y varios egipcios, escribieron sobre esos temas antes que Aristóteles, pero nadie hizo intención de vincularlos dentro de una teoría unificada. Al «aristotelizar», en vez de «platonizar», el esquemático mensaje cristiano, santo Tomás y sus seguidores proporcionaron al cristianismo un relato perfectamente coherente del universo. Es más, la idea que Aristóteles tenía de la naturaleza y del puesto que ocupaba en ella la humanidad no debía nada a Dios más allá del reconocimiento –útil para los cristianos– de la existencia en el universo de una fuerza creadora inicial, lo que él llamaba el «motor inmóvil»[34]. Así se salvaba la embarazosa circunstancia de que el hombre que había echado los cimientos intelectuales de gran parte de la teología cristiana fuera un pagano, y sus admiradores cristianos podían sostener que, con la sola ayuda de la razón natural, Aristóteles había descubierto la existencia de algo muy parecido al Dios judeocristiano.

Aristóteles proporcionó al de Aquino la posibilidad de dotar a lo puramente humano, en tanto que diferente a lo divino, unos elementos de humanidad mucho más importantes que los de sus predecesores. Para san Agustín, con gran diferencia el más poderoso e influyente de los predecesores de santo Tomás, la vida en la tierra, lo que él llamaba la «ciudad terrenal», era una simple estación de paso, un lugar de tránsito del alma humana en su viaje hacia el más allá. Lo que redimía al hombre –y lo que realmente importaba– no procedía de su naturaleza, sino de la gracia de Dios. Por el contrario, para santo Tomás, el carácter básico de la humanidad estaba determinado por la naturaleza. Para san Agustín, la gracia había borrado la naturaleza humana. Para santo Tomás, la había perfeccionado. El *gratia naturam non tollit, sed perficit* («la gracia no anula la naturaleza, sino que la perfecciona») habría de convertirse, como el *cogito ergo sum* de Descartes para las generaciones posteriores, en la suma de todo un sistema de pensamiento.

Afirmando que la ley natural era la «participación [de la especie humana] en la ley eterna», santo Tomás quería significar que todo ser racional puede leer en la naturaleza como si esta fuera un libro en el que Dios ha escrito su voluntad respecto a todos «los actos y los fines que convienen» a los seres humanos[35]. Lo que se ha denominado «divinización de la ley natural» por parte de santo Tomás tuvo el efecto de liberar a los seres humanos, parcialmente al menos, de su dependencia de la Revelación[36]. Naturalmente, solo el sacrificio de Cristo hace posible que los hombres puedan entrar en el cielo, y el que así no lo crea se condenará. Como dice lastimeramente el pobre Aristóteles en la *Divina comedia,* el gran poema de Dante, donde languidece en el primer círculo del Infierno junto con Platón, Cicerón, Séneca y otros «paganos virtuosos», no por su culpa él fue «anterior al cristianismo... y no adoró a su Señor en forma plena»:

Tal falta, no otra culpa, nos condena;
de esta suerte, en vivir sin esperanza,
con deseo, consiste nuestra pena[37].

Pero mientras vivimos en este mundo, pertenecemos a un solo orden natural y debemos conducirnos conforme a sus leyes. La presencia de la ley natural en todos los hombres supone, a su vez, la existencia de una comunidad de todos ellos. Todos los hombres forman parte, digámoslo así, de un único cuerpo natural, y la armonía de sus movimientos refleja la de las esferas celestiales.

La formulación de la ley natural debida a santo Tomás fue uno de los principales intereses –quizá el principal– de sus seguidores de los siglos XV y XVI, los «tomistas», muchos de cuyos escritos (por lo general, prolijos) encontrarían los futuros arquitectos de la revolución científica en las aulas de Oxford, Cambridge y París a principios del siglo XVII. Los tomistas desarrollaron un complejo cuerpo de explicaciones para sostener lo que se convirtió entonces en la definición ortodoxa de humanidad. Su idea fundamental era que la ley natural resultaba accesible para todos los humanos, independientemente de los orígenes, mediante lo que denominaban los «primeros preceptos» inscritos en la mente de los hombres –programados, si puede decirse así– por Dios en el momento de la creación.

No eran simples instintos como los que tienen los animales (y los humanos), sino lo que se llamó «ideas innatas» o «sentidos innatos». El gran filósofo escocés David Hume (que no creía en ellos) los calificaría más tarde de «originales y no copiados de ninguna percepción anterior»[38]. Con esos sentidos, el hombre veía el mundo creado por Dios tal como era y, por tanto, el animal racional humano podía reconocer la existencia de la divinidad, distinguir el bien del mal y actuar en consecuencia.

Los primeros preceptos de la ley natural, aunque superiores a los meros instintos, eran muy elementales. Gracias a ellos comprendemos, por ejemplo, que matar, robar, violar, tener relaciones incestuosas o comer carne humana son cosas antinaturales. Podrían resumirse en el mandamiento: «No quieras para los demás lo que no quieres para ti». En cambio, no son una buena guía para los miles de códigos de conducta, hábitos y costumbres que rigen en todas las sociedades. Por ejemplo, no nos dicen que tener más de una esposa, defecar en público o eructar después de comer sea antinatural; ni tampoco que sean naturales la modestia, el vestido (para cubrir lo que los teólogos llamaban eufemísticamente las «partes pudendas») o el ofrecimiento de hospitalidad a los forasteros. Aquí es donde entra la razón. La mente racional, actuando sobre los primeros preceptos innatos, deduce qué códigos de conducta son naturales y cuáles contrarios a la naturaleza. El problema es que el proceso de deducción se debilita a medida que nos alejamos de la idea «innata» inicial; por tanto, solo cabe estar seguros de que las deducciones son acertadas cuando coinciden con las de nuestros semejantes. Esta «convicción común», como se denominó, es la única garantía posible, y no porque la colectividad acierte siempre, sino porque Dios ha creado del mismo modo todas las mentes humanas y, por tanto, solo podría existir un número elevado de hombres que llegara a conclusiones radicalmente distintas a las de sus semejantes si el propio Dios los confundiera, cosa de todo punto impensable. «El intelecto procede de Dios –explicaba a mediados del siglo XVI el gran teólogo tomista español Francisco de Vitoria a sus estudiantes de la Universidad de Salamanca–. Así pues, si existiera una inclinación natural al error o a la falsedad también habría que atribuírsela a Él»[39]. El individuo humano, y hasta una sociedad entera, podían descarriarse por la acción del demonio, de los falsos profetas o de los malos gobernantes, como, por ejemplo, había ocurrido en el caso de los judíos y los musulmanes. En el mundo hay también una enorme variedad debida a la munificencia divina, pero no existe ningún lugar en el planeta donde lo que el cristianismo considera *antinatural* –y no solo raro o excéntrico– no sea también contrario al derecho de la naturaleza. A causa de este tipo de afirmaciones, Hegel sostuvo con acierto que la ley natural era, en definitiva, un conjunto de generalizaciones tomadas de las tradiciones existentes[40].

En tanto que racional y definitoria del puesto que ocupaba la humanidad en la naturaleza, la ley natural no podía ser de otro modo. Dios habría podido crear cualquier mundo que le hubiera apetecido, un mundo en el que los cuervos fueran blancos y el fuego no quemara, pero no habría sido *este* mundo gobernado por *esta* ley natural[41]. Así, lo que en manos de santo Tomás había sido una simple participación de la humanidad en el designio divino, en el siglo XVI se convirtió en un cuerpo independiente de principios racionales, inmutable y trascendental.

Todo aquel edificio era, como dijo John Locke, «una serie de puntales apoyados en fundamentos tomados en préstamo»[42], y como demostraría más tarde John Stuart Mill, se basaba en una confusión de las leyes descriptivas de la naturaleza con las leyes puramente prescriptivas del hombre[43]. Si lo que vemos delante de nosotros es un árbol, no es posible que en otra zona del mundo, por remota que sea, haya seres que lo crean un caballo; pero de esto no se sigue que si el pescado crudo no se considera apto para el consumo humano en París, tenga que ocurrir otro tanto en Tokio.

Aun así, y puesto que existe un acuerdo general en cuáles son «los actos y los fines» –por utilizar palabras de santo Tomás– que convienen a la humanidad, la hipótesis de una ley única, aunque variada, que gobierna la conducta humana parece creíble. Sin embargo, cuando el acuerdo se viene abajo, cuando se descubren continentes enteros habitados por personas con ideas muy diferentes a las de la mayoría de los europeos sobre lo que conviene a sus actos y sus fines, rápidamente se convierte en una hipótesis estrecha de miras, cuando no absurda. En un mundo en el que los hombres se matan por sus diferencias de opinión sobre la gracia de Dios o el contenido de la Eucaristía; en el que unos hombres se quitan el sombrero para saludar y otros se lo ponen; en el que unos queman a sus muertos en señal de respeto y otros se los comen; en el que existen gentes que «consideran educado limpiarse los dedos manchados de comida en los muslos, en las pelotas o en las plantas de los pies»; en el que «es señal de buena crianza que un individuo se coma los piojos que le han picado»; en el que «el saludo consiste en poner un dedo en la tierra y luego dirigirlo al cielo»; en el que «las mujeres orinan de pie y los hombres en cuclillas»; en el que «los padres tienen la responsabilidad de castigar a los hijos y las madres a las hijas» y etc. la «ley natural» acaba considerándose un mecanismo elaborado para transformar las preferencias locales en decretos universales sancionados por Dios.

Los ejemplos que acabo de dar –aunque hay muchos más que llenan páginas y páginas– pertenecen a un ensayo de Michel de Montaigne titulado *De la costumbre y de la dificultad de cambiar los usos recibidos*[44]. En 1561 Montaigne había tenido un célebre encuentro en Rouen con un grupo de «caníbales» tupinambáes, traídos de las costas de Brasil y colocados en una aldea «india» construida a propósito para que Carlos IX, rey de Francia, que se hallaba de visita en la ciudad, contemplara con sus propios ojos a las extrañas criaturas que vivían en el «Nuevo Mundo». (No obstante, como no disponían de indios suficientes para llenar una aldea, recurrieron a juntar un cierto número de campesinos protestantes con la cabeza adornada de plumas y pintados para que parecieran lo más «pieles rojas» posibles). No sabemos qué pensó Carlos de los caníbales, pero Montaigne quedó impresionado por su dignidad, su físico y lo que calificó de su razón natural. (¿Por qué, se preguntaba, un grupo de hombres maduros «barbados, robustos y de brazos fuertes» se inclinan ante un niño –en ese momento Carlos tenía solo once años–? ¿Y por qué los desposeídos, a los que ellos habían visto «extenuados por el hambre y la pobreza... soportan las injusticias sin arrojarse al cuello de alguien o incendiarle la casa?»). Aquellos hombres, concluía Montaigne, «solo son bárbaros en la medida en que se lo parecen a otros porque aún se encuentran muy cerca de su original estado de naturaleza». En cuanto al canibalismo, que para muchos europeos era la prueba de su inhumanidad, Montaigne llegó a la conclusión de que era mejor comerse a los muertos, como él suponía que hacían los tupinambáes, que a los vivos «con el pretexto de la piedad o la religión», como habían hecho en Francia los católicos y los protestantes[45]. (En 1725 Voltaire afirmaba haber tenido un encuentro idéntico con un «salvaje de Misisipi», de cuya experiencia había sacado las mismas conclusiones que Montaigne. Nosotros matamos y destruimos a nuestros enemigos, observaba, «para pasto de cuervos y gusanos... Respetamos más a los muertos que a los vivos»[46]).

En suma, su experiencia de la violencia religiosa y las inquietantes formas racionales del «otro» exótico enseñaron a Montaigne –«el primer francés que se atrevió a pensar», en palabras de Julien Offray de la Mettrie, archimaterialista, ateo convencido y glotón impenitente– que «las leyes de la conciencia que creemos procedentes de la naturaleza, proceden en realidad de la costumbre. Puesto que el hombre venera en su interior las opiniones y los hábitos aprobados y recibidos, es imposible que se libere de ellos sin remordimiento o que se entregue a ellos sin complacencia»[47].

Como resumió el francés Blaise Pascal, filósofo, matemático y físico del siglo XVII, inventor de la jeringa que lleva su nombre y de un antecedente del ordenador digital, el término «natural» se refiere a lo generalmente aceptado por uno u otro grupo de personas. «Lo que resulta cierto a este lado de los Pirineos –escribió– no lo es al otro». (Visto desde la perspectiva francesa). Y si de Francia a España no podemos fiarnos de la consistencia de la «naturaleza», quién sabe lo que será natural en Ceilán o en la China. ¿Qué pruebas hay, se preguntaba Locke, capaces de convencer a una persona «moderadamente familiarizada con la historia de la humanidad» de que existe una «verdad práctica universalmente aceptada sin dudas ni cuestionamientos, como si fuera innata? La justicia y el mantenimiento de los pactos son las únicas cosas que ponen de acuerdo a los hombres». Todo lo cual nada tiene que ver con una percepción innata de la diferencia entre el bien y el mal. Hasta los ladrones «conservan entre ellos la fe en el imperio de la justicia... sin necesidad de haber recibido estas cosas como leyes naturales innatas... las practican como leyes de conveniencia dentro de sus sociedades»[48]. Se mire donde se mire, nunca se encuentran motivos para suponer, como dijo Hobbes, que haya existido jamás una «recta razón en la naturaleza de las cosas». Las cosas son lo que hacemos de ellas y, afirmaba tajantemente, aquellos que «acostumbran a recurrir a la recta razón para decidir cualquier controversia, aducen en realidad sus propias razones»[49].

Uno de los «preceptos primarios» más importantes de la ley natural es la premisa establecida primero por Aristóteles y luego por santo Tomás –y, en general, por todos los teóricos de la política y la sociedad hasta que Hobbes formuló sus teorías sobre la formación de las sociedades–, según la cual, literalmente: los seres humanos son por naturaleza seres sociales. Para Aristóteles, se trataba de un principio casi biológico. Al igual que otros animales –las abejas y los osos, por ejemplo–, los humanos no sobreviven solo con sus propios recursos. Son también naturalmente sociables, pero, al contrario que otros animales, están hechos para formar un tipo especial de vida social. Aristóteles los llama *zoa politika,* literalmente animales hechos para vivir en lo que los griegos llamaban la *polis,* la ciudad o el Estado. Esto no quiere decir que no sean también individuos, sino que ningún ser humano puede desarrollarse como tal en un espacio distinto a la *polis.* Solo ahí puede practicarse la virtud. Las actuales sociedades humanas, sin embargo, son creaciones artificiales, la manifestación de lo que los griegos llamaron *techne,* arte o saber, de donde derivan «técnica» y «tecnología»; pero *techne* no era solo una habilidad o un arte, sino también una forma de conocimiento y, como tal, un componente integral y definitorio de lo humano. De ahí la imposibilidad de que exista una raza de hombres que vivan literalmente fuera de la sociedad... aunque según la opinión de muchos el campesino europeo medio se acercaba bastante. En la selvatiquez, más allá de la comunidad humana, dice Aristóteles, solo sobreviven «las bestias y los héroes». En 1260, cuando William de Moerbeke tradujo la *Política* de Aristóteles al latín transformó la frase en «bestias y santos», según parece para cristianizar el texto aristotélico, pero el fondo es el mismo argumento: solo aquellos que por naturaleza se encuentran tan por encima de la humanidad normal que no necesitan de la virtud o tan por debajo de ella que no pueden conseguirla son capaces de vivir al margen de los vínculos que impone el orden social.

Así pues, los «preceptos primarios» más importantes de la ley natural serían: «Ama al prójimo como a ti mismo» y «No quieras para los demás lo que no quieres para ti». (Se trata, claro está, de dos mandamientos bíblicos, pero era fundamental para los tomistas que la ley divina y revelada fuera tan accesible a la razón como una ley humana[50]. El cristianismo, aunque contenga una parte a la que solo se puede acceder mediante la fe, ya que ningún ser humano es capaz de entender en su totalidad el pensamiento de Dios, se tuvo por una religión predominantemente *racional*).

Ni Aristóteles ni santo Tomás negaron que las sociedades pudieran adoptar múltiples formas, pero por mucho que difieran en el tiempo y el espacio (el propio Aristóteles analizó con cierto detalle los méritos y deméritos de algunos tipos de sociedad de su época) todas tienen que ser *sociedades,* y las definiciones de su parte constitutiva han de ser muy parecidas. Todo grupo de personas que no cumpla los criterios imprescindibles habrá de clasificarse como menos que humano. Tal fue, como se sabe, la suerte de muchos grupos de indios americanos y de la mayoría de los habitantes de África.

La destrucción de este elaborado modelo que sostuvo durante más de trescientos años todos los sistemas éticos de Europa se debe en gran parte a dos hombres: el filósofo inglés Thomas Hobbes y el humanista, poeta, jurista e historiador alemán Hugo Grocio. La larga sombra de ambos se extendió sobre la Ilustración. Hobbes, en especial, fue quizá uno de los autores más influyentes para el pensamiento social y político posterior. En cierta forma, la Ilustración podría considerarse un intento de ampliar y humanizar la despiadada teoría del inglés sobre la naturaleza humana y las conclusiones a que inexorablemente conduce, y ello sin necesidad de caer de nuevo en la idea opresiva, aunque consoladora, de la existencia de un Dios bondadoso.

Entre Hobbes y Grocio existen diferencias profundas. Para empezar, Hobbes tenía la intención de llegar al mayor público posible mediante la creación de un nuevo lenguaje filosófico; de ahí que redactara en inglés, no en latín, su obra más larga y más ambiciosa: *Leviatán*. Junto con John Locke, casi contemporáneo y con ambiciones semejantes, fue uno de los grandes pensadores en lengua inglesa. Grocio, por el contrario, escribió solo en latín, y su obra principal, *Del derecho de la guerra y de la paz,* respetaba la estructura del tradicional tratado sobre la ley natural, al estilo de sus predecesores escolásticos. Con sus largas citas y sus incontables referencias a la Biblia y a la historia antigua parecía mucho menos peligroso que *Leviatán.* Jean-Jacques Rousseau, que decía detestar a Hobbes y calificaba de «maestro de los sabios» a Grocio, recordaba que de niño se ponía junto a su padre, que era relojero, y le observaba trabajar y alimentar su alma «con las verdades sublimes» leídas en «Tácito, Plutarco y Grocio», cuyas obras tenía delante, «mezcladas con las herramientas del oficio». Rousseau emplea esta imagen para representar al artesano sabio, al «hombre verdaderamente honrado». Pero la elección de los autores no es arbitraria. Tácito habría enseñado a Rousseau padre los principios del gobierno; Plutarco, los valores morales del antiguo Estado romano; Grocio, los fundamentos de toda teoría social y jurídica[51]. Aun así, y a pesar de las diferencias altamente significativas que hay entre Hobbes y Grocio, Rousseau creía que en lo relativo a los principios «son idénticos, pues solo se distinguen en la forma de expresarlo. Difieren también en los métodos. Hobbes se apoya en los sofismas y Grocio en los poetas, lo demás es igual»[52].

Aunque ese «idénticos» constituye una típica exageración rousseauniana, no hay duda de que Hobbes y Grocio coinciden en una cosa; ambos creían que la Reforma y el descubrimiento de los pueblos de América habían acabado con el acuerdo sobre la concepción aristotélica de la sociabilidad humana, la cual era, como quedaba demostrado, una ilusión basada en una «idea superficial de la naturaleza humana», dicho con palabras de Hobbes. Es cierto que los seres humanos tienen una tendencia inicial a juntarse; ahora bien, «por naturaleza –se burlaba del consuelo que ofrece creer que la sociedad es la expresión cabal de un deseo natural de compañía en los seres humanos– no buscamos amigos, sino honores y ventajas... cuando [los hombres] se reúnen para entretenerse y pasarlo bien, lo pasan mejor si del entretenimiento (tal es la naturaleza del ridículo) salen con una idea superior de sí mismos en comparación con la vergüenza o las flaquezas ajenas»[53]. Y si no se unen por el deseo de quedar por encima de sus semejantes, entonces se unen por el miedo:

Entiendo con esta palabra una anticipación cualquiera de un daño futuro. A mi parecer, no solo la huida, sino también la desconfianza, la sospecha, la precaución y todas las medidas contra el miedo son características humanas. Al irse a la cama, los hombres cierran las puertas y si emprenden un viaje van armados porque temen a los ladrones. Las naciones guardan sus fronteras con fortalezas y sus ciudades con murallas por miedo a sus vecinos.

Este «miedo mutuo», como lo llamó Hobbes, es el motor primario que impulsa a los humanos no solo a reunirse, sino en definitiva a someterse a las necesarias imposiciones de la sociedad civil. Si no se le refrena, el hombre es, ha sido y seguirá siendo un peligro constante para sí mismo: *homo homini lupus*, «el hombre es un lobo para el hombre», como él mismo lo expresó tomando una frase de Plauto, el comediógrafo romano[54]. Desde el punto de vista de Hobbes y de Grocio, la teoría aristotélico-tomista de la sociabilidad natural se sustentaba en una ontología falsa –un extremo sobre el que volveremos– y en una teleología no menos insostenible.

Según una de las memorables frases de Hobbes, la «tendencia general de la humanidad es un deseo incesante de poder y más poder que solo se apaga con la muerte». No existe un «bien último», como sostenían los aristotélicos, porque los deseos que mueven a la humanidad nunca se satisfacen. «No existe el *Finis ultimus* [«fin último»] –escribió– ni el *summum Bonum* [«el bien supremo»] de que se habla en los libros de los antiguos filósofos moralistas. Para un hombre cuyo deseo ha llegado a su fin la vida es tan imposible como para aquel otro cuyas sensaciones y fantasías están paralizadas. La felicidad es un avance continuo del deseo de un objeto a otro»[55]. Se trata de una de las ideas más radicales de Hobbes. En efecto, no solo sostiene que la humanidad carece de un fin último que cumplir, como no sea el de mantenerse con vida, sino que la «beatitud» –el «bien supremo» a que se refiere–, lejos de ser el estado deseable que trasciende todas las pasiones, no significa otra cosa que la destrucción de lo humano, una forma de muerte. A partir de este principio tan sencillo como desolador se hizo posible elaborar una nueva concepción de la ley natural independiente de toda suposición compleja e indemostrable del carácter de la psicología humana[56]. Pero si, desde su punto de vista, no cabe la posibilidad de que Dios haya programado la «ley natural» en la mente humana, basta con la simple observación para saber que los seres humanos tienen una tendencia manifiesta a hacer el mal a sus semejantes y que, a pesar de esto, y como todas las criaturas vivientes, el hombre desea una cosa: eludir la muerte hasta donde sea posible. Cierto, existen individuos que, por motivos muy concretos –un fanatismo ciego, por ejemplo, o la ilusión de que les espera algo en el otro mundo–, eligen la muerte; no obstante, y a pesar de las imágenes tentadoras con que todas las religiones del mundo han presentado el más allá, tales individuos escasean. Para Hobbes, el suicida que se inmola con una bomba habría sido una rareza, una aberración, un sujeto probablemente trastornado[57]. El ser racional, la persona normal, hará todo lo que esté en su mano por evitar la destrucción de su cuerpo durante el mayor tiempo posible. Según Hobbes, esta tendencia «es tan poderosa como la que atrae una piedra hacia el suelo». De donde concluye: «No es, pues, absurdo ni poco razonable ni contrario a los dictados de la razón que un hombre use sus recursos para preservar su cuerpo y sus miembros de la muerte... Y aquello que no es contrario a la recta razón, todos están de acuerdo en que se hace con justicia, con derecho»[58].

Así pues, para Hobbes, cabe liberar la ley de la naturaleza de sus elaboradas amarras metafísicas y reducirla a un simple e irrefutable *derecho:* «El Derecho de la naturaleza, lo que los escritores llaman comúnmente *jus naturale,* es la libertad que tienen los hombres para utilizar sus recursos y su voluntad con el objetivo de preservar su propia naturaleza, lo que es decir su propia vida; y, en consecuencia, para hacer cualquier cosa que, conforme a su juicio y razón, consideren el medio más apto para ello». Y de nuevo: «Una ley natural *(Lex Naturalis)* es un precepto –o norma general– fundado en la razón, por el cual a un hombre le está vedado hacer algo que sea destructivo para su vida o que le despoje de los medios para preservarla; así como omitir lo que él crea que es mejor para conservarla»[59]. Eso y nada más. (A partir de ahí, Hobbes desarrolla diecinueve «leyes generales de la naturaleza que dictan la paz». Existen también otras encargadas de prohibir aquellas cosas que «tienden a la destrucción de algunos hombres» en tanto que distintos al conjunto de la sociedad, por ejemplo, la embriaguez, pero que «no es necesario mencionar por no ser pertinentes a este lugar»)[60].

En la idea de Grocio, no muy diferente, los «preceptos» primarios de la ley natural no son ya los mandamientos «Ama a tu prójimo como a ti mismo» o «No quieras para los demás lo que no quieres para ti», sino: «Será lícito defender la propia vida y evitar todo aquello que pueda resultar peligroso para ella»; y también: «Será lícito adquirir y conservar para uno mismo todas las cosas sin las cuales no puede pasarse la vida cómodamente». Solo estos, a su parecer, son principios fundamentales con los que nadie puede estar en desacuerdo «sin violentarse a sí mismo».

La ley natural que, en manos de los escolásticos, había proporcionado en su momento una compleja argumentación para explicar la sociabilidad humana, quedaba reducida a un principio aparentemente irrefutable en el que todo el mundo, desde Islandia hasta las antípodas, tenía que estar de acuerdo. Un principio independiente de la ley divina. «El derecho natural es tan inmutable –escribe Grocio– que ni aun Dios puede cambiarlo»[61]. A lo que añade su idea famosa –o infame, dependiendo del punto de vista–, según la cual ese derecho obligaría a la humanidad «aunque admitiéramos, cosa que no se puede conceder sin cometer el peor de los delitos, que Dios no existe o que no se ocupa de los asuntos humanos»[62].

No sorprende que a Hobbes se le condenara por ateo ni que, como tendremos ocasión de comprobar, su nombre quedara vinculado durante casi todo el siglo posterior a una filosofía que solo se ocupaba de los intereses humanos más estrechos y limitados a la supervivencia, lo que privaba al hombre de sus vínculos con la divinidad y le reducía a poco más que un autómata racionalizador, interesado y «egoísta» (una palabra clave).

Pero si los seres humanos no son sociables por naturaleza, ¿cómo se explica la formación de las sociedades? La respuesta de Hobbes es, sencillamente, el interés propio. Para desarrollarla se sirve de una fábula destinada a tener unas consecuencias trascendentales –aunque no intencionadas– para la posterior historia de la Ilustración. Si las sociedades fueran creaciones humanas artificiales, tendrían que haber conocido un comienzo, lo cual supone un tiempo en el que no existían. A esto se llamó «estado de naturaleza». No fue un invento de Hobbes. En el siglo VIII a. C., Hesíodo, el poeta griego, afirmaba que los seres humanos se han dotado a sí mismos de unos orígenes míticos, presociales; genealogía que ha constituido un medio aceptado de establecer la legitimidad o denunciar la ilegitimidad de las sociedades que ellos mismos han creado[63]. Pero Hobbes entendió el mito de un modo distinto en varios aspectos importantes. En primer lugar, suele imaginarse que la mayor parte de los mundos presociales fueron estados idílicos, donde los hombres vivían una vida fácil, deliciosa y eterna en presencia de Dios o de los dioses. En la versión griega, los dioses y los hombres comían en la misma mesa hasta que un buen día Zeus, harto de tratar con aquellos seres inferiores, los expulsó a la tierra. Entonces, Prometeo, apiadado de ellos, les regaló el fuego para hacerles la vida más soportable; razón por la cual Zeus le encadenó a una roca y dispuso que todos los días un águila le royera el hígado que volvía a crecerle por la noche. En la versión hebrea –expulsión de Adán y Eva del Jardín del Edén– se trata de un acto de desobediencia por parte de los humanos recién creados. Aquí son pecadores, no meras víctimas, pero el resultado es más o menos el mismo. Desterrados de su medio original, se ven obligados a errar por un mundo que deben hacer habitable utilizando lo único que los dioses (o Dios) les han dejado: la razón.

Hobbes le dio la vuelta a la historia. En su estado de naturaleza no hay ni dioses ni mesa celestial ni jardín «al este del Edén» provisto de todo lo que el hombre necesita para sobrevivir. En su lugar, solo hay una violencia implacable. En un mundo así, escribió Hobbes en su aserto más famoso, que es también uno de los párrafos más potentes de la lengua inglesa:

No hay lugar para la industria, porque el fruto de la misma es inseguro; y por tanto, tampoco cultivo de la tierra; ni navegación ni uso de los bienes que pueden importarse por mar; ni construcción cómoda; ni herramientas para mover y remover los objetos que necesitan mucha fuerza; ni conocimiento de la faz de la tierra ni cómputo del tiempo; ni artes ni letras ni sociedad, sino, lo que es peor, un miedo continuo y un peligro de muerte violenta. Y para el hombre, una vida solitaria, pobre, detestable, brutal y corta[64].

Pero los seres humanos, hasta los más primitivos, no son únicamente criaturas pasionales, belicosas y viciosas, sino también –a ratos– seres racionales. Pueden darse cuenta de que permitir que los individuos hagan lo que les apetece resultaría desastroso para la totalidad. Para acabar con esa situación, con esa «guerra de todos contra todos», el hombre primitivo llegó a la conclusión de que era «necesario ceder el derecho a tener todas las cosas y contentarse con la misma libertad, frente a los otros hombres, que les sea concedida a los demás con respecto a él mismo». Para conseguirlo, aquellos hombres primitivos establecieron un contrato –lo que Hobbes llama «pacto»– y con ello crearon la sociedad civil.

En consecuencia, la sociedad no es natural, sino inevitablemente artificial. «Gracias a este arte –escribió Hobbes– se crea ese gran Leviatán que llamamos República o Estado (en latín *Civitas*), que no es sino el hombre artificial»[65]. Pero no todo el mundo ha llegado a la misma conclusión. Existían, según Hobbes, muchos seres humanos que aún vagaban por la tierra en estado de naturaleza. Los indios de América, por ejemplo, sin ser ni bestias ni héroes (ni mucho menos santos) «dependen de la concupiscencia natural, carecen por completo de gobierno y viven hoy en ese estado de bestialidad que he referido»[66].

Las leyes y las instituciones se crearon a partir de esa iniciativa, pero como ni el gobierno ni las leyes pueden imponerse en territorios muy grandes, el mundo se dividió en naciones, cada cual con su derecho y su código civil. El Estado es un todo compuesto, creado por la voluntad humana y, por eso mismo, totalmente independiente de la voluntad o de los designios de Dios. El soberano ha de ser obedecido como depositario de la voluntad colectiva y la capacidad de juicio de la nación entera. Su poder será absoluto mientras no infrinja el derecho natural de todo hombre a protegerse y mientras provea de la protección contra la guerra civil y la invasión extranjera, que es la finalidad del pacto. Un poder semejante ha de mantener necesariamente sometidos a los hombres, pero no hay en ello nada ni divino ni sagrado ni remotamente misterioso.

Si para Aristóteles y sus herederos la creación de la *polis* fue la realización de un plan previo de la naturaleza (o de la divinidad), para Hobbes y para Grocio no existía otra cosa que el cálculo racional encaminado a garantizar la continuación de la especie. La vida social no era, como en Aristóteles y en la tradición teológica tomista, una necesidad de los hombres para satisfacer sus fines en tanto que humanos, sino una mera condición de la supervivencia. Y no todos los hombres habían llegado a la misma conclusión.

Para Hobbes, la creación de la sociedad civil había hecho del mundo un lugar mucho más seguro, pero no transformando la auténtica naturaleza del hombre, como imaginaron Aristóteles y los teólogos, sino a cambio de limitar la natural tendencia humana a la destrucción. La sociedad no nos cambia. En el fondo de nuestro corazón continuamos siendo las mismas criaturas malvadas que fuimos en el estado de naturaleza. Con esta forma de caracterizar al hombre primitivo, Hobbes dio pie a una controversia que duró más de un siglo y que en algunos aspectos ha llegado hasta nosotros.

En una Europa desgarrada por el conflicto ideológico y al mismo tiempo en rápida expansión en ultramar, sus ideas resultaron impresionantes y comprometedoras. Sencillamente, proporcionó una solución para la guerra civil; pues, como dijo, «todas estas calamidades que pueden evitarse con la industria humana proceden de la guerra, pero sobre todo de la guerra civil». Si el derecho a protegerse es la base del derecho natural, sostenía, el papel de la sociedad será defender ese derecho. Para conseguirlo, el poder soberano –y a Hobbes le importaba poco que fuera un rey o una asamblea, una monarquía o una república (sus palabras, continuamente repetidas, son «un hombre o una asamblea de hombres»)– «habrá de ser absoluto e incontestable». Los súbditos del gobernante tendrán que rendirle –o rendirles– no solo su voluntad, sino también su criterio[67]. Y ese poder no solo actuará en nombre de ellos, sino que *pensará* por ellos, un aserto que a Kant iba a parecerle «pasmoso»[68].

Hobbes y Grocio consiguieron reelaborar radicalmente el derecho natural sin renunciar a su existencia. Dejaron al ser humano abandonado a sus propios recursos, sin más guía que los sentidos, las pasiones y la razón de los que dependen. Se trata, como descubrieron las generaciones posteriores, de una idea de la condición humana profundamente inquietante.

El asalto del siglo XVII a la escolástica resultó en extremo convincente. La prosa en la que se expuso, especialmente la de Hobbes, tenía un enorme poder cautivador, cosa que no puede decirse de los mamotretos de los «escolásticos». Había, además, algo inmediatamente atrayente en lo que se ha denominado el «realismo» de Hobbes: su negativa a considerar importante todo aquello que no fuera accesible a la experiencia directa. Anthony Ashley Cooper, conde de Shaftesbury (de quien nos ocuparemos luego), aun aborreciendo sus conclusiones, se refería a Hobbes como a «un filósofo competente e ingenioso de nuestra nación»[69]. El filósofo escocés Francis Hutcheson, que no simpatizaba con una filosofía que «pasa por alto todo lo que de *generoso* y *amable* hay en los seres humanos», decía de Hobbes: «Aquel autor intrépido que desarrolló sus investigaciones de un modo singular, sin preocuparse de la autoridad y con una forma de hablar mucho más inteligible que la de los escolásticos, resultó inmediatamente ameno a muchos ingenios libres de su época»[70]. Incluso Diderot, convencido de que Hobbes había caído como todos los «filósofos sistemáticos» en el vicio de distorsionar las pruebas que encontraba para hacerlas «encajar en su hipótesis», reconocía que «hasta sus errores habían aportado más al avance del espíritu humano que un montón de obras ensartadas por un pensamiento adocenado»[71]. Pero avisaba: «Cuidado con llevar demasiado lejos sus primeros principios, si no quieres seguirle allí donde él te quiera conducir». Nadie en las generaciones siguientes, ni tal vez en la actualidad, ha podido eludir a Hobbes, pero tampoco, como veremos enseguida, se ha dejado llevar por él con tanta facilidad como suponía Diderot.

2. La recuperación de la piedad

1

El panorama intelectual escolástico aparentemente arrasado por Hobbes no fue al fin y al cabo tan infértil como él pretendía. En realidad, el aristotelismo que encontró en las universidades no era un lenguaje académico ni más ni menos árido que muchos lenguajes académicos de la actualidad, pero el concepto tomista y aristotélico de ley natural tenía en cuenta bastantes cosas que las definiciones hobbesianas (cuando no las de Grocio) descartaban. Para empezar, los escolásticos habían convertido su versión de la ley natural en la base de un código moral y político universal por el que todos los seres humanos habían de considerarse iguales, al margen de su cultura o sus creencias. Debían, además, respetarse los unos a los otros, puesto que compartían un impulso común a «reunirse», y ayudarse, incluso en el caso de los extraños, en los momentos de necesidad, lo que venía a demostrar que «la amistad entre los hombres forma parte de la ley natural»[1]. Finalmente, mientras que Hobbes y Grocio solo aceptaban la existencia de un derecho natural –el derecho a la conservación de la propia vida–, los escolásticos incluían muchos; por ejemplo, el de libre acceso a todos los países de la Tierra o el de ser oído en las disputas de cualquier tipo, que son precedentes directos de lo que más tarde se redefiniría como «derechos humanos»[2].

Es lógico que no apareciera nada de esto en el relato drásticamente simplificado de Hobbes o de Grocio. (Este último, es cierto, afirmaba que los hombres tenían obligaciones con sus semejantes, pero únicamente lo expresó como abstención de hacer daño). Veremos enseguida que la Ilustración, en especial aquella parte de la que me ocuparé, quiso recuperar algo del concepto de humanidad unida y fundamentalmente bondadosa, así como de la posible existencia de un mundo cosmopolita, sin tener que plegarse a la pretensión teológica de que tal cosa solo tiene sentido cuando se está incluido en el designio de una deidad bien intencionada, aunque absolutamente insondable.

El panorama político de la Europa de principios del siglo XVIII, y de otras partes del mundo, cambió profundamente desde el final de la Guerra de los Treinta Años. Grocio había escrito *Del derecho de la guerra y de la paz* en 1625. *Leviatán* apareció en 1651, pero las ideas básicas de la ley natural se encuentran en el tratado latino *De Cive,* la obra de Hobbes mejor conocida fuera de Inglaterra, escrita antes de 1641. Abordaba, por tanto, la creación de un mundo que había quedado radicalmente alterado –o eso les pareció muchas veces a los contemporáneos– por la Paz de Westfalia de 1648. Aunque, como hemos visto, el acuerdo no acabó por completo con las guerras intestinas en territorio europeo, abrió un proceso que poco a poco conduciría a lo que muchos autores llamaron la «República de Europa», una sociedad de estados vinculados por una cultura si no común, sí compartida, un sistema jurídico común y una convivencia basada en alianzas, aunque estas fueran reconocidamente incómodas. Esta idea demasiado optimista del futuro del mundo occidental proporcionó a las generaciones crecidas a partir de 1648 suficiente seguridad para rechazar el relato aparentemente irrefutable con que Hobbes y la «filosofía mecánica» habían explicado los orígenes de la sociabilidad humana.

La mayor debilidad teórica de la idea de «lo humano» en Hobbes y Grocio, como han señalado muchos críticos desde su época hasta la nuestra, reside en la visión reduccionista de la personalidad humana, supuestamente motivada solo por el egoísmo[3]. Hobbes no escatimó en medios para remediarlo. No obstante, su defensa de que lo único capaz de unir a los seres humanos es el deseo de conservar la vida todo lo posible pareció a muchos de sus sucesores, entre ellos a David Hume, «procedente del amor por la simplicidad, una de las fuentes del falso razonamiento en filosofía»[4]. Thomas Reid, el mayor crítico de Hume, contemporáneo suyo y escocés como él, aunque pensaba que la hipótesis del «sentido común» en Hume «nos devuelve sin más a las ideas innatas», coincidía con él en esto: «El amor por la simplicidad y por la reducción de las cosas a unos cuantos principios ha producido muchos sistemas falsos». Los mayores culpables, a su parecer, habían sido Descartes y «el gran Newton», que, en sus hipótesis sobre la simplicidad fundamental del mundo, «se formaron una noción de las partes desconocidas de la Naturaleza a partir de las que ya conocían, igual que el pastor Títiro se formó una noción de la ciudad de

Roma a partir de su aldea natal»[5]. (Reid pensaba también que Hume, Descartes y Hobbes se extralimitaron en su voluntad de «crear un sistema de la naturaleza humana, empeño demasiado ambicioso para un solo hombre, por muy grandes que sean su genio y sus capacidades»)[6].

El concepto de ley natural de Hobbes, como señaló quizá antes que nadie Francis Hutcheson –«al que nunca hay que olvidar», decía Adam Smith–, que fue amigo y mentor de David Hume, no solo reduce la ley natural a un único principio irrefutable, sino también a un *derecho*[7]. Y aunque los derechos tienen un valor incalculable para definir los límites del Estado, no sirven para explicar toda la variedad de la experiencia humana. Da la impresión de que, al derribar la antigua idea aristotélica de la sociabilidad humana, Hobbes no solo destruyó el orden teológico aristotélico-tomista, sino también toda posibilidad de que la interacción humana se base en algo distinto al crudo cálculo de intereses. Y si bien su razonamiento se fundamenta en una pasión, son muchos los que creen que le ha arrancado a la personalidad humana toda capacidad de amor y de ternura, y hasta de la simple camaradería, dejándole solo miedo. El barreño estaba seco y el niño había desaparecido.

Encontramos una crítica semejante en la breve historia de la evolución que la mente filosófica moderna de D'Alembert ofrece en el «Discurso preliminar» de la *Encyclopédie*. No obstante, el blanco no es aquí Hobbes sino Descartes, que para D'Alembert –igual que para Schelling– representaba en su totalidad la «filosofía mecánica». A Descartes se le considera con justicia el agente liberador de la escolástica –como, a regañadientes, reconocía Hutcheson de Hobbes–, porque «ha enseñado a los espíritus agudos *(bons esprits)* a zafarse del yugo de la escolástica, de la opinión y de la autoridad; en una palabra, de los prejuicios y de la barbarie». Pero, ¡ay!, entonces procedió a sustituir aquellas seguridades falsas por las suyas propias, que no eran manifiestamente falsas, pero que excluían la posibilidad de una crítica futura y que, por tanto, tenían el efecto de condenar el porvenir, mientras que la Ilustración era un proceso de crítica constante. D'Alembert concluye tristemente que muchas veces es propio de la debilidad humana destruir un prejuicio y sustituirlo por otro. «La inseguridad y la variedad de la mente —escribió— son tales que siempre se necesita una opinión a la que atacar»[8].

En el mundo un poco más estable que siguió a la Guerra de los Treinta Años, se sentía la necesidad de dar una explicación más profunda y más compasiva de los instintos básicos de la humanidad, algo que no dependiera únicamente del egoísmo. Y se necesitaba también una filosofía independiente no solo de las premisas inflexibles e indemostrables de la religión, sino de toda certeza dogmática —de los «prejuicios», en otras palabras—; una filosofía capaz de explicar la naturaleza cambiante del mundo exterior y, sobre todo, los continuos cambios de las percepciones, las pasiones y las creencias del animal humano.

El primero en intentarlo fue el historiador y jurista sajón Samuel Pufendorf, cuya obra más importante, *De iure naturae et gentium,* apareció en 1671. A Pufendorf no se le conoce bien en la actualidad, pero aunque su obra, como la de Grocio, estaba escrita en latín y en un estilo académico muy convencional, llegó a ser uno de los teóricos más leídos y más influyentes social, política y moralmente del siglo XVIII. Tanto que Laurence Sterne, en su popular novela cómica, *Vida y opiniones del caballero Tristam Shandy,* le calificaba de uno de los «mejores autores éticos» y daba por sentado que sus lectores, no necesariamente cultos, sabían de quién hablaba. En dos de los programas educativos que escribió para sus amigos influyentes, Rousseau recomendaba que los niños leyeran a Pufendorf «porque conviene que un hombre honrado e inteligente comprenda las bases del bien y del mal, así como los fundamentos que sostienen la sociedad a la que pertenece»[9].

Parece que Pufendorf ofrecía precisamente lo que Rousseau y la mayoría de los escritores de la Ilustración necesitaban: huir de la desoladora explicación que tanto Hobbes como Grocio habían dado a los orígenes de la sociabilidad, aceptando al mismo tiempo su premisa básica; es decir que «el hombre está hecho de manera que piensa en su bienestar antes que en el bienestar de los demás». En efecto, Pufendorf da una explicación semejante a la de ambos (hasta el punto de que plagia pasajes enteros y casi literales del *De Cive*)[10], y coincide también con su predecesor en que la formación de las primeras sociedades que salieron del estado de naturaleza se debió a un acto o a varios actos de voluntad de los seres humanos y no al cumplimiento de un designio divino. La diferencia importante reside en que mientras para Hobbes y Grocio tales sociedades evolucionaban en la técnica pero no en la moral, para Pufendorf constituían personas morales, pues cada una [de estas sociedades] «es una persona única dotada de inteligencia y voluntad, que lleva a cabo actos propios de sí misma y distintos a los de los individuos»[11]. A través de un acto o de varios actos de voluntad, la humanidad ha creado no un Estado artificial, sino un Estado «natural» dotado de atributos morales propios[12]. A esto llamaba «sociabilidad» *(socialitas)*. Como observaba Hutcheson, dando su conformidad: «Según esta idea de Pufendorf, aunque la vida social no parezca inmediatamente natural en sí misma al hombre, sigue siendo acertado considerarla natural a él en un sentido secundario»[13].

Para Pufendorf y para todos sus sucesores, como tendremos oportunidad de comprobar, esto requería necesariamente una conciencia interior del propio ser. Pufendorf creía que un ataque contra la identidad de la persona representaba tanto peligro para su ser como un ataque físico contra su cuerpo:

> Además del apego que siente el hombre por su vida, su cuerpo y sus cosas, y puesto que no puede evitar rebelarse contra todo lo que tienda a su destrucción –o huir de ello–, encontramos también ínsito en su mente un sentido exquisito de la dignidad. Y cuando alguien, de un modo u otro, la denigra, generalmente no le ofende menos sino más que cuando el daño se hace contra su cuerpo o sus posesiones.

Junto con el conocimiento de que un día hemos de morir y el reconocimiento (natural para Pufendorf) de la existencia de Dios, esto es lo que distingue a una persona de un perro. Se trata, en cierta forma, de definir al hombre en oposición a la naturaleza animal, porque la «naturaleza humana pertenece por igual a todos los hombres, y puesto que no podemos hacer vida social con aquel en quien no reconocemos al menos su condición de hombre, será un precepto de la ley natural que todos los hombres estimen y traten a los demás hombres como a sus iguales o como hombres en el mismo sentido que lo son ellos»[14].

Con esta premisa en apariencia evidente, recurriendo a los instintos, pasiones o, como dirían las generaciones posterio-

res, «sentimientos» naturales de los seres humanos, Pufendorf proporcionó a los hombres el estatus de criaturas naturalmente morales y –lo que resultó fundamental para el giro
que iba a dar la idea del derecho natural en el siglo XVIII– la
imagen de unos seres que, al contrario que los hombres de
Hobbes, estaban dotados de una bondad natural con sus
semejantes.

Así pues, ya no se trataba de miedo, de cólera o de odio
hobbesiano, sino de lo que Hegel llamaría más tarde el «reconocimiento» de que el «ser para otro» conduce al hombre a
la formación de sociedades. La sociedad no era ya un común
acuerdo entre púgiles aterrorizados que responden racional y
«egoístamente» a una pasión, sino el resultado «natural» de
una pasión que responde a otra. Para Pufendorf era esto lo
que daba al mundo social sus cualidades morales y lo que, al
contrario que en la teoría de Hobbes, en vez de dejar a los
hombres tal cual, transformaba su ser. Rousseau, simplifican-
do en exceso, como siempre, decía en unas notas para su futura «Historia de las Costumbres» (uno de sus muchos proyectos abandonados) que el error de la mayor parte de los
moralistas había sido creer que el hombre es esencialmente
un ser racional, cuando, en realidad: «El hombre no es más
que una criatura sensible que consulta solo con sus pasiones
para actuar, y cuya razón le sirve solo para paliar las majaderías
que las pasiones le obligan a hacer»[15].

Para el propio Pufendorf –coincidiendo con los moralistas ingleses y escoceses de principios del siglo XVIII, Hutcheson, Richard Cumberland y Shaftesbury–, su distanciamien-
to de Hobbes y Grocio equivale a la oposición entre
epicureísmo y estoicismo. «La premisa de la que deduzco el
derecho natural –escribió, respondiendo al jurista Nicolaus

Beckmann, uno de los críticos de *De iure naturae et gentium*–
se opone directamente a la teoría de Hobbes. Yo estoy muy
cerca de la razonable teoría de los estoicos; en cambio, Hobbes sirve un *rechauffé* de teorías epicúreas»[16].

La diferencia entre estas dos escuelas antiguas de filosofía,
la estoica y la epicúrea, y la relación de ambas con el escepticismo, iba a convertirse en un aspecto fundamental de la teoría
social y política de finales del siglo XVII y principios del XVIII.
Lo hallamos en Adam Smith y en Francis Hutcheson, en Diderot y en Rousseau, en Condorcet y en Hume, en el napolitano Giambattista Vico y en Immanuel Kant; y las disertaciones sobre las tres escuelas filosóficas llegarían a ser el principal
elemento de los currícula universitarios de toda Europa. Del
escepticismo hemos hablado ya. El estoicismo y el epicureísmo –las dos filosofías que, en el año 155 a. C., expuso Carnéades en dos días sucesivos– se distinguen porque ambos
ofrecen un sistema de conocimiento del universo entero. Pero
lo más importante, especialmente para los autores del siglo
XVIII, era su filosofía moral.

Epicuro (341-270 a. C.) fue un filósofo griego celebrado
–y denostado también– por haber fundado una escuela basada en la premisa de que el objetivo único de la vida humana es
la búsqueda del placer. Hacia el año 306 adquirió en Atenas
una casa en cuyo jardín estableció la sede de su escuela. Allí
vivía él con sus seguidores –entre los que inusual y sorpren-
dentemente en el mundo griego antiguo había también mujeres–, unidos por lazos de amistad, ignorantes del mundo
exterior y ajenos a toda participación en la vida política.
Aunque la mayor parte de las historias salaces que se contaban sobre aquel jardín eran producto de la fantasía, el epicureísmo nunca consiguió cambiar su imagen de mera justifi-

cación filosófica de una vida hedonista. La convicción en los orígenes estrictamente materiales del cosmos y la negación de la existencia de una deidad efectiva o de cualquier forma de inmortalidad humana los hizo igualmente odiosos para los cristianos.

En realidad, la mayoría de los epicúreos eran ascéticos. La premisa de que los hombres se esfuerzan siempre en evitar el dolor y en cultivar el placer no los condujo a la conclusión de gastar la vida en disipaciones, porque la disipación siempre lleva consigo el dolor y porque cuanto mayor es el placer inicial mayor resulta el dolor que le sigue. Por consiguiente, el individuo verdaderamente racional que busca el placer cultivará solo aquellos placeres que no sometan su voluntad; y esto, en efecto, solo puede traducirse por vida contemplativa. Claro está, únicamente el filósofo epicúreo, tras los muros de su jardín, podía aspirar a una vida semejante. A los demás, condenados a vivir en el mundo exterior, no nos queda otro remedio que luchar por reducir al mínimo nuestros dolores y por disfrutar de la vida en la medida de lo posible. O, como uno de los discípulos de Kant, con el inverosímil nombre de Mongrovius, sostenía que había dicho su maestro: «Los que reducen los principios morales a los sentidos físicos se llaman epicúreos, y su principio es el egoísmo, que se basa en el bienestar y la seguridad de nuestra condición»[17]. Un resumen demasiado crudo, que, no obstante, refleja con mucha precisión lo que pensaban del epicureísmo muchos pensadores de tendencia estoica, como Kant, en el siglo XVIII.

Así pues, lo que quería decir Pufendorf al afirmar que Hobbes se había limitado a servir «un *rechauffé* de teorías epicúreas» era que su filosofía se basaba en que el cálculo del placer y del dolor era lo único que los humanos tenían en común; en definitiva, lo único que constituía su humanidad. Aunque nunca lo expresó, naturalmente Hobbes compartía también con los epicúreos la negación de la existencia de una deidad omnisciente y providencial, y también él comenzaba su explicación de la condición humana por el individuo, no por el cosmos.

La acusación de «epicureísmo» era, en definitiva, un estigma parecido a la acusación de ateísmo que persiguió siempre a Hobbes. Pero, con todo –y, pese a todo, pues su teoría de las pasiones, por ejemplo, debe mucho a las fuentes estoicas–, el egoísmo hobbesiano, lo que más tarde Hume llamará «la filosofía egoísta», hunde sus raíces en la siguiente premisa del epicureísmo: «Afirmamos que el placer constituye el principio y el final de la vida feliz»[18]. Un epicúreo o un seguidor de Hobbes, escribía Hume en su *Investigación sobre los principios de la moral* de 1751:

> Acepta fácilmente que en este mundo existe la amistad sin hipocresía o engaño, pero, mediante una química filosófica, tiene que descomponer los elementos de esa pasión, si cabe hablar así, en los de otra, y explicar que todos los afectos son egoísmo desfigurado y convertido por un especial giro de la imaginación en una variedad de apariencias[19].

Los estoicos, a los que el propio Pufendorf se vinculaba, se representaban como el opuesto exacto de los epicúreos. Su nombre procede del *Stóa poikilé* («pórtico pintado») del ágora ateniense, donde Zenón de Citio, el fundador de la escuela hacia el 323 a. C., daba sus lecciones a cielo abierto. En términos generales, los estoicos sostenían que solo la virtud conduce a la felicidad. El estoico sabio utiliza la razón para guiarse en la vida y ve en el mundo un todo armonioso con una finalidad clara y trascendental. Al contrario que los epicúreos, y que Hobbes (quien les sigue en esto), el estoico empieza por el cosmos, no por el individuo. Evita los peligros y las emociones perjudiciales y sobre todo trata de ver el mal que pueda afectarle como algo externo a su ser. De cara a las emociones más fuertes o a los peores problemas –o a los mayores placeres– el estoico sabio permanece impasible. Es la doctrina de la *ataraxia,* o ausencia de ansiedad y preocupación, y, hay que decirlo, de la indiferencia, no solo hacia el sufrimiento o el placer propios sino también hacia los ajenos. En el mejor de los casos, Kant lo calificó de una actitud «poco ajustada a las capacidades del hombre»; en el peor, en palabras de Condorcet, es la máscara detrás de la cual se esconde «la dureza, la soberbia y la injusticia»[20]. Incluso hoy en día, cuando decimos que algo es «estoico» queremos significar más o menos lo mismo. (También expresamos algo parecido con el adjetivo «filosófico», lo que demuestra el peso que ha tenido el pensamiento estoico para lo que se considera «filosofía» en Occidente).

Pero el estoicismo no fue solo resignación. Se ha prestado demasiada atención a los elementos de resignación e indiferencia de los estoicos y muy poca a sus ideas políticas y sociales, precisamente las que atrajeron a los pensadores ilustrados. Porque el estoicismo creía también que el mundo natural era un todo armonioso con una finalidad concreta y trascendental. En el núcleo de esta creencia reside la idea de que todos los seres humanos, en tanto que humanos, con independencia de su cultura o de su fe, comparten una misma identidad. Igual que Aristóteles, los estoicos aceptaban la existencia de las llamadas «nociones comunes», es decir un conjunto básico de nociones o ideas que todos los hombres pueden aceptar, al margen de sus diferencias de credo y cultura. Por otra parte, existen también entre ellos ciertos vínculos sentimentales, lo que los griegos llamaron *oikeiosis* o apego natural a todo lo que es apropiado o semejante a uno mismo. Mis parientes, mi familia, mis hijos son en este sentido «apropiados», y por tanto yo los quiero de un modo inevitable. Y los quiero no solo por mí, ya que son la única garantía de mi continuidad, sino también porque me *identifico* con ellos. Debido a esta circunstancia, las personas sabias aman por encima de todo a su familia y amigos, en segundo lugar a los miembros de su sociedad o nación y, finalmente, a la humanidad entera. Como lo expresó Cicerón, el gran jurista romano: «Del [amor parental] procede también una forma de interés natural de los seres humanos por otros seres humanos; por el simple hecho de serlo, un ser humano no se considera ajeno a otro»[21]. Esto, como veremos, constituye la base de lo que más tarde se llamaría «cosmopolitismo».

A pesar de la profunda antipatía que se tuvieron las unas a las otras, estas escuelas antiguas no se diferenciaban tanto. Ni tampoco eran del todo coherentes. Los romanos, que desarrollaron las ideas de las tres, se apartaron también a veces de un modo manifiesto de sus predecesores griegos. A Cicerón, que detestaba a los epicúreos, se le considera, por lo general, un escéptico, pero cuando habla de filosofía moral es un estoico. Séneca, moralista y dramaturgo, obligado a suicidarse por el emperador Nerón, y cuyas obras influyeron probablemente más que las de ningún otro autor en los grandes autores dramáticos de los periodos isabelino y jacobino, Shakespeare, Marlowe y Ben Jonson, se convirtió durante el siglo XVIII en el representante de las más elevadas virtudes de los estoicos romanos. Y aunque no del todo ajeno al epicureísmo, fue, en palabras de Diderot, que pese a todo le veneraba, un «estoico atenuado».

Sin embargo, y pese a tanta fusión y confusión, a finales del siglo XVII y principios del XVIII, las etiquetas de «epicúreo» y de «estoico» se aplicaban, como hacía Pufendorf, para caracterizar, por un lado, a los «racionalistas» hobbesianos, y por otro, a los que como el propio Pufendorf concedían mayor importancia al «sentimiento» y a la autonomía moral al explicar lo que definía de un modo más claro a los seres humanos. En la historia reconocidamente esquemática de la tradición filosófica occidental que escribió Shaftesbury, solo habían existido «dos filosofías realmente distintas, la derivada de Sócrates que acabó en la Academia, los peripatéticos y los estoicos; y la derivada en realidad de Demócrito que acabó en los cirenaicos y los epicúreos». O, como decía Diderot en la entrada correspondiente al «Estoicismo» en la *Encyclopédie*: «La secta de los estoicos fue la última rama de la secta de Sócrates».

No se trata de que las principales figuras de la Ilustración fueran auténticos estoicos desde un punto de vista formal. En todo caso, serían eclécticos: estoicos en la mayor parte de los casos, aunque no pocas veces epicúreos y casi siempre escépticos. Eso precisamente significaba la «Ilustración», según decía el propio Diderot. El ecléctico, decía tajante, «es el filósofo que pisotea los prejuicios, la tradición, la antigüedad, el acuerdo universal, la autoridad... en una palabra, todo aquello que subyuga a la mayor parte de los espíritus». Es el filósofo que «se atreve a pensar por sí mismo, a remontarse hasta los principios generales más claros, a examinarlos, a discutirlos y a no aceptar más que el testimonio de su experiencia y su razón». Y por encima de todo, es lo que Diderot llama «un filósofo particular y doméstico... menos interesado en enseñar a la especie humana que en ser su discípulo, menos en reformar a otros que en reformarse él y menos en enseñar la verdad que en conocerla»[22]. Un ecléctico y, por descontado, un crítico.

Pero dentro de esta intensa mezcla, era el elemento estoico lo que proporcionaba la base del conocimiento de la sociedad humana, y fue el estoicismo lo que condujo primero a la formación de una ciencia del hombre y después a la aparición del cosmopolitismo. La célebre imagen de la «mano invisible» debida a Adam Smith, la idea de que existe un mecanismo oculto que regula el mercado, es reflejo de la armonía esencial que regía el mundo de la naturaleza para los estoicos[23]. El conocido «imperativo categórico» de Immanuel Kant, según el cual todos tenemos el deber moral de tratar a los demás seres humanos como un fin en sí mismos, y no como medios, presenta una clara afinidad con la noción estoica de virtud. Está luego esa figura tan familiar del «buen salvaje», con uno de los cuales nos encontraremos más adelante, y que no es más –se lamentaba Shaftesbury– que la versión exótica del estoico «negador», el hombre naturalmente sabio que cuestiona todo aquello que, presentándose como una certeza, no corresponde bajo su punto de vista al designio de la naturaleza.

La postura de Pufendorf, consistente en reintroducir una noción estoica de sociabilidad para oponerse tanto a las ideas innatas de los escolásticos como a la humanidad de Hobbes y Grocio, compuesta únicamente de individuos movidos por el cálculo y el egoísmo, iba a ejercer una influencia larga y duradera en el pensamiento ilustrado. Pufendorf comprendió que en la Europa posterior a la Reforma y al Descubrimiento no podían resucitarse las estructuras antiguas. Solo los teólogos de las universidades, e incluso ellos con una dificultad cada vez mayor, continuaron creyendo hasta bien entrado el siglo XIX que el aparato de la psicología aristotélica y neotomista podía recuperar el consenso que conoció en su día. Para el resto de Europa resultaba más que evidente que había desaparecido para siempre, lo que no quería decir que con él se hubiera esfumado toda posibilidad de acuerdo. Como subrayaría después Hume, son muy pocas las ocasiones en que la pregunta «¿Qué significa eso para mí?.. no sea pertinente». Con todo, si la concepción escolástica del hombre hubiera tenido la «influencia infalible» que Hobbes y otros le atribuían, «habría vuelto absurdo todo ensayo –y casi toda conversación– que contuviera una alabanza o una censura de los hombres y sus costumbres»[24]. Partiendo de la «hipótesis del egoísmo» podríamos ofrecer –igual que Hobbes– muchos argumentos absolutamente persuasivos de por qué obedece el hombre las leyes de su soberano, pero no mucho más.

A Hobbes no le importó nada más, pero si, como dijo Hume, debemos «renunciar a la teoría que explica los sentimientos morales mediante el principio del egoísmo», y, más aún, si debemos aceptar que los seres humanos se encuentran vinculados por algo más profundo y más preciso que el simple temor a la extinción, tendremos que preguntarnos qué es ese «algo». La respuesta es que no se trata ni del miedo ni de la razón, sino de lo que en el siglo XVIII se denominó «sentimiento». Para comprender cómo sucedió debemos echar un vistazo a otro aspecto de la historia que hasta aquí hemos descuidado.

2

La teoría escolástica de la vida moral y política descansa por completo, como veremos, en la idea de que nuestro entendimiento de la ley natural está integrado por unas «ideas innatas» o unos «sentidos innatos», cosa que, al menos implícitamente, tanto Hobbes como Grocio negaron o redujeron a un impulso –difícil de considerar «idea»– o «sentido» tan básico que nadie duda de que sin él la humanidad no habría sobrevivido. Pero ninguno de los dos pensadores abordó la cuestión del innatismo como tal. Quien sí lo hizo, y con un efecto abrumador y permanente, fue John Locke.

En 1668 Locke vivía en Exeter House, la casa londinense del poderoso estadista liberal Anthony Ashley Cooper, primer conde de Shaftesbury. Locke conoció a Ashley en 1667 y enseguida se convirtió en su físico, consejero y amigo. Ashley le nombró secretario de la Cámara de Comercio y de las Plantaciones y de los Lores Propietarios de las Carolinas (en calidad de lo cual intervino en la redacción de las constituciones de las Carolinas). Cierta noche, Locke mantuvo una conversación con «cinco o seis amigos reunidos en mi despacho». El tema era la moralidad y la religión revelada. Más tarde, Locke registraría lo siguiente:

> Después de devanarnos los sesos durante un rato sin acercarnos a la solución de las dudas que nos tenían perplejos, se me ocurrió que andábamos descaminados y que antes de formularnos estas preguntas sobre la naturaleza, era necesario examinar nuestras capacidades y ver qué objetos se hallan al alcance de nuestro entendimiento y cuáles no.

El resultado de estas reflexiones, publicado muchos años después en 1690, fue el *Ensayo sobre el entendimiento humano,* donde, según D'Alembert, «Locke no hizo otra cosa que presentar a los hombres el espejo en el que él mismo se había mirado. En una palabra, redujo la metafísica a lo que debe ser en realidad: la física experimental de la mente»[26]. Junto con el *Leviatán* de Hobbes y los *Principia Mathematica* de Newton –aunque este último fuera difundido sobre todo por sumarios y comentarios como las *Cartas filosóficas* de Voltaire (1778) o el atractivo *Newtonismo para señoras* de Francesco Algarotti (1737)–, el *Ensayo* fue uno de los textos filosóficos más leídos del siglo XVIII. Puede que el controvertido filósofo utilitarista Claude-Adrien Helvétius (que de joven había escrito «Le Bonheur», un poema encomiástico dedicado a Locke) exagerara al decir que los que no habían leído, practicado y admirado todo lo que Locke había escrito sobre cualquier tema, por inconcebible que fuera, se contaban con los dedos de una mano, pero es cierto que su influencia y su fama, como las de Newton, superaron ampliamente los círculos intelectuales para los que había escrito. Alexander Pope cuenta el caso de una joven inglesa de buena familia que quiso retratarse con un volumen de las obras de Locke en la mano para que la posteridad supiera que había sido algo más que una cara bonita. En *La fausse Agnès* (1759), del comediógrafo Philippe Néricault Destouches (efectivamente, poco conocido), una muchacha finge estar loca para deshacerse de un pretendiente no deseado; cuando al fin el galán huye desesperado, ella demuestra su cordura al público resumiendo el argumento del *Ensayo sobre el entendimiento humano*[27].

No es difícil comprender los motivos de tanta admiración. El *Ensayo* había barrido con todos los intentos previos de explicar nuestra forma de entender el mundo. Como Descartes, Locke pensaba que la finalidad de la filosofía era preparar el terreno intelectual para los científicos de la naturaleza de su época, los «insignes maestros de obras –decía–, cuyos grandes designios... dejarán monumentos perdurables para admiración de la posteridad». Locke se consideraba «un simple obrero dedicado a desbrozar un poco el terreno y a limpiarlo de los escombros que entorpecen la marcha del saber»[28]. Y para él, uno de los cascotes más molestos era la teoría escolástica del innatismo. Nada más empezar el primer libro del *Ensayo,* explicaba cuál era su pretensión:

> ... considerar la facultad de discernimiento del hombre según se emplea respecto a los objetos de que se ocupa, y creo que no me habré empleado mal en mis pensamientos referentes a este propósito, si mediante este sencillo método histórico logró dar alguna razón de las formas en que nuestro entendimiento alcanza las nociones que tenemos de las cosas[29].

Algunos historiadores de la filosofía han prestado mucha atención al prolijo ataque contra la necesaria existencia de unos «principios innatos» o «caracteres innatos de la mente que resultan principios de conocimiento» más allá «de un deseo de felicidad y de una aversión hacia el dolor»[30]. Se ha dado por sentado que el blanco de Locke en el primer libro del *Ensayo* era Descartes, cuyos «claros y sencillos» primeros principios, aunque muy alejados de los «primeros preceptos» de los escolásticos, eran sin duda innatos. Y en parte, tenían razón. Pero, desde el momento en que la lista de los temas que se atacan al comienzo del libro primero superan lo que Descartes aceptó como innatismo «disposicional», e incluye de un modo muy significativo las «nociones comunes» de los estoicos, no parece que su intención fuera tan limitada. En efecto, muchos contemporáneos de Locke y sus sucesores del siglo XVIII no creían que su objetivo fuera destruir a Descartes, sino los fundamentos «escolásticos» de la ley natural. Así lo interpretó en su largo y admirativo intento de refutar esa parte del *Ensayo,* el gran filósofo y matemático alemán Gottfried Wilhelm Leibniz, que identificaba los blancos de Locke en Platón, los escolásticos, san Pablo, los estoicos y el aristotélico italiano del siglo XV Julio César Escalígero[31]. David Hume, que despachaba el asunto del innatismo como una confusión de términos, creía también que «en esto a Locke le habían descarriado los escolásticos»[32]. También lo creía Anthony Ashley Cooper, tercer conde de Shaftesbury, nieto del benefactor de Locke, que se burlaba de este último (supervisor de los inicios de su educación) porque, según él, había tenido la suerte de «luchar contra un espectro tan pobre como el fantasma de Aristóteles. ¡Fantasma, en efecto! Puesto que, en realidad, la causa de su triunfo incesante no fue el ataque al propio estagirita [Aristóteles] ni a la hipótesis peripatética original, sino al pobre sistema, secundariamente transmitido, de los modernos y bárbaros escolásticos»[33]. Y lo creía asimismo Diderot, que prácticamente dedica a este problema su larga y admirativa entrada sobre Locke para la *Encyclopédie,* donde afirma que Locke fue capaz de demostrar al fin «que no existen ni el principio de especulación ni las ideas morales innatas»[34]. En parte, Diderot escribió su controvertida *Carta sobre los ciegos* de 1749 (por la que pasó tres meses en la prisión de Vincennes) y su *Carta sobre los sordomudos* (1751) para disipar todo rastro de creencia en la posibilidad de que los sentidos innatos fueran la fuente de las ideas que nos formamos del mundo.

Prácticamente todos los autores posteriores –excepto los teólogos– coincidieron con Locke en la imposibilidad de sostener las complejas estructuras de los principios del innatismo sobre los cuales habían levantado los escolásticos su concepto de ley natural. Todo aquello que sabemos del mundo, decía Locke, lo sabemos a través de los sentidos. Observemos, decía, a los niños. Si existieran los «preceptos primarios» de los escolásticos, cabría esperar pruebas de ello en los más pequeños, cosa que no se produce. Por el contrario, es evidente para quien haya hablado con un niño que la mente de un recién nacido es una «tábula rasa» o una «hoja en blanco» en la que los sentidos escriben todo lo que pueden sobre el mundo[35]. Según esto, las sensaciones crean lo que Locke llama problemáticamente «ideas», las cuales, a su vez y mediante la reflexión y las asociaciones, evolucionan desde lo sencillo hasta lo complejo. Lo que él llama «juicio» conduce a la mente humana, siempre ágil, desde la experiencia simple y directa del mundo hasta ciertas nociones abstractas como el orden, la belleza o la libertad[36].

En realidad, este «sensacionalismo» da cuenta de lo que se llamó «causas secundarias». Por otra parte, para los empiristas del siglo XVII, las causas secundarias fueron todo aquello que resulta accesible para el entendimiento humano. Una de las tesis fundamentales del «incomparable señor Newton» había sido precisamente que «solo debemos admitir como causas de las cosas naturales las que son al mismo tiempo verdaderas y suficientes para explicar su apariencia»[37]. Nunca podremos responder a las grandes preguntas: ¿por qué evolucionó así el mundo natural? ¿Tiene sentido la vida?

¿Existe un más allá? Y si existe, ¿cómo es?, etc. Ni siquiera debemos molestarnos en buscar una respuesta porque todas son incognoscibles –y por tanto, en el fondo, carentes de interés– o, según la argumentación de los buenos cristianos como el propio Newton, porque solo Dios las conoce. Aunque los humanos pudieran llegar por sí mismos a ciertas conclusiones, como creían los teólogos, nunca sabrían si son correctas porque no disponen de nada para contrastarlas. El escepticismo fue una respuesta al evidente misterio impenetrable del universo, pero, según la opinión de Locke, solo conducía a la desesperación. Era, decía, «imperdonable, al mismo tiempo que pueril, desaprovechar las ventajas que nos ofrece el entendimiento y no mejorarlo con vistas a los fines para los que nos fue dado, solo porque hay cosas que están fuera de su alcance». Si no podemos saber nada de las causas primarias, al menos podemos adquirir un conocimiento suficiente de las «secundarias». Si no somos capaces de dar una respuesta a los «porqués», al menos respondemos a los «cómos». Nunca podremos, según sus palabras, «medir todas las profundidades del océano». Jamás dispondremos de «demostraciones» y de «certezas», pero tenemos «probabilidades... que bastan para gobernar nuestros actos»[38]. Aquel que, por no encontrar respuesta a las «grandes» preguntas, prefiere no pensar, es para Locke un hombre que «como no tiene alas para volar, se niega a utilizar las piernas y perece por quedarse sentado»[39]. Y los sentidos son el camino que conduce al conocimiento probable.

El sensacionalismo de Locke resultó muy persuasivo, y otro tanto puede decirse de la teoría de la probabilidad del conocimiento. En cambio fue más difícil aceptar su ataque virulento e implacable contra toda forma de innatismo. A muchos de sus lectores más entregados –Leibniz, entre ellos– les parecía a veces un falso compañero, porque al desechar enteramente el innatismo, negaba también la posible existencia de una afinidad natural *común* a todos los seres humanos más allá de la facultad de razonar y de la capacidad de hablar. Así era, puesto que reconocía también en los animales algún grado de razón y ciertas dotes comunicativas, salvo la capacidad para formar universales o «ideas generales»[40]. Si venimos a este mundo equipados solo con los sentidos que la razón necesita para formar ideas, no parece que podamos asumir a priori la existencia de ningún tipo de principios comunes a los seres humanos. Como le decía Voltaire a Federico el Grande en 1737: «Locke, el metafísico más sabio que conozco, y que criticó con razón las ideas innatas, no cree que exista en este mundo ningún principio universal»[41].

Una vez demolido por Hobbes y por Locke, nadie demostró interés en reconstruir el edificio escolástico de la ley natural, pero muchos autores del siglo XVIII se manifestaban igualmente insatisfechos con la inexistencia de algo más que la mera necesidad de sobrevivir y la capacidad de abstracción características de la especie humana. Tanto el innatismo de los escolásticos como el sensacionalismo de Locke, se lamentaba Diderot, habían «reducido al hombre a la condición de una ostra o elevado a la ostra a categoría humana»[42]. Además, como observó Francis Hutcheson, el «miedo a las ideas innatas» no solo condujo al abandono de las virtudes morales aristotélicas y de la idea de la sociabilidad humana, sino también de todo un léxico y toda una forma de caracterizar la personalidad humana, y, en consecuencia, «las antiguas nociones de los afectos naturales y los buenos instintos, el "sentido común" *(sensus communis),* el *decorum* y el *honestum* se han desterrado casi por completo de nuestras normas morales»[43].

Shaftesbury expresó los mismos temores. Como otros muchos de su generación, rechazaba la imagen del hombre racionalista, preocupado solo de sí mismo, y creía que «el personaje del señor Hobbes y su gobierno basado en los principios del servilismo resumen todo el veneno de su filosofía». Pero su verdadera animosidad iba dirigida contra Locke – Shaftesbury no abrigaba unos sentimientos particularmente tiernos hacia el que había sido su tutor–, porque le parecía que el sensacionalismo negaba toda posibilidad de compartir algo para los seres humanos.

«Fue Locke quien asestó el golpe de gracia», escribía a su joven pupilo Michael Ainsworth en 1709:

El señor Locke socavó los cimientos, arrojó el orden y la virtud fuera de este mundo e hizo de estas ideas (que son una con la de Dios) una cosa *innatural* y sin fundamento en nuestro espíritu. Jugó insatisfactoriamente con la palabra *innato,* cuando la más correcta, aunque menos usada, es *connatural.* ¿Qué tiene que ver el nacimiento o el progreso del feto dentro del seno materno con esto? La cuestión no es en qué momento entran las ideas o en qué momento sale un cuerpo de otro; la cuestión es si, dada la constitución del hombre, cuando se hace adulto y crece en este o el otro momento... surge en él infalible, inevitable y necesariamente la idea y el sentido del orden, de la administración y de Dios.

Shaftesbury no tenía tiempo para la «filosofía de los escolásticos», que calificaba de «mala hierba... toda cardos y espinas». Su principal preocupación –y en eso no estaba solo– era que al negar la existencia de cualquier forma de disposición innata, Locke había hecho de la moral una cuestión de preferencias locales. Según la opinión de Shaftesbury, esto volvía insostenible el concepto de ser humano. «Hasta las especies mismas se ponen en cuestión —se lamentaba—; más aún, se niegan rotundamente»[45]. Locke nos dejó una colección de individuos separados y sin motivos para gustarse, ayudarse e incluso reconocerse los unos a los otros. Sin embargo, como anotó Shaftesbury en su libreta, estando en Rotterdam en 1698: «La finalidad y el designio natural del hombre es la sociedad, ¿para qué sirven el afecto natural hacia los niños, las relaciones, la camaradería y el comercio sino para este fin?»[46].

El *Ensayo* ofrece material suficiente para confirmar que Shaftesbury comprendió el principal argumento de Locke. Enfrentado a la variedad de costumbres y creencias que existían en el mundo, con las que él, ávido lector de relatos de viajes, estaba absolutamente familiarizado, a Locke le resultaba difícil pensar que se alcanzara alguna coherencia sin otro medio que la razón.

> Quien lea detenidamente la historia de la humanidad —escribió— y analice con objetividad los distintos pueblos de la tierra para juzgar sus actos desde puntos de vista diversos, concluirá que no se puede nombrar ningún principio moral o *regla de virtud* que no sean en otro lugar del mundo *despreciados* y condenados por las costumbres generales de *numerosas sociedades* de hombres que se rigen por opiniones prácticas o normas de vida opuestas a las de esta[47].

Los principios morales, concluía, no estaban dictados por principios primeros seguros, sino por la opinión. Ahora bien, para Locke, al contrario de lo que daba a entender indirectamente Shaftesbury, la opinión que una persona elegía no era un asunto indiferente. Algunas opiniones eran claramente falsas y otras verdaderas, pero a la verdad o a la falsedad de un pensamiento moral no se llega porque existan unas ideas morales innatas, por muy rudimentarias que sean. Semejante certeza solo se puede alcanzar en última instancia a través del mandato divino. Para Locke, la moralidad no era un asunto de psicología aplicada, sino de observancia. Una conclusión difícil de compartir por quien no tuviera su convicción calvinista en la claridad de los mandamientos de la ley de Dios.

Se necesitaba una teoría del espíritu humano, que, prescindiendo de la ley natural basada en principios innatos, fuera capaz de ofrecer una explicación más profunda y más rica de la persona, distinta a la del hombre gobernado enteramente por la sensación o guiado solo por un egoísmo en nada ilustrado. Para desarrollarla, los autores del siglo XVIII dieron la espalda a los principios racionales y razonables que componían la «ley natural» tanto para los «hobbesianos» como para sus predecesores escolásticos. Por el contrario, se centraron en los «sentimientos» o las «pasiones». La mayoría sostuvieron que la ley natural, al margen de su definición, solo podía ser, como subrayaba Hume, «más propiamente un acto de la parte sensible que de la parte cognitiva de nuestra naturaleza»[48]. Las definiciones de la «filosofía del egoísmo» proporcionaban los fundamentos de un derecho, pero, dado que el egoísmo que formaba el núcleo del relato de Hobbes y de Grocio era, como subrayaba Hume, «un interés *imaginario* conocido y declarado como tal», no podía ser «el origen de la emoción o las pasiones»[49]. Hobbes no lo necesitaba, ya que a él no le interesaban más que los derechos. Para Hume, en cambio, como para la mayoría de sus contemporáneos en

ambas orillas del Canal de la Mancha, una explicación satisfactoria de la naturaleza humana debía brindar un relato des-
criptivo más completo de la sociabilidad, precisamente lo que
Hume llamó una «ciencia del hombre».

3

Las figuras clave que nos llevarán desde Pufendorf hasta
Hume, Diderot, Rousseau, Voltaire, Montesquieu y Adam
Smith, entre otras, y hasta Kant –aunque para entonces el
clima comenzaba a cambiar–, son Francis Hutcheson y Shaftesbury. En la actualidad no se lee mucho de ninguno de los
dos y raras veces se les concede un puesto en la genealogía de
la Ilustración, pero en aquel entonces se estudió bastante su
obra, que ejerció una influencia considerable en numerosos
programas filosóficos, tanto en Francia como en Alemania
hasta bien entrado el siglo XIX.

Shaftesbury, sobre todo, es una figura en cierto modo
enigmática y escurridiza. Igual que su abuelo, el primer conde, fue un político liberal, pero aunque desempeñó una función activa en el Parlamento, el asma, agravada por la niebla
londinense, y después la tuberculosis le obligaron a buscar
refugio en Holanda, país al que él, como Locke, no se sabe
por qué, atribuía un clima más sano. Más tarde, con la salud
deteriorada, alquiló una villa en Nápoles, donde murió en
1713.

Shaftesbury fue un escritor amable, aunque poco profundo. Creía en la tolerancia y en el poder liberador de la educación; al contrario que los clérigos y los académicos, aborrecía
la intolerancia y la santurronería, y pensaba que el fanatismo,

lo que en el siglo XVIII se llamó «entusiasmo», no se derrotaba con represión, sino con ingenio y humor. A su parecer «las naciones inteligentes dejan que la gente haga el tonto todo lo que le apetezca y jamás castigan con severidad aquello que solo merece risas»[50]. Un «filósofo burlón, cuya risa contiene más verdad que las toses y los salivazos de otros», decía de él Johann Gottfried von Herder, aun reconociendo que la idea de Shaftesbury sobre lo que era un hombre ilustrado y educado procedía en gran medida de su propia imagen y de los círculos cortesanos en los que se movía[51]. Los numerosos y variados escritos de Shaftesbury no presentan una coherencia evidente, ni obedecen a ningún precedente literario; son ensayos, cartas o diálogos. Sin embargo, él los consideraba una única obra; así, en 1711, poco antes de su muerte, los publicó con el título típicamente ambiguo de *Características de los hombres, las costumbres, las opiniones y las épocas.*

A pesar de no sostener ninguna posición filosófica y del tono generalmente coloquial de todo lo que escribió, Shaftesbury fascinó a los pensadores de la Ilustración, grandes o pequeños. Diderot comenzó su carrera literaria traduciendo su *Investigación sobre la virtud y el mérito;* y Hutcheson la suya defendiéndole de las críticas del médico holandés Bernard Mandeville. Su teoría del «desinterés» estético impresionó profundamente a Kant primero y a Schopenhauer después; y un influyente historiador de la filosofía como el alemán Karl Friedrich Stäudlin, en su monumental *Historia de la filosófica moral* de 1822, llegó a descartar a todos los autores del siglo XVIII, con la posible excepción de Rousseau, que, para él, era heredero directo de Shaftesbury[52].

Como muchos otros alemanes de comienzos del siglo XIX, Stäudlin deseaba liberarse de la asfixiante influencia de lo que

Herder despachó con la expresión «tipos literarios» france-ses[53]. Aunque nunca tuvo la importancia que Stäudlin le adjudicaba, Shaftesbury ejerció un influjo considerable en los subsiguientes intentos de recuperar una forma coherente de sociabilidad natural aceptable para el mundo posterior a Hobbes y a Locke. «Es imposible –escribía el jurista alemán Johann Gottlieb Heineccius en 1738– establecer la sociabilidad de nuestra naturaleza con un criterio más claro y más profundo que el de lord Shaftesbury»[54]. También Herder, pese a sus cáusticos comentarios a propósito del carácter aristocrático de Shaftesbury, le clasificó junto a Platón, Rousseau y Hume como uno de los hombres que más lejos había llegado en su demostración de que la «filosofía puede reconciliarse con la humanidad y la política y servir de verdad a esta última»[55]. El propio Hume puso a Shaftesbury y a Hutcheson en la misma lista que Locke, Mandeville y Joseph Butler (un grupo desde luego heterogéneo), porque los consideraba «los últimos filósofos de Inglaterra, que han llevado la ciencia del hombre a una posición nueva [pues] aunque difieren en muchos extremos, coinciden en fundamentar absolutamente en la experiencia sus acertadas disquisiciones sobre la naturaleza humana»[56].

El rechazo de Hobbes y de Locke por parte de Shaftesbury supone una intención clara de no reparar el antiguo edificio escolástico de las ideas innatas. Igual que Pufendorf, estaba dispuesto a reconocer que los humanos manifiestan una «querencia por el bienestar privado o propio», puesto que una criatura no dotada de sentido de supervivencia (o de deseo de reproducirse) «sería perjudicial para la especie»[57], pero no aceptaba esa querencia como base adecuada para todo un conjunto de afectos y mucho menos para la sociabilidad. Le parecía «absurdo sostener que el hombre se ve obligado a comportarse social o virtuosamente en un gobierno constituido y no en lo que comúnmente se conoce por estado de naturaleza». Al fin y al cabo, las explicaciones que ofrecen Hobbes y Locke de los orígenes de la sociedad civil se apoyan en compromisos adquiridos «en un estado de naturaleza, y lo que puede hacer obligatorio un compromiso en estado de naturaleza hará igualmente de los restantes actos de humanidad nuestro deber real y nuestra parte natural»[58]. Lo que Shaftesbury pretendía sustituyendo el egotismo de Hobbes y el innatismo de los escolásticos, aunque nunca lo nombrara, era llenar el vacío que quedaba entre la criatura «sensacional» de Locke y el hombre naturalmente sociable; a eso llamó Hutcheson «sentido moral». Algo distinto a lo que los escolásticos entendían por un precepto evidente en sí mismo («No quieras para los demás lo que no quieres para ti») y a la idea clara y simple de Descartes («Una cosa no puede ser y no ser al mismo tiempo»). Se trata, como en el caso de la *socialitas* de Pufendorf, de un medio de reconocimiento afectivo que no opera a través de la razón –aunque tengamos que utilizarla para estimar sus posibles consecuencias–, sino a través de la imaginación. Es lo que Shaftesbury denominaba «afección natural» o inclinación que todo ser humano siente hacia su propia especie. Pero esta cualidad solo podía ser y fue «innata». O bien, «si os desagrada la palabra», como respondía el orador Teocles implícitamente a Locke en el diálogo *Los moralistas. Rapsodia filosófica,* «cambiémosla si os gusta más por "instinto" y llamemos así a lo que nos enseña la naturaleza, dejando aparte el arte, la cultura o la disciplina»[59]. Por tanto, la respuesta es sencilla. La naturaleza no nos enseña – como creían los escolásticos– un conjunto de conexiones con las que el cerebro, igual que registra las propiedades físicas, identifica las propiedades culturales y morales en el mundo, sino un cierto reconocimiento de nuestra humanidad común, lo que se ha llamado a veces un «reconocimiento de especie». Refiriéndose al «sentido moral», Hutcheson decía que ese reconocimiento se basa en que «todos los hombres tienen las mismas afecciones y los mismos sentidos» y en que «la mayor parte de los hombres que han reflexionado sobre los actos humanos coinciden en que el *bien público* es también un *bien privado* para el agente, tanto en esta vida como en la próxima»[60]. Smith y Rousseau llamaban a esto «piedad»; Hume, «simpatía»; y Diderot «conmiseración natural»[61]. La prolongada aversión de la filosofía occidental hacia el sentimiento, así como la separación bastante artificial de la razón por un lado y las pasiones por otro, que los teólogos persiguieron y que Hume hizo tanto por desterrar, se había convertido en todo lo contrario[62].

Para Shaftesbury, como dejó meridianamente claro en su carta a Ainsworth, la cuestión no estaba en cómo adquirimos las ideas, sino en cómo las evaluamos una vez adquiridas. Ninguna criatura humana, según él, puede ser indiferente, ya que «desde el momento en que se enfrenta a los objetos sensibles... y recibe en su espíritu las imágenes y las representaciones de la justicia, la generosidad y la gratitud, entre otras virtudes, se le hace imposible no sentir agrado por estas y desagrado por sus contrarias». Aunque reconoce la posibilidad de que no exista «una cordialidad o una disformidad *reales* en los actos morales», deben existir una cordialidad y una disformidad «*imaginarias* de máxima fuerza», y ese imaginario debe tener su origen en la naturaleza[63]. Las propiedades morales se convierten en objetos que contemplamos de un modo muy parecido a los objetos del mundo exterior. Pues así como

> percibimos la especie o las imágenes de los cuerpos, de los colores y de los sonidos que se mueven delante de nuestros ojos y actúan sobre nuestros sentidos hasta cuando dormimos, la forma y las imágenes de las cosas, en lo referente a los objetos de índole moral e intelectual, actúan y se imponen sobre nuestro espíritu en todo momento, incluso en ausencia de los objetos reales[64].

Al contrario que la información que recibimos de los restantes sentidos, la que nos proporcionan el «sentido moral» o la «afección natural» trata de las cosas cuya existencia continúa cuando ya no tenemos una experiencia directa de ellas. Según Hume, para extender la identificación imaginativa hasta los sentimientos ajenos necesitamos «una circunstancia en el presente que nos impresione de una manera aguda». A partir de ahí, si tenemos conocimiento y experiencia suficientes, adquirimos «una noción profunda de todas las circunstancias de esa persona ya sea en el pasado, en el presente o en el futuro; posible, probable o cierta»[65]. Es decir, la repugnancia moral que despierta en mí la crueldad, por ejemplo, no desaparecerá aunque en la realidad no presencie ningún acto cruel. Una vez que he tenido alguna experiencia de la crueldad, el simple *pensamiento,* que en una persona educada se verá intensificado por la lectura o el teatro, dejará en mi cerebro formas e imágenes que serán imposibles de erradicar ya para siempre. Sobre esta base construimos nuestra vida ética[66].

Adam Smith, aunque abrigaba sus sospechas sobre el concepto de virtud de Shaftesbury, afirmaría lo mismo al princi-

pio de su *Teoría de los sentimientos morales,* el gran tratado de
ética que escribió unos dieciséis años antes que *La riqueza de
las naciones*[67]. Igual que Shaftesbury y Hume, Smith sostenía
que nuestro vínculo con los demás no está ni en la razón ni en
las sensaciones, sino en la imaginación. Si «nuestro hermano
sufre un tormento mientras nosotros estamos tranquilos, los
sentidos no nos informarán de su sufrimiento». Solo mediante «la imaginación podemos formarnos una idea de sus sensaciones. Y esta facultad solo puede ayudarnos mediante la representación de lo que sentiríamos nosotros de hallarnos en
su caso»[68]. Son las impresiones de nuestros sentidos, no las de
los suyos, lo que la imaginación reproduce. Gracias a la imaginación nos ponemos en su lugar, nos concebimos padeciendo
los mismos tormentos, como si entráramos en su cuerpo y de
alguna manera nos convirtiéramos en él. Esto significa que
mi simpatía no procede de una simple respuesta a una exterio-
rización de las emociones. La cólera, por ejemplo, se recibe
por lo general con disgusto o temor, a no ser que conozcamos
su causa. Puedo sentir cierta simpatía inicial hacia una persona que veo llorar en la calle, porque sé que las lágrimas indi-
can sufrimiento, pero mi simpatía –o empatía, como diríamos hoy– tendrá límites. De hecho, la mayoría de la gente
pasará corriendo y no se detendrá. Al fin y al cabo, esa persona puede llorar para despertar mi simpatía. Los mendigos actúan así. Por tal razón, Smith piensa que yo, el espectador,
solo sentiré auténtica simpatía por esa persona cuando conoz-
ca el *porqué* de su llanto, porque solo entonces podré saber lo
que sentiría si me encontrara en su situación. Es decir, mi
imaginación debe estar gobernada, digámoslo así, por la razón. «Antes de conocer la causa del dolor o de la alegría de
otra persona nuestra simpatía es extremadamente limitada»,

escribió. «La compasión del espectador se despierta cuando considera lo que él mismo experimentaría si se viera reducido a esa situación de desdicha, *y lo que tal vez resulte imposible es que contemple la situación con su presente razón y juicio*» (la cursiva es mía)[69].

Al contrario que las ideas innatas, la «simpatía» no está vinculada a ningún código moral concreto. Se puede simpatizar con personas cuyo mundo moral sea en última instancia completamente distinto al nuestro. Pero se trata de una pasión que proporciona un principio psicológico mínimo que basar la sociabilidad humana, tanto dentro de comunidades individuales como entre ellas, y esto último es lo más significativo para mí. «No existe una cualidad humana más extraordinaria, tanto por sí misma como por sus consecuencias –escribió Hume–, que nuestra propensión a simpatizar con los demás y a recibir a través de la comunicación sus inclinaciones y sentimientos por muy distintos e incluso contrarios que sean a los nuestros»[70].

Muy lejos de Hume, al otro lado de Europa, y probablemente ignorante de lo que el inglés había escrito, el filósofo y economista político napolitano Antonio Genovesi (el primer hombre que obtuvo una cátedra de economía en el mundo), escribió un librito de instrucciones para escolares en el que llegaba a una conclusión no muy distinta. «El dolor que experimentamos ante el sufrimiento de los demás y el correspondiente deseo de ayudarlos» es la prueba del innato «amor por nuestra especie». «*Homo homini natura amicus*», añadía, dándole la vuelta al famoso dicho de Hobbes («el hombre es por naturaleza amigo del hombre»)[71]. Aunque aceptáramos que el sufrimiento y el miedo son las dos únicas cosas que comparten los seres humanos, como pretendía Hobbes, para Genovesi, igual que para Smith y para Hume, eso no sería solo un motivo para la acción, sino también una experiencia compartida. «Una pasión, si está bien entendida, no puede dejarnos indiferentes –decía Hume–, porque cada hombre lleva en su interior como poco la semilla o los primeros principios de todas las pasiones». Nos interesan, reflexionaba, hasta aquellos que viven una vida completamente ajena a la nuestra. Si no, ¿por qué encontramos tan interesante, según parece, «el destino de otros estados, provincias o individuos», aunque no nos vaya nada en ello? ¿Por qué, por ejemplo, leemos los periódicos? ¿Por qué nos conmueve la lectura de la poesía o de la vida de unos seres absolutamente imaginarios? Aunque las pasiones que despierta la lectura de las grandes tragedias o el relato del destino de millones de seres remotos «no tienen la fuerza y la duración suficientes para influir de un modo fundamental en nuestra conducta», no parece que puedan dejarnos del todo indiferentes. Quizá yo no pueda, o no quiera, hacer nada por las víctimas de un terrorista suicida o por las del Holocausto –puesto que también simpatizo con el sufrimiento de unos muertos por los que ya nada cabe hacer (el ejemplo de Hume es la crueldad de Nerón y de Tiberio)–, pero eso no es óbice para que su pensamiento me mantenga despierto por la noche. «El interés de la sociedad –dice Hume– resulta ser el interés de cada individuo»[72]. Como veremos, de ahí a imaginar un mundo cosmopolita, formado de pueblos distintos pero unidos por un interés común, aunque su forma fuera aún vaga e incierta, quedaba solo un corto paso.

Aunque acabara rebelándose contra sus consecuencias cosmopolitas, pocos entendieron mejor que Jean-Jacques Rousseau las operaciones de la simpatía[73]. Como muchos de sus contemporáneos, Rousseau admitió que Hobbes había visto «con gran claridad el defecto de todas las definiciones modernas del derecho natural». Aunque se le consideraba con frecuencia –entre otros, por Smith y Diderot– «casi el reverso de... Hobbes», en la práctica Rousseau compartía muchas de sus premisas en lo referente al estado de naturaleza, y reconocía que en el relato de la insaciable búsqueda de poder por parte del hombre «el principio de Hobbes es hasta cierto punto correcto». Bastaba con observar el comportamiento de los niños, los cuales, decía Rousseau con alguna amargura, «no quieren otra cosa que lograr lo que desean y se creen los dueños del mundo... tratan a los adultos como si fueran sus esclavos..» y, cuando se les niega algo, «lo toman como un acto de rebelión». El niño es un «déspota; al mismo tiempo el más vil de los esclavos y la más miserable de las criaturas»[74]. Por tanto, habrá que asumir que el hombre natural fue como ellos. En fin de cuentas, el mal, como había dicho el propio Hobbes, era un «niño robusto» *(puer robustus)*. Pero ese «hasta cierto punto» no deja de ser revelador, porque lo que Rousseau critica de la explicación realista y desoladora que ofrece Hobbes de la condición humana son las conclusiones que extrajo. Para Hobbes, ya lo hemos visto, lo único que tienen en común los hombres primitivos –aparte de un «deseo incesante de poder y más poder que solo se apaga con la muerte»– eran el miedo y el querer evitar el sufrimiento y la muerte hasta donde fuera posible, así como la capacidad racional –y la voluntad colectiva– de emprender medidas para conseguirlo. Las aptitudes naturales del hombre primitivo de Rousseau incluían también la repugnancia hacia el dolor y la capacidad de razonar (aunque no la voluntad colectiva); pero, además –y esto es fundamental–, los primitivos poseían la capacidad de imaginar el dolor, cosa que el ser humano, afirma, comparte con muchos de los grandes mamíferos[75].

Sin embargo, la auténtica bestia negra de Rousseau no fue tanto «Hobbes, el sofista» como Bernard Mandeville, el «detractor más extremo de las virtudes humanas»[76]. Mandeville, médico holandés que vivió en Londres, escribió varios tratados mordaces de política y economía, los más influyentes en aleluyas rimadas. En uno de ellos, *La fábula de las abejas,* originalmente publicado en 1705 como un panfleto sin importancia y, nueve años después, en un libro de enorme difusión, con el significativo y pegadizo subtítulo de *Vicios privados, virtudes públicas,* sostenía que la natural, humana y «hobbesiana» búsqueda del interés personal resultaba más beneficiosa para un mayor bienestar del conjunto de la sociedad que toda la moralidad del mundo. La tan cacareada noción de «virtud» era para Mandeville el mayor enemigo del progreso material humano, porque las interferencias morales, que representaban un peligro para el obrar armonioso del orden natural, a la larga –y probablemente antes– solo podían arrojar resultados desastrosos. Dejemos que el ser humano persiga sus naturales fines egoístas, y el intrincado mecanismo de ajuste propio de la naturaleza se encargará de transformarlo en prosperidad para todos. Una tesis abrumadora –y abrumadoramente simple–, capaz de pinchar el hinchado globo de gas de la santurrona moral dieciochesca. *La fábula de las abejas* desató la indignación pública y un tribunal de Middlesex la condenó por «perjuicio público». Ejerció también una influencia continua, aunque errática, en la evolución de la teoría económica moderna a través de Joseph Schumpeter, el gran economista austriaco de principios del siglo XX, hasta llegar a Friedrich von Hayek, profeta del neoliberalismo moderno, que calificaba de «autoridad» a Mandeville[77].

A Rousseau, el principal argumento de Mandeville le resultaba indigerible, pese a que, como observó sagazmente Adam Smith, su propia concepción del «estado primitivo de la humanidad» y del progreso a partir de ese estado tenía mucho en común con la de su enemigo[78]. Pero lo que más aborrecía de la *Fábula* era que, si bien Mandeville reconocía en el hombre, dicho con el propio Rousseau, «una repugnancia innata a ver sufrir a los de su especie», el holandés estaba tan cegado por su idea de que el egoísmo era en definitiva la única fuerza benéfica para la sociedad humana y de que, por tanto, tendría que haber sido la única razón del hombre para empezar a formar sociedades, que fue incapaz de dar el paso siguiente y obvio y reconocer que

de este solo atributo proceden todas las virtudes sociales que él quiere negarles a los hombres. En efecto, ¿qué son la generosidad, la clemencia y la humanidad sino piedad aplicada a los débiles o a los culpables o a la humanidad en general? Incluso la benevolencia y la amistad bien entendidas son el producto de una piedad constante fijada en un objeto concreto; pues, ¿qué significa desear que una persona no sufra, sino desear que sea dichosa[79]?

Rousseau no fue el único en sostener que la «piedad» –palabra que entonces no tenía el matiz paternalista de hoy– era la única emoción humana universal, y «universalizable», pero, como ha reconocido el gran antropólogo francés Claude Lévi-Strauss, fue su idea la que hizo posible todo el diseño

posterior de las «ciencias humanas»[80]. Es también lo que
Adam Smith –a pesar de sus comentarios poco corteses a
propósito de Rousseau, a quien creía «más capaz de sentir
con profundidad que de analizar con precisión»– quería
decir con «simpatía»: «Aunque su significado pueda ser
originalmente el mismo [que el de piedad o compasión], hoy
podríamos utilizarlo sin demasiada impropiedad para deno-
tar nuestro sentimiento de afinidad con *cualquier otra pasión*»[81]. Esto no anula la razón. Hume fue muy claro. La razón puede resultar un «principio inactivo» y
«absolutamente impotente» en lo relacionado con la moral.
Es también, «y debe serlo, una esclava de las pasiones y jamás
puede pretender otro oficio que no sea el de servirlas y obedecerlas», decía Hume con las que suelen considerarse sus
palabras más afrentosas[82]. Pero como todo buen esclavo,
puede ser un instrumento muy valioso.

Si hay alguna definición de humanidad que pueda sostenerse, no es la razón o el lenguaje, como adujeron los antiguos; no es siquiera, según la idea de Locke, la capacidad de
formar conceptos –si bien todas estas cualidades entrarían en
una descripción general de la especie– sino la capacidad de
responder a los «sentimientos», las emociones y las pasiones
de los demás. Y si esto es así, entonces el espíritu y la personalidad de los seres humanos ofrecen una imagen muy distinta
de la que concibieron Hobbes, Locke y Grocio. Una imagen
que proporciona a la humanidad una identidad independiente de Dios, una razón para reconocer el mismo valor a todas
las personas y para defender alguna forma de bien común, sin
necesidad de dotarlas de un alma inmortal o de convertirlas
en pálidas imágenes –a pesar de la semejanza– de lo divino.
Diderot lo resumió así:

Todo lo que concibes, todo aquello que contemplas, será bueno, grande, elevado y sublime si concuerda con el interés común y general. No existe ninguna cualidad esencial de tu especie aparte de aquello que pides a tus semejantes para garantizar tu felicidad y la suya. La media de tu avenencia con todos ellos y de todos ellos contigo determina cuándo propasas los límites de tu especie y cuándo no. Así pues, nunca la pierdas de vista, porque entonces verás disminuida tu capacidad de comprender la noción de bondad, de justicia, de humanidad y de virtud. Debes decirte: «Yo soy un hombre y mis únicos *derechos naturales* inalienables son los derechos de la humanidad»[83].

Si nos preguntamos ahora dónde se fundamenta la ley de la naturaleza, hallaremos la respuesta en lo que Diderot –no así Rousseau– llamó «voluntad general»[84]. Y si queremos preguntarnos: «¿Dónde reside la voluntad general? ¿Dónde puedo consultarla?», la respuesta sería: «En los principios de las leyes prescritas en todas las naciones civilizadas; en las costumbres sociales de los pueblos bárbaros y salvajes...», es decir, en las prácticas colectivas de la humanidad, al margen de la situación, color o creencias. El paso del «egoísmo» al «sentimiento», del cálculo del interés a la conciencia de que todos los seres humanos se encuentran unidos por vínculos de reconocimiento mutuo, habría de convertirse en la base de un nuevo concepto de orden social y político para el mundo entero. Porque la persona auténticamente ilustrada, que vive de acuerdo con esta nueva especificación del derecho natural y que es capaz de conmoverse imaginativamente por «el destino de los estados, las provincias y los numerosos individuos», no puede ser otra cosa que un cosmopolita. Sin embargo, para demostrarlo se requería un conocimiento de las operaciones del espíritu humano y de la sociedad mucho mayor que la mera definición de simpatía humana que ofrecía Diderot. Requería un saber enteramente nuevo que iba a denominarse «ciencias del hombre». De esas ciencias decía Condorcet que «inventadas casi todas en nuestra época, tienen como objetivo último el bienestar de la humanidad... y llegarán a ocupar un puesto no menos seguro que el de las ciencias del mundo físico»[85]. Para conseguirlo, sin embargo, había que desembarazarse antes de lo que Locke llamó «la hojarasca que obstruye el camino del conocimiento», que para la mayoría de los filósofos de la Ilustración incluía la persistente presencia de la fe en el Dios judeocristiano.

3. El mundo huérfano

1

La destrucción de la unidad intelectual del mundo católico causada por la Reforma y el choque teológicamente desestabilizador del renacer escéptico que le siguió, y que siguió al descubrimiento de América, asestaron a las ideas de los teólogos un golpe del que no volverían a recuperarse del todo. Las facultades de teología sobrevivieron en el mundo moderno y sobreviven hoy, pero la teología ha perdido su posición de «madre de las ciencias», y a los teólogos ya no se les consulta sobre la condición humana, sobre la legitimidad moral del control de los precios, sobre los movimientos de los planetas o sobre las leyes del movimiento. Los arquitectos de la «revolución científica» consiguieron desterrar a Dios, fuente de la explicación causal, y sustituirle por una naturaleza impersonal cuyas leyes, como dijo Grocio, se mantendrían aunque Dios no existiera. Pero la existencia de Dios y la creación del mundo, por mucho que algunos dudaran de que hubiera costado solo seis días, raramente se ponían en duda.

A pesar de las acusaciones de «ateísmo» y de irreligión que se lanzaron contra casi todos ellos, muy pocos empiristas del siglo XVII fueron auténticos descreídos. Es cierto que Hobbes, que siempre negó los constantes reproches de ateísmo que se le hacían, fue probablemente ateo. Su dios, como observó agudamente Diderot, «difería poco del dios de Spinoza», y Spinoza (condenado por los rabinos de Amsterdam, conforme a la maldición de Elías, a morir devorado por varias osas debido a su impiedad) se hacía pocas ilusiones sobre la existencia del Dios que él había conocido a través del Antiguo Testamento y del Nuevo[1]. Otras opiniones de Diderot a propósito de las creencias de Hobbes, por ejemplo, «que sentía aversión por Dios, el clero y las iglesias», seguramente son también ciertas[2]. Se cuenta que cuando su amigo John Selden, a la sazón moribundo, dudaba, más por conveniencia que por convicción, en recibir los santos óleos, Hobbes le preguntó: «¿Tú, que has vivido como un hombre, quieres morir ahora como una mujer?»[3]. Pero ni siquiera Hobbes, que había logrado marginarle, fue capaz de desplazar a Dios por completo. La Iglesia (si no la religión) le parecía uno de los instrumentos que empleaba el Estado moderno, el gran Leviatán, para «mantener sometidos a los hombres». En efecto, muchas de las acusaciones de «ateísmo» lanzadas contra Hobbes y Spinoza se lanzaron también, como subrayó Voltaire, contra casi todos los que «rechazaron la jerga escolástica»[4]. Durante los siglos XVII y XVIII, decir de alguien que era «hobbesiano» o «espinosista» muchas veces no significaba mucho más, y pocas suponía que el acusado conociera de verdad lo que Hobbes y Spinoza habían dicho, lo que no equivale a subestimar la influencia amplia y real de ambos autores.

Pero nadie acusó nunca de ateísmo a John Locke. Sin duda una gran parte de aquella «hojarasca» que obstruía el camino del conocimiento y que él había conseguido barrer procedía originalmente de los teólogos, pero el Dios cristiano no estaba incluido. En muchos aspectos Locke fue un calvinista acérrimo, y llegó al extremo de asegurar a sus nerviosos lectores que su ataque a las ideas innatas no representaba un peligro «ni para la idea ni para la prueba de la existencia del alma»[5]. Newton –lo hemos visto– fue un creyente devoto que deseaba ser conocido no solo como matemático, sino también como teólogo[6]; por su parte, Bacon parece que fue anglicano sin objeciones, aunque en su calidad de Lord Canciller de Inglaterra pudo actuar más por precaución que por convicción; en cuanto a Descartes, hizo un esfuerzo decidido, si bien en definitiva poco convincente, para proteger la esencial doctrina católica de la transustanciación de su teoría del atomismo (o «corpuscularismo»). Ni siquiera Grocio, cuando escandalizaba afirmando que el derecho natural sería el mismo con Dios o sin él, negaba su existencia. De hecho, negarlo era una forma de pensamiento contrafáctico «que no se puede conceder sin cometer el peor de los delitos». No era, sin embargo, nuevo; ya lo había empleado en el siglo xiv, de una forma ligeramente menos franca, el teólogo Gregorio de Rímini[7].

Con todo, la mayoría de los grandes pensadores de la Ilustración se distanciaron no solo de las ideas que se defendían en nombre de la religión revelada y de sus autonombrados intermediarios, sino de la idea misma de divinidad, o de una divinidad que en una época remota del tiempo histórico hubiera comunicado sus intenciones al hombre, se hubiera interesado por sus asuntos o estuviera dispuesta a intervenir en su beneficio.

Existían motivos prácticos y teóricos para enterrar los espantosos mitos del Antiguo Testamento e incluso alguno de los del Nuevo. Como Hobbes vio con mayor claridad que otros, la creencia en Dios no solo limita la imaginación y la capacidad humana de razonar y lleva a cometer en su nombre actos nefandos, sino que dota de un poder ilimitado a la casta sacerdotal. La solución de Hobbes a estos peligros, como hemos visto, no fue prescindir por completo del clero y mucho menos de la idea del «Dios» al que sirve, sino subordinar su poder al del soberano secular. Al soberano, «un hombre o asamblea de hombres» o, mejor dicho, a sus leyes correspondía dar un significado a todos los aspectos de la vida civil. Mientras que el imperio de la ley no se viera amenazado, no había que temer a las sectas religiosas. Lo que la gente quisiera creer en su casa era de poco interés para el Estado y planteaba pocos peligros a sus semejantes. Por esa razón, en el famoso frontispicio de *Leviatán* (concebido por el propio Hobbes) vemos un torso hecho a base de ciudadanos anónimos, que parecen escamas, terminado en una cabeza humana coronada, con dos brazos, uno de los cuales sostiene una espada y otro un báculo. Como observaba Rousseau: «Entre todos los autores cristianos, el filósofo Hobbes fue el único que comprendió tanto el mal como su cura, que se atrevió a proponer la unión de las dos cabezas del águila y la restauración de la unidad política, sin la cual ningún Estado o gobierno estará bien constituido». (Empero, según Rousseau, el pobre Hobbes no había caído en que «el cristianismo es incompatible con su sistema, y en que el interés del sacerdote será siempre más fuerte que el del Estado»)[8]. Con un estilo más conciso y una frase mucho más citada, aunque similar, sir Robert Molesworth, que pertenecía al mismo círculo *whig* que Shaftesbury, expresaba su esperanza de que un día no muy lejano «el personaje del cura diera paso al del patriota»[9].

Pero muchos pensadores del siglo XVIII no compartían el entusiasmo de Hobbes por un Estado todopoderoso, capaz de dominar no solo las voluntades, sino también el criterio de sus súbditos. Para ellos, la sujeción de la Iglesia al soberano no bastaba para frenar el poder del clero; peor aún, supondría una doble opresión. Hacia 1740, lo que necesitaban los europeos no era el poder absoluto que pregonaba Hobbes, bajo el cual llevaba viviendo mucho tiempo gran parte del continente, sino un gobierno libre, liberal, como diríamos hoy, que prescindiera por completo de la religión como fuente de autoridad moral o que por lo menos la despojara de sus tendencias sangrientas más evidentes.

Aparentemente la Paz de Westfalia había acabado, al menos en Europa, con los horrores del conflicto religioso, pero no había conseguido borrar su memoria, que más de un siglo después continuaba impresa en la imaginación, como recordatorio de que podía tragarse un mundo poco atento a defender la separación de la Iglesia y el Estado. En 1775, Anne-Robert-Jacques Turgot, economista, historiador e interventor general de Finanzas desde 1774 hasta 1776, alertaba en 1775 a Luis XVI de que el fanatismo religioso ya había sido responsable una vez –dicho con sus palabras– de «poner en manos de los reyes las dagas para sacrificar al pueblo, y en manos del pueblo las dagas para sacrificar a los reyes», y de que lo repetiría si se le daba la menor oportunidad. «Esta, Sire, es materia importante para la reflexión, que el príncipe debería tener siempre en el pensamiento»[10]. (Los que se apresuran a criticar a las autoridades francesas de la época moderna su feroz defensa de la *laïcité* harían bien en recordar el espectáculo que Diderot definió de este modo: «Media nación se bañaba sin piedad en la sangre de la otra media»[11]). Era evidente que nadie quería volver a la carnicería y la inseguridad de las guerras de religión. No obstante, el conflicto religioso había tenido la virtud de debilitar a los príncipes. En Inglaterra mataron al rey y se redactó una constitución que en apariencia limitaba rigurosamente el poder de los monarcas futuros. Pero en el resto de Europa, los acuerdos de Westfalia depositaron en manos del Estado un poder sin precedentes sobre sus súbditos. Para Immanuel Kant, en general horrorizado por las conclusiones de Hobbes, «la culpable minoría de edad» contra la que luchaba para liberarse de ella toda persona que se considerara ilustrada era más perniciosa cuando intervenía «la *materia religiosa*», porque «esta minoría de edad es la más dañina y la más oprobiosa de todas»[12].

Había también un interés teórico. Los empiristas del siglo XVII destruyeron el principal fundamento de la ley natural de inspiración divina que movía a los hombres, y una vez hecho esto se contentaron con dejar a Dios en su cielo y tranquilos a los que querían creer en lo que las distintas religiones les habían contado. No tuvieron ninguna disputa especial con las ideas cristianas sobre la otra vida, ni tampoco fueron mucho más lejos con su relato de la creación. En el XVIII hubo incluso autores que lo apoyaron de buena gana. No faltaba quien creyera que el estudio de la naturaleza humana potenciaba de alguna manera la obra de Dios, y desde luego no se sentían amenazados por su posible existencia[13]. Pero la mayor parte de los «sentimentalistas» eran conscientes de que la presencia de unos vínculos intuitivos entre los seres humanos, por mínimos que fueran, abría una puerta –pequeña, quizá, pero puerta al fin– por la que podía volver a colarse de tapadillo alguna divinidad intervencionista. Y es que los cristianos tal vez quisieran preguntar, ¿quién puede ser, en última instancia, el origen de la sensibilidad hacia el prójimo y del «sentido de la moral» sino el propio Dios? En el siglo XVIII, muchas de las explicaciones de la forma de operar de los sentimientos se relacionaban directamente con el antiguo estoicismo, y entre el estoicismo y el cristianismo existía una proximidad incómoda, aunque solo fuera porque una gran parte de la psicología y de la ética de este último dependía de fuentes estoicas. No es menos cierto que la Ilustración fue un fenómeno exclusivamente europeo, compartido solo con las poblaciones ultramarinas de colonos, que nunca habría podido surgir fuera de un mundo claramente cristiano. En cierto sentido se trató de una forma de cristianismo secularizado. El sistema moral más puro, según la opinión de Jean D'Alembert, «mediante el cual la ilustración natural puede inspirar a los hombres», el cristianismo es también (igual que su vecino más próximo, el islàm) una religión auténticamente cosmopolita[14]. Existe una semejanza evidente entre las ideas de los estoicos sobre la universalidad de lo humano y el mensaje de la epístola de san Pablo a los colosenses, habitantes de una ciudad situada a orillas del río Licos, en la parte occidental de Asia Menor, donde el nuevo hombre cristiano –en sus palabras, el hombre «renacido» en Cristo– resurgía también para un mundo en el que ya no había «griego ni judío, circuncisión ni incircuncisión, bárbaro o escita, siervo o libre, porque Cristo lo es todo en todos»[15]. Charles Taylor, el filósofo canadiense, dice con acierto: «La civilización moderna, en parte por influencia del derecho natural de los estoicos y en parte por el influjo del cristianismo, ha borrado las restricciones intolerantes que impedían el reconocimiento de la personalidad moral en las civilizaciones anteriores»[16]. La labor de los sentimentalistas era liberar la ley natural estoica de su asociación no tanto con la psicología escolástica –en ese momento, una mera curiosidad– o con la ética del mensaje cristiano como con los mitos fundacionales del relato judeocristiano de la humanidad. Los escépticos del siglo XVII consiguieron minar el crédito de la teología. Los teóricos del XVIII esperaban minar el crédito del propio Dios.

Pero otras razones explican esta hostilidad hacia la religión cristiana en concreto. Los que aspiraban a crear la nueva «ciencia del hombre» basaban en cierto modo sus argumentos en la historia de la evolución de la sociedad humana. El judeocristianismo tenía también su historia, extraída, no hace falta decirlo, del Antiguo y del Nuevo Testamento. Era una historia religiosa y escatológica; lo que san Agustín llamaba la «operación de Dios» a largo del tiempo. Los nuevos relatos «científicos» del siglo XVIII, sin embargo, iban directamente en contra de la concepción del hombre como criatura caída, condenada a soportar la herencia del pecado original, redimida por el sacrificio de Cristo, y que, consecuentemente, avanzaba de un modo inexorable hacia el fin de los tiempos humanos con la Segunda Venida. En la nueva historia los humanos ya no están agobiados por la culpa; no son el juguete que, según san Agustín, baila con la música del tiempo conducido por una deidad omnisciente. Son libres. Tienen su origen en el estado de naturaleza (del que diremos más), y su fin inmediato, en lo que por primera vez en el siglo XVIII se denominó «civilización». Progresan, mejoran. Su naturaleza cambia cuando cambian sus condiciones de vida.

2

Así pues, la primera tarea era desacreditar las historias contenidas en los dos Testamentos. En sí mismas no eran otra cosa que fantasías inventadas para dar una explicación al carácter absolutamente impredecible y al parecer gratuito de la maldad de la vida. En eso diferían muy poco de las historias paganas que las precedieron, con las que muchas veces presentaban una incómoda semejanza. Diderot se divertía bastante ironizando con los evidentes paralelismos que encontraba entre los mitos paganos y los mitos cristianos[17]. Preguntaba por qué nos da risa la historia de Zeus, el dios griego, que, convertido en cisne, baja para copular con la mortal Leda, y, en cambio, no nos reímos del relato de la Anunciación que aparece en el Evangelio. Pensemos en lo disparatado de la idea, añadía: «Un buen día, una joven que duerme habitualmente con su marido recibe la visita de un joven acompañado de una paloma. Inmediatamente después se queda embarazada. ¿Quién, cabe preguntarse, es el responsable del niño: el marido, el joven o la paloma? Un cura que se hallara presente respondería al instante: "Eso prueba claramente que fue la paloma"»[18]. Visto así, ¿resulta esta más creíble que la historia de Leda? Según Diderot, solo la creencia generalizada y por lo general irreflexiva convence a una persona razonable de que acepte cualquiera de las dos historias como la descripción de unos hechos reales. Cualquiera que afirmara creer los mitos de los antiguos será tachado por lo menos de loco. En cambio, hay millones de seres humanos que toman las historias de la Biblia como una verdad literal sin que nadie dude de su cordura. Ninguna religión se ha impuesto en este mundo por la razón, ni siquiera por la fe. Son creaciones de la convención y de la aceptación de lo que se denominó, con el término más condenatorio del siglo XVIII, prejuicio. Cuando esas convenciones cambian, o la sociedad que las ha sostenido desaparece a manos de un nuevo credo, con nuevos dioses que sirven a nuevos señores, se descubre la ingenuidad y el carácter voluntariamente engañoso de los cuentos que cuentan los mitos antiguos. El mimetismo, el deseo de imitar a los demás, de ser y de pensar como ellos, es la fuerza más poderosa que conocen las sociedades humanas, y nadie había sabido manipularla con tan buenos resultados como la Iglesia cristiana.

Pocos estaban más convencidos de lo anterior y pocos fueron más sistemáticamente sarcásticos con los relatos de la Biblia que Voltaire. Voltaire pasó gran parte de la década de los treinta y los cuarenta encerrado con su amante Gabrielle-Émilie, madame de Châtelet, en la casa de campo que ella poseía en Cirey-sur-Blaise. Madame de Châtelet fue una física y una matemática brillante, traductora de los *Principia Mathematica* de Newton, a los que añadió su propio «comentario algebraico», y autora, entre otras cosas, de un tratado sobre la felicidad. Era una mujer decidida e independiente, cosa que no siempre gustaba a Voltaire. Cuando le recomendó que leyera a Locke, ella le pidió que leyera a Leibniz. Voltaire la llamaba la «Minerva de Francia», pero también decía, con su característica mala uva, que madame era «un gran hombre cuyo único defecto estribaba en ser mujer». Una de las cosas que se propusieron en el tiempo que pasaban juntos fue leer la Biblia y los comentarios bíblicos[19]. Como muchos franceses pudientes de la clase media de su época, Voltaire se había educado con los jesuitas, y la educación jesuita, aunque fuerte en materia de teología, descuidaba el contacto directo con los textos bíblicos. La lectura de la Biblia, no la lectura de lo que tenían que decir los intérpretes cuidadosamente aleccionados, era una actividad reservada casi en exclusiva a los protestantes. Así pues, el contacto directo de Voltaire y madame de Châtelet al contenido sobre todo del Antiguo Testamento, lo que el novelista inglés Aldous Huxley calificó en cierta ocasión de «espeluznante historia militar», supuso un golpe para ellos. El Espíritu Santo, en caso de que fuera de verdad el autor del Antiguo Testamento, comentaba Voltaire socarronamente, no había elegido un tema muy edificante. «¡Qué terror nos infundió leer juntos los escritos de los hebreos!», dejó dicho. El texto estaba plagado de «monstruosidades históricas que repugnan a la naturaleza y al sentido común»: serpientes que hablan, ciudades asoladas por el fuego y el agua, mujeres convertidas en estatuas de sal, hombres que se acuestan con sus esclavas y sus hermanas y mujeres que se acuestan con sus padres para repoblar el mundo. El Dios iracundo y vengativo que retrataban aquellas historias vulneraba, para él, «la pureza, la castidad, la buena fe, la justicia y la razón universal».

Pero aquellas historias no eran solo aberrantes, sino también contradictorias y poco originales. En el Jardín del Edén había supuestamente cuatro ríos, pero las fuentes de dos de ellos, el Éufrates y el Nilo, distan entre sí más de tres mil kilómetros. Por tanto, para que Moisés agitara su vara y separara las aguas del mar Rojo, Dios tuvo que desviar unos treinta kilómetros al pueblo elegido, que huía con todos sus enseres encima de los vengativos y desembarazados egipcios. Por otra parte, el Arca de Noé llevaba «catorce elefantes, catorce camellos, catorce búfalos y un número igual de caballos, alces, ciervos, serpientes, ostras...», en total más de dos mil especies y toda la comida que necesitaban para alimentarse durante diez meses, dentro de una barca de unos catorce metros de largo. «Los que escribieron esto –observaba Voltaire, tajante– no eran, como puede verse, grandes físicos».

Aquello resultaba bastante absurdo y, sin embargo, no era más que el preludio del Nuevo Testamento, el «hijo» del antiguo, la palabrería de la «secta del Nazareno», aún menos justificable que lo anterior. Para Voltaire y madame de Châtelet, Cristo era un profeta delirante como tantos otros, uno más entre «los muchos profetas sin misión que, no pudiendo ser clérigos, se ganaban la vida con la inspiración divina». Las historias que se inventaron sobre él fueron escritas varios años después de su muerte por unos evangelistas que no consiguieron ponerse de acuerdo en nada, y eran, además, absurdas, falaces y contradictorias. «Un niño nacido de un espíritu –subrayaba Voltaire ácidamente– constituye un hecho ciertamente pasmoso, [pero] que un ángel informara del prodigio a José en sueños no es una prueba definitiva de que María copulara con el Espíritu Santo». La pretensión de que el resultado de la cópula supusiera el cumplimiento de la profecía de Isaías resulta absurda por completo, ya que Isaías no menciona que naciera de una virgen –se trata de la mala traducción deliberada de una palabra que en realidad significa «mujer joven»– y, por otro lado, el nombre del profeta no iba a ser Jesús, sino Emmanuel[20].

Aunque con un toque menos cruel y menos bárbaro en su comportamiento que el atribuido a ciertos semejantes suyos como Abraham, Isaac y Jacob, Cristo tiene también su dosis de petulancia e injusticia. Expulsa los demonios del cuerpo de un hombre poseído y se los traslada a una piara de cerdos, que acaban ahogándose en el lago de Tiberíades. «Cabe suponer –observa Voltaire– que a los dueños de los cerdos, que, al parecer, no eran judíos, no les haría ninguna gracia la jugarreta». ¿Y qué puede uno pensar de un Dios hecho hombre que maldice a una higuera porque no ha querido darle higos en invierno? Luego, después de insultar repetidamente a los fariseos con expresiones como «generación de víboras» y «sepulcros blanqueados», sus seguidores, los apóstoles, tienen la «desfachatez de decirnos» que cuando finalmente las víctimas de este agravio verbal se vengan de Cristo y convencen a un reacio gobernador romano para que le crucifique, Dios se enfada tanto que en el momento de la muerte «la tierra se cubrió de tinieblas, aunque era mediodía», lo cual, aparte de ser absolutamente injusto, era, como subraya Voltaire, «un milagro de lo más extraño». Si la absoluta improbabilidad de todo esto no bastara para convencer a un lector medianamente crítico de que los Evangelios son una mera colección de cuentos primitivos, está el hecho de que todos ellos proceden de una única fuente; pues aunque se supone que los espantosos acontecimientos que allí recogen, desde la matanza de los inocentes hasta la crucifixión, tuvieron lugar ante la vista del gobernador romano en una provincia, eso sí, remota, ningún historiador de Roma, ni siquiera un «ilustrado» como Flavio Josefo, él mismo judío y nacido en una familia relacionada con el clero y la realeza, hace ninguna mención ni de los hechos ni de la existencia de Jesucristo[21]. En cuanto a san Pablo, el auténtico arquitecto del cristianismo, cuya vida, narrada en los Hechos de los Apóstoles, es un entramado de contradicciones y de inventos patentes, ¿qué cabe esperar hoy en día de un hombre que exige que le mantengamos a él y a su mujer «al tiempo que nos juzga y nos condena, sin hacer distinciones entre culpables e inocentes»? Claramente, muy poco y desde luego no lo que basta para tomarnos en serio sus palabras[22]. Por otro lado, ¿qué base hay en estos textos para las afirmaciones que la Iglesia hace en su nombre? Como observaba Paul-Henri Thiry, barón de Holbach, tal vez el «descreído» más notorio de su época, en *Una historia crítica de Jesucristo* –uno de los primeros intentos, fuertemente polémico por otra parte, de someter los Evangelios a un análisis histórico–, «la autoridad de estos libros que forman la base de la religión cristiana no se fundamenta en otra cosa que en un concilio, es decir, en una asamblea de curas y obispos. Ahora bien, ¿es que esos curas y esos obispos, jueces y parte de un asunto en el que ellos tienen claros intereses, no podrían estar equivocados?». La respuesta de la Iglesia a estos interrogantes ha sido siempre la misma: «la infalibilidad del Concilio inspirado por el Espíritu Santo y... sus decisiones deben tomarse como equivalentes a las del propio Dios». Pero cuando se pregunta cuáles son las bases de esa infalibilidad, se nos remite siempre a la autoridad de los Evangelios, cuya autenticidad se afirma de antemano, «lo cual es evidentemente un círculo vicioso»[23].

Pero no es solo el carácter absurdo de las historias que abundan tanto en el Antiguo como en el Nuevo Testamento, ni siquiera los argumentos interesados y en definitiva risibles que se inventan en su defensa, lo que causaba mayor indignación, sino las enseñanzas del propio Jesucristo. En parte, se trata de principios morales sencillos y en absoluto excepcionales, que serían evidentes para cualquier persona razonable, al margen de sus creencias, y que no necesitan la sanción divina o la intervención sagrada. Otros, sin embargo, no son tan benignos ni tan ecuménicos como muchas veces se nos presentan, incluso por parte de los no creyentes. Holbach somete el Sermón de la Montaña a una crítica demoledora, donde se insinúa que el auténtico propósito de Jesucristo era estimular la estupidez, la docilidad y la obediencia ciega, lo que preparó el camino del dominio que la Iglesia ejerce sobre los espíritus de sus partidarios[24]. Porque, al fin, la verdadera monstruosidad, dejando aparte lo pueril y lo risible, eran los agravios y los derramamientos de sangre que habían causado las iglesias a la humanidad en nombre de Jesucristo.

En 1770 –en Londres y con el seudónimo eficazmente burlón de «doctor Goodheart», para ponerse a salvo de posibles peligros–, Voltaire publicó un opúsculo titulado *De la paz perpetua,* una petición de tolerancia religiosa universal, que en gran parte consistía en una feroz condena de la religión establecida y de las evidentes necedades que constituían la base del cristianismo y del judaísmo. En el centro de este opúsculo colocó una conversación que supuestamente habría tenido lugar delante el emperador Marco Aurelio, entre un cristiano, un senador romano y un «judío con sentido común», en la que los dos creyentes se esmeran en explicar al emperador las ideas de sus respectivas religiones. En el intercambio de pareceres, el cristiano, decididamente carente de *bon sens,* es el que sale peor parado. ¿Por qué, pregunta el senador de Roma al cristiano, «perturbas la paz del Imperio? ¿Por qué no te contentas, como los sirios, los egipcios y los judíos, con practicar tus ritos en paz? ¿Por qué, entre todas las sectas, eres la única que pretende aniquilar a las demás?». A esto, el cristiano se limita a responder: «Porque mi religión es la única verdadera». Y comienza a contar la conocida historia de que «su Dios» nació de una virgen de Judea embarazada por «Dios» (que es pero al mismo tiempo no es el mismo Dios que el hijo de esa madre) en un pesebre de la ciudad de Belén, a donde habían acudido –porque la madre virgen también tenía un esposo humano– para incluirse en el censo que el emperador Augusto había ordenado. El senador le escucha con una incredulidad cada vez mayor, y luego observa que aunque fuera posible aceptar la verdad de un nacimiento virginal y distinguir la relación entre lo que parecían por lo menos dos o quizá tres dioses en uno, quedaba en pie el hecho de que Augusto jamás había ordenado que se hiciera un censo de «todo el mundo», y que aunque así hubiera sido, jamás lo habría ordenado en Judea, que era un reino semiindependiente, y que, en su calidad de súbditos del rey Herodes, «ni la madre ni el padre de tu Dios estarían incluidos» porque no habrían podido ser ciudadanos romanos. En cuanto a la historia –presentada también como prueba de la divinidad de Jesucristo– de los «tres reyes o tres filósofos llegados de Oriente para adorarle en el establo donde había nacido» gracias a la guía de una estrella errante recién creada con ese fin, si semejante cosa se hubiera producido, «tendríamos que haberlo visto, todo el planeta habría hablado del extraño fenómeno y nuestros astrónomos lo habrían investigado». Pero no fue así. Obligado a presentar alguna prueba de estos asertos descabellados, el cristiano contesta que todo está recogido en los libros sagrados, pero que los incrédulos no pueden leerlos. Al final, cuando el judío explica su posición –en unos términos solo un poco menos absurdos pero mucho más razonables–, el emperador se vuelve al senador para observar que, por lo que ha entendido, «los dos están igual de trastornados, pero el Imperio no tiene nada que temer de los judíos y sí mucho de los cristianos».

Marco Aurelio, subraya Voltaire, «no se equivocaba en sus apreciaciones»[25]. Porque, a pesar de las necedades palmarias con que las posteriores generaciones de apologistas se encargaron de revestirla, la nueva secta se hacía más audaz a cada momento. Con un poco de ayuda de la metafísica platónica, el profeta desquiciado se convirtió en un dios. «Todas las supersticiones posible se agolpan dentro de la Iglesia... La secta se divide en cientos de sectas que en todas las épocas se enfrentan unas con otras, se matan y se cortan el cuello mutuamente». «Y esto, mis queridos hermanos –concluye Voltaire–, es el fruto del árbol de la cruz del suplicio que ellos deificaron... Así que esta era la finalidad para la que se atreven a bajar a Dios a la tierra: ¡sumir a Europa en la muerte y el bandidaje durante siglos y siglos!». Según los cálculos de Voltaire, aquellas «barbaridades cristianas» habían producido la cifra de 9.468.800 muertos; eso sin añadirles las matanzas causadas por los musulmanes, los judíos y demás fanáticos de otras sectas menos documentadas[26]. ¡Y aquella infinitesimal colección de zelotes encaramados al borde del mundo romano durante el siglo I a. C. tuvieron la audacia de hablar en nombre de la humanidad! «Si hay, como afirman algunos estudiosos, unos mil seiscientos millones de seres humanos en la tierra –continúa diciendo Voltaire–, la Iglesia Católica, Apostólica y Romana contará con menos de sesenta millones, lo que no llega a ser una veintiseisava parte de los habitantes del mundo conocido». Así que los restantes millones que viven en Asia, África, América y casi la mitad de la propia Europa están condenados a «ser presas del demonio para que se cumplan las palabras sagradas: "Porque muchos son los llamados y pocos los elegidos"»[27]. Y no creáis a quienes os dicen que estos relatos disparatados son necesarios para mantener a raya a las masas pobres e ignorantes, «esa gente del común que necesita misterios y que hay que engañar»; pues sea cual sea la opinión de los curas y los reyes, «la gente del común no es tan idiota como muchos piensan, y podría aceptar sin dificultad un único Dios, sabio y sencillo... como el que adoraron todos los sabios de la Antigüedad y como el que aceptan en China todos los hombres cultos», en lugar de este fárrago de insensateces[28]. Y si ahora parece lo contrario, se debe al miedo que la Iglesia lleva siglos inculcándoles. «El único modo de traer la paz a los seres humanos –concluye– es destruir los dogmas que los dividen y restablecer las verdades que los unen... Esta paz, lejos de ser una quimera, existe entre los hombres honrados desde China hasta Quebec»[29].

3

La imagen del Dios inventado tanto en el Antiguo como en el Nuevo Testamento era sin la menor duda absurda, grotesca por sus fundamentos y letal por sus consecuencias.

Pero existían otras posibilidades. Para aquellos que no soportaban la versión judeocristiana de la divinidad, había otras versiones más razonables y más racionales que permitían creer en la existencia de alguna forma de orden inteligente y discernible en el universo, en la que los seres humanos dependerían también de un Dios creador. Una de las versiones de mayor éxito fue la del relojero celestial[30]. Después de dar cuerda al universo previamente creado, el Dios relojero se habría ausentado... para siempre. No intervendría en los asuntos humanos, ni contestaría a las plegarias, que, en todo caso, no son más que vanas peticiones de trato preferente. Ni castigaba a los malvados ni premiaba a los virtuosos en esta vida o en la otra, donde no existían ni el cielo ni el infierno. Dios era sencillamente un principio impersonal, el origen de la vida. No obstante, se daban por sentadas su bondad y la perfección de su creación.

La idea, como tantas otras cosas en la filosofía occidental, procede de Aristóteles. Para él, la materia era movimiento y el movimiento no se genera por sí solo. Teniendo en cuenta que tal cosa produciría una regresión infinita, debe existir un primer principio infinito, indivisible y sin magnitud[31]. Este sería Dios *(ho theos)*, al que califica de «ser viviente, eterno y sumamente bueno, de modo que la vida y la duración continua y eterna pertenecen a dios»[32]. Santo Tomás, como era de esperar, dice más o menos lo mismo y se sirve de la idea para la primera de sus famosas cinco pruebas de la existencia de Dios. Sin embargo, la atribución de un interés benevolente a este primer principio, incluso en los primeros momentos de la creación, plantea inevitablemente a los cristianos el problema que venía preocupando a los teólogos desde los tiempos de Epicuro; el llamado «problema del mal». Si Dios es bueno, omnisciente y omnipotente, ¿por qué permite la existencia de tanto sufrimiento sin sentido? ¿No bastaría con la muerte por cáncer de un niño para refutar la posible existencia de una deidad benévola que todo lo puede? (Para la existencia de una deidad impotente y malévola hay muchas pruebas, que conceptualmente no plantean el menor problema). Como lo expresó, indignado, Holbach: «¿Qué hombre con humanidad y buena voluntad no querría con todo su corazón la felicidad de sus semejantes? Si Dios supera en bondad a todos los miembros de la especie humana, ¿por qué no utiliza su poder infinito para hacerlos felices?»[33].

La respuesta cristiana convencional, dicho con pocas palabras, se basa en la historia del pecado original y en el concepto de libre albedrío. A causa del primer pecado de Adán, el hombre se convirtió en una criatura condenada, pero Dios le dotó del libre albedrío, lo que supone la posibilidad de no actuar como le dicta inevitablemente su condición de caído. Todos los males que le aquejen se deben, pues, a sus propios actos. A la mayor parte de los pensadores del siglo XVIII esta solución les parecía poco más que una forma de volver al problema de siempre. Si Dios era bueno, ¿cómo se entiende, decía un mordaz Voltaire, que hubiera condenado perpetuamente a Adán y a toda su progenie por «haber comido de una manzana»? La historia es, tal como dijeron con toda razón los socinianistas (una de las sectas de la Reforma Radical) y los unitaristas, «la más absurda de las barbaridades»[34]. Aunque descartáramos el relato de la Caída, aunque concibiéramos una deidad con una apariencia más digna, que no interviniera en los asuntos humanos, ¿no bastaría la simple existencia del mal para pensar que su creación es, en el mejor de los casos, imperfecta?

Uno de intentos más influyentes de resolver el problema se debe a Gottfried Wilhelm Leibniz, el gran filósofo alemán nacido en Sajonia. Leibniz argumentaba que la deidad había dotado al universo de un orden en última instancia beneficioso para todas sus criaturas, pero, dado que nadie tiene la capacidad de comprender el conjunto, nadie puede aspirar tampoco a comprender el puesto que ocupan los acontecimientos individuales en el gran designio. Aquello que parece al observador de hoy sencillamente nocivo, acabaría por tener unas consecuencias beneficiosas si el observador pudiera ver la creación en su conjunto. Es nuestra incapacidad de seres humanos para ver la totalidad del tiempo y del espacio lo que nos impide comprender por qué la muerte de un niño inocente puede resultar a la postre un bien. Según Leibniz, Dios eligió qué mundo crear entre las infinitas ideas de mundo que poblaban su mente, y, puesto que decidió cuál era el mejor, el mundo creado por él tiene el mayor número posible de perfecciones compatibles. Según la frase famosa –y muchas veces ridiculizada– del propio Leibniz, ese mundo era «el mejor de los mundos posibles». El mal, que parecería un error, una tacha, en toda creación perfecta, era para Leibniz –que se sirvió de una metáfora de san Agustín– como ver una mancha negra en un cuadro: desde cerca parece un feo borrón, pero desde lejos añade belleza al conjunto. Otro tanto ocurre en una pieza de música: «Hay ciertas imperfecciones en las partes que descubren de un modo maravilloso la belleza del conjunto, igual que ciertas disonancias, cuando se usan sabiamente, hacen más hermosa la armonía»[35]. A esto llamaba Leibniz «teodicea».

Para todos aquellos que pensaban como Adam Smith, que llamaba a Dios «el gran director del universo» y encontraba aterrorizador el espectro de un universo hecho solo de materia sin conciencia –lo que él denominaba expresivamente «la sospecha de un mundo huérfano»–, la teodicea ofrecía la posibilidad de evitar «el pensamiento de que todas las regiones desconocidas del espacio infinito e incomprensible» estén únicamente llenas de «miseria y desdicha sin fin». Porque lo que Smith llamaba «esta benevolencia universal», de la que procedía su concepto de «simpatía», que vinculaba a todos los seres humanos con sus semejantes, no tendría sentido para quien no estuviera convencido al mismo tiempo de que «todos los habitantes del universo, desde el más grande hasta el más pequeño» se hallan bajo la protección y el cuidado inmediato de un «Ser benevolente y omnisciente que dirige todos los movimientos de la naturaleza». Si el hombre poseyera la visión de ese Ser omnisciente y, en consecuencia, fuera capaz de ver «las conexiones y las dependencias de las cosas», comprendería con toda facilidad que «los males que le aquejan a él, a sus amigos o a su país [son] necesarios... para la prosperidad del universo». Por tanto, además de «aceptar con resignación» el mal que le rodea, «deberá haberlo querido sincera y fervientemente». Esto podría considerarse en el mejor de los casos una forma de fatalismo, ya que, tomado al pie de la letra, cualquier intento de mejorar la condición humana sería no solo inútil, sino también desleal, dado que Smith compara a la especie humana con un ejército de infantería y a Dios con su «gran conductor». Aunque observa que el hombre es responsable de «preocuparse por su felicidad y la de su familia, sus amigos y su país», no parece claro hasta dónde podría hacerlo si entrara en contradicción con los dictados del «gran Conductor»[36].

La teodicea supone, como Smith pensaba, que el mal que me aflige hoy podría resultar beneficioso en un futuro lejano (quizá mucho después de mi muerte) para la totalidad del cosmos. El padre del universo ha dispuesto las cosas de ese modo con el objetivo de beneficiar a toda la creación humana en el pasado, el presente y el futuro; lo que no significa que si hoy me ocurre algo malo, pueda sentarme a esperar que a la larga me procure algún beneficio *a mí,* que fue una interpretación inmensamente consoladora para muchos, entre ellos Jean-Jacques Rousseau. Para otros no solo era una pretensión claramente indemostrable, sino también la forma más superficial de optimismo.

En 1755 la propia divinidad se encargó de dar impulso a la idea de que, lejos de cuidar del bienestar de su pequeño pelotón de fieles soldados, Dios se comportaba de un modo impersonal e indiferente. La mañana del uno de noviembre, Lisboa, el tercer puerto de Europa después de los de Londres y Amsterdam, y una de las ciudades más ortodoxas del mundo cristiano, abarrotada de iglesias y monasterios, fue destruida por un terremoto seguido de inmediato por una enorme ola y una serie de fuegos que se prolongaron sin freno durante casi cinco días. Desapareció una gran parte de la ciudad y sus aledaños y hubo miles de muertos. Y todo esto no ocurrió en un día cualquiera, sino en el día de Todos los Santos, ni a cualquier hora, sino alrededor de las nueve horas y cuarenta minutos, cuando una gran parte de la población oía misa o salía de oírla. Inmediatamente, los hombres probos se apresuraron a considerarlo una prueba de que Dios podía aniquilar, y aniquilaba, a los pecadores en esta vida. Qué pecados había cometido la población de Lisboa y por qué se le había elegido a ella y no a la de Londres o París era cosa que nadie sabía. Al fin y al cabo, los caminos del Señor son inescrutables. En cambio, para los espíritus ilustrados, el terremoto demostraba lo que muchos creían desde los grandes conflictos de los siglos XVI y XVII: que Dios no existía y que la humanidad se hallaba completamente sola en el mundo.

Este acontecimiento, más que ningún otro, debió de ser lo que convenció a Voltaire de lo absurdo de la teodicea. Escribió un célebre *Poema sobre el desastre de Lisboa,* que capta con la violencia de su furia, el sinsentido absoluto de todo sufrimiento humano:

¡Oh infelices mortales! ¡Oh tierra deplorable!
¡Oh espantoso conjunto de todos los mortales!
¡De inútiles dolores la eterna conversación!

Filósofos engañados que gritan: «Todo está bien»,
¡vengan y contemplen estas ruinas espantosas!
Esos restos, esos despojos, esas cenizas desdichadas,
esas mujeres, esos niños, unos sobre otros apilados
debajo de esos mármoles rotos, esos miembros diseminados,
cien mil desventurados que la tierra traga,
ensangrentados, desgarrados y todavía palpitantes,
enterrados bajo sus techos, sin ayuda, terminan
en el horror de los tormentos sus lamentosos días.
Frente a los gritos, a medio formar, de sus voces moribundas
y frente al espantoso espectáculo de sus humeantes cenizas,
¿dirán ustedes: «Es el efecto de las eternas leyes
que, de un Dios libre y bueno, necesitan la decisión?».
¿Dirán ustedes al ver ese montón de víctimas:
«Se ha vengado su Dios; su muerte paga sus crímenes?».
¿Qué crimen, qué falta, cometieron esos niños
sobre el seno materno aplastados y sangrientos?
¿Tuvo Lisboa, que ya no es, más vicios
que Londres, que París, en los deleites sumergidas?
¡Lisboa queda destruida, y en París se baila!*

Tres años más tarde, Voltaire se revolvía de nuevo contra el optimismo de Leibniz, esta vez en *Cándido o el optimismo*, probablemente su obra más conocida, una novela corta que, según la descripción que David Hume hizo encantado a Adam Smith, «está llena de energía y de irreverencia y es, por supuesto, una sátira de la Providencia hecha con el pretexto de criticar el sistema de Leibniz»[37]. A lo largo de la serie inacabable de catástrofes que afligen a los tres protagonistas del relato –el filósofo Pangloss, el propio Cándido y su amante Cunegunda–, Pangloss, con el rostro carcomido por la sífilis y a falta de una de las nalgas, insiste continuamente en que, pese a las apariencias en contrario, este es «el mejor de los mundos posibles» y todo en él ocurre «para bien». Al final, cuando los tres llegan a descansar hasta la finca de un viejecillo turco y Cándido se encuentra casado con la mujer que siempre deseó y que ya no desea, Pangloss observa que si Cándido no hubiera padecido tanto, no se «hallaría aquí comiendo pistachos y confite de cidra». A lo que Cándido, como buen epicúreo que ha llegado a ser, da su lacónica y famosa réplica: «Bien decís... pero lo importante es cultivar nuestro huerto».

Sin embargo, y pese a esta crítica furiosa, Voltaire, como muchos otros, no aceptaba la perspectiva de un ateísmo incondicional, por eso se esforzó en defender a los chinos, acusados de carecer de una religión discernible aunque dispusieran de un código moral (excelente, además). La posibilidad de un universo hecho solo de materia era para él un desierto insoportable, lo mismo que le ocurría a Smith y quizá también a Diderot (aunque no, como veremos, a Hume). La religión de Voltaire –si tal puede llamarse–, igual que la de muchos de los integrantes de la amplia fraternidad de espíritus afines denominada «república de las letras», era una forma de deísmo, o mejor de «teísmo», como decía el propio Voltaire.

Ambos términos, bastante vagos, designan varias creencias parecidas y superpuestas, pero lo común a todos los teístas, aparte de su aversión por la religión establecida, era la fe en algún tipo de creador, que unas veces llamaron el «Ser supremo», el «Gran Arquitecto», el «espíritu universal», con mayor frecuencia, sencillamente «deidad» y mucho más raramente «Dios». «El teísmo –escribió Voltaire– es aceptado por la flor y nata de la humanidad, y con ello me refiero a la gente respetable *(honnêtes)* desde Pekín hasta Londres y desde Londres hasta Filadelfia»[38]. El teísta ignora si Dios castiga o recompensa, porque «le falta temeridad para jactarse de conocer de qué manera actúa Dios»[39]. Cree que Dios existe, que ha creado a todos los seres vivos y que es justo, pero la función que esta entidad así reducida desempeña en los asuntos humanos o no es inteligible o sencillamente no existe. Dios no se manifiesta en este mundo, ni enjuicia su creación, ni favorece a una tribu en detrimento de otra. Aquella «sórdida, vergonzosa y nauseabunda idea de Dios», que, según Shaftesbury, caracterizaba a la «religión vulgar» –y para Shaftesbury no había adjetivo más condenatorio– con la que se había criado, y aquel Dios antropomórfico que primero hizo frágiles a sus criaturas y luego las castigó porque no se comportaron a la altura de sus expectativas, eran un insulto a la inteligencia humana y a la buena educación[40].

Los teístas criticaban no solo las historias que las religiones universales habían contado a sus fieles, sino también que el creyente, sin cuestionar nada, tuviera que aceptar a la persona o personas supuestamente elegidas por Dios para confiarles su revelación. «Como si nuestra religión –protestaba Shaftesbury– fuera una especie de magia que no dependiera de la fe en un único Ser supremo, o como si la forma y la creencia racional en ese Ser sobre bases filosóficas fueran incompatibles con la creencia en ninguna otra cosa»[41]. Voltaire resumió la posición de los deístas y los teístas respecto a la inmanencia en el artículo dedicado a las «Leyes» de su *Diccionario filosófico* de 1764, una ingeniosa suma del conocimiento práctico de los seres humanos, dispuesta en orden alfabético, y salpicada de anécdotas e invectivas:

Cuando la naturaleza creó nuestra especie, la dotó de ciertos instintos: el amor propio para nuestra conservación, la benevolencia para la conservación de los otros, el amor que es común a todas las especies y el inexplicable don de ser capaz de combinar más ideas que los restantes animales. Después de asignarnos nuestra cuota, dijo: «Ahora, haced lo que podáis»[42].

4

El deísmo, o teísmo, por su dependencia de la educación, los buenos modales y la conversación racional, era sin duda un credo para las élites. A las personas formadas y reflexivas no se les podía pedir apoyo a la religión, ni mucho menos aceptación de las absurdas historias que se contaban para sustentar el cristianismo. El deísta, o teísta, declaraba Voltaire, «habla un lenguaje comprensible para todos los pueblos, aunque no se entiendan entre sí... desde Pekín hasta Cayena [Guayana francesa]... y considera hermanos suyos a todos los sabios»[43].

Esto, sin embargo, no era una verdad evidente para las masas ineducadas, atosigadas por el clero y en su mayor parte analfabetas, que constituían casi toda la población de la Europa del siglo XVIII. Hasta un personaje tan cínico como Bernard Mandeville estaba seguro de que, por mucho que se esforzaran «los filósofos y los hombres de letras» en desengañar a sus semejantes de las pretensiones de la religión, «nunca ha existido una época o un país en que el vulgo sostuviera una opinión capaz de contradecir ese miedo que persigue al hombre desde su nacimiento a una causa invisible que se inmiscuye e interfiere en los asuntos humanos».

Más aún, aunque lo consiguieran, podría no ser una buena idea, pues hasta el más escéptico de los *philosophes* estaba dispuesto a reconocer que cierto grado de fe en un juez divino resultaba útil para la sociedad. Como el propio Mandeville indicaba astutamente, si «logras convencer a las multitudes de lo contrario de lo que piensan o de aquello que contradice una pasión inherente a su naturaleza... Si mimas esa pasión y dejas que parezca justa, podrás regularla como te plazca»[44]. En otras palabras, la religión regulada era el mejor modo de mantener a raya a las multitudes. Es lo que Rousseau llama «religión civil» en el *Contrato social* de 1762 (aunque de ninguna manera fuera el primero en emplear el término). La verdad del contenido ideológico era indiferente; importaba que contribuyera a sostener la sociedad civil. «Ahora, conviene al Estado –escribía Rousseau– que el ciudadano profese una religión que le haga amar sus deberes, pero los dogmas de esta religión no importan ni al Estado ni a sus miembros, salvo en el caso de que afecten a la moral y a los deberes que quien la profesa esté obligado a cumplir con los demás». No obstante, asegura que el cristianismo es incapaz de realizar esa función, al menos en el tipo de sociedad que él tiene en la cabeza, regulada por el interés de la voluntad general de todos sus miembros, porque «no predica más que la esclavitud y la dependencia... Los cristianos están hechos para la esclavitud; ellos lo saben, pero no se inquietan. Esta vida breve tiene escaso interés a sus ojos» y «la *patria* del cristiano no está en este mundo», por eso él tiende constantemente a otra fuente de lealtad, muchas veces conflictiva[45].

Como Hobbes, Rousseau consideraba que la religión formaba parte de la ley, no de la filosofía. Y como muchos de sus contemporáneos, creía que la mayor parte de los sistemas religiosos se habían inventado para dar satisfacción a unas necesidades legales específicas. Los fundadores de los estados, los que Rousseau llama «legisladores», se dieron cuenta de que no podían explicar al común de las gentes las leyes que habían redactado, porque «son conceptos muy generales y objetivos que suelen estar muy lejos del alcance de su comprensión». Así, en muchos casos se recurrió al subterfugio de afirmar que las leyes eran la expresión de una voluntad divina. El legislador «pone en boca de los inmortales que la razón sublime está muy por encima del alcance del hombre común, para así ganarse mediante la autoridad divina a quienes no movería la prudencia humana»[46]. Los mensajes supuestamente transmitidos por Moisés, Mahoma o Jesucristo carecen en sí mismos de valor o son sencillamente obvios; o bien representan una manipulación habilidosa por parte de algunos individuos muy dotados, pertenecientes a grupos sociales pequeños (a veces incluso muy pequeños), en determinado tiempo y lugar. «Para dotar de jefe a una nación hasta ese momento ingobernable –decía Condorcet de Mahoma, aunque lo mismo habría podido decir de Moisés–, empezó por idear a partir de los restos de sus antiguos cultos una religión más elaborada. Legislador, profeta, pontífice, juez y general, tuvo en sus manos todos los recursos de unos hombres subyugados; recursos que él supo emplear con ingenio y grandeza»[47]. En especial, Mahoma, cuya religión parece más evidentemente pensada para las necesidades concretas de su pueblo que el cristianismo o el judaísmo, despertó una gran admiración precisamente por ese motivo. En la obra de Voltaire, *El fanatismo o Mahoma,* de 1742, que Adam Smith juzgaba lo mejor que había escrito el francés en teatro, su protagonista, descrito con tintes desagradables, como un déspota intrigante de fuertes apetitos sexuales, resulta también un táctico brillante y un devoto apasionado del futuro de los árabes, a los que Voltaire llama «ese pueblo generoso y desconocido durante tanto tiempo»[48].

Por razones semejantes y siempre que proporcionara el bagaje moral debido, la religión podía convertirse en un aliado útil para mantener a raya a los rebeldes y a los ineducados. Ni siquiera servía el sentido común innato que Voltaire atribuía a los hombres. Posiblemente, estos eran capaces de entrever las necedades de las historias que les habían contado, pero sin un temor constante a la figura de un padre siempre vigilante, fuera este el que fuera, pocas veces eran de fiar. Al fin y al cabo, a Voltaire se le atribuye la famosa ocurrencia de que si Dios no existiera habría que inventarle, aunque solo sirviera para convencer a la esposa, el sastre, el abogado y los criados del castigo en la otra vida. «Ni me timarían, ni me robarían, ni me pondrían los cuernos con tanta frecuencia»[49].

Si la religión establecida había nacido para satisfacer una necesidad de tipo legal, cabía pensar que la fe religiosa en sí misma respondía a la necesidad de explicar lo inexplicable. Las pequeñas sociedades primitivas, en su lucha por la supervivencia, habían sustituido la naturaleza ininteligible e incontrolable por unos seres antropomórficos a los que se podía aplacar o sobornar para hacer la vida un poco más soportable. En la esquemática historia de la religión que añadió a la *Historia de las dos Indias* (sobre la que volveremos) del abate Guillaume-Thomas-François Raynal, Diderot afirmaba que si la naturaleza hubiera dado siempre satisfacción a la necesidades humanas, el hombre no habría inventado a los dioses. Por así decirlo, cuando veía sus campos agostados por el sol o arrasados por las inundaciones, «buscaba la causa de sus desgracias». A fin de explicar el enigma de su existencia, inventó una enorme cantidad de «sistemas distintos pero igualmente

absurdos» y llenó el universo de «inteligencias malas y buenas». A partir de ese politeísmo, los numerosos dioses se redujeron a dos, y surgió el maniqueísmo. Los dos se redujeron
a uno, lo que dio lugar al monoteísmo. Llegados a ese punto,
ciertos hombres astutos con ambiciones políticas explotaron
la credulidad humana con la pretensión de que «el derecho a
gobernar les llegaba del cielo». Esto, a su vez, acabó en el
«despotismo sacrosanto, el más cruel e inmoral de los gobiernos», en el cual:

> Un hombre arrogante, perverso, egoísta y vicioso gobierna a otros
> hombres con total impunidad en el nombre de Dios. La justicia es
> lo que a él le parece bien y la injusticia lo que le parece mal a él... o
> a ese Ser Supremo con el que se comunica y al que hace hablar en
> consonancia con sus propias pasiones. Examinar sus órdenes es
> delito; y oponerse a ellas, impiedad. Las revelaciones contradicto-
> rias ocupan el lugar de la conciencia y la razón, que se silencian
> con milagros o amenazas. Finalmente, se priva a las naciones de
> saber algo sobre los derechos humanos, sobre lo que es bueno y lo
> que es malo, ya que todo lo miran desde los derechos y los deberes
> que se les reconocen en las revelaciones; es decir, en algo que ellos
> no pueden ni interpretar ni rechazar[50].

Muchos pensarían que a mediados del siglo XVIII esto no solo
era aplicable a los despotismos milenarios de Asia, a Turquía
o a China, pero Diderot no daba nombres. Sin embargo, no
resultaba difícil reconocer en aquella imagen al rey francés,
que todavía gobernaba en nombre de Dios y que curaba la
escrófula (una infección de los nudos linfáticos del cuello)
imponiendo las manos. Aunque el último rey de Francia que
lo intentó –entre las risas generalizadas– fue de hecho Carlos X,

en 1825, a mediados del siglo XVIII este acto de real magia parecía ya una idiotez a los más incrédulos. «En una época ignorante –anotó Voltaire en su cuaderno–, un rey podía curar la escrófula. Hoy es inútil»[51]. Inútil, en efecto, pero también una prueba persistente de la relación privilegiada que Dios mantenía con la realeza. «Por esta razón –avisaba Diderot– conviene que en todos los países... ni los soberanos ni nadie con autoridad se encuentre vinculado a un dogma, a una secta o a un culto religioso»[52].

Muchos autores de la Ilustración estaban dispuestos a aceptar que, en los estadios formativos de la evolución humana, la religión desempeñara una función civilizadora del animal humano, de otro modo primitivo, tosco e incivil, y contribuyera a transformar en naciones lo que habían sido hordas. La religión, como observaba el marqués de Mirabeau –que quizá fue el primero en acuñar el término «civilización»–, «es indudablemente el primero y más útil freno de la humanidad; es el primer recurso civilizador, cuyas prédicas nos recuerdan incesantemente a nuestros hermanos y nos ablandan el corazón»[53].

Si la religión hubiera resultado útil para convencer a las tribus primitivas de que formaran sociedades cohesionadas y sensatas, así como para hacer cumplir unas leyes que, de otro modo, serían incomprensibles para las personas humildes e incultas, con el tiempo, y una vez satisfecho su cometido, se habría limitado a desaparecer. El hecho de que no desapareciera –de que, como Hume daba a entender, el mayor milagro del cristianismo fuera su propia supervivencia– indicaba que también satisfacía otras necesidades vitales para la sociedad. Para muchos, la religión era la única garantía de la integridad moral del orden social. Sin alguna forma de lo que Rousseau llamaba «religión civil», sin el temor al más allá y al juicio universal, ¿qué motivo tendrían los seres humanos para cumplir los pactos y las leyes? Dicho de otro modo –del modo más polémico que podría decirse–, ¿sería justa y moral una sociedad de ateos?

La pregunta no era nueva. En 1682, el renegado católico convertido al calvinismo Pierre Bayle publicó un librito titulado *Pensamientos diversos sobre el cometa,* escrito el 24 de diciembre de 1680, con ocasión del paso del cometa visible en gran parte de Europa y que aterrorizó a todos los que lo vieron. El librito de Bayle era –o eso pretendía su autor– una respuesta a las muchas preguntas angustiadas que le habían formulado sobre el sentido de aquella aparición. Se trata de una obra poco común (como lo son todas las suyas, por cierto, numerosas), en la que se relata la historia, la naturaleza y las posibles consecuencias de la existencia de los cometas para la ciencia, la religión y la moral. ¿Anuncian desgracias? ¿Podrían alcanzar la tierra? ¿Qué ocurriría en ese caso? ¿Tienen un origen milagroso? ¿Cómo influyen en el comportamiento humano?, etc. Pero lo que inmediatamente hizo de la obra piedra de escándalo fue que en el párrafo 113 (de sus 241) se afirmaba lo siguiente: «El ateísmo no corrompe necesariamente la moral». Según la opinión de Bayle, la religión, la moral y la salvación son cosas independientes, de suerte que no se necesita creer en un dios para ser una buena persona, por tanto los ateos podían formar una sociedad perfectamente moral. A Bayle se le conoce mejor hoy por ser también el autor de una larga, digresiva y compleja enciclopedia, el *Diccionario histórico y crítico,* uno de los libros más leídos del siglo XVIII, en parte historia, en parte crítica literaria, en parte teología y en parte obscenidad, uno de cuyos artículos parece ser que inspiró a Leibniz la redacción de su *Ensayos de*

teodicea. Aunque su heterodoxia bastó para que lo condena-
ran tanto la Iglesia católica de Francia como el consistorio de
la iglesia de Walloon, en Rotterdam, no resulta tan evidente
que Bayle fuera ateo. No pretendía justificar el ateísmo, y
estaba seguro de que los ateos tendrían un final muy desagradable en la otra vida; se limitaba a sostener que la religión y la
moral eran dos cosas independientes, porque los humanos
pocas veces se comportan de un modo coherente con sus
ideas, incluidas las religiosas, que están profesionalmente encargadas de lograrlo. En teoría, los cristianos practicaban una
ética sexual que incluía la contención; en cambio, las calles
de Roma estaban atestadas de prostitutas. Para ser un hombre bueno en este mundo no se requería más que ser un buen
ciudadano, y para ello no se necesitaba la amenaza de una
deidad vindicativa o vengativa, bastaba con un egoísmo calculado[54]. Benjamin Franklin (hermano de Voltaire en la logia
masónica de *Les trois soeurs*) quedó tan impresionado por
esta argumentación que escribió una serie de artículos en la
Pennsylvania Gazette para defender las tesis de Bayle. A la
larga, esperaba que los Estados Unidos, el primer país fundado expresamente en una política secular, demostraran al
mundo que una sociedad de no creyentes puede ser tan moral como una sociedad de devotos.

La fascinación que ejercía en los autores ilustrados la tesis de
Bayle sobre la separación de la religión y la conducta moral se
prolongó durante mucho tiempo. El propio Voltaire, a pesar de
que encontraba demasiado prolijos sus escritos y aun no estando de acuerdo con la inexistencia de una teleología en la sociedad humana, decía de Bayle que era el «mayor dialéctico de la
historia»[55]. Para Leibniz era «uno de los hombres más dotados
de nuestro tiempo, cuya elocuencia solo se compara con su

agudeza». David Hume se inspiró en el *Diccionario* de Bayle para argumentar contra lo que llamó la «odiosa hipótesis» de Spinoza, es decir: «Existe una sola sustancia en el mundo... y esta sustancia es totalmente simple e indivisible y existe en todas partes sin presencia en un lugar determinado»[56]. El físico Lucien Offray de la Mettrie, tal vez el ateo más celebrado de la época, se limitaba a parafrasear a Bayle cuando decía que él no negaba la existencia de un «ser supremo», ahora bien, puesto que «esa existencia no prueba la necesidad de una religión más que otra, se trata de una verdad teórica con escasa finalidad práctica y, puesto que la experiencia nos dice que la religión no implica la honradez absoluta, por la misma razón podemos pensar que el ateísmo no la excluye»[57]. La religión, concluía, «solo es necesaria para aquellos que son incapaces de concebir el concepto de humanidad»[58]. Siempre que la sociedad esté compuesta por individuos auténticamente civiles, una vez superada la etapa inicial de la barbarie, no se necesita ninguna imposición divina. Al fin y al cabo, observaba, por lo general no han sido los ateos quienes han cometido las mayores atrocidades contra sus semejantes, sino los creyentes devotos de uno u otro credo, como han demostrado de sobra las guerras de religión. Spinoza, por ejemplo, «el más noble y el más adorable de los grandes filósofos», como dijo Bertrand Russell, constituía la prueba viviente de las ideas de Bayle[59]. Spinoza era ateo, como sus enseñanzas, pero no participó en el «asesinato jurídico» de Johan van Oldenbarnevelt, gran pensionario de Holanda, ejecutado en 1619 por los extremistas del calvinismo, y tampoco fue él quien «descuartizó a los hermanos Witt y se los comió después de asarlos». Los seres humanos no necesitan la ilusión de un dios vigilante y creador de un orden natural benéfico para uso y provecho de ellos; sea el dios que sea. Y tampoco necesitan las leyes y los códigos de conducta divinos para asegurarse un buen comportamiento. Los mandatos que hallamos en los decretos divinos, cuando tienen algún valor significativo, son absolutamente evidentes para cualquier persona civilizada. Como preguntó a los cristianos el emperador romano Juliano el Apóstata en el siglo IV, «salvando el mandamiento de "No adorar a otro Dios" y el de "Guardar el Sabbath", ¿existe alguna nación que NO crea en el deber de cumplir los otros mandamientos?»[60].

Todas las cosas de este mundo, en especial las que se necesitan para vivir una vida decente y honrada, resultan transparentes para la humanidad. Un dios como el judeocristiano, que confía ciertos conocimientos necesarios para la supervivencia y la salvación de toda la especie a una tribu o, peor aún, a un solo hombre, el cual, a su vez, los pone en manos de un clero faccioso y secretista, únicamente puede ser un tirano. En el cuento de Voltaire titulado *El ingenuo,* un indio del Canadá arrastrado por la corriente hasta las costas francesas comete inadvertidamente un delito y acaba en la cárcel, donde comparte celda con un jansenista llamado «Gordon» que le explica con todo detalle las intrincadas razones de la fe cristiana y las peleas entre sus distintas sectas. «¡Calla! –grita el indio, sorprendido y cada vez más indignado–. Eso de que Dios oculta una verdad fundamental para los hombres es un ultraje a la especie humana y un ataque al Ser supremo e infinito»[61]. Como observaba D'Alembert, dentro de la misma idea, cuanto más conscientes nos hacemos de la existencia de un Creador en vista de nuestra excelencia, más imprescindible se nos hace buscarle en los «objetos triviales e insignificantes», semejantes a los de los rituales que todas las religiones tradicionales imponen a sus fieles[62].

Voltaire era un hombre iracundo e irreverente, y no pocas veces extremista. Inevitablemente, muchas de las grandes figuras de la Ilustración se mostraron más moderadas y más prudentes en su rechazo de los hábitos sociales basados, directa o indirectamente, en la religión. Charles de Secondat, barón de Montesquieu, aunque decía que bastaba «una mínima reflexión» para curarse del ateísmo propuesto por Pierre Bayle, tendía a simpatizar más con el cristianismo que la mayoría de los *philosophes*. Con todo, afirmaba que la única cosa que podemos saber de la divinidad es que se trata de «un ser inteligente, creador del orden que vemos en el mundo»[63]. Y contemplaba con horror el vacío atrofiante de la religión convencional –cualquiera de ellas–, donde hallaba la principal fuente del miedo, de la desconfianza y de la miseria sexual de los seres humanos, dado que no hacía otra cosa que reflejar los prejuicios del creyente.

Rousseau, de quien Diderot decía maliciosamente que era «el más honorable de los hombres de letras por su supuesta probidad, el más peligroso por su elocuencia, el más hábil por sus actos de venganza, el más imponente por la multitud de sus entusiasmos», pasaba a veces por un calvinismo inestable[64], pero del calvinismo le atraían más las consecuencias sociales que la ideología. De la mordaz epístola que escribió a Voltaire después de leer el poema sobre el terremoto de Lisboa se desprende que asumía el optimismo de Leibniz y que se lo aplicaba a sí mismo. Rousseau era sin duda más «religioso», como él escribió, que la mayoría de sus colegas *philosophes*. «Yo soy cristiano –decía a Christophe de Beaumont, arzobispo de París, con lo que calificaba modestamente de "mi habitual franqueza"–, y un cristiano sincero, conforme a la doctrina de los Evangelios». Pero, quizá con cierta ingenuidad, añadía: «Un cristiano que no sigue a los curas, sino a Cristo»[65]. Tal vez fue esta falta de respeto a los curas lo que le valió la condena y posterior quema de su tratado sobre la educación, *Emilio* –un libro, según D'Alembert, «lleno de ingenio y de humo, de detalles cordiales y pueriles, de instrucción y contradicciones; en algunas partes, la obra de un autor de primera categoría; en otras, la de un niño»–, y su huida al exilio para evitar la cárcel[66]. Puesto que era un hombre apasionadamente vindicativo, que al final de su vida se hundió en un profundo complejo de persecución, mantenía una porfiada y paranoica convicción en la existencia de la otra vida, en la que sus enemigos y detractores, reales o imaginarios, recibirían su castigo y él la justa recompensa. «Si no tuviera otra prueba de la inmortalidad del alma –escribió– que el triunfo de la maldad y la opresión de los justos, bastaría con esto para no dudarlo»[67]. En cuanto a Diderot, aunque tal vez nunca se libró de su creencia en alguna forma de deidad, descreía de la versión cristiana y de su moralidad. No porque todo el código moral de los Evangelios estuviera mal –sí algunas partes, especialmente las relacionadas con la conducta sexual–, sino porque «en vez de luz, ofrece una infinidad de oscuridades y de problemas». Comparado con lo que él denominaba «religión natural», una cosa que cualquier persona honrada y virtuosa puede captar con la única ayuda de la razón, «el cristianismo no es más que una carga añadida, que ya no sirve como protección; en realidad, se trata de un medio difícil para llegar a conclusiones que por medios naturales resultarían más fáciles». Otro tanto ocurría, observaba, allí donde las religiones tienen unos inicios muy precisos; la «religión natural», por el contrario, carece de comienzos registrados, por eso «no habrá acabado cuando las demás hayan desaparecido»[68]. (Por desgracia, no existen pruebas de que alguna vez dijera: «Estrangulemos al último rey con las vísceras del último cura», frase que al parecer le atribuyó en 1840, mucho después de su muerte, Jean-François de La Harpe, un reaccionario historiador de la literatura). La «religión natural» era, según una explicación mínima, «conocimiento de verdades esenciales y práctica de deberes fundamentales». Dicho de otro modo, una forma de sabiduría estoica basada en el apego «sentimental» que los seres humanos sienten los unos por los otros. Basta con esto para vivir una vida útil y buena, lo cual «no deja nada que sea esencial o necesario a la Revelación»[69].

5

A pesar de que el virulento ataque de los ilustrados a la religión acabó con el concepto de una divinidad benigna y protectora, o de un divino juez omnipotente, pocos estaban dispuestos a encarar el «mundo huérfano» de Adam Smith sin echarse atrás. David Hume fue, sin la menor duda, uno de ellos. Más de una vez quiso disimularlo para protegerse «de la cólera de las facciones civiles y religiosas», pero fue el más inflexible, concreto y convincente negador de toda forma de religión y religiosidad –«esos sueños de locos», decía– y nunca creyó en divinidad alguna, racional o no[70]. Aun así, dudaba de que existieran personas absolutamente «ateas», capaces de creer exclusivamente en la pura materia y la pura casualidad. Según Diderot, que se hallaba presente, cierta vez que Hume cenaba con Holbach en su casa de la rue Royale de París, confesó esta duda a su anfitrión. El barón señaló a sus invitados: «Cuente los que estamos aquí –observó (eran dieciocho)–. Puedo señalarle quince ahora mismo. Los otros tres todavía se lo están pensando»[71].

Holbach –inventor del término «antropomorfismo» para la tendencia de los seres humanos a inventar dioses con su imagen–, materialista según él mismo y conocido oponente de la Iglesia, era de una vehemencia poco común. Rico, culto e ingenioso, dedicó gran parte de su vida y una parte considerable de su fortuna personal a editar publicaciones anónimas o casi anónimas dirigidas a desmantelar todas las versiones de la fe religiosa. Mantenía el salón quizá más famoso de París y se le llamaba cariñosamente el «principal *maître d'hôtel* de la filosofía». Según el economista André Morellet, inteligente y mordaz frecuentador del salón, el barón daba «dos cenas a la semana para diez, doce, quince y hasta veinte hombres de letras, hombres de mundo, hombres de otros países y hombres que amaban y cultivaban las cosas del intelecto» (siempre hombres). Hume los llamaba los «jeques de la rue Royale» y entre ellos había «comida abundante, sencilla y buena, café y vino excelentes, muchas conversaciones y jamás una pelea»[72]. Entre los invitados se contaban Hume y Diderot; Friedrich-Melchior Grimm, diplomático, crítico cultural e infatigable escritor de cartas; D'Alembert y Rousseau; el historiador Guillaume-Thomas-François Raynal; Claude-Adrien Helvétius, archimaterialista y oponente intelectual de Diderot; y, de vez en cuando, Edward Gibbon, Adam Smith, Benjamin Franklin, Laurence Sterne, el químico Joseph Priestley y el utilitarista milanés Cesare Beccaria. Rousseau, aunque –era inevitable– riñó con el barón y con todo su círculo, como le ocurría siempre, se inspiró en Holbach para el personaje de Womar en *Julia, o la nueva Eloísa,* un ateo que, pese a todo, encarna las virtudes cristianas.

Como Hume, Diderot y Montesquieu admitían, hasta en París era difícil encontrar un auténtico ateo. (Por desgracia, Diderot no nos reveló el nombre de los otros quince). Pero siempre resulta difícil saber hasta qué punto la negación de auténtico ateísmo por parte de furibundos enemigos de la religión como Voltaire responde a una estratagema, a una forma de defenderse de las fuerzas de unos estados cuya legitimidad depende de la alianza del rey con Dios. Casi todos los intelectuales franceses se vieron sometidos a la censura, tuvieron que publicar sus libros en el extranjero, se escondieron detrás de un seudónimo o vieron arder sus obras en público; muchos pasaron un tiempo en la cárcel por sus ideas o bien, como en los casos de Voltaire y Rousseau, encontraron más prudente huir del país. En sus últimos años, Voltaire llegó a comprar una casa en Ferney, situada en la frontera francosuiza, que, en caso de necesidad, le habría permitido cruzarla y refugiarse en Ginebra a la primera señal de peligro. D'Alembert –al que Hume, además de dejarle en su testamento doscientas libras (una suma nada desdeñable para la época), calificaba de «modelo de carácter *virtuoso* y *filosófico*»– nunca se retractó, se quedó en París hasta el final y su irreligiosidad fue recompensada con el entierro en una sepultura anónima[73].

Aunque Hume continuara teniendo sus dudas al salir del comedor de Holbach y nunca se declarara «ateo», resulta difícil considerarle otra cosa. Como, según parece, confesó a James Boswell poco antes de morir, no había «tenido ninguna fe en la religión», desde que, siendo joven, empezó a leer a Locke y al racionalista cristiano Samuel Clarke, de quien se decía que nadie había dudado de la existencia de Dios hasta que oyeron sus intentos de probarla[74]. Boswell, curioso e indiscreto, visitó a Hume en su lecho de muerte, convencido de que al final, aunque solo fuera por miedo, caería en los brazos de la deidad imaginaria. «Tenía que satisfacer mi enorme curiosidad –escribió– por saber si persistiría en su falta de fe en un futuro estado cuando viera la muerte de cara». Salió defraudado: «Por lo que dijo y por su manera de decirlo me convencí de que continuaba en sus trece».

Algunos historiadores sostienen que, Hume aparte, al menos en lo relativo a la fe y la práctica religiosa hubo una enorme diferencia entre Gran Bretaña y la mayor parte de la Europa continental. Se dice que los ingleses, pese a haber provisto a la Ilustración de sus precursores más radicales – Bacon, Locke, Hobbes y Newton–, miraron con bastante precaución las revueltas intelectuales de la centuria siguiente y que, en general, se mostraron menos deseosos de abandonar sus creencias religiosas[75]. Una cosa es que Edmund Burke exagerara –como en casi todas sus afirmaciones relativas a la religión– al decir que, al contrario que en la Francia revolucionaria, «el noventa y nueve por ciento de los ingleses» preferiría «el moho de la superstición, con el que la acumulada absurdez de la raza humana se ha revestido a lo largo de los siglos» a cualquier forma de «impiedad», y otra que mintiera por completo[76]. El anglicanismo, menos corrompido por la superstición que el catolicismo, al menos para la opinión de sus fieles, resulta una fe moderada y tolerante cuando se la compara con sus competidoras cristianas; además, al contrario que el catolicismo y el calvinismo en casi todo el continente europeo, nunca representó una amenaza para la libertad de conciencia y de pensamiento. A Hume le preocupaba sinceramente –y así se lo dijo a Edward Gibbon– que «el predominio de la superstición en Inglaterra» produjera «el fracaso de la filosofía y la decadencia del gusto»[77], pero los teólogos escoceses que consiguieron arrebatarle una cátedra de filosofía moral en la Universidad de Edimburgo no pudieron meterlo entre rejas.

De 1726 a 1728 Voltaire pasó dos años prácticamente exiliado en Inglaterra, a raíz de un conflicto con el Chevalier de Rohan-Chabot y de una chapuza típica de la justicia del *ancien régime*. (Este hecho inspiró a Ezra Pound su maliciosa afirmación de que Samuel Johnson había sido el hombre más inteligente de la Inglaterra del siglo XVIII, salvo durante «los dos años que Voltaire vivió allí»). En ese tiempo escribió una serie de reflexiones sobre la vida inglesa en forma de cartas, que se publicarían primero en inglés en 1733 con el título de *Philosophical Letters,* en las que concluyó que Inglaterra era «el país de las sectas», por lo que a día de hoy: «Un inglés, en su condición de hombre libre, puede ir al Cielo por el camino que más le guste»[78]. El anglicanismo y el presbiteranismo –«que no es más que puro calvinismo, tal como está establecido en Francia y existe ahora en Ginebra»– eran las sectas dominantes. «Pese a todo, se acepta a las otras y viven bien todas juntas, y eso que sus predicadores se detestan con tanta cordialidad como los jansenistas y los jesuitas». Era también el país en el que el comercio había triunfado sobre el fanatismo, y el mejor lugar para comprobar que la doma del conflicto religioso era la Bolsa. «Entrad a la Bolsa de Londres», escribió,

un sitio más respetable que muchos tribunales, y veréis que se han juntado los representantes de todas las naciones para el provecho de la humanidad. Allí, el judío, el mahometano y el cristiano se tratan como si profesaran la misma religión, y reservan la palabra «infiel» para los que están en bancarrota. Allí, el presbiteriano confía en el anabaptista y el anglicano acepta las promesas del cuáquero. Al salir de estas libres y pacíficas asambleas, unos se van a la sinagoga y otros a beber; unos se van a bautizar en una pila enorme en el nombre del Padre, del Hijo y del Espíritu Santo; otros van a que le corten a su hijo el prepucio y musiten sobre él unas palabras en hebreo que el niño no entiende, en tanto que un tercero, con el sombrero en la cabeza, se dirige a su templo en busca de inspiración divina. Y todos tan contentos[79].

Esta enorme tolerancia, la presencia de una discordancia de sectas competentes, permitía un cristianismo menos amenazador, intelectualmente hablando, que el del otro lado del Canal de la Mancha. En Gran Bretaña, y también en otras partes de Europa, uno se podía declarar «ilustrado» y al mismo tiempo leal, aunque a veces con una lealtad algo heterodoxa, a una de las versiones del cristianismo. El historiador Edward Gibbon, después de una breve conversión al catolicismo, fue un firme anglicano durante la mayor parte de su vida; y otro tanto puede decirse probablemente de John Millar, uno de los seguidores de Adam Smith. También lo fue lord Kames y el excéntrico James Burnett, lord Monboddo, que creía en la existencia de sociedades humana sin lenguaje y estaba convencido de que en algún lugar del mundo tenía que haber hombres con rabo. Al propio Hume le faltaba la vehemencia de su amigo parisiense, que, a su parecer, algunas veces predicaba «los principios del ateísmo con la santurronería de los dogmáticos». Es improbable, no obstante, que entre la élite británica hubiera más devotos auténticos que en América u otras partes de Europa. «La religión cristiana está prácticamente extinguida en toda Inglaterra», decía Diderot en octubre de 1765 a la que fue alguna vez su amante y correspondiente durante toda la vida, Sophie Volland (haciéndose eco, eso sí, del parecer no muy objetivo de Holbach, que había vivido en Londres)[80]. Aunque se refiriera solo a la élite culta e ilustrada, era demasiado optimista; ahora bien, si como él admitía, pocos eran los ingleses realmente ateos y esos «se mantenían ocultos», los deístas «son legión». Por otra parte, en la actitud de los británicos hacia la religión había mucho de lo que Adam Smith llamaba «prudencia». Un hombre prudente, escribió Smith, aunque «siempre sincero», no siempre «es franco y abierto, y si bien nunca dice nada que no sea verdad, no siempre, cuando se le pregunta debidamente, se ve obligado a decir toda la verdad». Condorcet, de quien se cuenta que en cierta ocasión subrayó: «En cuanto a la religión, advierto que no hablamos de eso», estaría de acuerdo con él.

El hombre prudente es también un hipócrita mediocre o el perfecto caballero inglés –va en gustos– y, al menos según Smith, preferible a otros:

> con los más espléndidos talentos y virtudes, que en todas las épocas, desde Sócrates y Arístipo hasta el doctor [Jonathan] Swift y Voltaire, desde Filipo [de Macedonia] y Alejandro el Grande hasta el gran zar Pedro de Moscovia, se han distinguido por su mal educado e incluso insolente desdén del decoro normal de la vida y la conversación[81].

Pero esa precaución moderada se ejercía con mayor facilidad en Londres y en Edimburgo que en la Europa católica o en la Ginebra calvinista, con la mirada siempre vigilante de la policía del pensamiento clavada en uno, lo que no quita que en Gran Bretaña la mayor parte de los ilustrados viviera bajo una sospecha constante. A pesar de su prudencia, a Smith se le acusó de decir que Voltaire había hecho «más por la humanidad que esos graves filósofos cuyos libros solo han leído unos pocos», de «no ser cristiano» (esto es probable) y, por ende, para todos aquellos que consideraban inseparables el ateísmo y el radicalismo político, de «sostener unos principios políticos cercanos al republicanismo». Bastante más improbable resulta la acusación de que había hablado de Rousseau «con una especie de respeto religioso»[82].

En conjunto, no obstante, a los cristianos devotos –es decir, aquellos que no se limitaban a guardar las apariencias por mera educación– se les miraba con sentimientos que iban desde el ligero menosprecio hasta la abierta hostilidad. En cierta ocasión, refiriéndose a Samuel Johnson, cascarrabias, obeso y archiconservador, de quien opinaba que carecía del «decoro común de la vida y la conversación», Smith contaba: «Yo he visto a ese hombre, estando en variada compañía, levantarse y caer sin previo aviso de rodillas detrás de una silla, rezar el Padrenuestro y volver de nuevo a la mesa... Eso no es hipocresía, es locura»[83].

Pero, como la mayoría de los pensadores ilustrados, lo que más temía Smith de la religión era el daño real que podían causar las pretensiones de una inspiración privada y personal. A esto se llamó en el siglo XVIII «entusiasmo», aunque naturalmente el significado del término tiene muchos matices. Es lo que Johnson definió en su famoso *Diccionario* de este modo: «Una vana creencia en la revelación personal, una vana confianza en el favor divino o en la comunicación con Dios»[84]. Se trataba, según Hume, de una especie de histeria por la que el «enloquecido fanático, ciegamente y sin reservas, se entrega a un supuesto trance y a la recepción de una inspiración que le llega de lo alto»[85]. Según Shaftesbury, los mártires cristianos, tan detestados por Montaigne, fueron gentes de ese tipo. Resultó, escribía, «una desgracia más para la humanidad en general que para los cristianos en particular el hecho de que algunos de los primeros emperadores romanos fueran auténticos monstruos tiránicos» que llevaron a cabo una feroz y sangrienta guerra de desgaste «no solo contra los hombres religiosos, sino contra cualquier sospechoso de valor o virtud». La abnegación alegre y enaltecedora de sí mismos con que lo recibieron sus víctimas mancilló la reputación de un credo que, de otro modo, habría sido respetuoso y políticamente sumiso. Por fortuna, aquellos tiempos pasaron, de suerte que ahora «un buen cristiano... que estuviera en Constantinopla o en otra parte bajo la protección de los turcos, no encontraría apropiado o decente causar la menor molestia durante las ceremonias de sus mezquitas». De igual modo, ningún «buen protestante» vería otra cosa que una manifestación de «grosero entusiasmo» en que «por odio a la idolatría romana» se interrumpiera al cura durante misa mayor «con gritos u ofensas a sus reliquias y sus imágenes».

Probablemente los buenos cristianos no se abandonaban a tales comportamientos, pero hubo muchos no tan buenos que sí lo hicieron. La capacidad para empujar a los fieles a la comisión de los crímenes más atroces en su nombre convertía la religión en un asunto no solo disparatado, innecesario y decepcionante, sino también, como habían demostrado con toda claridad varios siglos de luchas intestinas, altamente destructivo. Shaftesbury veía en el estigma del «entusiasmo», unido a la «superstición», la fuente de lo que él identificaba como «pánico», de Pan, el dios griego que excitaba la imaginación y los miedos sin fundamento de sus enemigos. El pánico «se apodera de la multitud y se contagia por el aspecto o, digámoslo así, por el contacto o la simpatía». Pánico era el entusiasmo reforzado por la aparente inclinación de todos los creyentes a sostener que sus ideas acerca de la voluntad del Todopoderoso son las únicas verdaderas, mientras que las otras, además de falsas, son tan peligrosas que se hacen acreedoras de todos los horrores que las iglesias organizadas de este mundo han infligido a sus críticos. Esto, que Shaftesbury denominó el «tratamiento melancólico de la religión… lo que, según mi entender, la convierte en un hecho tan trágico, y es la ocasión de que haya producido con sus actos tan terribles tragedias en el mundo». Para Shaftesbury no hay arma más eficaz contra el fanatismo que «la amabilidad y las buenas formas». Se trataba de un arma mucho más poderosa que «los ataques solemnes». Por tal razón, si queremos librar al mundo del entusiasmo religioso «nunca sobrará el humor para tratar la religión, ni la libertad y la familiaridad para examinarla»[86]. Puede que Shaftesbury fuera demasiado optimista al confiar en que un buen grado de educación y de ironía pacífica acabaría con casi todo el fanatismo religioso. Más allá de las reuniones de los liberales ingleses y de los salones de París, gran parte de Europa, no digamos del resto del mundo, continuaba desgarrada en el siglo XVIII por los mismos odios religiosos de siempre.

Al otro lado del océano, en los nacientes Estados Unidos, la religión era más influyente y tenía mayor importancia social que en Europa… y así continúa. Como había visto Alexis de Tocqueville, en una sociedad verdaderamente democrática la religión representaba la contrapartida necesaria de la «libertad», un mecanismo eficaz que, al igual que en la Antigüedad, impedía que el *demos* «imaginara cualquier cosa y evitaba que se atreviera a cualquier cosa». Y era también, o eso pensaba él, una forma de proporcionar cohesión a una sociedad que, según su experiencia, estaba formada en gran parte por individuos aislados. Tocqueville se muestra debidamente respetuoso con el dogma cristiano, pero lo ve, como a las restantes religiones, un fenómeno esencialmente civil. Su contenido ideológico era inmaterial, igual que su verosimilitud; y su propósito no era otro que unir y reprimir al siempre inestable e imprevisible *demos*[87]. En cambio, muchos fundadores de los Estados Unidos no creían en la necesidad de poner semejantes límites a sus actos. Se negaban a aceptar cualquier religión cuyo dios interviniera directamente en los asuntos humanos; y menos aún una que tuviera la pretensión de que todo conocimiento humano posible se encuentra en determinados textos y que estuviera dirigida por un clero. Thomas Jefferson consideraba a Jesucristo un Sócrates moderno, un «reformador» judío, un «maestro artesano», pero también un personaje «cuyos discípulos, movidos por un interés personal, han desfigurado y complicado sus hechos y sus preceptos hasta el punto de conseguir que una parte de la humanidad se aparte de ellos con disgusto»[88]. Incluso John Adams, en otros aspectos un puritano devoto, creía que la argumentación de la divinidad de Jesucristo era una «espantosa blasfemia» en el «Siglo de las Luces» en el que él vivía[89.]

Quizá sea cierto que en el siglo XVIII no había muchas personas cultas que se declararan «ateas» –los invitados de Holbach eran evidentemente una excepción–, pero no lo es menos que si adjudicaban a la religión algún papel en la vida humana este tenía que limitarse a la esfera privada. Todas las religiones, aunque igualmente insanas, debían tolerarse en la medida en que los fieles las guardaran para su intimidad y sus ideas carecieran de consecuencias sociales o políticas. «No me ofende que un semejante defienda que existen veinte dioses o ninguno –escribía Jefferson en sus *Notas sobre el Estado de Virginia*–, porque eso ni me agujerea los bolsillos ni me rompe una pierna». Jefferson no era ateo, ni siquiera un «infiel afrancesado», como se le acusó más de una vez. Su idea era que la fe no desempeñaba ningún cometido en la constitución del Estado y que «los poderes legítimos del gobierno solo intervendrán en tales actos (religiosos) cuando resulten lesivos para otros». El cristianismo había sobrevivido porque los romanos practicaban una política de «libertad de pensamiento», la misma que había hecho posible la Reforma y que había «purgado la Iglesia de sus corrupciones». Si los nuevos Estados Unidos no lograban seguir esa política, «protegerán las corrupciones actuales y fomentarán las futuras»[90].

6

Naturalmente, no todos pensaban igual. Una religión privada puede resultar un imposible. Antes o después, la mayor parte de las creencias religiosas se convertirán en un problema público. ¿Es que un cristiano o un musulmán (incluso un judío) aceptarían de brazos cruzados no solo el rechazo de su forma de entender el funcionamiento del cosmos o la vida de los seres humanos, sino también la negación de las premisas que sostienen esas ideas? ¿No aprovecharía cualquier medio y oportunidad, como de hecho ha ocurrido en otras épocas, para imponer su credo a los escépticos y, si tiene poder, para obligarlos a asumir su visión de la humanidad? La Mettrie es una de las figuras que no dudaría un instante en responder con un sonoro «sí» a estas preguntas. Hay que decir que La

Mettrie no aportó buena fama al ateísmo. La suya era de glotón y vividor. Se dice que en cierta ocasión afirmó, bromeando solo a medias, que «somos lo que comemos». Fue un enorme adulador de Federico el Grande de Prusia –él mismo autor de un «Poema sobre la inexistencia de Dios» bastante acartonado–, y se rumoreaba que había muerto –prácticamente, explotado– a la mesa del embajador francés en Berlín por culpa de un atracón de *pâté de faisan aux truffes*[91]. Era, según Federico, que pronunció el discurso de su entierro, «un buen demonio, un buen médico y un autor muy malo». Pero no solo le detestaban los creyentes. «Disoluto, impudente, bufón y adulador –decía de él Diderot–, había nacido para la vida cortesana y los favores de los grandes. Murió como merecía, víctima de su insensatez y su intemperancia; se mató por no poner en práctica las ideas que profesaba»[92]. Entre esas ideas estaban los mandamientos: «Seremos todo cuerpo sin alma. No reprimiremos lo que nos determina. No daremos órdenes a nuestras sensaciones. Reconoceremos su dominio y nuestra esclavitud, convencidos como estamos de que la felicidad de la vida depende de ellas»[93]. La Mettrie fue un materialista –con la posible excepción de Holbach, el materialista más brillante del siglo XVIII– empeñado en demostrar, basándose en los conocimientos adquiridos como médico en el trato directo con «las entrañas del hombre y de los animales», que entre el uno y los otros no había ninguna diferencia importante. La *Historia natural del alma,* publicada en 1745, planteaba, como ya había hecho Spinoza, aunque con menos precisión y en un lenguaje tomado de la medicina de la época, que el «alma» es inseparable del material del cuerpo. El título era en sí mismo ya bastante provocador, puesto que el alma (aunque el francés *âme* se traduce también por «espíritu» o «mente»), inmortal para los cristianos, no podía tener historia. Inmediatamente se condenó el libro a la hoguera pública y La Mettrie huyó a Holanda. Hoy en día se le recuerda –cuando se le recuerda– por un breve tratado titulado *El hombre máquina,* que publicó dos años más tarde. El título alude a la famosa distinción que hizo Descartes entre humanos –poseedores de un alma, si no inmortal, al menos racional– y el resto de los animales, no otra cosa que máquinas animadas. Para La Mettrie, en cambio, los seres humanos no son menos mecánicos que los supuestos «animales inferiores», y lo único que los distingue de los brutos es un mayor grado de competencia adquirido a través de los tiempos. El evolucionismo de La Mettrie no era enteramente nuevo, pero sí más contundente, explícito, osado y profundamente escandalizador. Igual que sus ataques contra la teología y los teólogos.

Pero lo verdaderamente peligroso del libro está en su forma de llevar hasta las últimas consecuencias el argumento de Bayle. Como hemos visto, Bayle sostenía que una sociedad de ateos puede ser absolutamente virtuosa; La Mettrie sostenía que *solo* una sociedad de ateos, sin mancha alguna de religión, puede ser virtuosa y, en consecuencia, feliz. Igual que Mandeville, da por sentado que la «virtud» es una forma elaborada de hipocresía, potencialmente dañina y «ajena a la naturaleza de nuestro ser», un mecanismo para mantener la cohesión social. Estaba dispuesto a aceptar que algunas personas encontraran placer en la virtud, aunque solo porque de ese modo halagaban su vanidad, y no veía una diferencia significativa entre estas y los que disfrutaban con el hecho de ser convencionalmente malvados[94]. «En un siglo ilustrado como el nuestro –declaraba enfáticamente– se ha demostrado por fin... que existe solo una vida y solo una felicidad», y que ambas cosas están aquí, en la tierra. Únicamente un mundo del que se hayan eliminado por completo el «sagrado veneno» de la religión y la hipocresía de la virtud puede aspirar a la felicidad. Solo entonces dejara de haber «soldados de la religión» y guerras teológicas como las que habían desgarrado Europa en el siglo anterior.

Para los nuevos «científicos de lo humano» la cuestión última estaba en si era posible conocer a Dios, el cristiano u otro cualquiera, y si a través de ese conocimiento se podía llegar a entender el principal objeto de estudio: el género humano. En este punto la respuesta universal era «no». Toda idea de una deidad, pública o privada, resultaba incompatible con la verdadera ciencia, tal como la entendemos hoy y tal como se entendía en el siglo XVIII. Como argumentaba D'Alembert, el hecho de que no podamos probar la existencia de Julio César mediante la geometría no quiere decir que Julio César no existiera. En cambio, quiere decir que las características atribuidas a un dios cualquiera –al contrario de las que se atribuían a César– no tienen lugar alguno cuando se trata de comprender las operaciones del mundo natural o humano[95].

7

La mayor parte de los ataques contra la religión en general, y contra el cristianismo en particular, fueron ridiculizaciones de sus relatos fundacionales o condenas de los hábitos que habían implantado con efectos muchas veces letales; pero pocos se refirieron seriamente a los defectos de los dogmas que las sustentaban. Uno de ellos fue David Hume. Hume declaraba que el ateo «lo es solo de nombre, pues no parece posible que lo sea de veras» (tal vez lo decía para protegerse de sus críticos clericales), e incluso aludía con frecuencia a la «verdadera religión», lo cual no parece que significara mucho más que la práctica de la virtud, la justicia y la humanidad, cosas todas que podrían atribuirse a ciertas partes del magisterio de Jesucristo, pero también al de Sócrates o al de Confucio[96]. En muchos aspectos, sin embargo, sus ataques contra la religión (y escribió más sobre religión que sobre cualquier otro tema, si se exceptúa la historia) son los más fundados y, en consecuencia, los más dañinos de todo el siglo[97]. Por otro lado, era absolutamente consciente de la importancia que tenía demostrar la falsedad de las creencias religiosas convencionales para su proyecto filosófico. Según cuenta Adam Smith, en su lecho de muerte Hume bromeaba imaginando qué excusa poner a Caronte para que le dejara unos cuantos días más en este mundo. Puesto que no consiguió convencer al barquero de la Estigia de su necesidad de más tiempo para revisar sus obras y dárselas al público, acabó rogándole «un poco de paciencia» porque:

«Me he propuesto abrir los ojos del público, y si me concedes unos años puede que tenga la satisfacción de presenciar la caída de algunos sistemas supersticiosos». Entonces Caronte perdió los nervios y la compostura. «Oye, pedazo de holgazán, eso no pasará ni en cientos de años. ¿Piensas que voy a concederte una prórroga tan larga? Entra ahora mismo en la barca, pedazo de vago»[98].

Pero el objetivo de Hume, al contrario que en los casos de Voltaire y Diderot, no eran las pretensiones de la Iglesia en materia de fe. Ya desde santo Tomás de Aquino, los teólogos católicos afirmaban que la Revelación no era la única garantía de la existencia de un Ser Supremo, porque la verdad de los hechos revelados concordaba con el razonamiento natural, hasta el extremo de que no hacía falta ser cristiano, sino un ser suficientemente racional para comprender de un modo «natural» el mensaje de los Evangelios. Naturalmente, estas personas no podían conocer los beneficios derivados de la pasión de Cristo, ni disfrutarlos, pero en otros aspectos eran, por así decirlo, cristianos honorarios. A veces se les llamó «paganos virtuosos», entre los cuales cabe citar a Sócrates, Aristóteles, Virgilio, Cicerón y Séneca. Por esa razón, en la *Divina comedia,* Dante (que era un tomista entusiasta) los metió en el Limbo, y no en el Infierno, junto a otras muchas figuras más modernas, tales como los dos grandes científicos y filósofos musulmanes Averroes e Ibn Sînâ, o Avicena, como se le llamaba en Occidente. Marsilio Ficino, el humanista italiano del siglo xv, llegó a hablar de «san Sócrates» y escribió algo muy parecido a una parodia del Padrenuestro: *Sancta Socrates ora pro nobis* («San Sócrates, ruega por nosotros»). Una frase que repetirá después Erasmo.

Durante los siglos xvii y xviii, a medida que arreciaban los ataques contra la religión, iba apareciendo un cúmulo de obras con títulos tales como *Las obligaciones de la religión natural y las verdades y certezas de la religión cristiana* o los *Principios filosóficos de la religión natural;* todas ellas encaminadas a defender la idea de que no existía un conflicto básico entre la religión y el entendimiento racional y empírico del mundo; dicho de otro modo, ningún conflicto entre la religión y la ciencia.

Tal era la principal preocupación de David Hume. En general, Voltaire, Diderot e incluso Holbach y Condorcet se habían limitado a mofarse. Hume se mofaba, sí, pero también empleaba unos argumentos de tal efecto que, al menos según su parecer, estaban destinados a ser «el freno definitivo a toda forma de engaño supersticioso; útiles, en consecuencia, mientras dure el mundo»[99]. Su primer ataque fue contra el hecho de que la religión cristiana, por mucho que defendiera la racionalidad de su concepto de Dios, no solo sostuviera la verdad de una serie de milagros realizados por Jesús –la resurrección de Lázaro, la multiplicación de los panes y los peces, el vino de las bodas de Caná, etc.–, sino también que ella misma se fundara en uno: la resurrección del propio Jesucristo. En todo esto no cabía racionalidad alguna, y, por otra parte, quien no aceptara la resurrección como un hecho histórico no podía considerarse cristiano.

La batalla de Hume contra los principios básicos del cristianismo comenzó cuando él tenía poco más de veinte años, en el pueblecito de La Flèche, en Anjou, a donde había viajado, según sus palabras, «para mantener intacta mi independencia y mirar con desdén todos los temas, con la excepción de la actividad de mis capacidades literarias». Allí estuvo casi tres años. Para un hombre que era ya profundamente escéptico y que llegaría a ser tal vez el incrédulo más conocido del siglo, la elección de La Flèche no deja de ser curiosa, pues si algo distingue a ese villorrio de otros del valle del Loira es su colegio de jesuitas, el Collège Royal Henry-Le-Grand, donde un siglo antes estudiaron Descartes –que lo describió como «el colegio más famoso de Europa»– y el filósofo y fraile menor Marin Mersenne. Allí, a la sombra del castillo que dominaba «una enorme extensión de campos y edificios», Hume leyó varios autores franceses, entre otros continentales, especialmente el filósofo oratoriano Nicholas Malebranche, que había intentado conciliar el racionalismo cartesiano con el cristianismo agustiniano, el historiador Jean-Baptiste Dubos y Pierre Bayle. Más tarde recordaría su discusión –sin la menor duda en un francés fluido, aunque con fuerte acento– con un jesuita «sobre el estudio de algunos aspectos... de un absurdo milagro ocurrido en su convento». El argumento que Hume empleó para «desconcertar» a su oponente fue el mismo que más tarde incluiría en el capítulo X, «De los milagros», de su *Investigación sobre el entendimiento humano* (1748). El jesuita observó que el argumento de Hume valía también contra los propios Evangelios, creyendo, al parecer, que bastaba con aquello para refutarlo. A lo que Hume, lacónicamente, respondió: «Me pareció apropiado admitirlo como prueba suficiente»[100].

El argumento es como sigue. La razón actúa siempre a partir de la experiencia. No obstante, existen dos tipos de experiencia: la segura, en el sentido de que no se le conocen excepciones –por ejemplo, que todo lo que vive ha de morir–, y la meramente probable, por ejemplo, que en el hemisferio norte el mes de junio es más cálido que diciembre. Ambos casos son inferencias de una experiencia anterior. Un junio frío cabe perfectamente en mi experiencia, y también en los registros meteorológicos; especialmente si vivo en Escocia. Pero que un muerto resucite chocará con todas mis experiencias, del tipo que sean, «porque eso no se ha conocido jamás en ninguna época ni en un ningún país»[101]. Ahora bien, los milagros, dado que son en sí mismos transgresiones de la «ley natural por voluntad concreta de la divinidad», solo pueden conocerse de oídas, y lo que solo se conoce de oídas no es en absoluto fiable. Después de asegurar a sus lectores que su meta no es el cristianismo, sino «los peligrosos amigos o los enemigos encubiertos de la religión cristiana, que pretenden defenderla mediante los principios de la razón humana», en un pasaje lleno de invectivas apenas veladas, Hume se lanza a hacer esta descripción del Antiguo Testamento:

Así pues, aquí hemos de empezar a considerar un libro que nos presentan unas gentes bárbaras e ignorantes, escrito en una época en la que eran aún más bárbaras y, con toda probabilidad, mucho después de los hechos que se relatan, que no están corroborados por ningún testimonio concurrente y que se parecen a las narraciones fabulosas que todas las naciones ofrecen de sus orígenes. Al leer este libro, lo encontramos lleno de prodigios y de milagros. Se nos ofrece un relato del estado del mundo y de la naturaleza humana enteramente distinto al presente: de la pérdida de aquel estado del hombre que se extiende a casi mil años; de la destrucción del mundo por un diluvio; de la arbitraria elección de un pueblo como favorito de los Cielos; [siendo] estas gentes compatriotas del autor; de su liberación de la esclavitud mediante los prodigios más asombrosos que cabe imaginar.

«Invito a que cualquiera –concluía–, con la mano en el corazón y después de una consideración seria, declare si no cree que la falsedad de este libro, apoyada en semejante testimonio, es más extraordinaria y milagrosa que los milagros que cuenta».

Resultaba evidente que, frente a un testimonio tan trillado, todo intento de argumentar con racionalidad en defensa del cristianismo basándose en los milagros solo podía ser circular. La única prueba de la verdad de la Revelación, contra toda experiencia cierta o probable, es la Revelación misma. Y puesto que eso se encuentra en un libro plagado de cosas absurdas y escrito en una remota Edad del Hierro por gentes ellas mismas beneficiarias de lo que allí se dice, su veracidad, concluye Hume con ironía, solo podrá aceptarla aquel que «sea consciente de un milagro continuado en su propia persona que subvierta todos los principios de su entendimiento»[102]. El mismo argumento valía para las profecías que, al parecer de Hume, no eran otra cosa que una variante de los milagros. Todo esto demostraba de un modo concluyente que «la verdad de la religión cristiana... es contraria a las leyes del juicio recto». El suyo, pensaba, era un argumento «decisivo» contra todos los milagros y debería «silenciar al menos las formas más arrogantes de beatería y superstición»[103].

Después de descartar toda argumentación posible en favor de la intervención divina, quedaba pendiente la cuestión bastante más peliaguda, por más comprometida, del argumento del designio divino. Este, que Hume denominaba «el principal o único argumento en favor de la existencia de un dios», se basa en el hecho de que la complejidad y la coherencia del mundo natural son tales que «nos parece extravagante atribuir su causa al azar o a la fuerza ciega y sin dirección de la naturaleza»[104]. Por tanto, solo podría ser la creación de un ser inteligente. En tiempos de Hume se consideraba un argumento sólido precisamente porque parecía racional y porque en principio, aparte de una inteligencia suprema, no había por qué atribuir ninguna propiedad especial a la deidad. Al no depender de las Escrituras, satisfacía por igual las necesidades de los cristianos y las de los ateos, como ocurre hoy en algunos lugares, según una versión atenuada que se conoce por «designio inteligente». Para dar al traste con la idea, Diderot insertó en su *Carta sobre los ciegos* de 1749 un diálogo ficticio acerca de la existencia de Dios entre Nicholas Saunderson, profesor de la cátedra lucasiana de matemáticas de la Universidad de Cambridge desde 1711 hasta su muerte en 1739, que había perdido la vista a causa de la viruela cuando tenía un año, y un «ministro muy competente», el reverendo Gervaise Holmes. Con su habitual talento de ventrílocuo, Diderot afirma que de aquel encuentro sobrevivieron solo «unos cuantos fragmentos», que él se había limitado a «traducir de la mejor manera posible». Holmes comienza alabando las maravillas de la naturaleza como prueba de la existencia de Dios. Naturalmente, Saunderson no había visto ninguna de ellas. «Si queréis que crea en Dios –responde al ministro–, tendréis que conseguir que le palpe». Holmes le responde que basta con que se palpe él mismo para ver «a la divinidad en el admirable mecanismo de vuestros órganos». A esto replica Saunderson que esos órganos «no son tan maravillosos para mí como para vos». En todo caso, no alcanza a comprender que un «animal mecánico», por muy hermoso que sea, constituya la prueba de la existencia de una «inteligencia soberana» capaz de regir el mundo. Siempre que nos enfrentamos a lo que no entendemos, nos conformamos con decir: «Es obra de Dios». Halaga nuestro ego, porque hace de nuestra ignorancia un asunto universal. Para Saunderson, lo que necesitan los humanos es «un poco menos de arrogancia y un poco más de filosofía». Dios es, en efecto, un retroceso infinito. «Cuando nos topemos con un nudo que no sabemos deshacer –dice Saunderson–, aceptemos lo que es, en vez de recurrir para deshacerlo a otro ser cuya existencia nos presenta otro nudo aún más difícil de deshacer que el primero». Preguntad a un indio por qué el mundo está suspendido en el aire, y os dirá que descansa sobre el lomo de un elefante y que el elefante, a su vez, descansa sobre una tortuga. «Pero, entonces, ¿dónde se apoya la tortuga?.. Este indio os dará lástima, pero a vos podríamos deciros como a él: señor Holmes, amigo mío, confesad vuestra ignorancia y tened la amabilidad de no imponerme vuestro elefante y vuestra tortuga»[105]. Más que otros aspectos de la *Carta,* fue este diálogo lo que mandó a Diderot a la prisión del castillo de Vincennes. (Tres meses más tarde fue liberado gracias a la intervención de madame de Châtelet).

Hume desinfló el argumento del designio de un modo parecido al de Saunderson, aunque sin expresarlo con tanta concisión. Como Saunderson, demostró que se trata, en efecto, de un argumento circular. Cuando abandonamos la idea de que Dios se ha dirigido a la humanidad a través de textos sagrados y de milagros, nos queda solo lo que vemos en el mundo natural. Si entonces suponemos –como los cristianos y los deístas– que basta con examinarlo para hallar las pruebas de que Dios existe, y dado que no hay lugar alguno *fuera de* la naturaleza desde el que podamos contemplar esa existencia, lo que en realidad hacemos es atribuir a un Dios todo aquello que vemos en el mundo[106]. Semejante deidad es lo que Hume, siguiendo a Holbach, llama un «antropomorfita». En otra de sus grandes disecciones de la fe religiosa, los *Diálogos sobre la religión natural* de 1751, Hume pone en boca del escéptico Filón: «Nos vemos obligados a inferir por las reglas de la analogía... que el Autor de la naturaleza es en algo semejante a la inteligencia humana, aunque posee facultades mucho mayores, en proporción a la grandeza de la obra que ha ejecutado»[107]. A partir de ahí, el creyente, del tipo que sea, inferirá que Dios es una versión más grandiosa, más poderosa y más inteligente de él mismo; dicho de otro modo, no es el hombre quien está creado a imagen y semejanza de Dios, sino los dioses los que siempre se crean a imagen y semejanza del hombre.

«La concepción de una Mente universal con entendimiento y poder —escribía Hutcheson— es, en efecto, un agradable objeto de contemplación». No obstante, alertaba: «Nos formamos una idea de todas las inteligencias naturales con un parecido o analogía con nosotros mismos»[108]; o, como decía Montesquieu, hablando por boca de un imaginario viajero persa, de nombre Rica: «Cuando veo a los hombres arrastrarse por un átomo como la tierra, que no es más que un punto en el universo, y acto seguido ponerse como modelos de la Providencia, me siento incapaz de reconciliar tanta extravagancia con tanta pequeñez». De donde su famosa observación: «Si los triángulos tuvieran un dios, le atribuirían tres lados»[109].

Más aún, si aceptamos la existencia de este arquitecto original, lo que Hume llama «principio inteligente», como causa final de la naturaleza, tendremos que explicar la existencia del arquitecto mismo, etc. «Por idéntica razón, ¿no cabe retrotraer —pregunta Filón— ese mundo ideal [del Autor de la naturaleza] a otro mundo ideal o a un nuevo principio inteligente? Pero si nos detenemos y no avanzamos más, ¿para qué llegar tan lejos? ¿Por qué no detenernos en el mundo material? ¿Cómo encontrar satisfacción sin necesidad de continuar *ad infinitum*? Al fin y al cabo, ¿qué satisfacción se extrae de una regresión infinita?»[110]. Si ignoramos este mecanismo y continuamos con la infinita regresión, dado que nosotros no somos seres infinitos, inevitablemente acabaremos llevándonos las manos a la cabeza por desesperación o acogiéndonos, no a una explicación racional del universo, sino a la fe, como en definitiva hacen los cristianos: no preguntes, limítate a creer. Aunque fuera verdad que «existen en el universo pocas cosas que no sirvan a una finalidad, y cuya desaparición no produzca un defecto o desorden visible en el

3. El mundo huérfano

conjunto» –cosa que Hume no cree absolutamente cierta–, no hay un motivo evidente para que el azar no sea una explicación del posible origen de todo lo que vemos tan válida como la existencia de una fuerza creadora[111]. En fin de cuentas, pregunta Filón, «¿no es igualmente sensato decir que las distintas partes del mundo natural se ordenan por sí mismas y por su propia naturaleza?».

Queda aún otro punto. La presencia de un «principio inteligente» como causa del universo no nos conduce a nada si no podemos argumentar que ese principio, arquitecto o creador tiene una finalidad concreta. Como Hume sabía muy bien, la auténtica función del argumento del designio no era tanto demostrar la existencia del orden del mundo como que ese orden solo podía ser la obra de un creador benéfico. Es decir, de un ser con una intención, lo cual no resultaba más convincente que la teodicea de Leibniz. Porque la suposición de que el creador fue de algún modo benéfico o tuvo en su mente algo parecido a la moral cuando creó el universo resultaba tan directamente contraria a nuestra experiencia de la creación de ese supuesto creador como los milagros o los mandatos divinos. Otro tanto puede aplicarse a la indemostrable pretensión de que los humanos, al contrario que otros animales, poseen un alma inmortal, cuando en realidad la conciencia está limitada a nuestra breve existencia en este mundo.

«¿Qué crueldad, qué iniquidad, qué injusticia absoluta sería –pregunta Filón– confinar todos nuestros intereses y todo nuestro entendimiento a la vida presente, si nos esperara otro escenario de consecuencias infinitamente mayores? ¿Puede atribuirse este engaño cruel a un Ser lleno de sabiduría y bondad?». No, se responde. De hecho, no es otra cosa que un artificio inventado por aquellos cuyo verdadero propósito «no es otro que ganarse la vida y acumular poder y riquezas en este mundo»[112].

Al final, protesta Filón, la experiencia de la vida, como quiera que la examinemos, solo puede conducirnos a una melancólica conclusión: «El conjunto no presenta sino una naturaleza ciega, impregnada de un gran principio vivificador, que deja caer de su regazo, sin discernimiento ni cuidado parental, a sus lisiados y abortados hijos».

Esto llevó a Hume al argumento aún más controvertido de la relación de la religión con la moral. Para Hume, la vida moral, la necesaria voluntad de responder a «las inclinaciones y los sentimientos», los deseos y las demandas de los demás, es el resultado natural de la «simpatía» que todos los seres humanos experimentan por la simple virtud de su humanidad. La «simpatía», lo hemos visto, es una pasión; es el impulso de comunicarse y de «recibir mediante la comunicación... las inclinaciones y los sentimientos ajenos... por muy distintos y hasta contrarios que sean a los nuestros»[113]. Dado que todos los seres humanos comparten una naturaleza común, sienten el placer y el dolor del mismo modo, y «nunca percibimos una pasión o un principio en los demás cuyo paralelismo no hallemos en alguna medida en nosotros mismos»[114]. Resulta, pues, evidente que todas las leyes morales, y en particular todas las leyes del Estado, que sirven para reforzarlas, deriven de un común entendimiento de aquello que fomenta la felicidad en general y sirve para evitar el dolor. Las leyes morales, al parecer de Hume, son *producto* de las sociedades humanas, no la imposición de un dios que nos ha dictado sus deseos y sus intenciones a través de unos individuos privilegiados. La imagen de la virtud, sostiene Hume, es «nuestra obligación interesada», porque la inclinación natural a elegir «la paz interior del espíritu, la conciencia de la integridad y un examen satisfactorio de nuestra conducta», junto con el deseo humano de ser querido y respetado por los que nos rodean, bastan para obligar a nuestra naturaleza más baja[115]. Estas cosas, dado que derivan en definitiva de la «simpatía», son también pasiones, y como tales pasiones constituyen la única fuente de los actos humanos. Con ellas no necesitamos temer la figura de un padre vengativo con un enorme garrote en la mano y la visión del infierno para mantenernos a raya. «Sabemos por experiencia –dice Filón– que una pizca de honradez y de bondad natural tiene más efecto en la conducta de los hombres que las ideas más ampulosas de las teorías y los sistemas teológicos».

Para Hume, al contrario que para Bayle, la religión no es sencillamente superflua, sino absolutamente nociva, por su tendencia a introducir en las relaciones humanas –basadas como están en una idea compartida de la felicidad y la desgracia– falsos conceptos de bondad y maldad, lo que Filón llama «el cultivo de una nueva y frívola especie de mérito», la invención de delitos artificiales y la «absurda distribución que hacen del elogio y la culpa»[116]. La virtud se identifica con unas horrendas prácticas de autoinmolación y autoflagelación. Hume, como Montaigne y Shaftesbury, contempla con una repugnancia mal disimulada el martirio cristiano, igual que hicieron los estoicos de Roma. Del mismo modo, el irreflexivo creyente es feliz causando dolor y sufrimiento a sus semejantes por delitos que son únicamente materia de conciencia personal. Uno de ellos, para Hume decisivo, era el suicidio. Los cristianos lo condenan porque supuestamente su Dios, dicho con las atormentadas palabras de Hamlet, «fijó su ley contra el suicidio», pero no hay nada en el hecho en sí que pueda ofender a ningún concepto racional de virtud. A pesar de su capacidad introspectiva en otras materias, Hamlet acepta la verdad de esta porque se lo dice alguien cuya autoridad se proclama superior a la razón humana. Los peligros que nos esperan en «ese país desconocido de cuyos confines ningún caminante regresa» son una ficción, otra forma de milagro, inventado para dar mayor fuerza al argumento inicial de la omnipotencia divina. Pero si aceptamos, con Hume, que la moral es solo una cuestión de utilidad para nuestros semejantes, el suicidio no puede ser un delito. Una persona que atenta contra su propia vida, «no hace ningún mal a la sociedad»; sencillamente, deja de hacer el bien, «lo cual, si ha de ser una ofensa, es de las menores». Más aún, cuando se trata de una persona que, en cierto modo, representa una carga para la sociedad, «no solo es un acto inocente, sino también loable»[117].

Al final, lo único que han hecho las religiones del mundo por los seres humanos ha sido atontarlos, corromperlos y complicarles la vida. Lejos de la paz, la moralidad y la virtud que pretenden sus seguidores, han traído conflictos, crueldad y vicios. Como concluye triunfantemente Filón, si no bastara con los argumentos racionales evidentes contra la posible existencia de Dios, no habría más que recurrir a los archivos históricos: «Siempre que en una narración histórica se menciona el espíritu religioso, estamos seguros de encontrar a renglón seguido la relación detallada de las desgracias que lo acompañan. Ninguna época puede ser más feliz y más próspera que aquella en que nunca se ha oído hablar de religión»[118].

La demoledora argumentación de Hume contra la religión está mejor argumentada, es más firme, más profunda y de consecuencias más duraderas que la de los restantes filósofos, si se exceptúa a Kant. Pero, al contrario que Kant, Hume demostró que la fe religiosa no es posible –por emplear la frase de Kant– «dentro de los límites de la razón». Hume enseñó que el creyente se ve obligado a buscar refugio en los sentimientos y en ciertas experiencias subjetivas no sometidas a ningún análisis, lo que en el siglo XVIII se vino a llamar «pietismo», la sentimentalidad «consoladora» y la histeria de masas que informa tantas versiones de la fe religiosa supervivientes hasta hoy mismo. Cuando el pensamiento abandona la religión y la arroja a lo que él llamaba la «cosa en sí», se lamentaba Hegel, queda solo un vacío, un «espacio de anhelo insatisfecho»[119].

No obstante, Hume estaba dispuesto (o eso decía él) a reconocer que «toda la organización de la Naturaleza indica la existencia de un creador inteligente», pero todo lo que tenga que ver con la adoración procede de una «entrega ciega» a la «inspiración que viene de lo alto»[120]. «La religión más sagrada –escribió– se fundamenta en la *Fe,* no en la razón; que es un método seguro de exponerla a una prueba que de ningún modo está capacitada para superar»[121]. (Si de verdad lo creía, uno siente la tentación de preguntar por qué lo hizo él). El paleontólogo americano Stephen Jay Gould defendió a finales del siglo pasado una postura semejante, a la que denominó NOMA, las siglas inglesas de «magisterios sin solapamiento». La idea es que la ciencia y la religión constituyen dos sistemas de conocimiento –o «magisterios»– totalmente distintos, que operan con procedimientos no menos diferentes[122]. Según él, es perfectamente posible ser cristiano y empirista racional al mismo tiempo. Ambas cosas son sencillamente inconmensurables. Dentro de la Iglesia católica –sin ir más lejos, el papa Benedicto XVI– y de las Iglesias protestantes se han sostenido ideas muy parecidas a esta. Pero esta posición no les habría resultado interesante a sus predecesores, dado que no depende de un argumento, sino de una aseveración, y además no explica cómo pasa una misma persona de un «magisterio» a otro. Al final, como Hume deja entrever, para aceptar esta idea hay que ser muy ignorante o muy necio... o quizá «bipolar» (aunque él desconocía el término).

Pero los hombres de iglesia del siglo XVIII no querían ni oír que se reconociera la verdad del cristianismo si a cambio había que aceptar su absoluta irracionalidad. Se negaban a que su religión quedara al margen del conocimiento de sí mismos y del mundo que los rodeaba; en resumen, a que se tratara solo de rutina y de obediencia ciega. Aquello se alejaba peligrosamente de las características de una religión auténtica, para acercarse a una mera superstición –tal como ellos la entendían–, a una «espantosa credulidad ciega», según los calificativos del propio Hume, que había empujado a la humanidad a inventar todo tipo de «ceremonias, mortificaciones y sacrificios» para aplacar a unos seres imaginarios, «agentes desconocidos», «cuyos poderes y cuyas maldades no conocen límites»[123].

No todos los ilustrados estaban de acuerdo con Hume, pero la mayoría de los que aún aspiraban a salvar los vestigios del antiguo sistema de creencias podían asumir, como el propio Hume sostenía con algún disimulo, que el único espacio que le quedaba a la religión era el de la devoción privada. Incluso los que todavía defendían la existencia de la teología, no la confundían con las ciencias humanas más de lo que la habrían confundido con la física o la astronomía.

Las ideas de Hume y de Diderot, de D'Alembert y de Voltaire, o de Helvétius, de Holbach y de Condorcet –por citar aquellos cuya influencia duró más en el tiempo–, desacreditaron efectivamente la pretensión de que las creencias religiosas aportaran fuente alguna de conocimiento. Para D'Alembert, «los estudios relacionados con la religión revelada» debían desaparecer del ámbito del conocimiento verdadero, dada su vinculación con «la astucia ignorante de los siglos bárbaros» y su «dedicación exclusiva a los objetos imaginarios, las especulaciones y las disputas». Se hallaban absolutamente fuera de las ciencias humanas «por su objetivo, por su carácter y por la propia naturaleza de las convicciones que producen en nosotros». En las «ciencias humanas» el conocimiento debe todo a la observación y nada a las creencias. La teología, por el contrario, debe todo a las creencias y a la fe, que D'Alembert define solapadamente como «una especie de sexto sentido que el Creador concede o niega a voluntad», y nada a la observación[124]. Ni siquiera la «religión natural» tiene nada que aportar al conocimiento, como no sea «advertirnos de que en sí misma resulta insuficiente»[125].

Una vez liquidados los antecedentes de la posibilidad de comprender el mundo natural y la humanidad que lo habita a través de la Revelación o de cualquier otro tipo de experiencia religiosa, quedaba por descubrir qué forma adoptaría aquella nueva ciencia puramente *humana*.

4. La ciencia del hombre

1

El nuevo estudioso de lo humano, el nuevo hombre ilustrado, entregado al conocimiento, era una figura heroica. Libre de prejuicios, de la carga acumulada por la costumbre y de la devoción servil a las falsas creencias, se había convertido en dueño intelectual de todo aquello que estudiaba. D'Alembert se lo imaginaba meditando en su estudio.

> Valora a los hombres que habitan este mundo como testigos o los juzga como actores; estudia el universo moral igual que el físico, en ausencia de prejuicios; sigue la relación de los autores pasados con la misma circunspección que los fenómenos de la naturaleza; observa los matices que distinguen la verdad histórica de la probabilidad histórica y la probabilidad de la fábula. Reconoce los distintos lenguajes de la sencillez, la adulación, la obstrucción y la mala voluntad... Iluminado por estas normas

tan buenas como seguras, *estudia los hechos acaecidos con el objetivo de comprender a los hombres que viven con él*[1]. (La cursiva es mía).

Según D'Alembert, lo que él llamaba «el gran enigma del mundo» era un inmenso laberinto en el que nosotros, los que vivimos en su interior, no disponemos de un hilo de Ariadna que nos guíe hasta la salida. Tenemos solo «trozos de hilo». La labor de las ciencias humanas consistiría precisamente en unirlos hasta lograr lo que D'Alembert, mezclando sus metáforas, denominaba una única «cadena de verdades». Esa cadena nos permitirá emerger a un lugar desde donde el mundo entero, humano y natural, se abarcará con una sola mirada, «y del cual las otras verdades no serán más que distintas traducciones»[2].

La necesidad acuciante de comprender científicamente al «hombre» no era una novedad. En 1683, Henri de Boulainvilliers, traductor de la *Ética* de Spinoza al francés, comenzaba así su tratado *Del hombre:* «El conocimiento de nosotros mismos es la más necesaria y la más útil de las ciencias que cabe adquirir»[3]. Pero, se lamentaba, el «hombre» era hasta cierto punto una materia desconocida. Durante el siglo XVII se habían realizado grandes avances en física, astronomía, biología, anatomía, medicina y química. Los seres humanos aprendieron más del funcionamiento del mundo, de la naturaleza y del cosmos, viajaron más lejos y estudiaron más a fondo durante aquellos cien años que en los doscientos anteriores, pero continuaban sabiendo muy poco de sí mismos.

La queja era frecuente y repetitiva. «El más útil y, sin embargo, el menos avanzado de los conocimientos –escribía

Rousseau en el prefacio al *Discurso sobre el origen y los fundamentos de la desigualdad entre los hombres,* de 1754, su propio bosquejo de una historia natural del género humano– me parece a mí el conocimiento del hombre, y me atrevería a decir que la inscripción que corona el templo de Delfos [«conócete a ti mismo»] contiene un precepto más importante y más difícil que todos los mamotretos de los moralistas juntos»[4]. En cambio, se lamentaba de que de todos los temas relacionados con la investigación científica el «hombre» era el menos estudiado. Lord Kames, escocés excéntrico y otro de los conocidos de Hume, pensaba más o menos lo mismo. «Al reflexionar sobre las distintas ramas del conocimiento humano», escribió en 1774, cabría pensar que los temas de la naturaleza humana serían los mejor comprendidos, precisamente porque el hombre tiene enormes oportunidades de estudiarla en «sus propias pasiones y sus propios actos»; pero la naturaleza humana, añadía con un intencionado eufemismo, «a pesar de su interés, suele dejarse en manos de la filosofía»[5]. Este era, pues, el proyecto, y aunque D'Alembert expresó con lirismo lo que supondría para las futuras generaciones, nadie lo dijo mejor ni con más autoridad que David Hume, su amigo íntimo.

En 1740, Hume publicó su *Tratado de la naturaleza humana.* Al igual que el *Ensayo* de Locke, al que debe algo más que la semejanza del título, y la *Crítica* de Kant, el *Tratado* cambió el contenido y la dirección futura de lo que hoy llamamos filosofía de la mente. Como muchos pensadores grandes y verdaderamente originales, como Montesquieu – sobre el que volveremos enseguida– y como Giambattista Vico (según el cual, sus lectores podían emplear provechosamente la vida entera en leer sus *Principios de una ciencia nue-*

va), Hume fue plenamente consciente de la importancia de su obra. «Mis principios –escribía– están tan alejados de los sentimientos vulgares sobre este tema que, en caso de arraigar, producirán una alteración absoluta de la filosofía»[6]. Y así fue, andando el tiempo. Al inicio, sin embargo, el *Tratado* no causó la impresión que esperaba su joven autor de apenas veintiséis años en el momento de completarlo. Con su característica ironía hacia sí mismo escribió que había nacido «muerta desde la imprenta», y añadió con idéntica mordacidad «sin la distinción siquiera de arrancar un murmullo a los fanáticos»[7]. Convencido de que su fracaso se debía «más a la forma que al contenido», reescribió la primera parte del *Tratado* con el título de *Investigación sobre el entendimiento humano,* que apareció en 1748, seguida en 1751 de *Investigación sobre los principios de la moral,* para Hume «incomparablemente el mejor de todos mis escritos, históricos, filosóficos o literarios». Pero exageró en su disgusto ante la reacción inicial al *Tratado.* A pesar de haberlo «castrado», como subrayaba, «cortándole las partes más nobles»[8] –lo más significativo, el ensayo «Sobre los milagros»–, el *Tratado* provocó entre los fanáticos murmullos suficientes para que a su autor le negaran en 1745 la cátedra de Ética y Filosofía Neumática (Filosofía de la Mente) de Edimburgo, y seis años después la cátedra de Lógica de Glasgow, solo algo menos controvertida que la anterior. No volvió a intentarlo. El frontispicio del *Tratado* incluye un melancólico epígrafe de Tácito, el historiador romano: «La rara felicidad de los tiempos en los que pensar lo que se quiere y decir lo que se piensa está permitido». Como muchos grandes pensadores de la Europa continental del siglo XVIII, si se exceptúa a Kant, Hume jamás tuvo un puesto académico. (Y no es que le preocupara mucho. «Nada hay que aprender de un profesor –escribía en 1753– que no se encuentre en los libros»).

Gracias en parte a ese rechazo, Hume se convirtió tal vez en el primer filósofo, ensayista o historiador británico que se ganó la vida exclusivamente con la escritura. Pasó un breve periodo de bibliotecario en la Faculty of Advocates de Edimburgo, aunque, según él, le pagaron poco o nada por el trabajo, y, al parecer, le despidieron por adquirir libros que los abogados juzgaban «impropios». Al final de su vida, como a muchos de sus contemporáneos, se le concedió una pensión del Estado, pero durante la mayor parte de su carrera vivió de las ventas de los libros. No fue poca hazaña en una época anterior a los derechos de autor, cuando un escritor de enorme éxito como Rousseau podía morir prácticamente en la pobreza mientras su novela sentimental *Julia, o la nueva Eloísa* se hacía tan famosa que los ejemplares se alquilaban por horas.

A Hume –por muy desilusionado que se sintiera– siempre le importó que sus obras llegaran al mayor público posible. El mundo, al menos lo que él llamaba «la parte refinada de la humanidad, la que no está inmersa en la vida animal», podía dividirse, según él, en dos grupos: los «cultos» y los «conversables», refiriéndose en este último caso al lector con una educación y una inteligencia medias, pero no especializado. Por desgracia, los cultos de otras épocas habían estado «encerrados en facultades y celdas, apartados del mundo y de las buenas compañías» y, en consecuencia, «hasta la filosofía... naufragó por culpa de este método de estudio aislado e indolente, y se hizo tan quimérica en sus conclusiones como ininteligible en su estilo y su exposición». Los «conversables», por su parte, prescindieron de los temas refinados de conversación y se limitaron a «una serie continua de chismes y de observaciones ociosas». Por tanto, Hume se proponía llenar el vacío que había entre ellos creando una «Liga entre el mundo de los intelectuales y el de los conversables»[9].

Ni el *Tratado* ni las *Investigaciones* aportaron mucho a la empresa, pero ciertamente superaron con amplitud «las facultades y las celdas». En diciembre de 1765, Diderot escribía a Sophie Volland contándole que el duque de Nivernais había acudido a presentar sus respetos al Delfín (hijo de Luis XV), que se hallaba en su lecho de muerte «después de una larga y cruel enfermedad cuyos padecimientos ha soportado con una resignación verdaderamente heroica». El Delfín, incorporado en la cama, leía, para gran sorpresa del duque, «las obras filosóficas de Hume, que vos sin duda conocéis y que no son precisamente famosas por su ortodoxia». Al parecer, el Delfín le había dicho al propio Hume que «la lectura había sido un gran alivio para él, teniendo en cuenta las condiciones en las que se encontraba»[10].

Puede que el Delfín fuera un caso único; lo fue con toda seguridad entre los miembros de la familia real de Francia (y se estaba muriendo), pero en los últimos decenios del siglo el *Tratado,* junto con las dos *Investigaciones,* llegó a ser una de las obras más leídas y filosóficamente influyentes de Europa. Según diría después Kant, Hume fue «el primero que interrumpió mi sueño dogmático e imprimió una dirección absolutamente nueva a mis investigaciones en el campo de la filosofía especulativa». Una dirección que le conduciría a las tres grandes *Críticas,* su aportación más duradera a la filosofía moderna. Cuando Jeremy Bentham, el padre del utilitarismo, leyó el *Tratado,* recuerda haber sentido que se le caía «la venda de los ojos»[11]. Aunque Kant despertara de su sueño para escribir la mayor denuncia conocida del empirismo, y aunque

Bentham malinterpretara el concepto de virtud, Hume sigue siendo el autor más influyente de una ética secular basada en la «ciencia del hombre» que dio la Ilustración.

Para Hume, toda ciencia, incluidas las matemáticas y la «filosofía natural» (es decir, lo que hoy llamamos ciencias naturales), «depende en cierta forma de la ciencia del hombre... puesto que se relaciona en una u otra medida con la naturaleza humana». Así, en vez del «método largo y tedioso», que consiste en estudiar un segmento de lo que fue importante para la naturaleza humana en un determinado tiempo, lo cual solo nos permite tomar «de vez en cuando un castillo o una aldea en la frontera», el nuevo científico:

> Marchará directamente hacia la capital o centro de estas ciencias, hacia la naturaleza humana misma; y una vez dueño de ellas, podremos esperar en todas las demás partes una fácil victoria. Desde esa posición extenderemos nuestras conquistas a todas aquellas ciencias que se relacionen más íntimamente con la vida humana... No existe ningún asunto de importancia cuya decisión no esté comprendida en la ciencia del hombre, y no hay nada que puede decidirse con alguna certidumbre antes de que lleguemos a conocerla[12].

Como Newton y Locke, Hume no estaba interesado en investigar lo que los teólogos llamaban «causas primarias» (o lo que él mismo llamaba «últimos principios»)[13]. «Nada más necesario para un auténtico filósofo –escribió– que refrenar el deseo inmoderado de investigar las causas»[14]. Ningún filósofo, afirmaba tajantemente, «que se aplicara con tanta seriedad a explicar los últimos principios del alma demostraría ser una gran maestro en esta ciencia de la naturaleza humana que pretende explicar, ni tampoco estar muy versado en lo que es naturalmente satisfactorio para el espíritu del hombre»[15]. En cambio, podemos conocer las «causas secundarias». O como decía muy expresivamente Alexander Pope, el poeta inglés:

> ¿De qué discurrir, sino de aquello que conocemos?
> [...]
> Conócete a ti mismo y no quieras sondear a Dios,
> el estudio más propio de nuestra especie
> es el estudio del hombre[16].

Al parecer de Hume, era sencillamente un defecto «de todas las ciencias y de todas las artes a las que podemos dedicarnos, sean las que se cultivan en las escuelas de los filósofos, sean las que practican en los talleres de los más humildes artesanos», que ninguna puede abrigar la esperanza de «ir más allá de la experiencia o de establecer principio alguno que se no se fundamente en esa autoridad»[17]. No nos queda otra alternativa que vivir con los hechos. Los seres humanos solo pueden adquirir aquel conocimiento para el cual tienen equipada la mente. El que siempre podamos imaginar otra suerte de formas e incluso formularnos preguntas, por incoherentes que sean, que carecen de respuesta en la naturaleza de las cosas, no es más que una característica de la condición humana. Tales preguntas, por decirlo con palabras de D'Alembert, pueden ser reales, pero ningún intento de contestarlas «resulta útil para el progreso del entendimiento»[18].

En consecuencia, las ciencias humanas no aspirarán a la grandiosidad siempre hinchada e ilusoria de la teología. Y tampoco tendrán su presunción de certeza. Por otra parte, evitarán el peligro de caer en la mera especulación. En 1734

Hume decía a George Cheyne (el olvidado autor de unos *Principios filosóficos de la religión natural*) que, en especial, la filosofía moral de los antiguos –aunque, él mismo, como todos los filósofos del siglo XVIII, se mantenía en un diálogo constante, por más que cáustico, con ellos–, era «enteramente hipotética y dependía más de la invención que de la experiencia. Todos consultaban con su imaginación para construir esquemas de virtud y felicidad, sin pararse a estudiar la naturaleza humana, de la cual ha de depender toda conclusión moral»[19]. La nueva «ciencia de la especie humana» habría de ser un método, pero también un cuerpo de conocimientos. Y, como había dicho Shaftesbury, trataría «al hombre *como un hombre real y como un agente humano*», no, como en el caso de Descartes o de Locke, «como un reloj o una máquina cualquiera»[20]. Para conseguirlo había que sumar a las ciencias naturales esa otra forma de conocimiento que, desde la poesía hasta filosofía, recibía generalmente el nombre de «letras». «Esta unión de las artes y las letras», declaraba Condorcet en su discurso de entrada a la Academia Francesa:

Es uno de los aspectos característicos de este siglo, en el que se ha descubierto el sistema general de los principios de nuestras formas de conocimiento, y la verdad se ha reducido a un arte o, por así decirlo, a una fórmula; en la cual la razón ha encontrado por fin el camino que debe seguir y ha atrapado el hilo que le impedirá extraviarse[21].

Para satisfacer esa finalidad era necesario basarse en «la experiencia y la observación», como habían hecho en el siglo anterior las nuevas ciencias naturales. Los materiales había que buscarlos tanto en «las crónicas de las guerras, las intrigas, las facciones y las revoluciones» como en la vida cotidiana, las costumbres y los hábitos recogidos de las sociedades de otras épocas y de los pueblos de todo el mundo, porque tales cosas, escribía Hume:

> Son otras tantas colecciones de experimentos, con los que el político [es decir, el filósofo político] o el filósofo moral fijan los principios de su ciencia, igual que el físico o el filósofo natural se familiariza con la naturaleza de las plantas, los minerales y otros objetos externos por los experimentos que hacen sobre ellos[22].

Inevitablemente, las ciencias humanas carecerían de la certidumbre de las ciencias naturales de Bacon. Hume admitía que «al reunir sus experimentos, no podrán hacerlo adrede, con planificación»[23]. El material del científico del mundo humano, al contrario que el del científico del mundo natural, es siempre una versión de él mismo. El físico puede experimentar; el «científico del mundo humano» o no puede o puede solo en un sentido muy limitado. Si el científico natural quiere demostrar, por ejemplo, que existe una velocidad máxima para todos los cuerpos en caída libre con independencia de su peso, podría subirse a la torre de Pisa, y así lo hizo Galileo –más para conseguir un efecto espectacular que como prueba científica–, y tirar dos pesos, uno de una libra y otro de diez, para demostrar que todos los objetos, pesen lo que pesen, caen a una misma velocidad. (Según Aristóteles, el de diez libras tendría que haber caído diez veces más rápido que el otro). En cambio, decía Hume, si el filósofo quiere aclarar de la misma forma una duda de la filosofía moral «tendría que ponerme yo mismo en el caso que quiero examinar». En el estudio de la humanidad, el objeto observado y el sujeto observador son siempre la misma persona; o, como dijo en 1751 Diderot –uno de los más fervientes admiradores de Hume–, en la *Carta sobre los sordomudos*: «Me parece que hay que estar al mismo tiempo dentro y fuera de uno mismo, y representar al mismo tiempo el papel de observador y de máquina observada». Pero el filósofo moral disfruta de una ventaja sobre el científico de la naturaleza. Puesto que la sociedad es un artificio humano, podemos pensar que los hombres se hallan en una posición particularmente ventajosa para comprenderla.

Algo parecido se había propuesto ya en gran parte de la literatura renacentista a propósito de la dignidad humana, y Hobbes, Leibniz y Spinoza habían dicho cosas semejantes[24], pero ninguno llegó a tanto como el napolitano Giambattista Vico con su principio *verum ipsum factum* («verdadero ya que factual»).

Pero en la densa noche de tinieblas que cubre la antigüedad más alejada de nosotros –escribió– brilla la eterna luz, que nunca se apaga, de la verdad, la cual de ningún modo puede ponerse en duda: que este mundo civil es ciertamente obra de los hombres y que sus principios pueden y deben buscarse en las modificaciones de nuestra propia mente humana. Y habrá de maravillarse quien reflexione en que todos los filósofos se hayan esforzado seriamente en conocer la ciencia del mundo natural que, pues Él lo hizo, solo Dios conoce, y hayan descuidado la meditación sobre este mundo de las naciones, o mundo civil, cuya ciencia, *puesto que ellos lo han hecho, pueden adquirir los hombres* (la cursiva es mía)[25].

En cuanto al estilo y al enfoque, Hume y Diderot no podrían estar más alejados de Vico, el avinagrado católico del sur, maestro de una prosa tan densa que incluso sus contemporáneos mejor intencionados desesperaban de llegar a entender. Vico fue en todos los aspectos muy distinto a los otros grandes de la Ilustración. Raramente abandonó su ciudad natal de Nápoles y no mantuvo correspondencia sino con un pequeño círculo de amigos íntimos. Ni siquiera la mayor parte de sus contemporáneos napolitanos más conocidos y mejor relacionados le hizo el menor caso. Puede que conociera a Montesquieu, pero si fue así, el hecho no dejó en él una huella duradera. Aspiró a ocupar una cátedra de jurisprudencia, que se le denegó una y otra vez. (En cambio, fue profesor de retórica, una posición muy inferior). Seguramente fue lo que aparentaba, un cristiano devoto, aunque nada ortodoxo. En los años veinte del siglo XVIII envió una larga serie de cartas a varios miembros del clero romano con la intención de convencerlos (al parecer, con éxito) de que su obra más importante, la *Ciencia nueva,* era una refutación de los seguidores tanto de Hobbes como de Bayle, y de que se trataba de un antídoto contra la corrupción de los tiempos. Proporcionaba, según él, una negación irrefutable del «epicureísmo» de Descartes y de Locke, además de destruir la jurisprudencia de Grocio, de Pufendorf y del inglés John Selden, porque los tres habían prescindido de la divina providencia en sus respectivas versiones de la historia humana[26].

Sin embargo, Vico fue profundamente contradictorio en todo lo anterior. La *Nueva ciencia* quería ser absolutamente *nueva* (por eso él aconsejaba a sus sufridos lectores que la leyeran cuando menos tres veces); y si era cierto que pretendía lograr algo de lo que garantizaba a los clérigos romanos, lo hacía por medios muy heterodoxos. Ya el título recuerda al

Novum Organum (o «Nuevo instrumento») de Francis Bacon, pero si no bastara para dejar claras sus intenciones nada más comenzar, la obra iba dedicada: «A los académicos de Europa que en estos tiempos ilustrados han sometido al examen de la severa razón no solo las fábulas y las tradiciones vulgares de la historia pagana, sino también toda autoridad de los filósofos más respetados»[27]. Cierto, Vico afirma repetidamente el papel estratégico de la Providencia en los asuntos humanos y denuncia sin ambages a Grocio, a Pufendorf y a Selden, los «tres príncipes de la doctrina del derecho natural», por descartarla; no obstante, y a pesar de su intención de crear lo que él denomina una «teología civil racional», capaz de explicar una evolución de la especie guiada por voluntad propia pero de algún modo armónica con los altos designios de un Dios amoroso, nunca consiguió separar su idea de Providencia de lo que otros habrían llamado sencillamente «naturaleza». No sorprende, pues, que, desde su «redescubrimiento» en el siglo XIX por el historiador francés Jules Michelet, se le haya considerado un espinosista secreto, un hombre que, como muchos de los teóricos sociales del siglo XVIII, fue efectivamente, si no un ateo, sí un deísta, y que desde luego carecía de interés en fomentar, aunque fuera con un lenguaje distinto, el relato cristiano tradicional y providencialista del pasado –y del futuro– de la especie humana[28].

Y aun así, a pesar de todo –a pesar de que procedieran de mundos tan distintos desde el punto de vista intelectual; a pesar de que Hume hablara prácticamente el mismo lenguaje que Hobbes, conciso, irónico, coloquial, mientras que Vico escribía con un estilo que, si bien muy personal, recordaba muchas veces a los escolásticos–, los dos luchaban en lo esencial por lograr el mismo objetivo[29]. Johann Gottfried von

Herder situaba a Vico junto con Montesquieu y los escoceses Adam Ferguson, John Millar y Adam Smith, entre otros (aunque no Hume), y le consideraba el hombre que «desde su ciudad [Nápoles], antes que otros, echó los cimientos de una escuela de *ciencia humana* en el amplio sentido de la palabra». Buscando «los primeros principios comunes en la física, la teoría moral, el derecho y el derecho de las naciones» en su «*Nueva ciencia* encontró el principio de la *humanidad de los pueblos*»[30]. De un modo semejante, ya en el siglo XX, el filósofo alemán Hans-Georg Gadamer (que «compara a Vico con Shaftesbury»), le consideraba el hombre que proporcionó a las ciencias sociales lo que él llama «la comprensión de sí mismas»[31].

La materia objeto de estas nuevas ciencias humanas era lo que Hume y todos sus contemporáneos denominaban con el impreciso término de «moral». Durante el siglo XVIII, aunque a veces se empleaba –al menos en inglés– con la acepción actual de «ética», solía entenderse con mayor frecuencia como una traducción del término latino *mores,* es decir, «hábito» o «costumbre». (El término más común en Francia era *moeurs*, y en Alemania, *Sitten*). No solo significaba, como decía D'Alembert, «los deberes para con nuestros semejantes», los cuales, según su parecer, debían ser «uniformes en todos los pueblos»; ni únicamente la conciencia del bien y del mal, de lo acertado y lo erróneo (aunque, por su propia naturaleza, lo incluía); sino también todo aquello que se relacionaba con las costumbres y los hábitos; dicho de otro modo, todo aquello que distingue a los seres humanos como criaturas sociales[32]. Así pues, esta era la materia de la nueva ciencia humana. Como declara el subtítulo del *Tratado* de Hume: «Un INTENTO de introducir el método experimental de razonamiento en las MATERIAS MORALES». Por «causas morales», explica el autor:

> Entiendo todas las circunstancias que sirven para trabajar sobre la mente como motivos o razones, y que brindan un conjunto peculiar de costumbres habituales en nosotros. Son de esta índole la naturaleza del gobierno, las revoluciones de la cosa pública, los aprietos y las penurias que vive la gente, la situación de una nación con respecto a sus vecinos y otras circunstancias parecidas a estas[33].

Para Hume, naturalmente, sin costumbres «ignoraríamos todos aquellos asuntos que no estuvieran inmediatamente presentes en la memoria y los sentidos»[34]. En pocas palabras, los «hábitos» y las «costumbres» son la materia de la que está hecho nuestro mundo. Sin la costumbre no sabríamos que el fuego quema, que la nieve está fría, que podemos ahogarnos en el agua o que los nabos son comestibles. Sobre todo, no conoceríamos nada del mundo social que los seres humanos habitan. Por tanto, concluía Hume:

> Debemos recoger nuestros experimentos en esta ciencia a partir de una cuidadosa observación de la vida humana, y tomarlos tal como aparecen en la marcha normal del mundo por la conducta de los hombres cuando están en compañía, en los negocios o en sus placeres. Cuando se reúnan y se comparen juiciosamente los experimentos de este tipo, podremos aspirar a establecer sobre ellos una ciencia no inferior en certidumbre y sí superior en utilidad a cualquier otra de humana comprensión[35].

Ciertamente, Hume no estaba dispuesto, al contrario que Vico, a renunciar al proyecto de las ciencias naturales convirtiéndolo en otra búsqueda inútil de las «causas primeras», pero compartía con el italiano la idea de que si el hombre era el arquitecto de su mundo social, solo el estudio de ese mundo puede proporcionarnos alguna comprensión de la mente humana. Para lo que ambos llamaban «Ilustración» era igualmente imprescindible que los seres humanos alcanzaran un dominio racional del mundo que compartían, basándose en la investigación y en la observación sistemática[36].

2

Al igual que el *Discurso del método* de Descartes y el *Ensayo sobre el entendimiento humano* de Locke, el *Tratado* de Hume estaba destinado a proporcionar el fundamento teórico –o «abstracto», como decían ellos– de un nuevo tipo de conocimiento. Se trataba de un «sistema completo de las ciencias construido sobre cimientos prácticamente nuevos, el único en el que podemos apoyarnos con alguna seguridad»[37]. Pero las ciencias humanas, como las naturales, no eran únicamente un conjunto de principios teóricos, sino también un cuerpo de conocimientos. ¿Cómo debía proceder, entonces, este nuevo científico una vez posesionado de tales principios? ¿Qué materiales emplearía y a qué conclusiones abstractas podía aspirar? Las ciencias naturales, aun no habiendo alcanzado el grado de prosperidad que tendrían en el siguiente siglo, disponían ya de métodos de investigación claramente definidos. Las ciencias humanas, no. Aun así, en el devenir de la existencia humana, una cosa era cierta: aunque, como todo lo demás en el universo, los seres humanos cambiaban con el tiempo; y aunque, nuestra identidad, como el cuerpo que habitamos, no es siempre la misma; todos los seres humanos poseen una naturaleza inmutable.

Como ocurre con tantas otras características de la cultura europea, la idea se había intuido ya en la Antigüedad. Al igual que todos los grupos humanos, los griegos fueron ferozmente etnocéntricos, pero los hacía distintos, si no únicos, el hecho de contar con una palabra –*anthropos*– que servía para nombrar a la totalidad de los seres humanos. Puede que otros pueblos tuvieran términos semejantes, pero no resultan útiles para identificar y distinguir con claridad un pueblo de una tribu o de la especie en su conjunto. Los romanos heredaron la misma idea universal e inventaron otra palabra, o mejor otras dos palabras –*homo*, «hombre» y *humanitas*, «humanidad»–, para nombrar a la especie entera, romanos y no romanos. La llegada del cristianismo reforzó esta clasificación general, no solo porque la progenie de Eva estuviera dotada de un alma inmortal, sino también porque todos los hombres pertenecían, al menos en potencia, a una única comunidad, en la que, según palabras de san Pablo: «Cristo lo es todo en todos». La unidad básica del mundo cristiano requería que no existieran distinciones entre las criaturas de Dios por razones de origen, nación, color o cualquier otra característica física. El relato hebreo de la Creación se refiere –o así se ha interpretado– a toda la especie y no a una tribu en concreto, como es el caso de muchos mitos creacionales. Los judíos eran el pueblo de Dios, pero no el único. San Agustín afirmaba que la intención de Dios al crear a Eva, y por ella a toda la especie, era que los hombres no solo estuvieran unidos «por la semejanza en la naturaleza, sino también por un cierto parentesco, de modo que formaran una unidad armoniosa»[38], cosa que no implica en absoluto igualdad de inteligencia, de talento o de clase social. Unos hombres serían libres y otros esclavos; unos gobernantes y otros gobernados; pero todos, al margen del puesto que ocuparan en la vida, pertenecían a la misma especie, a la misma familia extensa. Todos eran progenie del mismo hombre y de la misma mujer.

Naturalmente, una argumentación en favor de la unidad del género humano basada en la supuesta descendencia de una sola pareja (cosa que en el siglo XVIII se sabía biológicamente imposible) y en las intenciones de Dios no podía obtener el favor de la mayoría de los autores de la Ilustración. No obstante, en sí misma no impedía reconocer que los autores del Antiguo Testamento habían acertado adjudicando a todos los seres humanos, en cuanto tales, una identidad común, por mucha que fuera la variación en la realidad. Como decía Hume, «hasta donde alcanza la observación, no existen diferencias universales discernibles en la especie humana»[39]. Y si bien la historia de Adán y Eva quedó relegada al ámbito del mito primitivo, junto con la de Saturno y sus hijos, la imagen de la familia humana sobrevivió. La distancia y el tiempo, no la naturaleza, decía D'Alembert, obligaron a que la familia humana se dividiera en distintas sociedades «que entonces tomaron el nombre de *estados*»[40]. La propia experiencia bastaba para aceptar que las disposiciones básicas de la naturaleza humana variaban poco de un pueblo a otro. «Es universalmente sabido –insistía Hume– que existe una gran uniformidad en los hechos de los hombres de todas las épocas y naciones, y que la naturaleza humana continúa siendo la misma en sus operaciones y principios». Si un «viajero regresara de un país lejano –observaba ácidamente–... trayendo noticias de pueblos sin rastros de avaricia, ambición y rencor, que no conocieran mayor placer que el de la amistad, la generosidad y el espíritu público», no nos sentiríamos más inclinados a creerle que «si hubiera salpicado su narración de historias de centauros y dragones, de milagros y de prodigios»[41]. De modo semejante, en los distintos pueblos del mundo se han encontrado características humanas, de forma que «parece que la estatura, la fuerza del cuerpo, la duración de la vida e incluso el valor y la cantidad de talento han sido hasta la fecha muy parecidas por naturaleza en todas las épocas»[42].

Las diferencias más que patentes que existían entre un francés, un hurón, un indio, un persa y un tahitiano eran solo atribuibles a circunstancias externas, tales como la educación, el clima y la cultura. En ningún caso eran estructurales. «Estudia a fondo el carácter y los hechos de los franceses y los ingleses –escribió Hume en uno de sus pasajes más citados– y no te equivocarás transfiriendo a los primeros la mayor parte de las observaciones relativas a los segundos. Los seres humanos son tan iguales en todo tiempo y lugar que la historia no nos informa de nada nuevo ni extraño sobre el particular»[43].

Las cosas que distinguen a los europeos más inteligentes del más ignorante de los «salvajes» o los «bárbaros» son precisamente las mismas que distinguen a un pueblo «civilizado» de otro: la costumbre, el hábito, las leyes y las expectativas sociales. No obstante, estas diferencias pueden ser grandes. En el magnífico «Diálogo» que figura al final de la *Investigación sobre los principios de la moral,* uno de los intervinientes, «Palamedes», describe a un amigo anónimo un país imaginario llamado «Fourli», cuyos habitantes, aunque considerados un ejemplo de civilización, «siempre han pensado sobre muchas cosas, particularmente en las relacionadas con la moral, todo lo contrario a lo que pensamos nosotros». Cuando Palamedes explica su experiencia en alguna de ellas, su amigo le interrumpe indignado: «Esas costumbres bárbaras y salvajes –protesta– no son únicamente incompatibles con un pueblo civilizado e inteligente, como tú dices que son ellos, sino apenas incompatibles con la naturaleza humana. Exceden todo lo que hemos leído de los MINGRELIANOS [de Georgia] y de los TUPINAMBÁES [de Tupinambá, en Brasil]». «¡Cuidado, cuidado!», replica Palamedes, y pasa a revelar que lo que acaba de describir «con nombres tan extravagantes» son algunas de las costumbres veneradas por los antiguos griegos, con el objetivo de convencer a su amigo de que

la moda, la costumbre, los usos y las leyes son el fundamento principal de todas las determinaciones morales. Los atenienses fueron, es cierto, un pueblo civilizado e inteligente, si alguna vez hubo alguno; sin embargo, a su hombre más valioso se le miraría con horror y aborrecimiento en esta época. Los franceses son también, sin duda, un pueblo civilizado e inteligente; sin embargo, su hombre más valioso podría, con los atenienses, ser objeto del mayor desprecio y ridículo, incluso de odio... ¿No encontraremos, pues, mayores diferencias en los sentimientos y la moral de las naciones civilizadas y las bárbaras o entre naciones cuyos caracteres tienen poco en común? ¿Cómo pretendemos fijar un modelo para juicios de esta naturaleza?[44].

Estos argumentos excluyen la posibilidad de establecer distinciones entre los pueblos en función de la raza. El racismo moderno, basado en la pretensión de que los grupos humanos se distinguen unos de otros no solo por la cultura y la conducta, sino por la genética, es fundamentalmente un producto del desarrollo de las ciencias biológicas del siglo XIX, lo cual no significa que antes no existieran formas de discriminación que compartían algunos elementos con el racismo biológico que hallamos en el corresponsal de Kant, Johann Friedrich Blumenbach –el primero en clasificar a los seres humanos por la forma del cráneo– y en sus herederos: desde sir Francis Galton, primo de Charles Darwin, hasta los eugenistas estadounidenses Charles Davenport y David Starr Jordan, rector de la Universidad de Stanford, a principios del siglo XX[45].

Puede que el argumento más influyente para explicar las diferencias tangibles entre los pueblos, distinto en parte al de la cultura y la costumbre, sea la teoría de los climas; o, para hablar con mayor precisión, del «ambiente», puesto que, además del clima, entran en juego numerosos factores. Apareció por primera vez en Aristóteles; la adornó Polibio, el historiador grecolatino; la adoptó santo Tomás de Aquino; en el siglo XVI la modificó para elevarla a categoría de filosofía de la historia el filósofo político francés Jean Bodin; y ya en el XVIII, Montesquieu elaboró con ella una teoría completa de la diferenciación cultural. Dicho crudamente, aquellos pueblos que viven en climas calientes –asiáticos, africanos, indios de América, etc.– reaccionan al ambiente con una actitud indolente y letárgica; y los que viven en los climas fríos del norte –godos, mongoles, etc.– con todo lo contrario, por tanto son hiperactivos, agresivos y burdos. Solo los griegos y, en general, las últimas versiones de los europeos, situados a medio camino de los extremos, poseen el equilibrio necesario para ser hombres libres y capaces de dominar sus pasiones, reflexivos y moralmente activos. Y puesto que la civilización solo se produce en los puntos medios, solo ellos pudieron crear auténticas civilizaciones.

El argumento del clima, aunque a D'Alembert le pareciera razonable desde el punto de vista empírico, ofrece una explicación en el mejor de los casos incompleta de las diferencias humanas[46], pues, al contrario que el concepto de «raza» del siglo XIX, determina a lo sumo una disposición, una tendencia. Los asiáticos letárgicos y los nórdicos inciviles de Aristóteles podían convertirse en griegos equilibrados con solo cambiar su residencia al Mediterráneo, si no en una generación, seguramente en dos. El ambiente puede ser un elemento determinante del «carácter nacional», pero opera junto a un gran número de factores. Ni en su presentación más elaborada soporta esta teoría la crítica de Voltaire, según el cual, bastaba con observar a la población actual de Grecia y Egipto para «comprender que si bien es cierto que existen pruebas irrefutables de la influencia del clima en el carácter de los hombres, mucho más influye en ellos la forma de gobierno». En *De l'Esprit* («Del espíritu»), una de las obras filosóficas más leídas del siglo, Claude-Adrien Helvétius (Helvecio) se preguntaba que si el clima determinaba la disposición de las personas, por qué los romanos «que fueron tan magnánimos y tan audaces con el gobierno de la República... son hoy tan débiles y tan afeminados», y por qué los persas y «aquellos otros asiáticos que se comportaron con tanto valor cuando se llamaban elamitas, se hicieron tan cobardes y tan ruines en tiempos de Alejandro»[47]. David Hume adoptó una posición muy parecida. Por lo que sabemos, el suelo y el clima son los mismos desde hace mucho tiempo. Si la teoría del clima fuera cierta, la naturaleza humana no se vería afectada por la historia, pero en la realidad «el carácter de una nación... nunca es idéntico durante una misma centuria»[48]. «No creo que nadie –observa un Hume cáustico– atribuya las diferencias de educación de WAPPING y St JAMES [distritos pobre y rico, respectivamente, de Londres] a diferencias del aire o del clima»[49]. Hasta Montesquieu, su defensor más convencido, admitía que en determinadas circunstancias «las causas morales destruyen las físicas». De forma que «la esclavitud rebaja, debilita y destruye el espíritu; mientras que la libertad lo define, lo eleva y lo fortalece»[50].

Las semejanzas de comportamiento, creencias, gustos y costumbres de los distintos miembros de lo que hoy denominamos «culturas», que permitió a Palamedes engañar a su amigo y convencerle de que los griegos no eran distintos de «los salvajes y los bárbaros», constituían para Hume otro aspecto de la personalidad humana que se explicaba mejor por las operaciones de la «simpatía». La simpatía es, como hemos visto, una pasión, una comunicación entre individuos que todos poseemos en virtud de nuestra condición humana. Resulta muy difícil para todo el mundo, incluidos los «hombres de buen juicio... guiarse por sus propios motivos y sus gustos cuando estos chocan con los de sus amigos y compañeros de la vida cotidiana». Así se explica, y no por conceptos tan débiles como «el clima y el suelo,... la gran uniformidad que observamos en el talante y las inclinaciones de los miembros de una misma nación»[51]. Tampoco se sostiene la idea que defendía Montesquieu, según la cual los europeos eran libres por ser nórdicos fríos pero enérgicos, en tanto que los asiáticos siempre habían estado condenados a vivir bajo una u otra tiranía por ser sureños calientes y letárgicos. Hume observaba que de ser cierto que el norte siempre había saqueado al sur –y el conocimiento de la historia de los mongoles demostraba que no lo era–, nada tenía que ver con el clima y sí mucho con la pobreza. En otras épocas, al menos, el norte había sido invariablemente pobre y el sur invariablemente rico.

En lo referente a este asunto, no todos los grandes pensadores de la Ilustración se mostraron siempre ilustrados o coherentes. Ni siquiera el propio Hume. A pesar de sus declaraciones sobre la igualdad universal de los hombres, en una célebre nota a pie de página de su ensayo sobre los «Caracteres nacionales» llegaba a decir lo siguiente: «Sospecho que los negros y, en general, las restantes especies humanas (pues las hay de cuatro o cinco clases) son inferiores por naturaleza a los blancos. Nunca ha existido una nación civilizada que no estuviera compuesta por blancos, ni siquiera un individuo eminente por sus actos o su pensamiento que no lo fuera»[52]. Tomada literalmente, esta declaración anularía la totalidad de su ensayo, ya que no distingue entre africanos y el resto de la especie, sino entre los «blancos» y todos los demás humanos. De igual manera, Rousseau, a pesar de salpicar generosamente sus páginas con nombres de grupos africanos, americanos y asiáticos a los que ponía como ejemplo de virtud «natural», tendía a tratar a todos los seres humanos no europeos como un bloque indistinguible, pues «da la impresión de que la organización del cerebro es menos perfecta en los dos extremos [del globo terráqueo]. Ni los negros ni los lapones tienen las facultades de los europeos»[53]. Esta opinión podría aplicarse al «hotentote» cuya imagen adorna el frontispicio del *Discurso sobre el origen y los fundamentos de la desigualdad entre los hombres* y que, después de echar un vistazo a la civilización europea, prefiere regresar a la sencillez de sus selvas nativas, lo cual hace de él un «salvaje» virtuoso solo por su inferioridad intelectual. Si Rousseau hubiese querido que su geografía se tomara en serio, habría dejado también muy pocas cosas de valor más allá de las fronteras norte y sur de Eurasia.

Tenemos luego el caso aún más sorprendente de Kant y su opinión sobre los africanos, expresada en las *Observaciones sobre el sentimiento de lo bello y lo sublime* de 1764. La obra pertenece al llamado «periodo precrítico» del filósofo, cuando todavía andaba indagando. Con todo, ya había leído lo suficiente a Hume para comentar a propósito de la infame nota a pie de página que «los negros de África no poseen por naturaleza sentimientos superiores al ridículo», y «entre los cientos y miles de negros que han sido trasladados de sus respectivos países a cualquier otra parte del mundo» (y que, por tanto, se han librado de los supuestos efectos deletéreos del clima africano), ninguno de ellos, ni siquiera entre los que han obtenido la libertad, «ha llevado a cabo algo grande en el arte o en la ciencia, ni han demostrado ninguna otra cualidad digna de mención». Tampoco –y parece que esto también se aplicaba a los *indios*– los que fueron conducidos «a las regiones del norte [...] (como los *negros* criollos o los *indios* con el nombre de gitanos) han sido capaces de criar una progenie que sirviera para el campesinado o para el trabajo manual»[54]. Y esto no puede atribuirse a las desventajas educativas de los africanos, ya que entre los blancos existen numerosos ejemplos de miembros de la «chusma más baja» que han prosperado y que «gracias a un talento extraordinario se han ganado el respeto del mundo»[55]. En resumen, como pueblo, los africanos, desde el Sahara hasta Ciudad del Cabo, serían inferiores por naturaleza a todos los demás; inferioridad que parece una sola cosa con el color de la piel y la forma de la cara: heredada, innata, inmutable.

En *Sobre las diferentes razas del hombre,* escrita en 1775 y publicada originalmente para dar publicidad a su curso de geografía física, Kant suavizó en parte estas opiniones. El género humano, sostenía, solo puede tener un origen, pues, como había observado el gran naturalista francés Buffon (sobre el que volveremos), los humanos de cualquier raza se habrían cruzado con éxito unos con otros. No obstante, aunque la especie haya quedado fijada desde su creación, podrían haberse producido variaciones, entre los humanos como entre los animales, por causa de los factores ambientales[56]. Basándose en lo que, según él, es una conducta observable, Kant divide a la humanidad en cuatro razas y las ordena en jerarquías lamentablemente predecibles, con los europeos en la cima y los africanos en la base. (Y hasta parece que, partiendo de la idea de que las noblezas veneciana y tahitiana, «especialmente... las mujeres», estaban «mejor construidas que las comunes», llegó a plantearse la posibilidad de criar «un tipo más noble de seres humanos, en el que el entendimiento, la excelencia y la integridad sean hereditarios»[57]). En sus notas para las clases de lo que él llamaba «antropología» y «geografía física», desde la década de los ochenta, llegó incluso a sostener que «los americanos y los negros no saben gobernarse solos; por tanto, sirven únicamente para esclavos» y que «los blancos son los únicos que progresan siempre hacia la perfección». Sin embargo, en los últimos años de su vida cambió radicalmente, aportó argumentos de peso contra cualquier forma de dominación de un grupo humano –el término «raza» desapareció por completo– sobre otro, y denunció tanto la esclavitud como el imperialismo europeo. Aspiraba a englobar el mundo entero en la esfera de acción de lo que, como veremos, llamaba «derecho cosmopolita»[58].

Lord Kames fue otro investigador que comenzó su estudio de los orígenes del hombre planteándose si «la inferioridad de entendimiento de los africanos no podría hacer de ellos una especie distinta a la de los blancos». Sin embargo, «pensándolo mejor» rechazó la idea. Si los «negros» parecían inferiores a los blancos era porque en África «viven de frutos y de raíces, para lo cual necesitan de poca cultura: necesitan poca ropa y construyen sus viviendas sin preocupaciones ni arte»; en cambio, fuera de África «son esclavos miserables sin valor para pensar o actuar». El progreso humano, pensaba, era resultado del ejercicio de la voluntad y «el hombre nunca madura en juicio y prudencia si no es ejercitando estas aptitudes»[59]. En sus países de África, la naturaleza les impide esta maduración del juicio; fuera de África, se lo impiden otros.

Como Kames asumía, y como Kant se vio obligado a asumir con ciertas resistencias, los hombres pueden deshumanizarse a causa de su situación o de su trabajo. La mayor parte de los africanos que conocían los europeos eran esclavos y, como se reconocía desde los tiempos de Cicerón, la esclavitud transformaba prácticamente a los hombres en bestias, despojándolos de lo que Diderot denominaba «el disfrute de la inteligencia propia». Puesto que la condición de esclavo no entra en lo que se considera un hombre, aquel queda reducido a menos que un perro, porque el perro es solo un autómata, mientras que el esclavo, en definitiva, conserva algo que nadie puede quitarle: la conciencia de su situación. Solo él *sabe* que es un esclavo. La posesión de un sentido completamente desarrollado de lo que es un ser humano, cuando al mismo tiempo le privan de su humanidad, despoja al esclavo de motivos para esperar nada de «esos tiempos felices, esos siglos de Ilustración y prosperidad», dicho con las palabras de Diderot, que algún día podrían devolver su identidad plena hasta al más miserable de los trabajadores europeos[60]. No habrá que sorprenderse, pues, de que parezca «inferior a los blancos» e incapaz de mejorar su situación. Aristóteles, decía Rousseau, tenía razón al afirmar que existen esclavos por naturaleza. Su error estaba en confundir «el efecto con la causa». «Los esclavos lo pierden todo con los grilletes, hasta el deseo de escaparse. Aman su servidumbre como los compañeros de Ulises amaban su embrutecimiento. Y si son esclavos por naturaleza, es porque alguna vez lo fueron contra natura»[61]. La causa de la esclavitud no está en el espíritu servil, sino en el azar, en la casualidad del lugar de nacimiento, que ha puesto al esclavo a merced de su amo deshumanizado. Como sostenía en 1776 Jacques Pierre de Warville –uno de los jefes de los girondinos; decapitado por esa razón durante el Terror–, «el esclavo bárbaro e ignorante, nacido a orillas del Bósforo, podría ser un republicano ilustrado de haber nacido en Filadelfia»[62]. Hasta un antirrevolucionario defensor de la esclavitud como Pierre Victor Malouet, antiguo comisario de la isla de Santo Domingo, reconocía esta verdad, aunque para él constituía precisamente un motivo para impedir que los esclavos salieran de la propiedad de sus amos como no fuera «bajo la mirada vigilante de una fuerza policial»[63], pues si estaban mucho tiempo fuera y sin vigilancia, temía que cayeran en la cuenta de que su condición no era, como se les decía constantemente, una carga que Dios les había impuesto debido a su naturaleza degradada y pecaminosa. Se trataba, pues, de una imposición meramente humana, injusta y antinatural, y como tal, podía cambiar. La libertad, según el unitariano inglés Richard Price, era una criatura de la Ilustración, y esta «es inseparable del conocimiento y de la virtud». «Piénsese en Grecia –continuaba–, en otro tiempo asiento de las artes y las ciencias, y ahora, perdida su libertad, un lugar vil y miserable, una región de oscuridad, barbarie y pobreza»[64].

3

Los males causados por la esclavitud en los africanos no eran muy distintos a los que habían producido en los europeos las monarquías despóticas y absolutas y la tiranía intelectual de la Iglesia, afirmaban Voltaire y Price, o a los que habían sufrido egipcios y griegos durante siglos de dominio otomano. En efecto, el resultado había sido el atraso (o, en el caso de griegos y egipcios, un cambio en la dirección de la historia). El tiempo, o mejor, la historia, no el clima o la biología, había dividido lo que fue un grupo humano, una raza, en varios. Ni los africanos ni los indios de América probaban la existencia de distintas razas de hombres en lo tocante a sus disposiciones innatas. La naturaleza humana era idéntica en todo el mundo, pero no inmutable. Todos los humanos, salvo imperativos externos que escapan a su control, son seres capaces de evolucionar, y, al igual que el cosmos, se hallan en constante movimiento. «¿Qué es nuestra vida en comparación con la eternidad del cosmos?», se preguntaba *mademoiselle* Julie de Lespinasse –inteligente *salonnière* parisiense y amor de la vida de D'Alembert–, impresionada por la vertiginosa visión del abismo de la eternidad que aparece en *El sueño de D'Alembert*, de Diderot:

> Menos que la gota que tengo en la punta de la aguja comparada con el espacio ilimitado que me rodea... ¿Qué sabemos nosotros de la raza de animales que nos ha precedido? ¿Y qué sabemos de la que nos seguirá? Todo cambia, todo pasa. Solo queda el conjunto. El mundo empieza y acaba sin cesar, y en todo momento se encuentra en su principio y en su final; nunca ha existido otro mundo y nunca existirá. En el inmenso océano de la materia, no hay

una sola molécula idéntica a otra, ni una sola molécula idéntica a sí misma más allá de un instante[65].

Inmovilidad y reposo eran meras abstracciones; en cambio, el movimiento era «una categoría como la longitud, la anchura y la profundidad». «Todo en el universo –escribía Diderot, perspicaz aficionado a la química– se halla en transición o en un estado de energía potencial o en ambas situaciones al mismo tiempo»[66]. Para Diderot, como para muchos pensadores del siglo XVIII, esto era a la vez una revelación sorprendente y uno de los grandes misterios de la vida, humana o no. Y también, el vínculo de la humanidad con el planeta, que daba sentido a todos sus actos colectivos. Explicaba el pasado y determinaba el futuro. Las observaciones de *mademoiselle* de Lespinasse sobre la mutabilidad de la materia hablan de lo que fue uno de los grandes logros científicos del siglo XVIII en materia de ciencias naturales: la destrucción sistemática de la antigua creencia ortodoxa basada en el Génesis, según la cual la vida se había creado perfecta y, como tal, inalterable en lo sustancial, pues ¿qué necesidad de cambiar tenía una cosa hecha por Dios que a él mismo, al contemplarla, le había parecido «muy buena»?

Tal vez el autor que con mayor eficacia trastornó la comodidad de esa idea fue el gran historiador de la naturaleza George-Louis Leclerc, conde de Buffon, director de los jardines reales *(Jardins des Plantes)* de París. Buffon, cosa poco común en muchos *philosophes,* era fundamentalmente un hombre del régimen[67]. Nacido en una familia aristocrática y favorito en la corte, dependía para su fabuloso estilo de vida y su prestigio del patronazgo real. (Hume dijo de él en cierta ocasión que parecía más un mariscal de Francia que un hombre de letras)[68]. Al contrario que una gran parte de sus colegas *philosophes,* cuya consagración solía ser una temporada en la cárcel, Buffon no tuvo que pasar por el castillo de Vincennes, ni someterse a las pesquisas de la célebre policía secreta de Luis XVI. Con todo, y aunque supo evitar a los censores y tuvo mucho cuidado con disimular sus creencias religiosas, o la falta de ellas, escribió un obra que, a su modo, era tan crítica y tan subversiva para la concepción humana del cristianismo como cualquiera de las que escribieron sus contemporáneos. Las autoridades de la Sorbona (responsables de garantizar la ortodoxia religiosa de los libros publicados en Francia) condenaron el materialismo de su relato de la creación del cosmos y de la evolución de los seres humanos, pero en 1781, las continuas evasiones, las vagas promesas de retractación, la categoría social y la enorme popularidad de Buffon acabaron por convencerlos de abandonar sus intentos de condenarle por impiedad. La voluminosa *Historia natural,* aparecida en treinta y seis volúmenes entre 1749 y 1789, se convirtió en uno de los libros más leídos del siglo XVIII, a pesar de la materia de que trataba. Y si hubo muchos, como Adam Smith, que la disfrutaron menos por su rigor científico que por su «agradable, copiosa y natural elocuencia» –a Buffon se debe la frase *le style c'est l'homme même* («El estilo es el propio hombre»)–, tuvo una influencia decisiva en la futura dirección de la recién estrenada «ciencia del hombre»[69], que encontramos en Hume y Kames, en Diderot y Montesquieu, en Turgot y Voltaire, e incluso en Condorcet, que se opuso a la entrada de Buffon en la Academia Francesa y que, a su muerte, en calidad de presidente de la institución, pronunció un elogio plagado de comentarios irónicos sobre sus métodos científicos. D'Alembert llamaba significativamente a Buffon, «rival de

Platón y de Lucrecio», y Rousseau, a pesar de que llegó a conclusiones muy distintas en lo referente a la condición del «hombre natural», consideraba la *Historia natural* precursora y fundamento de su propio «estudio histórico de la moral». «El señor Rousseau –escribía en 1756 Johann Heinrich Formey, secretario perpetuo de la Academia Prusiana de las Ciencias de Berlín– es en su campo *(genre)* lo que el señor Buffon en el suyo: maneja a los hombres como ese filósofo maneja la naturaleza y el universo»[70].

El aspecto más dañino de la biología de Buffon para el dominio que la Iglesia había ejercido siempre sobre el pensamiento científico residía en su idea de que el mundo natural existía en el tiempo. Cambiaba. Tenía un pasado, un presente y presumiblemente un futuro. Los anteriores historiadores de la naturaleza se habían limitado a la clasificación. Hasta el sueco Karl Linneo, el más innovador y, sin duda, el más conocido, aun sosteniendo que las nuevas especies de animales y de plantas habían evolucionado a través del tiempo mediante la hibridación, defendía con firmeza que el mundo de la naturaleza y del hombre eran esencialmente los mismos desde el séptimo día de la Creación. Buffon se servía de la experimentación de los testimonios fósiles para sostener no solo que la cronología bíblica de la Creación del mundo, establecida en 4004 a. C., era lamentablemente insatisfactoria (cuando no, sencillamente absurda, aunque él se cuidaba mucho de decirlo así), sino también que la naturaleza se hallaba en continuo movimiento. En otras palabras, que tenía una historia, la cual, como todas las demás, podía ser rastreada y comprendida. Y no solo, porque esa historia, aunque sin duda había tenido un principio, y un futuro, no poseía un final previsible.

Todo lo que valía para la vida animal y vegetal, inexorablemente valía también para la humanidad, tanto es así que la *Historia natural* se ocupaba sobre todo del hombre. El octavo volumen comienza con un lamento hasta entonces desconocido «por mucho interés que tengamos en conocernos nosotros mismos, me temo que estamos mejor informados sobre todo lo que no está en nosotros». Los humanos, al contrario que los restantes animales, constan de dos partes, una «inextensa, inmaterial e inmortal» y otra «extensa, material y mortal». Ambas evolucionan, pero mientras que la segunda –el cuerpo– la compartimos con otros seres vivientes, la primera –el espíritu– es solo nuestra. Naturalmente, Buffon no llega a tanto, pero el Adán del Génesis podría haber sido una criatura hirsuta, gacha y de andares torpes, más parecida a la imagen derivada de los restos esqueléticos del *Australopitecus* que al joven lánguido y musculoso que alarga su mano hacia el Dios Padre del techo de la Sixtina. Sin embargo, la forma más significativa del progreso humano no es corporal, sino mental, y se debe a la facultad exclusiva de establecer comparaciones –«pues lo que es absolutamente incomparable, resulta totalmente incomprensible»–, junto con el habla y la sociabilidad natural, por rudimentaria que sea[71]. Los humanos se distinguen de los animales no solo por ser conscientes de sí mismos, sino porque lo son también de su pasado y de su posible futuro. Los animales, escribía Buffon, «poseen conciencia de su existencia presente, pero no de la pasada. Tienen sensaciones, pero les falta la capacidad de compararlas». Por eso, al contrario que los humanos, no puede formar ideas y su sentido de la existencia es «menos seguro y menos extenso que el nuestro». Al carecer de conciencia de sí mismos («no saben que existen, aunque lo experimen-

tan»), no tienen «idea del tiempo, ni conocimiento del pasado, ni noción del futuro»[72]. Los humanos, en cambio, poseen
una profunda conciencia del pasado. Entre todos los seres vivos, solo ellos saben que van a morir, y solo ellos son capaces
de transmitir de una generación a otra el conocimiento adquirido durante su breve existencia individual. Solo ellos, por
tanto, son perfectibles. La conciencia del pasado es lo que les
permite gobernar el futuro, aunque sea de un modo imperfecto. Como poco, puede discernir algunos resultados posibles y actuar en consecuencia[73]. Para Buffon, esta capacidad
de mirar adelante y atrás, como un aspecto de la conciencia de
sí mismos, es la característica biológica del «hombre». Los
humanos forman sociedades. No son los únicos, también las
forman las abejas y los castores, pero al contrario que otros
animales gregarios, cuyas sociedades son invariables y tienen
siempre un tamaño fijo, las sociedades humanas se encuentran en continuo cambio y crecimiento. A partir de los pequeños grupos iniciales, «dependientes, por así decirlo, de la
naturaleza», el crecimiento inexorable de las poblaciones humanas llevó a sus integrantes a formar comunidades cada vez
mayores, hasta crear las «grandes sociedades» y las «sociedades civilizadas *(policées)* del presente»[74]. Tal es el curso del
progreso irreversible de la civilización. Todos los humanos
recorrerán el mismo camino. Algunos, los europeos y los asiáticos, puede que lo hayan recorrido con mayor rapidez, pero
no se debe a la naturaleza, sino al tiempo y a que las afortunadas circunstancias de su medio les han sido propicias.

Por tanto, allí donde un pueblo concreto se ha detenido
en este proceso evolutivo, debería dar razón de las enormes
diferencias que existen entre las distintas razas de hombres y,
en consecuencia, determinar hasta cierto punto sus capacida-

des físicas y mentales. La prueba de esta hipótesis, tal como la concebía Buffon, era América. El Nuevo Mundo, según creía él basándose en el tamaño de ciertos animales (pumas, caballos, ciervos), que le parecían versiones más pequeñas de especies semejantes encontradas en Europa y Asia, era literalmente «nuevo» o, cuando menos, creado después que el resto del planeta.

Según esto (aunque no se trata de una conclusión extraída por el propio Buffon), el continente era también inferior a Europa, lo cual sugiere, mediante un oscuro proceso de asociación, que si los nativos americanos eran inferiores a los europeos (aunque Buffon solo dijo que era inferiores en número), los descendientes de los asentamientos europeos en las Américas debían serlo también. Tan injustificada hipótesis desató un debate feroz tanto en el sur como en el norte de América, que duró hasta bien entrado el siglo XIX, en el que participaron antes o después casi todos los grandes pensadores, como Kant, Humboldt, Hegel, Darwin o Marx[75]. Cuando se publicaron las *Notas sobre el estado de Virginia,* en 1785, escritas en origen como réplica a Buffon, Thomas Jefferson, a la sazón embajador de los Estados Unidos en París, se las arregló para que se enviara a Francia un alce –o la mayor parte de un alce– de «siete pies», además de la cornamenta de un ciervo, un caribú, un ante y la piel de una pantera, como prueba empírica de que los animales americanos no solo eran tan grandes como los europeos, sino que en algunos casos, como el del ciervo, los superaban en tamaño. No obstante, el ciervo, que Jefferson deseaba «disecar y plantar sobre sus patas en el gabinete del rey», llegó deteriorado a París. Buffon, por su parte, estaba muriéndose y, aunque el zoólogo Louis-Jean-Marie D'Aubenton, socio de Buffon durante mucho tiempo, presenció las exhibiciones, parece que el propio Buffon nunca llegó a ver ninguna[76].

Muchos autores de la Ilustración, Rousseau y Diderot sobre todo, llegaron a rechazar el materialismo de Buffon y su correspondiente determinismo, pero las ideas sobre la presencia humana en el tiempo y sobre la capacidad de los hombres para controlar el futuro, con las limitaciones que fueran, ejercieron una influencia duradera en las «ciencias humanas», porque de ello se seguía que si los seres humanos eran criaturas evolucionarias, también lo serían los mundos que creaban. Como todos los organismos, estos iban también de lo simple a lo complejo o, en su caso, del llamado «salvajismo» –término que en el siglo XVIII muchas veces solo quería decir «rustiquez» o «incultura»– a la llamada «civilización». En su *Revisión filosófica de los sucesivos avances del espíritu humano* (1750), Anne-Robert-Jacques Turgot escribía lo siguiente:

> Así, el presente estado del mundo, caracterizado por estas infinitas variaciones en la diferencia, ha desplegado todas a una ante nuestros ojos las gradaciones que hay entre la barbarie y el refinamiento, y por eso mismo nos descubre a simple vista los testimonios y los restos de los pasos que ha dado el espíritu humano y el reflejo de todos los estadios por los que ha pasado y de la historia de todas las épocas[77].

La nueva ciencia humana habría de ser precisamente una crónica de los pasos y una explicación del progreso. De ahí que el científico D'Alembert, meditando a solas, siga «los relatos de los antiguos autores con la misma circunspección que emplea para los fenómenos de la naturaleza» y «estudia lo pasado» con la intención de «conocer a los hombres con los que convive». Dicho de otro modo, la nueva ciencia de lo humano sería una forma de indagación histórica. Porque la historia, como decía Hume, es el único medio a nuestra disposición para «descubrir los principios constantes y universales de la naturaleza humana, ya que muestra a los hombres en todo tipo de situaciones y circunstancias y les proporciona los materiales que sirven para extraer nuestras observaciones y familiarizarnos con las fuentes continuas de la acción humana»[78].

4

Suele argumentarse que el XVIII fue un siglo «ahistórico», pero, como dijo en el siglo XX el filósofo alemán Ernst Cassirer, esa acusación es «un grito de guerra inventado por el movimiento romántico»[79]. Cuando los románticos decían «ahistórico» se referían a que los ilustrados se negaban a aceptar el pasado en tanto que fuente de tradición y a que no sentían apego alguno a la tierra, al parentesco, al rey y a la religión. En esto, al menos, los románticos llevaban razón. Aunque durante el periodo ilustrado se escribieron muchas obras que, a juzgar por sus títulos, trataban de la historia tradicional de las naciones –por ejemplo, *El siglo de Luis XIV,* de Voltaire; *Historia de América* e *Historia de Escocia,* del historiador escocés William Robertson; y, quizá la más reveladora, la monumental *Historia de Inglaterra,* de David Hume–, pocas tenían la intención de reforzar las tradiciones o de crear identidades nacionales al estilo de los grandes escritos históricos del siglo XIX[80]. La mayor parte de ellas, y desde luego las más importantes, estaban dedicadas al estudio comparativo de las actuaciones y los comportamientos de los seres humanos. La estrategia consistía en utilizar la historia de un pueblo en concreto o de un momento específico para ilustrar algún aspecto de la historia de la especie en su conjunto. D'Alembert, que tenía mucho que decir de cómo escribir historia, igual que Descartes, se ocupó –a veces con un aire de suficiencia– de una buena parte de la historiografía precedente, que, con su carga de erudición inútil y su deplorable letanía de hazañas de aquellos que Shaftesbury llamó «grandes carniceros de la humanidad», fue, en el mejor de los casos, un entretenimiento, válido tal vez para la instrucción moral de los niños, pero de escasa utilidad para algo más. «La ciencia de la historia –escribió–, cuando no está iluminada por la filosofía, es la última de las ciencias humanas»[81]. Sin embargo, cuando recibe la ayuda de la filosofía, es la primera. Si bien es cierto que los cultivadores de las nuevas ciencias humanas escribieron un tipo de historia en la que se prescindía e incluso se llegaba a despreciar algunas veces la erudición que Edward Gibbon apreciaba en grado sumo, sus obras no fueron la «mera imitación de los botánicos» que quería Gibbon[82], como se desprende de las ideas del propio D'Alembert sobre los materiales más adecuados para estas ciencias y de la crítica de Hume a las estrategias fundamentalmente especulativas de los historiadores antiguos. La diferencia no residía tanto entre lo «erudito» y lo «civil», por un lado, y la historia filosófica, por otro, como entre lo que el poeta y dramaturgo alemán Gotthold Ephraim Lessing denominaba en 1753 «el hombre en particular y el hombre en general». Conocer al «hombre en particular», se lamentaba, no es más que conocer a «locos y bribones». En cambio, el estudio del «hombre en general» valía la pena. «Aquí es donde el hombre demuestra su grandeza y su origen divino. Consideremos las empresas acometidas por él, la diaria ampliación de los límites de entendimiento, la sabiduría que predomina en sus leyes, la ambición que comunican sus monumentos»[83].

Puesto que las «ciencias humanas» se proponían conocer al hombre en cuanto *especie,* el modo más eficaz era examinar con detalle sus «hábitos y costumbres», sus «*moeurs*». «Has utilizado la filosofía para juzgar las costumbres –decía Edmund Burke a William Robertson después de leer su *Historia de América*–, y de las costumbres has extraído nuevos recursos para la filosofía»[84]. Hume comentaba sobre su propio proyecto: «La única razón por la que las naciones pueden entregarse a la curiosidad por conocer sus orígenes remotos es el estudio de las lenguas y las costumbres de sus ancestros y compararlas con los de las naciones vecinas»[85]. Por eso Herder –que era consciente de haber creado una nueva historia filosófica– opinaba que Hume no era un «historiador, sino un *filósofo* de la historia británica»[86].

En lo relativo a la forma, las obras históricas de Voltaire, Robertson y Hume resultaban bastante convencionales, al contrario que muchas de las «historias» que se escribieron durante la Ilustración. La *Nueva ciencia* de Giambattista Vico (1725), por ejemplo, era en cierto modo una historia, y así la consideró su propio autor: «una historia eterna e ideal» de la humanidad, compuesta precisamente «de todas las cosas que dependen de la humana voluntad, como la historia de las lenguas, de las costumbres y de los hechos de guerra y de paz de los pueblos»[87]. *El espíritu de las leyes* de Montesquieu es también un tipo de historia, formada a partir de un amplio repertorio de costumbres y de leyes, con el objetivo de construir un relato panorámico de la evolución de la cultura humana; y otro tanto cabe decir de la *Revisión filosófica* de Turgot y del *Bosquejo de un cuadro histórico de los progresos del espíritu humano.*

Y también lo fueron las más famosas y las más leídas: la gran historia universal de Voltaire, *Ensayo sobre las costumbres y el espíritu de las naciones,* escrita para satisfacer a una dama, Gabrielle Émilie, marquesa de Châtelet, newtoniana y matemática, de la que ya hablamos en el capítulo anterior, y a quien la historia le parecía hecha exclusivamente de «esas fábulas que el tiempo ha consagrado, tan fáciles de repetir, que a ella le han reblandecido el intelecto». La dama quería conocer precisamente «las costumbres, las leyes, los prejuicios, las creencias y las artes»; lo que ella deseaba era contemplar «el espíritu de la especie humana». Para satisfacer tales demandas, Voltaire escribió una narración novedosa[88]. Según sus palabras, no tenía intención de «acumular un gran número de hechos», que solo servían para anularse unos a otros. Su objetivo era reunir los más importantes para que sirvieran de guía al lector y le permitieran juzgar por sí mismo «la extinción, el renacimiento y el progreso del espíritu humano, así como familiarizarse con los pueblos [del mundo] a través de sus costumbres *(usages)*». Era, añadía, el único método «apropiado para escribir una historia general» y el mismo que había adoptado «también un filósofo que escribió una historia de Inglaterra»; es decir, David Hume[89]. Aunque Gabrielle murió en 1749, antes de que Voltaire hiciera grandes progresos, pues completar la tarea le llevó treinta y cuatro años, hasta poco antes de su propia muerte en 1778, la influencia del *Ensayo* se aprecia en Gibbon y Robertson, en Turgot, en Condorcet y en el propio Hume[90], y según Lessing –por otra parte, uno de los críticos más feroces de Voltaire– le ganó a su autor el derecho a presumir –con Horacio, el poeta romano– de «haber sido el primero en dar estos pasos libres por un espacio vacío»[91].

Todas estas historias, junto con un gran número de obras menos conocidas, fueron intentos de elaborar una «historia de la humanidad», una historia que el filósofo alemán Karl Werner, refiriéndose en 1879 a la *Nueva ciencia* de Vico, denominó «historicismo conjetural». No una simple relación de los hechos pasados, explicaba, sino también de las *posibilidades* para los seres humanos en el tiempo[92]. En efecto, en el siglo XVIII se llamó a esto historia «conjetural» o «filosófica». Según Dugald Steward, biógrafo de Adam Smith, las *Consideraciones sobre la primera formación de las lenguas* puede considerarse un «caso especial de investigación, cuyos orígenes, conforme a mis conocimientos, son absolutamente modernos». Se trataba de hallar una respuesta a la siguiente pregunta: «¿Mediante qué pasos graduales se ha realizado la transición desde los primeros esfuerzos sencillos de la naturaleza inculta hasta un estado de la cuestión tan maravillosamente artificial y complejo?»[93]. Como en todo conocimiento social auténtico, estas historias no tenían únicamente una finalidad descriptiva, sino también emancipadora. Al brindar una comprensión científica del origen y la evolución de la condición humana, querían, y esperaban, liberar al ser humano de la servidumbre a uno de los conceptos favoritos del siglo XVIII: el prejuicio.

La finalidad de su *Bosquejo de un cuadro histórico de los progresos del espíritu humano,* según el propio Condorcet, había sido revelar «la auténtica naturaleza de nuestros prejuicios». El objetivo declarado de Montesquieu en *El espíritu de las leyes* no era otro que curar a los hombres de la enfermedad de sus prejuicios. «Llamo aquí prejuicios –escribió– no a lo que nos hace ignorantes de ciertas cosas, sino a lo que a uno le hace ignorante de sí mismo»[94]. La única manera de evitarlo, sostiene, es conocer los principios que respaldan las «leyes políticas y civiles» de los pueblos, su relación con el aspecto físico del país a que pertenecen, con su religión, con «los hábitos y las costumbres» de sus habitantes y con las relaciones de las propias leyes entre sí. Y esto, a su vez, solo puede comprenderse históricamente porque «los hábitos y las costumbres», aunque para él estuvieran determinados por los factores climáticos y ambientales, se desarrollan y cambian con el tiempo, como todos los restantes aspectos de la vida humana. «Esto –concluye– es lo que se llama EL ESPÍRITU DE LAS LEYES»[95]. Tenemos, pues, un equivalente social o «moral» al evolucionismo biológico de Buffon. Como ha dicho Jürgen Habermas: «Los pensadores, desde Vico hasta Condorcet... sustituyeron la teleología de la naturaleza por la historia»[96]. Y lo que esa historia descubriría era que el destino final de la especie tenía que ser la creación de una civilización universal y cosmopolita.

5

Los procedimientos de la historia «conjetural» o «filosófica», como explicaba Kant al final de una de sus contribuciones al género, la *Idea para una historia universal en sentido cosmopolita,* de 1784, no consistía en «desplazar la labor de la historia propiamente dicha, aquella que se concibe de un modo *empírico*», sino en proporcionar «una noción que un espíritu filosófico, muy familiarizado con la historia, pueda abordar desde un ángulo distinto». Según Kant, la posición histórica es equivalente a la de quien observa el cielo desde la tierra y tiene la impresión de que los planetas «se mueven unas veces hacia atrás y otras hacia delante y otras aun de que no se mueven en absoluto». El punto de vista ideal, el único desde el que resultaría visible la regularidad del cosmos, sería el del sol o aquel que en otro tiempo se llamó «el punto de vista de la Providencia», inaccesible, naturalmente, para un mortal. Pero, si no se puede adquirir por la experiencia personal, según Kant, podría adquirirse a través de la razón y de la imaginación, recurriendo a lo que cabe saber de la historia del movimiento de la humanidad a lo largo del tiempo[97]. Tal era el «ángulo distinto» de Kant. La historia filosófica es un intento de dar sentido al «libre ejercicio de la voluntad humana» mediante el descubrimiento, en lo que de otro modo nos parecería «una serie de actos humanos confusos y fortuitos», de una progresión regular, que no es sino el «desarrollo continuo aunque lento de las capacidades originales del hombre»; cosa que no se logra, como hace la historia tradicional, enumerando pacientemente los hechos conocidos del pasado –a lo que Kant se refiere con desdén como los pormenores relacionados con «matrimonios, nacimientos y muertes», precisamente porque esos hechos de la existencia humana «no parecen sujetos a norma alguna que permita determinar su número de antemano». La mera narración de las hazañas pasadas del hombre –la única a disposición del historiador empírico– no es otra cosa que el relato de unos hechos sin un propósito concreto[98]. Pero una historia que pretenda relacionar esos hechos con la finalidad de la naturaleza –dando por sentado que tal cosa exista– no se limitará a contar los hechos pasados, sino que sentará las bases de una narración de los hechos futuros; será, en palabras de Kant, «adivinatoria y aun así natural»[99]. Para conseguirlo hay que seguir lo que Kant llama «una regla a priori», que permite al historiador «descubrir un objetivo de la naturaleza en la marcha contradictoria de los asuntos humanos, a partir del cual sería posible una historia de estas criaturas, que proceden sin plan propio, conforme a un plan concreto de la naturaleza»[100].

En los comentarios introductorios a las *Conjeturas sobre los comienzos de la historia de la humanidad,* escritas en 1786 para dar respuesta a las *Ideas para una filosofía de la historia de la humanidad* de Herder, Kant compara este tipo de historia con «un movimiento del poder de la imaginación, acompañada de la razón, que se entrega a ella para recreo y salud del espíritu». Es, dice medio en broma (si cabe imaginar a Kant bromeando), una especie de «puro viaje de placer», y un viaje hecho «en las poderosas alas de la imaginación».

No obstante, aquel viaje de placer tenía una finalidad muy seria, pues «si bien no debe aventurarse en la progresión de la historia de los hechos humanos, puede ensayar mediante conjeturas sus *primeros principios,* en la medida en que estos son un *producto* de la naturaleza»[101]. Aquí el proyecto de Kant, como él mismo señaló con frecuencia, debía mucho a Rousseau, a quien denominó en cierta ocasión el «Newton del mundo moral», y en especial al Rousseau del *Discurso sobre el origen y los fundamentos de la desigualdad entre los hombres*[102]. Sin embargo, y al contrario que Rousseau, Kant es bastante ambiguo en su declaración de intenciones. Puesto que no estuvimos presentes en nuestros comienzos, ya que en tal caso nos habríamos creado nosotros mismos, se nos permite rellenar los huecos de nuestro conocimiento empírico haciendo conjeturas. Conjeturas «que no son una ficción, sino que pueden extraerse de la experiencia, si presuponemos que esta no fue en sus primeros principios ni mejor ni peor que la que encontramos ahora». Las condiciones potenciales de la vida continúan igual, dado que «la naturaleza... no se conduce de un modo caprichoso con la vida»[103]. Retrocediendo desde la experiencia de hoy, cabe imaginar con bastante seguridad lo que experimentaron nuestros ancestros remotos durante aquellos estadios decisivos de su desarrollo que no han dejado rastros históricos. «El progreso del espíritu humano», explicaba Condorcet, siguiendo en gran medida el mismo camino, pero absolutamente independiente de Kant (a quien no había leído) y de Rousseau (de quien desconfiaba):

> está sujeto a las mismas leyes generales que observamos en el desarrollo de las facultades de los individuos, puesto que es consecuencia de ese desarrollo, considerado tal como se manifiesta en un gran número de individuos reunidos en sociedad. Pero el resultado que se presenta a cada instante depende del resultado que produjeron los instantes previos y al mismo tiempo influye en los que le seguirán. Este es, pues, un cuadro histórico...[104].

Los seres humanos son criaturas inquietas e inflexibles y, por muchos reveses que sufran en tanto que individuos durante su larga historia, ningún autor de la Ilustración dudó nunca de que –dicho con Kant– si observamos «la vocación de la especie» veremos que su historia «no es otra cosa que el relato de un *progreso* hacia la perfección»[105]. Como individuo cada cual tiene la libertad de retirarse, de vivir en una isla desierta o, como hizo Rousseau en las últimas semanas de su vida, en una *cabane* selvática –aunque en su caso la selvatiquez se localizara en los cuidados jardines del marqués René

Louis de Girardin, en Ermenonville, a unos cincuenta kilómetros de París–, pero la humanidad en su conjunto no puede huir del tiempo.

Al igual que el *Discurso sobre el origen y los fundamentos de
la desigualdad,* las *Conjeturas sobre los comienzos de la historia de la humanidad* empiezan con una versión secularizada
(o al menos desacralizada) del libro del Génesis, pues como
dijo Rousseau, quizá para aplacar a los cristianos más literales,
aunque la religión «nos mande creer que Dios mismo» sacó
a la humanidad del estado de naturaleza, «no nos prohíbe
hacer conjeturas partiendo de la propia naturaleza del hombre y de los seres que le rodean, sobre el futuro de la humanidad si hubiera quedado abandonada a sus propios esfuerzos»[106]. En el esquema de Kant (no en el de Rousseau) el
acontecimiento que se describe en la Biblia como una Caída,
resultado de la desobediencia, constituye el reconocimiento
de la razón. Para Vico, igualmente, la Caída solo podía entenderse como una experiencia cognitiva. Fue la expulsión del
Jardín del Edén lo que lanzó al hombre a la historia, pero entró en ella como un ser por completo distinto al que luego
llegaría a ser, como un idiota, un *stultus* que conservaba de su
condición anterior únicamente lo que Vico llamaba «la fuerza de la verdad» *(vis veri),* la capacidad innata de reconocer la
verdad cuando esta se le presentaba. En consecuencia, su progreso fue un asunto guiado a voluntad propia.

No obstante, la primera pareja de Kant estaba más desar-
mada incluso que la de Vico. El autor aceptaba que hubieran
sido capaces no solo de moverse y de mantenerse en una posición erguida, sino también de hablar –«por ejemplo, de juntar palabras y conceptos»– y, por tanto, de pensar, pues de
otro modo no podrían habérseles considerado humanos (¿y

con qué otros medios habría convencido Eva a Adán de comer de la fruta prohibida?), pero esas cosas no eran en absoluto innatas, porque Kant observa, igual que Locke, que en tal caso «se heredarían, cosa que desmiente la experiencia». Aparte de esta habilidad para comunicarse, su vida se basaba enteramente «en el instinto, esa *voz divina* que todos los animales obedecen». Tanto Rousseau como Kant suponían que la razón habría aparecido para que el hombre «llevara su conocimiento de los medios para alimentarse más allá de los límites del instinto», cosa que hizo «comparando su dieta habitual con cualquier cosa de un carácter semejante que le presentara un sentido diferente al instinto; por ejemplo, el sentido de la vista». Igual que en el Génesis, esto pone fin a la inocencia –o mejor, a la dependencia de la simple naturaleza animal del viejo Adán– y, en consecuencia, representa el progreso hacia la verdadera humanidad. Pero entonces, ocurre algo en el relato de Kant que no tiene lugar en el Antiguo Testamento (ni tampoco en las versiones de Vico y de Rousseau): la razón une sus fuerzas con la imaginación y juntas «inventan los deseos que no solamente no corresponden al impulso natural, sino que incluso discrepan de este». Al parecer, los seres humanos han adquirido la capacidad de ejercer su libertad respecto a la naturaleza, o como dice Kant, «de ponerle a la naturaleza reparos». Las consecuencias para el futuro de la raza fueron mucho más radicales que la de la maniobra de Eva con la manzana.

El hombre descubrió en su interior la facultad de elegir por sí mismo un modo de vida, y de no estar, como otros animales, atado a uno solo. Sin embargo, al momentáneo placer que esta evidente superioridad debió de causarle seguirían inmediatamente la ansiedad y el espanto al enfrentarse a cómo podría gobernar él, que aún desconocía las propiedades ocultas y los efectos remotos de todas las cosas, esta facultad recién descubierta. En efecto, se hallaba al borde de un abismo, porque en vez de los pocos objetos de deseo a los que hasta ese momento le había dirigido el instinto, se le presentaban ahora una infinidad de ellos, sin que él supiera cómo relacionarse con la posibilidad de elegir entre todos; y desde ese estado de libertad, una vez probado, le resultó absolutamente imposible retroceder al de servidumbre (bajo el dominio del instinto)[107].

Entonces, el hombre se convirtió en lo que sería ya siempre: una criatura escindida y en guerra consigo misma. Esto es lo que finalmente le llevará a formar sociedades, y lo que continuamente impulsará a esas sociedades a perfeccionarse y a tomar de un modo inexorable la dirección del mundo cosmopolita que las aguarda al final de la historia. Pero el conflicto entre la elección y el deseo no es el único que el inexperto ser humano debe afrontar, porque en ese momento la razón comienza a operar de modo que ya no sirve solo para ampliar el alcance de las nuevas posibilidades, sino que empieza también a jugar con la imaginación. Kant da a la hoja de higuera del libro del Génesis un empleo bastante curioso. En la Biblia, Dios descubre a Adán y Eva ocultándose por el Jardín del Edén con una vestimenta poco común, debido a que acaban de adquirir la razón (o como dice el Génesis: «el conocimiento del bien y del mal»). «Y viendo que estaban desnudos, cosieron unas hojas de higuera y se hicieron unos cinturones». En la versión de Kant, en cambio, Adán y Eva no utilizan los faldellines de hojas de higuera para esconder su vergüenza, sino para ampliar su placer sexual ocultando a sus sentidos los objetos del deseo mutuo, porque haciéndolo así evitan «la saciedad que sigue a la satisfacción del puro instinto animal». Kant, que no se casó, tenía en baja estima al sexo, por creerlo «una degradación de la naturaleza humana» que convertía «a la persona amada en objeto de un apetito». También creía –de ahí su ingeniosa interpretación de la función de las hojas de higuera– que la sexualidad no era «una inclinación de un ser humano hacia otro, sino de un ser humano hacia el *sexo* del otro». El «objeto del deseo de un hombre es el sexo de la mujer», no su persona[108]. Según su punto de vista, el hombre estaba hecho para fines más altos. Pero no menospreciaba la importancia del deseo sexual, que consideraba el primero y tal vez aún el más poderoso de los impulsos humanos.

Tal es la astucia de la naturaleza. En principio, estos juegos sexuales podrían indicar «la conciencia de alguna forma de control racional de los impulsos», pero en realidad hicieron algo más. Extendieron el alcance posible de esos impulsos hasta el infinito. Cuando finalmente el hombre entró en la historia, esta primitiva complacencia hacia las necesidades sexuales aseguraría que «la naturaleza humana no es de las que ponen coto a la posesión, el disfrute y la satisfacción de los sentidos»[109].

Igual que en su famoso ensayo de 1784, «Respuesta a la pregunta: ¿Qué es Ilustración?», Kant calificaba al hombre civil –pero aún no ilustrado– de niño que teme caminar sin el ronzal de una autoridad que le guíe; por tanto, el hombre anterior, precivil, aunque ya dotado de los deseos que en lo sucesivo le impedirán mantenerse mucho tiempo satisfecho con su suerte, vive todavía «una existencia grosera y puramente animal», guiada solo por «las riendas del instinto». Entonces, ¿cómo pudo este ser atrapado y al parecer irremisiblemente infantil abandonar el estado en que había nacido? Para responder, Kant recurre a lo que él –igual que Hobbes– considera la naturaleza básicamente conflictiva de todas las emociones humanas. Como Hobbes, Kant asume que los seres humanos no son por naturaleza sociables, en ninguno de los sentidos completamente desarrollados del término. En realidad, podría parecer que tienen alguna inclinación inicial por la vida en sociedad, pero no son en absoluto esos «animales sociales» que Aristóteles y sus comentaristas cristianos dijeron. La sociedad es evidentemente una creación artificial. En este sentido, Kant escribió una frase de verdad asombrosa: «El hombre no ha nacido guiado por el instinto o dotado de un conocimiento innato; por el contrario, ha nacido para producirlo todo por sí mismo». Aunque el individuo «natural» posee un instinto gregario suficiente para sentirse más humano en sociedad, siente al mismo tiempo una necesidad no menos fuerte de «*individualizarse* (aislarse) porque simultáneamente encuentra en sí mismo la índole insociable que le impulsa a dirigirlo todo para obtener su propio interés»[110]. Así pues, es casi seguro que la reacción inicial a buscar a sus semejantes se debió menos a un instinto fraternal que al miedo y al recelo. «Por naturaleza –escribía Hobbes, tajante– no buscamos amistad en los demás, sino el honor o la utilidad que nos aportan»[111]. Sin embargo, Kant, al contrario que Hobbes, no opina que esta competencia tan instintiva como detestable produzca la inevitable violencia de la «guerra de todos contra todos», porque Kant descubrió, o sencillamente tomó de Rousseau, un estadio crucial de la historia desaparecido en todas las narraciones previas de los orígenes de la sociedad humana. El hombre primitivo de Hobbes solo desea sobrevivir y ser libre para actuar exactamente como ha elegido. El «salvaje» de Rousseau necesita también –como el de Hobbes– comida y compañera. Pero no es bastante. Para Rousseau y para Kant, el hombre hobbesiano es una criatura imposible, aunque solo sea porque ningún ser humano puede vivir solo de comida y de sexo. Si es verdaderamente humano, y no un animal, descubrirá enseguida que necesita algo más.

En el *Discurso sobre los orígenes de la desigualdad*, Rousseau, lector avisado de Pufendorf, imagina que el paso decisivo hacia una auténtica sociabilidad ocurrió más o menos así: los humanos habían formado ya familias (un hecho no social, sino natural) y se habían construido ya algún tipo de refugio (presumiblemente natural también, como las madrigueras de los conejos o las colmenas de las abejas); e incluso habían llegado a crear alguna forma de asentamiento común (Rousseau no consigue explicar cómo). Al fin y al cabo, los humanos no son, como apuntaba Aristóteles, las únicas criaturas sociales, pues también lo son los lobos y las hormigas. Sin embargo, Rousseau no se pregunta de qué modo llegaron a ser *sociables* los hombres, sino qué hicieron para ser desiguales. La respuesta (de nuevo hobbesiana) está en la competencia. No en la competencia por los recursos, ni en «el deseo incesante de adquirir poder y más poder», sino en el deseo de aprecio:

Establecieron la costumbre de reunirse delante de las cabañas o alrededor de un árbol grande. El canto y el baile, auténticos vástagos del amor y la ociosidad, se convirtieron en la diversión, o mejor, en la ocupación, de las mujeres y los hombres ociosos allí reunidos. Cada cual empieza a mirar a los demás y, a su vez, a querer que le miren a él, y de ese modo el aprecio público adquiere un valor. El que mejor canta o baila, el más hermoso, el más fuerte, el más listo, se convierte en el más respetado; y este es el primer paso hacia la desigualdad y al mismo tiempo hacia el vicio. De estas primeras preferencias surgieron, por un lado, la vanidad y el desprecio; y por otro, la vergüenza y la envidia; y la fermentación causada por estas levaduras produjo compuestos que habrían de resultar funestos para la felicidad y para la inocencia[112].

Según esto, el «salvaje» vive ensimismado; en cambio, el hombre sociable solo es capaz de vivir en la opinión ajena, por así decirlo «extrae el sentido de su propia existencia de la opinión de los otros»[113]. Para Rousseau este es también el momento en que la especie entra en el tiempo histórico. Lo que para Buffon había constituido la diferencia esencial entre el animal y el ser humano es para Rousseau la diferencia entre el «humano» y el «salvaje». Este último, igual que los animales que le rodean, y con los que convive en perfecta armonía, vive casi literalmente al día. Su imaginación «no le pinta nada; su corazón no desea nada; sus escasas necesidades se satisfacen de inmediato y sin dificultad; y se halla tan lejos de tener el conocimiento imprescindible para desear un conocimiento mayor que no puede haber en él ni previsión ni curiosidad»[114]. Por esa razón, el «pobre caribe» del cuento de Rousseau (que él tomó del dominico Jean-Baptiste du Tertre y que Kant tomó de él) vende su hamaca a un colonizador europeo por la mañana y por la noche se presenta a pedirle que se la devuelva. Los seres civiles poseen una identidad individual que al salvaje, como a otros animales, le falta; y las identidades, igual que el paso del tiempo, dependen de la presencia de otros. El solitario de la isla desierta no es nadie. El origen de la vida civil está en la búsqueda de un reconocimiento continuo, no de protección. Con el tiempo, la percepción de esa desigualdad dará paso a la imposición de las diferencias políticas y sociales y a la formación de las sociedades de los hombres sin libertad, como él piensa que es la suya. Kant proporciona una explicación más detallada de la creación de las jerarquías y las clases, pero en ambos casos lo importante es que los hombres se hicieron sociables –igual que un día se harán ilustrados– no por un instinto innato de sociabilidad, sino por un deseo individual de reconocimiento y aceptación. Kant lo denominó con una expresión famosa: «insociable sociabilidad» de la humanidad o, lo que es igual, «la tendencia a reunirse en sociedad junto con una resistencia continua que amenaza constantemente con destruir esa misma sociedad». Esa resistencia, ese conflicto, ese malestar, es lo que despierta las potencias del hombre y le induce a superar su tendencia a la pereza. A través del deseo de honor, poder y propiedad, le empuja a buscar un estatus entre sus semejantes, a los que, dice Kant, «no puede *soportar,* pero de los que tampoco puede *prescindir*»[115].

De la intención de resolver todos estos conflictos nace la *constitución civil* del Estado moderno, ese «acuerdo *patológicamente* impuesto para formar una sociedad», cuyo resultado fue la transformación de las inclinaciones salvajes de los hombres con el fin de que estos «obtengan los efectos más beneficiosos». En un célebre pasaje, Kant asocia este proceso al crecimiento de los árboles de un bosque, donde «precisamente porque cada cual pretende quitarle el sol y el aire al otro, todos se ven obligados a buscar por encima de ellos, y así crecen altos y derechos; en cambio, aquellos que, libres y separados unos de otros, extienden las ramas a su gusto, crecen torcidos y raquíticos»[116].

Kant se inclinaba a creer, con Hobbes, Rousseau y Condorcet, que las primeras sociedades eran rígidas y autoritarias, y más monárquicas que republicanas, pero las suyas difieren de las hobbesianas –no podía ser de otro modo– en que el ciudadano, aunque le está negada la libre actuación de su voluntad, tiene pleno derecho a ejercer su juicio. Así, con el tiempo, dentro de esa «coraza» de la libertad civil limitada, «el germen sobre el que la naturaleza ha prodigado sus cuidados; esto es, la inclinación, la vocación del hombre a *pensar libremente*... va actuando sobre la mentalidad de las gentes, que poco a poco se hacen capaces de *actuar libremente*». A partir de aquí, con el tiempo, surge la tendencia a la Ilustración, que finalmente consagra la libertad de la especie. Y lo mismo que se aplica, por ejemplo, a las leyes o a la estructura del gobierno, se aplica también a la determinación de nuestras creencias; por ese motivo, todo aquello que se parezca a un acuerdo religioso «que se ligue por juramento a un credo inmutable», con el objetivo de «ejercer una tutela continua de sus miembros y, a través de ellos, del pueblo», aunque estuviera respaldado por «el poder supremo, las dietas imperiales y los más solemnes tratados de paz», resultaría una conspiración para «excluir definitivamente la posible Ilustración del género humano»; lo cual no es sino «un crimen contra la naturaleza humana, cuya vocación original consiste justamente en ese progresar»[117].

A Rousseau la sociedad civil le parece una calamidad. El salvaje feliz, aunque ignorante y perezoso, se ha visto forzado por la lógica de su humanidad a rendir su bien más preciado: la libertad; Kant, en cambio, no encuentra ningún bien en la primitiva libertad bovina de esos «hombres y mujeres despreocupados», de ese «noble salvaje» eternamente feliz y siempre igual a sí mismo. Ya desde Aristóteles (por lo menos), todo aquel que ha pensado sobre el asunto ha llegado a la conclusión de que la «felicidad» es la primera meta de la actividad humana. Como dijo el propio Aristóteles: «Existe un fin en las cosas que hacemos, el cual deseamos en sí mismo (y todo lo demás se desea por él)... que ha de ser un bien y el mayor de los bienes»[118]. ¿Qué era? La respuesta, evidente, tautológica, es «la felicidad». No deseamos la fuerza, la pericia, el amor, el éxito o sencillamente el bien en sí mismos; los deseamos porque nos hacen felices. No obstante, el término griego que emplea Aristóteles –*eudaimonia*– significa mucho más que la mera gratificación implícita en el término actual de «felicidad». Significa algo cercano a realización o cumplimiento, cosa que los teólogos han traducido rutinariamente por «beatitud». En todo caso, se acepta universalmente como la meta suprema del género humano. También Kant lo aceptaba, siempre y cuando la felicidad fuera el «principal fin de la naturaleza». En realidad, se trata de aquella situación en la que los instintos y los deseos humanos encajan en lo que Kant llamaba «condiciones empíricas». La dicha que disfrutaron los habitantes de la Edad de Oro o de las Islas Afortunadas, donde, en las palabras del poeta romano Horacio, «la tierra cada año entrega cosechas de Ceres sin haber sido arada y sin haberla podado florece siempre la viña», o, si hemos de creer ciertos relatos de Tahití, se relaciona en todas sus versiones con un mero estado de saciedad, una situación en la que nadie desea pedir más. Sin embargo, para el género humano, no querer más es, como dice Kant, «la mera *idea* de un estado», ya que, aunque fuéramos capaces de lograr ese dominio perfecto de la naturaleza que requeriría semejante condición, lo que entrañablemente imaginamos que es la «felicidad» resultaría imposible, porque «en ninguna parte la naturaleza [humana] es de las que ponen coto a la posesión, al disfrute y a la satisfacción»[119.] ¿Y si pensáramos, se pregunta entonces Kant, que, contrariamente a lo que han dicho durante tantos siglos los moralistas:

> el verdadero fin de la Providencia no fuera esa imagen imprecisa de la felicidad que cada cual inventa para sí, sino la actividad siempre creciente y práctica y la cultura que aquella pone en marcha, cuyo mayor grado posible es el producto de la constitución de un estado ordenado de acuerdo con los conceptos del derecho humano y, en consecuencia, algo que puede ser la obra de los propios seres humanos?

La respuesta es palmaria y, como veremos, la «constitución del estado» que Kant tiene en la cabeza podría resultar la realización del «derecho cosmopolita» de la humanidad[120.] Porque «el fin de la existencia de la naturaleza en sí debe buscarse más allá de la naturaleza»[121.]

Muchas de las condiciones que comúnmente se consideran «felices» deberían considerarse mejor estupideces supinas. Los seres «felices» que la imaginación literaria ha hecho famosos, de haber existido, no habrían sido otra cosa que criaturas sin propósito ni fin determinado, que probablemente habrían detenido «el desarrollo de las capacidades naturales de los seres humanos». Si «los felices habitantes de Tahití» –sobre los que volveremos–, descritos en términos deslumbrantes por el explorador francés Antoine de Bougainville en su famosa relación de 1769, no hubieran recibido la «visita» de unos viajeros procedentes de «naciones más cultivadas», y se hubieran quedado «cientos de siglos en su tranquila indolencia», jamás, al parecer de Kant, habrían estado en condiciones de «ofrecer una respuesta satisfactoria a la pregunta del porqué de su existencia o de si hubiera sido tan bueno que la isla estuviera poblada de ovejas y de vacas felices como de unos seres humanos cuya felicidad depende únicamente del disfrute»[122]. Puede que alguna vez, al principio del mundo, hayamos vivido durante un tiempo breve «en la situación segura e inocua de una niñez protegida... en un jardín, digámoslo así, que proveía de todo [al hombre] sin necesidad del menor esfuerzo por su parte». Y que a medida que los seres humanos han ingresado en la historia, especialmente en épocas duras, hayan soñado con la vuelta a esa condición. La literatura universal está plagada de tales sueños. Ahí reside el atractivo, dice Kant, de «las historias de Robinson Crusoe y de los viajes a los Mares del Sur». En todo caso, nunca serán más que juguetes para los ociosos, que «buscan el valor solo en el *placer*»[123]. Pero todos los seres humanos, incluidos los perezosos, poseen lo que Kant llama la «razón incansable», que los empuja «irresistiblemente a desarrollar sus capacidades innatas, interponiéndose entre ellos y ese imaginado asiento de dicha»[124]. Los tahitianos y sus iguales, los «neoholandeses o los fueguinos», criaturas que «viven una existencia arcádica y pastoral de concordia perfecta, suficiencia y amor mutuo», seguramente carecerán de una «razón incansable», y sus talentos quedarán «ocultos para siempre, en un estado de sopor». Ellos mismos, «tan bonachones como las ovejas que apacientan, no darían a su existencia más valor que a la de sus animales. El fin para el que fueron creados, su naturaleza racional, sería un espacio vacío». Quizá eran agradables de tratar, pero no debían de ser verdaderos humanos en el pleno sentido de la palabra. (Kant estaba convencido de que, en realidad, los pueblos descritos por Bougainville no existían). En todo caso, esto no significa que no pudieran representar un peligro para el futuro progreso del género humano.

La historia de los auténticos seres humanos es la historia de una lucha por conocerse a sí mismos, que finalmente situará a la humanidad en esa condición que Kant llama Ilustración, la única que ha de proporcionar al hombre la solución del conflicto que primero le hizo civil y que al fin le permitirá desarrollarse sin ver sus actos de voluntad constantemente impedidos. Cuando llegue ese momento, dice Kant en la última de sus grandes Críticas, la *Crítica del juicio* de 1790, la humanidad –por lo menos, la humanidad poslapsaria– alcanzará lo que él llamaba un auténtico estado de cultura, pues la cultura «debe considerarse el fin último de la naturaleza en lo que atañe al género humano»[125]. Ese final, no obstante, pertenece a un futuro imaginable aunque nunca alcanzado, y requiere, como veremos, un reordenamiento radical no solo de las sociedades tomadas de una en una, sino también de las actuales relaciones entre ellas, para crear lo que Kant denomina «una sociedad de los ciudadanos del mundo».

6

El problema de estos relatos, especialmente el de Kant, es que todos dan la impresión de ser historias que no habrían podido contarse de ningún otro modo. Se trata, al parecer, de la historia de una criatura que, en las reveladoras palabras de Kant, ha nacido para «extraerlo todo de sí misma» y está destinada desde el principio a «no participar de otra felicidad o plenitud que las que ella misma, libre del instinto, se procure mediante su propia razón»[126]. Es, pues, una historia de libertad y, por tanto, de progreso; en el caso de Kant, hacia la Ilustración; en el de Rousseau, hacia la desigualdad. Empero, una lectura depresiva tanto del uno como del otro, e incluso de Condorcet, concluiría que el ser humano nunca ha sido capaz de elegir otra cosa. La astucia de la naturaleza le ha empujado siempre de una forma inexorable, al margen de las decisiones individuales que haya podido tomar. Hasta el estado cosmopolita del futuro –que hará posible la plena posesión de una «cultura»– será en gran medida un proceso planeado por la naturaleza. No podemos elegir otra cosa que mejorar. Según parece, solo somos libres de elegir en relación con nuestra capacidad de liberarnos de la «inmadurez culpable». Incluso aquí, Kant se limita a proponer un paso que, puesto que ha de ser uno de los muchos en el camino hacia la cultura, está ya preparado por la naturaleza. Lejos de ser el agente racional y autónomo que los críticos del «proyecto ilustrado» han imaginado para él, el hombre kantiano y rousseauniano es poco más que un elemento peculiarmente constituido del proceso natural. Sustitúyase a «Dios» por la «Naturaleza» y probablemente se tendrá una deprimente y conocida noción calvinista de la ontología.

Probablemente. Muchos han sostenido que Kant –en realidad, todo el edificio de la «Ilustración»– no hizo más que sustituir un determinismo histórico por otro, que al fin no existe una diferencia de veras significativa entre la Providencia y la «astucia de la naturaleza» como no sea el carácter inescrutable de la primera.

Sin embargo, la diferencia entre el universo centrado en Dios de los teólogos y el universo centrado en la naturaleza de los ilustrados está en la forma de entender la elección humana en el tiempo [histórico]. Para los primeros, la historia tiene un principio conocido, recogido en la Biblia; un intermedio registrado, por así decirlo, en el que viven actualmente los seres humanos; y un final cuyas características generales conocemos también por las Escrituras. A pesar del libre albedrío, la humanidad representa un papel bastante pequeño en esta historia. Vico lo sabía, de ahí su lucha constante por conciliar el concepto de Providencia con un relato suficiente de la acción humana. También la descripción que hacen los ilustrados del abandono del estado de naturaleza por parte de la humanidad tiene un principio conocido, o al menos conocible, que está en las historias y en los relatos de los pueblos vivos del mundo, y tiene un intermedio en el que vive actualmente nuestra época. Pero los finales posibles son varios, porque los hechos siempre pudieron haber sido otros. «Dado que tratamos con seres que actúan libremente –decía Kant–, es cierto que aquello que deben hacer puede estar dictado de antemano, pero no está dicho lo que *harán*»[127]. La historia del género humano es un proceso necesariamente inacabable. «Estas observaciones –declaraba Condorcet al principio del *Bosquejo*– sobre lo que ha sido el hombre y sobre lo que es hoy serán medios de asegurar y acelerar los nuevos desarrollos que aún cabe esperar de él»[128].

Para los historiadores filosóficos de la Ilustración, la presencia en el mundo moderno de una enorme variedad de culturas y de muchos niveles distintos de «civilización» constituía una prueba evidente de ese extremo. Los tahitianos, los osetios, los samoyedos, los mongoles y los chinos eran ejemplos del resultado de distintas elecciones humanas. Una vez trazado el esquema general será posible que la especie en su conjunto, si no el individuo en todos los casos, descubra cómo actuar para obtener el resultado más satisfactorio. Porque los seres humanos poseen la «capacidad de prever», que es la más importante de sus capacidades, dado que «es la condición de toda práctica posible y la meta a la que dirige el hombre el empleo de sus aptitudes». Así pues, la historia de Kant, como las de Condorcet y Rousseau, es «premonitoria», tan profética como predictiva. Como decía Kant, «se trata de una narración de cosas inminentes en el futuro, en consecuencia... de una representación posible a priori de acontecimientos que suponemos ocurrirán»[129]. Tanto la *Idea para una historia universal en sentido cosmopolita,* de Kant, como el *Bosquejo de un cuadro histórico de los progresos del espíritu humano,* de Condorcet, terminan con el trazado general de un futuro estado de la humanidad. (El texto de Condorcet, más largo y nunca completado, iba a ser el que más se extendiera en tales prospecciones). También el *Contrato social* de Rousseau ofrece un proyecto futuro, un instrumento para una criatura que nació libre, pero que en la actualidad se encuentra «prisionera en todas partes»; el equivalente moral más próximo a la perfecta igualdad del estado de naturaleza[130].

7

Todas las historias que integraban la nueva «ciencia del hombre» comenzaban inevitablemente con un relato de los orígenes de la vida humana. Nada que no hubiera ocurrido antes. Las definiciones del género humano han comenzado siempre por lo que Dugald Stewart llamó «los primeros esfuerzos elementales de la naturaleza inculta», lo cual ha constituido la base de la mayoría de los mitos sobre el origen por lo menos desde Platón. Pero los teóricos del siglo XVII, en especial Hobbes, Grocio y Locke, le imprimieron una dirección enteramente nueva. Si los tres tenían razón y la sociedad humana no era producto de la naturaleza, como Aristóteles y sus seguidores dieron por sentado, sino un artefacto puramente humano formado por los individuos no como respuesta automática a una innata necesidad de unirse a sus semejantes, sino ante todo como una forma de protegerse, tuvo que haber un comienzo muy concreto. Es decir, tuvo que haber un tiempo anterior a la formación de la sociedad humana, un tiempo que ellos llamaron «estado de naturaleza».

Ya hemos visto que para Hobbes «la condición natural del género humano» era «la guerra de todos contra todos». A muchos de sus lectores del siglo XVIII esta explicación desoladora e históricamente indiferenciada del origen no solo les parecía perversa, sino también muy improbable. «No podemos suponer –objetaba Montesquieu– que los hombres cayeron del cielo o que surgieron armados de la tierra al modo de los soldados de Cadmo para destruirse. No es ese el estado de la humanidad que debemos buscar»[131]. Uno de los problemas era que Hobbes nunca aclaró si la sucinta descripción del estado de naturaleza diseminada por su texto le parecía históricamente verificable o sencillamente una alternativa a lo que en el *Leviatán* llamaba una «deducción hecha a partir de las pasiones». Y en efecto, se refería a los «pueblos salvajes de muchas partes de América» para probar que aun si la guerra de todos contra todos «no se hubiera producido generalmente en la totalidad del mundo... existen muchos lugares en los que aún se vive así»[132]. En el frontispicio de *De Cive* la figura de la «Libertad», un miserable indio brasileño encorvado, que viste un faldellín de hojas y lleva un arco en una mano y una lanza en la otra, tiene enfrente la figura esplendorosa, recta e inconfundiblemente europea del «Imperium» (poder/autoridad) que sostiene la balanza y la espada de la justicia. Esta y otras alusiones que encontramos aquí y allá a los pueblos no europeos demuestran a las claras que su relato de la humanidad primitiva tenía para Hobbes alguna verdad histórica[133]. No obstante, en ninguna parte hallamos nada parecido a una descripción enteramente desarrollada. La de Grocio, algo más profunda desde el punto de vista histórico y etnológico, hizo exclamar a Leibniz que sus ejemplos «tomados de la historia y de registros antiguos, se adaptan de un modo excelente, según parece, a normas establecidas que sirven también para hoy»[134]. Pero también son escasamente funcionales. El estado de naturaleza de Locke es una condición mucho más compleja y verosímil, en la que los hombres viven en libertad, pero, aunque no existe aún un poder soberano, tienen un cierto grado de sociabilidad y de reconocimiento mutuo; por tanto, viven juntos en un «estado de paz, buena voluntad y ayuda y preservación mutuas». Así imaginaba que vivían los indios americanos de su época y que vivieron nuestros ancestros en los tiempos primitivos y patriarcales del Antiguo Testamento. No es, desde luego, lo mismo que un estado de guerra, aunque «algunos hombres –dice, tirando con bala a Hobbes– los hayan confundido»[135]. En cambio, Locke es tan evasivo como Hobbes y Grocio sobre la verosimilitud histórica y etnográfica de sus diferentes estados de naturaleza.

El problema de estas descripciones del estado precivil de los hombres es su esquematismo, su falta de matices y la falta de base para construir una auténtica historia científica. «Todos los filósofos que han estudiado los fundamentos de la sociedad –escribía Rousseau despectivamente– han sentido la necesidad de remontarse al estado de naturaleza, pero ninguno lo ha conseguido»[136]. Vico sostenía la misma opinión. El auténtico problema de las descripciones inventadas por Grocio, Pufendorf y John Selden –los «jurisconsultos del género humano», como él los llamó– era que siempre imaginaron que «lo que ellos sabían era tan antiguo como el mundo». Por eso no hicieron otra cosa que fantasear con lo que *ellos* habrían sido de haber vivido en estado de naturaleza[137]. El hombre natural de Grocio, por así decirlo, era el propio Grocio sin las ventajas de la técnica; en cuanto al «hombre licencioso y violento de Thomas Hobbes», jamás habría tenido la posibilidad de establecer un contrato civil, de modo que jamás habría sido ni siquiera el más remoto de nuestros ancestros[138].

No faltaron también quienes despacharon rápidamente la idea de un estado presocial; en especial los escoceses Adam Smith y Adam Ferguson, contemporáneo del primero y sucesor de Hume en el puesto de bibliotecario de la Faculty of Advocates. «Estudiar las leyes naturales en el estado de naturaleza –subrayaba Smith– no sirve en realidad para nada... puesto que semejante estado no ha existido»[139]. Los humanos no presentaban una tendencia natural a vivir la vida que Aristóteles y sus seguidores calificaban de «política», pero debió de existir alguna forma de sociedad que fuera tan propia de ellos como el amor y el odio. Adam Ferguson lamentaba que el procedimiento consistiera en imaginar ilusoriamente «que basta la mera negación de nuestras virtudes para describir al hombre en su estado de naturaleza»[140]. De hecho, el hombre primitivo, como sus herederos, «se caracteriza desde el primer estadio de su ser por la invención y el ingenio». La sociedad es para el hombre un hábitat tan natural como el agua para el pez. «La doble disposición a la amistad y la enemistad –escribió Ferguson–, la razón, el empleo del lenguaje y de los sonidos articulados, así como la figura y la posición erguida del cuerpo deben considerarse atributos de su naturaleza, y deben tenerse en cuenta a la hora de describirle, como se tienen en cuenta las alas y las garras para describir al águila y al león»[141].

Aun dando por sentado que los primeros hombres se hubieran parecido a las criaturas de Hobbes y Rousseau, era evidente para muchos pensadores que no habrían sido capaces de unirse como explica Hobbes, ni de entrar en las complejas negociaciones que se requieren para alcanzar los acuerdos del contrato social. También Simon-Nicholas-Henri Linguet, jurista francés y uno de los críticos más provocadores de Rousseau, lamentaba que la visión de los simples salvajes atraídos a la sociabilidad por Licurgo, Solón, Moisés o Mahoma, presuponía en Rousseau (y Cicerón) que estos hábiles legisladores eran «más que hombres, inteligencias celestiales»[142]. Incluso así, y esto también podría aplicarse al hombre primitivo de Hobbes, deberían haber tenido la capacidad de hablar, un instrumento que en sí mismo es creador de sociedad. Pero el lenguaje no era la única condición imprescindible, porque ¿cómo habrían sido capaces estas criaturas rudas y sencillas de reaccionar a los complejos argumentos que habría necesitado todo un Solón para convencerlos de sustituir sus antiguas formas de vida libres por el mayor bien colectivo que supone la sociedad civil, si carecían de los sentimientos necesarios para comprenderlos? «No se puede defender –dice Linguet– que la sociedad es el efecto del sentimiento y al mismo tiempo su causa»[143].

Debido a su falta de claridad, se ha dicho que el «estado de naturaleza» fue solo lo que los filósofos llaman «un experimento mental». Con palabras de Hume, una «ficción filosófica», análoga a la «ficción poética de la Edad de Oro»[144]. Según esto, no importaría que el estado primitivo hubiera existido o no en la realidad; lo importante es que pudo existir. Basta con que el lector imagine lo que habría sido su vida si el mundo se hubiera encontrado alguna vez en una situación de guerra sin control, para comprender de inmediato la necesidad de llegar a un acuerdo vinculante capaz de proporcionar una situación de paz. El «estado de naturaleza» era una condición que llevábamos siempre con nosotros. Cuando el orden civil se quiebra –cosa que Hobbes había conocido por las devastadoras consecuencias de las guerras civiles inglesas–, nos vemos arrojados a esa situación. Según Hobbes, basta con que abandonemos la seguridad de nuestra casa para darnos cuenta de esta verdad evidente. ¿Cómo si no, se pregunta, nos explicaríamos que todo el mundo «se arme y busque buena compañía cada vez que emprende un viaje?»[145].

Pero no todos estaban convencidos. Si se trataba de «un experimento mental»; si, como dice Rousseau con cierta ligereza al inicio de su *Discurso sobre los orígenes de la desigualdad,* «comencemos, pues, por descartar todos los hechos, ya que no afectan a la cuestión»; si, como afirmó con acierto en alguna ocasión Judith Shklar, la filósofa política estadounidense, su finalidad, como la de todas las formas de la Utopía, a la que tanto se parece, era sencillamente «inducir su aceptación moral en el lector», ¿por qué se llegó a extremos que daban la impresión de que correspondía a una condición real?[146]. ¿Por qué las constantes alusiones a América de Grocio y de Locke? ¿Por qué estudió Rousseau los textos del dominico Jean-Baptiste du Tertre y de François Corréal sobre los caribes, así como los del alemán Peter Kolb sobre los «hotentotes» (los joijoi de Sudáfrica), para apoyar sus ideas sobre la «vida salvaje»?[147].

Nunca se ha contado cómo vivían en realidad esos «salvajes» con los que comenzaron sus fábulas todos los historiadores conjeturales. «El hombre salvaje –decía Buffon– es el más singular de los animales, y el menos conocido... Un salvaje, un salvaje absoluto, constituiría un espectáculo intrigante para el filósofo»[148]. Sin embargo, en 1749 ningún filósofo había visto jamás un «hombre salvaje», no digamos uno que lo fuera «absolutamente». «Filósofos, metafísicos y juristas –protestaba el *philosophe* radical Nicolas-Antoine Boulanger, autor veinte años después de *La Antigüedad al descubierto a través de sus costumbres*–, a falta de historia, han creado a su hombre natural sirviéndose únicamente de la razón». Lo que necesitaban era observar de primera mano «al ser humano real en una situación real», decía Boulanger[149]. A finales del siglo XVIII, sin embargo, la investigación de ese ser se había convertido ya en una realidad científica.

5. El descubrimiento del hombre en la naturaleza

1

En 1772 apareció en las librerías de París una historia anónima en dos volúmenes de la expansión europea en ultramar desde el siglo xv. Su título completo y un poco prolijo era *Historia política y filosófica de los asentamientos y del comercio de los europeos en las dos Indias.* Aunque de hecho se publicó en Francia (con fecha de 1770), llevaba el sello de imprenta de Amsterdam, lo cual, teniendo en cuenta que Holanda era famosa por imponer pocas restricciones a la impresión de libros, hablaba a las claras del carácter incendiario de su contenido. Su autor, como todo el mundo conocía en secreto, era el abate Guillaume-Thomas-François Raynal, que de otro modo habría pasado inadvertido (a pesar de haber entrado en la Royal Society en 1754), colaborador de la venerable gaceta literaria *Mercure de France* y autor de una historia del parlamento inglés, por la que había recibido las inesperadas alabanzas de Edmund Burke: «Es uno de los autores más grandes de nuestro tiempo»[1]. La *Historia de las dos Indias* le haría famoso. El libro se convirtió en la mayor denuncia de la gestión de los imperios europeos aparecida durante el Siglo de las Luces –de hecho, la mayor antes del siglo XX– y en la defensa más desbordante de los valores de la sociedad mercantilista del siglo XVIII (sobre la que oiremos algo más) como «la nueva alma del mundo moral». Entre 1770 y 1787 se publicaron más de treinta ediciones del texto francés y unas cincuenta traducciones. Hubo abreviaciones tituladas *El espíritu de Raynal* y hasta *Raynal para la juventud.* En 1776 apareció una traducción al inglés que iba a desempeñar un cometido no insignificante en la formación de los ideales revolucionarios de algunos fundadores de los recientes Estados Unidos, debido tal vez en parte a la pintura excesivamente favorable que hizo Raynal de las colonias inglesas de América por comparación con las españolas y las francesas[2].

Pero no todo fue producto del empeño de Raynal. Según se sabe, el *abbé* fue, a lo sumo, un enemigo bastante tibio tanto de la expansión francesa en ultramar como de lo que universalmente se consideró el mal que acarreaba: la esclavitud. Llegaría a convertirse en uno de los grandes veteranos de la Revolución Francesa, pero en realidad era, por sus tendencias, un moderado que, en palabras de Friedrich Melchior Grimm, defendía ideas «más acordes con la política establecida que con la justicia»[3]. Tampoco fue un gran estilista, y mucho menos un ingenio pronto.

En 1776 cometió un error que iba a volverse en su contra al pedir a Diderot que le «corrigiera el estilo» para preparar una segunda edición ampliada. Diderot solo aceptó porque veía en la *Historia de las dos Indias* la oportunidad de redactar una obra muy diferente. No se limitó a pulir y refinar la prosa a veces sin brillo de Raynal, sino que introdujo largos pasajes de su propia pluma sobre la barbarie de la esclavitud, el despotismo de China, los efectos perturbadores de los viajes y el potencial de renovación moral que brindaban los Estados Unidos. «Un texto entusiasta –comentó, socarrón, Voltaire después de leerlo–, lleno de declamaciones». Raynal quedó horrorizado. Diderot, se quejó en voz alta y amargamente a todo aquel que quiso escucharle, había abusado «de la confianza depositada en él. Las condiciones tiránicas que le impuso –todo o nada– dieron lugar a sus reproches. La única cosa instructiva e importante de la obra era la parte escrita por él»[4].

La indignación de Raynal no estaba justificada, al menos desde el punto de vista del éxito del libro. Si es cierto, como Diderot le dijo a Grimm, que el libro de Raynal acabó convirtiéndose en «una obra que yo amo y que los reyes y los cortesanos detestan, la obra que dio a luz a Bruto», se debió sobre todo a su propia contribución[5]. Pidió incluso a unos cuantos amigos y antiguos colaboradores de la *Encyclopédie* –Jean-Joseph Pechméja, el otrora oscuro autor de una novela de viajes didáctica, *Télèphe;* Holbach; Jacques Paulze, recaudador general de impuestos (y padre de la química Marie-Anne Pierorette Paulze); el abate Martin; y Alexandre Deleyre, bibliotecario del duque de Parma, entre otros– que añadieran pasajes de su puño y letra, de modo que cuando en 1780 aparecieron en Ginebra los diez volúmenes de la versión final, la *Historia* se había transformado en una mini *Encyclopédie* de los diversos males que la colonización europea había extendido por el mundo y (cosa que suele pasarse por alto) del enorme bien que aún podía producir un acercamiento ilustrado y basado en el comercio a los pueblos «bárbaros» y «salvajes» del mundo.

No obstante, al introducir sus numerosas enmiendas y añadidos al texto original de Raynal, Diderot tenía otro objetivo, ya que para él una de las muchas consecuencias desastrosas de la colonización europea había sido la constante eliminación de los pueblos «primitivos». Y no porque se preocupara por la vida de los salvajes, como dijo repetidamente. Sin embargo, por poca atracción personal que sintiera por aquellas gentes, Diderot era muy consciente de que las crónicas de los viajes por América, África, Asia y el Pacífico descubrían formas de vida muy distintas a las de Europa y, al parecer, vírgenes de religión y de leyes. La observación de aquellos pueblos le había convencido de que cuando menos «esas instituciones sociales no proceden ni de una necesidad natural ni de los dogmas de la religión». Por el contrario, eran creaciones de los hombres, «los fundadores y los legisladores» de cada sociedad humana concreta. El vicio y la corrupción no eran consecuencias inevitables de la caída de la naturaleza humana, sino criaturas fabricadas por el propio género humano. Finalmente, el descubrimiento de los salvajes había demostrado lo que era de verdad la historia de la Caída: un cuento inventado por los que pretenden dirigir a los hombres para convencer a sus víctimas de que son ellas las culpables de la falta de libertad que padecen. Para Diderot, igual que para Boulanger, la «vida y las costumbres de los salvajes» constituían una especie de archivo viviente que había que conservar a toda costa. Cabía incluso la posibilidad, pensaba, de que «debamos a este conocimiento el progreso moral que ha logrado la filosofía entre nosotros». Hasta ese momento, los filósofos morales habían buscado la explicación «de los orígenes y fundamentos de la sociedad humana» entre aquellos pueblos cuyo pasado y cuyo presente conocían. Una vez elevados estos a categoría de norma «aquellos que solo tienen la ceguera como guía y maestra, califican de misterioso, sobrenatural o divino lo que en realidad es únicamente obra del tiempo, de la ignorancia, de la debilidad o de la locura». Los nuevos descubrimientos, afirma entusiasmado, «nos han ilustrado grandemente»; aunque no se trata más que «del alba de un maravilloso día para la humanidad». De ahí en adelante, Diderot estaba seguro de poder decir «que es la ignorancia de los salvajes lo que en cierto modo ha iluminado a los pueblos civilizados del mundo»[6].

Pero reunir la información sobre esos salvajes era harina de otro costal. Hoy en día, los herederos de los «científicos humanistas» del siglo XVIII, antropólogos, sociólogos y politólogos dan por sentada la necesidad de emplear un tiempo en lo que se denomina vagamente *the field* (el campo etnográfico). No se limitan a visitar a los pueblos que estudian, sino que viven con ellos a veces durante largos periodos de tiempo. El «trabajo de campo» garantiza de algún modo la verdad y la sinceridad de las teorías. Como los científicos de la naturaleza, cuyas aspiraciones y métodos de trabajo pretenden emular, están obligados a reunir y a valorar los datos obtenidos. En el siglo XVIII esto no era así. Pocos practicantes de la nueva ciencia del hombre concebían la necesidad de abandonar la tranquilidad (y la seguridad) de sus despachos. A pesar de su entusiasmo por el estudio serio de la vida salvaje, el propio Diderot no tenía el menor deseo de participar en ello. «El hombre contemplativo –escribió– es sedentario; el viajero es un ignorante o un embustero. Aquel a quien ha favorecido el talento desprecia los pormenores de la experiencia; y el que experimenta carece casi siempre de talento»[7]. Semejante altivez, se quejaba Abraham Hyacinthe Anquetil-Duperron, pionero del orientalismo, que de 1754 a 1762 viajó sin descanso y en circunstancias peligrosas por la India para «perfeccionar el conocimiento del ser humano y, sobre todo, para defender sus derechos inalienables», había convencido a los europeos, orgullosos de su «presuntuosa ciencia», de que una autoridad latina o griega les bastaba para comprender a todos los pueblos de la tierra[8]. El resultado, se lamentaba Anquetil, es que todos ellos se habían «educado en el conocimiento de cuatrocientos o quinientos linajes de un país, y el resto del globo nos es ajeno»[9]. El intento del propio Anquetil por remediar la situación, su *Viaje a la India, 1754-1762*, mereció de Ferdinando Galiani, *philosophe* y embajador de Nápoles en Francia, el siguiente comentario: «Aunque Anquetil es exacto [y] preciso... no logra crear sistema alguno, ni distinguir lo que vale de lo que no vale»[10].

Llevaba razón Galiani, y no solo con Anquetil, incluso cuando los libros de viajes eran fiables y estaban escritos por auténticos viajeros, el problema estribaba en la inevitable selección y la escasa fiabilidad. ¿Por qué, se preguntaba Shaftesbury –atacando de nuevo a su antiguo tutor, infatigable y, desde su punto de vista, acrítico lector de libros de viajes–, había depositado Locke una confianza tal en sus interlocutores «bárbaros»?

Porque la fe del indio infiel debe cuestionarse tanto como la veracidad de juicio del relator [de sus costumbres], al que no debemos suponer conocimiento suficiente de los misterios y los secretos de esos bárbaros, cuya lengua conoce de un modo imperfecto. Además, nosotros, buenos cristianos, demostrando poca piedad, hemos dado bastantes motivos para que nos oculten muchos secretos...[11].

Por otra parte, muchos escritores viajeros eran todo menos científicos observadores y desapasionados. Según Rousseau, pertenecían a una de estas cuatro categorías: marineros, comerciantes, soldados y misioneros, de forma que todos ellos tenían muchos intereses creados[12]. «Me he pasado la vida leyendo relatos de viajes –se lamentaba en el capítulo "Sobre los viajes" de *Emilio*–, y nunca he hallado dos que me dieran la misma idea del mismo pueblo»[13]. Las cosas que aquellos viajeros veían y decidían registrar, aunque no siempre tergiversadas por completo, estaban ciertamente condicionadas por sus necesidades y por lo que ellos creían de interés para sus lectores.

La consecuencia de esta división del trabajo entre viajeros y filósofos de gabinete era la enorme desconfianza que despertaban en estos últimos las fuentes de la materia prima. Los viajeros, en cualquiera de sus categorías, escribían para un público cada día más ávido de chismes sobre tierras lejanas; especialmente de todo aquello que sonara a exótico, a chocante y, a ser posible, a erótico. «En esta casta de escritores –se quejaba Shaftesbury–, el primero y el más reconocido es aquel que habla de las cosas más antinaturales y monstruosas». Y de nuevo ataca «al crédulo señor Locke», encantado de creerse «las historias de los indios bárbaros de las naciones salvajes» con que le alimentan «¡viajeros y escritores eruditos, hombres de palabra y grandes filósofos!»[14]. También a Francis Hutcheson le repelía lo que él llamaba la «absurdez del *gusto monstruoso* que posee tanto a los escritores como a los lectores de libros de viajes». Los autores, se lamentaba, despreciaban todas las virtudes innatas en el ser humano con la excusa de que esas cosas eran «historias comunes y corrientes». No hacía falta viajar a las Indias «para analizar lo que vemos a diario en Europa»[15]. A los viajeros y a sus lectores les interesaba mucho más todo lo relacionado con los sacrificios humanos, el canibalismo, el incesto, la poligamia, etc. que el aburrido tema de los afectos familiares. Inevitablemente, la fascinación por «causar *horror* y *asombrar* a los hombres» impidió distinguir lo que eran verdades universales, y por tanto dignas de estudio, de los meros detalles, con frecuencia apasionantes.

Pero los viajeros no solo embellecían y exageraban, también acumulaban datos inútiles o irrelevantes y descuidaban las cosas importantes que tenían delante de los ojos. «Los verdaderos caracteres que distinguen a los pueblos de la tierra –se lamentaba Rousseau–, que saltarían a los ojos hechos para ver, se les escapan a ellos casi siempre»[16]. Peor aún, podían mentir, y casi siempre mentían. La inverosimilitud y la inconsistencia se traducían en las invenciones más exageradas. Y cuanto más se alejaban de su país, más se multiplicaban las fantasías y más difícil resultaba comprobar la autenticidad de lo escrito por un viajero cualquiera[17]. Como dejó dicho Kant en 1785, «el conocimiento que hasta ahora han aportado los nuevos viajeros sobre la variedad de la especie humana ha contribuido más a estimular la investigación sobre este punto que a satisfacerla»[18].

No obstante, en aquel momento, por muchas y muy evidentes que fueran sus deficiencias y por muy grande que fuera su ignorancia filosófica, los viajeros ofrecían la única ventana abierta al mundo disponible. Como observaba Georg

Forster –el naturalista alemán que acompañó al capitán Cook en su segundo viaje por el Pacífico y que sostuvo una disputa muy publicitada con Kant a propósito de sus teorías raciales– en el prefacio que escribió en 1785 para *Viaje al cabo de Buena Esperanza,* del naturalista sueco Anders Sparrman:

> Todo libro de viajes auténtico y bien escrito es de hecho un tratado de filosofía experimental... Han sido principalmente los filósofos modernos y los instructores eficaces de nuestra época los que más han recurrido a estos tesoros, porque contienen los mejores materiales para construir sus sistemas o, cuando menos, porque son los más adecuados para apoyar y confirmar sus doctrinas[19].

Sin embargo, para Forster resultaba evidente que en una ciencia humana verdaderamente lograda, como era el caso de las ciencias naturales, el observador y el especulador se combinaban en una única persona. «Toda la tierra», escribió Rousseau en una de las largas notas que añadió al *Discurso sobre los orígenes de la desigualdad:*

> está cubierta de naciones de las que solo conocemos los nombres... Supongamos que un Montesquieu, un Buffon, un Diderot, un Duclos [historiador y lingüista], un D'Alembert, un Condillac [científico, psicólogo y lingüista] o cualquier hombre de su categoría viajaran con la intención de instruir a sus compatriotas, observando y escribiendo como ellos saben, por Turquía, Egipto, Berbería, el imperio de Marruecos, Guinea, el país de los cafres [África del Sur], el interior de África y su costa oriental, Malabar, Mongolia, las orillas del Ganges... y supongamos que, a su regreso de tan memorables viajes, estos nuevos hércules recogen por escrito holgadamente la historia natural,

moral y política de todo lo que han presenciado. Veríamos entonces surgir de sus respectivas plumas un mundo nuevo y aprenderíamos a comprender el nuestro[20].

Pero estos héroes estrictamente sedentarios se quedaron casi siempre en casa. Montesquieu viajó extensamente por Italia y los Países Bajos (y como veremos, puede que tuviera ocasión de conversar con un exiliado chino); Condillac llegó hasta Parma; pero salvando el caso de Diderot, que pasó cuatro desdichados meses en la corte de Catalina la Grande, en San Petersburgo, nadie más cruzó las fronteras de la Europa occidental. El propio Rousseau, siempre reacio a seguir los consejos que daba a los demás, si se exceptúa una breve y desastrosa estancia en Inglaterra con Hume, nunca se alejó de Francia más que para ir a Italia y a su Suiza natal.

Con todo, la idea de que un viajero erudito e informado podía encontrar en el mundo la materia prima a partir de la cual iba a desarrollarse una nueva ciencia del género humano mantuvo su prestigio durante mucho tiempo. En 1800, Joseph-Marie Degérando, autor de una obra inmensamente famosa en su época sobre la influencia de los signos en el pensamiento humano, junto con Roch-Ambroise Cucurron Sicard, fundador de una institución para sordomudos, Louis-François Jauffret, maestro y autor de libros para niños, y Joseph de Maimieux, exiliado alemán algo excéntrico e inventor de una «lengua universal» (una especie de primer esperanto), fundó una sociedad para practicar lo que ellos denominaron nueva «ciencia general del hombre». Le pusieron el nombre de «Sociedad para los Observadores del Género Humano». Su objetivo, mediante una esmerada colección de datos empíricos del mundo entero, era estudiar al «hombre» en sus «distintos aspectos físicos, intelectuales y morales»[21]. La sociedad duró solo tres años, pero durante ese tiempo y a pesar del relativo anonimato de sus fundadores, contó entre sus miembros al botánico Antoine-Laurent de Jussieu, al famoso anatomista, zoólogo y paleontólogo Georges Cuvier y al político y zoólogo Bernard Germain de Lacépède. Atrajo también a un amplio círculo de simpatizantes, entre los que se encontraban el *ideologue* Destutt de Tracy, el fisiólogo Jean-Georges Cabanis, el pionero de la psicoterapia Philippe Pinel; Jean Itard, un médico puntero en el campo de la otología (el tratamiento de las enfermedades del oído) y de la psicología infantil; Jacques-Louis Moreau de la Sarthe, *médecin-philosophe;* Louis-Antoine de Bougainville, aristócrata francés, navegante y matemático; y Constantin-François Volney, antiguo *habitué* de Holbach y de Condorcet, amigo y correspondiente de Thomas Jefferson y uno de los autores más leídos de finales del siglo XVIII, que aportó una lista de «cuestiones estadísticas para uso de viajeros»[22].

La contribución de Degérando a la empresa fue una especie de manual para observadores de los salvajes, que tituló *Consideraciones sobre los distintos métodos a seguir en la observación de los pueblos salvajes.* Degérando declaró confidencialmente, como tantos otros antes de él: «La época de los sistemas ha pasado». El estudio de la humanidad se había convertido en la auténtica finalidad de la filosofía; y la «ciencia del hombre», en una «ciencia natural, una ciencia de la observación, y la más noble de todas». El nuevo «viajero filósofo», el *voyageur philosophe,* viajaba en el espacio para viajar en el tiempo. «Las islas que alcanza –decía Degérando con entusiasmo– son para él la cuna de la sociedad humana. Los pueblos que nuestra vanidad ignorante desprecia se revelan monumentos majestuosos de los orígenes del tiempo». Para Degérando, la distancia en el espacio se convierte en distancia en el tiempo. Esta nueva raza de viajero que se desplaza a las regiones más remotas del globo, como todo «científico de lo humano», fue otra clase de «filósofo-historiador». «El viajero filósofo», escribía Degérando:

> que navega hasta los rincones más remotos del mundo, viaja en realidad por el sendero del tiempo. Viaja por el pasado. Cada paso suyo es un siglo anterior. Las islas que alcanza son para él la cuna de la humanidad. Los pueblos que nuestra vanidad ignorante desprecia se le revelan monumentos majestuosos de los orígenes del tiempo, monumentos cien veces más valiosos de admiración y respeto que las famosas pirámides que se alinean en las riberas del Nilo.

Las pirámides, según él, no eran más que testigos de «la ambición frívola y el carácter efímero de unos cuantos individuos poderosos cuyos nombres apenas se conocen entre nosotros, mientras que esos otros [los salvajes] pisan sobre las huellas de nuestros ancestros y de la primera historia del mundo»[23].

2

La «Sociedad de los Observadores del Género Humano» se fundó cuando la continua demanda de relatos informados de los «tipos de vida de los salvajes» había encontrado ya su expresión en el desarrollo de un notable fenómeno del momento: el viaje científico. Desde mediados del siglo XVIII se produjo una impresionante cantidad de viajes europeos de exploración a todas las regiones del mundo. En 1735-1736, el astrónomo Louis Godin zarpó de Perú, en compañía de Charles de la Condamine, para comprobar la hipótesis de Newton sobre la forma del globo terráqueo (no esférica, sino oval). La Condamine realizó después otros viajes a Oriente Próximo y África, y de 1743 a 1744 recorrió el curso del Amazonas en un viaje financiado juntamente por los gobiernos de España y Francia. De 1750 a 1754, el astrónomo Nicolas Le Caille navegó hasta el hemisferio sur para medir el arco del meridiano. Descubrió y nombró trece de las ochenta y ocho constelaciones del sur, y en 1751 creó un observatorio en el cabo de Buena Esperanza. De 1767 a 1769 Louis-Antoine de Bougainville –del que sabremos mucho más– circunnavegó la tierra durante el que iba a ser uno de los viajes más famosos del siglo; le siguió el capitán Cook con sus tres viajes por el Pacífico de 1768 a 1779, cuyas relaciones, entre las más leídas del siglo xviii, le convirtieron en una celebridad internacional. En 1785, Jean-François de La Pérouse se dispuso a comprobar y completar los hallazgos de Cook en el Pacífico, pero desapareció en las proximidades de las islas Salomón en 1788. En 1789, Alessandro Malaspina, italiano de nacimiento, recibió órdenes del rey Carlos IV de España para que «siguiendo el rastro de los señores Cook y La Pérouse» descubriera el paso del noroeste, con el objetivo de levantar los mapas de las posesiones que la corona española continuaba reclamando sin éxito (y que incluían toda la costa oeste de los Estados Unidos), así como para demostrar al mundo que España era una nación tan ilustrada en todo como Francia o Gran Bretaña. Voltaire los llamó «los nuevos argonautas». Junto con otros miembros de su generación, el botánico sir Joseph

Banks, los naturalistas Johann Reinhold y Georg Forster, el astrónomo español Antonio de Ulloa y el naturalista sueco Anders Sparrman, crearon una tradición científica que, a través del explorador y polígrafo alemán Alexander von Humboldt a finales de siglo, conduciría a Charles Darwin a mediados de la centuria siguiente.

Los objetivos de estas expediciones fueron siempre múltiples. La Condamine zarpó para levantar el mapa del curso del Amazonas y, en la medida de lo posible, para observar a los pueblos nativos, pocos de los cuales habían tenido algún contacto previo con los europeos[24]. Bougainville viajó en parte para circunnavegar el globo (ningún francés lo había intentado hasta entonces), para buscar nuevas especies vegetales, cartografiar «las tierras que se extienden entre las Indias y las costas occidentales de América» y hallar una ruta marítima practicable hasta China (una parte del proyecto que abandonó a poco de comenzar el viaje)[25]. Cook salió en principio para observar la trayectoria de Venus, una forma de medir la distancia entre la Tierra y el Sol, y consecuentemente para hallar el ilusorio paso del noroeste, que, se esperaba, proporcionaría una línea marítima entre los océanos Pacífico y Atlántico.

Muchas de estas expediciones llevaban instrucciones con la misión concreta de observar y registrar las costumbres y los hábitos de todos los pueblos que encontraran por el camino. Como decía John Douglas, el editor de Cook, en el prefacio al libro sobre el tercero y último de los viajes de este por el Pacífico, las islas que Cook había visitado eran «terreno abonado para que un observador meticuloso reuniera datos útiles con el fin de formarse un criterio de hasta qué punto puede llegar la naturaleza humana en su degeneración y en qué aspectos es capaz de superarse». La expedición científica «ilustrada» del siglo XVIII, dejando aparte otros beneficios que produjera a sus financiadores, brindó una oportunidad sin precedentes de bucear en el pasado colectivo de la especie. Las «ruinas enterradas de Herculano», continuaba diciendo Douglas, eran ciertamente valiosas, pero solo mostraban «las pruebas de la magnificencia romana», de lo cual, había que decirlo, existían ya pruebas suficientes. En comparación, «las novedades de la sociedad de las islas Sandwich [Hawai] parecen mejor calculadas para atraer el interés de los estudiosos de nuestra época», ya que solo estas pueden descubrirnos cosas que ciertamente ignoramos de la condición humana[26].

Por descontado, la búsqueda de especímenes de la «naturaleza humana» no corrompidos, incontaminados, comenzó mucho antes. Los primeros ejemplos de «hombres naturales» fueron los indios americanos. Ellos habían brindado a Montesquieu gran parte del material que le hizo dudar del grado de civilización y humanidad de los cristianos de su época, tanto católicos como protestantes, y sostener que el término «bárbaro» no era más que una forma de nombrar lo que desconocemos. Ya hemos visto que los indios de América aparecieron breve pero significativamente en los primeros estudios del estado de naturaleza en las obras de Hobbes, Locke, Grocio y Pufendorf. Muchos de los datos etnográficos (por otra parte, escasos) que ellos utilizaron procedían de un gran número de relatos famosos: la descripción que hizo el misionero calvinista Jean de Léry de los tupinambáes de Brasil (principal fuente de Montaigne); las historias escritas por Pierre-François-Xavier de Charlevoix sobre Canadá y la isla de Santo Domingo; la *Historia natural de las Indias,* del jesuita José de Acosta, o la *Historia general del Perú,* de Garcilaso de la Vega, apodado «El Inca», hijo educado de un español y de una princesa inca, que pintó un cuadro halagador y profundamente idealizado de los incas, en el que aparecían como los romanos o los espartanos de la época.

Pero la obra más influyente durante mucho tiempo fue *Nuevos viajes del señor barón de Lahontan por la América septentrional*, de 1702. Louis Armand de Lom d'Arce, por utilizar su auténtico nombre, pasó mucho tiempo entre algonquinos, hurones e iroqueses. En diciembre de 1693 huyó a Europa en circunstancias misteriosas, y desde entonces vagó por el continente en busca de empleo y protección de los franceses. En 1702 apareció en Holanda, con la «profesión de espía», y más tarde en Inglaterra, donde quiso convencer a las autoridades británicas de que invadieran Nueva Francia. Por fin, en 1707, lo encontramos en Hannover, donde al parecer consiguió llevar una existencia precaria en los aledaños de la corte hasta su muerte en abril de 1716.

Algunas de las características que Lahontan asignó a sus «salvajes» eran conocidas por los escritores anteriores: compartían todas las cosas y nunca reñían entre sí por nada; desconocían los celos; y las uniones matrimoniales podían disolverse por deseo de cualquiera de las partes, hombres o mujeres. Eran invariablemente corteses, incluso con los enemigos, y sus recursos retóricos no habían sido superados por el mundo moderno[27]. Defendían también, según Lahontan, «que no se prive a ningún hombre de los privilegios de la razón, por ser esta la facultad más noble con que los ha adornado Dios». Por eso, aunque los jesuitas se esforzaran en convertirlos, rechazaban el cristianismo, por pensar que, «al no estar sujeto al juicio de la razón», se halla lastrado por absurdos y contradicciones[28]. El anticlericalismo de Lahontan, su vida picaresca

y su conocimiento al parecer íntimo de la vida de los indios –
junto con el hecho de que, al contrario que la mayor parte de
los autores, no fuera misionero y, aunque había sido soldado,
criticara ferozmente a los colonos franceses– dieron crédito a
una obra que, de otro modo, no se lo habría ganado. No todo
el mundo le creyó, pero Voltaire, Rousseau, Diderot y Jefferson, por citar algún ejemplo, estuvieron en deuda con él.
Otro tanto puede decirse de Leibniz, convencido de que su
descripción de la vida de esos «vecinos salvajes de Nueva
Francia y Nueva Inglaterra» había «desbaratado las máximas
en exceso universales de Aristóteles y de Hobbes». Demostra-
ban la existencia de «pueblos enteros» capaces de vivir «sin
magistrados y sin querellas», cuya «rudeza... no es tanto una
necesidad como una inclinación a promover una mejor condición y lograr la felicidad mediante la asistencia mutua, que es el
fundamento de sus estados y sociedades»[29]. Hasta el Kant
«precrítico», que, tal como hemos visto, vituperaba a los africanos y mostraba un divertido desdén hacia los chinos y los japoneses, se basaba en la autoridad de Lahontan al decir que
«entre los salvajes no existe un pueblo que muestre un espíritu
tan sublime como los de América del Norte». Tales eran los
hombres, decía, a los que «Licurgo dotó de leyes... de modo
que si naciera un legislador entre las seis naciones [de iroque-
ses], veríamos surgir una república espartana en el Nuevo
Mundo»[30].

Sin embargo, en la segunda mitad del siglo XVIII la ideali-
zación de los amerindios como salvajes heroicos y nobles (y
hasta «bondadosos») se había esfumado por completo, para
ser sustituida por la imagen de una víctima corrompida y
desesperanzada de la presión europea. Thomas Jefferson pintaba a los indios de Virginia como la viva encarnación del de-

seo natural de libertad que siente todo hombre –tomando sin decirlo la descripción que Lahontan hizo de los hurones–, poseedores de recursos oratorios y poéticos capaces de «poner a prueba los discursos de Demóstenes y de Cicerón»[31]. Pero aun así no siempre le parecían edificantes.

Bougainville dejó escrito que, para su «irremediable vergüenza», los ambiciosos europeos habían preferido destruir a los amerindios que estudiarlos o entenderlos. Él mismo había pasado tres años, de 1756 a 1759, en Canadá, en su calidad de capitán de dragones y edecán del general Louis-Joseph de Montcalm, que moriría en septiembre de 1759 intentando evitar sin éxito la caída de Quebec en manos de los británicos. Mientras se esperaba el ataque de estos últimos, en el duro invierno canadiense, Bougainville tuvo tiempo de observar y admirar el valor y la fuerza de los indios americanos. Si se les hubiera dejado a su aire, se lamentaba, «las relaciones de los sucesivos viajeros [en América] habrían sido anales útiles para descubrir al hombre natural y la influencia de la civilización progresiva en él»[32]. Pero semejante relato ni siquiera se intentó, y las posteriores generaciones de europeos no hicieron otra cosa que corromper o destruir los vestigios del pasado de los indios que hubieran sobrevivido.

3

La experiencia de Bougainville con los iroqueses, y con lo que estos podrían haber representado para la nueva «ciencia del hombre», le dejó profundamente impresionado. Siete años más tarde continuaba llevando dentro esta visión de la infancia de la especie cuando realizó su propia contribución al «descubrimiento del hombre en la naturaleza», no ya en América, sino en el Pacífico. Allí, en las extensas aguas aún sin cartografiar que se extendían entre América y Asia, esperaba encontrar a los pueblos sencillos y preciviles que fueron una vez los amerindios. Empujados por tales expectativas, los teóricos sociales de la Ilustración vieron en el Pacífico una nueva frontera, un nuevo «Nuevo Mundo», donde hallar al fin los auténticos especímenes del hombre natural e incorrupto. En 1756 Charles de Brosses, discípulo de Buffon, amigo de Diderot, presidente vitalicio del *parlament* de Borgoña y poderoso abogado de las propuestas de explorar el Pacífico por parte de Francia –responsable también de introducir la palabra «fetiche» en todas las lenguas europeas– publicó una compilación muy leída de los viajes anteriormente emprendidos a los «Mares del Sur». Los «australianos», como denominaba en general a los habitantes del sur del Pacífico, vivían, según él, aislados «del resto del universo» y por eso mismo «privados de los recursos que proporcionan la proximidad y el entendimiento con otros seres humanos», razón por la cual los modernos, observándolos, podían «rastrear las huellas de la vida y costumbres de los habitantes más antiguos del universo»[33]. Su *Historia de las navegaciones a las tierras australes* bastó para animar a Bougainville, que aún se hallaba en Canadá, a emprender la exploración de Pacífico[34]. También la leyó con interés sir Joseph Banks, botánico y futuro presidente de la Royal Society, que más tarde acompañaría a Cook en su primer viaje y que, como veremos, dejó su particular huella en la historia del descubrimiento del «hombre natural».

Bougainville, introductor en Europa de la buganvilla –«mi única esperanza de alcanzar la fama reside en una flor», escribiría más tarde–, era la imagen cabal del «viajero-filóso-

fo». «Un verdadero francés –diría de él Diderot, no sin ironía– que combina un tratado sobre cálculo integral y diferencial con un viaje alrededor del mundo». (El *Tratado de
cálculo integral* de Bougainville le valió la entrada en la Royal
Society en 1755 y una reputación algo exagerada de geómetra). Según Diderot, poseía todos los recursos necesarios: «filosofía, coraje y autenticidad... Un deseo real de ver, de ilustrarse, de aprender, de conocer el cálculo, la mecánica, la
geometría, la astronomía... y la historia natural»[35].

La breve pintura que Diderot hizo de él debía no poco a
la propia estima de Bougainville por sus recursos y su experiencia. El conocimiento del mundo en toda su diversidad, la
gran cantidad de lugares que había visitado y los pueblos con
los que había convivido, declaraba agriamente, le guardaron
de entregarse «al espíritu del sistema tan común hoy en día y
tan poco relacionado con la filosofía verdadera». Denostaba
–apuntando a Rousseau– «a esos escritores perezosos y
arrogantes»:

> que en la oscuridad de sus estudios filosofan interminablemente
> sobre el mundo y sus habitantes y someten la naturaleza entera a
> su imaginación... y, sin haber visto nada con sus propios ojos, es-
> criben y dogmatizan basándose únicamente en las observaciones
> que hicieron esos mismos viajeros a los que ellos niegan la capaci-
> dad de ver y de pensar[36].

En busca de una alternativa a la imaginación fluctuante y so-
lipsista de Rousseau, la mañana del 15 de noviembre de 1766
Bougainville zarpó del puerto francés de Brest al mando de
una fragata llamada *La Boudeuse* («La Mohína»). En febrero
del año siguiente, después de enrolar la fusta *L'Étoile* en Río

de Janeiro, puso rumbo al Pacífico. La mañana del dos de abril de 1768, se toparon con una isla montañosa y poblada de vegetación. Resultó que tenía un clima excepcional (no perturbado, como Bougainville percibió de inmediato, por los feroces insectos que infestan la mayor parte de los paraísos tropicales) y que disponía de comida abundante sin necesidad de cultivos. Sus habitantes, gente que, en un primer contacto, parecía feliz, pacífica y confiada, se acercaban a los extravagantes intrusos abarrotando unas canoas largas y pintadas de colores chillones para darles la bienvenida. «Había tal cantidad de canoas alrededor de nuestros barcos –recordaba Bougainville– que con tanta gente y tanto ruido casi no podíamos amarrar... Llegaron gritando *tayo*, que significa "amigo", y nos brindaron innumerables gestos de amistad», además de «cocos, plátanos... y otras frutas del país... que nos parecieron todas ellas deliciosas».

A cambio solo pidieron «clavos y pendientes»[37]. (No parece que en ese momento Bougainville se sorprendiera de una mezcla tan curiosa). Arrojaron sobre su tripulación y sobre él una lluvia de pétalos y, para consternación de Bougainville, hicieron intención de subirse a los barcos. Eran hermosos, escribió, pasmado; de hecho más que los europeos que él había visto en toda su vida. «Los hombres miden un metro ochenta o más –escribió– y son los mejor hechos y más proporcionados que conozco. Un pintor no encontraría mejor modelo para un Hércules o un Marte». El color de su piel no se distinguía del color de los europeos, pues si vivieran «menos expuestos al aire y al sol, serían tan blancos como nosotros». Todos, incluidos los viejos, anota con cierto asombro, «tienen los dientes más hermosos del mundo», lo cual no era escasa virtud en el siglo XVIII, cuando pocas personas que pasaran de los treinta conservaban unos cuantos[38]. (Dos años más tarde, sir Joseph Banks subrayaba, con el mismo tono de sorpresa, que el aliento de aquellas gentes «estaba libre de todo olor desagradable»).

Pero lo que de verdad despertó el interés de Bougainville y de su tripulación no fueron los hombres ni sus dentaduras, sino las mujeres, dotadas, decía entusiasmado el francés, de todos los requisitos de una belleza natural y no necesitada de adornos, un tema común en una época en que vestidos y cosméticos, zapatos y sombreros, satisfacían la fantasía más desenfrenada. Eran absolutamente «naturales» tanto en su apariencia como en su comportamiento y, sobre todo, el contorno de su cuerpo «no estaba desfigurado por quince años de tortura», en referencia a los corsés ajustados que oprimían a las mujeres más ricas de Europa.

Pero, aparte de no usar corsés, muchos no llevaban nada, «ya que los hombres y los viejos que las acompañaban se quitaron los taparrabos con que normalmente se cubren». No obstante, el perspicaz Bougainville observó que, pese a la apariencia de accesibilidad sexual que mostraban las mujeres, daba la impresión de que estaban «un poco avergonzadas». Quizá, reflexionaba, «porque la naturaleza ha embellecido su sexo en todas partes del mundo con una timidez innata o quizá porque también en aquellas tierras, donde reinaba aún la Edad de Oro, las mujeres aparentan no querer lo que más desean»[39]. Los hombres, por su parte, sí sabían lo que deseaban los franceses. «Nos propusieron elegir una mujer para irnos con ella a la costa, indicándonos mediante gestos inequívocos el tipo de relación que podíamos mantener con ella». Mantener en sus puestos a una tripulación que no había visto una mujer en seis meses parecía tarea imposible, por tanto, como él mismo admitía tímidamente, «tuvimos que dominarnos». A pesar de sus esfuerzos por mantener la disciplina y la lejanía de las mujeres:

> una jovencita subió a bordo y se situó en un alcázar, cerca de una de las escotillas abiertas para dar aire a los que manejaban abajo el cabrestante. Se quitó de un tirón la tela que la cubría y apareció ante todos como Venus cuando se mostró ante el pastor frigio [Paris], con las mismas formas celestiales de la diosa. Marineros y soldados se lanzaron a la escotilla, y el capitán nunca tuvo que actuar con tanta presteza como en aquella ocasión.

Al desembarcar, Bougainville llegó a pensar que oía hablar griego o más exactamente la palabra «eros», que como explicaría más tarde a La Condamine, innecesariamente, «significa amor»[40]. Aunque al final resultó que no eran griegos, ni siquiera hablantes de aquella lengua, vivían como los griegos míticos de la Edad de Oro «en la tranquilidad y el goce de los sentidos». «Su única pasión es el amor –escribiría–, una dulce indolencia y la preocupación por satisfacer su ocupación más seria». Sin embargo, y a pesar de la aparente promiscuidad, los celos parecían ajenos a ellos «y todos se ven estimulados a seguir las inclinaciones de su corazón o las leyes de sus sentidos y se les aplaude públicamente por ello. El aire que respiran, las canciones, los bailes, casi siempre acompañados de gestos lascivos, todo habla a cada momento de los placeres del amor».

Tanto es así que a Bougainville le fallaban sus dotes descriptivas. Para hacer justicia a estas gentes, escribió, se necesitaría la pluma de un François Fénelon –significativamente, el autor del popular viaje utópico, *Las aventuras de Teléma-*

co, hijo de Ulises– o la paleta del pintor rococó François Boucher, al que Diderot despreció en cierta ocasión por sus ambientes voluptuosos y el libertinaje de sus temas, que contenían de «todo menos verdad»[41]. «Uno cree estar en los Campos Elíseos –escribía Bougainville, que cambió el nombre del lugar por el de «Nueva Citera», como la isla del Peloponeso en la que nació Venus. Sus habitantes, anota, la llamaron «Tahití»[42].

En 1769 Bougainville regresaba a Francia, donde se le dio el recibimiento propio de un héroe, y dos años más tarde publicaba una relación detallada de sus experiencias, *El viaje alrededor del mundo a bordo de la fragata* «La Boudeuse» *y de la fusta* «L'Étoile», *en 1766, 1767, 1768 y 1769*. A pesar del título prosaico y despistante, como Diderot criticaría después, y de la tendencia del autor a ocultar sus pasajes más descriptivos tras un montón de detalles científicos y relativos a la navegación, el libro consagró la imagen de Tahití como un paraíso exótico... y erótico. Ninguna de las descripciones anteriores de un pueblo «primitivo» había demostrado tan a las claras que en algún lugar del mundo cabía la posibilidad de vivir una vida plena sin dogmas religiosos, sin leyes y sin convencionalismos sociales; sin guerras y sin estrecheces. Los polinesios parecían la prueba palpable de cómo había vivido el hombre «natural», «primitivo», antes de la creación de la sociedad civil.

Sir Joseph Banks se encargó de repetir la experiencia de Bougainville incluso con mayor placer cuando en 1768 acompañó al capitán Cook en el primer viaje de este a los mismos mares. Para Banks, Tahití era «la mejor representación de una Arcadia de la que podríamos ser reyes que la imaginación puede formar»[43]. (El hecho de que se viera a sí mismo como futuro «rey» hace suponer que ni siquiera la Arcadia se libraba para él de la colonización). Las mujeres tenían todas una belleza exquisita, sus cuerpos –con los que se mostraban muy generosas– «podrían eclipsar la imitación del cincel de un Fidias o del pincel de un Apeles». No solo no se doblegaban, al contrario que los europeos, ante la obligación de «arar, sembrar, rastrear, cosechar, aventar, moler, amasar y hornear» para obtener el pan cotidiano, sino que sus formas perfectas «apenas necesitaban de sus vestidos, pues no van oprimidas como las nuestras por los ceñidores». Ellas se envolvían en telas plegadas con naturalidad, igual que las griegas antiguas. «Jamás he visto en parte alguna mujeres más elegantes... igual que aquellas griegas de las que se copió la Venus de Médicis». En aquella «isla de la sensualidad», decía entusiasmado, los cuerpos y las almas «están modelados con la mayor perfección, pues la dulce ciencia de la ociosidad, madre del amor, reina aquí con una libertad casi ilimitada»[44].

Banks se hizo famoso incluso antes de regresar a Londres por la descripción vívida y lasciva de su relación con Purea u «Oberea», según él reina de Tahití y, por tanto, consorte ideal de su «rey». Purea, célebre por sus nalgas tatuadas, su «trasero rosa» y su «culo pintado», organizó una cópula pública para él, que se convirtió en el tema de una feroz controversia a propósito de si se debía a una idea de Purea –lo más probable– o a una «costumbre» tahitiana, como afirmaba Cook[45]. Mientras Banks dormía con ella, la «reina de Tahití» organizó también el robo de sus pantalones, su chaleco de alamares plateados y su pistola[46].

De inmediato, los informes de las expediciones de Bougainville y de Banks transformaron «los mares del Sur» no solo en el lugar de holganza del último «hombre natural», sino también en lo que Charles, príncipe de Nassau-Sieger y pasajero de *La Boudeuse,* llamó el espacio de esas naciones felices que «no conocen términos tan odiosos como "vergüenza" o "escándalo"», adonde los europeos podían acudir para tomarse un breve respiro de las imposiciones religiosas y civiles que soportaban en sus países[47]. Tanto Banks como Bougainville o Philibert Commerson, botánico y cirujano de *La Boudeuse,* que en 1770 publicó en el *Mercure de France* una relación larga y procaz (más tarde repudiada por Bougainville) de su experiencia tahitiana, dejaron constancia de los mismos sentimientos.

Pero no tardó mucho en descubrirse que las primeras impresiones de los tahitianos y de los polinesios de otras partes del Pacífico eran engañosas o sencillamente falsas. En efecto, todos los polinesios eran propietarios de sus tierras, aunque su idea de la propiedad no siempre coincidía con la de los europeos. El orden social era estrictamente jerárquico, un dato que el propio Bougainville, después de afirmar que los tahitianos vivían en una igualdad absoluta, tuvo que reconocer. La dedicación de las mujeres a «la dulce indolencia y a procurar el placer» era real, pero se debía a un conjunto de expectativas y prácticas sociales no menos rígidas que aquellas otras que obligaban a las mujeres francesas a comportarse de distinto modo. Lejos de ser unos librepensadores hedonistas, los polinesios regulaban la vida mediante rígidas normas sociales y sostenían creencias religiosas muy profundas. Al fin al cabo, «tabú» es una palabra polinesia. Su famosa promiscuidad no era, según Cook, la expresión espontánea de un pueblo libre y natural –Cook no tenía tiempo para tales fantasías–, sino la sórdida y deshonrosa consecuencia de «un comercio con los europeos». (Son varios los antropólogos modernos que lo confirman). Habían sido ellos, «los civilizados cristianos», escribía con disgusto, los responsables últimos de haber introducido entre los nativos «ciertos anhelos y quizá ciertas enfermedades que antes desconocían y que solo han servido para perturbar la feliz tranquilidad que disfrutaron ellos y sus antecesores». Si alguien negara esa verdad, se queja amarga y contradictoriamente Cook, «que me diga qué bienes ha reportado a todos los nativos de América el comercio con los europeos»[48]. También se vio, sobre todo a raíz de la muerte del francés Marc Joseph Marion du Fresne en Nueva Zelanda en 1772, de la matanza de doce compañeros de La Pérouse en Samoa y del famoso y debatido asesinato de Cook en la bahía de Kealakekua el 14 de febrero de 1779, que los polinesios eran profundamente belicosos. «Nadie –escribía Lapéruose, aludiendo irónicamente a la idea de que la civilización corrompe– imagine a los indios de los mares del sur en estado salvaje. Por el contrario, han hecho grandes progresos hacia la civilización, y yo creo que están tan corrompidos como se lo permite la circunstancia en la que se encuentran».

Pese a estas sombrías apreciaciones, la imagen de Tahití como una especie de paraíso terrenal, versión moderna de las «Islas Afortunadas» de Horacio, «donde la tierra que no conoce el arado distribuye los dones de Ceres un año tras otro, donde la podadera no ha tocado los brotes de la viña...»[49], sustituyendo el trigo y las uvas por cocos y árboles del pan, se haría inmensamente popular. La primera edición de *Un viaje al océano Pacífico* (1784), de James King y el capitán James Cook, se agotó en tres días. Pero mucho más famosa fue la narración de los viajes de Cook, y de sus predecesores Wallis y Carteret, que el almirantazgo encargó a John Hawkesworth, libretista y dramaturgo menor, editor de Swift y, paradójicamente, traductor al inglés de Fénelon, de cuya capacidad descriptiva carecía, según Bougainville. Al parecer, Hawkesworth recibió 6.000 libras, la mayor suma pagada en todo el siglo por un trabajo literario. En comparación con los libros que Commerson, Banks y Bougainville escribieron sobre Tahití, *Una relación de los viajes emprendidos en 1773 por orden de Su Actual Majestad para hacer descubrimientos en el hemisferio sur* –título calculado para no atraer a lascivos– parece una obra bastante insulsa, pese a lo cual produjo en Inglaterra una oleada de morales ofendidas debido a lo que un crítico calificó de «una incitación a complacerse en el vicio que ni la más intrigante de las novelas francesas ofrecería a la imaginación»[50]. Tal vez Hume o Voltaire, clamaba John Wesley, el fundador del metodismo, estarían dispuestos a creer aquellos cuentos procaces de «hombres y mujeres copulando a cielo abierto y a la vista de una multitud de personas... yo no»[51]. Los escritores de sátiras hacían su agosto, sobre todo a propósito de las aventuras de Banks con la «reina» Oberea. «Una página de Hawkesworth en el sereno retiro», escribió en cierta ocasión el autor anónimo de *Epístola del señor Banks, viajero, cazador de monstruos y amoroso de Oberea, reina de Otaheite:*

incendia a la radiante doncella con un fuego mortal.
Ella se precipita en brazos del amante
sin pensar que es vicio prostituir sus encantos
«Hago –dice– lo que las reinas hicieron antes».
Y acaba, *por principios,* en puta común[52].

Pero todo esto no menguó su popularidad entre el gran público. No hubo en todo el siglo una obra más famosa; de hecho superó éxitos de ventas como las dos novelas «sentimentales» de Samuel Richardson, *Pamela* y *Clarisa*. Notoriedad que acabaría volviéndose contra el pobre Hawkesworth, que había recibido un doctorado honorario del arzobispo de Canterbury en reconocimiento a su cerrada defensa de la moral cristiana, y que se tenía a sí mismo más por un cumplidor mediocre que por un vanguardista de la nueva fascinación literaria de lo erótico[53]. «Es usted *carne de cañón* –clamaba el diario londinense *Public Advertiser*– y los amigos de la virtud deberían darle su merecido». Y se lo dieron. El 16 de noviembre de 1773, cuando el libro tenía menos de un año, exhausto, murió de vergüenza.

Aunque sea cierto que estas historias, calificadas por Shaftesbury de «cosas antinaturales y monstruosas», alimentaban a un público ávido de ellas, no lo es menos que despertaron también un profundo interés científico por rastrear los orígenes de la humanidad. El *Viaje alrededor del mundo* de Bougainville, las relaciones oficiales de los tres viajes de Cook, los relatos de Bank, Johann Reinhold y Georg Forster, y del naturalista sueco Anders Sparrman, convirtieron a los polinesios en el laboratorio humano que De Brosses, entre otros, había esperado.

4

Bougainville y Cook aportaron a Europa el mayor conocimiento de la naturaleza y extensión del sur del Pacífico que jamás se había tenido. Regresaron con datos, cálculos, mapas y especímenes de minerales y plantas[54]. Y trajeron también varias personas, dos «primitivos» auténticos, especímenes humanos vivos de los primeros tiempos de la especie.

La llegada de ejemplos humanos procedentes de los confines del mundo no era cosa nueva. Mirar directamente a la cara del «Otro» siempre había resultado más gratificante que ver solo las chucherías que el explorador en cuestión había podido comprar o robar. Pero los dos polinesios que acompañaron a Cook y a Bougainville no eran simple material exótico como muchos de sus precedentes y muchos de los que vendrían después. Ellos fueron objeto de un serio estudio antropológico, y –aunque las pruebas en este sentido no son concluyentes– se les consideró embajadores potenciales, interlocutores de un futuro diálogo entre los «civilizados» científicos europeos y los nobles y, por una vez también útiles, salvajes. Tuvieron libertad para moverse y nadie intentó convertirlos al cristianismo. Parece que ambos vinieron por voluntad propia.

En abril de 1769, cuando Bougainville, «ese nuevo Robinson», como le calificó irónicamente un parisiense, llegó a la capital de Francia, le acompañaba un tahitiano de nombre Aotourou[55], que había subido a bordo de *L'Étoile* en cuanto que la fusta llegó a Tahití, pasó allí la noche y luego fue y vino a su gusto durante todo el tiempo de la estancia de Bougainville en la isla. Decidió zarpar con la flota francesa por deseo propio, para conocer aquel lugar llamado «Francia», aunque no tenía la menor idea de la distancia que lo separaba de su país, ni cuánto tiempo le llevaría llegar hasta allí.

Pero el pobre Aotourou pertenecía a un grupo de pequeña estatura y pelo ensortijado, «cuyos rasgos no diferían mucho en la forma y el color de los rasgos de los mulatos», y su apariencia nada tenía que ver con los hércules y los martes que Bougainville describía en el libro. Bougainville se quejaba de recibir continuas chanzas del *beau monde* de París, que, según decía él con mordacidad, «presume de entendido», pues le preguntaban «por qué he elegido a un hombre tan feo en una isla en la que los hombres suelen ser tan guapos». A lo que él replicaba, irritado, que «ya he dicho mil veces que fue él quien me escogió a mí y no lo contrario»[56].

Pese a su aspecto poco atractivo, Aotourou llegó a ser una especie de celebridad en París. Recibió los halagos de la duquesa de Choiseul y frecuentó con regularidad el teatro de la Ópera (el único elemento de la vida europea que, según nos dice Bougainville, le atrajo de veras). Acudía solo y prefería sentarse en el pasillo que en el palco alquilado para él. Le exhibieron en los jardines de las Tullerías, se lo presentaron al rey y a los duques de Provenza, Artois y Berry y fue llevado a varios salones, donde le conocieron y le examinaron los principales científicos y filósofos del momento, De Bosses, D'Alembert, Buffon y La Condamine (que en general tenía una mala opinión de la mayoría de los salvajes y que después escribiría un informe de esta visita), Diderot, Helvecio y Holbach, entre otros. Buscaron cuidadosamente en su cabeza huellas de la viruela y como no encontraron nada, le vacunaron por sugerencia del rey. La vacuna, sobre la que La Condamine escribió un tratado en 1754, era una de las escasas innovaciones médicas –si no la única– anteriores a finales del siglo XIX que produjeron algún beneficio perceptible.

La Condamine y el fonetista Jacob Rodrigue Péreire (Jacob Rodrigues Pereira en portugués), llamado por el primero, le sometieron a numerosos experimentos relacionados con sus capacidades lingüísticas y cognitivas, pues aunque Bougainville sostuviera que Aotourou tenía en inteligencia todo lo que le faltaba en belleza, lo que intrigaba a los parisienses que su compatriota calificaba despectivamente de «habituales *persifleurs*» era que, a pesar de haber pasado casi un año a bordo de *L'Étoile* y de llevar ocho meses en París, el pobre Aotourou solo había sido capaz de aprender unas cuantas palabras francesas. Si después de un tiempo así, se preguntaban los «habituales *persifleurs*», los ingleses, los alemanes y los italianos podían sostener una «conversación pasable» en francés, ¿por qué no ocurría otro tanto con el tahitiano? Péreire llegó a la conclusión de que se debía a su incapacidad para pronunciar la mayor parte de las consonantes francesas y todas las vocales nasales. El tahitiano, una lengua a la que Bougainville atribuye la mayor de las calidades poéticas y musicales que supuestamente poseían todas las hablas «salvajes», era demasiado melifluo para que su hablante se adaptara a los fuertes sonidos del francés (por eso pensaba Bougainville que habría sido más fácil para Aotourou aprender español o italiano)[57].

No obstante, según la opinión de Bougainville, el verdadero motivo del fracaso de Aotourou era más cognitivo que fisiológico. «Teniendo un mundo de ideas relativas por una parte a la sociedad más simple y limitada y por otra a unas necesidades reducidas al mínimo», al enfrentarse a las exigencias de la sociedad francesa, «tiene que crear, por así decirlo, en un espíritu tan indolente como su cuerpo, un mundo de ideas primarias antes de adaptarse a las palabras que las expresan en nuestra lengua»[58]. Aunque Bougainville no profundiza en la idea, el fracaso de Aotourou era la prueba palpable de la hipótesis, derivada en última instancia de Locke, según la cual las palabras de una lengua guardaban una relación directa con los objetos del mundo exterior. Si te faltaba la palabra, te faltaba el conocimiento de la cosa[59]. La mentira, dice Alzira, la princesa inca de Voltaire, incidiendo en la idea, «es un arte europeo que no está hecho para mí»[60]. No es que no supiera cuándo le mentían, sino que a ella le faltaban los términos necesarios para mentir. En este argumento se basan ciertas afirmaciones muy frecuentes, como la de Montaigne a propósito de sus caníbales: «Carecen de términos para el gobierno o para alguna forma superior de política... Entre ellos no se oyen vocablos que expresen la traición, la mentira, la avaricia, el fraude, la envidia y la calumnia», lo cual, al menos en esto, demostraba su superioridad frente a los cristianos que habían quemado, torturado y transformado la Francia vivida por Montaigne en un matadero[61].

Charles de La Condamine lo veía de otra forma. «Todas las lenguas sudamericanas de las que tengo algún conocimiento», escribió:

carecen de términos para expresar ideas abstractas y universales, prueba evidente del escaso desarrollo espiritual de aquellas gentes. *Tiempo, duración, espacio, ser, sustancia, materia, cuerpo,* todos estos términos y otros muchos no encuentran equivalencia en sus lenguas. A estas lenguas solo se pueden traducir los nombres no solo de las entidades metafísicas, sino también de las morales, de un modo imperfecto y mediante largas perífrasis. No disponen de términos que correspondan a *virtud, justicia, libertad, agradecimiento, ingratitud*[62].

El lexicón de Montaigne, igual que el de Alzira (y el de muchísimos otros), solía ser positivo (aunque Montaigne se mostraba irónico también en este punto, porque uno de los términos que les faltaba a sus caníbales era el de «perdón»). El lexicón de La Condamine era siempre negativo. Pero la idea subyacente no variaba. El hombre en su condición original se funde con la naturaleza y responde directamente a los datos que le rodean. Su lengua es transparente e inmediata. Las lenguas «salvajes» –como muchos viajeros decían haber observado– carecían de las abstracciones y los universales que permitían a los hombres civilizados construir el pensamiento. Aunque los «esquimales» contaran con sus famosos cientos de términos para «nieve» (cosa incierta) y los algonquinos con numerosas palabras para «árbol» (o los cingaleses, si creemos a Herder, con «veinte nombres para decir "mujer"» y los árabes con cuatrocientos para «desgracia») no se debe a que los esquimales o los algonquinos tuvieran una relación más íntima y más imaginativa con la naturaleza, o a que los cingaleses y los árabes hubieran desarrollado una sensibilidad mayor que la de los europeos hacia las mujeres o las desdichas, sino a la falta de una abstracción universal para «árbol», «nieve», etc.[63]. En sus palabras, «nieva» o «nieva sobre un iglú» son solo dos versiones de la misma cosa, igual que los robles y los arces para los algonquinos. Las lenguas de los «salvajes» estaban hechas únicamente para las cosas. Por el contrario, las lenguas del hombre civilizado, decía el gran filósofo judío Moses Mendelssohn en 1764, almacenan ideas, criterios, sensaciones e «información racional»[64].

A este respecto, las lenguas «salvajes» parecían claramente defectuosas. Pero si eran pobres en términos abstractos, eran ricas en metáforas, ya que en todas las hablas, la metáfora y los nombres compuestos son las dos cosas que más se aproximan a la imagen compleja que impresiona la vista o el oído. Como se creía que las lenguas «primitivas» compartían algo de la armonía original que reinó una vez entre el hombre y el mundo de la naturaleza, se pensaba también que las lenguas eran capaces de captar imágenes completas con una sola palabra. Las primeras lenguas, decía Rousseau, «daban a cada palabra el sentido de una frase completa»[65]. Pierre Louis Moreau de Maupertuis, más conocido por haber establecido que el mundo no tenía forma de huevo, sino que era achatado por los polos, afirmaba en 1756 que «un salvaje cuya lengua aún no se ha formado puede componer y expresar al mismo tiempo el pronombre, el verbo, el nombre, el nombre propio, el sustantivo y el adjetivo, y decir, por ejemplo, con una sola palabra: "Yo he matado un oso grande"»[66]. En consecuencia, la lengua de Aotourou le situaba, tan inevitablemente como los códigos sociales y morales de su sociedad, en la infancia del mundo, en el punto original de todos los pueblos y todas las civilizaciones. Como tendremos ocasión de comprobar, Diderot utilizaba esta circunstancia para reflexionar sobre los errores cometidos por el hombre civilizado al construir su universo social y moral.

Aotourou regresó a Tahití en marzo de 1770. Se marchó, según Bougainville, «enriquecido por el conocimiento» y cargado de regalos de la duquesa de Choiseul, consistentes en semillas, animales y herramientas, la avanzadilla del deseo francés de crear un imperio comercial en el Pacífico. «¿Qué mejor modo –reflexionaba Bougainville– de asegurarse una alianza pacífica y fructífera con esos pueblos?». «Dios quiera –añadía– que la necesidad y el celo que nos han inspirado no resulten desastrosos para el valiente Aotourou». Eran temores bien fundados. El viaje de regreso, costeado por un Bougainville ya en bancarrota, fue largo y penoso y Aotourou murió por el camino de sarampión, para el que entonces no existía vacuna[67].

Al regreso en 1774 de su segundo viaje al Pacífico, Cook trajo también un «hombre natural», un nativo de Huahine, en las islas Sandwich, llamado Mai u Omai. Aunque parece que el capitán tenía en poca estima el intelecto de su invitado, basándose sobre todo en su fracaso cuando quiso impresionarle con los esplendores londinenses, Omai, como Aotourou, se hizo famoso. William Parry, el pintor de la corte, le hizo un retrato con Banks y con el naturalista sueco Daniel Carl Solander, y sir Joshua Reynolds le retrató ataviado con una toga con cinturón, en la postura tradicional del orador romano. Fue presentado al rey y a la reina en Kew, y se dice que se arrodilló ante el rey diciendo: «¿Qué tal, Rey tonto?». No hay registros de cómo reaccionó el pobre Jorge III, que padecía trastornos mentales y nerviosos. Le llevaron a la Cámara de los Lores, donde parece que pronunció un discurso, y cazó en los brezales del norte de York. Vestía el traje escocés –toda una novedad en la época–, criticaba el peinado de Georgina, duquesa de Devonshire, admiraba las trampas para ratones y empleó cierto tiempo en un intento de fabricar clavos. (Los clavos fueron una obsesión de los polinesios –que no conocían los metales–, hasta el extremo de que la muerte de Cook en Hawai (1779) fue la consecuencia del intento de robar los clavos del cúter *Discovery*). Le regalaron también una espada de paseo y cenó con casi todo aquel que era alguien en Londres, desde los lores de Sandwich y Fife hasta el músico Charles Burney (que al oírle cantar una canción polinesia de amor declaró que «era un conjunto de ruidos zafios»). Granville Sharp, abolicionista y reformador social, le dio clases de inglés, un «paso previo» para la «difusión de la luz cristiana entre una nueva raza de hombres». Aunque Omai solo halló tiempo en su apretado calendario social para quince lecciones, Granville afirmaba que le había enseñado «todas las combinaciones de vocales y consonantes que caben en las letras». Intentó también convencerle de las «divinas verdades de la religión y de los deberes que esta impone». A pesar de su devoción cristiana, Sharp creía sinceramente en la igualdad de derechos del hombre y la mujer y de todas las razas, y muchos años después, encontrándose en Sierra Leona, recordó una conversación con Omai sobre la injusticia que suponía la poligamia. Sharp estaba explicándole los Diez Mandamientos sin ningún percance, hasta que, llegados al séptimo: «No cometerás adulterio», Omai le detuvo.

«¡Adulterio! ¿Qué es eso? ¿Qué es eso?». «No cometer adulterio, le dije, quiere decir que un hombre que tiene una esposa no debe tener ninguna otra esposa o mujer». «¡Ahhh!, dijo él. Dos mujeres... muy bien; tres mujeres... muy, muy bien». «No, señor Omai, le dije, eso es contrario al primer principio de la ley natural». «El primer principio de la ley natural, dijo él, ¿qué es eso?, ¿qué es eso?». «*El primer principio de la ley natural*, dije yo, *es que nadie debe hacer a otro lo que no quiere que le hagan a él*»... Porque las mujeres tienen los mismos sentimientos y las mismas pasiones y sienten por los hombres el mismo amor que nosotros por ellas; así pues, nuestro comportamiento ha de responder al amor, la fidelidad y el deber que de ellas esperamos.

Omai guardó silencio un momento y luego se dirigió a una mesa cercana.

Había allí un tintero con varias plumas. Omai cogió una y la depositó en la mesa, diciendo: «Ahí tenemos a lord S.» (un noble con el que mantenía una buena relación y con cuya familia había pasado cierto tiempo). Luego cogió otra pluma y la colocó al lado de la primera: «Y ahí tenemos a la señorita W.» (una joven intachable en muchos aspectos pero desdichada, que vivía en adulterio con aquel noble). Tomó luego una tercera y, situándola en la mesa a una distancia considerable de las anteriores, en concreto hasta donde le alcanzaba el brazo, se sostuvo la cabeza con la mano izquierda, cuyo codo apoyaba en la mesa, en actitud pensativa, y dijo: «Y aquí tenemos a lady S.... ¡y llora!».

«Era patente –concluye Sharp después de su demostración–
que había captado absolutamente la fuerza del argumento en
favor de la ley de la libertad, cuando se aplica a regular, mediante nuestros sentimientos, la conducta que debemos a
otras personas... y no hubo que explicarle más sobre los derechos de las mujeres»[68].

A pesar de la comicidad que Sharp atribuye al habla de
Omai, la novelista Fanny Burney, autora de *Evelina* (la historia de la salida al mundo de una jovencita), alababa los
modales llenos de donaire de Omai, «tales que podrías creer
que procede de una corte extranjera». Samuel Johnson, en
general indiferente hacia los «salvajes», que algunas veces le
producían cierta repugnancia, tanto si procedían de la Polinesia como si eran oriundos de las tierras altas de Escocia,
reaccionó igual cuando una noche cenó con él en casa de
lord Mulgrave, en Streatham. A la luz débil y titilante de las
velas, no distinguió a Omai de su anfitrión, porque «había
tan poco de salvaje en él, que no me atrevía a dirigirme a
cualquiera de los dos por temor a confundir al uno con el
otro»[69].

Omai fue también objeto de estudios más científicos. Se le
examinó el cráneo para verificar «qué facultades eran más
fuertes y cuáles menos vigorosas en su inteligencia», y se le
encontró excepcionalmente «amatorio», «combativo y destructivo», poseedor de «una enorme individualidad», de
una extraordinaria «filoprogenidad» –esto, al parecer, quería decir que echaba de menos a su familia– y de una «considerable estima personal», así como de «idealidad y curiosidad». Con todo, y pese a su ingeniosa forma de demostrar lo
bien que había comprendido la «ley de la libertad», no se
pudo descubrir su grado de inteligencia[70].

Omai regresó a su país en 1776, con el tercer y último viaje de Cook. Llevaba una curiosa mezcla de regalos, entre ellos una armadura que lord Sandwich había encargado expresamente a los armeros de la Torre de Londres, un organillo, varias armas de fuego (para disgusto de Cook) y un teatrillo mecánico de títeres de cachiporra. Cuando al fin llegaron a Huahine el 13 de octubre de 1777, Omai se despidió de Cook en la cubierta del *Resolution* y no dejó de llorar hasta alcanzar la orilla. Al salir a mar abierto, Cook escribió en su diario: «No ha sido poca satisfacción saber que le hemos depositado sano y salvo exactamente donde le recogimos». «Y aun así –continuaba, dando rienda suelta a una corazonada– es tan extraña la naturaleza de los asuntos humanos que probablemente le hemos dejado en una situación mucho menos deseable que la que tenía antes de conocernos».

No sabemos a ciencia cierta cuál fue la suerte que Omai corrió a su regreso porque, como decía Cook con cierta añoranza, el asunto quedaba en manos de «los futuros navegantes de este océano, para los cuales no será una prioridad seguir la suerte que reserva el provenir a nuestro viajero»[71]. No obstante, cuando en 1788 William Bligh llegó a la isla en la desafortunada *Bounty* supo que Omai había muerto en 1779.

5

Tanto Omai como Aotourou dejaron tras de sí una gran cantidad de personajes imaginarios. Omai se convirtió en una figura de repertorio para distintas sátiras contra la moral de la corte y en protagonista de una pantomima, *Omai, o un viaje*

alrededor del mundo –que la *Ramblers' Magazine* calificaba
con poco criterio, aunque significativamente, de «escuela de
historia del hombre»–, representada en espacios abarrotados.
(El «Rey tonto» acudió varias veces a ver la función). En la
última escena bajaba al escenario un enorme telón pintado
por Philip James de Loutherbourg, *La apoteosis del capitán
Cook,* al tiempo que el coro cantaba:

> El héroe de Macedonia rodeó el mundo,
> pero solo *muerte* supo transmitir.
> Jorge dio la orden, el buque zarpó
> y Cook a los hombres enseñó a vivir.
> *Vino, vio,* no quiso vencer, sino dar salvación.
> César de Bretaña,
> nunca ambicionó hacer un esclavo,
> porque los britanos hombres libres son[72].

Las alusiones a Julio César y Alejandro Magno resultan tal
vez un poco confusas, pero el mensaje es claro: en el nuevo
imperio británico, donde la ciencia ha sustituido a la esclavitud y el comercio a la conquista, ya no se despoja ni se destruye al «salvaje» como se hizo en las Américas, ahora se le ilustra y se le eleva... se le *salva.*

Pero el ejemplo que causó una impresión más duradera en
la visión europea de los primeros estadios de la humanidad
fue el personaje casi ficticio de Aotourou.

En 1772 Diderot recibió el encargo de escribir una revisión del *Viaje alrededor del mundo,* de Bougainville, para la
Correspondance littéraire de Grimm. El texto, que no vería la
luz durante su vida, crecería hasta convertirse en una evocación muy leída del llamado «buen salvaje» *(bon)* o como es-

cribían los ingleses *noble:* el *Suplemento al viaje de Bougainville.* La representación que Diderot hizo de los «primitivos» se ha considerado por lo general incluso más literaria y más fantasiosa que la del propio Bougainville o la de Banks. Pero aunque el *Suplemento* es irónico, formaba parte de lo que Jacques-André Naigeon, biógrafo y primer editor de Diderot, calificaba de proyecto de una historia natural y experimental del hombre, una historia que analizara el conflicto entre la homogeneidad aparente de las características físicas de la especie y la enorme diversidad que puede adoptar el comportamiento de los individuos[73]. Su finalidad: proporcionar lo que el propio Diderot denominaba «noción preliminar del género humano», que debía preceder a todo juicio moral y estético[74].

Diderot estaba convencido de que la naturaleza humana era la misma en todas partes, pero también de que la identidad de los hombres, como la sustancia material del propio planeta, cambiaba con el tiempo. El mundo moderno había afrontado ese problema –o mejor, había pretendido borrar la inestabilidad esencial de la personalidad humana– con normas y regulaciones, modelos morales y preceptos religiosos, supuestamente válidos para todos los seres humanos en toda época y todo lugar. El resultado, como él mismo experimentó primero en manos de un padre dominante y luego de una esposa fría y amargada, era la desdicha, la violencia y la desesperación, porque los individuos reprimían sus deseos e inclinaciones naturales para adaptarse a las exigencias artificiales inventadas con el objetivo de satisfacer las necesidades y calmar los miedos de terceros. En la relación que Bougainville había hecho de Tahití, Diderot pensó haber encontrado la imagen de una sociedad que, con un cierto añadido imaginativo, demostraría el fracaso del hombre «civilizado» para vivir la vida que la naturaleza había dispuesto para él.

El tema central de la argumentación de Diderot –coincidente con el aspecto mejor conocido de Tahití– eran, naturalmente, las relaciones sexuales y, en concreto, la deformación que las caracterizaba en la sociedad europea. Como él decía: «la asociación de unas ideas morales a unos actos físicos que no concuerdan con ellas». El *Suplemento,* muy ambiguo, igual que muchos escritos de Diderot, consta de dos partes: el largo discurso condenatorio que un viejo tahitiano dirige a la civilización europea, titulado «La despedida del anciano», y una extensa conversación entre Aotourou –abreviado con un toque burlón en «Orou»– y el capellán de Bougainville, cosas ambas de las que se dice eran secciones no publicadas del diario de Bougainville unidas por varios pasajes de un diálogo entre dos personajes llamados sencillamente «A» y «B». A cierto nivel, el *Suplemento* se presenta como la elaboración de varios acontecimientos y personajes que aparecen en el texto de Bougainville. Pero a otro nivel es también una obra de ficción claramente relacionada con dos de las mejores historias de Diderot: *Esto no es un cuento* y *Madame de la Carlière,* cuyos personajes menciona «A» irónicamente, como si fueran personas de verdad. (Incluye también un disimulado aguijón contra Raynal. «Una obra excelente –subraya «A», refiriéndose a la *Historia de las dos Indias*– de un tono tan distinto al de los escritos previos del autor que nos hace sospechar que el abate se la encargara a otra persona»)[75].

En manos de Diderot, como lamentaba Shaftesbury, Orou se convierte en la viva estampa del estoico «negador» (aunque veremos que al final llega a ciertas conclusiones muy poco estoicas). Como Uzbek y Rica, los persas itinerantes de las *Cartas persas,* la novela epistolar de Montesquieu enormemente célebre, y otros muchos visitantes ficticios de Europa, Orou es un forastero curioso y confundido, cuyo papel consiste en someter los convencionalismos, las ideas, las creencias y los prejuicios de la mentalidad europea a una crítica radical. Al contrario que los Aotourou y los Omai de la realidad, en general impersonales y mudos como figuras de un museo, Orou se muestra elocuente, cáustico, molesto e indignado por turnos. No está para que le pregunten, le analicen, le adornen, le exhiban y le enseñen una lengua extranjera, porque es él quien pregunta y porque a sus asombrados ojos todo lo que en Europa se considera «natural» parece convencional, tiránico y negador de la personalidad, cuando no sencillamente absurdo.

En la versión de Diderot, el capellán de Bougainville se aloja en casa de Orou antes de dejar Tahití. Conforme con las leyes de la hospitalidad tahitiana, ya por entonces famosas, Orou comienza por ofrecer a su necio invitado la compañía sexual de sus tres hijas y su esposa. El capellán rechaza a las tres y Orou, ofendido, quiere saber por qué. El capellán intenta explicarle las obligaciones morales que le impone su religión. Orou le escucha pacientemente antes de responder que eso no solo es contrario a las inclinaciones naturales de los seres humanos, sino que además en la mayor parte de los casos no se cumple. El capellán se convertirá en una prueba viviente. «Era un hombre joven y estaba inquieto, agitado. Apartaba la vista de las encantadoras oferentes, pero luego se le iban los ojos una y otra vez. Levantaba los brazos al cielo». Noche tras noche padece estas tribulaciones y noche tras noche acaba por sucumbir a las tres, una tras otra, sin dejar de exclamar:

«¡Mi religión! ¡Mis sagrados votos!». Todo lo cual demuestra lo que Orou (y Diderot) defendían: que las normas morales del cristianismo no se corresponden de ningún modo con las pasiones humanas[76].

Las inhibiciones morales del capellán están sancionadas por la religión y las leyes e impuestas por sacerdotes y magistrados. Para Orou, la religión, al menos como sistema de represión moral, no tiene lugar en la naturaleza, cuyas leyes son claras, transparentes y sin duda beneficiosas para todos. Solo un loco querría transgredirlas.

Para la mentalidad de los reyes y de los clérigos, interesados en dominar a los pueblos, el auténtico enemigo de las costumbres y del orden social del mundo civilizado era el «deseo». Como escribió Diderot en los *Elementos de fisiología,* de 1778, «el deseo es el fruto del organismo, de la felicidad y la infelicidad, de la buena y la mala vida»[77]. Los europeos llevaban siglos intentado reprimir el deseo o sublimarlo en fantasías semieróticas o en vidas de santos y de mártires, sin conseguir otra cosa que formar una persona artificial enzarzada en una guerra eterna con la persona natural, decía Diderot sirviéndose de una imagen que repetiría una y otra vez. La breve historia de nuestra desdicha, dice el personaje llamado «B» en el *Suplemento,* es esta: «Érase una vez un hombre natural, en cuyo interior se introdujo un hombre artificial, de modo que en su pecho estalló una guerra civil destinada a durar toda su vida»[78]. Lo que distingue a los tahitianos de los franceses que un día transformarán el mundo en la viva imagen de sí mismos, no es, al fin y al cabo, su sencillez o su bondad innata (en el relato de Diderot no se muestran especialmente sencillos o buenos), sino su capacidad para saber quiénes son, para ser al mismo tiempo «el observador y la máquina observada»[79]. Diderot lo explica con un cuento. Una joven llamada Jeanne Barret se embarca en *La Boudeuse* como criado de Commerson, vestida de hombre y haciéndose llamar Jean Baré. Durante todo el viaje, pese al asombro de algunos miembros de la tripulación ante su obsesión por guardar la intimidad, logra pasar por un hombre joven. Pero al llegar a Tahití, los hombres de la isla se lanzan alegremente a ella con la intención de «recibirla a la tahitiana», como lo expresa Diderot (imitando al propio Bougainville). (Más tarde, la joven se casaría con un oficial de la armada de Francia y llegaría a ser la primera francesa que circunnavegó el mundo)[80].

El quid de este cuentecillo, que en la versión de Bougainville termina con una observación irónica («Si los dos barcos hubieran naufragado en una isla desierta del vasto océano, el destino de Baré habría sido realmente extraordinario»[81]), es que los europeos se fijan más en la superficie que en el interior de las personas, por eso se dejan engañar por la vestimenta más que los tahitianos. El «salvaje», que está en contacto directo con la «naturaleza», ve a la persona que hay debajo. (En efecto, si debemos creer a François Vivez, el cirujano de *L'Etoile,* los tahitianos perseguían a los miembros ligeramente afeminados de la tripulación de Bougainville, convencidos de que se trataba de mujeres disfrazadas)[82]. Pero quedaba otro quid más trascendente. Los naturales tahitianos, al contrario que los «civilizados» europeos, reconocían al instante las diferencias de sexo porque reconocían a las mujeres en lo que realmente son: amantes, madres, compañeras, amigas. En cambio, los europeos, preocupados solo por los vínculos –y los vínculos son los que son– del matrimonio, las ven únicamente como una propiedad, por tanto asumen que las relaciones personales han de ser duraderas y constantes. El matrimonio cristiano, permanente e indisoluble, y las leyes y las obligaciones que impone, no solo son contrarias a la naturaleza del deseo, sino también a la de los afectos humanos, ambas cosas necesariamente transitorias. «La única objeción fundada al divorcio», decía Diderot a Catalina la Grande de Rusia, que sentía una pasión semejante por la inconstancia, era el problema de educar a los hijos[83]. De otro modo, todos los seres humanos, hombres y mujeres, deberían tener la libertad de elegir todos los compañeros que quisieran. «¿No ves», preguntaba Orou:

> que en tu país habéis confundido lo que no se puede sentir, desear o querer, lo que uno toma o deja, lo que conserva o vende, sin lo cual sufre o se lamenta, con algo muy distinto que no se puede adquirir o intercambiar, que es libre, que quiere y desea, que tiene la capacidad de abandonarse o conservarse para siempre, que se queja y sufre y que nunca es objeto de intercambio sin arriesgarse a perder su carácter o a destruir su naturaleza? Tales normas son contrarias al orden general de las cosas. ¿Puede haber algo más absurdo que un precepto que prohíbe el intercambio de nuestros afectos, que nos obliga a mantener una constancia de la que no somos capaces, que quebranta la naturaleza y la libertad tanto del hombre como de la mujer encadenándolos de por vida? ¿Cabe algo más absurdo que una fidelidad que restringe el más caprichoso de nuestros placeres a un solo individuo, que un voto de inmutabilidad hecho por dos seres de carne y hueso bajo un cielo que nunca es el mismo, dentro de cavernas situadas al borde del derrumbamiento, debajo de acantilados susceptibles de acabar deshaciéndose en arena, al pie de árboles que mudan constantemente de corteza, debajo de un pedrusco en equilibrio inestable?

Lo único constante es precisamente el conjunto de normas por el que se rige la conducta humana, cosa que será siempre explicable como un hecho «natural» capaz de universalizarse y de ser perfectamente inteligible para, pongamos por caso, un individuo como Orou que no conoce la sociedad que las inventó. Sin embargo, cuando el capellán se esfuerza en explicar las normas que rigen en la sociedad en la que vive, estas resultan arbitrarias, infundadas y oscuras. No se basan en la naturaleza o en la razón, sino en prejuicios nunca revisados, prejuicios que en Europa habían congelado la capacidad de sentir pasión o deseo[84]. Habían convertido a la mayor parte de las mujeres en viejas frustradas; y a los hombres literalmente en animales. Charles-Félix-Pierre Fesche, un alistado voluntariamente en *La Boudeuse*, llegó a la misma conclusión al asistir al primer encuentro de los europeos con los tahitianos. Una mujer, «acompañada de un anciano y de varios de sus compatriotas», subió a bordo de la fragata atraída por los «gestos de bienvenida de algunos franceses». En la canoa que la acercó iba envuelta en una especie de «velo», pero nada más subir a cubierta lo dejó caer, «siguiendo los usos *(usages)* de su país, que la corrupción de nuestras costumbres *(moeurs)* han destruido entre nosotros». «¿Qué pincel –continúa entusiasmado Fesche– podría pintar las maravillas descubiertas por la feliz caída del inoportuno velo?». La tripulación casi no podía contenerse. «Entramos como en éxtasis –anota– y se apoderó de nosotros una sensación cálida, suave y tierna. Ardíamos», pero, según parece, la decencia, «ese monstruo que suele estrangular la voluntad de los hombres», volvió impotente a la desafortunada tripulación. A pesar de los variados intentos que hizo aquella «nueva Venus» para que los franceses actuaran como hombres, o dicho al modo de Fesche, con cierta mojigatería, para que «ofrecieran un sacrificio a Venus», los pasmados marineros, pese al deseo reprimido, no pudieron «traspasar los límites de la decencia y de los prejuicios que rigen entre nosotros». Indignada, la mujer recogió su «velo» y se marchó[85]. En Francia, reflexiona Fesche, el conjunto de inhibiciones que encierra la palabra «decencia» es condición necesaria para la supervivencia social, un aspecto del mundo que nadie imagina que pueda ser de otro modo. En el Pacífico, era solo un prejuicio idiota.

Esta incapacidad para reconocer el carácter contrario a la «naturaleza» de toda ley o costumbre que no se corresponda con la inevitable volatilidad del cosmos subyace también a la opinión sobre los problemas de los tahitianos para aprender la lengua francesa. Igual que a Aotourou, a Orou le cuesta comprender lo que el capellán quiere decirle (conviene recordar que el pobre tampoco recibía buenos argumentos). Pero al contrario que en el caso de Aotourou, las dificultades lingüísticas de Orou no se debían a una incapacidad de comprender el francés (lengua en la que, al parecer, gozaba de una elocuencia tan impecable como asombrosa), sino a que se negaba a entrar en las trampas lingüísticas con que los europeos habían creado un conjunto de normas sociales y morales basado únicamente en nombres para los que no existía en la naturaleza la cosa correspondiente. Las leyes eran leyes no porque se correspondieran con algún dictado natural o con alguna necesidad evidente, sino porque en algún momento existió una autoridad que las codificó como tales. Orou se declara sorprendido –aunque en realidad está furioso– al oír que la sociedad europea condena a la vergüenza y a la desdicha a quienes vulneran sus normas sexuales.

Desde el momento en que se permite establecer una idea de justicia o de propiedad conforme al capricho de alguien, regular las características de las cosas de un modo arbitrario y atribuir o negar la bondad o la maldad de un hecho sin más fundamento que el antojo, todo el mundo culpa, acusa y sospecha de los demás; todo el mundo engaña, todo el mundo es envidioso, celoso y falso, tiraniza, disimula, oculta y espía para pillar a los demás por sorpresa; todo el mundo riñe y miente[86].

Orou sabe que la principal meta de los seres humanos es la felicidad y que la felicidad procede del placer. Pero el placer, tal como lo entiende Diderot, no es el hedonismo que La Mettrie recomendaba a sus lectores, sino lo que él mismo llamaba «placer moral». En el artículo que redactó sobre este tema para la *Encyclopédie,* lo calificaba de «sentimiento del alma que nos hace felices». El placer es el único movimiento «con que la naturaleza guía la materia» y, en consecuencia, el comportamiento de los seres humanos. Los tahitianos reconocían esta verdad. Habían construido una sociedad que reflejaba la naturaleza esencialmente inestable y cambiante de la condición humana, en vez de someterla a regulaciones y leyes artificiales, fantásticos preceptos religiosos y «prejuicios» nacidos de hábitos antiguos y nunca revisados.

Por todo lo cual, los tahitianos de Diderot no son aquellos eternos niños indolentes e irreflexivos que pintaba Kant, entre otros, ni tampoco, observaba un Diderot cáustico, muy distintos a la progenie de «padres ricos e hijos de princesas»[87]. Cuando el capellán se lamenta de que no queda mucho espacio para los sentimientos paternales o maternales en una sociedad en la que una pareja solo se mantiene unida el tiempo que desea, donde una mujer puede tener todos los compañeros sexuales que quiere, Orou replica con énfasis que en lugar de esos sentimientos, «nosotros contamos con uno más enérgico y duradero: la utilidad particular». Para Buffon, el hombre natural no tenía otro objetivo que vivir y holgar, ni siquiera la ataraxia del estoico «se acerca a esta profunda indiferencia por todo». En cambio, Diderot hace de su hombre natural un «espinosista» enérgico, un utilitario para quien el interés propio es la fuente de un principio moral. En la medida en que deseamos y amamos, valemos. En la medida en que valemos, vamos detrás de nuestra utilidad particular. En el momento en que cesa el deseo, cesa el interés en buscar lo que una vez fue nuestro objetivo. De este modo la humanidad (y no solo los hombres, debo añadir, porque en el Tahití de Diderot las mujeres disfrutan de la misma libertad para buscar el placer) vive *en la naturaleza*. «Poneos la mano en la conciencia», pide Orou:

> y dejad atrás esas fanfarronadas sobre la virtud que salen continuamente de la boca de vuestros camaradas, aunque nunca las sientan en el fondo de su corazón; decidme si conocéis algún país del mundo en el que un padre, si no fuera porque le retiene la vergüenza, no preferiría perder a su hijo (o un esposo a su esposa) antes que su fortuna o las comodidades de su vida. Podéis estar seguro de que allí donde un hombre tiene en tanto a su prójimo como su cama, su salud o su tranquilidad, su cabaña, su cosecha o sus campos, hará todo lo posible por garantizar el bienestar de aquel. Es aquí donde veréis caer las lágrimas sobre la cuna del niño enfermo y a las madres cuidar de la salud de sus hijos. Es aquí donde se valora a una mujer fértil, a una mujer núbil y a un muchacho adolescente. Es aquí donde nos ocupamos de nuestra progenie, porque preservándola crece nuestra fortuna, en cambio si la perdemos nuestra fortuna mengua[88].

Para lograr este tipo de «felicidad y perfección» hay que comprender que el deseo es el reflejo último de nuestro amor propio, lo cual no significa, como supone el capellán, que los habitantes de Tahití sean distintos al campesino francés que se compadece «más de su caballo que de su mujer» o que su pena por el sufrimiento de los niños enfermos y de las madres dolientes sea menos auténtica. El amor que engendra la ética utilitaria de Orou es mucho más sincero y mucho más genuino que el del capellán, precisamente porque se conoce a sí mismo. El capellán ama porque se lo imponen sus votos. Orou ama porque se lo indica la naturaleza.

El Tahití de Diderot, como las recreaciones de Hobbes y de Rousseau, es un experimento mental, pero, al contrario que los salvajes de estos últimos, los tahitianos de Diderot no viven en estado de naturaleza, sino en «una sociedad a medias salvaje y a medias civilizada *(police)*». Supuestamente, Tahití es el reflejo real de la colonia que Diderot sueña con cierta ironía en su furioso ataque a *Del hombre,* de Helvecio (1775), y la que cree posible fundar algún día en la mediterránea isla de Lampedusa. Los legisladores de la Antigüedad solo disponían del estado de naturaleza para construir su civilización. No sorprende, pues, que se equivoquen tanto. Pero Diderot se pregunta:

¿No sería quizá posible que un legislador moderno, más ilustrado que ellos, hallara una colonia en algún remoto rincón del mundo y descubriera, entre el estado salvaje y nuestro maravilloso estado de civilización, unas condiciones capaces de retardar el progreso del hijo de Prometeo y de protegerle del Buitre, que situaran al hombre civilizado entre la infancia del salvaje y nuestra actual decrepitud?

Allí donde existiera esa sociedad, estaría el lugar de residencia de la única y duradera «felicidad del género humano»[89].

Pero el problema era –Diderot lo sabía, como lo sabía Kant– que el género humano no conocería jamás una felicidad perdurable. «El destino que domina el mundo –reconocía en carta a Grimm– determina que todo pase. La condición más feliz de un hombre o de un Estado (como de todo lo demás) ha de tener su fin»[90]. Orou habría sido un buen espinosista y un buen utilitario *avant la lettre,* pero ni siquiera su enorme conocimiento de sí mismo podría haberle ahorrado las consecuencias de lo que «B» llama «bosquejo histórico de nuestras miserias». Estas, como sabe el «anciano» que pronuncia el discurso de despedida ante Bougainville, constituirán la auténtica tragedia de la visita francesa. «Llorad, desdichados tahitianos, llorad –pide a sus compatriotas–, pero que sea por la llegada, no por la despedida de estos hombres funestos»[91]. Porque los tahitianos estaban ya «infectados»… literalmente, dado que estaba de camino una raza nueva, producto de las innumerables relaciones sexuales entre las tahitianas y la tripulación de Bougainville, una raza inexorablemente encaminada a la sociedad civil, hecho que en la diatriba del anciano contra los europeos se califica del delito de Bougainville. Pero aunque los europeos no hubieran puesto jamás el pie en la isla, la lógica de la evolución humana los habría conducido al mismo resultado. Bougainville no hizo más que acelerar el proceso. Según «B»:

Yo veo que algunas causas físicas, como por ejemplo la necesidad de vencer la ingratitud del suelo, estimulan el ingenio del hombre, que el impulso lo lleva más allá de su objetivo inmediato y que, desaparecida la necesidad, ese mismo impulso le conduce al océano sin límites de la fantasía, de donde ya no puede salir. ¡Ojalá se detengan los felices tahitianos donde están! Creo que, salvo en ese recóndito lugar de la tierra, nunca ha existido ninguna moralidad y que probablemente nunca existirá.

Pero si algo no podían hacer los tahitianos era detenerse. La civilización es el destino de todos los seres humanos, que, como el propio universo, se hallan en constante movimiento. «Todos los pueblos civilizados —declaraba Diderot— han sido salvajes alguna vez, y, siguiendo su impulso natural, todos los pueblos salvajes serán civilizados». Diderot acusaba a Bougainville de «abominar del hobbesianismo en casa, para luego llevarlo consigo de nación en nación». Con todo, no ignoraba que antes o después los tahitianos recorrerían el mismo camino por su cuenta. Vivían detenidos, en un estado de fragilidad, en el cual, como decía Diderot parafraseando a Bougainville, bastaría con la presencia de los europeos, de las mercancías europeas, para transformarlos en ladrones. El tahitiano entendía sin la menor dificultad la superioridad de los clavos de metal frente a la cuerda y la madera, y, llegado el caso, distinguiría las ventajas de las armas de fuego sobre los arcos y las lanzas. El reconocimiento de su utilidad cambiaría para siempre la vida «salvaje». Y no cabía duda de que una vez introducidos, los tahitianos también desearían todas las otras cosas mucho menos prácticas de los europeos. El deseo de adquirir es una necesidad humana casi tan fuerte como la del sexo. William Cowper, el poeta inglés, se despedía de Omai, que regresaba a Huahine, con las siguientes preguntas:

¡Oh, tú, gentil salvaje! A quien no por amor a ti o a lo tuyo, sino por curiosidad quizá o por alguna otra gloria vana, sacamos de tu estado natural para mostrarte aquí. ¡Con qué superior pericia abusamos de los dones de la Providencia y malgastamos la vida! El sueño pasó y tú volviste a tus cocos y tus bananas, tus palmeras y tu ñame, al hogar que habías dejado atrás. Pero ¿recobraste sus antiguas delicias? Después de ver nuestros estados, nuestros palacios, nuestras mujeres y nuestros fastos, nuestras carrozas, nuestros jardines y nuestros juegos; después de oír nuestra música, ¿te es tan querida como antes la sencillez de tus amigos, de tu alimento, de tus deleites? ¿Nada han perdido tus placeres en comparación con los nuestros?

El atractivo de la civilización era inevitable. Se puede uno apartar, como hizo Rousseau. Se puede mantener a raya durante un tiempo, pero una vez visto ya no se puede olvidar.

El Tahití de Diderot no pretendía ser un retrato permanente para el hombre civilizado, sino una lección. «¿Qué podemos hacer?», pregunta «A» al final del *Suplemento,* «¿Volver a la naturaleza? ¿Aceptar las leyes?». Y «B» replica: «Debemos criticar las leyes absurdas hasta que se reformen y, mientras tanto, respetarlas». En efecto, no hay elección. La cultura es un viaje de una sola dirección. Creer que existe una alternativa viable a las absolutamente imperfectas sociedades humanas y a sus acostumbradas divisiones, como quiso decir la literatura dieciochesca del «buen salvaje», es ni más ni menos que una ilusión. Si, como dice «B», tenemos que «mejorar las leyes», necesitamos comprender a partir de qué fundamentos se redactaron. Solo y únicamente en eso tienen mucho que enseñarnos «las costumbres y los hábitos» de los «salvajes». La evocación que Diderot hizo de Tahití, moralizante, irónica y reflexiva por turnos, no es como se ha querido decir a veces la visión de un mundo mejor y más deseable, sino la imagen de un pueblo situado al principio del proceso que le conducirá inexorablemente a la civilización. Y el principal objetivo de su «historia natural y experimental del hombre», así como el de las distintas versiones de la «ciencia del hombre», consistía precisamente en comprender y a través de esa comprensión llegar tal vez a dominar el proceso civilizador.

6. La defensa de la civilización

1

«Sí, señor Rousseau –escribía un Diderot irritado a Sophie Volland en 1776–, yo prefiero el vicio refinado en traje de seda a la necia ferocidad que hay debajo de un atavío de piel de animal»[1]. La condición salvaje podía ser un estado de genuina inocencia y qué duda cabía de que la civilización –invirtiendo el *dictum* de Hobbes– era un «estado de guerra y delincuencia», pero Diderot añadía: «¡Niego que el estado salvaje sea preferible a la civilización!»[2]. Aunque Diderot admirara el estoicismo que al parecer caracterizaba a los tahitianos, a los indios canadienses o a los legendarios brahmanes de la India, capaces de contemplar el sol con un ojo solo de la mañana a la noche sin moverse, le espantaban las condiciones de vida que lo hacían necesario[3]. A pesar de sus simpatías hacia los esclavizados africanos y los perseguidos amerindios, y pese a su declarada admiración por los hotentotes (que, según su parecer, solo tenían un testículo), Diderot no sentía lo que Voltaire denominaba con humor «la nostalgia del Neolítico»[4]. Él sabía que detrás de las versiones expurgadas y erotizadas de la vida salvaje no había más que suciedad, enfermedades y privaciones, y no tenía más intención de despojarse del arte y de la ciencia que de sus propias ropas. El «salvaje», pese a sus méritos, «no puede tener conciencia de la generosidad o de aquellas otras virtudes que se han desarrollado a lo largo de mucho tiempo en las naciones civilizadas gracias al refinamiento moral»[5]. Desde su escritorio, Diderot veía con toda claridad que «el progreso de la ilustración» era limitado incluso en una Europa bloqueada por la represión que ejercía la religión establecida y por la miseria de una población obligada a luchar por la supervivencia diaria, pero no ignoraba que más allá de las fronteras del mundo civilizado la ilustración no tenía ninguna posibilidad. Porque, al fin, lo que la «Ilustración» buscaba era una «civilización» auténtica. Ambos conceptos estaban indisolublemente unidos y ambos fueron creaciones del siglo XVIII[6]. Pero ambos eran también términos escurridizos. Como observaba John Stuart Mill en 1836, en el momento en que él escribía, el concepto de «civilización» tenía dos significados muy distintos. Podía significar el progreso a lo largo de un «camino de perfección» o el logro de una existencia «más inteligente, más noble y más feliz», o bien no más que un modo de distinguir a «una nación rica y poderosa» de «los salvajes y los bárbaros». No obstante, él mismo admitía la dificultad de separar los dos términos. Creía que su época –que podía retrotraerse por lo menos hasta mediados del siglo XVIII– era por encima de todo «una edad de civilización»[7]. Una edad en la que los pueblos «avanzados» del mundo vivían con la certeza de que había que cambiar la vida y, con mucho esfuerzo, a mejor. La civilización era el resultado de nuestros esfuerzos colectivos por prosperar, por conquistar lo que podríamos llamar «progreso». El progreso hacía posible –y esto era muy importante– una existencia «civil», que, entre otras cosas, significaba una vida vivida en ciudades, una vida en la que los trajes de seda eran vestimentas útiles. Todo nuestro léxico político y social procede de ese hecho. «Civil», «civilidad», «ciudadano» y «civilización» derivan del latín *civitas,* que originalmente se refería más a la comunidad o a lo que más tarde se llamaría «el Estado» que al espacio urbano en sí[8]. (Para este existía el término latino *urbs,* del que se derivan «urbano» y «urbanidad»). Sin embargo, la comunidad no puede separarse fácilmente del espacio físico en el que se desarrolla la existencia civil, por esa razón en todas las lenguas vernáculas modernas procedentes del latín llegaron a ser, si no sinónimos, términos interdependientes. Porque la ciudad indudablemente reúne a la gente, cosa imposible para los pueblecitos diseminados por el campo. La civilización, decía en 1756 el economista y «fisiócrata» Victor de Riquetti, marqués de Mirabeau (que bien pudo acuñar el término) en una obra muy popular y elocuentemente titulada *El amigo de los hombres,* es un proceso de «urbanidad, educación y suavización de las costumbres, así como de fomento del entendimiento que permite practicar la delicadeza»[9]. Tales cosas, él lo sabía bien, solo podían adquirirse en las ciudades.

En el mundo de Eurasia, donde se desarrollaron por vez primera, las ciudades siempre se concibieron como motores del crecimiento económico, de la creatividad, de la libertad y hasta del amor. Fueron quizá el origen de la democracia liberal en Occidente y, si hemos de creer a los economistas modernos, «nos hacen más inteligentes»[10]. Desde luego en el siglo XVIII muchos pensaban así. «Cuando dice *savages* ¿se refiere usted –preguntaba Voltaire sutilmente– a esos rústicos que viven en cabañas con sus consortes y sus animales... Sin conocer otra cosa que la tierra que los alimenta y disponiendo solo de unas cuantas ideas y, en consecuencia, de unas pocas expresiones?». Esclavizados por los curas y los señores, tales salvajes «se encuentran en Europa por todas partes». «Los pueblos del Canadá, los kafires [de Sudáfrica]» y los «supuestos salvajes de América» poseen una sofisticación, un sentido común y una conciencia moral «infinitamente superiores a los nuestros», añadía[11]. Al parecer nada igualaba la estupidez del campesino francés medio. La rustiquez, no en menor medida que el salvajismo, los volvía necios, perezosos y resistentes al cambio.

A Diderot le horrorizaba tanto como a Voltaire que Rousseau aplaudiera la ausencia en aquellos pueblos del arte y la ciencia, y que el crítico napolitano Francescantonio Grimaldi dijera de la máscara que, según parece, llevaban puesta los «salvajes» que «igualaba a cada cual con su semejante»[12]. En aquellas sociedades, decía Adam Smith, faltaba la división del trabajo y, en general, cualquier otra diversidad, porque un solo hombre podía ser al mismo tiempo productor, jefe, juez y guerrero[13]. Smith dijo con frase famosa que el rey africano, «amo absoluto de los sentimientos y las libertades de diez mil salvajes desnudos», no era en nada preferible al «industrioso y frugal campesino [europeo]», y dejó claro que la única sociedad posible de iguales no era la comunidad de seres seráficos que «el señor Rousseau» imaginaba, sino una comunidad en la que todos los hombres vivían una vida igualmente miserable[14].

Aunque Orou insistiera una y otra vez en seguir la voz de la naturaleza, lo único que enseñó al capellán fue que la naturaleza, en efecto, pocas veces habla con la misma voz. El «salvaje», por irreprochable que sea su pensamiento, resulta «bueno» porque sus facultades se mantienen aún inertes. En las circunstancias de su vida –quizá afortunadas– nunca tiene que emplear un criterio. Los salvajes no son idiotas, pero su conocimiento no conduce a la auténtica felicidad y, en todo caso, al individuo civilizado solo le sirve como punto de referencia. En 1751, la formidable Françoise de Graffigny, novelista y dramaturga, publicó una novela epistolar de gran éxito titulada *Cartas de una peruana,* ligeramente inspirada, como otras muchas novelas epistolares, en las *Cartas persas* de Montesquieu (1721). Pretendía ser la correspondencia de una princesa inca, de nombre Zélia, raptada y llevada a Francia, que desde allí escribió a su novio en Perú una serie de misivas plagadas de sátiras de la sociedad francesa y sobre todo de la situación de la mujer en el *ancien régime.* En 1751 Turgot escribió a Graffigny, adoptando un papel de crítico que, según él mismo, le resultaba ajeno y «tal vez un poquito absurdo», para examinar con acidez las afirmaciones de Zélia sobre la supuesta superioridad de la sociedad «salvaje» –peruana en este caso– comparada con la francesa. Es cierto, admitía, que los «pueblos bárbaros» disfrutan de ciertas ventajas sobre los civilizados y que «nuestras arbitrarias instituciones nos han hecho olvidar demasiadas veces la naturaleza, que nos hemos engañado con nuestras propias creaciones... y que el salvaje, que no sabe consultar a la naturaleza, conoce, sin embargo, la manera de seguirla». Pero ese seguimiento es lo único que conoce. La virtud del salvaje no procede del empleo del juicio o del ejercicio de la voluntad, sino del seguimiento ciego e incuestionable de los instintos humanos más básicos. Preferir semejante vida, como hace Zélia, es para Turgot «una declamación absurda»[15].

Para Turgot, y para Diderot, la verdadera felicidad no reside en la inocencia inerte y acrítica de uno mismo, sino, como después para Kant, en el ejercicio de la inteligencia. Un vicioso o una persona que no distingue entre el bien y el mal –cosa que les ocurre a los niños y a los salvajes– no puede ser verdaderamente «feliz» por muy contento o satisfecho que se sienta. Diderot solo vio en el Tahití de Bougainville, y en todos los «salvajes» supuestamente nobles o buenos, un ejemplo de lo que fue alguna vez la humanidad. Los tahitianos se encuentran en unas condiciones que brindan la posibilidad de hacer una fuerte crítica de la sociedad del hombre civilizado, sobre todo en lo referente a sus costumbres sexuales, porque, al no haber experimentado jamás lo mismo que el civilizado, pueden mantenerse al margen del proceso de comprensión de lo humano. Los ataques del Anciano y de Orou contra el mundo que Bougainville llevó consigo se caracterizan por la ampulosa elocuencia que supuestamente había hecho famosos a los «salvajes», pero son dogmáticos y generalizadores. En su calidad de salvajes que, por decirlo con Turgot, ignoran cómo «consultar a la naturaleza» (lo contrario de seguirla sin más), no sabían argumentar, reflexionar o comparar. Solo pontificar. Y en el mundo que Diderot deseaba –no así Rousseau–, el modo de comunicación más deseable no era la afirmación sin visos de ironía, sino la conversación, el diálogo. Si tenemos que creer a John Stuart Mill, «los salvajes ni siquiera encuentran mucho placer en la sociedad que comparten»[16].

La Ilustración no era una regresión a un estado anterior, por mucho que pareciera o fuera de verdad una liberación de las miserias de la vida moderna. La Ilustración era avance y, lo más importante, superación de la eterna lucha entre el hombre artificial y el hombre natural de Diderot. No existía otra forma de llevarla a cabo que el conocimiento de nosotros mismos, cosa que solo se adquiere actuando. Tahití era un jardín placentero, el espacio de una dicha imaginaria, que, para Diderot, acabaría convertido –desfigurado, podría decirse– en el espejo de los errores morales del mundo de los trajes de seda, sin ofrecer jamás un objetivo real a la humanidad. El verdadero fin de la humanidad era la civilización. Y las civilizaciones, en tanto que productos de la acción reflexiva, son inexorablemente plurales, dinámicas y complejas. Y también inevitables. Hasta Rousseau lo sabía. Como individuo se puede retroceder al estado de naturaleza –o algo parecido– y a todos aquellos lugares incómodos que Rousseau confesaba preferir a París: las aldeas de los Alpes suizos, los bosques canadienses o las fantasías modernas sobre la Roma y la Grecia de la Antigüedad. La humanidad, como especie, no tiene elección. Pero entonces, un agudo lector crítico de Rousseau, coincidiendo con Kant, decía: «En el fondo, lo que Rousseau desea no es que la humanidad *retroceda* al estado de naturaleza, sino que *vuelva la mirada* al estado de naturaleza»[17].

«Entre los animales –observaba Kant– el individuo consigue sus fines inmediatamente; entre los hombres solo los consigue la especie con el paso de las generaciones, pero al final, a través de la especie, los consigue también el individuo». El género humano pasa por tres estadios: el cultivado, el civilizado y el que Kant denominaba «moralizado». ¿Dónde nos encontramos ahora?, se preguntaba. Y se respondía: «A) en el nivel más alto del cultivado; B) civilizados solo a medias; C) en absoluto moralizados... Somos refinados y educados, pero carecemos de espíritu cívico». No hay razones para la complacencia. El auténtico progreso es una lucha sin fin por mejorar. Los seres humanos nunca han querido quedarse tranquilos, satisfechos y felices con lo que han hecho o con lo que podrían hacer. Ahí reside el problema de los llamados «nobles» salvajes. Un pueblo que al parecer «ha logrado todas sus metas y se limita a gozar», escribió Kant, es sencillamente «superfluo»; de ahí que los pobres tahitianos jamás podrán saber «por qué existen y si no habría dado lo mismo poblar sus islas de ovejas y vacas felices que de seres humanos felices solo con pasárselo bien». Se podría decir incluso que «el mundo no perdería nada si Tahití se hundiera en el mar». No obstante, por fortuna para los tahitianos, su isla había recibido la visita de «naciones más cultivadas», las cuales, por mucho que Kant despreciara sus modos rapaces, tendrían el mérito no buscado de devolverlos a su verdadera finalidad[18].

2

Los salvajes se hallaban en el umbral de una historia compleja. Existían en el principio del tiempo humano; por eso resultaban tan fascinantes como ya hemos comprobado. La fase final de su historia era la civilización. La narrativa que sentó las bases de la nueva ciencia humana se medía por etapas, por una secuencia de momentos decisivos y transformadores[19]. Los escoceses, Adam Smith y los historiadores William Robertson, lord Kames, John Millar y Adam Ferguson, lo llamaron «Teoría de las cuatro etapas», aunque parece ser que se debe a Pufendorf y, en términos general, fue europea[20]. Una historia de la humanidad que iba de los cazadores-recolectores al comercio y del salvajismo a la civilización proporcionó a Condorcet el esquema organizativo de su *Bosquejo,* y alimentó la obra del antiguo historiador y canciller del *parlement* parisiense Antoine-Yves Goguet –uno de los primeros en sostener que el origen de la cultura urbana no estaba en Grecia, sino en Egipto y Mesopotamia–, del hugonote Antoine Court de Gébelin, autor de *El mundo primitivo analizado y comparado con el mundo moderno* y seguidor de Franz Anton Mesmer (que pudo morir experimentando con la electricidad en su propio cuerpo), y del milanés Gian Rinaldo Carli, por citar solo unos cuantos.

En todas estas obras había en juego algo más que la simple subsistencia, porque en cada etapa de su historia conjetural o «filosófica», los seres humanos no solo estaban mejor organizados (y mejor nutridos), sino más comunicados entre sí; en consecuencia, sus sociedades se hacían más complejas y más «civilizadas». Porque la historia de la civilización, como no se cansaban de repetir los historiadores, progresaba desde lo simple hasta lo complejo. La idea, igual que otras muchas a propósito de la identidad del género humano, era antigua, pero en su forma moderna debía mucho a Montesquieu.

En *El espíritu de las leyes,* Montesquieu divide todos los pueblos de la tierra en tres grandes categorías según su capacidad para formar sociedades civiles o, como él dice, para «reunirse» *(se réunir).* Las más sencillas eran las «salvajes», término que, en coincidencia con muchos autores del siglo XVIII, entendía fundamentalmente en sentido botánico, como algo aún sin cultivar. Se denominan «naciones pequeñas» y son «incapaces de reunirse». Se trata en su mayoría de cazadores-recolectores, que viven únicamente de lo que la tierra proporciona. Aunque ofrece el ejemplo de los pueblos tupíes de Brasil, los polinesios entraban en la misma categoría. Venían luego los «bárbaros», pastores seminómadas capaces de «reunirse», pero incapaces aún de lograr una asociación civil. (Montesquieu pone el ejemplo, en cierto modo enigmático, de los manchúes)[21]. Finalmente, viene el «hombre civilizado», el único capaz de crear comunidades enteramente civiles. Se trata de un sistema de clasificación elemental pero preciso, con el que estuvieron en deuda casi todos los teóricos de la Ilustración, y a partir del cual Rousseau afirmaba haber querido escribir una historia moral del género humano, aunque, como tantos de sus grandes proyectos, se quedó en agua de borrajas. El esquema de Montesquieu coincide con lo que más tarde John Stuart Mill consideraría una ley del progreso humano: el paso del individuo a la masa. La civilización era en esencia un proceso de agregación y colaboración, la acción a través del tiempo de la «simpatía» que une inexorablemente a los seres humanos unos con otros. La colaboración hizo posible que la humanidad prosperara y evitó que «los tigres y los leones acabaran con ella hace ya mucho tiempo». Lo que «empobrece y debilita a las comunidades salvajes» es su escasa capacidad de colaborar[22].

Los «salvajes» de Montesquieu eran incapaces de «reunirse» bien por algún accidente del clima o del terreno, bien por lo que Edward Gibbon llamaba «indolencia supina» y, sobre todo, por su «indiferencia hacia el futuro», pero nunca por elección o por un conocimiento intuitivo de los peligros que podía entrañar una existencia más compleja[23]. Lejos de ser las comunidades predominantemente pacíficas que Rousseau y sus numerosos seguidores, que llegan hasta mediados del siglo XX, quisieron hacernos creer, tales pueblos eran especialmente sangrientos. Cabe la posibilidad de que las guerras que sostuvieron entre sí fueran en cierta medida rituales, como sostuvieron Konrad Lorenz y otros en los años sesenta y setenta del siglo XX, pero lo cierto es que de noche, y siempre por sorpresa, hacían incursiones en las aldeas vecinas y mataban a todo el que se les ponía delante, hasta el extremo de que en Australia y Norteamérica hubo pueblos aniquilados. Su vida no era solo brutal, monótona y breve, sino incansablemente repetitiva. Enfrentados a la constante posibilidad de exterminio, a la escasez de recursos y al aumento continuo de la población, e incapaces de proveerse de comida para todo lo que excediera el ámbito de la familia, buscaron unos medios de supervivencia menos precarios y más duraderos, y los encontraron en el pastoreo. «La ocurrencia más natural –escribía Smith– fue domar a los animales salvajes que capturaban, para, alimentándolos mejor de lo que ellos mismos podían procurarse, inducirlos a quedarse en el entorno y reproducirse»[24]. El pastoreo requería un cierto esfuerzo colaborador que, al contrario que la caza y la recolección, no podía limitarse a una sola familia. Estos pastores –que Smith identifica con los «tártaros» y los «árabes»– se vieron obligados a «reunirse» en alguna medida. Según Smith, en aquella época de pastoreo «comenzó la desigualdad de la suerte», y la desigualdad –tal vez el aspecto desafortunado pero inevitable de toda vida civilizada– «introdujo entre los hombres un cierto grado de autoridad y subordinación que antes posiblemente no existía». Así «surgió ese grado de gobierno civil que resulta indispensable para nuestra conservación»[25]. A pesar de su primitivismo, aquellos «bárbaros» entraron, todavía inseguros, en la historia[26]. Pero el rudimentario gobierno civil no fue la única cosa que distinguió a los pastores bárbaros de sus predecesores salvajes. El paso de la caza y la recolección al pastoreo produjo también un cambio significativo en la personalidad humana. «La sociedad en el interior de las familias se hizo más amable sin perder intimidad», decía Condorcet. Esto, a su vez, consolidó la tendencia humana social que habría de ser la fuente de toda reflexión posterior sobre las relaciones no ya dentro de los grupos, sino de los grupos entre sí: la hospitalidad.

Entre los «salvajes» ya había existido el sentido de la reciprocidad, pero era una actitud irregular, errática. En cambio, Condorcet creía que entre los pueblos de pastores «había adquirido un carácter más profundo, más solemne... y proporcionaba más ocasiones de ejercer la reciprocidad de una persona a otra, de una familia a otra, de un pueblo a otro». Esto, que Condorcet llama expresivamente «un acto de humanidad», se convertiría después en un «deber social» regido por normas[27]. Se trata del paso más significativo que hasta ese momento había dado el hombre en el camino de la civilización, porque aquel «acto de humanidad» exigía por vez primera que unas comunidades muy distintas entre sí se reconocieran no solo como franceses o dowayos o cheroquis o alyawaras, sino también como *humanos*. Fue el auténtico inicio de una sociabilidad humana *universal*. La hospitalidad se convirtió en una práctica casi sagrada en todas partes. (En sánscrito se dice que «el invitado es dios»). La transgresión de las leyes de la hospitalidad podía tener unas consecuencias terribles, como experimentó en carne propia la población de la ciudad bíblica de Sodoma. (Su auténtico delito fue tratar mal a los extranjeros, no la «sodomía», que hasta el siglo XI no tuvo su significado actual). La vulneración del derecho a recibir hospitalidad y su correspondiente obligación de ofrecerla fue la causa inicial de la guerra de Troya. (Aunque el invitado fuera un príncipe, no le estaba permitido raptar a la esposa de su anfitrión). La hospitalidad, escribió Diderot, «constituye el indicio más claro de que la sociabilidad es el instinto y el destino del hombre». Y también la prueba de que los grupos humanos, pese a su hostilidad mutua, poseían una tendencia a la sociabilidad capaz de atravesar las diferencias nacionales, culturales y religiosas que los separan. «Nacida de la compasión natural –escribió en uno de los pasajes introducidos en la *Historia de las dos indias,* de Raynal–, la hospitalidad se hizo universal en los primeros tiempos. Fue casi el único vínculo que existía entre las naciones y la semilla de la más antigua, la más duradera y la más venerada amistad entre familias separadas por regiones inmensas»[28]. Y, como ya hemos visto, la posibilidad de una futura ciudad mundial surgió efectivamente del concepto de hospitalidad.

En algún momento de este proceso, aunque nadie ha podido decir cuál, se inventó el lenguaje. Durante el siglo XVII tuvo lugar un gran debate sobre su origen y sobre una pregunta al parecer sin respuesta posible: ¿es el lenguaje la criatura de la sociedad o es la sociedad la criatura del lenguaje? Un debate largo y apasionado, pero en última instancia infructuoso, hasta el punto de que los estatutos de la Sociedad Lingüística de París, fundada en 1866, prohibían las discusiones sobre el tema. Sin embargo, para Condillac y Vico, para Rousseau y Smith, para Maupertuis y Herder, así como para todos los teóricos menores del siglo XVIII que buscaron en la historia del lenguaje alguna luz sobre la evolución de la sociedad humana, algo parecía evidente: las primeras lenguas fueron gritos y los gritos son la expresión de las pasiones, de la necesidad de llegar a los demás y de hacerse notar. «El *impulso de comunicarse* –escribía Kant– debió de ser lo que primero le movió [al hombre], cuando aún estaba solo, a dar a conocer su existencia a los seres vivos que estaban fuera de él». La misma necesidad, pensaba, se ve aún en los niños, «gente irreflexiva», y en los religiosos, que «molestan a la parte pensante de la comunidad con murmullos, gritos, chiflidos, cantos y otros pasatiempos ruidosos». Tales cosas, junto con las «devociones religiosas», eran actividades para las que, a su parecer, los hombres no tienen «otro motivo que dar a conocer su existencia por todas partes»[29].

Según Rousseau, las primeras manifestaciones de este «impulso de comunicarse» debieron de ocurrir en el sur, que por «sus climas suaves y sus tierras fértiles» fue probablemente la primera región habitada del mundo. Allí se encontraron por primera vez dos jóvenes, hombre y mujer, junto a un manantial o a la orilla de un río y se dijeron «ámame» *(aimez-moi)*. En las inhóspitas regiones del norte, donde «las pasiones nacen de la necesidad y donde las lenguas, tristes hijas de lo mismo, reflejan sus orígenes austeros», las primeras palabras no serían una petición de amor, sino un grito de ayuda: *aidez-moi*. «Ámame» y «ayúdame» contienen en su sencilla inmediatez todo el arco de los sentimientos humanos. Quizá no debamos tomarnos literalmente la breve fábula de Rousseau, sin embargo, para él demostraba que, si el lenguaje era una creación de las pasiones, en absoluto podía tener «un origen doméstico». Al fin y al cabo, uno no necesita pedir la ayuda de la familia, donde el amor, además, se da por sentado (o lo daba Rousseau); de ahí su afirmación de que los salvajes de América no hablaban si no era «fuera de casa»[30]. Dentro de sus cabañas solo se comunicaban por signos y gestos. Pero esto puede que diga más de la relación del propio Rousseau con Thérèse Levasseur, su analfabeta y resignada esposa, que con los algonquinos. En todo caso, el lenguaje fue una empresa colectiva. Como decía Condorcet, la invención del arco había sido el «logro de un hombre ingenioso, pero la formación del lenguaje se debe a la sociedad al completo... Surgió de la reflexión, de la observación que hacen todos los hombres y de los hábitos que practican en el seno de su vida en común»[31]. Luego, en algún momento, se inventó la escritura. Juntos, estos dos «signos arbitrarios de escritura y de habla», decía Turgot, «convirtieron la totalidad de los bagajes individuales en un tesoro común que cada generación transmitía a la siguiente, una herencia siempre ampliada por los descubrimientos de todas las épocas»[32]. De esta forma, parece que al fin la humanidad logró transcender la condición temporal. Aunque por el río no pase dos veces la misma agua, por emplear la famosa metáfora de Heráclito, la corriente transportaba una carga cada vez mayor de conocimientos, que en vez de cambiar inexorablemente con las pérdidas y las crecidas, se iba acumulando a lo largo de los siglos y acercaba al género humano a un estado de perfección.

El lenguaje fue el primer lazo social auténtico, pero mientras que las primeras comunidades, fueran pastores o cazadores-recolectores, practicaron el nomadismo no dispusieron de nada que se asemejara a un código civil. En aquella situación precivil los hombres se guiaban por la costumbre, por las conductas anteriores transmitidas de generación en generación a través de «los ancianos que recordaban las cosas de antes», como decía Montesquieu; es decir, palabras, no leyes[33]. Y, como hemos visto, una de las señales de la civilización es la existencia de leyes verdaderas, consensuadas, susceptibles de cambio y, por encima de todo, seculares.

Llegó luego la agricultura; un cambio mucho más importante y significativo que el paso de la caza y la recolección al pastoreo. En comparación con otros animales, los humanos están débiles e indefensos, «en una situación mucho más pobre y más frágil –decía Adam Smith– en cuanto a las comodidades y el sustento», pero «la naturaleza generosa les había dotado de razón, ingenio, arte, invención y capacidad de progresar»[34]. El pastoreo requirió al menos un acto cognitivo: que el pastor fuera capaz de «observar que los animales se multiplicaban y que, por tanto, podrían convertirse en un recurso más duradero» que el mero hecho de matarlos y comérselos[35]. En cambio, la explotación de la tierra requería ni más ni menos que la transformación de la propia naturaleza. Con la invención de la agricultura, los seres humanos descubrieron todo el potencial que esta ofrecía y con ello se convirtieron efectivamente en seres creativos, técnicos. En un pasaje muy citado de *Dos tratados sobre el gobierno civil,* de 1689-1690, John Locke había sostenido que una persona no adquiere el derecho de propiedad sobre una cosa hasta que «mezcla con ella su *trabajo* y le añade algo suyo»[36]. En el caso de la tierra, este mezclar el trabajo se traduce en el cultivo. Aunque al principio se le discutió la idea, con el tiempo –y en parte gracias a su propio esfuerzo–, esta se convirtió en la definición más aceptada del derecho a la propiedad. El primer hombre, decía Rousseau, «que, después de cercar un terreno, se convenció de que *era suyo* y encontró gente tan inocente como para creerle, fue el verdadero fundador de la sociedad civil»[37]. Para Locke el acto necesario era el cultivo; para Rousseau, significativamente, se trataba de un acto verbal, poco más que un embaucamiento. Sin embargo, ambos creían que la propiedad y, en consecuencia, el reconocimiento de un «mío» y un «tuyo», había caracterizado la salida definitiva del estado de naturaleza. Rousseau daba su aprobación: «Según el axioma del sabio Locke, "donde no existe la propiedad no existe la injusticia"»[38]. Aunque no era esa la opinión de Locke, sirve para subrayar la distancia que separa la vida comunal de la propiedad. (Hoy en día aún se emplean algunas versiones de esta diferencia, pero ahora sabemos mucho más que antes de la economía de los pueblos «primitivos». La historia de la humanidad es bastante más irregular, y la división en tres etapas no resulta tan clara como se pretendía en las explicaciones del siglo XVIII. Los cazadores pudieron ser también pastores y, con mayor frecuencia, horticultores. Cazadores-recolectores, pastores y agricultores convivieron durante largos periodos de tiempo, y muchos grupos de la primera categoría no pasaron a la siguiente «etapa», porque les pareció más lucrativo robar los animales y las cosechas de sus vecinos pastores y agricultores, más vulnerables que ellos).

La invención de la agricultura fue el primer acto de lo que conocemos por técnica. Ya hemos visto que el término griego *techne* no indica solo un tipo de conocimiento, un *logos,* sino también la forma abstracta de *tikto,* que significa «generar» o «engendrar». Los hombres, igual que los dioses, eran los *teknotes* o creadores, y sus productos, los *tekna,* eran sus creaciones. El simple hecho de cultivar la tierra señaló no solo el momento de hacerse independientes de la naturaleza, sino también el comienzo de la larga lucha del hombre por adueñársela. Y el comienzo de una creencia que, si bien contestada a lo largo de los siglos, continúa sosteniendo a la sociedad moderna: que la naturaleza existe, como dijo sin ambages el gran astrónomo Nicolás Copérnico, «para utilidad nuestra», *propter nos.*

Desde un punto de vista más prosaico, el recién descubierto dominio del mundo natural imponía también la «división del suelo» o, como se llamó con frecuencia, la «creación de naciones», porque, al contrario que la caza y el pastoreo, la agricultura y los derechos de propiedad que esta había creado no se podían organizar sin establecer los límites entre una parcela y otra. El cazador podía coger su arco, su familia y marcharse cuando le viniera en gana, y hasta el pastor, como lo expresó Condorcet, tenía la facultad de «echar a andar detrás de su rebaño», pero el agricultor estaba necesaria e inevitablemente «ligado a la tierra que cultivaba». El pastor enfrentado al peligro de una conquista podía marcharse; el agricultor no tenía más posibilidad que quedarse y «trabajar para sus [nuevos] amos»[39]. Una dependencia que le obligó a crear sociedades y a formular leyes civiles; lo que una vez fueron costumbres, sabiduría heredada de tiempos pasados, procedía en muchos casos del mensaje de una deidad, que poco a poco fue sustituido por unas leyes originadas en prácticas comunes pero convertidas en normas públicas y sometidas a interpretación y, por tanto, a la posibilidad de cambio. Como Kant imaginaba, habría largos periodo de guerra entre los dos grupos, puesto que «las naciones de pastores nómadas, que solo aceptaban la autoridad de Dios» continuaban existiendo «alrededor de los campesinos y habitantes de las ciudades, gobernados por un jefe humano o autoridad civil». El conflicto se prolongó hasta el mundo moderno, en el que Kant y otros autores consideraban que vivían los últimos pueblos de pastores, los árabes y los turcos –«bárbaros» en el sentido que Montesquieu daba a la palabra–, regidos por un cuerpo de leyes que solo reconocía «la autoridad divina», que primero cayeron sobre Grecia y luego sobre la Europa del este; sin embargo, estas regiones, a pesar de su devoción religiosa, no se regían por decretos divinos, sino por un código civil.

A los agricultores se debe también la fundación de las ciudades, pues solo la agricultura es capaz de «alimentar más hombres de los necesarios para cultivar», según palabras de Turgot. Y los «habitantes de las ciudades... más inteligentes que los del campo, consiguieron someter a estos últimos»[40]. Esto, como suponía Kant, o el atractivo «del lujo cada día mayor de los habitantes de las ciudades» y de las «artes seductoras» de sus mujeres, según imaginaba él, debieron de ofrecer una alternativa agradable a las «desaliñadas doncellas del desierto» y empujar a los pastores a introducirse «en la deslumbrante miseria de la ciudad»[41]. Las mujeres pasaron de ser meros objetos de satisfacción masculina e instrumentos de procreación, desechables cuando ya no se necesitaban, para disfrutar, según el relato que Diderot hizo de esta transformación, «de un mayor placer físico y de unos sentimientos más nobles». El matrimonio dejó de ser la cópula esporádica de antes, y los rituales de cortejo surgidos en ese momento dieron a las mujeres motivos para cuidar de sí mismas y también «un cierto grado de dignidad»[42].

Con el excedente y la consiguiente dominación de quienes lo producían apareció el ocio, cuyo fruto en el mundo agrícola no fue, como en el estado salvaje, la indolencia, sino la invención de las ciencias y las artes. Por eso Rousseau, que detestaba este proceso, las consideraba «las guirnaldas de flores que envuelven las cadenas que los afligen [a los hombres]». Nadie duda –declaraba con evidente gesto de desprecio– de que en última instancia esto transformó a la humanidad primitiva en «lo que llaman pueblos civilizados». Un hecho que para Rousseau había causado «la pérdida del sentido de la libertad original para el que habían nacido»[43]. En cambio, para otros solo podía representar una inmensa ganancia.

Semejante transformación del paisaje humano acabó por producir otra cosa: el dinero. Las sociedades agrícolas no podían ser autosuficientes mucho tiempo. Con el aumento de sus capacidades, crecían también sus necesidades, que solo cabía satisfacer mediante el intercambio con otros. Los hombres inventaron entonces un medio fácil para equilibrar la transacción. Pero el dinero fue también una señal de civilización por un motivo distinto al meramente instrumental que le han asignado los economistas. Según el autorizado relato de Locke, se introdujo «por acuerdo tácito de los hombres». Aquellos primeros agricultores, sintiendo la necesidad de «ampliar» sus posesiones, «acordaron que *un pedacito de metal amarillo,* que podía guardarse sin desgaste o destrucción, bien valía un buen trozo de carne o toda una cosecha de cereal»[44]. Sin dinero no habría existido una auténtica sociedad, desde luego no como la entendían Locke y sus seguidores. La tan citada frase de Locke: «En el principio de los tiempos todo era América», que suele emplearse para definir el estado de naturaleza en su totalidad, significa solo que «el dinero no se conocía en todas partes»[45]. El dinero era un «signo» y por tanto un lenguaje, y como el lenguaje o el empleo de símbolos matemáticos solo podía ser una empresa colectiva. Requiere colaboración, coordinación y un cierto grado de armonía social. En el siglo v a. C., Arístipo, el filósofo socrático, naufragó en la costa de Rodas. Al llegar a la playa vio unas figuras geométricas –otro tipo de lenguaje– dibujadas en la arena y gritó a sus compañeros: «La suerte nos acompaña porque veo rastros humanos»[46]. Siglos después Montesquieu se sirvió de la anécdota, cambiando las figuras geométricas por dinero. «Si, hallándoos solos –escribió– llegarais por accidente al país de unas gentes desconocidas y vierais una moneda, sabríais que estáis en una nación civilizada»[47]. El dinero, el lenguaje y el desarrollo de las artes y las ciencias fueron de la mano.

La invención del dinero dio movilidad al producto de la tierra. Y lo que resulta más importante, creó las condiciones necesarias para el comercio y la división del trabajo. Mediante esta última –«el mayor progreso en la producción de la fuerza de trabajo», como la calificó Smith– la sociedad se hizo infinitamente más rica y más diversa; en cuanto al primero, transformó el mundo entero, el tiempo y la propia naturaleza humana[48]. O eso al menos era lo que se esperaba.

El comercio, en la medida en que se concebían sus futuras posibilidades, tenía algo en común con lo que hoy llamamos «globalización». La primera frase de la *Historia de las dos Indias* de Raynal reza: «Nunca hubo un acontecimiento más interesante para el género humano en general, y para los pueblos de Europa en particular, que el descubrimiento del Nuevo Mundo y el paso hacia las Indias por el cabo de Buena Esperanza». Adam Smith la empleó y la repitió (sin agradecimiento) en *La riqueza de las naciones,* cambiando significativamente «interesante» por «el mayor y más importante»[49]. Entre los dos, Colón y Vasco de Gama –el uno sin saberlo, el otro intencionadamente– tendieron una red sobre el globo terráqueo. Para los optimistas como Joseph Mandrillon, que pasó un tiempo en Estados Unidos y mantuvo una correspondencia si bien superficial con Adams y con Washington antes de morir guillotinado en 1794, el verdadero destino de Colón no estuvo en llevar a los europeos hasta América, ni en la conquista ni en el hallazgo del oro, ni siquiera en comerciar en el sentido más mundano del término, sino en «abrir nuevas rutas a través de los océanos... para crear lazos fraternales entre ambos mundos»[50]. Smith, cuya opinión del papel del comercio dentro del amplio proceso de la Ilustración es bastante más crítica que otras muchas, no estaba seguro de cuál sería el resultado final.

Hasta el momento, el balance de los efectos de unir «las dos partes más distantes del mundo» podía parecer positivo, al menos «en la tendencia general». Pero la suerte de los desdichados habitantes de las «Indias Orientales y Occidentales», que vieron «irse a pique y perderse» todas las ganancias que el comercio podría haberles reportado, «entre las horrendas calamidades» permitidas por la rapacidad de los europeos, que «abusaban de la superioridad de su fuerza... impunemente... en aquellas tierras remotas», le obligaba a reflexionar sobre «las ventajas o desventajas que resultarán para la humanidad de estos grandes hechos que ningún conocimiento humano es capaz de prever»[51].

Diderot, más confiado en su propio conocimiento, no se muestra tan escéptico. A pesar de sus feroces diatribas contra la conducta de los europeos en ultramar, compartía con Mirabeau (como en definitiva hizo Smith) la idea de que el comercio podía transformar la cultura del planeta. «El auge y la caída de los imperios ha terminado», declaraba ingenuamente en uno de los pasajes más líricos que añadió a la *Historia* de Raynal. Había desaparecido con los malvados tiranos y con el antiguo culto a los guerreros que movía a las naciones de la Antigüedad. Ahora, en el mundo moderno, sería imposible un Alejandro Magno, ante el cual se dijo que «la tierra entera guardaba silencio»:

El fanatismo religioso y el espíritu de conquista no son lo que fueron... Una guerra entre naciones comerciales sería un incendio que acabaría con todas. No pasará mucho tiempo hasta que las leyes de los gobiernos se extiendan a las transacciones individuales entre los sujetos de diferentes naciones, y la bancarrota, cuyo impacto puede notarse a distancias enormes, se convertirá en un

asunto del Estado... y los anales de los pueblos habrán de ser redactados por los filósofos comerciales, como en otro tiempo fueron escritos por los oradores históricos[52].

Se abría paso una comunidad internacional, cuyo motor sería
el comercio, que rentabilizaba las necesidades humanas (y la
codicia). Muchos autores creían que las grandes naciones comerciales del norte de Europa, Gran Bretaña y Holanda, se
hallaban en un estado de transición de la antigua sociedad de
las jerarquías, las reverencias, las aspiraciones sociales cortesanas y la violencia, a otra basada en la prosperidad. Aquella
transición permitía calificar a los ingleses con un punto de
ironía tal vez no intencionado de «pueblo educado y comercial», como hizo el jurista y político conservador sir William
Blackstone. Voltaire estaba de acuerdo. En Inglaterra, sostenía, hasta los hijos y los hermanos de los grandes terratenien-
tes practicaban encantados el «comercio», mientras que en
Francia, los comerciantes de París soportaban continuamente
el trato arrogante de unos don nadies provincianos, cuyos
«nombres acaban en *Ac* o en *Ille*». Peor aún, los propios comerciantes «hablan muchas veces despectivamente de su oficio», y se avergonzaban de admitir lo que eran. Sin embargo,
se preguntaba: «¿Qué aprovecha más al Estado, el poderoso señor que sabe exactamente a qué hora se levanta y a qué
hora se acuesta el rey y que se cree alguien haciendo de esclavo
en la antecámara de un ministro, o el comerciante que enri-
quece a su país, da instrucciones a su oficina de Surat o de El
Cairo, y contribuye a elevar el bienestar del mundo?»[53].

Pero la idea que se tenía del comercio, o de la «sociedad
comercial» como se decía en el siglo XVIII, iba más allá del
simple intercambio de mercancías[54]. Era una conducta eleva-

da que ofrecía a los pueblos del mundo mayores posibilidades de interacción humana. El propio léxico comercial se alimentaba de conceptos relacionados con la comunicación. El término latino *commercium* se aplicó a todo tipo de intercambios entre los individuos antes de adquirir su significado económico. Incluso hoy en día utilizamos el eufemismo «comercio sexual». «Todo en este mundo es comercio –escribió Mirabeau–, ya que por comercio cabe entender todas las relaciones naturales e indispensables del género humano, que son y serán siempre las que se mantienen entre un hombre y otro y entre las familias, las sociedades y las naciones»[55].

Se trataba de un lugar común que venía de la Antigüedad, aunque no se planteara de ese modo. El comercio, en palabras de Filón de Alejandría, filósofo judío del siglo I, era la manifestación del «deseo natural de relacionarse socialmente». Por tanto, impedirlo constituía una ofensa para la humanidad. Los dioses, decía Séneca, han distribuido sus bienes de una forma desigual sobre la superficie de la tierra con el único propósito de empujar a los humanos a comunicarse entre sí. Es más, se habían preocupado de crear vientos que soplaran en distintas direcciones para hacer posible la navegación[56]. Otro tanto se pensaba, incluso con mayor intensidad, en el siglo XVIII. La naturaleza, o Dios, decía entusiasmado el abate Noël-Antoine Pluche, autor del *Espectáculo de la naturaleza,* un estudio de historia natural para «jóvenes» y uno de los libros más leídos del siglo, ha concebido las corrientes marinas para que las naves puedan salir y entrar de los puertos con facilidad. (¡Qué pena –comentaba Voltaire con amargura– que el Mediterráneo tenga tantos puertos y tan pocas corrientes!).

Se esperaba que la interacción entre las naciones y los pueblos, incuestionablemente cosmopolita, contribuiría a «refinar» la personalidad en principio rústica de los seres humanos limando todas sus aristas. «El comercio –escribió Montesquieu en el que tal vez sea el más irreductiblemente optimista de los ensayos sobre estos posibles beneficios para la humanidad– nos ha descubierto las costumbres de los pueblos de la tierra y las ha extendido por todas partes». Razón por la cual tiene poder para curarnos de «los prejuicios destructivos, porque es una regla casi general que allí donde las costumbres son más amables *(douces)* existe el comercio, y que allí donde existe el comercio las costumbres son más amables»[57]. «El amable comercio» llegó a considerarse una panacea para los males del mundo, un mecanismo para fomentar la ilustración dentro de las naciones y a lo largo y ancho del mundo. Hasta Adam Smith creía firmemente que «la comunicación del conocimiento y de los adelantos de cualquier clase que el comercio extensivo lleva consigo natural y necesariamente por todos los países» no solo se traducía en prosperidad, sino también en paz y armonía; dicho de otro modo, en «civilización». No sorprende, pues, que despertara una profunda desconfianza entre los religiosos, por ejemplo, que no deseaban liberarse de sus «prejuicios destructivos» y tenían mucho que perder con la diversidad que el comercio introducía. «El comercio universal –advertía el reverendo Alexander Carlyle, enemigo de Smith, que aborrecía una actividad en la que detectaba la futura destrucción de la religión a la que él servía – propaga tanto opiniones como mercancías»[58].

El comercio, con todo lo que implica la palabra, aportaba lazos de unión entre los pueblos de la tierra. Era el instrumento definitivo para convertir en una posibilidad real alguna forma de futuro cosmopolita; la manifestación práctica de la «simpatía» que se había convertido en uno de los aspectos definitorios de lo humano, después de sustituir a los sentidos, las ideas y los juicios de carácter innato. De ahí la controversia y el éxito de la *Historia* del abate Raynal. De ahí la indignación que despertó entre la élite ilustrada de la mayor parte de Europa y los Estados Unidos su condena de la colonización europea, de la esclavitud y de las consecuencias desastrosas de imponer el cristianismo por la fuerza si era necesario a los confiados pueblos de Asia y de América. Pero la auténtica novedad estribaba en que era también un intento, el primero en su género, de escribir una historia del mundo como sistema auténticamente global, razón por la cual generó un inmenso entusiasmo hacia el poder civilizador del comercio[59]. Todo París, escribía Diderot en 1769, «se dedica a la administración, el comercio, la agricultura, la importación-exportación y las finanzas... El abate Raynal puede jactarse de ser el héroe de este cambio»[60].

3

Pero en el centro de aquel entusiasmo por las propiedades civilizadoras del comercio, por la conversación refinada y, en general, por la civilización, había una tensión sin resolver. A medida que el progreso avanzaba, acompañado de un mayor nivel de vida y de un mayor respeto por los demás, así como de las artes y las ciencias, el dinamismo que lo había hecho posible tendía a disminuir. Dado que el comercio, advertía Adam Smith, dirigía todo el interés de los hombres a las «artes del lujo», estos abandonaban el desagradable negocio de luchar contra otros incluso en defensa de sí mismos. Smith se basaba en una experiencia reciente. Ocurrió en 1745, durante la llamada por los ingleses «Segunda Rebelión Jacobita» o los «Cuarenta y cinco», los seguidores de Carlos Eduardo Estuardo, conocido burlonamente por los sobrenombres de «Charly, el príncipe gentil» y el «Joven pretendiente», cuando estos izaron su estandarte en Glenfinnan con la intención de restaurar la dinastía de los Estuardo en el trono de Inglaterra y Escocia, de donde había sido desalojada en 1688. Con un ejército multicolor de unos trescientos hombres reunidos entre los clanes de las montañas leales a los Estuardo, Charly marchó hacia el sur, en dirección a la frontera con Inglaterra. Aunque el «joven pretendiente» tomó Edimburgo, lo que aterrorizó a su población, muy hecha a las costumbres inglesas, sus fuerzas conocieron finalmente la derrota en Culloden, cerca de Inverness, el 16 de abril de 1746. En el resumen que hizo Smith –que en ese momento contaba diecinueve años–: «Cuatro o cinco mil montañeses en cueros» (los habitantes de las tierras altas eran famosos por acudir a la batalla sin más vestido que la falda escocesa) salieron de las tosquedades del norte de Escocia y tomaron «posesión de las zonas más avanzadas de este país sin hallar oposición por parte de sus poco belicosos habitantes». De no haber habido un ejército permanente para ahuyentarlos, «se habrían apoderado del trono con poco esfuerzo. Hace doscientos años un intento semejante habría puesto en pie el espíritu de la nación»[61]. Pero en 1745, los ingleses (o en el caso de Smith, los escoceses del llano) estaban tan reblandecidos por los lujos de la sociedad comercial en la que vivían que habían perdido todo espíritu de lucha. Dicho de otro modo, la «civilización» podría convertirse también en un proceso de feminización. Y lo femenino atraía pero alarmaba. Mejoraba, refinaba, pero se pensaba que reblandecía, y eso daba miedo.

Era inevitable que la sociedad moderna, educada, comercial o, como se denominaría luego, «burguesa» (palabra que lleva en sí la condición de «ciudadano»), una vez rendidos sus antiguos valores marciales, cediera a las mujeres un espacio y una influencia que ellas jamás habían conocido, aunque, por descontado, no se parecía en nada a la situación actual. Incluso un hombre tan ilustrado como Diderot, a pesar de la confianza emocional, intelectual y moral que depositó en Sophie Volland, y aunque por lo general atribuía la inferioridad de la mujer a su situación legal y a la pobreza de la educación recibida bajo el *ancien régime,* daba a entender que las mujeres eran menos fiables, más engañosas y más impulsivas que los hombres. «¿Qué pensarán las mujeres?», pregunta «B» al principio del *Suplemento al viaje de Bougainville.* «Probablemente lo contrario de lo que digan», responde «A»[62].

Entre los grandes autores de la Ilustración hubo pocos que podamos calificar con propiedad de feministas (Condorcet fue quizá una excepción) pero sí muchos, Voltaire y el propio Diderot (en sus mejores momentos) entre ellos, dispuestos a reconocer que la tradicional inferioridad intelectual y emocional (además de moral y política) de la mujer no solo se había exagerado enormemente, sino que estaba basada en ciertas fantasías delirantes de otros tiempos, no más creíbles que la existencia de la Gorgona.

El benedictino español Benito Jerónimo Feijoo, que a pesar de su profesión y de su fe indudable fue en esto como en tantas otras cosas una de las mentes más «ilustradas» de principios del siglo XVIII, comentaba con ironía que todos los libros sobre la mujer se habían escrito durante siglos y siglos por hombres, pero que «si las mujeres los hubieran escrito, seríamos nosotros [los hombres] los que habríamos quedado por debajo». Después de estudiar las pruebas en detalle concluyó que el hecho de que las mujeres supieran menos y tuvieran menos logros en su haber que los hombres (lo cual no era un fenómeno universal, y para probarlo aportaba numerosos ejemplos de sociedades antiguas en las que las mujeres se habían encargado de la filosofía, la ciencia y el gobierno), no significaba que fueran menos capaces que ellos, sino que los hombres les habían restado oportunidades. Si los hombres, se preguntaba, «se dedicaran únicamente a la agricultura (como decía el ilustre Thomas Moro en su *Utopía*) y no supieran hacer ninguna otra cosa, ¿podríamos afirmar por eso que son incapaces de cualquier otra cosa?»[63]. Los argumentos que se empleaban para defender la inferioridad de la mujer y, por tanto, para negarle el estatus del hombre, como señalaron Voltaire y otros muchos, no eran más consistentes que los que se utilizaban para justificar la continuación de la esclavitud de los africanos. Y si una de las condiciones necesarias para la evolución futura de la humanidad era liberar al mundo de la esclavitud, la otra era la emancipación de la mujer. Se daba el caso de que casi todos los ilustrados, y Feijoo entre ellos, estaban firmemente convencidos de que el grado de humanidad, civilización y decencia de una sociedad se medía por su forma de tratar a las mujeres. «El puesto... y la condición en que encontramos a las mujeres en un país –escribía William Alexander, autor de una notable historia anticipadora aunque a ratos condescendiente de lo que él llamaba el "progreso [de la mujer] de la esclavitud a la libertad"–:

muestra con la mayor precisión el punto en la escala de una sociedad civil alcanzado por sus habitantes; aun silenciando su historia en otros terrenos, bastaría con mencionar su modo de tratar a las mujeres para estar en condiciones de formarnos un juicio razonable sobre la cultura o la barbarie de sus costumbres[64].

Esta es, cuando menos, una de las herencias de la Ilustración que todos (o casi todos) asumimos en la actualidad. Hoy nadie aplicaría el adjetivo «civilizado» a un pueblo, una cultura, una ley o una religión que se negara a reconocer a las mujeres los mismos derechos legales que a los hombres, que practicara la infibulación (considerada ya en el XVIII un signo de barbarie), que les prohibiera conducir, les negara una educación igual a la de los hombres o las obligara a desfigurarse llevando ciertos atuendos en público.

Con una respuesta algo reticente a tales argumentos, las mujeres del siglo XVIII accedieron a ciertas posiciones de responsabilidad individual y disfrutaron de una libertad personal antes desconocida, aunque, a decir verdad, todas estas ventajas quedaron limitadas a las ricas y las mejor educadas. Y esto, la definamos como la definamos, era también «Ilustración». Había damas que mantenían salones, una figura del siglo XVII de gran importancia para la vida intelectual, especialmente en Francia: mujeres como la madre de D'Alembert, la novelista Claudine Guérin de Tencin, o el eterno amor de la vida de D'Alembert, Julie de Lepinasse. Y varias figuras literarias y científicas por derecho propio: Gabrielle-Émilie, marquesa de Châtelet, amante de Voltaire (a la que ya conocemos), y Sophie de Grouchy, esposa de Condorcet, que colaboró frecuentemente con su marido y tradujo al francés la *Teoría de los sentimientos morales*, de Adam Smith (añadiendo ocho «Cartas sobre la simpatía» de su cosecha)[65]. Pero hubo también otras voces más insistentes y más airadas que no se contentaban con hacer de simples *salonnières,* por muy influyentes y muy cultas que estas fueran; mujeres como Olympe de Gouges, que en 1793 murió en la guillotina por haberse atrevido a escribir una *Declaración de los derechos de la mujer* inspirada en la *Declaración de los derechos del hombre* de 1789, y que por ese motivo recibió los insultos de «virago» y de «mujer-hombre» que había olvidado «las virtudes de su sexo»[66].

Ninguna de estas mujeres, por razones evidentes, dedicó tiempo a versión alguna de aquella nostalgia del Neolítico que sentía Rousseau. Françoise de Graffigny, la princesa Inca, por mucho que defendiera la sencillez de la vida que supuestamente había llevado en el Perú, no fue otra cosa (y así lo reconocía Turgot) que la portavoz de una denuncia de las iniquidades y las injustificables desigualdades que imponía a las mujeres la sociedad francesa. Las mujeres fueron inequívocamente modernas y entusiastamente civilizadas. No podían permitirse lo contrario. En la *cabane* solo les aguardaba el macho silencioso, analfabeto y tiránico de Rousseau. «Cuanto más sé del mundo –decía a finales del siglo XVIII Mary Wollstonecraft, la gran pionera del feminismo– más me convenzo de que la civilización es una bendición nunca suficientemente valorada por aquellos que no han investigado su progreso, porque no solo perfecciona nuestros placeres, sino que produce también una diversidad que nos permite recuperar la delicadeza básica de nuestras sensaciones»[67].

Y una gran parte de ese progreso debe atribuirse a la mayor presencia de las mujeres en un mundo dominado aún por los hombres. En palabras de Hume, los hombres y las mujeres «se reúnen en las ciudades, encantados de recibir y de comunicar conocimiento, para mostrar su ingenio y su clase, su gusto en la conversación o en la vida, en los vestidos o los muebles...

Ambos sexos se encuentran de un modo más fácil y más sociable, y en los hombres se refina rápidamente el carácter y el comportamiento». Las mujeres, decía William Alexander, «han sido formadas con una belleza y una ternura capaces de suavizar nuestro modo de comportarnos»[68]. No obstante, para el hombre, incómodo y desconfiado, el peligro residía precisamente en esa capacidad. El hombre fuerte, tosco y «simple» tan del agrado de Rousseau no podía permitir que le «refinaran» y le «suavizaran» sin que él se diera cuenta. Rousseau, nostálgico de un mundo en el que reinara una virtud grosera, sin pulir, abominaba de las artes y de las ciencias porque, como había visto Hume, representaban un peligro para la soledad de las «naciones ignorantes y bárbaras» que él tanto admiraba[69]. Por la misma razón despreciaba a las mujeres, a las que achacaba la responsabilidad de todos los males del mundo. En realidad, declaraba no creer en absoluto «que la ascendencia de la mujer sea mala en sí misma» y que bien dirigidas tal vez podrían «ocasionar tanto bien como mal ocasionan hoy en día»[70]. Había incluso algunas que igualaban al hombre en virtud cívica y heroísmo militar. (Llegó a escribir una obra con el curioso título de «Ensayo sobre algunos acontecimientos importantes cuya causa secreta han sido las mujeres»). Pero en términos generales estaba convencido de que eran pasivas, débiles y corruptoras, por eso eran ellas las que mandaban en París[71].

Pero Rousseau era un misógino histérico. El debilitamiento y lo que él llamaba corrupción produjeron enormes beneficios, sobre todo cuando la alternativa era «la necia ferocidad que hay debajo de una piel de animal».

A Condorcet, la suavidad de la vida moderna le hacía concebir una época en que «la ilustración unida al genio» diera paso «a unas generaciones más felices» gracias a una educación y a un sistema legal «que hagan casi innecesaria la virtud del valor»[72]. El error estribaba en haber creído que el valor marcial era una virtud en sí mismo, cuando en realidad había sido un medio de conseguir un fin que ya se hallaba en vías de extinción en la mayor parte del mundo civilizado. Igual que Smith, Condorcet sabía que los desnudos montañeses de Escocia y otros sujetos semejantes esperaban desde siempre invadir los serenos pastos del mundo civilizado. Era, y continúa siendo, un terror procedente de nuestro pasado histórico, pero en el mundo moderno ya no hay que recurrir a las milicias ciudadanas o al «espíritu nacional» para mantenerlos a raya. Para eso tenemos ejércitos profesionales. Y aunque muchos autores ilustrados, Smith y Kant entre ellos, desconfiaban de los ejércitos permanentes (que eran una novedad reciente) por miedo a que se volvieran contra su propio pueblo, por muy peligrosos que alguna vez hubieran resultado, eran un elemento imprescindible de la Ilustración. Como Benjamin Constant –nacido en Suiza, crítico, historiador, experto en teoría política, activista, novelista, jugador y notorio amante de la escritora más famosa de la época, Germaine de Staël– aseguraba a sus lectores en 1813, Europa, «esta multitud [de naciones]... tiene ya fuerza suficiente para no temer nada de las hordas que se encuentran aún en la barbarie y está tan civilizada que la guerra es ya una carga, por eso tiende uniformemente a la paz. La tradición militar es una herencia de tiempos remotos»[73]. En semejante mundo, el valor marcial y el «espíritu nacional» habían quedado tan obsoletos como los torneos o los duelos.

Si la civilización respondía a un ineludible proceso de «ablandamiento», era también el resultado de una progresión constante. Y la paradoja del progreso estaba en que siempre había llegado de la mano del conflicto. Sin la «insociable sociabilidad» de Kant jamás habrían progresado las artes y las ciencias; de hecho, no habría existido progreso alguno[74]. La idea se remontaba a Hesíodo, el poeta griego. Pero en el siglo XVIII, cuando la antigua ética del guerrero parecía olvidada, adquiría una urgencia nueva. La libertad y, a través de la libertad, el progreso y la mejora constante de la condición humana, prosperaban con el conflicto. Las ciencias, las artes, el pensamiento... todo dependía de la libre comunicación entre las gentes, pero solo existían en una sociedad capaz de fomentar la competencia, que asumía la necesidad del debate y de la interpretación, todo lo contrario a la simple repetición. La civilización, como la Ilustración misma, era un proceso inacabado. Y podría no tener fin. Pero la perspectiva de un proceso que no termina resulta siempre inquietante. Se planteaban, entonces, varias cuestiones: ¿qué ocurriría si ese proceso llegara a su cumplimiento? ¿Cómo sería? En un mundo perfectamente civilizado e ilustrado, ¿no nos enfrentaríamos a la perspectiva de un estancamiento interminable? Inquietud que durante el siglo XVIII encontró su expresión más polémica en un debate a propósito de una civilización tan alejada de Europa y tan distinta a ella –aunque por otras razones– como la del sur del Pacífico: China.

4

Muchos europeos pensaban que, pese a sus evidentes y numerosos errores, a sus guerras sangrientas y a las injusticias cometidas por sus naciones entre ellas mismas y con el resto del mundo, Europa representaba el mayor grado de civilización conseguido por un pueblo de la Tierra. ¿Era cierto? Po-

siblemente sí en el ámbito de las artes y las ciencias, pero
¿también en la vida civil y en lo relacionado con la «moral» y
la «virtud», aquellas categorías ilusorias que las diversas teo-
logías del mundo no habían logrado dilucidar? Cierto que en
ninguna parte de África o de América se hallaba nada parecido a una auténtica civilización; ni siquiera las sociedades mu-
sulmanas, desde Turquía hasta la India, parecían competidoras, a pesar de haber dominado a su manera medio mundo.
En cambio, más allá del Himalaya, al otro extremo del globo,
había otro pueblo, mucho más ajeno y al mismo tiempo más
refinado, más cultivado, en resumen, más «civilizado» que
ninguno de los hallados hasta el momento.

La información de las grandes civilizaciones del Extremo
Oriente, en especial de China, circuló ampliamente por Europa desde finales del siglo XVI, debido en gran parte a las
detalladas relaciones de los misioneros jesuitas, que en 1582
habían establecido allí una base. Aunque su meta era la evan-
gelización, sabían que, al contrario que en otras partes del
mundo, se enfrentaban a una cultura milenaria y muy sofisti-
cada. Para convencer a los chinos de que aceptaran el cristianismo no servirían los trucos y la mezcla de coerción y adaptación que (al menos en apariencia) había dado resultado en
las Américas y en ciertas zonas de África (así como en la mayor parte de la Europa rural). A los chinos había que convencerlos de la superioridad de un credo extravagante que, con
sus martirios sangrientos y el asesinato y resurrección de su
dios, repugnaba a sus creencias, por tanto no bastaba con un
conocimiento somero de su mundo, tan extraño y tan enormemente complejo. Los jesuitas tuvieron que actuar desde
dentro y en las condiciones que impusieron los propios chinos. El más famoso, el italiano Matteo Ricci, que vivió en

China desde 1583 hasta su muerte en 1610, mantuvo amistad con varios miembros de la élite intelectual, escribió en un elegante chino literario y bien pudo ser el responsable de la imagen del confucionismo que tenemos aún hoy en día[75]. Los detallados informes que Ricci y sus correligionarios enviaron a Europa llegaron acompañados de un flujo continuo de pruebas tangibles de los avances chinos. Objetos exóticos, sedas, maderas talladas, ornamentos de bronce, muebles lacados («japonizados»), mesitas de té de caoba, chineros para la vajilla y el material chino por excelencia: la porcelana, fabricada en gran cantidad y en todas las calidades para abastecer el mercado europeo. Las pagodas se convirtieron en añadidos de moda a los cuidados jardines de las mansiones inglesas del campo, y se construyeron pabellones que sus arquitectos imaginaban «chinos» en Suecia (Drottningholm) y Rusia (Tsárskoye Seló).

Pero los jesuitas no estaban solos. Los acompañaban dominicos y franciscanos con opiniones muy diferentes sobre la conversión de los infieles. Ambas órdenes se habían enfrentado durante los años treinta del siglo XVII debido a sus discrepancias en lo relativo al sentido y posible origen de los «ritos» chinos. La «Disputa de los Ritos», como se la conocería después, consistió en un debate sobre el significado del supuesto nombre o los supuestos nombres chinos de «Dios» –*tianzhu* («Señor del Cielo» o «Soberano Señor») y *tiandi* («Cielo»)– y sobre los ritos con que los chinos honraban a sus ancestros y a Confucio. Los jesuitas, en su mayoría, opinaban que los «ritos» chinos no eran más que costumbres sociales o cultos cívicos o políticos de ningún modo idolátricos. (Al fin y al cabo, como puntualizaba Leibniz, el culto a Confucio no era muy diferente del que fomentaban los reyes cristianos, que también consideraban su poder de origen divino)[76]. Por tanto, el neófito no tenía por qué abandonarlos al convertirse. Los frailes, junto con la «Sociedad de las Misiones Extranjeras de París» y respaldados desde el interior del Vaticano por un poderoso grupo de presión, sostenían que el concepto chino de Dios y de los medios para relacionarse con Él chocaban con el monoteísmo cristiano; por tanto, sus ritos eran supersticiones paganas a erradicar. En el fondo se disputaba la obligación de que los conversos abandonaran, además de sus creencias paganas, su forma de vida ajena a la europea, dado que el cristianismo no era solo la religión verdadera, sino también el único fundamento posible de una vida digna. Finalmente ganaron los frailes que, todo hay que decirlo, aunque aparentemente indiferentes a sus propios intereses, tenían en su mano los mejores argumentos. Era imposible separar de la «religión» china los valores sociales y morales del país. Dos decretos papales, de 1715 y 1742, respectivamente, prohibieron los «ritos chinos» –así como el uso de los términos chinos para nombrar a Dios– y todo debate futuro sobre la cuestión[77], lo cual puso fin a la misión cristiana en China para más de una generación. Según diría más tarde Voltaire, todo se debía al eterno error europeo de «juzgar las costumbres ajenas según las nuestras, porque somos capaces de arrastrar nuestros prejuicios y nuestro espíritu de contradicción hasta el otro extremo de la tierra».

Pero aquello no redujo (ni siquiera entre los más cristianos) la impresión de que China era una sociedad compleja, refinada y técnicamente tan avanzada, si no superior, a lo que podía encontrarse en Europa. A medida que aumentaba el conocimiento de los grandes clásicos chinos (aunque irregular y esquemático), especialmente de Confucio, China iba adquiriendo fama de ser un país inmenso e inmensamente antiguo y sabio, lo cual resulta aún más valioso si cabe por no haber tenido nunca el menor contacto con el cristianismo. Al oír hablar de Confucio (incluso antes de leerlo), François de la Mothe le Vayer, poeta, libertino ocasional y tutor de Luis XV, tuvo que contenerse, según él, para no gritar: *Sancte Confuci, ora pro nobis* («San Confucio, reza por nosotros», imitando la invocación de Marsilio Ficino y Erasmo de Rotterdam a Sócrates: *Sancte Socrates, ora pro nobis*)[78].

Pero la figura que mayor influencia ejerció en la promoción de una idea mucho más mesurada de la imagen de China fue Gottfried Wilhelm Leibniz, polígrafo, filósofo, matemático, fundador del cálculo diferencial (independientemente de Newton) y pionero en el desarrollo de las máquinas de calcular. Abrigaba la esperanza de hallar o de crear él mismo una lengua universal capaz de unir a todos los pueblos de la tierra y deseaba, como informaría Turgot más adelante, que su obra llegara a ser «una especie de punto de reunión de la totalidad del conocimiento humano»[79]. Hoy se le conoce mejor por su teodicea, por las burlas que le dedicó Voltaire y sobre todo por la teoría de las «mónadas», un intento de explicar la estructura de un universo creado por un dios, que pretendía ser superior a la teoría de los átomos y, al mismo tiempo, evitar algunas de sus evidentes desventajas. Leibniz, hombre de intereses muy variados, se dedicó intensamente al estudio de las consecuencias que la filosofía moral china podría tener para Europa.

A Leibniz no le cabía duda de que China era la única civilización que podía codearse con la europea. «Me parece un curioso proyecto del destino –escribía en la última década del siglo XVII– que la civilización humana y el refinamiento se concentre en los dos extremos de nuestro continente, Europa y China, que adorna el Oriente igual que Europa adorna el otro extremo de la tierra». Con todo, estaba seguro de que Europa podía jactarse de acabar por delante. Eternamente encerrado en su propio espacio, dentro de un único e inmenso continente, el Imperio Chino, «capaz de retar a Europa por sus zonas cultivadas y ciertamente superior en población, compite en muchos aspectos con nuestro mundo, en un combate muy igualado, que unas veces ganan los chinos y otras nosotros». Más notable resulta en un hombre como él, luterano convencido aunque heterodoxo, la idea de que su Dios, por quien los chinos habían demostrado escasa simpatía, había «concebido ese proyecto, para que los dos pueblos más cultivados y más distantes de la tierra se tendieran los brazos con el fin de llevar a los pueblos intermedios un modo de vida más próspero»[80]. Un concepto nada simple de lo que recientemente se ha denominado «Eurasia» (aunque el reconocimiento de que Europa es una península de Asia se remonta a Heródoto), y de una «misión civilizadora» universal que en este caso no llevaría a cabo una potencia dominadora mediante la fuerza, sino dos civilizaciones muy distintas que se valían del ejemplo y de la convicción. Cierto es que Leibniz se entregaba con frecuencia a los vuelos de la fantasía, pero esta es quizá su fantasía más llamativamente ecuménica.

Puesto que, al parecer, China carecía de un credo único y dogmático, por no hablar de las sectas cuyo enfrentamiento había ensangrentado Europa durante una gran parte de los siglos XVI y XVII, Leibniz pensaba también que el pueblo chino había cumplido lo que cualquier persona razonable debe asumir que es deseo de Dios, cosa que otras religiones del mundo, en especial el cristianismo, no habían conseguido.

Leibniz no dudaba de la verdad de los Evangelios, pero, como él mismo dijo, se daba cuenta de que «el gobierno de China sería incomparablemente mejor que el de Dios, si Dios fuera como le pintan los doctores sectarios, que condicionan la salvación a las quimeras de su partido»[81].

Nada tenía, según él, contra que la Iglesia enviara sus misioneros a China, pero en el estado de Europa en su época le parecía más urgente que «China enviara los suyos para que nos enseñen el uso y la práctica de la religión natural»[82]. Para Leibniz, los chinos no eran solo grandes artesanos y diseñadores ingeniosos, sino también un pueblo profundamente moral, cuya fuerza residía en el hecho de que su ética prescindía de la metafísica y de la especulación teológica y se basaba en la conversación y en la educación. «¿Quién habría imaginado –se preguntaba con aparente asombro–, que existía en este mundo un pueblo capaz de superarnos en la comprensión de los preceptos de la vida civil precisamente a nosotros, que nos teníamos por gente avanzada en todas las áreas de la conducta?». Porque la triste verdad para los cristianos era que «nos superan (y casi avergüenza decirlo) en filosofía práctica; es decir en los preceptos de la política y la ética que se acomodan a la vida presente y a los usos de los mortales». «La filosofía práctica –le decía al jesuita Joachim Bouvet– consiste en... estos buenos métodos para la conversación, la educación y la sociabilidad de los hombres»[83]. Si el hombre, escribía, recordando a Hobbes, era en efecto «un lobo para el hombre» y si «el loco empeño en amontonar miserias sobre nosotros... como si no bastara con las que nos llegan de otras partes» era una condición humana universal, allí había por lo menos un pueblo que al parecer había encontrado una vía de escape de sus consecuencias más destructivas.

Las leyes chinas, según lo que él sabía, estaban pensadas para lograr el mayor grado de «tranquilidad pública». Todas las clases sociales, desde el propio emperador hasta el campesino más humilde, se relacionaban con cortesía y respeto mutuo, de ahí que prácticamente «nadie pronuncie la menor palabra de ofensa contra otro durante una conversación normal y que pocas veces dé muestras de odio, de cólera o de nerviosismo»[84]. En resumen, los chinos, dijo Voltaire más adelante, eran lo que los europeos habían intentado ser tantas veces sin conseguirlo casi nunca: verdaderos estoicos. «Su moral –pensaba– es tan pura, tan severa y al mismo tiempo tan humana como la de Epicteto»[85].

Leibniz y Voltaire creían, en efecto, que China destacaba en filosofía moral, pero le negaban todo conocimiento en materias como la lógica, la geometría, la metafísica, la astronomía y las ciencias naturales. «Los chinos –decía Leibniz, basándose sobre todo en lo que le habían contado los jesuitas– son, pues, ignorantes de esa enorme luz que es la expresión del mundo, y se han contentado con una suerte de geometría empírica que entre nosotros conocen todos los artesanos»[86]. Dada esta situación, ¿habría algo mejor para la humanidad que un intercambio? «Podríamos transmitirles nuestros conocimientos casi simultáneamente, mediante una especie de infusión, y, por nuestra parte, aprender de ellos con la misma rapidez todo un mundo de modelos nuevos, que sin los chinos tardaríamos no sé cuántos siglos en adquirir»[87]. Por fin, los brazos de las dos grandes civilizaciones del mundo se alcanzarían por encima de las vastedades de Asia Central para crear una gran civilización de alcance mundial.

Leibniz se concentraba en lo que a él le parecía la filosofía moral china y el arte chino del gobierno, pero también le interesaba otro aspecto de aquella sociedad que era al mismo tiempo digno de admiración y esclarecedor de por qué China, junto con otros estados asiáticos, no había conseguido igualar los avances científicos de Occidente. Y es que China no era solo el país de las masas laboriosas, los artesanos hábiles y los confucionistas virtuosos, sino también una de las pocas sociedades del mundo –según algunos, la única– que, al parecer, no había padecido durante muchos siglos ni invasiones ni guerras civiles.

Ya en el siglo XVI, Giovanni Botero, jesuita renegado y autor de textos políticos muy influyentes (el primero en emplear la expresión «razón de Estado»), observaba que China era el único entre los pueblos civilizados del mundo en asumir que «no existe mayor locura que perder lo que tienes para adquirir cosas de otros». Para Botero, como para muchos sinólogos posteriores, el símbolo visual era la Gran Muralla. Una vez alcanzados los límites geográficos evidentes de sus dominios, los emperadores chinos dieron órdenes de detenerse. Levantaron entonces una barrera fija e inmutable, tanto para contener a los súbditos que ambicionaran más como para mantener alejados a los enemigos.

En el siglo XVIII, cuando todo el mundo tenía en la cabeza el problema de la decadencia del poder imperial, esta imagen de una sociedad encerrada tras una de las mayores proezas de la ingeniería civil en la historia de la humanidad fue descrita –con admiración, en algunos casos– como el «Imperio Inmóvil». Su longevidad parecía otra prueba de buen gobierno. El Imperio Chino –decía Voltaire– «es el más antiguo del mundo y sin duda el mejor gobernado, por eso ha durado tanto»[88]. Solo los chinos, observaba el abate Raynal, ofrecían la posibilidad de escribir una «historia de hombres»; el resto de la tierra era para él «la imagen de la materia caótica anterior a la creación del mundo». Solo los chinos parecían exentos de la ley general por la que todas las naciones, poderosas o no, acababan destruidas, como «estados rotos y desmembrados»[89]. Y si los chinos habían sido capaces de mantenerse estables durante tanto tiempo, cosa que los grandes imperios europeos no habían conseguido, ¿no sería el chino un modelo a emular por Occidente?

Muchos lo creían así. Para los «panegiristas de China», como los llamaba Raynal, la estabilidad se explicaba por la estricta adaptación a las «leyes de la naturaleza»: una sociedad regida por un emperador benéfico, y gobernada por una burocracia bien preparada y no elegida, como las élites europeas, por el accidente del nacimiento, sino por un sistema de exámenes distinguido y extremadamente difícil. Los mandarines, aquellos individuos inescrutables, enjutos y omniscientes, al contrario que sus iguales europeos, constituían una auténtica meritocracia que resultaba muy atractiva para un mundo en el que la antigua aristocracia de la tierra iba dejando paso a las aristocracias profesionales de servicios, a la futura «clase media». En China, el poder estaba en manos de los más capaces, que inevitablemente trabajaban siempre en interés de la sociedad en su conjunto. Así pues, no cabía sorprenderse de que allí se hubiera mantenido la estabilidad mientras que las díscolas potencias europeas, gobernadas por déspotas sedientos de poder, derrochaban sus recursos en enfrentarse unas a otras.

Los «detractores de China» lo planteaban de forma muy distinta. Uno de los más tempranos y sin duda de los más influyentes fue Montesquieu, que había sentido una larga y constante fascinación por las culturas asiáticas. Montesquieu recogería sus reflexiones sobre lo que él denominaba «despotismo oriental», y sobre el proceso civilizador, en su obra más famosa, *El espíritu de las leyes*. Escrita, o mejor, dictada en su mayor parte cuando el autor comenzaba a quedarse ciego, apareció en Ginebra en 1748, sin licencia pero sin encontrar oposición. Obtuvo un gran éxito, parecido al de las *Cartas persas* –aunque cabe suponer que entre lectores distintos–, publicadas anónimamente en 1721 y reeditadas diez veces en menos de un año. Puede que *El espíritu de las leyes* se vendiera menos (claro que carecía de la dosis de erotismo soterrado que tenían las *Cartas*), pero a los dos años de su publicación Montesquieu confesaba a un amigo que se habían hecho veintidós ediciones del libro y que se leía en toda Europa. «Antes de Montesquieu –declaraba el siempre efusivo Jeremy Bentham– todo era pura barbarie»[90]. La obra iba a ejercer un influjo profundo y duradero en los fundadores de los Estados Unidos. Según James Madison, Montesquieu representaba «para su ciencia particular lo mismo que Bacon para su ciencia universal». En los años ochenta del siglo XVIII era ya el autor más citado por los escritores modernos[91]. A pesar de haber sido un moderado en sus convicciones religiosas (confesadas) y un aristócrata en toda regla, se convirtió también en el autor más citado por los panfletos que acompañaron a la asamblea de los Estados Generales de Francia en mayo de 1789 y que, antes de que terminara aquel verano, habían proclamado la Revolución[92].

Montesquieu era menos dogmático, menos tajante y, en cierto sentido, más tradicional que muchos de sus contemporáneos. «Sus virtudes –decía lord Chesterfield, aquel experto en educación y comportamiento civilizado– honran a la naturaleza humana; sus obras, a la justicia. Amigo del género humano, hacía valer el indubitable e inalienable derecho de este a la libertad»[93]. Luchó todo lo que pudo por mantener *El espíritu de las leyes* fuera del *Index Librorum Prohibitorum* (Índice de Libros Prohibidos) del Vaticano, lo que tal vez explique en parte sus referencias más conciliadoras al cristianismo y a la Iglesia. Al final no lo consiguió, como inevitablemente le ocurrió a casi todo aquel que tuviera algo que decir aunque fuera remotamente original, y en 1751 condenaron la obra por herejía, cosa que no disminuyó su popularidad, aunque el milanés Cesare Beccaria –que afirmaba haberse convertido a la filosofía a raíz de leer las *Cartas persas*– lamentaba que por esta causa a veces fuera un libro difícil de encontrar[94]. En muchos aspectos, Montesquieu fue también un verdadero ecléctico, circunstancia que le valió grandes elogios por parte de Diderot. Cuando murió, en 1755, Diderot fue el único de sus contemporáneos que siguió el cortejo fúnebre.

> Parece ser –escribió– que en la República de las Letras practicamos la cruel política que predominaba en las democracias antiguas, donde se exterminaba a los ciudadanos que se hacían demasiado poderosos. Escribí estas reflexiones el diez de febrero de 1755, a la vuelta del entierro de uno de los hombres más grandes, entristecido por la pérdida que representaba para la nación y la república de las letras y profundamente indignado por la persecución que tuvo que sufrir[95].

Tal vez los *philosophes,* exceptuando a Diderot y D'Alembert, le dieron la espalda a su muerte, pero cuando se le pidió a Buffon que enumerara a los más grandes de la época moderna, citó a Bacon, Newton, Leibniz, Montesquieu y (modestamente) se citó él mismo[96].

El espíritu de las leyes, que llevaba un epígrafe de Ovidio, *prolem sine matre creatam* («niño nacido sin madre»), sigue siendo un texto difícil de definir. D'Alembert decía sagazmente que la obra era «al estudio de las leyes lo que Descartes a la filosofía: ilumina casi siempre y falla a veces, pero hasta cuando falla resulta instructivo para los que saben leer»[97]. Largo, en ciertas ocasiones divagador y disgregado en capítulos breves repletos de información sobre miles de temas, su objetivo principal era hallar los principios guía que sostenían las leyes y las costumbres, así como los vínculos entre ambas cosas, las cuales, de un modo u otro, dominan la vida de los pueblos en todas partes. «Muchas son las cosas que gobiernan la vida de los hombres –escribía Montesquieu–, el clima, la religión, las leyes, las máximas del gobierno, los ejemplos del pasado y los usos y las costumbres, de todo ello se forma un espíritu general, que es su resultado». Hoy en día ese conjunto recibe el nombre de «cultura»[98]. Como dijo Dugald Stewart, *El espíritu de las leyes* fue la primera obra en la que se consideró que «las leyes tienen su origen principalmente en las circunstancias sociales». Por tal razón, Montesquieu se guardó mucho de «dejarse enredar» por lo que Stewart llama «la erudición de los escoliastas y los anticuarios», y tomó «sus luces de los rincones más lejanos e inconexos del globo»[99]. El resultado, decía David Hume con cierta ironía, «es un sistema de conocimiento político que abunda en pensamientos brillantes e ingeniosos, no exento de solidez»[100]. Se ha tenido por la primera obra de sociología comparada, por el comienzo de la antropología moderna, por la fuente de la teoría de los «tipos ideales» de Max Weber, el gran sociólogo alemán del siglo XX, y por el primer intento de lo que en el siglo XIX sería el estudio de las leyes para comprender la cultura humana[101]. Y supone también una profunda reflexión sobre lo que es o debería ser la «civilización», aunque su autor nunca empleara el término.

Montesquieu identifica tres tipos posibles de gobierno: república, monarquía y despotismo. En la primera –que puede ser «democrática» o «aristocrática»–, «el pueblo en su conjunto o solo en parte» ejerce el poder soberano. En la segunda, la soberanía está en manos de «uno solo», aunque con arreglo a «unas leyes fijas y establecidas»; en el tercero gobierna «uno solo sin leyes ni reglas y lo dirige todo a voluntad y capricho»[102]. Montesquieu asigna a cada tipo de gobierno un «principio» que «lo hace obrar» y, muy importante, «las pasiones humanas que lo ponen en movimiento». En la república es la virtud; en la monarquía, el «honor»; en el despotismo, el «miedo»[103]. La «república» de Montesquieu combina la democracia y la aristocracia; la «monarquía» se divide en lo que él considera una monarquía auténtica y el despotismo. No todas estas ideas son originales, pues algo deben a la distinción clásica entre «democracia», el gobierno de los muchos; «aristocracia», el gobierno de unos cuantos; y «monarquía», el gobierno de uno solo. La república como forma mixta de gobierno es romana, y la distinción entre «monarquía» y «tiranía» se debe a Aristóteles. Encontramos otras divisiones semejantes en los escritos de varios predecesores inmediatos y casi contemporáneos de Montesquieu, entre ellos los del napolitano Paolo Mattia Doria, a quien el francés visitó durante su viaje por Italia en 1729[104]. Pero su idea del «despotismo» es enteramente de su cosecha.

Los tres tipos de gobierno se encuentran en todo el mundo y a todo lo largo de la historia. De los tres, solo los dos primeros son legítimos, civiles y capaces de constituir sociedades políticas merecedoras de tal nombre. (En general, Montesquieu prefería lo que denominaba una «monarquía moderada», cuyo mejor ejemplo para él era Inglaterra basándose en la lectura de las obras de Henry St. John, vizconde de Bolingbroke y en el tiempo que pasó allí de 1729 a 1731). Con una imagen tan antigua como Esquilo, los ejemplos más llamativos del tercer tipo se hallaban en Asia. Al contrario que en otra zonas de la tierra, donde «de tiempo en tiempo, a lo largo de los siglos, surge un espíritu de libertad» –o eso creía Montesquieu (ni África ni la América precolombina ocupan un puesto de alguna importancia en su geografía política)–, en Asia «reina aún un espíritu de vasallaje que nunca ha desaparecido; en ninguna historia de aquellas tierras encontramos un solo rastro de espíritu libre». Debido a que no existen en Asia zonas templadas, las naciones «calientes» y «frías» se encuentran cara a cara, de modo que «pueblos guerreros, bravos y activos están en contacto inmediato con otros afeminados, perezosos y tímidos». Por el contrario, en Europa, donde la zona templada es muy extensa, «las naciones se oponen en la relación del fuerte al fuerte, aunque las adyacentes poseen más o menos el mismo grado de valentía»[105]. Por esa razón, Asia ha estado siempre en el puño de aquellos inmensos imperios conocidos por él y por sus contemporáneos como «monarquías universales», que en Europa «no habrían podido sobrevivir»[106]. Están luego aquellas sociedades desde la Turquía otomana hasta el Irán safávida y, como hemos visto, la China de los Qing, que desde el siglo XVII se habían agrupado bajo la etiqueta de «despotismo oriental».

Según Montesquieu, el despotismo es aquella condición en la que «por así decirlo, no existen leyes, sino solo costum-

bres y maneras, y si las alteras, lo alteras todo. Las leyes se establecen; las costumbres se infunden»[107]. En las sociedades verdaderamente civiles, ya sean repúblicas o monarquías, el
gobierno se ejerce mediante una forma de conciencia examinada, constreñida por leyes promulgadas, de invención únicamente humana, públicas y no privadas, sometidas a examen y
modificación constantes. En el despotismo, por el contrario,
las reglas de conducta, cuando existen, no son más que el reflejo de unos ritos antiguos, tan sagrados –o como dice él,
«infundidos» de tal modo– que no pueden someterse a un
cuestionamiento racional o a un cambio posible, porque
«cuando instruyes a una bestia, te cuidas de que no cambie de
maestro, de lección o de paso, y le imprimes en el cerebro dos
o tres impulsos y nada más»[108]. En ese mundo, el gobierno se
halla inevitablemente a merced de las pasiones desatadas de
los individuos. La soberanía, que hasta en la monarquía más
inmoderada se ejerce con el consenso de los gobernados, es en
el despotismo una forma de propiedad. El déspota asiático no
gobierna sobre sus súbditos; literalmente, los posee. Aunque el
vasallaje se encontraba muy extendido en numerosas partes
de Europa y, con una brutalidad cada vez mayor, en las colonias de ultramar, solo en el «despotismo» existía lo que Montesquieu llamaba «esclavitud política» o absoluta falta de libertad para actuar o expresarse con independencia de la
voluntad del soberano. Por tal razón, argumentaba Redi, uno
de los corresponsales menores de las *Cartas persas,* a excepción de unas cuantas ciudades de Asia Menor y –lo que era
más conflictivo– de Cartago, las repúblicas –las sociedades
más libres– se desconocen en Asia y en África, continentes
siempre «aplastados por el despotismo»[109]. Los ejemplos de
este tipo de sociedad despótica aislada se reparten por toda

Asia, pero, en el caso de Montesquieu, el más claro —y también el más discutido— era China. Su idea del «Celeste Imperio» como antítesis de una sociedad civil ilustrada provocó un debate que se prolongaría hasta el siglo siguiente.

Montesquieu sabía bastante de China. Como muchos autores de su generación había leído la *Descripción del imperio de la China,* del jesuita Jean Baptiste du Halde, y la miscelánea jesuita conocida con el título de *Cartas edificantes y curiosas, escritas de las misiones extranjeras y de Levante por algunos misioneros de la Compañía de Jesús,* la principal fuente de información sobre China al alcance de los europeos; así como el *Viaje alrededor del mundo,* que incluía un detallado informe escrito por el comodoro (más tarde almirante) George Anson a raíz de su visita a China de 1743, lleno de críticas mordaces a casi todos los aspectos de la cultura de aquel país; y un cierto número de libros de viajes sobre distintas partes de Asia, que desde el siglo XVI había constituido la materia prima de la mayoría de los teóricos de salón. Además, durante su viaje a Roma de 1729 mantuvo largas conversaciones con el jesuita Jean-François Foucquet, que había vivido en China de 1699 a 1721.

No obstante, al contrario que muchos de sus contemporáneos, Montesquieu pudo conocer una China real, aunque desarraigada y cristianizada[110] a través de Arcadio Huang o «Ouange», hijo del secretario imperial para las provincias de Nanking y Shantung convertido al catolicismo en 1638, circunstancia que, según el relato de su hijo, les había causado a él y a su familia un gran sufrimiento. Huang, bautizado y educado en las Misiones Extranjeras de Francia en China, viajó en 1702, amparado por esa institución, a Londres primero y a Roma después, con el objetivo de ser presentado al

Papa como ejemplo de «chino culto y cristiano», prueba viviente de la insistente teoría jesuita sobre la compatibilidad de la religión china y el cristianismo. Los misioneros querían que se ordenara, pero, al llegar a Roma, Huang se negó porque, como explica en las memorias redactadas en su lecho de muerte, la «Disputa de los Ritos» había generado una agresividad tal contra los chinos que «me remontó a la dolorosa lucha que mis padres se vieron obligados a sostener con la familia por defender su fe». Aun sabiéndose «elegido por Nuestro Salvador para cumplir una misión, en el preciso instante en que me declaré elegido, la perspectiva del sacerdocio comenzó a darme pánico»[111]. No parece que esta defección de última hora le privara del respaldo de las misiones, que en 1704 y 1705 le consiguieron pasajes a Francia, donde se convirtió en el «intérprete de chino del Rey Sol» y posiblemente en el mantenedor de sus libros chinos. En abril de 1713 se casó con la señorita Régnier, «de orígenes modestos pero hábitos irreprochables», que, según él mismo, le ayudó a adquirir una nueva identidad francesa. Trabajó codo con codo con el joven *savant* Nicolas Fréret, conocido de Montesquieu, en la compilación de un diccionario chino-francés y de una gramática china[112], aunque a su muerte en 1716 todo quedó incompleto. Durante el periodo que va de 1709 a 1713 pudo haber mantenido varias conversaciones con Montesquieu, entonces un joven de poco más de veinte años (aunque Huang no las menciona) sobre distintos aspectos de la cultura y la sociedad de China. Quizá nunca sepamos si Montesquieu obtuvo esta información de primera mano o a través de Fréret, pero es seguro que le produjo una fuerte impresión y que cambió lo que en su cabeza había sido la lejana avanzadilla de Asia por el modelo empírico más acabado de despotismo.

Montesquieu se empeñó en dar la vuelta a la idea de la superioridad ética de China defendida por Leibniz. No estaba convencido de que el confucianismo fuera un tipo de deísmo y pensaba que de hecho los chinos eran «hablando con propiedad, ateos o espinosistas». La imagen positiva que China tenía en Occidente era para él una ilusión creada no sin interés por los jesuitas y basada en una mera «apariencia de orden» conseguido «a fuerza del ejercicio continuado de la voluntad de uno solo que los gobierna a todos»; dicho de otro modo, su despótico emperador[113].

Pero el despotismo chino era en muchos aspectos distinto a la mayoría de los existentes, incluso en Asia. Al contrario que los persas, los otomanos o los mongoles, que vivían en una situación más o menos de guerra constante, los chinos habían conservado su Estado durante siglos, aislados del mundo exterior y aparentemente inmunes a la invasión y a las discordias internas. El verdadero misterio para Montesquieu era lo que él llamaba irónicamente la «inmortalidad» del Imperio Chino, que le proporcionó material para una reflexión no solo sobre China o sobre el funcionamiento interno de los gobiernos despóticos, sino sobre la auténtica naturaleza de la civilización.

En realidad, la famosa «estabilidad» china era un mito creado por los mal informados europeos. «La maravilla de la duración del Imperio Chino –escribió en sus *Pensamientos,* una colección de reflexiones que redactó a lo largo de su vida– se desvanece cuando te acercas a ella». Como bien sabía por Huang:

[Ese imperio] no ha sido siempre el mismo, sino que ha sufrido un número infinito de divisiones; en ese país, donde han tenido hasta tres reyes al mismo tiempo, hubo repúblicas antes de la llegada de Nuestro Señor. El mundo entero sabe que sufrió la invasión de los tártaros y que aún llora bajo su tiranía... No existen muchos imperios en el mundo tan desgarrados por las guerras civiles, donde una familia sucede a otra en el trono continuamente, los nuevos usurpadores expulsan a los antiguos y la discordia y el desorden reinan por todas partes.

Si el Estado chino hubiera sido tan maravilloso como pretendían sus admiradores europeos, «los tártaros no habrían podido adueñarse de él en un día». La estabilidad se debía al hecho de que se hallaba rodeado por todos lados de «pequeños principados separados entre sí, en su mayor parte, por desiertos y territorios inaccesibles; solo los tártaros tuvieron la posibilidad de derribar el poder chino». La expresión «Imperio *Chino*» era, en efecto, desacertada. El nombre de «China» se refería a un territorio, no a una sola forma política o una sola cultura. Montesquieu observaba que si «queremos decir que Europa siempre estuvo gobernada por europeos o seguimos el rastro del [moderno] Imperio Persa hasta los predecesores de Ciro, encontraremos [en Europa y en Persia] imperios tan antiguos como el de China»[114].

Lo verdaderamente significativo de China no era su ilusoria estabilidad, sino su inmovilidad, que Montesquieu traducía como la inevitable consecuencia de un gobierno que sus desdichados súbditos tuvieron que soportar siglo tras siglo. En China, como en todos los estados despóticos: «La autoridad del príncipe es ilimitada, porque combina el poder secular con el clerical... El bienestar y la vida de los súbditos se hallan siempre a disposición del soberano, expuestos al capricho, a los antojos y, en definitiva, a la voluntad sin límites del tirano»[115]. Puesto que los pueblos acostumbrados a inclinarse ante la voluntad del tirano se ven más libres cuanto más lejos están de él, no había que extrañarse de que, en las inmensidades chinas, la conquista de las provincias fronterizas por «jefes bandidos y tártaros» –la última databa de 1644– resultara relativamente sencilla y frecuente[116]. Pero el ciclo aparentemente infinito de conflictos civiles y oleadas de invasiones que asolaban China desde el siglo XIII no habían producido ningún cambio de gobierno, como solía ocurrir en Europa a raíz de acontecimientos semejantes; de ahí la apariencia de estabilidad. En Europa los conquistadores habían cambiado a los conquistados; en China, al parecer, sucedía al revés. En vez de inyectar su nativo vigor a la inmensa población china, los tártaros, toscos y bárbaros, se limitaron a apropiarse de las formas despóticas de sus invadidos y a convertirse, a su vez, en sujetos letárgicos, inasequibles al cambio. Al parecer no existía nada capaz de horadar el caparazón de inercia que rodeaba a la sociedad china, tan inexpugnable como su famosa muralla. ¿Por qué?

Montesquieu veía el motivo en el espíritu con que habían gobernado los emperadores chinos desde la caída de los Ming (a quienes atribuía con cierta inconsistencia el mérito de haber sido beneficiosos para el país). Como todos los estados despóticos, China estaba gobernada no tanto por leyes como por «maneras» y «costumbres»[117], aunque Montesquieu no siempre distinguía los unos de las otras. De ambas cosas decía que eran «instituciones de la nación en general»[118]. No obstante, las costumbres suelen ser aquellos usos aceptados durante mucho tiempo por una determinada comunidad, que la mantienen unida día tras día. Las maneras son aproximadamente lo que entendemos por ese nombre hoy en día: los intercambios sociales de carácter rutinario entre los individuos, los códigos de conducta que todos, salvo los auténticos salvajes, necesitamos para negociar la vida cotidiana. Son superficiales y transitorias y el primer contacto con los extranjeros. Pero no por eso dejan de tener importancia incluso en las sociedades más civilizadas –Montesquieu vivía en un mundo en el que los hombres aún se batían en duelo por vulnerar una etiqueta–, pero en sí mismas carecen de contenido ético. «En París –una ciudad de la que desconfiaba y que hasta cierto punto desdeñaba– el mundo te aturde; solo conoces las maneras; no hay tiempo para conocer ni los vicios ni las virtudes»[119]. Al no tener nada que ver con los vicios y las virtudes, las maneras son meramente convencionales y varían mucho de una cultura a otra. Al fin y al cabo, Adam Smith observaba que «el grado de cortesía que los rusos tomarían por adulación afeminada se consideraría rudeza y barbarie en la corte de Francia»[120]. Las maneras son materia de acuerdo general, al modo de la estética. Por eso decía Montesquieu: «Una belleza francesa es horrible en la China y una belleza china es horrible en Francia»[121]. Al contrario que las leyes, que reflejan un consenso y pueden cambiar con las circunstancias (y deben hacerlo), las costumbres y las maneras, que no se someten a crítica, no tienen más razón de existir que la de haber existido siempre. En Europa no desempeñan ninguna función destacada en el orden político, pero en China, no contentos con enseñarlas en las escuelas como si fueran una especie de ciencia –hasta el extremo de poder identificar a un «hombre letrado» por su forma de hacer una reverencia–, se las transformó a través de un cuerpo de «doctores graves» en «principios de moral», con los que en realidad nada tienen que ver[122]. Se trata de una fusión de lo público y lo privado que existió en la

Europa medieval, pero que en ese momento ya había desaparecido[123]. Para consolidar tales principios, los emperadores chinos, como otros muchos gobernantes despóticos, recurrieron a una fusión aún más terrorífica: la de lo sagrado con lo profano. En China, como en todos los estados despóticos, la religión consistía en «añadir miedo al miedo»[124]. La religión –al menos la que sirve a la supervivencia de los regímenes despóticos– se basa en un texto que infunde temor, igual que el credo que sustenta, y que está por encima de los cambios y las críticas. Como los árabes, que tienen en el Corán un «libro sagrado que sirve de regla»; los persas (o eso creía Montesquieu), los escritos de Zoroastro; y los hindúes, los Vedas, los chinos disponían de sus «clásicos» (tendría que haber añadido que los judíos y los cristianos tienen su Biblia, pero quizá no lo hizo por temor a las consecuencias). Así pues, «el código religioso suple al civil y fija lo arbitrario»[125]. Sin embargo, parecía que los chinos habían dado un paso más que los restantes despotismos «orientales», porque sus legisladores habían logrado confundir con éxito «la religión, las leyes, las costumbres y las maneras»[126], y con ello vaciaron de todo significado posible los conceptos de vicio y de virtud. Así actúan, en efecto, todas las teocracias, las formas más detestables de despotismo.

La consecuencia de todo lo anterior fue una nación de carácter único e indivisible, unida por lazos muy estrechos, pensada para hacerla impermeable al cambio. Por eso, en China, al contrario que en otras partes del mundo, los conquistadores siempre se habían hecho sínicos. En tanto que los «tártaros», capaces de distinguir entre costumbres, maneras y leyes, habrían sido capaces de cambiar las unas sin necesidad de cambiar las otras, los chinos no. Enfrentados a esta elasticidad, al invasor –si descarta marcharse o aniquilar a toda la población– no le queda más elección que aceptar las cosas como están. Razón por la cual Montesquieu estaba convencido de que los misioneros perdían el tiempo. «Es casi imposible –opinaba– que el cristianismo arraigue en China»[127].

Así pues, China se parecía menos a una sociedad que a una familia, en la cual, según decía Montesquieu, inspirándose en el juicio de Platón sobre los persas: «Todo se dispone para adaptar el gobierno civil y político al gobierno doméstico; y a los servidores del Estado, a los del serrallo»[128]. La filosofía china se había esforzado en dar la imagen de un mundo en perfecta armonía. «Los emperadores de la China –escribía Montesquieu en la colección de notas y apuntes que tituló *Espicilegio*– se empeñan en hacer creer al pueblo la máxima del filósofo chino, según la cual el imperio es una familia; y el emperador, el padre». Pero el Estado nunca puede ser una familia. Se trata de una de las ilusiones fomentadas por los déspotas, que habitualmente se califican a sí mismos, igual que los emperadores romanos, de «padres de la patria». En realidad, aunque el emperador chino, como su igual romano, «guste de cultivar su fama de clemente», no tiene más interés «por la vida de un ser humano que por la de una mosca». Esta elaborada impostura le permite «referir todo únicamente a sí mismo» y reducir «el Estado a su capital, la capital a la corte y la corte a su persona»[129]. Así como ocurre en las familias, que suelen tender a conservar lo antiguo y lo sagrado en detrimento de todo lo que es nuevo y potencialmente disociador, en China se llegó a establecer una veneración excesiva del pasado que, según Voltaire, «volvía perfecto a sus ojos todo lo que era antiguo»[130]. La sociedad al completo se veía reflejada en la estructura irregular y extravagante del palacio imperial. En palabras de Montesquieu, se trataba de «una tela con la araña en el centro: el emperador. Él no podía moverse sin que se movieran todos los demás, y nadie se movía sin que se moviera también él»[131].

Pero este tipo de despotismo solo puede existir en una situación de aislamiento. El contacto con el mundo exterior y la exposición a otras formas de vida, a otras costumbres y otros hábitos, es un peligro evidente. «Ese Estado –argumentaba Montesquieu– se hallará en la mejor situación cuando pueda considerarse solo en el mundo, rodeado de desiertos y separado de los pueblos que considera bárbaros»[132]. Así se explicaba el obsesivo aislamiento de China, basado en la creencia de que el imperio ocupaba el centro del mundo y que los chinos eran superiores a los demás pueblos, a todos los cuales, como hicieron en su momento los antiguos griegos, reunían en un único adjetivo que los europeos tradujeron por «bárbaros». Durante su breve viaje a China (en la segunda parte de la novela de Daniel Defoe, hoy poco leída), Robinson Crusoe encontró «ridículo en grado sumo [...] el desprecio de los chinos por el resto del mundo»[133].

La fluidez de la conversación, la comunicación procedente de vínculos que ligan entre sí a las sociedades comercialmente avanzadas, la influencia externa, la libertad de elegir una forma de vida, la intuición de que al otro lado de las fronteras de una nación pueden existir rumbos preferibles a los nuestros, son todas cosas que temen las sociedades autocráticas.

En el caso de China, el aislamiento se veía reforzado por su sistema de escritura, capaz de fascinar y disgustar por igual a muchos europeos, entre ellos a Montesquieu. Al parecer, supo por Huang que la escritura china constaba de doscientas catorce raíces que formaban la base de la mayor parte de los caracteres. Huang le enseñó varios ejemplos escribiendo entero el padre nuestro y le cantó una canción popular para mostrarle las diferencias tonales[134]. Montesquieu, claro está, no se quedó indiferente ante semejante destreza, pero comprendió que si los chinos no habían sido capaces de idear el alfabeto, lo que el comodoro Anson llamaba «esa invención casi divina», se veían obligados a emplear casi toda su vida en aprender los símbolos que les permitían leer y, por tanto, a conocer los ritos que «rodean hasta los actos más insignificantes de la vida»[135]. Acaparados de este modo, no les quedaban ni ganas ni recursos para interpretar, no digamos criticar, la sabiduría recibida de siglos pasados. La ciencia china, subrayaba Diderot con desdén, se reducía a poco más que «el conocimiento de una lengua» y, para mayor inri, de una lengua «apenas suficiente para la vida cotidiana»[136].

Muchos años después, en 1836, el polígrafo alemán Wilhelm von Humboldt, que, al contrario que los *philosophes* enzarzados en el debate, conocía de primera mano a los chinos (y a los sánscritos, los malayos, los birmanos, los javaneses, los náhuatl y los vascos), hizo una observación parecida pero más concluyente. El alfabeto, escribió, es la única herramienta científica cierta, y «cuando la mente empieza a elevarse hasta el *pensamiento científico,* la escritura pictográfica no puede sobrevivir mucho tiempo». Humboldt, considerado uno de los primeros lingüistas modernos, si no el primero de todos, se preguntaba si habría existido un «progreso por estadios» por el que debían pasar todas las lenguas para alcanzar «un *estado de perfección mayor* en cada escalón»[137]. De ser así, el chino, que había dado el primer paso para superar el mero dibujo, curiosamente había sido incapaz de desarrollar un verdadero alfabeto. Por eso, concluye, el chino es una «lengua petrificada».

La observación no era solo lingüística. Las características de la lengua se reflejaban en las cortesías y los rituales infinitamente elaborados que jalonaban todos los aspectos de la vida cotidiana en China. Según la opinión del abate Gabriel Bonnot de Mably, tal vez el más leído de los «detractores de China» junto con Montesquieu y defensor de la teoría de los derechos humanos que iba a convertirse en una de las fuentes de la Revolución Francesa, China era una sociedad regida por «el más pueril de los ceremoniales» y habitada por «la población más uniformada de la tierra y la menos capaz de pensar». Su famosa meritocracia se seleccionaba mediante un examen en el que jamás se formulaba la única pregunta importante: «¿Se ha hecho lo que se debe?»[138]. Así pues, atrapados en una jerarquía rígida, pasivos ante los decretos del emperador, impedidos por su propio sistema de notación para superar la situación en la que los dejó Confucio en el siglo VI a. C., los chinos se habían quedado suspendidos en el tiempo.

En este punto al menos no había mucho desacuerdo. Hasta Voltaire, que en conjunto era crítico con lo que él calificaba de «vagas acusaciones contenidas en *El espíritu de las leyes* contra ese gobierno, el más antiguo del mundo», reconocía que los chinos

en materia de filosofía y literatura, se encontraban entonces [a finales del siglo XVII] y se encuentran ahora donde estábamos nosotros hace unos doscientos años. El respeto que tributan a los maestros antiguos les impone ciertos límites que no osan traspasar... Los chinos, que llevan dos mil años en las condiciones de partida, han sido mediocres en las ciencias, pero son uno de los primeros pueblos del mundo en moral y civilidad *(police)* y uno de los más antiguos[139].

Lo que Voltaire, al igual que Leibniz, consideraba la tranquilidad producto del orden moral se había conseguido a costa de complicidad y de inercia. En realidad, China era la antítesis misma de la civilización. Los chinos se habían quedado congelados en el tiempo, con los ojos siempre puestos en la autoridad pasada y guiando su vida por las enseñanzas de un hombre que llevaba un milenio muerto. La deferencia por el pasado, como la deferencia por las escrituras, las leyes y las historias aberrantes que las religiones del mundo contaban de sí mismas, era, según decía Diderot en su defensa de las ideas de Montesquieu a propósito de China, lo que «asfixia y reduce al silencio al hombre de talento» y lo que sume a una «nación... en la barbarie de su religión, sus leyes, sus costumbres y su gobierno, así como en la ignorancia de las cosas importantes para sus auténticos intereses, el poder y el comercio, el esplendor y la felicidad». O como argumentaba Turgot en el proyecto para un «Discurso sobre la historia universal» que nunca escribió: «Las cosas que jamás son perfectas [se refería a la razón y la justicia] no pueden estar por completo inmovilizadas... como ha sucedido prácticamente en China». A pesar de su moralidad y del refinamiento de su artesanía, China había barrido todas las pasiones de la vida humana. Y las pasiones, decía Turgot, «son el estímulo de la acción y, consecuentemente, del progreso; todo aquello que aleja a los hombres de su situación presente y coloca escenas variadas delante de sus ojos, amplía el alcance de sus ideas, los ilustra, los estimula y, a la larga, los encamina al bien y a la verdad»[140].

Pese a sus habilidades delicadamente cultivadas, a sus lacas, sus sedas y sus porcelanas, su artesanía, su abundante población y la «moralidad» que Montesquieu quisiera reconocerle, China era para Diderot «un país casi bárbaro... o lo que es peor —añadía—, un país a medio civilizar». El tenaz apego de los chinos a sus costumbres, la indiferencia de sus gobernantes y «la ley que les impide abandonar el país», son cosas que han producido una parálisis moral e intelectual que «los han mantenido inmóviles a lo largo de infinitos siglos». Pues «¿qué se puede enseñar a un pueblo que cree que lo sabe todo? ¿Cómo perfeccionar a quien se cree perfecto?»[141]. La civilización, la ilustración, era, como hemos visto una y otra vez, consecuencia de la historia, de la relación única del ser humano con el tiempo, y un proceso infinito. Los chinos habían cometido el error de suponer que existía un final para la historia humana y que ese final eran ellos. El resultado no era la inmovilidad, como decían los admiradores de China, sino el estancamiento. Kant creía que, a pesar de ser un idioma muy «sofisticado», el chino no se vio influido por otras lenguas durante siglos y siglos debido a su falta de ilustración y a que sus conceptos siempre fueron limitados. Naturalmente, la civilización depende en gran medida de la lengua, y la lengua necesita ser fecundada por otras. Según Kant, el gran poder de Grecia, a la que en última instancia todo Occidente debía su éxito literario, estribaba precisamente en la mezcla con el celta, el tracio, el frigio y «tal vez, el sirio» antes de llegar al griego[142].

China ocupaba el extremo de un continuo histórico que comenzaba en Tahití, pero sus respectivos pueblos, cada uno a su modo, sufrían el mismo destino. Porque, al igual que los tahitianos, los chinos estaban condenados a quedarse quietos hasta que al fin los invada una potencia «civilizada» capaz de devolverlos a la historia; es decir, al mundo moderno. La inmovilidad los había aislado del resto del género humano. Con ellos se desmentía el principio según el cual todos los seres humanos desean comunicarse unos con otros, de igual modo que desean comerciar unos con otros (lo cual estaba expresamente prohibi-

do por los emperadores chinos). Esa actitud mental, que Diderot llama «insularidad» (la mirada hacia dentro de una comunidad aislada), tendía a permitir e incluso a santificar los
crímenes más espantosos. En las sociedades cerradas, observa
«B» en el *Suplemento al viaje de Bougainville* de Diderot:

> [se practica] la infibulación de las mujeres, así como tantas otras
> costumbres extravagantes, de una crueldad innecesaria, cuya cau-
> sa se pierde en la noche de los tiempos y que los filósofos son in-
> capaces de explicar. Una observación universal es que los usos sa-
> grados e inspirados por la divinidad se fortalecen, se eternizan y, a
> la larga, se transforman en leyes civiles y nacionales, y las institu-
> ciones civiles y nacionales se sacralizan y degeneran en preceptos
> sobrenaturales y divinos[143].

En esto China presentaba un sorprendente parecido con Tahití. Rodeada de desiertos y de su Gran Muralla, era también una
isla. Como los tahitianos que imaginaba Diderot, los chinos
llevaban siglos apartados del mundo. En realidad, los chinos
jamás practicaron la infibulación, pero el vendaje de los pies no
le iba a la zaga. El salvaje simple y el refinado déspota oriental
tenían en común la voluntad de no participar en lo que Diderot denominaba «interés por la voluntad general de la especie»[144], que era, como ya hemos visto, la capacidad de simpatizar con nuestros semejantes, junto con la experiencia del
tiempo que, en definitiva, nos define como humanos. En Tahití y en China la simpatía quedaba en casa, confinada por las
«costumbres» y los «hábitos». Y en ambos casos se había parado el tiempo. En una civilización verdadera, el interés por la
«voluntad general de la especie» equivale a reconocer las necesidades de la humanidad entera, porque una civilización de

verdad es siempre e inevitablemente cosmopolita. Tahití estaba preparada (al menos así lo temía el «Anciano») para la dar la bienvenida al mundo cuando el mundo, en la figura de Bougainville y su tripulación, llegó finalmente hasta allí. Pero los chinos, que habían creado su propia isla, se defendían implacablemente de toda posible invasión del exterior. Aun así, tarde o temprano también ellos tendrían que cambiar sus costumbres y sus hábitos por leyes auténticas, y sumarse al mundo.

Los tahitianos habían comenzado ya su camino a través de los distintos estadios de la evolución humana. Los chinos, que se hallaban en un nivel alto –quizá tan avanzado como el de los europeos, si no más–, habían tomado en cierta manera un rumbo equivocado, que consistía sencillamente en pararse; pero en la medida en que continuara en su rutilante y beligerante aislamiento, el llamado «Celeste Imperio» no dejaría de ser la antítesis del mundo dinámico y cosmopolita que Montesquieu, Diderot, D'Alembert, Condorcet, Hume y Smith confiaban en que había de llegar. China era un ejemplo de lo que podía ser con cierta facilidad una Europa excesivamente complaciente consigo misma e interesada solo en sus asuntos. Pues si todas las sociedades humanas tienden por naturaleza a progresar desde el salvajismo a la civilización, también muestran la tendencia a traspasar los estrechos límites de las comunidades en las que se han formado. Esto que los emperadores chinos habían conseguido impedir con tanto éxito constituía el estadio final del desarrollo de la especie humana.

7. La gran sociedad humana

1

«Si conociera algo beneficioso para mí y perjudicial para mi familia —escribía Montesquieu—, lo rechazaría. Si conociera algo bueno para mi familia y no para mi país, lo olvidaría. Si supiera de algo beneficioso para mi país y perjudicial para Europa o beneficioso para Europa y perjudicial para la Humanidad, lo consideraría un delito»[1]. Diderot definió lo que él llamaba «la voluntad general de la especie» en términos semejantes. Se trataba, decía, de ese «deseo compartido... que es la norma que vincula la conducta común de un particular con un particular en una misma sociedad, de un particular con la sociedad a la que pertenece y de esa sociedad con otras sociedades»[2]. Montesquieu expresaba este sentimiento —pues sentimiento era— en forma de obligación; Diderot, en forma de deseo, pero ambos repetían una idea tan antigua que se remontaba por lo menos a Hierocles, el filósofo estoico del siglo I-II a. C., una imagen de círculos concéntricos que se mueve continuamente hacia afuera, desde el individuo y la familia a la tierra natal o la patria y acaba por fin en la humanidad entera[3]. El punto de partida es en todos los casos el ser humano, pero el horizonte último de la lealtad y el interés es la propia especie. La imagen se repite de un modo u otro prácticamente en todos los pensadores de la Ilustración. Alexander Pope decía, entusiasmado:

> El amor propio sirve para despertar al alma virtuosa, como el guijarro que se arroja al pacífico estanque empieza a formar un círculo alrededor del centro o punto del agua que se ha puesto en movimiento, mas después se extiende y crece y se hace mayor. Primero abarcará al amigo, al pariente, al vecino; luego, a la patria; después, al género humano; hasta que, extendiéndose cada vez más, estas proyecciones del alma abarcan a todas las criaturas de cualquier especie que sean[4].

Adam Smith llegó a la misma conclusión por un camino algo distinto. Siempre que escribía «hombre virtuoso y sabio» se refería al que sacrifica sus intereses privados en favor de «los intereses públicos de su clase o de su sociedad», lo que, a su vez, supone, en caso necesario, «sacrificarse por el interés mayor del Estado o la soberanía, de los cuales él es solo una parte», de donde se sigue que ha de estar «igualmente dispuesto a sacrificar todos esos intereses inferiores a los intereses mayores del universo»[5]. Incluso Edmund Burke, apasionado defensor de lo local, que se burlaba de la Revolución Francesa por especular con abstracciones como «género humano y derechos del hombre», y que sostenía que «el apego a la subdivisión, el amor al grupito social al que pertenecemos dentro de una sociedad es el primer principio (el germen, cabe decir) de los afectos públicos»; creía que ese amor era también «el primer vínculo de una serie que despierta en nosotros el amor a nuestro país y a la humanidad»[6].

Todos ellos expresaban el concepto estoico de la necesaria interrelación de los seres humanos, lo que los griegos habían denominado *oikeiosis* o apego natural a lo apropiado o afín a uno mismo (como vimos en el capítulo 2). Todos reconocían que los «buenos sentimientos», como afirmaba Hume, dependían de la comunicación. Y todos sabían que la comunicación, como la caridad, comienza en casa. Los chinos no eran los únicos que experimentaban el tirón de la «costumbre». El espíritu humano, observaba Hume, «es de naturaleza altamente imitativa». No se trata de que nos falte imaginación en tanto que individuos –solo en casos como los de los curas y los soldados, según la opinión de Hume–, sino de la natural simpatía que despiertan en nosotros nuestros semejantes. «No hay rasgo más relevante en la naturaleza humana –pensaba Hume–, por sí mismo y por sus consecuencias, que la propensión a simpatizar con los otros y a recibir mediante la comunicación sus inclinaciones y sus sentimientos, por muy distintos o contrarios que sean a los nuestros»[7]. A eso se debe, creía él, la «gran uniformidad que observamos en el humor y en la disposición del pensamiento de los individuos de una misma nación». A la mayoría de las personas, incluidas las más independientes por su forma de pensar, les resulta difícil «seguir su propia razón o sus inclinaciones» cuando estas entran en conflicto con las de sus familiares o sus amigos. Las consecuencias de la simpatía compartida, aunque buenas en general, pueden tomar otras direcciones: «La sedición popular, el partidismo, la obediencia devota a dirigentes sectarios se encuentran entre los efectos más visibles aunque menos loables de la simpatía social en la naturaleza humana»[8]. Las pasiones que, en última instancia, convenientemente estimuladas, producen un mundo cosmopolita, son las mismas que vinculan a los miembros de una secta religiosa. Al fin y al cabo somos ante todo animales de manada, criaturas sociables, que, aisladas de nuestra parentela, morimos o nos volvemos locos, invariablemente. Hasta los primeros hombres de Hobbes vivían, si no en sociedades civiles, al menos en hordas. Los hombres civiles, como Rousseau vio con mayor claridad que la mayoría, viven firme e inexorablemente en la opinión de los demás, y de ellos toman lo que Hume llamaba «un tinte»[9]. Poco a poco, todo esto va formando los denominados «caracteres nacionales».

Pero la mayoría se detenía aquí. El paso siguiente, de la nación o la patria, la comunidad o la parroquia, a la «humanidad» era demasiado grande. Burke afirmaba que para muchos el concepto de humanidad se quedaba, en el mejor de los casos, en una abstracción de límites aún desconocidos, con miles de pueblos imposibles de conocer. Según la mirada convenientemente escéptica de Hume, aunque tengamos cierto deber moral con el bienestar de la especie antes que con nuestro «grupito», el «interés general de la humanidad se alcanza mejor» cuando cada individuo se compromete más con «el bien de su propia comunidad» que con «una vaga idea del bien de la especie, de la cual no resulta ningún hecho beneficioso para un objetivo debidamente circunscrito sobre el que sí se puede actuar»[10]. Antes de la llegada de la comunicación de masas en el siglo XIX, la mayor parte de los habitantes de la Europa de principios de la modernidad no tenía ninguna expectativa de sentir o compartir algo con individuos que no conocía en persona y que, con toda probabilidad, no conocería nunca.

Aun así, sobre todo en las épocas conflictivas, se les podía convencer de que imaginaran cierta afinidad o lealtad con aquellos que hablaban su mismo lenguaje, obedecían las mismas leyes y la misma religión y mantenían los mismos lazos con lo que Émile Durkheim, el gran sociólogo francés del siglo XIX, denominaba «esa idea mística y confusa» que es la nación[11].

El concepto de nación experimentó muchos cambios hasta que en cierto momento del siglo XIX se convirtió en lo mismo que entendemos hoy en día: aproximadamente –pues no existe una definición adecuada para algo al mismo tiempo tan potente y tan amorfo– un pueblo que, por lo general, habla una sola lengua, con una única afiliación política que con el tiempo llegaría a llamarse «nacionalidad», que lo mantiene unido a un territorio claramente delimitado; la «tierra natal –como decía Shaftesbury, citando a Ovidio– lo llena todo de una indefinible dulzura»[12]. Los orígenes remotos de este concepto en la Europa occidental se encuentran en el caos que sacudió esa zona del continente en los siglos V y VI durante la caída del Imperio Romano, que poco a poco fue disgregándose en muchos estados monárquicos, aislados y belicosos. El emperador había sido la encarnación del Estado. A partir de Augusto, fundador del «principado» que acabó con la Roma republicana e inició el gobierno de los césares, el emperador adoptó el título de «Padre de la Patria» *(pater patriae)* y su poder se basó en la llamada *patria potestas* o poder de la patria. A partir de ese momento, los pueblos del mundo romano tuvieron que ser niños obedientes y agradecidos. En 1861, el gran jurista inglés del siglo XIX, Henry Sumner Maine, decía que sus dirigentes habían concebido el Imperio Romano como un grupo de parentesco imaginario y legal. «La *patria potestas* de los romanos», escribía Maine,

que es necesariamente nuestro tipo de autoridad paterna prima-
ria, se entiende mal como institución de la vida civilizada cuando consideramos sus efectos sobre la persona y la propiedad.

Y si esto resulta extraordinario en sí mismo, más lo parece la
difusión de la *Potestas* por toda una civilización de la que ya hace
tiempo que ha desaparecido... Los africanos, los españoles, los
galos, los britanos o los judíos, que recibieron este honor por
herencia, regalo o adquisición, se rigieron por el derecho romano de gentes, y todos ellos se situaron en la posición común del
filius familias [hijo de la familia] romano[13].

Para la mayoría de estos supuestos niños, la presencia de aquel
padre putativo quedaba tan lejana que perdía su atractivo
imaginario, especialmente a medida que el Imperio fue ex-
pandiéndose y fragmentándose. No obstante, los reyezuelos
de la Europa medieval estaban muy cerca unos de otros, y la
estricta jerarquía del sistema feudal, que iba del monarca al
campesino, los acercó aún más.

Para aquellos reyezuelos, la nación se fundía con la persona del rey o, más raramente, de la reina. La monarquía medieval constaba, como se sabe, de dos cuerpos: uno natural y otro
político. Aunque el soberano era un mortal como otro cualquiera, su soberanía, el reino que literalmente encarnaba, era
inmortal. En tiempos pasados, reflexionaba con nostalgia en
el siglo XIV el jurista Pedro Baldo de Ubaldi, cuando el Imperio Romano estaba en su apogeo, se decía que, además de la
diadema que constituía la «corona visible y material» del
emperador, existía otra corona «invisible» que solo Dios depositaba en su cabeza[14]. Y esa corona no moría nunca. Cabe
la posibilidad de matar al rey, como hicieron los ingleses en
1649 y los franceses en 1792, pero la monarquía en sí continua-

ba siendo una creación perdurable. Se dice que la víspera de la ejecución de Carlos I, Oliver Cromwell comentó a Algernon Sidney: «Os aseguro que le vamos a cortar la cabeza con la corona puesta»[15]. No fue así. Carlos I perdió la cabeza, pero la monarquía sobrevivió.

Los reyes franceses se tomaron el asunto muy en serio. Jacques-Bénigne Bossuet, uno de los teóricos de la monarquía absoluta más influyentes del siglo XVII, informaba con toda convicción al «Rey Sol», hijo de Luis XIV: «El Estado reside en la persona del príncipe». No es cierto que Luis, que de todos los monarcas europeos era el que mejor encarnaba el ideal de gobernante de origen divino, dijera al *parlament* de París en abril de 1655: «*L'état c'est moi*», como suele afirmarse, pero bien podría haberlo dicho y la verdad es que dijo otras cosas que se le acercaban mucho; por ejemplo: «Cuando uno trabaja para el Estado, trabaja para sí mismo». Se dice también que cuando se convocó a palacio a Jean-Baptiste Poquelin, mejor conocido por su nombre artístico de Molière, encontró al rey cenando. Luis, que era el benefactor del gran dramaturgo, le señaló un asiento y dijo: «Francia está comiendo pollo. Sentaos y comed pollo con Francia».

El rey es la nación en persona y, a pesar de su naturaleza mortal, el ser más cercano a Dios en la tierra[16]. La divinización o semidivinización de los gobernantes es sin duda una costumbre antigua. En Occidente, los orígenes se remontan a Alejandro Magno, que se pretendía hijo de Zeus, y a la consiguiente importación de los atavíos de la antigua monarquía persa –las túnicas, las diademas y la costumbre de la reverencia y la veneración– a Grecia y desde allí a otras partes de Europa. Todos los emperadores romanos, por su parte, pretendieron ser deidades, aunque algunos tuvieran que esperar a morirse para su deificación. El *imperium* no era, como había sido para el senado romano en tiempos de la República, un derecho meramente terrenal a gobernar, sino un poder casi místico reservado únicamente a ellos. El triunfo del cristianismo acabó con las divinizaciones, pero los emperadores cristianos y los reyezuelos europeos, que se consideraban sus sucesores, hicieron todo lo posible por engalanarse con ropas propias de semidioses y afirmaron que el poder les venía del cielo. Como Dios, ellos no reconocían ningún poder superior en la tierra (salvo el del Papa en algunos casos) y, como Dios, ejercían una soberanía absoluta sobre sus pueblos. Si Dios era el padre que está en los cielos, el monarca era el padre que está en la tierra, y el amor que siente por sus reinos, explicaba Bossuet, «se confunde con el amor que siente por su familia»[17]. Por tanto, el acceso al trono producía una especie de metamorfosis en la propia persona del monarca. «Por efecto de la Ley Natural, al ser coronado, el rey se convierte en el Padre natural de todos sus súbditos»[18], decía Jacobo I de Inglaterra (y VI de Escocia), un monarca inusualmente culto. Los reyes gobernaban como Dios Padre y, en la medida de lo posible, se parecían a Dios o al menos se esforzaban en parecerse a Dios tal y como se lo imaginaban sus súbditos. «A los reyes se les llama con justicia dioses –continúa Jacobo– porque emplean los modales o la apariencia del poder divino en la tierra, pues si consideráis los atributos divinos, comprobaréis que se adaptan a la persona de un rey»[19]. El rey era el más devoto de sus súbditos, que eran a su vez el pueblo elegido de la «Nueva Alianza» (entre Dios y el hombre); y un objeto de devoción secundario pero solo ligeramente inferior a la deidad[20]. Así pues, la oposición a la realeza, más allá de una traición, suponía una herejía. Como lo expresó sucintamente el jurista francés Cardin Le

Bret en 1632: «Cuando se insulta al rey, se insulta al propio Dios»[21].

Esta imagen del monarca divinizado y de la nación casi sagrada gobernada por él se consolidó a raíz de la Guerra de los Treinta Años. La doctrina del *cuius regio eius religio,* cuya consecuencia fue acabar con el conflicto entre naciones por motivos religiosos, produjo también el efecto de engrandecer el carácter prácticamente sagrado del monarca. El halo sagrado del clero decaía; el del rey, aumentaba. Los europeos pagaron ese precio, entre otros, por una estabilidad relativa y el fin del conflicto religioso. Inexorablemente, el Rey, la Nación y Dios se fundieron en una entidad única, lo cual no solo supuso la liberación del conflicto interno y una mayor estabilidad política, sino también enormes limitaciones en la participación política para todos, salvo para el monarca y su entorno inmediato; lo que el *ideologue* Constantin-François Volney llamaba en 1791 «esa clase de tiranos civiles y sagrados»[22]. En efecto, por utilizar las palabras que pronunció Justiniano en el siglo VI a propósito de la persona del emperador de Roma, el rey estaba «eximido de las leyes», pues para él la justicia era solo la expresión de su «voluntad buena y generosa». En última instancia, la soberanía siempre ha sido una cuestión de leyes: quién la crea, quién la interpreta y cómo se impone. La «soberanía» de los reyes era inalienable o, como decía Le Bret, «tan indivisible como un punto en geometría». En los estados absolutistas de la Europa del siglo XVII, el monarca ya no era un magistrado (aunque se tratara del magistrado supremo), como en el caso de sus predecesores, sino un juez, igual que lo habían sido los emperadores. En consecuencia, disminuyó el poder de los llamados «magistrados menores» en los distintos parlamentos, estados, cortes y asambleas de Europa, hasta desaparecer por completo en muchas ocasiones. En Francia, Luis XII abolió en 1614 los Estados Generales, que no volverían a reunirse hasta 1789.

El caso de Inglaterra fue en cierto modo una excepción. No solo porque la monarquía perdiera gran parte de su halo de santidad y de su poder real durante las guerras civiles del siglo XVII, sino también porque los conflictos aportaron un concepto nuevo de autoridad política. La sociedad civil ya no se basaba en un mandato divino, ni se mantenía por divina sanción, sino por un contrato –lo que se conocería por «contrato social»– establecido entre la monarquía y el pueblo. Sus principales teóricos fueron Thomas Hobbes y John Locke, aunque entre ellos existen diferencias notables. La idea de Locke ejerció una influencia mayor y más duradera, en parte por el peso que tuvo para los fundadores de los Estados Unidos. No obstante, ambas teorías supusieron una reacción a las crisis políticas ocasionadas primero por las guerras civiles inglesas de 1642-1651, y, en segundo lugar, a lo que se llamó «Crisis de la Exclusión» (1678-1681), que en 1688 acabó en lo que desde entonces conocemos por la «Gloriosa Revolución», un golpe de Estado relativamente incruento durante el cual el Parlamento «rechazó» al rey absolutista y católico, Jacobo II, para sustituirlo por otro protestante y menos inclinado al gobierno dictatorial, Guillermo de Orange, junto con su consorte, la reina María. La Revolución Gloriosa, por decirlo con palabras de quien la vivió de cerca, apagó el régimen anterior como si fuera «un cabo de vela» y dejó el camino expedito «no para componendas, sino para liquidar el gobierno y renovarlo de arriba abajo»[23]. A pesar de que transcurrió más de un siglo antes de su aceptación mayoritaria –después de que la santifica-

ran, por decirlo así, la Revolución Americana y la Francesa–, la idea del contrato entre gobernantes y gobernados
continúa siendo hoy en día (con la excepción de las pocas
monarquías teocráticas que quedan en el mundo) el fundamento de toda teoría fiable de los orígenes y las fuentes del
poder político.

Hobbes quiso fortalecer la autoridad del Estado para eliminar en un tiempo futuro toda posibilidad de guerra civil;
Locke, por su parte, deseaba reducir el poder de los aspirantes
a monarcas absolutos, pero ambos coincidían en que la sociedad no era una consecuencia del orden natural, ni mucho
menos de un mandato divino, sino del acuerdo entre los
hombres, todo lo cual debilitó seriamente el sentimiento de
reverencia por el soberano, cuyos súbditos, decía Hobbes, tenían que «brillar delante de él no más que las estrellas en
presencia del Sol»[24]. Sin embargo, el rey debía su fulgor únicamente al poder otorgado por esa «Multitud de hombres
que convienen y *pactan, cada cual con cada cual,* que a cualquier *hombre* o *asamblea de hombres* se le conceda por mayoría el *derecho a representar* a la Persona de todos (esto es, a ser
su *representante*)»[25]. El soberano de Hobbes, igual que el de
Locke, no tenía por qué ser una sola persona. La soberanía
podía residir tanto en una «asamblea de hombres» como en
un único hombre. La república era tan legítima como la monarquía (argumentación que no congració a Hobbes con el
restaurado Carlos II) y tenía el mismo brillo, pero, al contrario que los reyes, las asambleas no podían presentarse como
los padres de la patria y los ungidos de Dios en la tierra. Michael Walzer, filósofo y político estadounidense, observaba
con ironía que a Dios se le puede imaginar de cualquier modo
menos en forma de comité.

Pero el monarca podía convertirse en el instrumento de sus electores también en otro sentido. Hobbes no distingue con claridad entre Estado y sociedad civil. Como subrayó Durkheim durante una notable serie de conferencias sobre Hobbes que dio en Burdeos, en 1895:

> [Para Hobbes] Estado y sociedad no son dos realidades absolutamente distintas, sino dos aspectos de la misma realidad. El Estado no es otra cosa que el representante de la comunidad; es solo la organización; por tanto, no está creado por la superioridad congénita de ciertos individuos que se imponen a otros en virtud de esa misma superioridad[26].

El soberano somete «por temor» al pueblo, pero, dado que el soberano es el Estado y el Estado es, en palabras de Durkheim, el «principio organizador» de la sociedad en general, el soberano ni demanda ni espera en tanto que *individuo* el culto que habitualmente exigían (y esperaban) los monarcas europeos. Locke, que sí distinguía el Estado de la sociedad civil, se manifestaba aún menos partidario de la veneración hacia la monarquía. En sus *Dos tratados sobre el gobierno civil,* redactados en principio contra el *Patriarca,* de sir Robert Filmer, tal vez la defensa más atrincherada de la monarquía patriarcal que se haya escrito en Inglaterra, el contrato que establecen los hombres, al contrario que el pacto de las «multitudes» de Hobbes con su soberano elegido –imposible de romper por ninguna de las dos partes–, está sujeto, como todos los contratos, a una revisión constante. Mientras que Hobbes imagina una relación de sometimiento entre el soberano y el súbdito, Locke basa esa relación en la *confianza,* de ahí que le parezca que «la monarquía absoluta, para algunos el único gobierno posible en el mundo, es incoherente con la sociedad civil»[27]. De todos aquellos, afirmaba tajante, que «nos dicen que la monarquía es *jure divino*... cabe sospechar que han olvidado en qué país han nacido, bajo qué leyes viven y que sin duda se sentirán obligados a declarar que la Carta Magna es enteramente herética»[28].

Sin embargo, la idea de que la sociedad se basa en un contrato, un convenio o, como diría después Rousseau, un pacto entre los seres humanos presociales para lograr lo que ellos entendían que eran sus fines, y no en un orden impuesto por la divinidad como reflejo del Reino de los Cielos, significa, decía David Hume, que el Estado no tiene «más objetivo o propósito que la distribución de justicia, sin la cual no puede haber paz entre los hombres, ni intercambios seguros y mutuos. Así pues, debemos considerar que el amplio aparato del gobierno no tiene en última instancia más objetivo o propósito que ese»[29].

A lo largo del siglo XVIII la imagen que los gobernantes de Europa elegían para representarse a sí mismos pasó del monarca absoluto y casi divino, padre de la nación y padre del pueblo, a ser el «primer servidor del Estado», según la expresión adoptada por Federico el Grande de Prusia, cosa sobre la que haría mucho hincapié, como veremos, Immanuel Kant, el súbdito más distinguido de Federico. Según Kant: «Un gobierno establecido sobre el principio de benevolencia hacia el pueblo, semejante al de un padre con sus hijos, es decir, un gobierno paternalista... es el mayor despotismo que cabe imaginar». Es un gobierno que trata a sus súbditos como si fueran niños, donde el soberano no solo les dice cómo comportarse, sino también cuándo y cómo ser felices, cosa que los priva de la conciencia de lo que es bueno o malo para ellos[30]. De Federico a Pedro Leopoldo, gran duque de Toscana, a Carlos III de España y a Catalina la Grande de Rusia, todos los «déspotas ilustrados» de Europa, como se les llamó a finales del siglo XIX, se apartaron por voluntad propia de la imagen y los usos arcaicos de la monarquía paternal de sus antecesores. Los nuevos monarcas, si no «servidores» del Estado, se consideraban administradores, mantenedores del bien público, cuyo cometido ya no se cifraba en el aumento de la gloria personal, sino en el bienestar continuado de sus súbditos. Pedro Leopoldo, por ejemplo, fue el primer gobernante que aprobó una constitución escrita, tal vez el documento legal más notable del siglo, que, de haberse convertido en ley, habría reducido sensiblemente sus poderes. Pero Pedro abandonó Italia en 1790 para convertirse en emperador del Sagrado Imperio Romano Germánico y su celebrada constitución cayó en el olvido. No obstante, fundó hospitales administrados por el Estado, aumentó enormemente la protección legal de los enfermos mentales y puso al alcance de muchas personas la vacuna contra la viruela. El 30 de noviembre de 1786 abolió la pena de muerte y prohibió la práctica de la tortura legal. Convirtió la Toscana en el primer Estado moderno en abolir de forma permanente la pena capital. En la actualidad, el 30 de noviembre se celebra en el mundo entero el día de las «Ciudades por la Vida».

Estos monarcas se rodearon de hombres menos ligados a la antigua aristocracia militar y más a una clase profesional en ascenso de «servidores» civiles. Hombres como el conde de Floridablanca, primer secretario de Estado de Carlos III de España, nacido José Moñino y Redondo, hijo de un notario, al que Goya pintó no con una armadura o a la grupa de un caballo, sino rodeado de artistas y científicos; o Gaspar de Jovellanos, ministro de Justicia español en 1797, pintado también por Goya, que eligió ser retratado descansando la cabeza en una mano, en la postura tradicional del filósofo, y rodeado de libros, no de los símbolos del poder. Tales individuos eran profesionales y, al contrario que la generación anterior de servidores civiles, ascendían por méritos propios y deseaban que la posteridad lo supiera.

La mayoría de los autores de la Ilustración lo consideraba un progreso evidente en el estilo de gobierno de los monarcas europeos. Voltaire mantuvo una larga correspondencia con Federico el Grande y tradujo al francés *El antimaquiavelo* del rey. Diderot aconsejó a Catalina, a petición de ella misma, en el asunto de la reforma del código civil ruso y, desde 1774 hasta su muerte en 1784, recibió una pensión de la reina, según parece en calidad de bibliotecario. No obstante, la mayoría de estos monarcas continuó practicando el despotismo y el absolutismo en sus muchas formas. Por muy ilustrados que fueran, eran también reyes absolutos y despóticos, cuyo poder se hallaba por encima de la ley. Como le dijo Diderot sin ambages a Catalina la Grande: «No existe más soberanía que la de la nación. No existe más legislador que el pueblo»[31].

Aunque monarca y monarquía pudieran considerarse dos cosas distintas, la nación continuaba siendo eterna e inmortal. Si para algo sirvió que la teoría social situara la fuente de la autoridad política en manos del pueblo, fue para aumentar su fuerza emocional. Esta «nación –decía Edmund Burke– no es solo la idea del territorio de una agregación concreta y momentánea, sino un concepto de continuidad que se extiende por el tiempo tanto como por la cantidad y el espacio»[32]. A pesar de su pasión por las reverencias, la aristocracia y la mayoría de los ornatos de la monarquía absoluta, Burke, como todos los miembros de su generación, vivió a la sombra de la mística de 1688, por tanto estaba dispuesto a aceptar que «la sociedad es, en efecto, un contrato»; pero este contrato –decía con sarcasmo– no era un mero arreglo producto de la conveniencia, como parece que pensaban muchos autores franceses, ni un «acuerdo entre socios para comerciar con pimienta, café, percal o tabaco», sino una asociación entre los vivos, los muertos y los que aún no han nacido. Una cláusula «del gran contrato primario de la sociedad eterna»[33].

Ya desde finales del siglo XVII el vocabulario político de Europa incluía una nueva forma de entender la relación del pueblo con su soberano, en la que se rebajaba el papel del monarca y se tendía a sustituir la palabra «patria» por el término «nación». La patria había ocupado un puesto significativo, muy alto, en el concepto de lealtad que tenían los romanos. «Patria» no significaba solo un espacio físico –tal vez en absoluto–, sino un conjunto de virtudes morales, de alianzas familiares y de derechos y deberes, inculcados por algo más evasivo y en potencia más divisorio que el deber: el amor. Para Cicerón, su defensor más elocuente y más citado, el amor a la patria estaba por encima del amor a la familia y a los hijos, porque, según su parecer, la patria «en sí misma abarca todos nuestros afectos»[34]. Este amor se asocia al respeto, especialmente de los ancestros, cuya presencia continua define a la patria, y se asocia también a los dioses, a pesar de que los antiguos nunca exigieron amor hacia sus deidades particularmente imposibles de amar. Con la desaparición del Imperio, al que había ayudado a sostenerse, el concepto de patria fue cayendo en desuso y perdió su carga mítica hasta convertirse en una mera referencia al lugar de nacimiento, el equivalente

latino al término francés *pays* o al alemán *Heimat*. Los vínculos, la reverencia y el amor que en otro tiempo demandaba la
patria pasaron a la persona del rey; es decir, de la *patria* al *pater*. Solo en aquellas zonas de Europa que carecían de reyes,
como las repúblicas y las ciudades-estado italianas, sobrevivió
un sentimiento parecido al patriotismo. La Iglesia, con una
visión muy diferente de la paternidad, conservó la idea antigua, pero trasladando la patria terrenal al Reino de los Cielos
y a la ciudad celestial de Jerusalén, auténtica patria de los cristianos. En efecto, la Iglesia, al trasladar la idea clásica de *civitas*
y *polis* al otro mundo, conservó el término *patria* con todos
los matices de significado que había adquirido para el momento en que la nueva Europa secularizada la necesitara. A
principios del siglo XVIII ese momento había llegado[35].

2

El 15 de noviembre de 1715, Henri-François d'Aguesseau,
canciller de Francia (y protector de Diderot), investido de la
púrpura de su cargo y llevando todos los símbolos de la majestad del reino, entró en la sala de tribunal del Palais de Justice
de París. Allí, junto a las flores de lis, emblema heráldico de los
reyes de Francia, y rodeado de los magistrados del *parlement*
parisiense, el tribunal supremo del país, dio una conferencia
sobre el «amor a la patria». La *patrie,* declaraba, es amor al
bien común, no amor al monarca, y está formada por el
«cuerpo de ciudadanos que disfrutan de una igualdad perfecta» y de una perfecta «fraternidad». Él, como harían después
Voltaire y otros muchos, la asociaba al republicanismo. En las
repúblicas, continuaba, «todo ciudadano desde sus primeros

años, prácticamente desde su nacimiento, se acostumbra a servir al Estado como cosa suya. Esta igualdad y la fraternidad civil que hace de la ciudadanía una sola familia interesa a todos por igual en las suertes y las desgracias de la *patrie*».

D'Aguesseau no fue un revolucionario, a pesar de los intentos de las generaciones posteriores por convertirle en precursor del «incorruptible» Maximilien Robespierre. Su discurso era más una exhortación moral que una exigencia de cambio, y desde luego no iba dirigida contra la monarquía, de la que fue un servidor fiel y muchas veces acrítico[36]. Encarnaba al «buen magistrado, virtuoso, imparcial e incorruptible»[37]. Su defensa de algo que iba más allá de la nación que Luis XIV estaba convencido de encarnar significaba un cambio del lenguaje político que, lejos de ponerse a la cabeza del mezquino sectarismo de la «república virtuosa» de Robespierre, hablaba de algo nuevo, ilustrado y muy superior, algo capaz de transformar el modo de entender no solo el Estado, sino la nación al completo... y, desde luego, el género humano.

Para los hombres como D'Aguesseau –pues ciertamente no estaba solo–, *patria* y nación constituían dos modos muy diferentes de entender la relación del monarca con su pueblo. Ambas cosas exigían amor, pero un amor de distinto tipo. El auténtico súbdito ama a su rey, pero ese amor, como subrayó en el siglo XVI Jean Bodin –tal vez el primer teórico que empleó el término «soberanía»–, y más tarde subrayaría Robert Filmer, fue siempre algo debido, igual que el amor paternal tradicional. Del súbdito se esperaba igualmente que amara a la nación, aunque solo como reflejo del amor al monarca. Conviene recordar que la comparación del monarca con el padre y del pueblo con el hijo obediente no se basaba en una indefinida evocación analógica, sino en distinciones muy concretas del derecho de familias romano. Y en la antigua Roma, el padre tenía poder sobre la vida y la muerte de sus hijos.

El amor a la patria era muy distinto. Si bien la literatura del absolutismo está plagada de alusiones constantes al término latino «patria», derivado de *pater,* en la paternidad que representaba la república no se veía la extensión del padre, sino la extensión de la familia[38]. «El filósofo sabe que la palabra *[patrie]* procede del latín *pater* –escribía el caballero Louis de Jaucourt, distinguido físico y autor de una vida de Leibniz (y de una introducción a la edición de su *Teodicea*), en la entrada correspondiente a *patrie* que escribió para la *Encyclopédie*–, que representa un padre y unos hijos y que, por tanto, expresa los sentimientos que nos ligan a una familia, una sociedad y un Estado libre al que pertenecemos y cuyas leyes aseguran nuestras libertades y nuestro bienestar». Al contrario que la nación, la patria era una comunidad, un grupo al que se debía el amor y la vida, pero se formaba parte de él. Y, lo más significativo, se era un ciudadano, no un súbdito. Jaucourt decía: «No existe la patria bajo el yugo del despotismo. El amor que le profesamos nos hace buenos y morales, y la bondad y la moral nos hacen amar a la patria». Con un gobierno libre, añadía, el patriotismo no es «un deber quimérico», sino una «obligación real»[39]. Los griegos derrotaron a los persas en la batalla de Salamina, pese a ser inferiores en número –decía en 1772 el editor del *Diccionario histórico y crítico*–, no por las habilidades de Temístocles, el general ateniense, sino porque «en uno de los bandos se oía la voz de un amo imperioso que conducía a sus esclavos a la batalla, y en el otro el nombre de "patria" que inspiraba a los hombres libres»[40]. Era un nuevo giro del tópico cuyos orígenes se encuentran en la interpretación que hizo Heródoto, el historiador griego, del choque titánico del siglo V a. C. entre el poderoso Imperio Persa y las ciudades-estado griegas, pequeñas y fraccionadas pero democráticas: la lucha entre los hombres libres que vivían en lo que él llamaba *isonomía* –«igualdad ante la ley»– y las hordas esclavizadas y dirigidas por el látigo de Jerjes, el «Gran Rey» persa[41]. Los griegos eran un pueblo; los súbditos de Jerjes, únicamente una turba. «El poder absoluto –como lo llamaba Shaftesbury– anula lo público. Y cuando no existe ni lo público ni la constitución no puede existir nación o madre patria»[42]. Podría decirse que para la mayoría de los aspirantes a patriotas del siglo XVIII la patria no era un lugar sino una proyección mental, y que el amor patriótico no suponía necesariamente el reconocimiento de la soberanía de la nación o del soberano que la encarnaba[43].

Así pues, el concepto de patria se convirtió en una versión sin espacio concreto de la *polis* griega y de la *civitas* romana, que si bien no implicaba la existencia de una república, dependía en gran medida de un vago sentimiento republicano. Cuando la expresión latina *res publica* se traducía, como sin duda en el caso de D'Aguesseau, en su sentido original de «cosa pública» o, como se llamó en inglés, «*commonwealth*», se entendía más un tipo especial de sociedad que una constitución específica, una sociedad levantada sobre lo que Montesquieu denominaba «virtud política» (que, para él, estaba en la «monarquía moderada» de Inglaterra). La virtud política no debe confundirse con las tradicionales virtudes morales aristotélicas y cristianas. No determinaba las relaciones de los individuos consigo mismos o entre unos y otros, sino la de los individuos con la sociedad en su conjunto y con las esferas políticas a las que pertenecen en su calidad de ciudadanos. Según Montesquieu, equivale a la renuncia de uno mismo, pero no requiere ni caridad ni valor ni fortaleza, sino, sencilla-mente, un cierto tipo de amor. «Podemos definir esta virtud –escribió– como amor a las leyes y a la patria. Un amor que, al requerir una continua preferencia por el interés público sobre el propio, inspira todas las virtudes individuales, que no son sino esa preferencia»[44]. Es más, la virtud política se consideraba un sentimiento y no, como decía Montesquieu, «una conse-cuencia del conocimiento». En realidad, los ciudadanos vir-tuosos deben estar capacitados para distinguir las buenas de las malas leyes, pero eso no necesita ninguna formación especial; tampoco necesitan comprender con precisión qué es una repú-blica o cómo operan sus instituciones para amarla, ni siquiera –al contrario de lo que creían los antiguos– participar activa-mente en ella, porque «el último hombre del Estado lo siente igual que el primero»[45]. Para expresarlo con Kant, el único go-bierno idóneo «para los hombres capaces de derechos» es el patriótico, y el verdadero gobierno patriótico «toma su nom-bre de *patria*, no de *pater*»[46].

Esta identificación con la patria no debe confundirse con el antiguo concepto de sociedad basada en lo que Robespierre (y en cierto sentido también Rousseau) entendía por «vir-tud». Hacerlo sería emplear el lenguaje del amor a la patria para fines muy distintos y, sobre todo, enfrentar los dos con-ceptos de virtud que Montesquieu deseaba mantener separa-dos, pues, para él, el ciudadano virtuoso no necesitaba ser una persona virtuosa; en cambio, para Rousseau y Montesquieu la «república virtuosa» era una versión secularizada de la Ciudad de Dios de san Agustín, que, en palabras de Robes-pierre, iba a sustituir «el egoísmo por la moralidad, el sentido del honor por la honradez, los convencionalismos por los principios, el decoro por el deber, la tiranía de las formas por el imperio de la razón». A su parecer (pero no al de Rousseau), tan impresionante transformación de la estructura política, moral y psicológica de la sociedad solo podía llegar de la mano del terror, «sin el cual la virtud carece de poder»[47]. Una vez establecida esta república virtuosa, la virtud individual y la voluntad política individual desaparecerían. Solo una creencia así podía justificar el antiguo adagio: «Mi país, con razón o sin ella», porque en la república virtuosa el individuo no poseía una identidad independiente de la masa: él *era* su país. Para Montesquieu, semejante postura suponía una dejación de la responsabilidad moral del individuo. Nadie «amaba» la tiranía. Nadie moriría gustosamente por ella, fuera su país o no. Ni siquiera Rousseau (aunque en esto se mostró bastante incoherente) estaba dispuesto a llegar tan lejos. Cuando el niño abre los ojos, escribió en 1772, en los comentarios sobre el gobierno de Polonia que preparó a instancias del patriota polaco, conde Michael Wielhorski, ve «la patria y hasta su muerte no verá otra cosa más que ella». Pero «el amor a la patria», que «todo republicano auténtico mama con la leche materna», añadía, coincidiendo con Jaucourt, era devoción «por las leyes y por la libertad»; es decir, nunca había de confundirse con una obediencia ciega a las imposiciones morales[48].

Esto, hablando en términos generales, es lo que podríamos calificar de patriotismo cívico moderno. Bondadoso, generoso, amplio de miras y, en principio, no excluyente de nadie, era el tipo de patriotismo que algunos franceses del siglo XVIII creían encontrar en Inglaterra (o, al menos, en los ingleses más ilustrados). «Desde luego, los franceses son excesivos –escribía Edward Gibbon en 1763 a raíz de su experiencia en lo más escogido de los salones parisienses–. De ser injustamente tenidos por un grupo de piratas y de bárbaros hemos pasado a la injusticia, más agradable, eso sí, de ser considerados una nación de filósofos y patriotas. Me gustaría que contáramos con esta opinión para animarnos a merecer un carácter que mucho me temo aún no merecemos»[49].

El patriotismo que al parecer encontraban los franceses en el mundo inglés, aunque probablemente inmerecido, se hallaba indisolublemente unido a lo que se consideraba una nación entregada a la «libertad», así como a su constitución parlamentaria, ganada a costa de mucho esfuerzo, en la que, según dijo Montesquieu, había «una república oculta bajo la monarquía»[50]. Montesquieu sabía mucho de Inglaterra. Había vivido en Londres de 1729 a 1731 como distinguido aristócrata entre iguales, y parece que cayó bien. Fue admitido en la Royal Society en 1731, asistió a muchas de sus reuniones y, según todos los indicios, se hizo amigo íntimo del secretario de la época, Martin Folkes, notorio librepensador, de quien el francés dijo que era la única persona perfecta que había conocido. Se reunió también con los francmasones y recibió la influencia del veleidoso político Henry St. John, vizconde de Bolingbroke, un francófilo que había vivido en Francia de 1715 a 1725, donde se casó en 1719 con Marie-Claire de Marcilly, marquesa de Villette. A Inglaterra, declaraba Bolingbroke, se le habían brindado «las mayores oportunidades y las razones más justas para completar el esquema de la libertad y hacer progresos en su perfeccionamiento». El país, Bolingbroke estaba convencido, era la encarnación de la antigua libertad de la República romana, y los ingleses le entregaban toda su lealtad y su amor. Hasta el rey era en esto un patriota, y, como su pueblo, no debía su alianza con la patria a Dios, que no había participado en su elección, sino al pueblo mismo. Aquel «rey patriota», según Bolingbroke, tenía una fuerte conciencia lockiana del contrato social, «el más extraordinario de los fenómenos en el mundo físico o moral», y solo una persona así «podía distinguir entre sus derechos y los de su pueblo: el rey veía los suyos como un deber; los del pueblo, como una propiedad»[51]. Solo con un rey así podía ser verdaderamente libre un pueblo, y solo en «Gran Bretaña, mientras los vientos sigan impulsando las olas», habría un «rey patriota a la cabeza del pueblo»[52]. El poeta y dramaturgo anglo-irlandés hacía decir con aprobación (y con sorpresa) a su imaginario visitante chino, Lien Chi Altangi: «A los ingleses se les enseña a querer a su rey como se quiere a un amigo, pero a no conocer más amo que las leyes que él ha contribuido a promulgar»[53].

Los monarcas de la Europa continental veían en la «libertad» poco más que el peligro de usurpación. Los ingleses la veneraban como una virtud. «Estamos libres –se jactaba el *Daily Courant,* primer periódico diario inglés, el 13 de junio de 1734, con el lenguaje ostentosamente vanidoso de la prensa sensacionalista moderna– de los desórdenes religiosos que atribulan a casi todas las naciones. Nuestras libertades y nuestros bienes están absolutamente garantizados». Exageraba, pero en gran medida era cierto. La libertad estaba más limitada de lo que admitía el *Daily Courant*; a veces, reducida a poco más que un lema político, pero el término en sí nunca fue sinónimo de libertinaje desenfrenado como en la Francia anterior a 1789, y como volvería a serlo después de la restauración del borbón Luis XVIII, en 1814. La libertad inglesa, al menos la libertad tal como la percibían los ingleses, era un hecho evidente también para los forasteros. La gente te dirá, subrayaba el visitante suizo César de Saussure en 1729, que «no hay en ningún país del mundo una libertad tan absoluta como la que se disfruta en Inglaterra»[54]. Y, en conjunto, parece que Saussure estaba de acuerdo. Pero estos sentimientos nobles no excluían un complejo de superioridad que ya a principios del siglo XVIII empezaba a adquirir los desagradables tintes racistas que adoptaría abiertamente en el siglo XIX[55]. Aun considerando que los ingleses fueran más amantes de la libertad que sus vecinos europeos (o que la mayoría de ellos) y, en consecuencia, transfirieran su elevada autoestima a sus primeros colonos americanos, su libertad no dejaba de ser de exclusivo consumo nacional. Cuando se trataba de la «libertad» de los demás, los ingleses podían convertirse en los más fieros sostenedores de los regímenes despóticos aliados (otra característica, conviene decirlo, que sus antiguos colonos americanos se tomaron en serio). A principios de 1799, el pueblo de Nápoles, ayudado por los franceses y guiado por miembros del llamado *popolo civile* –abogados, intelectuales y aristócratas ilustrados– se sublevaron contra su abotagado rey Fernando IV y durante unos meses sustituyeron por una república su monarquía absolutamente corrupta y controlada por el clero. El 28 de junio, el héroe del momento, el almirante Horatio Nelson, ayudó a reprimir la revuelta, rompió la promesa de amnistía que había hecho a los jefes de los revoltosos y los colgó de sus penoles delante de una rugiente muchedumbre monárquica y católica a machamartillo, teniendo a su lado a Emma Hamilton, su célebre amante, que pedía sangre a gritos. Así desapareció la breve «República Partenopea». Fue, según se dice que escribió por entonces uno de los secretarios de Nelson, «la más horrenda villanía que pudo cometerse para sentar en su trono al más idiota de los reyes»[56].

Por muy romano que fuera en su inspiración, este tipo de patriotismo supone un deber muy distinto a la obligación moral contenida en la famosa exhortación de Horacio, el poeta romano: *Dulce et decorum est pro patria mori* («Dulce y honroso es morir por la patria»). Tal vez, en última instancia, morir podría ser necesario, aunque para los ingleses la moderna patria no era la máquina de guerra que había sido para la República romana, sino un instrumento de civilización. Los ilustrados de Alemania sostenían la misma opinión. Christoph Martin Wieland –al que ya hemos encontrado con su «maculatura» en la mano al hablar del posible significado del concepto de ilustración– escribió que «para los orgullosos habitantes de aquella ciudad [Roma], el "amor a la patria" se basaba en el dominio del mundo» y no era auténtico patriotismo, sino una manifestación de «entusiasmo» republicano basado en la creencia de que «la prosperidad, la fama e incluso el tamaño del país propio» dependían de obtener un «trato de preferencia y de oprimir a otros estados»[57].

Si lo que Shaftesbury llamaba «pasión natural por la sociedad y por un país» suponía alguna ganancia intelectual, esta era, según él, «de índole moral y social», un compendio de «la interacción de los intelectos, el libre empleo de la razón y el ejercicio del amor y la amistad mutuos». Y también un estímulo de la autocrítica, costumbre que las autoridades soberanas pocas veces apreciaban. El amor por su país no le impedía reconocer que los ingleses eran «los últimos bárbaros, el último pueblo civilizado o educado de Europa»[58]. Para Shaftesbury, como para todas las mentes ilustradas, más allá del horizonte de la patria estaba la humanidad, de modo que la primera, por muy querida y muy «dulce» que pareciera, nunca debía amarse a expensas de la segunda. El patriotismo, según lo expresó el epicúreo alemán Louis de Beausobre en 1762, no debía confundirse con «el amor ciego a nuestra nación, ese amor que parece inseparable de un indudable desprecio hacia todas las demás naciones»[59]. Hasta Herder, que nombraba continuamente la «patria» –a la que consideraba con mayor rotundidad que otros un espacio–, que creía que los pueblos están separados por la naturaleza y que en general desdeñaba los ideales del cosmopolitismo por parecerle un tostón francés (y kantiano), rechazaba con firmeza la obediencia ciega al Estado contenida en la desdichada frase: «Mi país, con razón o sin ella». Estaba convencido de que todos tenemos el deber de tripular la patria con el rumbo adecuado (pues él, curiosamente, la veía como un barco). Pero lo más importante era que, si la palabra «*pater*» poseía, según él, «una tendencia moral», el ideal de patria «une al género humano en una cadena de miembros que son los unos para los otros hermanos, hermanas, novios, amigos, hijos, parientes». Los patriotas de una nación no luchan contra los patriotas de otra. «Las *patrias* no se atacan de ese modo, sino que viven pacíficamente una junto a otra y se soportan como las familias. *Patria contra patria* en un enfrentamiento de sangre es la peor barbaridad que puede nombrar la lengua humana»[60].

Todo esto se parece mucho a lo que el politólogo alemán Dorf Steinberger denominaba «patriotismo constitucional» en los años setenta del siglo XX: la identificación no con un espacio, una religión, una lengua, ni siquiera con una cultura –todas las cosas que para Herder formaban el *Volk,* «el pueblo»–, sino con la constitución adoptada y defendida por un grupo concreto de pueblos y, por tanto, al menos en teoría, extensible a otros. Según él, es precisamente este amor a las leyes justas y a las libertades comunes lo que, desde Aristóteles hasta finales del siglo XVIII, se tuvo por «patriotismo». Era eso, y no una forma de nacionalismo resurgida, lo que la República Federal de Alemania de la posguerra debería recuperar. Jürgen Habermas tomó la idea en 1986, que desde entonces se convirtió en tema de un encendido debate contemporáneo, sobre todo en el contexto de la evolución de la Unión Europea, para la que no existe territorio, lengua o grupo étnico, ni «grupito» en los que los aspirantes a patriotas puedan depositar sus afectos[61].

Pero esta retórica del amor y la libertad tiene también sus sombras. El auténtico patriota debe depositar su amor exclusivamente en un tipo de sociedad; ahora bien, si la sociedad en la que le ha tocado nacer no es así tendrá que procurar que lo sea. «Nuestro primer deber como amantes del país –escribía Richard Price, unitario y adalid de la causa americana durante la Revolución– consiste en ilustrarlo», incluso al precio de empuñar las armas en su contra; opinión que, unida a sus simpatías republicanas, hizo exclamar a Edmund Burke que Price era un hombre de «principios inicuos» con un «corazón negro»[62]. Si todo falla, el auténtico patriota, por muy grande que sea su dolor, deberá elegir el exilio; e incluso estar preparado para trasladar sus alianzas, como hizo Tom Paine al cambiar Inglaterra por América y viajar a Francia para de nuevo regresar a América, hasta que encuentre una patria que coincida con sus ideales. Como reza el dicho: *Ubi libertas, ibi patria,* «Donde está la libertad, ahí está mi patria».

Sin embargo, la distancia entre esta concepción abstracta e idealizada de la patria y la realidad concreta de la nación nunca había sido tan grande como llegó a ser; y si el patriotismo unía a los individuos en algo mayor y, presumiblemente, más moral que la familia, también contribuía a separar a los miembros de una nación de los miembros de todas las demás. La mayoría de las manifestaciones de patriotismo –y las más frecuentes, es decir, el sectarismo en sus múltiples variantes–, pese al lenguaje del amor y la inclusión con que se disfrazaban, se sostenían a fin de cuentas en un egoísmo mezquino, y todo aquel que creyera lo contrario se engañaba y vestía una pasión egoísta con las ropas prestadas de la bondad universal.

Aunque el «amor a nuestro país» sea sin duda «un deber», advertía Price, ciertamente no justifica «ninguna convicción de superioridad sobre otros países, ni una preferencia especial de sus leyes y de las constituciones de su gobierno». Semejante actitud, se lamenta, es «una quimera común» que procede de la tendencia humana a sobrevalorar «lo que se relaciona con nosotros». En este punto, el patriotismo no se distingue del tribalismo. «¿Qué ha significado hasta ahora el amor a nuestro país para la humanidad?». Se preguntaba Price:

> ¿Qué ha sido sino ansias de dominio, deseo de conquista y sed de grandeza y de gloria a través de la extensión de los territorios y la esclavización de los países circundantes? ¿Qué ha sido sino un principio mezquino y ciego que ha producido en todos los países el desprecio por los otros y ha creado grupos y facciones de hombres contra los derechos y libertades comunes?

Esta virtud, concluye, que «tantas veces se nos ha ensalzado... como si fuera de primera categoría», tristemente, muchas veces no ha sido más que el principio «que gobierna los clanes de los indios y las tribus de los árabes»[63].

Pero el tribalismo no se limitaba a separar unos grupos de otros, sino que provocaba también inevitables hostilidades entre ellos. No podemos creernos superiores al resto del mundo sin que llegue un momento en el que entremos en conflicto con aquellos que alimentan unas ilusiones idénticas sobre sí mismos. El hombre que actúa con justicia en su país, observaba Smith, y que prefiere dar a recibir, será considerado «un necio y un idiota incapaz de comprender cuáles son sus intereses» si lleva las inclinaciones caritativas más allá de los límites de su sociedad. En todos los tratos entre pueblos diferentes, lo que Smith –que hablaba de patriotas «feroces»– denominaba «espectador imparcial» se sitúa a gran distancia, en tanto que el «espectador parcial» está siempre muy cerca. «No amamos a nuestro país –se lamentaba– por ser parte de la gran sociedad humana», como debería amarse, «sino por nuestro interés, con independencia de otro tipo de consideraciones»[64]. Amamos lo cercano porque la imaginación humana suele limitarse a lo que conoce. Lo que Smith llamó nuestros «buenos oficios» raras veces puede hacerse extensivo «a cualquier sociedad más amplia que nuestro propio país»[65], cosa incluso deseable, pues, según él, una de las peores consecuencias del amor a una humanidad impersonal es que produce fácilmente lo que califica con acierto de «moralistas llorones y melancólicos» (todos los conocemos), cuya «conmiseración artificial» exige que, pues la tierra lleva tanto tiempo infestada de sufrimiento humano, nadie tiene derecho al placer o la prosperidad, y que al final no consiguen más que añadir nuevas desdichas allí donde estas no tenían por qué existir. Porque, al fin, «¿con qué objetivo deberíamos preocuparnos por el mundo de la luna?»[66]. Si de verdad el patriotismo derivara del «amor a la humanidad», un británico tendría que preocuparse más por los franceses, dado que la población de Francia era tres veces mayor que la de Gran

Bretaña. Incluso todo aquel que hiciera algo por la prosperidad de los franceses en detrimento de la prosperidad británica «no sería tenido por un buen ciudadano de Gran Bretaña»[67].

Los seres humanos se apegan de un modo natural a sus cosas y a todo aquello que les resulta conocido. Todos, por muy buenos que parezcan, y con la excepción de unos cuantos ilustrados, desconfían de las diferencias. El desdén que sienten unas naciones hacia otras, observaba Helvecio, «depende siempre de las diferencias aparentes en las costumbres y los hábitos». «Todas las naciones, convencidas de que solo ellas conocen lo que es la inteligencia, desprecian la necedad de las demás»[68]. Solo nosotros tenemos leyes justas, declaran, solo nosotros tenemos una constitución perfecta; nosotros somos excepcionales, etc.

El deseo de grandeza para la nación propia suele llevar aparejado el deseo de destruir las naciones ajenas. Benito Jerónimo Feijoo no dudaba de que el amor a la patria fuera un sentimiento básicamente noble, pero al estudiar la literatura de la Antigüedad halló «a cada paso millares de víctimas sacrificadas a este ídolo». «¿Qué guerra se emprendió sin este especioso pretexto? ¿Qué campaña se ve bañada de sangre, a cuyos cadáveres no pusiese la posteridad la honrosa inscripción funeral de que perdieron la vida por Patria?»[69]. Actuar de otro modo, pensar de otro modo, supone la etiqueta de antipatriota. El amor a nuestro país no impone el abandono del amor a la familia o a uno mismo –en especial, este último–, si bien, como descubrió Lucio Juno Bruto, el semilegendario fundador de la República Romana que condenó a muerte a sus dos hijos por alta traición, a veces puede exigir decisiones difíciles. Ahora bien, para probar su devoción, decía Voltaire, el «buen patriota» como Bruto se convierte necesariamente en «un enemigo del resto de la humanidad». Y el hombre «que deseara que su patria no fuera ni más grande ni más pequeña, ni más rica ni más pobre [que las restantes]» no sería en absoluto un patriota, sino «un ciudadano del mundo»[70].

Kant habría estado de acuerdo. Aquellos que pertenecen a estas comunidades limitadas, enseñaba a sus estudiantes del curso de «Metafísica de la moral» en 1793:

> Los separatistas y los sectarios de cualquier clase, clubistas, hermanos de la Logia [francmasones], Herrnhuters [de la Hermandad de Moravia, una secta protestante] y pietistas son todos ellos destructores de la filantropía y de la buena voluntad general; dicho en pocas palabras, una sociedad ha de establecer los lazos más estrechos en materia de moral, política o religión... la pertenencia de sus miembros a la secta y al *esprit de corps* que la sostiene produce una indiferencia hacia el género humano que inhibe la expansión de la buena voluntad general e impide la participación comunal a todos[71].

El patriotismo, o lo que el abate Henri Grégoire, abolicionista y revolucionario, denominaba en 1792 «patriotismo excluyente» imponía el olvido «de los vínculos que unen a todos los pueblos entre sí»[72].

Pero existía aún otra consecuencia fatal del llamado amor patriótico, porque el olvido de los vínculos que nos unen a otros por encima de las fronteras de nuestra patria no fue voluntario en todos los casos. Siempre existió la atracción de las tierras lejanas, la sospecha continua de que la vida pudiera ser mejor, más apasionante, más satisfactoria en algún otro lugar. A fin de cuentas, nadie elige su patria. Y aunque el patriotismo sea, al menos en principio, un «sentimiento natural» por el cual la verdadera patria es una extensión de uno mismo y su familia, nunca ha resultado un sentimiento muy seguro, de forma que no todo el mundo lo comparte de igual manera. No obstante, en interés de la unidad de objetivos sin la cual ninguna patria puede sostenerse mucho tiempo, aquellos que no lo sienten se ven obligados con mucha frecuencia a conformarse o, según la frase famosa (o infame) de Rousseau, puesto que el amor a la patria era la única libertad verdadera, hay que «forzarlos a ser libres». En «Magnesia», el Estado ideal de Platón, solo aquellos que hubieran servido al Estado durante veinte años –un periodo muy largo en comparación con la esperanza media de vida de la Grecia antigua– eran libres de viajar, aunque debían recorrer el mundo y regresar a su país para informar al «Consejo Nocturno», guardián de la moral y las leyes del Estado, cuánto mejor era la vida en Magnesia que en cualquier otro país extranjero de los visitados. Ellos eran los verdaderos patriotas. Igual que el antihéroe de *El cosmopolita o el ciudadano del mundo,* la novela libertina que escribió en 1753 Louis-Charles Fougeret de Monbron, el cual regresa a la patria para descubrir que, al final, «el mayor beneficio que he obtenido de mis viajes y mis excursiones ha sido saber cómo odiar con razón lo que antes solo odiaba por instinto»[73].

El ideal de Platón era sin duda irrealizable, aunque no han faltado estados pretendidamente ideales, como la Unión Soviética o la China de Mao, que pusieran en práctica políticas muy parecidas. Puesto que no hay razones para querer salir de Utopía, abandonarla no es una opción. Pero si es cierto que la mayoría de los estados no obligan a sus ciudadanos a quedarse para siempre, no lo es menos que todos han intentado por otros medios –el servicio en las fuerzas armadas, el juramento de lealtad a himnos y banderas– mantener sus lealtades adscritas a un lugar, una sociedad y un Estado.

En semejante mundo, aquellos que Diderot llamaba burlonamente «buenos ciudadanos» eran ni más ni menos que los convencidos de que toda sabiduría posible se hallaba dentro de las fronteras nacionales, porque el conocimiento constituye «una parte de su superioridad sobre las otras naciones». Por tanto, estarían dispuestos a sacrificar la felicidad *(bonheur)* de los siglos venideros y de la especie entera «por sus mezquinos intereses, que ocupan un solo punto del globo y duran un solo instante». Para tales personas «parece que la palabra *humanidad* carece de sentido»[74]. Sobre esta base, añadía, se sostienen «la fama, el orgullo y el supuesto valor de los mártires», pues, según esa mentalidad, no existe gran diferencia entre la patria y la secta. Así como los mártires cristianos sufrían gozosamente por defender unas opiniones que, según criticaba Michel de Montaigne siglos antes en un manifiesto tono de asco, «habían tomado prestadas de otros, sin conocerlas ni entenderlas», el patriota se sacrifica voluntariamente por unos símbolos vacíos de contenido, por unas diferencias de costumbre y creencias que ni siquiera ha elegido[75]. «El patriota –dice concisamente Alexander Pope– ha sido un necio en todas las épocas»[76].

3

Se decía que Catón el Viejo, gran orador romano, terminaba todos sus discursos con la frase: «Opino, además, que Cartago debería ser destruida». Una pretensión obsesiva, aunque no ininteligible. Catón había comenzado su carrera como joven soldado en la Segunda Guerra Púnica que enfrentó a Roma con el Imperio Cartaginés, único rival de los romanos en el Mediterráneo y dominador de gran parte del litoral norteafricano y del sur de España. Los cartagineses habían jurado destruir Roma. El gran general Aníbal, con su enorme ejército y sus terroríficos, aunque no siempre eficaces, elefantes de guerra, estuvo a punto de lograrlo en Cannas, en el año 216 a. C. Así pues, el deseo de destruir por completo Cartago no era tan descabellado. Sin embargo, en claro contraste con Catón, Publio Cornelio Escipión, que también había luchado en la Segunda Guerra Púnica y que habría podido morir a manos de los cartagineses, acababa sus discursos con la siguiente frase: «Opino, además, que Cartago debería ser salvada». Para Adam Smith, Catón y Escipión representaban otros tantos ejemplos de distintas clases de patriotismo. Catón era «la expresión natural del patriotismo feroz de un espíritu fuerte pero tosco»; en cambio, Escipión era «la expresión liberal de un espíritu más ilustrado y más amplio de miras». Congratularse por «la felicidad y la prosperidad internas» de otros pueblos, incluso cuando han sido tus enemigos, como se supone que hizo Escipión, representaba para Smith el camino a «un progreso real del mundo en que vivimos, que beneficia a la humanidad y ennoblece la naturaleza humana». Además de procurar el progreso de sus ciudadanos, las naciones deberían también «por amor a la humanidad, estimular, en vez de obstruir, la excelencia de sus vecinos»[77]. En efecto, el amor a la humanidad puede ir detrás –a veces muy detrás– del amor que sentimos por los nuestros e incluso por nuestros vecinos más inmediatos y por la patria, pero siempre debería tener la prioridad propia de un deber. Estamos vinculados a otros, por muy lejanos o muy ajenos que resulten, mediante lazos más apremiantes que las leyes hechas por los hombres. «No existe ninguna ley civil o religiosa –decía Diderot a Hume– que haya roto o pueda romper el vínculo fraternal que la naturaleza ha establecido entre los hombres»[78]. Si la auténtica patria, como muchos sostenían, solo merecía nuestro amor cuando era fuente de libertad y espacio de «prosperidad humana», igual que la verdadera *polis*, tenía sentido que nuestro afecto no quedara confinado dentro de sus límites. El auténtico patriotismo, decía Christoph Wieland, ha de ser compatible con los «principios cosmopolitas», pues solo «un verdadero cosmopolita puede ser buen ciudadano; solo él puede llevar a cabo la gran tarea que nos corresponde: cultivar, ilustrar y ennoblecer al género humano»[79].

A los que Kant llamaba verdaderos «cosmopolitas» y «cosmotheroi» (estudiantes del mundo) no se les exigía sacrificar el amor a la familia o a la patria, ni mucho menos fusionar su identidad con algo tan amorfo como el «cosmos»[80]. Estos auténticos «cosmopolitas» actuaban solo por una «inclinación a procurar el bienestar del mundo entero», que en principio procedía de un sentido de la lealtad originado en el amor por el país propio. Bastaba con que no apartaran la mirada de un horizonte más amplio: la humanidad. A esto llamaba Kant, significativamente, «patriotismo mundial».

Si en la actualidad nosotros (o muchos de nosotros) asumimos la tarea de ayudar a pueblos lejanos y desconocidos, cuya vida solo podemos imaginar con mucho esfuerzo y cuya voluntad nunca tiene consecuencias para la nuestra, se debe en gran parte a los «buenos oficios» de Adam Smith. A los europeos anteriores del siglo XVIII, el deber de preocuparse por el padecimiento de los africanos o los asiáticos les habría parecido probablemente una extravagancia e incluso una ofensa. Si, como observaba Smith, ni los franceses ni los británicos «sentían ninguna envidia por la prosperidad de China o de Japón», tampoco estaban dispuestos a extender su «buena voluntad hasta países tan distantes»[81]. Con todo, ya en época de Smith la extensión de la buena voluntad hasta los pueblos más remotos y desconocidos empezaba a ser no solo un sentimiento patente, sino incluso una obligación moral.

La caridad fue siempre obligatoria para los cristianos, igual que para los musulmanes, pero empezaba por el propio país y muchas veces no salía de él. Era, al fin y al cabo, una virtud *teologal,* y por tanto de valor inmediato para el dador, pues, en palabras de santo Tomás de Aquino, «vivifica más a los que están espiritualmente muertos» que a los receptores[82]. Cierto, los cristianos también mandan «amar sinceramente al prójimo, más por su bien que por el nuestro»[83]. Pero se trata de un prójimo conocido y seguramente santo Tomás no creía que nadie pudiera aceptar como vecino a un miembro de otra sociedad. Este tipo de amor se parece a la amistad, y si bien es cierto que cabe la posibilidad de experimentar un vínculo más o menos distante con la «humanidad» –se defina esta como se defina–, la amistad solo cabe entre los individuos, y entre los individuos que conocemos. Para la mayor parte de los europeos, los africanos, los asiáticos, los tahitianos o los indios de América y hasta la gente que no pertenecía a su entorno inmediato quedaban muy lejos del alcance de su imaginación. El público parisiense, tan frecuentador de teatros, se quejaba Diderot, lloraba por el destino de Fedra, pero no dedicó un solo pensamiento al de los esclavos africanos.

Aunque Fedra fuera el personaje de un drama de Racine, los buenos burgueses de París la consideraban uno de los suyos cuando asistían a sus padecimientos. En cambio, los africanos, a los que ni siquiera habían visto y a los que probablemente no verían jamás, ni siquiera sobre un escenario, no eran más que un «otro» distante, remoto.

Los sentimientos que apelan a la conciencia de los individuos en nombre de una humanidad común, si de algún modo pueden hacerse inteligibles, quedan siempre limitados a unos pocos, como la propia Ilustración. Montesquieu, Smith, Diderot y Hume fueron aristócratas –en el sentido original de la palabra–, y el despego hacia las simpatías y las alianzas nacionales que pregonaban es un sentimiento profundamente aristocrático. Con «aristócrata» no quiero decir poseedor de un título, pues si es cierto que algunos lo tuvieron –Montesquieu, Turgot, Condorcet y Holbach– hubo muchos que no. Diderot era hijo de un cuchillero de Langres (aunque, según el decir general, muy próspero); Hume y Smith, de sendos abogados; y el padre de Rousseau había sido relojero. Quiero decir que pertenecían a lo que los griegos llamaban *aristoi*, que significa sencillamente «los mejores»: una élite por voluntad propia cuyos miembros, al contrario que las aristocracias, no se caracterizaban por la categoría o las riquezas, sino por las dotes intelectuales, la amplitud de miras, la buena voluntad hacia sus semejantes (tal como ellos lo veían) y la generosidad. Se relacionaban entre sí por amistad y algunas veces por pertenencia a sociedades, secretas o no, logias masónicas y academias[84]. Y naturalmente, algunos frecuentaban los grandes salones literarios de París, donde, en palabras de Diderot, uno encontraba «a los auténticos cosmopolitas»[85]. Pertenecían a una red informal que a veces se conocía por «República de las Letras» –al parecer, fue Pierre Bayle el primero en emplear la expresión en la cabecera de su revista *Nouvelles de la république des lettres,* en 1684–, versión laica de los eruditos que previamente habían unido a la intelectualidad cristiana, pero su lengua común era ya más el francés que el latín. Se traducían unos a otros, se escribían de continuo a lo largo y ancho de Europa, desde Edimburgo hasta Nápoles, y a veces –el caso del aciago viaje de Rousseau a Edimburgo para ver a Hume en 1766– hasta pasaban temporadas juntos. Formaban una élite intelectual de índole internacional, semejante a la de los grandes académicos de la actualidad, aunque, al contrario que estos círculos, pocos de ellos mantuvieron alguna relación con las universidades.

Aquellos hombres y aquellas mujeres detestaban los estrechos límites de las naciones y las comunidades, deploraban la violencia sectaria, la falta de interés por el bienestar de quienes no tenían nada que ofrecer, cosa bastante frecuente en las formas tradicionales de «patriotismo». Contemplaban con creciente espanto la rapacidad de las potencias europeas, en especial de Francia y Gran Bretaña, que, para aumentar su prestigio y sus riquezas, explotaban a lo que esta élite consideraba pueblos indefensos. Eran también, naturalmente, «filósofos»; y el filósofo, escribía el napolitano Gaetano Filangieri –autor de un ambicioso proyecto intelectual cuyo objetivo, siguiendo el ejemplo del «inmortal Montesquieu», era convertir la jurisprudencia en una ciencia sistemática–, «es un ciudadano de todas las épocas y lugares» cuya «disciplina abarca el mundo entero»[86]. Los escritores como Hume y Montesquieu fueron «líderes intelectuales», decía Bolingbroke, que los había conocido, porque «abarcan casi toda la razón del género humano y han nacido para instruir, guiar y defender; y porque están destinados a ser tutores y guardianes de la humanidad». Algún día, esperaba, sustituirían a esa «pandilla de anacoretas y entusiastas [los santos] que atestan y deshonran el calendario»[87]. Como escribía Diderot a Hume, por quien al parecer sentía un afecto especial, «usted pertenece a todas las naciones... Yo me precio de ser, igual que usted, un ciudadano de la gran ciudad, del mundo»[88]. Era un sacerdocio nuevo, de carácter laico, que predicaba un mundo cosmopolita e ilustrado.

El cosmopolitismo de estos hombres y estas mujeres era la expresión política de la unidad de la especie, para la que se habían fundado las «ciencias del hombre». Al modo de tantos de nuestros conceptos filosóficos más importantes, el de «cosmopolitismo» procede también del mundo antiguo y fue durante mucho tiempo parte integrante de su historia. Una historia en la que, desde el propio Diógenes el Cínico hasta Diderot, Hume, Montesquieu y Voltaire, abunda la aversión hacia las costumbres y los vínculos locales arraigados, y la correspondiente tendencia a tratar a todos los seres humanos en un plano de equidad y a considerarlos igualmente interesantes e ilustrativos. Aunque los cosmopolitas sabían bien qué cosas les disgustaban: nacionalismo, tribalismo, jingoísmo, xenofobia y sectarismo en cualquiera de sus variantes, no propusieron muchas soluciones para desterrar estos vicios en provecho de un mundo más amplio y más equitativo. Nunca desarrollaron ningún proyecto para crear «la gran ciudad, el mundo» del que eran nominalmente ciudadanos. Tampoco los tuvo Diógenes, que, como ellos, se limitó a rechazar lo que le disgustaba. Su célebre comentario «Yo soy un ciudadano del mundo» tenía toda la intención de resultar ofensivo. (Era un maestro del insulto, un hombre que vivía dentro de un barril, en la plaza del mercado, que criticaba todos los aspectos de la vida civilizada convencional –matrimonio, familia, política, sexo y todas las manifestaciones de la represión física y de la distinción social, incluida la propia ciudad–, que orinaba sobre las personas que le insultaban, defecaba en el teatro y se masturbaba en público). Sabía que para los curiosos atenienses que le preguntaban por su pertenencia, la respuesta de que su ciudad era el mundo carecía literalmente de sentido. Es evidente que Diógenes no ofrecía ninguna alternativa a la *polis*.

Pero los atenienses no eran los únicos. La expresión «ciudadano del mundo» es, y quiso siempre ser, prácticamente un oxímoron; en el mejor de los casos, un sinsentido. Como ha puntualizado Michael Walzer, el «cosmos», el mundo, no son sitios de los que uno pueda hacerse fácilmente ciudadano. «Nadie me ha ofrecido nunca semejante ciudadanía –protestaba–, ni me ha explicado el proceso de naturalización... ni me ha relacionado sus procedimientos para tomar decisiones... ni me ha proporcionado una lista de los derechos y las obligaciones, ni me ha enseñado el calendario de las conmemoraciones y las fiestas de sus ciudadanos»[89]. Pero esto parece demasiado literal. Podría aducirse que calendarios, celebraciones y fiestas son cosas propias del patriotismo estrecho de miras que la Ilustración pretendía superar. Sin embargo, en algo lleva razón. La ciudadanía requiere la existencia de una *civitas* o una *polis*. La pretendida alianza con otras cosas puede sonar a deseo de eludir los compromisos inmediatos y las obligaciones que estos conllevan. El amor al género humano puede ser, como denunciaba Rousseau con acritud, un invento ingenioso de «esos pretendidos cosmopolitas que... se jactan de querer al mundo entero para disfrutar de la ventaja de no querer a nadie»[90]. La única cosa a la que cabe amar más allá del círculo familiar es la patria, y aun así, según Rousseau, lo ideal es que esté contenida en los límites que abarca la voz humana. (Él creía que Atenas había sido un Estado de estas características, pero también que los antiguos, más masculinos que los modernos, tenían la voz más potente). El jingoísmo le parecía un vínculo ideológico. «Todo patriota es duro con los extranjeros –escribió–, que para él no son más que hombres [en cuanto distintos a ciudadanos] y nada representan a sus ojos». Tal vez existan «unas cuantas almas grandes y cosmopolitas que traspasan las barreras imaginarias que separan a los pueblos y, siguiendo el ejemplo del Ser Soberano que los creó, abrazan en su benevolencia a la humanidad entera»[91], pero la mayoría de los cosmopolitas declarados solo quieren eludir la dura obligación de amar a la patria y morir por ella. «Esos cosmopolitas que buscan en la distancia de sus libros los deberes que no se dignan a cumplir entre los suyos», advertía a los futuros constructores de su Estado ideal. «Tales filósofos aman a los tártaros para no tener que amar a sus vecinos»[92].

A Rousseau le seguiría una larga lista de detractores, rematada por la Alemania nazi y la Rusia estalinista, que calificaban a los «cosmopolitas» de sujetos desnortados, «desarraigados»; las mismas cosas que se decían con mayor frecuencia y mayor crueldad de los judíos, posiblemente el único pueblo de la historia de la humanidad obligado por la fuerza al cosmopolitismo. Pero los autoproclamados «ciudadanos del mundo» del siglo XVIII no conocían ningún desarraigo. Diderot, en particular, sentía una profunda antipatía por casi todos los viajes (un sentimiento que se le intensificó a raíz de su melancólica experiencia con Catalina la Grande en Moscú) y un temor constante a que el viajar prolongado convirtiera a los hombres en «nómadas salvajes». Con la expresión «ciudadanos del mundo», Diderot, Hume y Montesquieu se referían a una disposición a tratar a todos los seres humanos en un plano de igualdad y a considerarlos igualmente interesantes e ilustrativos. Ahora bien, si querían evitar etiquetas como la de Rousseau, la ciudad cosmopolita no podía limitarse a ser un benevolente paisaje mental. Si la nueva ciencia del hombre, tan concienzudamente extraída de la historia filosófica de la humanidad, apuntaba por fin a la reunión de todo el género humano, no podía limitarse al bienestar de los individuos[93]. A la larga, la «cosmópolis», como la *polis* de la que derivaba, debía concretarse en una comunidad política. El amor que hemos extendido de la familia a la patria deberá convertirse, como explicaba el propio Montesquieu, en un «sentimiento» político. Y si hemos de amar al cosmos como amamos a la patria por sus libertades y sus leyes, el cosmos deberá disponer también de unas leyes que amar. Sin embargo, nunca ha existido ninguna comunidad política gobernada por leyes a la que podamos llamar «cosmópolis», ni en el siglo XVIII ni en la Antigüedad, ni siquiera contando con el «mundo» mucho más reducido de entonces. (Para la imaginación de Oliver Goldsmith existía en China, pero solo porque la idea le permitía mofarse del provincialismo de los ingleses).

Con una excepción inquietante. El cosmopolitismo –ya lo hemos visto– hundía sus raíces en «la secta de los estoicos», como decía Montesquieu en *El espíritu de las leyes*. Ella sola, escribía, «sabía hacer ciudadanos; ella sola sabía formar grandes hombres; ella sola, grandes emperadores... Nacidos para la sociedad, todos creían que su destino era trabajar para

la misma... diríase que solo la felicidad de los demás aumentaba la suya»[94]. La alusión a los emperadores no es casual. Una
ojeada a las fuentes antiguas del cosmopolitismo nos demostraría, en efecto, hasta qué punto la idea del mundo cosmopolita se acercaba a la del imperio.

Parece que Zenón de Citio, fundador del estoicismo, decía
a sus seguidores: «No deberíamos vivir en ciudades y demos
[grupos tribales], cada uno con sus normas de justicia aparte,
sino ver en todos los hombres a los integrantes de una misma
tribu, ciudadanos nuestros, que, al igual que el rebaño que
pasta en un prado común, deberían disfrutar de una misma
vida y un mismo orden *(koinos)*». Un comentario citado a lo
largo de los siglos en defensa del mundo cosmopolita. En
cambio, no suele mencionarse el contexto en el que se produjo. Tal vez por esa razón, las palabras de Zenón han llegado
hasta nosotros a través de Plutarco, filósofo y biógrafo greco-
rromano del siglo I, que se ocupó de repetirlas porque vio en
Alejandro Magno la encarnación del «sueño o, por mejor
decir, la imprecisa pintura que hizo Zenón de una comunidad filosófica y bien organizada»[95]. Para Plutarco, el cosmopolitismo no significaba tanto que todos los hombres eran
ciudadanos del mundo como que el mundo debía convertirse
en un solo cuerpo de ciudadanos. Si la humanidad debía ser
una, tendría que pertenecer a una sola comunidad, a una sola
ciudad; una sola *polis*. Posiblemente para Zenón, y con toda
seguridad para Plutarco, la ciudad había sido el imperio de
Alejandro. Para los romanos no podía ser otra que Roma o,
con mayor concreción, la *civitas* romana. Marco Aurelio, uno
de los estoicos cosmopolitas más atractivos, compasivos y elo-
cuentes, y tal vez el último importante, fue al fin y al cabo un
emperador romano, de quien John Stuart Mill dijo que «con-

servó durante toda su vida no solo el sentido más puro de la justicia, sino también, lo que menos cabía esperar de su educación estoica, el más tierno de los corazones»[96]. En una serie de notas escritas en griego, «A mí mismo», que nos han llegado con el título de *Meditaciones de Marco Aurelio,* hacía la siguiente reflexión: «En tanto que Antonino, tengo por ciudad y por patria Roma; como hombre, el mundo... Asia y Europa son rincones del mundo; los mares son una gota de agua; el Monte Atos, un grano de arena en el universo; y el instante presente, no más que un punto en la eternidad»[97].

De la Roma imperial, al menos la Roma de los Antoninos, los «Cinco emperadores buenos», como llegaron a conocerse, desde Nerva (96-98 d. C.) hasta el propio Marco Aurelio (161-180), podía decirse que había aportado paz, orden, justicia y posteridad a una buena parte del «mundo» conocido. Siglos después, Edward Gibbon, mirando más allá de los desastres que pronto iban a producirse en aquel paraíso, decía lo siguiente: «Si se nos pidiera señalar un periodo de la historia del mundo, durante el cual el género humano hubiera conocido el máximo de progreso y de felicidad, nombraríamos sin dudarlo el que transcurrió entre la muerte de Domiciano [96 d. C.] y el ascenso de Cómodo [180 d. C.]». Un tiempo, añadía, en el que «el Imperio Romano abarcaba la mejor zona de la tierra y la más civilizada de la humanidad»[98].

Los cristianos, que adoptaron otro tipo de cosmopolitismo, hallaron también en el Imperio Romano la encarnación de sus aspiraciones. Dios, decían, había elegido Roma para unir al mundo, de tal modo que el nacimiento de Cristo podía llegar al menos a una gran parte de aquello que los griegos denominaban *oikoumene,* el «mundo habitado». Según el pagano Plinio, el *numen* de los dioses había hecho posible la propuesta de Roma para dar «humanidad al hombre». Los cristianos creían que se debía a la *voluntas* de su Dios.

Aurelio Prudencio, panegirista cristiano del siglo IV, escribía lo siguiente:

Dios ha enseñado a todas las naciones a inclinar la cabeza ante las mismas leyes, a convertirse en romanas... Una ley común las hace a todas iguales, las vincula a un solo nombre y, mediante la conquista, las une con lazos fraternales. Vivimos en todas las regiones concebibles, que en nada se distinguen de una sola ciudad y patria que abarca a sus ciudadanos con una sola muralla[99].

Pero en el siglo XVIII todo había cambiado. Desaparecida la concepción ecuménica de Roma, su puesto estaba ocupado por los imperios europeos de ultramar y por la aparición de aventureros marítimos, las «aves de presa» de Edmund Burke, que «se lanzan sobre las olas... sin presentar ante los ojos de los nativos más que un proyecto desesperado e infinito de nuevas incursiones... con un apetito constante de un alimento que no sacia»[100]. Los escritores de la Ilustración desconfiaban de los imperios, incluido aquel imperio ilustrado y cosmopolita que, ellos imaginaban, había sido el romano. Pero el tiempo de Roma había pasado. Hoy, argumentaba Montesquieu, cualquier cosa parecida al Imperio Romano sería «moralmente imposible»[101]. Ahora bien, si tenía que existir una forma política para los vagos anhelos cosmopolitas de la mayoría de los pensadores ilustrados distinta al imperio, o a la «monarquía universal», como solía denominarse en el siglo XVIII, ¿cuál podría ser?

8. La inmensa república de la naturaleza

1

Uno de los primeros en contestar la pregunta de Montesquieu fue Christian Wolff, profesor de matemáticas y de «filosofía natural» de la Universidad de Halle, en el estado alemán de Brandemburgo-Prusia. Influyente y dotado admirador de Leibniz, apelado «nuestro Newton alemán» por sus contemporáneos, Wolff escribió mucho sobre numerosos temas, y como Leibniz, como todas las figuras relevantes de la Ilustración, estaba convencido de la posibilidad de aplicar rigurosos métodos científicos al estudio de la humanidad. Fue también uno de los primeros filósofos alemanes que escribió casi siempre en alemán, no en latín o francés, con la intención, igual que Kant, de crear un lenguaje específico de la filosofía en esa lengua. No solo creía que los alemanes necesitaban un idioma filosófico, del que ya disponían los franceses, sino también que la filosofía, además de perseguir «el conocimiento de la verdad», era una guía práctica para la vida cotidiana de la gente común. «Una persona debería aprender filosofía –escribió en el prefacio a su bien titulada *Lógica alemana*– no para ser capaz de hundirse en el vicio de la disputas y las pendencias ociosas que tanto gustan a las academias, sino para [disfrutar] de su utilidad en la vida futura». Al final de su vida mantuvo correspondencia con la marquesa de Châtelet, la inteligente amante de Voltaire, a la que llegó a considerar su «apóstol en Francia» para su propósito de acabar «con los principios poco prácticos de los ingleses actuales» y sustituirlos por los suyos propios. En 1741, uno de sus seguidores, Johann Heinrich Formey, publicó un popular relato «filosófico» titulado *La bella wolffiana,* cuya heroína estaba claramente inspirada en madame du Châtelet[1].

A Wolff se le recuerda mejor hoy por dos cosas estrechamente relacionadas: su proyecto para un Estado mundial ideal y su apasionada defensa de la «moral» china. En 1705, al comienzo de lo que iba a ser una carrera brillante aunque conflictiva, Wolff comenzó a intercambiar con Leibniz una correspondencia sobre China que produjo un interés en el pensamiento de ese país destinado a durar mucho tiempo. Igual que Leibniz, Wolff estaba convencido de que los chinos habían conseguido organizar su vida de una forma que los europeos deberían imitar. Según parece, creía también que los escritos de Confucio custodiaban el secreto de lo que, en términos generales, denominaba «moral natural», una moral que todos los seres humanos eran capaces de descubrir por sí mismos con la única ayuda de la razón, sin necesidad de ninguna revelación divina. Aunque este pensamiento escandalizó y puso furiosos a los cristianos del momento, no era en sí mismo revolucionario. Hasta los cristianos más inflexibles reconocen que gran parte de la moral cotidiana y de nuestro modo de entender los dictados de la naturaleza se debe a la razón, no a la revelación o a la fe, pero atribuir esa moralidad a un pueblo que ni siquiera era cristiano, al que los europeos consideraban tan «ateo como Spinoza», resultaba ultrajante; en especial para los conservadores teólogos pietistas que dominaban de un modo efectivo la Universidad de Halle. Para empeorarlo todo, Wolff, al contrario que los teólogos, estaba muy bien visto por los estudiantes, a los que no ocultaba su desdén hacia la santurronería de sus colegas.

El 12 de julio de 1721 dio una conferencia pública, «Sobre la filosofía práctica de los chinos», ante un auditorio de más de mil personas formado por los profesores y los alumnos de la universidad al completo. China, afirmó con entusiasmo, gozaba de la mayor continuidad histórica conocida entre los pueblos de la tierra. Los chinos habían inventado un sistema de «filosofía práctica» basado en la razón y la naturaleza, que les enseñó los fundamentos de la virtud y el deber, sin necesidad de creer en divinidad alguna[2]. Aunque Wolff insistía en que esto no entraba en contradicción con la doctrina cristiana porque el pensamiento chino era práctico y filosófico, no teológico, sus enemigos, en particular el teólogo Joachim Lange, lo denunciaron por impiedad.

A Leibniz no le había perjudicado su abierta y potencialmente escandalosa comparación entre los virtuosos chinos y los cristianos, belicosos y carentes de principios, porque Hannover, donde vivió desde 1676 hasta su muerte, era un Estado relativamente tolerante y, sobre todo, porque a él, que había sido corresponsal y asesor de la electora Sofía de Hannover, de su hermana Sofía Carlota y de la reina de Prusia, y era consejero privado de Justicia, se le permitía la libertad de expresión que se le negaba a un simple profesor. En el vecino estado de Brandemburgo-Prusia, Wolff no tenía tanta suerte. Después de varios años de repetidas calumnias sobre su condición de ateo y «espinosista» y de una serie infinita de panfletos difamatorios que no consiguieron hacerle mudar de opinión, los teólogos acabaron por acudir directamente al rey y le insinuaron que si se aceptaban los argumentos de Wolff, los soldados se negarían a obedecer a sus oficiales cada vez que la orden entrara en conflicto con su conciencia. Federico Guillermo I –el «rey-soldado»– era un monarca nervioso y profundamente conservador que se asustaba con facilidad de cualquier cosa que pareciera un ataque al orden establecido y, en consecuencia, a él mismo. El 8 de noviembre de 1723, mediante un edicto real secreto, se destituyó a Wolff de su puesto y se le dieron cuarenta y ocho horas para abandonar el territorio de Prusia, «bajo pena de muerte por estrangulación»[3].

El trato recibido por Wolff provocó uno de los escándalos intelectuales más calurosamente debatidos del siglo, tanto que hacia 1737 ya habían aparecido más de doscientos libros y panfletos a su favor o en su contra. «Este Wolff –decía Voltaire, añadiendo su granito de sal a la historia– atrajo a Halle a miles de estudiantes de todas las naciones. En la misma universidad había un teólogo llamado Lange que no atrajo a ninguno». Desesperado, «temblando ante un frío auditorio», Lange conspiraba para desembarazarse de Wolff y, «como era costumbre entre sus iguales, le acusaba de no creer en Dios». Dado que muchos escritores europeos que desconocían por completo China hablaban del ateísmo chino, y puesto que Wolff tenía en mucho a los filósofos de aquel país, Lange se las compuso para convencer a las autoridades universitarias de que Wolff no podía ser otra cosa que un «ateo». «La envidia y el odio –concluía Voltaire irónicamente– nunca producen los mejores silogismos». El despido de Wolff, decía Voltaire, había privado al rey «de trescientos mil *ecus* al año que la influencia de ese filósofo aportaba al reino», cosa que, esperaba, enseñaría a los reyes que de allí en adelante no siempre debían «prestar oídos a las calumnias, ni sacrificar a un gran hombre por la furia de un tonto»[4].

Wolff se mantuvo firme entre los «panegiristas de China», pero, como muchos, entre ellos Leibniz, a quien él seguía de cerca, estaba menos interesado en la cultura china que en la posibilidad de fundar una moralidad universal, cuya autoridad no se basara en escrituras o mandatos divinos, sino en una humanidad común. Fue esto y no su prolija alabanza de Confucio lo que facilitó a Lange el argumento de que para Wolff ningún ser humano, ni siquiera un soldado, se veía en la obligación de obedecer leyes contrarias al bien común de la especie. Seguramente Lange era un beato frustrado y resentido, pero los oponentes más avisados de Wolff percibieron que él, en mayor medida que cualquiera de sus predecesores alemanes, había sentado las bases para la definitiva desaparición de la intervención divina en los asuntos humanos[5]. La demostración exhaustiva se hallaba en el enorme tratado de ocho volúmenes, escrito en latín, sobre el derecho natural, *Ius naturae methodo scientifica pertractatum*, publicado de 1740 a 1748, seguido en 1759 de otro volumen sobre el derecho de gentes, *Ius gentium methodo scientifica pertractatum*. En ambos tratados Wolff ofrecía lo que, a su parecer, era un proyecto absolutamente científico de una ley capaz de vincular a todos los seres humanos «que acepten como verdad solo aquello que se infiere como una consecuencia necesaria de las conclusiones previas». Su método, afirmaba, no requería otra cosa que «la verdad sin disfraces ni artificios pueriles».

Alusión expresa a la «masa de juristas» que, según él, procedían hacia atrás desde sus «opiniones preconcebidas» hasta las razones que los habían conducido a las primeras[6]; aunque pudo estar igualmente destinada a los teólogos.

Wolff coincidía con Hobbes, igual que Grocio y Pufendorf, en que los estados eran necesariamente creaciones humanas, y en que dentro del orden internacional vigente se relacionaban entre sí como «personas individuales libres que viven en estado de naturaleza»[7], pero disentía con los tres en que el contrato original entre los individuos aislados que llevó a la formación de la sociedad civil hubiera arrasado con los vínculos primitivos que antes habían mantenido unida a la humanidad. Criticaba a Hobbes por lo mismo que Leibniz –a quien debía mucho–, pues, para él, sin los lazos de afectividad, sin la «simpatía» que de un modo u otro todos los autores de la Ilustración consideraban el elemento imprescindible en cualquier forma de vínculo social, los individuos no habrían podido de ninguna manera formar sociedades. En la política, como en la ética, insistía Wolff, tenemos la obligación de ver a los demás «como si fueran una persona con nosotros», y es así porque de ello depende nuestra propia supervivencia[8]. Según Wolff, las ideas de Hobbes sobre los orígenes de la sociedad eran tan absurdamente limitadas que más parecían una sátira de la condición humana. La formación de las naciones, si bien eran un puro acto de voluntad humana (en esto al menos Hobbes no se equivocaba), tenían que responder a un instinto natural, puesto que no existía ninguna otra cosa que las fundamentara. Por tanto, la relación de las naciones entre sí debía responder a los mismos lazos de afecto y a las mismas obligaciones morales –con el mismo grado de benevolencia– que existieron alguna vez entre los individuos. Si todos tratáramos a los demás «como si fueran una persona con nosotros... toda nación debería a las demás lo que se debe a sí misma». Partiendo de ahí, argumentaba que «la sociedad –que la naturaleza ha establecido entre los individuos– existe aún entre las naciones; en consecuencia, si los estados se han creado de acuerdo con la ley natural y las naciones han surgido debido a ello, habrá que concluir que la naturaleza ha establecido la asociación entre las naciones y las ha vinculado para preservar la sociedad»[9]. De ser así, resultaría absurdo suponer con Hobbes (y con Rousseau) que la salida de la humanidad del estado de naturaleza y la creación de las «sociedades concretas» acabó con «la gran sociedad que la naturaleza ha establecido entre los hombres». Pues, «así como en un cuerpo humano cada uno de los órganos continúa siendo un órgano de la totalidad aunque algunos de ellos juntos den lugar a un tercero, los hombres individuales no dejan de ser miembros de la gran sociedad que forma la totalidad del género humano porque algunos se hayan unido para crear una sociedad concreta».

Si aceptamos la verdad de esta analogía (bastante forzada), se seguirá de ello que, así como las comunidades individuales son capaces de constituirse en estados, la humanidad en su conjunto poseerá igualmente la capacidad de constituirse en algo que cuando menos se asemeje a un Estado. Hasta cierto punto, estamos ante una continuación del ideal estoico que Cicerón había denominado «república del mundo»; y Leibniz, «la gran sociedad», una colectividad intangible de personas unidas exclusivamente por la razón y por una humanidad común. Pero Wolff introdujo un proyecto mucho más ambicioso para lo que llamó *civitas maxima* o «Estado Supremo»: una sociedad o comunidad de naciones basada en el consenso de todas las personas en todas partes, «como si hubieran firmado un contrato», al modo en que, se creía, habían actuado los fundadores de las primeras sociedades civilizadas. Semejante contrato, aunque ciertamente imaginario, constituía al menos un vínculo moral. Se basaba, igual que Hobbes entendía que ocurrió con los primeros acuerdos entre individuos, en una «suerte de gobierno democrático» emanado de la voluntad de la mayoría. Cabe decir que era la manifestación política de lo que Wolff había denominado en otro lugar «la armonía de las partes»[10]. Wolff no nos dice cuál sería la forma constitucional de este megaestado, aunque lo dota de un gobernante –o «rector»– cuyo cometido consistiría en imponer «lo que las naciones deban considerar ley entre ellas».

Esto plantea a Wolff el problema que debieron afrontar todos los aspirantes a legisladores internacionales de los siglos XVI y XVII. Obviamente resultaba imposible consultar al mundo de un modo directo qué era lo que sus pueblos debían considerar «leyes entre ellos»; por tanto, alguien tendría que decidirlo. Wolff se acogió de nuevo a la idea de que tales leyes son las que todas las naciones «se ven obligadas a convenir si, conforme al liderazgo de la naturaleza, emplean la recta razón», cosa que en la práctica solo puede ser igual «a lo que han aprobado las naciones más civilizadas»[11]. Enfrentado a un problema similar, Grocio había empleado un argumento similar. El problema consistía en no saber de qué naciones se trataba y qué significaba en ese contexto el adjetivo «civilizado». «¿Quién determina que una nación es civilizada o bárbara?», se preguntaba en 1705 el jurista y filósofo ecléctico alemán Christian Thomasius:

Pues todos los pueblos son iguales entre sí, y este último término [civilizado] tiene su origen en la arrogancia de los griegos y los romanos, así como entre las naciones que los imitan y desprecian neciamente a las demás. Las costumbres de las naciones llamadas civilizadas son a veces más crueles que las costumbres de las bárbaras, como se ve por el trato que da a los protestantes un príncipe católico[12].

(La última observación alude a la revocación del Edicto de Nantes). Si algo pretendían evitar Wolff y, consecuentemente, todos los abogados del cosmopolitismo legal del siglo XVIII, era la conclusión a la que llegó en 1795 Robert Ward, historiador inglés del derecho de las naciones: «Esperamos demasiado cuando sostenemos la *universalidad* de los deberes recogidos en los códigos legales de las naciones... por muy deseable que la universalidad nos parezca». Al modo de muchos juristas internacionales posteriores, había acabado creyendo que «lo que solemos llamar derecho de las naciones... no lo es de todas ellas, sino solo de un tipo determinado de nación; por tanto, tendrá que haber *diferentes* derechos de las naciones en las *diferentes* partes del mundo»[13]. Un pluralismo impensable para Wolff, como antes para Grocio y Pufendorf. En la medida en que el derecho de las naciones se vinculaba a la ley natural y resultaba universalmente aplicable, su contenido habría de hallarse en la práctica actual de los estados actuales. Pero en tal caso, aquellas «naciones más civilizadas» cuyas leyes se consideraban el modelo para otras no podían ser más que las naciones europeas. Entonces, ¿cómo llamarlas universales? Un dilema que iba a obsesionar en adelante a todo el que quisiera imaginar una «cosmópolis» futura.

El «Estado Supremo», como Wolff se apresuró a admitir, era una «ficción» desde el punto de vista legal. La víctima del impresionable «rey soldado» no podía imaginar que una institución tan ecuménica como un Estado mundial surgiera de los facciosos y pendencieros estados europeos tal cual eran en la segunda mitad del siglo XVIII; no digamos la posibilidad de que incluyera, como habría exigido la *civitas maxima*, el Imperio Otomano, China y la India del Imperio Mogol, así como los otros miles de naciones «bárbaras» y «civilizadas» del mundo. La construcción de un Estado auténticamente universal –adoptara la forma que adoptara– habría requerido la actuación humana y la buena voluntad que faltaba en muchos individuos, especialmente en los que tenían poder. La *civitas maxima,* igual que el estado de naturaleza de Rousseau, jamás había existido y, con toda probabilidad, jamás existiría, dada la incoherencia de los seres humanos y las pasiones predominantes en su voluntad. La cuestión era si podía existir aunque solo fuera en la mente del filósofo, el cual brindaba al lector recursos para saber qué hacer si se pretendía lograr algo –obvia y necesariamente imperfecto– que reflejara al menos unos impulsos humanos supuestamente universales.

El tratado de Wolff, al contrario que su llamativa expulsión de Halle, justo es decirlo, no despertó un gran interés fuera del mundo académico. A mediados del siglo XVIII su filosofía, «dogmática, no crítica», según Kant, se consideraba anticuada y polvorienta[14]. Sin embargo, el diplomático suizo Emer de Vattel, destinado a ejercer una influencia considerable en el desarrollo de la posterior forma de entender el derecho internacional y las relaciones internacionales, estuvo entre los que le leyeron con atención[15]. Vattel había nacido en 1714 en Neuchâtel, una parte anómala de la confederación suiza, país, según él, «donde la libertad es alma, tesoro y ley fundamental». Antes de 1757 había desarrollado una carrera peripatética y no especialmente distinguida, llena de pobreza, mala salud y promesas incumplidas por parte de los poderosos. Como Wolff, comenzó siguiendo a Pufendorf y a Leibniz, al que defendió con prolijidad de las acusaciones de ateísmo en una de sus primeras obras. Desde 1743 hasta 1757, mientras ponía alguna desconocida aptitud al servicio del elector Federico Augusto II de Sajonia, estudiaba a Wolff y escribía disertaciones sobre la función del derecho natural, algunos poemas de escasa calidad y, significativamente, una serie de diálogos poco inspirados entre Diógenes, Alejandro Magno y Marco Aurelio, y entre Enrique IV de Francia y el duque de Sully, autor hacia 1640 del titulado *Gran Proyecto*, el primero de una Europa federal unida, que, reordenando el equilibrio de las potencias del momento, diera vida a una «República muy cristiana», para con ello proporcionar una paz perpetua al continente[16]. En 1755 Vattel escribió también una revisión del *Discurso sobre el origen de la desigualdad,* de Rousseau, cuya visión de los hombres preciviles como individuos aislados carentes de toda inclinación natural a la sociabilidad le parecía sencillamente increíble. ¿Podía la naturaleza no hacer sociables a los hombres si –decía, evocando a Aristóteles– había hecho sociables «a los topos, las abejas, las hormigas y otros animales»?[17].

En 1757 publicó en Neuchâtel (aunque en la portada consta «Londres, 1758») el libro que iba a proporcionarle fama no solo en Europa: *Derecho de gentes o principios de la ley natural aplicados a la conducta y a los asuntos de las naciones y de los soberanos,* y que había de asegurarle un puesto de miembro del Consejo Privado de Sajonia y la jefatura de los consejeros del elector en materia de asuntos exteriores. Traducido al inglés en 1760, se convirtió en el libro de texto oficial del derecho internacional en casi toda Europa; lo leyeron Jefferson, Washington y Benjamin Franklin, que en diciembre de 1775, al agradecer a Charles William Frederic Dumas el ejemplar que le había enviado, destacaba que «nos ha llegado a tiempo, cuando las circunstancias de un Estado naciente hacen necesario consultar con frecuencia el derecho de gentes»[18].

Vattel comenzó por sintetizar los hallazgos de Wolff a propósito del derecho natural y a extraer de ellos lo que podía ser un progreso para el sistema de Grocio y de Pufendorf, que él consideraba revolucionario aunque todavía muy imperfecto. Buscaba «un derecho natural de las naciones», de modo que al oír que Wolff había escrito una relación definitiva del derecho de gentes supo que allí encontraría lo que buscaba; así pues, «esperé con impaciencia la obra del señor Wolff». En cambio, cuando al fin llegó el *Ius gentium methodo scientifica pertractatum* se sintió decepcionado y se quejó de que no solo dependía de «los dieciséis o diecisiete volúmenes en cuarto que lo precedían», sino que estaba escrito «a la manera de las obras de geometría y hasta con su método formal», lo cual lo convertía no solo en un libro «árido y en muchos aspectos incompleto», sino también «casi inútil para aquellas personas que tienen por más importante y más deseable el conocimiento y la afición por los auténticos principios del derecho de gentes»; es decir, los diplomáticos como él mismo[19].

De los principales aspectos de la argumentación de Wolff, el que menos le satisfizo fue precisamente el concepto de «Estado Supremo». Vattel aducía que los orígenes de la *civitas maxima* no podía estar en una ley natural, dado que, con la excepción de los teólogos, ya se aceptaba universalmente que las sociedades humanas eran creaciones puramente artificiales; lo que él mismo llamaba «vínculos de la sociedad universal que la naturaleza ha establecido entre los hombres» se basaba «solo en aquello que es característico de la humanidad» *qua* especie. Por tanto, esos vínculos no podían relacionarse en ningún sentido con una forma concreta de orden social. Es cierto que la naturaleza nos obliga a reconocer a otros cuando los encontramos, por ejemplo, en alta mar, y a cumplir con las leyes de la hospitalidad, pero no podría constituir una *«civitas»*, un Estado, a no ser que este se hallara también vinculado por un cuerpo de leyes comúnmente aceptado o por algo semejante a un lenguaje común, cosas que ciertamente no existen fuera de la sociedad civil. Pero la característica más sobresaliente de la «sociedad universal que la naturaleza ha establecido entre los hombres» era, una vez más, el instinto y el deber de ayudarse, aquella simpatía o *pitié* que tantos filósofos de la Ilustración habían juzgado la única definición perdurable de género humano. Vattel creía que esto, sumado al correspondiente instinto de comunicarse, llevaría finalmente a todas las naciones del mundo a unirse no en un «Estado Supremo», sino en una especie de orden mundial cosmopolita.

La propia lectura extensiva que hizo Vattel del prolongado debate a propósito del estado de naturaleza, así como las pruebas recogidas en distintas partes del mundo, indicaban que los seres humanos se habían hecho agresivos, hostiles y desconfiados después de reunirse en naciones. (En esto al menos coincidía con Rousseau). No fue el miedo ni la infatigable búsqueda de poder, como pretendía Hobbes, sino la sociabilidad natural lo que los movió a unirse en sociedades civiles; y la necesidad poco a poco los indujo a la formación de naciones. No obstante, las naciones estuvieron desde el principio en lucha permanente unas contra otras. Podría deducir-se, pues, que Rousseau llevaba razón al decir que los hombres habían perdido los lazos sentimentales que los definen como individuos en el proceso de formación de las naciones. Pero Wolff no estaba de acuerdo. La situación de beligerancia y de conflicto incesante que definía a las naciones del momento solo podía considerarse inhumana y antinatural. De ser así, ¿qué hacer para despertar la natural afinidad que sentimos unos con otros hasta unir de algún modo, por impreciso que fuera, a los pueblos del mundo, sin necesidad de que los indi-viduos regresaran al estado de naturaleza (cosa imposible, como reconocía hasta el propio Rousseau) o renunciaran a sus vínculos nacionales? La respuesta más sencilla, de nuevo, era el comercio. Vattel veía en el comercio, igual que la mayo-ría de los pensadores de la Ilustración, el estadio final del pro-ceso civilizador y el único medio eficaz de refinar las relacio-nes humanas[20].

Pero había más. Las naciones, una vez que empezaban a comerciar entre sí, no solo se hacían más educadas, más civili-zadas y menos beligerantes, sino que inevitablemente, al mar-gen de lo que pensaran unas de otras, se hacían mutuamente dependientes. Como observaba Montesquieu (a quien Vattel leyó también con atención), el fenómeno ya había tenido lu-gar en Europa, que, gracias al comercio, se había convertido «en una nación formada por muchas». Francia y Gran Breta-ña dependían de la «opulencia de Polonia y Moscovia» de un modo muy parecido al que hacía depender unas de otras a las provincias de un mismo Estado. Para Vattel, gracias al comer-cio y a una diplomacia eficaz, Europa había llegado a ser «una especie de república cuyos miembros independientes están unidos por intereses comunes». Y lo que cabía aplicar a Europa se podría aplicar algún día al mundo entero[21]. Se trataba de un proceso irreversible comenzado con los dos «mayores y más importantes» acontecimientos de la historia humana: el descubrimiento de América y el de la ruta marítima a la India. Inexorablemente, el mundo estaba cada día más comunicado, hasta que en la segunda mitad del siglo XVIII ninguna parte de la tierra podía quedar por mucho tiempo apartada del resto de los habitantes del planeta. En cambio, ese mundo globalizado carecía de algo parecido a un único cuerpo de leyes que le proporcionara algún grado de cohesión política. La búsqueda emprendida por Vattel y Wolff de un conjunto de premisas con base científica para un derecho universal que permitiera a los seres humanos racionales y razonables llegar a un acuerdo, con independencia de su fe religiosa y su lealtad nacional, fue una continuación y una revisión constante del proyecto comenzado por Pufendorf en 1672. Y fue también la manifestación final de la «ciencia del hombre» ilustrada.

Animado por la visión de un mundo de estados comerciales pacíficamente competitivos, Vattel se lanzó a un entusiasta apoyo a la moderna cosmópolis del futuro. En alguna fecha desconocida del porvenir, escribió:

Las naciones del mundo compartirán sus mercancías y su Ilustración *(lumières)*. Una paz absoluta reinará sobre la tierra y la enriquecerá de valiosos frutos. La industria, las ciencias y las artes se ocuparán de nuestro bienestar y de nuestras necesidades. No se recurrirá a los medios violentos para resolver las diferencias que puedan surgir. Todas se solucionarán con moderación, justicia y equidad. El mundo parecerá una gran república. Los hombres vivirán en todas partes como hermanos y todos podrán ser ciudadanos del universo[22].

El problema surgía porque, como hemos visto, el comercio se consideraba la etapa final de la evolución social del hombre. Si el comercio –por muy ampliamente que se entendiera– era el medio de unir a los pueblos del mundo, el «Estado Supremo» de Wolff solo sería realizable en un mundo cuyos pueblos disfrutaran de un nivel de civilización muy parecido. Solo cuando «la voz de la naturaleza» hubiera alcanzado a «todos los pueblos civilizados», estos se convencerían por fin de que todos los hombres son hermanos, y solo entonces, cuando «lleguen esos tiempos dichosos, adoptarán esa actitud»[23]. Hasta la llegada de ese tiempo feliz, la cosmópolis moderna no dejaría de ser una ilusión constantemente frustrada por los intereses y las pasiones humanas.

La imagen vatteliana de un orden universal y armonioso, mantenido por los lazos del comercio, ejercería una influencia considerable en los posteriores intentos de vislumbrar un futuro en el que la idea de comunidad mundial acabara imponiéndose a los intereses estrechos y sectarios de los estados particulares. Wolff y Vattel no eran los únicos que sentían la necesidad de una visión ecuménica, capaz de superar los límites de la lenta evolución de los estados nacionales y de consolidar las lecciones ya aprendidas a raíz de la enorme expansión del comercio mundial durante el siglo XVII, cosas ambas que pondrían un límite voluntario a las fuerzas destructivas propias de los estados.

2

El cosmopolitismo no se limitaba a ser un medio de hacer más satisfactoria la vida humana. Era y sigue siendo tal vez el único modo de convencer a los seres humanos de vivir en armonía unos con otros o, dicho de otro modo, de dejar de matarse. Pues, si como querían los estoicos, el amor vinculaba a los seres humanos a su familia, a su patria y, en última instancia, a la humanidad, no era menos cierto, como quería Hobbes, que el odio o, en el mejor de los casos, la desconfianza y el miedo separaban a unas naciones de otras. La esperanza, el deseo de acabar algún día con las guerras, era un antiguo deseo de todos los pacifistas desde que una de las religiones más doctrinalmente pacífica se había adueñado paradójicamente de una de las más extraordinarias máquinas de guerra, la del Imperio Romano, en el siglo II d. C. Sin embargo, pocos pacifistas cristianos estaban dispuestos a predicar con el humanista holandés Desiderio Erasmo que «la guerra no es parte necesaria ni del orden natural ni del divino». Para la inmensa mayoría, la guerra era una consecuencia del pecado, de la desobediencia de Adán, por tanto, si no deseable, sí inevitable. Podía mantenerse a raya, era razonable limitarla a la aparentemente perpetua lucha contra el islam, pero la paz universal solo descendería sobre la tierra con la segunda llegada de Cristo y el fin del mundo. Por el contrario, las iniciativas cosmopolitas para traer la paz a la tierra, tan abundantes en el siglo XVIII, fueron absolutamente laicas. Algunas, no obstante, sostenían que la guerra, si no un castigo por el pecado, era consecuencia de la depravación moral, por tanto solo se erradicaría cuando los seres humanos aprendieran a vivir una auténtica vida moral, lo que significaba auténticamente colaboradora. No abrigaban muchas dudas de lograrlo con tiempo y voluntad suficientes. En algún momento del siglo XVII se hizo posible por vez primera pensar con seriedad que algún día la humanidad podría vivir no ya en una situación de agresividad reducida, sino en una «paz perpetua». En 1888, Henry

Sumner Maine, revisando los dos siglos de derecho internacional y muchos más de guerras internacionales, afirmaba que «la guerra parece tan antigua como la humanidad, pero la paz es un invento moderno»[24].

Con todo, sería inexacto calificar de «pacifistas» a la mayoría de los defensores de la paz mundial en el siglo XVIII, pues no veían necesariamente un mal en el conflicto. Por otra parte, creían que en determinadas condiciones la guerra estaba justificada, aunque creían también en la posibilidad de eliminar los conflictos humanos mediante el acuerdo mutuo. Hubo un gran número de propuestas para conseguirlo, algunas poco prácticas y muchas visionarias sin remedio. Una de las primeras, el *Nuevo Cineo,* de Eméric Crucé, planteaba en 1640 un congreso permanente para la paz que debía tener lugar en Venecia, un lugar muy indicado por su condición de puente geográfico y cultural entre el cristianismo y el islam, los dos bloques en guerra a comienzos de la Edad Moderna. Todas las naciones del mundo estarían representadas, incluidos los otomanos. Presidiría el Papa, y el Sultán sería su delegado. Habría una moneda común y libertad de comercio; una especie de primer boceto, como muchos han visto, de la Unión Europea, ampliada hacia el este para incluir al más antiguo y todavía a mediados del siglo XVII el más letal de los enemigos de Europa. Otras propuestas iban de lo pragmático, si bien improbable, hasta lo fantástico. Entre ellas, la de William Penn, *Ensayo sobre la paz presente y futura de Europa,* de 1693; la *Declaración para una paz duradera en Europa,* del «Antiguo Pretendiente» (conocido por sus seguidores como Jacobo III de Inglaterra y VIII de Escocia), de 1722; la «Paz Perpetua» de Voltaire (que ya hemos visto); el *Esquema de una «Dieta perpetua» para establecer la tranquilidad públi-*

ca, de 1736 (más bien una propuesta para conquistar el Imperio Otomano), de Giulio Alberoni, avispado escalador social y cardenal al servicio de Felipe V de España; el *Proyecto de una paz perpetua entre los soberanos de Europa y sus vecinos,* escrito por el antiguo galeote, Pierre-André Gargaz, que impresionó tanto a Benjamin Franklin que en 1782 lo editó en la imprenta que había montado en su finca de Plassy, a las afueras de París; y *Un proyecto de paz universal y perpetua,* que Jeremy Bentham escribió en 1789, donde se proponía la disolución de los imperios europeos de ultramar y se denunciaban los «ataques al sentido común» y «las chapuceras imitaciones de los miserables originales [grecorromanos]»[25].

Hubo una especialmente extravagante. En junio de 1790, Jean-Baptiste de Val-de-Grâce, barón de Cloots, rico prusiano que se apodaba a sí mismo «Anarcarsis», por el nombre de un legendario príncipe escita, y conocido un poco en broma durante la Revolución Francesa por el «orador de la humanidad» y el «ciudadano de la humanidad», se presentó en la Asamblea Nacional a la cabeza de una delegación de treinta y seis extranjeros que había reunido para la ocasión. Los integrantes de aquella cuadrilla multicolor eran, según él, representantes del género humano (aunque la mayoría tenía un aspecto sospechosamente europeo) que habían suscrito los artículos recogidos en la «Declaración de los Derechos del Hombre y del Ciudadano» de 1789. Elegido para la Convención Nacional, gastó parte de su considerable fortuna en equipar al ejército francés, llegó a presidente del Comité de Asuntos Exteriores y en noviembre de 1793 resultó elegido presidente del Club Jacobino. Pero, a pesar de su respaldo a la ejecución de Luis XVI (le parecía una buena idea ejecutar también al rey de Prusia) y su defensa de lo que denominaba «un terror saludable», él, como tantos ardientes revolucionarios, acabó chocando con Robespierre y el Comité de Salud Pública. Murió en la guillotina en marzo de 1794, después de hacer una reverencia en todas direcciones para presentar sus últimos respetos a la humanidad dondequiera que esta se hallara. Paradójicamente, uno de los delitos de Cloots fue su lucha sin cuartel contra la Iglesia, que hasta el mismísimo Robespierre juzgaba extremada. Pero el más grave, a los ojos de Robespierre, era su cosmopolitismo; comenzado por el dudoso planteamiento de que era «más fácil ser justo para un Estado grande que para uno pequeño» o de que un mundo con una pluralidad de estados estaba condenado a permanecer para siempre en estado de naturaleza. Cloots elaboró un plan para lo que llamaba la «República Total del Hombre», en la que todos los miembros estaban comprometidos con la «Ley de Derechos Humanos», aunque disfrutaban de autonomía cultural. Los límites de aquella república eran imprecisos, pero sin duda debía tener la extensión del «Estado antes llamado Francia, que ahora se rebautizará con el nombre de *República Universal*». Su capital estaría en París, «metrópoli del mundo gracias a la paz», como antes lo había sido Roma gracias a la guerra. No obstante, declaraba: «Solicito la supresión del nombre francés... Todos los humanos deben pertenecer a la misma república universal, pero no todos los pueblos desean ser franceses». (No hace falta decir que a Robespierre esto último le pareció inadmisible)[26].

La propuesta de Cloots tropezó con el mismo problema que se les había planteado a tantos proyectos parecidos: por mucho que dijera que los franceses dejarían de llamarse así, el suyo parecía más el anteproyecto de un imperio universal regido por una sola nación que la «República Total del Hombre». Uniría el mundo entero y traería la paz, pero solo a expensas de los que no deseaban verse absorbidos por una «República Universal» dirigida por Francia. Sin embargo, Cloots pensaba que aquella pobre gente había sufrido tanto bajo el yugo de sus tiránicos gobernantes que ya no distinguían cuáles eran sus intereses. Así pues, los rebautizados franceses debían asumir la tarea de ilustrarlos. El plan de Cloots cayó junto con su cabeza, pero fue recogido tanto en el sentido ideológico como en el práctico por Napoleón, que probablemente jamás leyó nada suyo.

Muchos de estos proyectos deben algo más que su título a la ingente y voluminosa obra de Charles-Irénée Castel, abate de St. Pierre, *Proyecto para establecer una paz perpetua en Europa*, escrita en 1713, cuya influencia, tenue pero perceptible, se ha mantenido a lo largo de los siglos gracias al pionero del socialismo, Henri de Saint-Simon, y a Jean Monnet, fundador de la Unión Europea del Carbón y el Acero en 1950 y, en consecuencia, de la Unión Europea, expresión que, según parece, St. Pierre empleó antes que nadie. St. Pierre fue también en muchos aspectos un hombre singular y visionario. Diplomático y negociador del Tratado de Utrecht en 1712-1713 y destituido de la Academia Francesa en 1718 por criticar el gobierno de su patrón, Luis XIV, desarrolló un sistema progresivo de impuestos –prácticamente impensable a comienzos del siglo XVIII– y de educación libre tanto para los hombres como para las mujeres[27]. Su *Proyecto* imaginaba una futura federación europea unida por los efectos beneficiosos del comercio y por un «tratado de Unión Europea», que, al contrario que los estados particulares, regidos por un soberano, estaría gobernada por un consejo o dieta, en la que se sentarían los príncipes de cada Estado miembro. St. Pierre pensaba que su idea desterraría las guerras en el continente, llevaría la mayor de las felicidades al mayor número de personas y, finalmente, demostraría a los príncipes que sus verdaderos intereses no estaban en el conflicto, sino en lo que él denominaba la *bienfaisance* o la «beneficencia» (otro término que, según parece, fue el primero en utilizar), una actitud que debemos a los demás y que es, de nuevo, una manifestación de la «simpatía» que supuestamente sienten los individuos unos por otros. Asimismo, estaba convencido de que la Unión pondría fin a lo que Hume llamaba «la desconfianza del comercio», esa «opinión mezquina y maligna» que lleva a todos los estados que han hecho «algunos avances en el comercio... a mirar el progreso de sus vecinos con ojos de sospecha, a considerar rivales a todas las naciones comerciales y a suponer que estas no pueden desarrollarse si no es a sus expensas»[28]. Con la Unión, el comercio sería por fin «universal, libre, igual, seguro y perpetuo entre las naciones».

St. Pierre esperaba que algún día pudiera extenderse a Asia, África y América, aunque sabía que en su época una propuesta de ese género parecería absurda e irreal. Aun sin abarcar el mundo entero, el *Proyecto* recibió las burlas de la mayoría de sus lectores. Voltaire lo desdeñó por parecerle «una quimera que no podría realizarse más entre príncipes que entre elefantes y rinocerontes o lobos y perros»[29]. Leibniz, irónico como siempre, decía que le recordaba el «emblema de un cementerio que dijera: *Pax perpetua*, para que los muertos dejaran de pelearse, pero los vivos tienen otra disposición y los más poderosos no respetan en absoluto los tribunales»[30]. No obstante, su influencia y su difusión se pueden valorar por el hecho de que incomodara tanto a pensadores como Leibniz y Voltaire o como el propio Kant (lo veremos enseguida). Otros muchos proyectos pasaron sin merecer una sola mención[31].

St. Pierre murió en 1743, pero dos decenios después encontró en Rousseau un editor inesperado, si bien algo renuente, y bastante impropio. En 1756 Louise-Marie Dupin de Chenonceau, inteligente y rica *salonnière* –además de pacifista y feminista a su modo–, que había conocido a St. Pierre en su juventud y conocía a Rousseau porque había sido durante una temporada tutor de su hijo, aconsejada por el abate Gabriel Bonnot de Mably, le pidió que compilara una edición de las obras de St. Pierre. Rousseau, que se describía a sí mismo con la característica falsa modestia, aunque no sin acierto, como un hombre «que encontraba el esfuerzo de pensar demasiado tedioso y por eso prefería... clarificar y desempolvar ideas ajenas antes que crear unas propias», aceptó. A pesar de su aversión hacia la mayoría de los sentimientos universales, experimentaba una cierta simpatía por las ambiciones generales de St. Pierre, aunque no exactamente por su *Proyecto*, y esperaba que los manuscritos contuvieran innumerables «tesoros». Por el contrario, cuando examinó la enorme colección que se le había encomendado, no halló más que ejemplares de las obras impresas del abate y «una o dos piezas que no habían visto la luz del sol», junto con varias «obras políticas que solo revelaban ideas superficiales y proyectos útiles pero irrealizables». Concluyó con tristeza que «la elevada opinión» que el abate tenía del «pensamiento moderno le había llevado a adoptar el falso principio de la razón perfectible». St. Pierre era «una honra para su siglo y para su especie», pero había saltado de «error en error en todos sus sistemas, queriendo hacer a los hombres como él, en vez de tomarlos como son y como seguirán siendo». En consecuencia, Rousseau decidió brindar a sus lectores una edición de las obras de St. Pierre, tal y como se le había solicitado, y quizá más tarde, cuando «estas hayan producido su efecto», publicar sus propias reflexiones sobre ellas[32].

Como en el caso de otros proyectos semejantes, la edición de Rousseau quedó en agua de borrajas. No escribió más que un borrador para la introducción, unos cuantos apuntes sugerentes y un extracto del *Proyecto*. Redactó también un breve «Juicio» de la obra, que pretendía ser una demostración de la «utilidad general y particular de la verdad moral»[33]. No obstante, advertía que muchos lo desdeñarían al darse cuenta de que aquel proyecto utópico consistía en «vanas especulaciones». A él mismo no le convencía que una federación pudiera proporcionar la paz (históricamente, observaba, la mayor parte se habían formado con intenciones belicosas). Tampoco creía que el comercio fomentara la armonía y la colaboración; por el contrario, aumentaba las razones para la competencia entre estados y, con ello, los enfrentamientos. Llegó a la conclusión de que la federación de estados propuesta por St. Pierre era un invento de su imaginación excesivamente optimista, que habría requerido una situación en la que «la suma de los intereses particulares no se superpusiera al interés común y... en la que uno hallara en el bien de todos el mayor bien que esperaba para sí mismo»[34]. La única forma posible de realizarlo sería, a su parecer, una revolución. Pero si se diera el caso, «¿quién de nosotros se atrevería a decir si la Liga Europea sería más temida que deseada?»[35].

3

Fue Immanuel Kant quien intentó dar una respuesta al interrogante. A raíz del Tratado de Basilea, de abril de 1795, que acabó con la guerra de la Primera Coalición entre los estados monárquicos de Europa, incluida Prusia y la Francia revolucionaria, por el que se cedía a esta última todo el territorio al oeste del Rin y se permitía que Rusia, Austria y Prusia se repartieran Polonia, Kant elaboró su proyecto personal para acabar con todas las guerras. Lo tituló *Hacia la paz perpetua. Un proyecto filosófico*. En 1795 contaba ya setenta y un años y era admirado en toda Europa. Sus tres grandes críticas, la *Crítica de la razón pura* de 1781, la *Crítica de la razón práctica* de 1788 y la *Crítica del juicio* de 1790, junto con los *Fundamentos de la metafísica de las costumbres* de 1785, habían provocado una «revolución copernicana» en la filosofía, dicho con sus propias palabras. Las obras le hicieron célebre por su dificultad intimidatoria (Herder dijo de la *Crítica de la razón pura* que era un «pensamiento duro de roer», oscurecido además por «su pesada sutileza»), pero también le consagraron como el filósofo europeo más importante y más ambicioso desde Aristóteles.

Aunque detestaba el sufrimiento causado por las guerras y las condiciones en las que, por lo general, se libraban las batallas, y aunque muchas veces las consideraba, con la posible excepción del despotismo, el mayor de los males que afligían a la humanidad y negaba que fueran siempre un medio legítimo de dirimir un enfrentamiento, Kant no puede considerarse un pacifista en el sentido convencional. La guerra había prestado sus servicios en otros momentos y podía continuar prestándolos en el porvenir si se daban unas condiciones determinadas. La guerra había sacado a los hombres de sus hábitats primitivos y los había diseminado por el mundo[36]. Sin las guerras, el ser humano, como los restantes animales, seguiría apiñado en el trocito de tierra del que había surgido. ¿De qué otro modo se explicaba la presencia humana en los asentamientos que rodean el Océano Ártico o los del macizo de Altái o de la Patagonia? La guerra, «por mucha que sea su maldad», motivó «la transición del estado de la naturaleza bruta al estado de la sociedad civil»[37]. En un estadio posterior fue la guerra, todas las guerras, que constituyeron «intentos... no según la intención de los hombres, pero sí según el propósito de la naturaleza», lo que impulsó a los hombres más socializados a establecer relaciones entre los estados y a crear otros nuevos[38]. El hombre es el único animal que «hasta donde puede, procura la destrucción de su propia especie»[39]. Y es la guerra y el temor a la guerra futura lo que exige «incluso de los dirigentes de los estados» un cierto *respeto por la humanidad*. China, que, a causa de su situación geográfica, «no ha tenido un enemigo poderoso al que temer», se ha visto despojada por esa misma razón de «todo rastro de libertad»[40]. Ya lo hemos visto, China era la prueba paradigmática de que el estancamiento constituía el precio de la seguridad. La guerra es un instrumento de lo que Kant llama cultura *(Kultur)*, el obstinado progreso social y moral del género humano, que en definitiva le permite conseguir «todos los objetivos que se proponga». Al fin y al cabo, «los sarracenos, las cruzadas y la conquista de Constantinopla» difundieron «la ciencia, el gusto y el conocimiento por Occidente»[41]. Así pues, «solo cuando la cultura se ha perfeccionado resulta saludable para nosotros una paz duradera, que solo es posible a través de esa cultura»[42].

La guerra, por consiguiente, «puede ser un intento oculto y tal vez intencionado de la sabiduría suprema, si no de establecer, al menos de preparar la legalidad junto con la libertad de los estados y, mediante estas dos cosas, la unidad de un sistema de estados sobre un fundamento moral»[43]. La libertad y el progreso que esta proporciona solo son posibles para el hombre en un estado de ansiedad continua. Sin la guerra, el conjunto de la humanidad continuaría en la situación de los felices pero ineficaces tahitianos, incapaces de ofrecer una explicación satisfactoria de por qué se empeñan en vivir. Al final, la guerra es lo que empuja al hombre inexorablemente y a pesar de sí mismo, siempre que evite la destrucción de la especie, hacia el desarrollo de la «*condición cosmopolita* universal». Para Kant la mera existencia no solucionaba el problema; lo que importaba de verdad era la meta de la existencia humana, la «meta... a la que apunta la naturaleza» y «la matriz en la que se desarrollarán todas las predisposiciones del género humano»[44].

Hacia la paz perpetua es, pues, la contribución a un proyecto inacabado –el propio proyecto de la Ilustración–, que los seres humanos aún no estamos preparados para cumplir, que probablemente no es del todo «saludable» para nosotros, pero que, dada nuestra naturaleza, no podemos negarnos a llevarlo a cabo. De ahí la inseguridad del título de Kant[45]. Se trata de una propuesta, de un simple «bosquejo» que «podría llevarnos hacia» una condición que únicamente podrá lograrse en un tiempo futuro. Tal vez por esa razón está escrito de forma poco comprometida, como una serie de artículos –más unas largas reflexiones del autor sobre el significado de cada uno de ellos– pensados para un hipotético tratado de paz universal. No obstante, es un tratado distinto a los anteriores y, para Kant, el único capaz de asegurar el futuro desarrollo inexorablemente cosmopolita de la raza humana. Sus conclusiones estaban destinadas a ejercer una influencia enorme y muy extensa, que superaría con mucho los confines de la filosofía profesional. Dejó su huella en muchas generaciones posteriores, y aún cabe detectar su presencia no solo en los estudios contemporáneos sobre la gobernación y la justicia a nivel mundial, sino también en la creación de las instituciones universales pensadas para sustentarlas, en la Sociedad de las Naciones, las Naciones Unidas y quizá en la Unión Europea más que en ninguna otra.

Como observaba con acritud St. Pierre, las naciones soberanas de Europa, dada su constitución, no se distinguían mucho de «los reyezuelos africanos, los malhadados caciques o los pequeños soberanos de América». Nada había en ellas que pudiera considerarse «una sociedad suficientemente sólida y permanente». Lo más parecido eran la Federación Suiza y los estados de los Países Bajos. En consecuencia, las restantes naciones se veían continuamente empujadas a la guerra para resolver sus diferencias[46]. Kant estaba de acuerdo. Todos los tratados que comprometían a los estados europeos –incluido el reciente de Basilea– no habían sido más que «una simple tregua, una suspensión de las hostilidades, nunca la *paz*», dado que ninguno de ellos consiguió jamás una situación estable[47]. Tal vez el proyecto de St. Pierre era ilusorio y carecía de valor práctico, pues ese tipo de propuestas siempre habían sido «ridiculizadas por parte de los grandes estadistas y más aún por parte de los gobernantes, que las juzgaban ideas pueriles, de una pedantería escolástica», pero, según Kant, se debía a que St. Pierre había creído que «su ejecución estaba demasiado próxima»[48]. En cambio, su idea básica, la de que la paz perpetua en Europa y otras partes del mundo solo se haría realidad con alguna forma de federación, era indiscutible. Y otro tanto podía decirse de lo que suponía: no la mera solución de un problema, sino una etapa crítica, quizá definitiva, de la historia de la humanidad.

Si los seres humanos debían llegar al convencimiento de crear una federación de este tipo, como en todo lo que era meramente humano, tendrían que deducirlo por sí mismos. Y, conforme al parecer de Kant, deberían empezar por algo distinto al derecho de gentes tal como se entendía en la época. Al igual que Pufendorf, Wolff y Vattel antes que él, Kant veía a las sociedades civiles como «personas morales» que, por su propia naturaleza, al modo de los individuos, no podían tener un dueño. «Pues el Estado, igual que el territorio que ocupa –escribía–, no es una propiedad *(patrimonium)*, sino una sociedad de seres humanos a la que nadie puede mandar y de la que nadie, salvo ella misma, puede disponer»[49]. Pero muchos príncipes de la Europa moderna se empeñaban en actuar como si sus estados fueran un patrimonio privado que pudieran vender, legar o incluso emparentar unos con otros. Para ellos, ir a la guerra era «la cosa más fácil del mundo», porque la guerra «no exigía [del príncipe] el menor sacrificio en lo que afectaba a sus banquetes, sus cacerías, sus palacios placenteros y sus fiestas cortesanas». La guerra equivalía a otra versión de la caza, «una especie de reunión festiva», y Kant, con mucho sarcasmo, añadía que el príncipe puede «dejar tranquilamente la justificación de la guerra, por respeto a la etiqueta, al cuerpo diplomático, siempre dispuesto a proporcionársela»[50]. Parece evidente que jamás cabría esperar de semejantes personas el acuerdo de una paz universal y perpetua.

La humanidad, reflexionaba, había perdido el contacto con el instinto, sin que aún hubiera aprendido a vivir conforme a la ley de la razón[51]. En la situación de su época, todas las naciones del mundo continuaban manteniendo las mismas relaciones, «como salvajes sin leyes», igual que los individuos cuando se hallaban en estado de naturaleza. Por esa razón «se agravian unas a otras solo con vivir cerca unas de otras»[52]. Era una situación bélica (y en esto Kant estaba de acuerdo con Hobbes), «aunque no hubiera una guerra real o una lucha continua», tan alejada de la moral que «ni siquiera puede decirse que un pueblo haya causado agravios a otro»[53]. Los salvajes «prefieren la libertad insensata a la libertad de la razón» y vivirían en eterno estado de conflicto antes de someterse a cualquier tipo de freno legal. Los seres civilizados encuentran con razón en ese comportamiento «tosquedad, barbarie y un brutal envilecimiento de la humanidad». Pero cuando se trata de la relación entre distintas naciones, esos mismos seres civilizados, en vez de «abandonar una condición tan degradante», persisten en extender la guerra por el mundo entero; y eso es así, según la opinión de Kant, porque los gobernantes están convencidos de que su gloria personal reside en «la capacidad de enviar a millares de personas a que se inmolen por una causa que en realidad no les concierne, pero que para ellos no implica el menor riesgo». Aquí, en la «relación sin medidas restrictivas entre las naciones» del mundo, es donde la «depravación» de la naturaleza humana se despliega sin cortapisas y «sin disfraces». En este punto, afirma Kant con cruel sarcasmo, la única diferencia entre los indios americanos y los europeos es que mientras a los primeros «se los han comido sus enemigos», los segundos utilizan a los suyos estratégicamente para aumentar «el número de súbditos y, de ese modo, sus recursos humanos para, sirviéndose de ellos, extender aún más las guerras»[54]. Más económico, quizá, pero mucho menos loable.

Todo aquel que había planteado una solución al problema, Grocio, Pufendorf, Vattel «y los demás», según Kant, un «triste consuelo para la humanidad», había llegado a conclusiones parecidas, pero los remedios que proponían se relacionaban siempre con un derecho internacional común, un «derecho de gentes», que, según Kant, era simplemente «una Idea», y una idea bastante ineficaz, pues no existía un código legal capaz de imponerse en un mundo «cuyos estados no se someten a ninguna imposición externa común». El «derecho de gentes» no solo carecía de fuerza impositiva, sino también de un contenido evidente. «Resulta incluso difícil formarse un concepto del derecho de gentes o pensar en ley alguna en esta situación anárquica... sin caer en contradicciones»[55]. Para Holbach, en su retiro de la rue Royale, resultaba fácil clamar frívolamente que «el derecho de gentes no ha de ser otra cosa que la [ley] moral aplicada a todas las naciones de la tierra»[56], pero nadie, ni siquiera en Europa, sabía decir cuál era el significado del concepto de «moral», ni mucho menos cómo transformarlo en una ley remotamente obligatoria. En el mundo tal cual es (o tal cual era en el siglo XVIII, ya que ahora ha cambiado un poco), el «derecho de gentes», como apuntaba Adam Smith, «se vulneraba con frecuencia sin que el honor del responsable sufriera ningún menoscabo», pues, dado que a los gobernantes no les importaba la opinión de sus propios ciudadanos, tampoco les preocupaba en esta materia[57].

Para Kant, los autores de aquel «triste consuelo» no habían advertido la imposibilidad de instituir una ley entre las naciones mientras estas no abandonaran el estado de naturaleza en el que normalmente se encontraban. A los derechos ya conocidos –el doméstico, el civil y el de gentes–, Kant añadió un tercero de su cosecha, al que denominó con célebre expresión «derecho cosmopolita» *(ius cosmopoliticum* o

Weltbürgerrecht). Sería este, y no el ya desacreditado *ius gentium,* el que iba a gobernar las futuras relaciones entre individuos y estados, puesto que la única alternativa posible a la barbarie desestructurada para todos los estados del mundo era formar «una sociedad de naciones, promulgar una legislación pública, definir una autoridad pública para las prerrogativas nacionales apropiadas y, por tanto, hacer posible la paz universal». Dicho de otro modo, una existencia universal y cosmopolita[58].

Pero la analogía entre el individuo y la nación no iba más allá; lo bueno del gobierno basado en el contrato social en cualquiera de sus formas –el convenio de Hobbes, el contrato de Locke o el pacto de Rousseau– estaba en dar por sentado que los seres humanos podían abandonar por voluntad propia su situación original, carente de leyes, y crear sociedades civiles sin alterar en nada su identidad de individuos; incluso, en la forma más apta (la de Locke), podía comprometer a las dos partes en la medida en que ambas acataran los términos del acuerdo original. Pero de las naciones no podía decirse lo mismo. Los únicos contratos que firmaban los estados eran tratados y documentos de alto el fuego, que Kant denominaba un «pacto de paz» *(pactum pacis),* cosas que acababan «con una guerra concreta... pero no con la situación bélica que ofrecía siempre el pretexto para la próxima»[59]. Si estos arreglos insatisfactorios debían sustituirse por algo más comprometido, si las naciones debían abandonar el estado de naturaleza, primero tendrían que cambiar de un modo radical sus identidades políticas en tanto que naciones. Así pues, los creadores del «triste consuelo» habían indagado en dirección errónea. St. Pierre y Rousseau iban más encaminados, pero hasta el propio Rousseau no supo ver las implicaciones de su crítica al imposible proyecto de St. Pierre, según la cual se necesitaba que los estados tuvieran un tipo de gobierno en el que «la suma de los intereses particulares no superara el interés común». Porque esto planteaba la forma que debía adoptar semejante Estado, un asunto que había inquietado al pensamiento político desde la Antigüedad.

La solución propuesta por Kant fue su célebre «república representativa», que él definía como una sociedad en la que ningún individuo debe someterse a una ley externa –es decir, puramente humana– (lo que Kant denominaba «la ley moral en mi interior» era sin duda otra cosa), como no fuera «aquella a la que tenga la posibilidad de dar mi consentimiento»[60]. A Kant, la idea de que la sociedad había sido literalmente el resultado de un contrato entre el pueblo y su soberano le parecía ni más ni menos que una ficción. Una argumentación de que fue otra cosa debería «empezar probando a través de la historia que alguna nación cuyos derechos y obligaciones han llegado hasta nosotros ha cumplido semejante ley, y nos ha transmitido algún registro auténtico o instrumento legal, oral o escrito, antes de que podamos considerarnos vinculados por una preexistente constitución civil». Y «los salvajes no levantan acta de su sometimiento a la ley»[61]. La excepción serían los Estados Unidos, que poseen un documento semejante en la Declaración de Independencia y en la Constitución, razón por la cual ocupa un puesto sagrado en la imagen que la nación tiene de sí misma, pero no fueron los «salvajes» quienes fundaron los Estados Unidos, un país que en ese momento era el único Estado que, desde los tiempos de la antigua Atenas, se había creado en gran medida *ex nihilo* partiendo de una teoría política o, mejor dicho, de una mezcolanza de teorías políticas. Ninguna nación europea anterior a la

República Francesa de 1792 y a la República Bátava de 1795 se había fundado de ese modo, por tanto no existían cédulas fundadoras de ninguna de ellas. No obstante, la auténtica fuerza del contrato social no residía en su posibilidad histórica, sino en el hecho de ser, con palabras que Kant empleaba frecuentemente, «una mera idea de la razón»:

> aunque tiene una innegable realidad práctica. Literalmente, esta idea obliga a todo legislador a promulgar leyes que *podrían haber surgido* de la voluntad unida de la totalidad del pueblo y atañe a todos los súbditos, en la medida en que aspiran a ser ciudadanos, como si hubieran dado su consentimiento. Pues esta es la piedra de toque de la legitimidad de las leyes públicas[62].

Cabe la posibilidad de que un contrato así no haya existido jamás en ninguna nación, pero podría y debería existir; pues, una vez descartada la idea de Dios como fuente del poder político, no quedaba más autoridad política que la derivada del consentimiento. Los ciudadanos se convertían entonces en «miembros colegisladores de un Estado (no ya medios, sino también fines en sí mismos)»[63]. Y solo la república ofrecía las condiciones que lo hacían posible. Solo una constitución republicana estaba en condiciones de ofrecer «una justicia completa para los derechos del hombre». Para muchos, sin embargo, ese Estado era una fantasía imposible, porque solo los ángeles poseen esas capacidades de colaboración y comprensión mutua. Solo los ángeles son tan *buenos*. Sin embargo, Kant insistía en que su república no tenía nada que ver con la bondad o la maldad del hombre, hasta el punto de que podrían fundarla tanto una «nación de demonios» (siendo esos demonios criaturas racionales y egoístas, como

todos los hombres) como una de seres humanos. No se necesitaba superioridad moral alguna, bastaba con el «mecanismo de la naturaleza», que equilibraría los conflictos que
surgen siempre entre los individuos sin necesidad de erradicar las naturales «energías egoístas» de los humanos[64]. Según
su opinión, solo una república en la que los ciudadanos se
vieran representados por unos u otros medios (que Kant
nunca explica cuáles serían) podría lograrlo. Solo en una sociedad así, el hombre «aun no siendo bueno por sí mismo...
se verá obligado a ser un buen ciudadano». Y era también la
única forma de gobierno que «ofrece la posibilidad de obtener el resultado apetecido; es decir, la Paz Perpetua», pues
solo así los ciudadanos se encuentran en situación de «dar su
libre consentimiento, a través de sus representantes, no solo
para emprender la guerra en general, sino también para cada
declaración concreta de guerra»[65]. Las grandes potencias,
observa, «nunca se avergüenzan por el juicio de las masas,
sino por el de otra potencia». En una república representativa, en cambio, son las masas (o al menos sus representantes)
quienes deciden si se declara o no la guerra, y puesto que su
honor no está en juego, no tienen de qué avergonzarse ante
otras potencias, grandes o pequeñas[66]. Para ellos, ir a la guerra significa inevitablemente «asumir las penurias que supone» y «desbordar el vaso de los problemas», ya que deben
«cargar con la deuda que amarga la paz y nunca puede sal-
darse debido a la inminencia de la guerra siguiente»[67]. Por
tanto, solo estarán de acuerdo en ir a la guerra cuando tengan
la seguridad de que no hay otra solución.

Este sería el verdadero Estado moderno (aunque Kant
nunca lo expresa así), un Estado que prescindía de las arcaicas
culturas militares que habían beneficiado a los gobernantes

autocráticos de siglos anteriores, para los cuales, sugería Bernard Mandeville, el honor y la vergüenza constituían los principales motivos de la guerra[68]. Más aún, puesto que los ciudadanos de una república se responsabilizan necesariamente de su vida, solo la república puede crear las condiciones para la fundación de una civilización auténtica. Solo en una república la humanidad se verá por fin libre de las «andaderas» que la han mantenido en una infancia perpetua desde el principio de la historia. Entonces habría una respuesta a la pregunta de Christian Thomasius: «¿Quién determina si una nación es bárbara o civilizada?». Las naciones civilizadas serían aquellas que decidieran ser «repúblicas representativas»; bárbaras, todas las demás.

El significado que Kant da al término «república» produjo un largo debate posterior. Se le aclamó como padre de la «teoría de la paz democrática», según la cual las democracias no se hacen la guerra unas a otras —supuesto en última instancia infalsable y empíricamente insostenible—, y como precursor del argumento que Woodrow Wilson expresó mejor que nadie al decir que el mundo «ha de hacerse seguro para la democracia»[69]. Sin embargo, Kant insistía en afirmar que su republicanismo representativo *no* debía confundirse con la democracia. Como muchos teóricos de la política, desde Aristóteles hasta James Madison, temía lo que este último denominaba «la pasión o interés común» del *demos,* del pueblo. La auténtica democracia se convierte con facilidad en gobierno del vulgo, una forma de tiranía no muy distinta a la de los tiranos individuales, y a veces incluso peor. «Por eso tales democracias han dado siempre espectáculos de disputas y turbulencias —escribía Madison reflexionando sobre la forma que debía adoptar la constitución de los Estados Unidos—, han sido siempre incompatibles con la seguridad personal y el derecho a la propiedad y, en general, han tenido una vida breve y una muerte violenta»[70]. Kant era incluso más tajante. «La democracia, tomada en el sentido literal de la palabra – escribió– es necesariamente un despotismo, porque establece un poder ejecutivo mediante el cual todos los ciudadanos pueden tomar decisiones que afectan a los individuos, y que, desde luego, pueden perjudicarlos, sin que ellos den su consentimiento». Hasta el «despotismo ilustrado» de Federico II de Prusia sería preferible, puesto que él «solo *decía* ser el principal servidor del Estado», mientras que en una democracia «todo el mundo… pretende ser un gobernante».

Pero no cabe descalificar a Kant como teórico democrático en el sentido que damos hoy al término «democracia», problemático, mal empleado y mal definido (no mucho mejor que lo hizo Madison), pues cuando Kant dice «el sentido literal de la palabra» (Madison decía «democracia pura») se refiere al gobierno de las «denominadas "repúblicas" de la Antigüedad»[71]. Benjamin Constant, lector avisado y crítico de Kant, lo llamaba la «libertad de los antiguos». En 1819 Constant dio una charla hoy muy valorada en el Athénée Royal de París, una institución relacionada con la masonería, en la que distinguió con toda claridad la libertad de los antiguos de su contraparte moderna. Su objetivo, después del Terror y de las Guerras Napoleónicas, era separar la idea de libertad de la idea de virtud política que había inspirado todo el programa político de Rousseau, con el cual Constant se mostraba especialmente mordaz. La libertad de las democracias del mundo antiguo, decía, «consistió en ejercer el poder de un modo directo y colectivo» en todos los aspectos de la vida, públicos y privados, y aquella «libertad colectiva» redundó en el «sometimiento absoluto del individuo a la auto-ridad de la comunidad», de modo que el individuo, si bien «casi siempre soberano en los asuntos públicos, era un escla-vo en sus relaciones privadas». Por el contrario, «la libertad moderna» es fundamentalmente privada y utilitarista y persi-gue el placer. En una república moderna, el pueblo goza de una libertad completa para sus asuntos privados, que le per-mite buscar «el disfrute pacífico de la independencia priva-da», y ejerce la autoridad pública solo indirectamente, a tra-vés de «cierta influencia en la gestión del gobierno, tanto por la elección de todos los funcionarios o de una parte de ellos como por sus representantes o mediante solicitudes y peticio-nes que las autoridades se ven obligadas a atender en mayor o menor medida»[72].

Hablando en términos generales, esta era también la posi-ción de Kant (aunque él no coincidiría en absoluto con Cons-tant en que la mayor pretensión del hombre moderno fuera que le dejaran en paz para buscar su placer privado). Una verdadera república se fundamenta en la libertad de los indi-viduos como tales, en la «dependencia de todos de una legis-lación común» y en la igualdad absoluta ante la ley. El sobera-no actúa en interés de su pueblo, al que representa. La identidad de los representantes es materia de debate, aunque Kant estaba convencido (con una base poco sólida) de que a menos gobernantes mayor representatividad del gobierno[73], pero lo importante no era la forma del gobierno, sino el ori-gen del poder político y el grado de control que podían ejercer los individuos.

Por tanto, la «república representativa» de Kant se parece extraordinariamente a una «democracia liberal» moderna, y, desde luego, no tiene nada que ver con la democracia de Atenas o con la de Rousseau. De las tres formas de gobierno imaginadas en la Antigüedad, que con pequeñas variaciones continúan entre nosotros –monarquía (el gobierno de uno solo), aristocrática (el gobierno de los «mejores») y democracia (el gobierno de la mayoría)–, las «democracias liberales» modernas pertenecen a la segunda, como argumenta el filósofo político francés Bernard Manin[74]. Naturalmente, ya no están dominadas por unas élites basadas en la tierra y el linaje (cosa que ocurría en Europa hasta tiempos muy recientes), aunque solo sea porque la tierra ya no es fuente de riqueza y poder. Y tampoco hay dinastías. Pero las clases políticas reproducen con exactitud lo que Aristóteles habría considerado «los mejores», los más ricos, los más poderosos y (a veces) los más formados. Los que aclamaban a Kant por ser el primero de los liberales modernos y en sostener que la democracia liberal moderna estaba destinada a convertirse en la constitución que todo pueblo ilustrado y civil tendría que adoptar, no se equivocaban mucho[75].

No obstante, la transformación de las monarquías autoritarias y despóticas de finales del siglo XVIII en repúblicas representativas solo era para Kant el primer paso hacia la paz perpetua. Una vez establecidos (Kant no nos dice cómo llevarlo a la práctica), estos estados republicanos recién formados adquirirían la obligación de unirse para crear «una sociedad de un tipo especial que podría denominarse *federación de paz (foedus pacificum)*»[76]. Pues sin lo que llama «conjunto *cosmopolita*», y «dado el obstáculo que representan las ansias de honor y la sed de poder y de riquezas, principalmente entre los que tienen la capacidad de oponerse incluso a la posibilidad de este proyecto», la guerra es y será siempre inevitable[77]. Aunque él no lo dice, solo la transformación que demanda de

todos los pueblos de la tierra en nombre de un cálculo sencillo, evidente y beneficioso resolvería el dilema que plantea el
origen del contenido del derecho de gentes, si tuviera que ser
algo más que un conjunto de leyes concreto observado por un
conjunto concreto de pueblos. La «federación de la paz»,
aunque jamás se crearía por la fuerza, impondría una obligación a todos los pueblos del mundo, civilizados o no. Ciertamente, y puesto que un grupo tan heterogéneo de pueblos no
actuaría de un modo simultáneo, alguna nación tendría que
abrir camino. Ahora bien, una vez que «un pueblo ilustrado
y poderoso se constituyera en república (que por su naturaleza se inclina a la paz perpetua), proporcionaría un centro de
posible unión federativa para otros estados»[78].

No serán las amenazas o las coacciones, sino la imitación
lo que acabará por cambiar las instituciones políticas del
mundo, pues los humanos, si se les da tiempo, estarán en
condiciones de comprobar que es para ellos lo más útil. Poco
a poco, todos los estados del mundo seguirían el ejemplo.
Todos se convertirían en repúblicas y, abandonando su «libertad salvaje y sin ley», «se acostumbrarían a las leyes públicas coercitivas y formarían un estado cada vez mayor de naciones *(civitas gentium)* que acabaría por abarcar a todas las
naciones de la tierra»[79]. Solo dentro de esa «confederación de
pueblos» se conseguiría que los individuos fueran «al mismo
tiempo ciudadanos de una nación y miembros de pleno derecho de la sociedad de ciudadanos del mundo»; y esto, añadía,
«es la idea más sublime que puede concebir un hombre de su
destino». La imagen que tenía delante de los ojos no era un
«estado mundial» como el de Wolff, dominado en última
instancia por las leyes de las «naciones más civilizadas», cuando no por sus ejércitos; ni tampoco la «república universal»

de Cloots. Ambos casos, antes o después, habrían degenerado en una «monarquía universal», cosa que para Kant, aunque solo fuera por el tamaño, solo podía acabar en «la tumba de la libertad» y en un «despotismo desalmado»[80]. Como Herder, con quien coincidía en poco más, Kant creía que la naturaleza siempre encuentra un modo de frustrar lo que Herder llama con sarcasmo el sueño del déspota, que aspira a «embutir las cuatro esquinas del mundo... en el vientre de un caballo de madera»[81]. A Kant los imperios le parecían creaciones antinaturales, ya que los seres humanos se han dividido en pueblos diferentes (si no en razas) y se distinguen por lo que eran para él las claves de la identidad cultural: la religión y la lengua. Todo intento de eliminarlas, «eliminará la libertad, y con ella, la virtud, el gusto y la ciencia (que sigue a la libertad)». Finalmente, las propias leyes perderán poco a poco su fuerza y todo el edificio se derrumbará para dar paso a una colección de estados pequeños y beligerantes, y entonces «comenzará una y otra vez el mismo juego, y la guerra (ese flagelo del ser humano)» continuará campando por sus respetos. Con todo, hasta la propia guerra no era tanto «un mal incurable» como la «tumba del despotismo universal»[82].

El nuevo orden cosmopolita sería muy distinto. Kant lo describe con varias expresiones –«liga de pueblos», «Estado internacional», «unión universal de estados», federación, confederación y asociación– y, conviene decirlo, no utiliza con coherencia ni siquiera un mismo término[83]. Pero en todo caso se trataba de un cuerpo pacífico y consensuado, y todos aquellos que se unieran a él lo harían por voluntad propia y sabiendo que suponía un beneficio para sus intereses.

No produciría el efecto de borrar las diferencias que en otra época fueron causa de la guerra, pero «con el aumento de la cultura y el acercamiento paulatino de los seres humanos, unidos por principios comunes», en vez de «debilitarlos a todos», como ocurría en el caso de los imperios, «equilibraría las fuerzas que luchan en noble competencia»[84].

El modelo al que vuelve con mayor frecuencia es el de las ligas de las ciudades-estado griegas, asociaciones libres de ciudades vecinas formadas en origen para proteger un santuario, en especial la Liga de Delos, que ejercía el derecho a emprender una «guerra santa» contra los miembros que transgredían sus leyes[85]. El modelo había adquirido fama en el siglo XVIII. James Madison creía que proporcionaba «una analogía instructiva con la actual federación de los Estados Unidos». (Aunque también advertía –cosa que Kant no hizo– que «muchas veces los diputados de las ciudades más fuertes atemorizaban y corrompían a los de las más débiles, y este dictamen favorecía al partido más poderoso». Y sobre todo, la Liga de Delos acabó por convertirse en el «Imperio de Atenas»)[86].

Al margen de la forma que adoptara y de cuándo se hiciera posible –a Kant no le cabía duda de que existiría alguna vez–, una asociación internacional entre pueblos que fuera al fin y al cabo más que un mero arreglo práctico para suprimir las guerras resultaba muy deseable. Para Kant significaba también la ejemplificación de lo que denominaba «derecho cosmopolita» de la humanidad, que, repetía, no era un principio filantrópico, sino un derecho. Si existe «algo sistemático en la historia de la humanidad... es esa idea que guía a todas las demás; es decir, es la idea de los derechos del hombre»[87]. Se trata del derecho que tienen todos a disfrutar de una relación pacífica y a comunicarse con los demás, porque el deseo de comunicación con un semejante era para Kant, como para la mayoría de los autores de la Ilustración, uno de los impulsos primarios del ser humano. Humanidad, escribió, «quiere decir, por una parte, *deseo universal de participación* y, por otra, capacidad para *comunicar* nuestro ser interior universalmente, propiedades que juntas constituyen la sociabilidad típica del ser humano y le alejan de las limitaciones de los animales»[88].

De este impulso original e innato –pues se trata de una de las cosas que nos diferencian de los animales– procede la idea de «hospitalidad», sobre la que se basa el «derecho cosmopolita»[89]. La hospitalidad, como hemos visto, se consideró durante muchos siglos un derecho casi sagrado de asociación. Kant también la juzgaba una inclinación natural, y como el *ius cosmopoliticum* no era solo «filantropía», sino el *derecho* que posee toda persona en cuanto tal «a establecer una comunidad con todos y, con ese fin, *visitar* todas las regiones del mundo», porque «todos los hombres están legitimados para presentarse en sociedades ajenas en virtud de su derecho a la propiedad comunal de la superficie terrestre»[90]. Solo en esas condiciones se hacía posible «que los extranjeros entablen relaciones con los habitantes naturales», ya que las sociedades no prosperan aisladas y mucho menos enfrentadas unas con otras. Precisamente la tendencia de los griegos a aislarse del resto de la humanidad, a la que se referían en conjunto con el término de «bárbaros», era para Kant «la causa principal de la ruina de sus estados»[91]. Sin embargo, esto no era aplicable a las víctimas inocentes del «comportamiento *inhospitalario* de los estados civilizados, especialmente comerciales, de nuestra parte del mundo, debido a la injusticia que mostraron durante sus *visitas* a tierras y pueblos lejanos (que en ese caso equivalían a *conquistas*)». Los chinos, junto con los japoneses, que Kant por lo general criticaba por aislarse del resto de la humanidad, «después de conocer a tales invitados» estaban en su perfecto derecho de poner duras limitaciones a la actividad de las empresas comerciales europeas.

No obstante, y pese a la conducta inhospitalaria que, señalaba, al final no beneficiaba a nadie, Kant continuaba convencido de que incluso en su época el comercio internacional había producido una situación en la que «la comunidad de las naciones de la tierra ha llegado tan lejos que una vulneración de los derechos en una zona del mundo se nota en todas las demás» y, en consecuencia, se hacía posible al menos para los ilustrados prever en el futuro un mundo cosmopolita que no fuera una simple fantasía[92]. Kant esperaba que de ello se siguiera una mayor comprensión entre los distintos pueblos, hasta el extremo de permitirles entablar «una relación pacífica que debería estar regulada por leyes públicas, de modo que la especie humana se acerque cada día más a una existencia cosmopolita». La «comunidad de naciones» significaría ayuda y cuidado mutuo aunque continuara dividida entre los individuos que compartieran comunidades políticas concretas (el *ius cosmopoliticum* podía volver redundante el *ius gentium* –cualquiera que fuera la definición de este último–, pero nunca eliminar el derecho civil). En todo caso, el antiguo sistema de Westfalia, según el cual cada Estado ejercía una soberanía absoluta e indivisa sobre sus asuntos, desaparecería para siempre[93]. Un auténtico orden cosmopolita –cualquiera que fuera su definición– requeriría la división del poder soberano entre los estados, lo que hoy en día llamamos «soberanía liberal internacional».

Esta «*condición universal cosmopolita*» sería «la matriz en la que se desarrollarán todas las predisposiciones originales del género humano»[94]. Pero los ciudadanos de esta «constitución estatal perfecta» no serían personas separadas y sin raíces, sino patriotas en el auténtico sentido de la palabra, capaces de reconocer la valía de otros sin necesidad de renunciar a su identidad, de verse reflejados en ellos, aprender sus idiomas y respetar sus creencias, siempre que estas no chocaran con los derechos de la humanidad. La sociedad cosmopolita disfrutaría de todas las alternativas.

Pero todo esto era un futurible. Kant no estaba dispuesto a cometer el error que había hecho caer en el ridículo a St. Pierre. Su objetivo fue siempre «una historia del tiempo futuro; es decir, una historia predictiva»[95], pues si los animales, dejados a su suerte, cumplen su «destino» como individuos, los humanos solo pueden cumplirlo como especie; es decir, «mediante el *progreso* que se alcanza a lo largo de una serie innumerable de generaciones». Tampoco quería arriesgar una opinión sobre la duración del proceso, aunque parece que en algún momento creyó que costaría «miles de años»[96]. El «destino completo» del hombre es siempre una meta lejana pero alcanzable y, aunque el género humano puede vivir numerosos retrasos en su largo viaje a través del tiempo, «la *tendencia* hacia ese final puede verse obstaculizada, pero nunca completamente invertida»[97]. El «derecho cosmopolita» era solo una idea, «un sueño de perfección», pero al igual que todas las ideas de esa clase no debe abandonarse, como había dicho él mismo de la república de Platón, «con el pretexto mezquino y despreciable de su imposibilidad»[98]. En la medida en que somos libres —moral e intelectualmente— debemos mantener la esperanza de lograr un mundo cosmopolita, pero quizá resulta más gravoso el hecho de que imaginarla nos obligue «a trabajar por esa meta (no meramente quimérica)»[99]. Solo si aceptáramos que no existe la posibilidad de ese futuro estado y creyéramos encontrarnos ahora en el fin de la historia, podría perdonársenos que coincidiéramos con «la preferencia de Rousseau por el estado salvaje», ya que la historia conjetural de Rousseau falla precisamente porque olvida «el último estadio que nuestra especie debe superar aún», sin cuya esperanza podría decirse que queda poco que alabar de la presente situación del mundo civilizado[100]. Y aunque Kant estuviera convencido de que faltaba mucho tiempo hasta la meta final, siempre habría señales a lo largo del camino. El que los estados continuaran empleando el término «derecho» para justificar sus hostilidades mutuas, aunque en la práctica se tratara de una «pedantería superflua», evidenciaba, según él, que detrás de su actitud abiertamente agresiva e incivilizada se ocultaba un incómodo sentido de la obligación moral hacia sus semejantes. Bastaba para «probar que en el ser humano hay aún una mayor disposición moral –aunque adormecida en este momento– a dominar el principio malo que lleva en su interior (cuya existencia no puede negarse) y a esperarlo también de los demás»[101]. Y una de las señales más claras del progreso evidente de la voluntad humana era lo que en su última obra publicada (1798) Kant llamaba «la revolución de un pueblo con talento que hemos visto producirse en nuestra época»[102].

4

Muchos europeos educados de la época reaccionaron con un entusiasmo parecido a las primeras fases de la Revolución Francesa. «¡Oh, tiempos», escribió William Wordsworth en 1805, recordando su juventud (tenía diecinueve años en 1789):

en los que las formas mezquinas, rancias e intimidatorias de las costumbres, las leyes y los estatutos, sintieron a la vez la atracción de un país enamorado! ¡Cuando la Razón era la primera en afirmar sus derechos, cuando tantos querían convertirla en la suprema hechicera... para respaldar la tarea que entonces se emprendía en su nombre![103]

Pero la Razón no era la única que hacía valer sus derechos en las calles de París; estaba también el afecto que supuestamente sentían los seres humanos unos por otros. La Francia de los primeros años de la Revolución pareció a muchos de sus visitantes un nuevo modelo de sociedad cosmopolita, donde solo los partidarios recalcitrantes del Antiguo Régimen y de la antigua religión eran incapaces de sentirse como en casa. «¿Será cierto que estoy en París?», se preguntaba en 1789 el lingüista Joachim Campe:

> Podría abrazar al primero que se me cruzara. Ellos no parecen franceses, y nosotros hemos dejado por el momento de ser de Brandemburgo o de Brunswick. Parece que todos los prejuicios y todas las diferencias nacionales se han diluido. Ellos han reconquistado sus derechos largamente perdidos y nosotros sentimos que somos hombres... ¡Reíd si os viene en gana! Yo noto que la nación francesa al completo se ha hermanado conmigo[104].

La Revolución devolvía la dignidad a todo un pueblo privado de ella por generaciones de reyes y de curas, creaba conscientemente un pueblo, una patria, en la que hasta los desposeídos tenían orgullo personal, y asociaba el concepto de nación a los derechos que reclamaban los individuos, no solo como franceses, sino también como «hombres». (Todavía no como mujeres... algo que tampoco preocupaba mucho a Kant).

El sentido de la Revolución era plenamente visible para todos. Algunos la recibían de buena gana, esperando que pronto se extendiera por toda Europa. Otros la denostaban. Pero
solo Kant vio –o creyó ver– su significado político y moral.
Como diría después Karl Marx, lo que Kant escribió fue en
efecto «la teoría política alemana de la Revolución Francesa». El catorce de julio de 1789, al enterarse de la toma de la
Bastilla, abandonó por primera vez en la vida su paseo cotidiano (Kant era hombre de hábitos fijos) para leer todos los
periódicos disponibles. Reinhold Bernhard Jachmann, amigo y biógrafo, dijo de él que estaba tan ansioso por conocer
sobre la marcha todos los acontecimientos importantes que
«habría recorrido varios kilómetros hasta la oficina de co-
rreos para reunir los periódicos, y nosotros no podíamos darle mayor alegría que traerle las noticias más recientes y fide-
dignas de Francia». «Su conocimiento del mundo y de los
hombres le permitía anticipar el desarrollo de los acconteci-
mientos, y seguía con el mayor interés cualquier incidente
que contribuyera a retrasarlo o acelerarlo». Llegó a tener
fama de algo parecido a un profeta. Según las palabras del
bosquejo biográfico debido a Thomas De Quincey, muy
admirado con el tiempo, «elaboraba muchas conjeturas y lo
que entonces se consideraban anticipaciones paradójicas, especialmente en lo relativo a las operaciones militares, que se
cumplían puntualmente»[105]. Se dice que en 1792, al enterarse de la proclamación de la República, exclamó: «Señor, permite a tu siervo irse en paz, porque he vivido para asistir a
este día extraordinario».

Los revolucionarios franceses, todavía acosados en el interior de una Europa firmemente monárquica, y ansiosos de
apoyo exterior allí donde lo encontraran, respondieron de

igual modo. A raíz de un artículo en el *Königsberger Zeitung*, el periódico más popular de la ciudad, se expandió el rumor de que Emmanuel-Joseph Sieyès, uno de los teóricos de la revolución más influyentes y más moderados (que ayudaría a Napoleón a tomar el poder en noviembre de 1799), había pedido apoyo a Kant para la redacción de la nueva constitución francesa. Por toda Europa circularon rumores de que Kant iba a ser el legislador de la nueva República. *Hacia la paz perpetua,* que, al contrario que otras obras de Kant, era relativamente fácil de digerir, y que, teniendo en cuenta los ejemplos de la época, ya se había convertido en una especie de éxito de ventas, se tradujo inmediatamente al francés y se publicó al mismo tiempo en Königsberg y en París[106]. Fue recibida con un entusiasmo comprensible por el diario revolucionario *Le Moniteur:* «El distinguido Kant... ha prestado su prestigioso nombre a la causa de la constitución republicana. A seiscientas leguas de París, un filósofo profesa el republicanismo no solo de Francia, sino del mundo entero»[107]. En enero de 1796, el Directorio (el consejo ejecutivo de cinco hombres que tomó el poder tras la caída de Robespierre y el final del Terror) envió a Charles Théremin para que convenciera a Kant de poner su enorme fama internacional al servicio de la República, porque creían que «el estudio de esta filosofía por los franceses sería un complemento de la Revolución» y que «Europa ha conseguido ahora el Estado que solo puede ser gobernado por filósofos»[108]. Kant se negó aduciendo que no debía involucrarse en los asuntos internos de otra nación. Siempre preocupado por la reacción de su impredecible soberano, no deseaba abandonar Königsberg a su avanzada edad, ni verse enredado en cuestiones de política práctica. Su república y el «derecho cosmopolita» eran, como no se cansaba de repetir, construcciones de la razón. Su cometido estaba en reflexionar sobre ambas cosas; correspondía a otros ponerlas en práctica.

No obstante, una persona familiarizada con las primeras obras de Kant se habría quedado algo perpleja con aquel entusiasmo por la revolución. En 1784 había negado la capacidad de una revolución cualquiera para provocar un «cambio auténtico en la forma de pensar», pues no creía que produjera más que una sustitución de los antiguos prejuicios por otros nuevos; y volvería a repetirlo en 1793[109]. Su posición podría no ser tan coherente como parece a primera vista. Parece que lo que más le trastornó de «las revueltas que lograron en Suiza, los Países Bajos Unidos y Gran Bretaña sus aclamadas constituciones» fue que la transición violenta de una constitución a otra mediante la rebelión solo podía producirse cuando el pueblo actuaba «no como una *república,* sino como la chusma» y, en consecuencia, el resultado solo «podía ser un estado de anarquía... con todos los horrores que trae consigo». En Suiza, los Países Bajos y Gran Bretaña salió bien, pero si no hubiera sido así, «el lector de la historia de estos levantamientos no vería en la ejecución de sus ahora celebrados iniciadores más que el castigo merecido de unos culpables de alta traición»[110]. Además, una constitución nacida de la anarquía no podía representar de verdad a toda la organización política. Según Kant, lo imprescindible para la legitimidad de una constitución era la «ley de continuidad *(lex continuo)*», porque es precisamente lo que separa a la sociedad civil de la condición del estado de naturaleza. Pero en su interpretación de los hechos acaecidos en mayo de 1789 no hay interrupción de *lex continuo.* El propio Luis XVI, al convocar a los Estados Generales con la intención de resolver una crisis financiera, había entregado inadvertidamente al pueblo la «autoridad suprema» del Estado francés y, en consecuencia, «la soberanía del monarca desapareció por completo (no fue una mera suspensión) y pasó al pueblo». Una vez ocurrido esto, se produjo una situación en la que «el pueblo unido no *representaba* la soberanía; era él mismo el *soberano*»[111]. Por tanto, según el entendimiento de Kant, nunca hubo un momento durante el curso de la Revolución en el que «toda la situación jurídica [del Estado] quedara invalidada», ni que permitiera después ningún intento de traer el cambio mediante «la destrucción violenta de una constitución imperfecta ya existente»[112]. En ese sentido, la *Declaración de los Derechos del Hombre* y la proclamación oficial de la República en septiembre de 1792 no fueron una «revolución», sino los instrumentos legales para la fundación de un régimen que traía la liberación de los reyes corruptores y no representativos, pero también el intento de un pueblo ilustrado de construir por sí mismo un futuro cosmopolita. Oyendo a Kant, da la impresión de que la Revolución ni había sido producto del descontento y la indignación de un pueblo (como tantos levantamientos sin consecuencias que la precedieron), ni llevaba la marca del fanatismo religioso, sino de lo que él llamaba «metafísica». Estaba convencido de que era la prueba de algo que no había ocurrido jamás: las ideas pueden ser el origen de los cambios en el mundo de la realidad[113]. Confirmaba su hipótesis de que un Estado en el que «el poder no pertenece a los seres humanos, sino a las leyes» no puede proceder de «la experiencia de quienes hasta ese momento se beneficiaban de la situación», sino «*a priori* del ideal de una asociación legítima de seres humanos sometidos a leyes públicas como tales»; y para eso «se requiere ciertamente una metafísica»[114].

Según el parecer de Jachmann, la actitud de Kant hacia la Revolución, incluso su silencio sobre los excesos del Terror, se debió a un intenso deseo de asistir a «la realización de su ideal», y no por vanidad personal, sino por «la simpatía impersonal de un ciudadano del mundo y de un filósofo independiente que observa la construcción de un Estado basado en la razón, igual que el científico observa un experimento destinado a confirmar su hipótesis»[115].

«Nosotros nos rebelamos en el mundo de la mente –subrayaba el poeta romántico alemán Heinrich Heine, que detestaba a Kant– y los franceses se rebelan en el mundo de la materia; nosotros deseamos la destrucción de los antiguos dogmatismos con tanto ardor como ellos la toma de la Bastilla»[116]. Pero según la opinión de los que, con Wordsworth, veían en la Revolución un amanecer nuevo para la humanidad, «no en Utopía, ni en unos campos subterráneos, ni en una isla misteriosa», sino en el «mundo que habitamos todos», ambas revoluciones habían ido inexorablemente de la mano.

Pero la analogía de Jachmann con el científico de la naturaleza no era del todo adecuada. La Revolución no llegó al punto de confirmar la idea kantiana de un futuro mundo de repúblicas aliadas; simplemente proporcionó un indicio de que semejante cosa podría hacerse realidad algún día. «Un solo ejemplo en el curso de los acontecimientos –había escrito Kant– bastaría para demostrar que [una constitución republicana] será posible alguna vez»[117]. La Revolución le enseñó que al menos ciertos individuos eran capaces de actuar movidos por unas ideas que iban mucho más allá del mero hedonismo, y no en la dirección del bien privado, sino del bien público[118]. Contestando a Moisés Mendelssohn, según el cual los individuos progresan, pero la humanidad «mantiene en todos los periodos de la historia más o menos el mismo nivel de moralidad, la misma medida de religión e irreligión, de virtud y de vicio, de felicidad y de desdicha», Kant se reafirmó en su convicción de que «si el género humano avanza constantemente en materia de cultura (que es su finalidad natural), cabe pensar que progresa hacia lo que es mejor para la finalidad moral de su existencia». A pesar de sus propias limitaciones –y Kant creía que «mi carácter moral no está a la altura de lo que se espera de mí»–, estaba convencido de que «a efectos prácticos, el progreso humano es posible». Esta «esperanza de tiempos mejores» siempre ha impulsado a lo mejor de la humanidad –la parte ilustrada y civilizada– a intentar «algo útil para el bien de todos». Los científicos no desisten porque tienen la esperanza de que aquello que no salió bien una vez pueda conseguirse en otra ocasión. Los globos aerostáticos –novedad de la época– le parecían una prueba. No siempre funcionaban, pero, con perseverancia, el conductor conseguía despegar y elevarse majestuosamente por encima de los tejados. En cuanto a la idea del proceso de decadencia de la humanidad, tristemente en boga, Kant la consideraba una mera ilusión basada en el hecho de que «como nunca dejamos de progresar, es inevitable que juzguemos siempre nuestra época con mayor rigor que las pasadas»[119]. La Revolución Francesa era la prueba evidente de la posibilidad de aquel futuro. Tal vez, aceptaba, tuviera un precio alto, tal vez conociera «tantas desdichas y tantas atrocidades» que «un hombre sensible, viéndose obligado a esperar que se ejecutara con mayor éxito la próxima vez, no pudiera resolverse a acometer un experimento tan caro», pero lo que le importaba, lo que convertía a la revolución en la prueba material de algo mayor que ella misma, era «la participación espontánea, rayana en el entusiasmo» que se apreciaba en «los corazones de todos los espectadores». Y para Kant, «el entusiasmo genuino [al contrario que el fanatismo religioso al que solía aplicarse ese nombre] se mueve siempre y solo hacia el ideal y, por tanto, hacia lo que es puramente moral, como el concepto de derecho»; todo lo cual «no puede tener otra causa que la existencia de una disposición moral en el género humano»[120].

El «derecho cosmopolita» de Kant, su idea de una humanidad que se mueve siempre en dirección a un futuro cosmopolita libre de conflictos y hostilidades, en el que todos los seres humanos puedan dedicarse a sus asuntos particulares sin perjudicar los de otros, era –o estaba destinada a ser– la conclusión inevitable del proyecto ilustrado. Condorcet se preguntaba si no era lógico esperar de aquel mundo resplandeciente que él, a la luz atenuada de su vela, veía delante de sus ojos, «que la raza humana se perfeccione con los nuevos descubrimientos en el terreno de las artes y las ciencias y, por ende, con los medios que esos descubrimientos le garantizan para el bienestar personal y la prosperidad pública; ya sea en el progreso de los principios que rigen la conducta y en la moralidad práctica, ya sea con un auténtico perfeccionamiento de las facultades intelectuales, morales y físicas», y, como el propio Kant, se respondía que «la experiencia pasada, partiendo de la observación de los progresos que la ciencia y la civilización han conseguido hasta ahora en el análisis de la marcha adelante de la mente humana y del desarrollo de sus facultades» permite pensar «que la naturaleza no ha impuesto límites a nuestras esperanzas»[121]. En el futuro habrá un conocimiento cada vez mayor y una ilustración cada vez más extendida que no conocerán «otros límites que la duración de la vida del universo»[122].

Desde su propia época hasta hoy mismo, la impronta personal de Kant se ha notado en casi todo el pensamiento relacionado con un posible orden mundial en el futuro. Todas las instituciones internacionales, desde la creación de la Sociedad de Naciones en 1919, de las Naciones Unidas en 1945 o la de la Unión Europea entre el Tratado de Roma de 1957 y el Tratado de Lisboa de 2009 –aunque aún nos hallemos lejos de algo que remotamente se parezca a una existencia cosmopolita–, evocan su idea del estadio en el que «la vulneración de los derechos en una zona del mundo se notará en todas las demás». El peculiar Alfred Zimmern, clasicista e importante ideólogo durante la Primera Guerra Mundial, que ejerció una enorme influencia en el contenido ideológico de la ONU, dijo de esta institución que era «la *res-publica* que nos concierne a todos», extendida «hasta los confines del planeta»[123]. Iba a ser, andando el tiempo, la expresión del «derecho cosmopolita» de Kant. Hasta Mijaíl Gorbachov citó *Hacia la paz perpetua* en su discurso de aceptación del Premio Nobel de la Paz en 1990.

En 1948, con motivo del ciento cincuenta aniversario de la publicación de *Hacia la paz perpetua*, Carl Joachim Friedrich, exiliado alemán, experto jurista y politólogo (que participó en la redacción de la constitución alemana de posguerra), escribió una obra titulada *La paz inevitable*. Según sus propias palabras, aunque él no era kantiano, los acontecimientos de aquel siglo y medio le permitían pensar, con todas las cautelas y salvedades necesarias, que «la filosofía de la historia humana está unida a la idea de libertad y realización personal, en el marco de un racionalismo crítico que nos capacita para resolver algunos de los conflictos ideológicos recurrentes de nuestro tiempo»[124].

Ahora, más de medio siglo después, ante el fracaso de las antiguas ideologías y la aparición de otras nuevas no menos irracionales que las anteriores, no cabe tanta confianza. La Sociedad de Naciones cayó enseguida en el olvido. Las Naciones Unidas reciben frecuentes acusaciones de corrupción, ineptitud, ineficacia y escasa imparcialidad. Cuanto escribo esto, la Unión Europea atraviesa la mayor crisis de su breve existencia, de la cual muchos –entre los que no me cuento– piensan que no saldrá indemne. Y pese a todo, cada día es más evidente que, con palabras de Habermas, «los estados se ven cada vez más envueltos en las redes horizontales de una sociedad global»[125]. Si aún existe la posibilidad de un futuro como el que imaginaba Friedrich, su inspiración no se deberá solo a Kant, sino a la ambición ilustrada de crear una ciencia humana históricamente fundamentada que facilitará la llegada de una civilización universal, capaz de hacer de los seres humanos individuos independientes, autónomos, libres de los dictados que vengan desde arriba o desde abajo, conocedores de sí mismos y dependientes solo los unos de los otros para sobrevivir.

Conclusión
Los enemigos de la Ilustración

1

La Revolución Francesa representó para Kant un punto de inflexión en la historia, la prueba de que su fe largamente mantenida en el ineluctable progreso de la humanidad hacia una existencia republicana y cosmopolita era una verdad demostrable. En cambio, otros muchos, en especial aquellos que vivieron la Revolución y sus secuelas, extrajeron con cierta frecuencia conclusiones muy distintas. Según Richard Price, la monarquía constitucional establecida por los franceses a raíz de la Revolución de 1789 fue el fruto de la semilla esparcida por «Montesquieu, Fénelon, Turgot, etc.», que «después de arraigar, está dando una cosecha grandiosa. Todos nosotros le debíamos a la información que nos transmitieron con sus escritos estas revoluciones que ahora exultan a los amigos de la humanidad»[1]. Aquellas revoluciones, que obligaron al rey a delegar en los Estados Generales e impulsaron la redacción de la nueva constitución de 1791, fueron hijas de la Ilustración. No obstante, los acontecimientos posteriores –el juicio y ejecución del rey y la reina y la aparición del llamado Reino del Terror– arrojaron una luz muy distinta sobre el proceso revolucionario. Entre 1793 y 1794, el Comité de Salud Pública, dominado por el «incorruptible» Maximilien Robespierre y el jovencísimo demagogo Louis-Antoine-Léon Saint-Juste, pusieron en marcha un plan para transformar Francia en algo más que una república; es decir, en lo que Robespierre calificaba de «República Virtuosa», aquella en la que se sustituía «el egoísmo por la moralidad, el sentido del honor por la honradez, los convencionalismos por los principios, el decoro por el deber, la tiranía de las formas por el imperio de la razón». Una república que, según el parecer de Robespierre, solo se lograría mediante el terror, «sin el cual la virtud carece de poder»[2]. Fueron miles, y no solo entre los aristócratas y otros «enemigos de la Revolución» naturales, sino también entre sus supuestos beneficiarios, como Marie Angelica Plaisant, la desdichada costurera que se atrevió a decir en voz alta que a ella «la nación» le importaba un comino, los que perdieron el cuello con el nuevo instrumento de ejecución humanizada debido al doctor Joseph-Ignace Guillotin, la «Cuchilla Nacional», siempre con el objetivo de proteger la pureza de la recién estrenada república[3]. El Terror cambió por completo la forma de percibir la Revolución y demostró –en palabras de James Madison– a qué extremos de «libertinaje» (lo contrario de la «libertad») conducía inevitablemente[4]. Con amarga resignación, el poeta alemán Friedrich Schiller escribió en 1794 que «la posibilidad de sentar a las leyes en el trono» se había quedado en «una vana esperanza». Con la Revolución efectivamente convertida en una forma de autocracia, el mundo entero volvía «por una parte, al estado salvaje; por otra, a la letargia absoluta. Dicho de otro modo, a los dos extremos de la depravación humana, ¡ambos juntos en una misma época!»[5].

No fue difícil que muchos vieran detrás de la catástrofe la influencia de las figuras más radicales de la Ilustración. La destrucción de «el sistema», que en principio había sido únicamente un proyecto intelectual, supuso el derribo del edificio social en su totalidad sin una propuesta clara de lo que iba a levantarse en su lugar. Kant tenía razón. La Revolución era la prueba de que la «metafísica» podía cambiar el curso de los acontecimientos humanos. Y el cambio había resultado desastroso. La constitución francesa, decía el estadista conservador de Hannover, August Wilhelm Rehberg –que Jachmann consideraba «la mente más aguda» entre los estudiosos de Kant, y que Fichte detestaba por ser, según él, un sofista alemán–, se distinguía de «todas las demás, incluida la de los Estados Unidos de América» en haber sido un invento sacado de la nada por «algunos sabios y hombres de Estado subyugados por las Ideas»[6], cosa que no era precisamente digna de alabanza. Según Rehberg, las constituciones se desarrollaban con el tiempo; eran el producto de la experiencia y de la reflexión, no de la «metafísica», pues mientras que «las leyes de la naturaleza y de la razón» son fijas e inmutables, las leyes del «entendimiento humano» se hallan y deben hallarse sometidas a un cambio continuo[7]. Como Edmund Burke, a quien siempre se sintió estrechamente vinculado, Rehberg deploraba que los sabios de la Revolución –para él, Montesquieu, Rousseau, Voltaire, Raynal y el abate Mably– hubieran manipulado la «metafísica de la política» con el fin de eliminar por completo la memoria de «las constituciones, los derechos consuetudinarios y las condiciones» de épocas pasadas, para así hallarse finalmente libres de «jugar con los ciudadanos como si estos fueran las figuras de un tablero de ajedrez»[8]. El resultado inevitable: la destrucción, el caos y el derramamiento de sangre.

Aparte de este desasosiego posrevolucionario, especialmente en Alemania, la «Ilustración» siempre se asoció más a una reforma que a una revolución. Ninguno de los *philosophes*, ni siquiera el más radical, ni siquiera el propio Rousseau, planteó jamás una insurrección armada para hacer realidad su Estado ideal, si bien, como tantos antes que él, se mostró muy ambiguo en la forma de llevarlo a la práctica. En 1789 había muerto la mayoría de los grandes de la Ilustración francesa, pero ya en los años sesenta muchos fueron conscientes de que se avecinaba un cataclismo y algunos lo consideraron tan difícil de evitar como deseable. «Todo lo que veo esparce la semilla de una revolución –escribía Voltaire en 1764–, será inevitable que ocurra, pero yo no tendré el placer de comprobarlo». Algo de razón tenía el católico reaccionario Louis-Gabriel-Ambroise de Bonald cuando se mofaba de Voltaire, Rousseau, D'Alembert y Helvecio diciendo que aquellos «y otros autores de la misma época» abogaban por transformaciones sociales de un radicalismo tal que de haberlas llevado a la práctica «las habrían detestado y hasta habrían caído víctimas de ellas»[9].

Rousseau, el más extremo de los filósofos en materia de política, se convirtió en el consabido chivo expiatorio para los antirrevolucionarios. Aunque el invento del Terror correspondiera por entero a Robespierre, escribía en 1833 el poeta alemán Heinrich Heine, este se había limitado a ser «la mano ensangrentada que extrajo del vientre del tiempo un cuerpo cuya alma era creación de Rousseau»[10]. Y es que Rousseau acabó por convertirse en una especie de santo patrón de la nueva República. Durante la Revolución se leían en voz alta algunos pasajes de su obra política más importante y más incendiaria en potencia, el *Contrato social,* ante una muchedumbre entusiasta y sin la menor duda mistificadora, y se dio el nombre de la obra y el autor a varias calles. En 1794 desenterraron su cuerpo para conducirlo hasta el Panthéon junto con un ejemplar del *Contrato social* sobre un cojín de terciopelo. «¡Ah! –escribió Robespierre después de aquel acto–, si él hubiera contemplado esta revolución que le ha conducido hasta el Panthéon, quién duda de que su alma generosa hubiera acogido con entusiasmo la causa de la justicia y de la igualdad»[11].

Pero Rousseau no era el único culpable. Muchos, en especial los que habían vivido tanto la Revolución como las Guerras Napoleónicas que la siguieron, consideraban que todo el proceso revolucionario, desde la toma de la Bastilla hasta la restauración borbónica de 1815, había sido la consecuencia lamentable e imposible de evitar de la Ilustración y de su idea, según la formulación kantiana, de que la humanidad debía liberarse de «los dogmas y las fórmulas, de todos esos instrumentos mecánicos para el uso (mejor dicho, el mal uso) de los talentos naturales de la humanidad», que representaban «la bola y la cadena de su permanente minoría de edad»[12]. Más tarde, se hizo directamente responsable de la caída del *ancien régime* al proyecto de la Ilustración en su totalidad. «Si viéramos que un hombre de constitución un poco débil –subrayaba en 1875 Hippolyte Taine, historiador y crítico literario de enorme influencia–, aunque en apariencia sano y de hábitos pacíficos, bebe lo que es evidentemente una poción nueva y se desploma echando espuma por la boca entre delirios y convulsiones», no se necesitaría un análisis sofisticado para saber que acababa de tomar un veneno. Tal le había ocurrido a la sociedad francesa en el siglo XVIII. Y aquel veneno era la filosofía de la Ilustración. «Hoy –se lamentaba Johann Heinrich Hirsch, alumno de Kant, en 1794, cuando por fin el Terror había llegado a su término–, la herejía, el librepensamiento, el jacobinismo y el rechazo de la autoridad, por muy respetables que sea, se llaman Ilustración. Ilustración es hoy sinónimo de alta traición»[13]. Hablaba de Alemania, pero en toda Europa se aireaban unos sentimientos muy parecidos que no harían más que crecer con la extensión de las Guerras Napoleónicas por todo el continente. En la cabeza de las élites europeas, cautas y conservadoras, «Ilustración», «Derechos del Hombre», «Republicanismo» y «Cosmopolitismo» quedaron asociados a la capacidad destructiva de la Revolución. En una fecha tan tardía como 1910, un siglo después de la derrota definitiva de Napoleón, sir Gerard Lowther, embajador británico en Estambul, escribía a la metrópoli para advertir a sus jefes de Whitehall que los «Jóvenes Turcos», oficialmente conocidos como el Partido de la Unión y el Progreso, creado para levantar una Turquía moderna de las ruinas del sultanato otomano, se consideraban a sí mismos «la vanguardia de una Asia renacida» y estaban dispuestos «a imitar la Revolución Francesa con sus métodos ateos e igualadores»[14].

Joseph de Maistre fue el más elocuente, el más poderoso y quizá el más perspicaz de los que vieron el hilo que unía directamente la Ilustración con el Terror y, por tanto, la destrucción de toda civilización, toda religión y todo orden establecido. De Maistre fue un diplomático del Reino de Saboya, en el norte de Italia, pero escribió mucho sobre Francia, con la que tenía una afinidad electiva. De 1803 a 1817 estuvo en San Petersburgo, de embajador en la corte del zar Alejandro I, y allí escribió *Las veladas de San Petersburgo o Coloquios sobre el gobierno temporal de la Providencia,* un texto algo forzado, pero también la obra antiilustrada y contrarrevolucionaria más feroz y desinhibida del siglo XIX. Además de pensar que la monarquía respaldada por una aristocracia hereditaria era la única forma legítima de gobierno, De Maistre esperaba ver algún día a toda Europa regida por una teocracia sometida a la suprema jurisdicción del Papado. El crítico literario Émile Faguet decía de él que era un «absolutista furibundo, un teócrata feroz y un legitimista intransigente, apóstol de una monstruosa Trinidad formada por el Papa, el Rey y el Verdugo»[15].

Cierto, De Maistre era un extremista, pero no un simple demagogo, y, a su modo, entendió mejor que muchos el verdadero proyecto de la Ilustración. Para él no cabía duda de que los integrantes de la detestable «secta filosófica» fueron los «principales autores de la Revolución»[16], pero no porque hubieran abogado por ella; su pecado había consistido en convertir en materia de estudio «al hombre y su entorno», de forma que «todo aquello que puede decirse de su alma, sus orígenes y su destino se convirtió en un asunto secundario que no procedía de la Revelación, sino de las observaciones que ellos proporcionaron»[17]. Fueron los iguales a Voltaire los que llevaron a cabo la Revolución y sus atrocidades, posiblemente reprimidas durante siglos por sanción divina. Voltaire, «a quien los ciegos entusiastas han colocado en el Panthéon», era para De Maistre «tal vez más culpable ante el juicio divino que [Jean-Paul] Marat, porque pudiendo hacer lo mismo, lo que hizo fue aún peor»[18]. Los «filósofos» pretendieron destruir la religión, destronándola del alto sitial que había ocupado en lo que él denomina «el gran siglo

de Francia», es decir, el siglo XVII. En la «época del Rey Sol
–escribía–, la religión, el valor y la ciencia alcanzaron un
equilibrio», pero en la «época de la filosofía», en la «Edad
de la Razón» y de las Luces se produjo, según su opinión,
nada menos que una «guerra a muerte» entre el cristianismo
y lo que él llama desdeñosamente «filosofismo», de la que
este último había salido vencedor; por poco tiempo, esperaba[19]. Los responsables de la Revolución y del Terror que
vino después cosecharon las tempestades que habían sembrado sus vientos. Para De Maistre, el individuo es incapaz
de asumir la responsabilidad sin guía que los *philosophes* habían echado sobre sus espaldas. Hobbes llevaba razón. El
hombre es un lobo para el hombre e incluso algo peor, porque el lobo está dotado de ciertos instintos innatos de contención que al hombre le faltan. «El hombre mata por la
comida y el vestido, para protegerse y para atacar, para defenderse, para instruirse y para divertirse. Mata por matar»[20]. El
único poder capaz de dominarle es la sociedad, y la sociedad
no se construye con una «ciencia humana». Viene impuesta
desde arriba, se crea poco a poco a lo largo del tiempo a fuerza de respeto y obediencia. El hombre no se refrena por un
entendimiento mutuo, ni por nada tan ajeno a su experiencia como el amor a la propia especie o la benevolencia mutua,
sino por el miedo. Un miedo impuesto por la religión y los
usos y costumbres, lo que Voltaire y los suyos llamaban «prejuicio». Tales valores formaban juntos las naciones individuales y fueron ellos, y solo ellos, los que hicieron seres civiles de las bestias salvajes, «esas criaturas deformes, robustas y
feroces, sobre las cuales las luces de la inteligencia arrojan
solo una claridad pálida e intermitente»[21]. Una vez fuera de
la naturaleza, el «hombre», esa enorme abstracción tan que-

rida por los ilustrados, desapareció sin más. «Yo he visto franceses, rusos, italianos, etc. –subrayaba De Maistre sardónicamente–. Y sé, gracias a Montesquieu, que existen los persas, pero declaro que en toda mi vida me he encontrado con el *hombre*». En cuanto a la Naturaleza, añadía, era una dama que jamás le habían presentado[22].

El cosmopolitismo, tan amado por la Ilustración, era una abstracción árida –aunque solo fuera porque el individuo no puede concebir una relación directa con «la humanidad»–, un deseo de quitarse de encima las obligaciones con la familia, los sentimientos y la nación; una retórica enormemente exigente que, tomada en serio, solo podía ocasionar lo que había ocasionado en Francia: el desplome de todo orden, social, político y religioso. El objetivo de la Ilustración, según Edmund Burke, se resumía en una frase: «La benevolencia hacia la especie y la falta de sensibilidad hacia todos aquellos que se cruzan con ellos, tal es el carácter de quienes profesan esta nueva filosofía»[23]. Era una queja común. Casi todas las grandes figuras de la Ilustración recibieron más o menos el mismo trato, unas con mayor justificación que otras. En el siglo XIX, el inglés Thomas Carlyle, historiador de la Revolución Francesa, se mofaba del marqués de Mirabeau, que había contribuido al encarcelamiento de su propio hijo, con las siguientes palabras: «Amigo del hombre y enemigo de todos los hombres que trató»[24].

2

Pero estas explosiones no eran únicamente reacciones instintivas a los horrores desatados por la Revolución, sino también la elaboración de argumentaciones anteriores que, al menos en principio, pretendían ser una respuesta directa a las ideas de Kant sobre la revolución y el cosmopolitismo. En 1784, el mismo año de la publicación del famoso ensayo de Kant titulado *¿Qué es Ilustración?,* Johann Georg Hamann escribió un ensayo tan breve como complicado con el título de *Metacrítica del purismo de la razón.* Hamann, «el mago del norte», a quien Hegel consideraba «no solo original... sino también... *un* original», y cuyas obras «no es que tengan un estilo en especial, es que ellas mismas son estilo», era una suerte de maniático (al que Goethe, aun considerándole «la cabeza más dotada de nuestra época», comparó maliciosamente en cierta ocasión con Vico). A pesar de ser pobre y mantenerse independiente casi toda su vida, este erudito ejerció una profunda influencia en el movimiento romántico alemán desde sus inicios[25]. Fue también uno de los críticos más tercos y a veces más perspicaces de Kant[26]. Pese a la prosa errática, tortuosa y ambigua, su crítica de Kant resultaba sencilla y elocuente. La «ilustración de nuestro siglo», por lo menos la versión kantiana de ella, pensaba Hamann, era solo «una luz del norte», pálida e insustancial, «de la cual solo se puede profetizar un milenarismo cosmopolita sentado al lado de la estufa y con el gorro de dormir puesto»[27]. La empresa de Kant se basaba en una simple ilusión que Hamann denominaba «el intento en parte mal entendido y en parte fracasado de independizar a la razón de la tradición y las costumbres, y creer en ellas». La única posición desde la que un hombre podría contemplar todo el proceso del entendimiento humano sería aquella que hoy se conoce por «el punto de vista de la Providencia», cosa evidentemente imposible para un simple mortal. Hasta el propio hecho de identificar «la razón pura», como pretendía Kant, era un objetivo absurdo e imposible, pues «la facultad del pensamiento se apoya en el lenguaje», y el lenguaje está formado y condicionado por su propio pasado. Hamann afirmaba, tajante, que el lenguaje no tiene «credencial, sino *tradición* y *uso*». Dicho de otro modo, el lenguaje, el mismo lenguaje en el que Kant quiso canalizar su crítica, «es el centro del malentendido de la razón consigo misma»[28]. Desde el momento en que ningún individuo puede prescindir del lenguaje en el que encuadra su concepción del mundo, resulta imposible dar cuenta plena y «objetiva» de aquel. «La verdad –como dijo Richard Rortry– no se halla fuera de nosotros –no existe con independencia de la mente humana– porque las frases tampoco están fuera de nosotros. El mundo está fuera, pero las descripciones del mundo no»[29]. Para Hamann, esto quería decir que el único conocimiento a disposición de los seres humanos había que buscarlo en aquellas tradiciones y aquellas costumbres que, según Kant, las personas ilustradas debían «atreverse» a dejar de lado.

Hamann fue un pietista luterano convencido de haber superado una depresión gracias a la lectura de la Biblia. Creía en su verdad literal y en que los demás tenían también la obligación de creerla. Sin embargo, no argumentaba que los lazos de la costumbre y la tradición o las imposiciones de aquellos que, como decía Kant, «piensan por nosotros» respondieran a ninguna ley divina o natural; ni tampoco que los usos y costumbres o las opiniones automatizadas fueran convenientes por la sencilla razón de haber sido aceptadas durante mucho tiempo por muchos pueblos. Argumentaba que las costumbres, los usos y las creencias –los «prejuicios», si se quiere– eran ni más ni menos lo único que hay. «Los dogmas y las fórmulas» no eran, como decía Kant, manifestaciones de una ceguera, sino sencillamente la materia de la que está hecho nuestro mundo. Sin ellos no quedaría otra cosa que unas personas sin meta ni identidad. Quien tuviera la osadía de descartarlos, se tropezaría con las luces, para no conseguir otra cosa que hallarse falto de dirección, incapaz de moverse y de actuar, sin saber dónde está o a dónde dirigirse. En semejante situación, no sorprende que ese ser desorientado se lanzara con un entusiasmo sin freno a las atrocidades que siguieron a la Revolución de 1789. El ilustrado, decía Friedrich Karl von Moser, jurista, polemista y durante un tiempo ministro del gobierno de Hesse-Darmstadt, acabaría dándose cuenta de que su gesto aparentemente heroico le despoja de «lo necesario para el confort, la luz, el apoyo y la paz en el actual estado de educación de esta vida terrenal», a cambio de todo lo cual recibiría «mucho más de lo que puede utilizar, emplear y gestionar conforme a su entendimiento y sus capacidades intelectuales»; de forma que antes o después no tendrá otro remedio que «elaborar su propia ley arbitraria natural» y «buscarse su ruina y la de toda la sociedad civil». Esta Ilustración, concluía Moser, «empieza con la filosofía y acaba pidiendo cabezas y practicando el canibalismo»[30]. Son muchos los conservadores que tanto entonces como después expresaron ideas parecidas, aunque no todos lo hicieron con tanta elocuencia.

El pensamiento de Hamann ejerció una fascinación vitalicia en la persona de Gottfried von Herder, uno de sus amigos íntimos y el primero en recibir un ejemplar de la *Metacrítica*. A Herder se le considera todavía la principal voz filosófica del *Sturm und Drang,* antecedente del romanticismo alemán, al que pertenecieron en la misma época Goethe y Schiller. Como Hamann, Herder comenzó siendo no solo un alumno devoto de Kant, sino también –cosa que Hamann nunca fue– un defensor vehemente de la Ilustración francesa, con la que compartía la idea de «reunir datos precisos... de la economía de la raza humana» para incorporarla a una «ciencia del hombre» unificada, tal como estaban haciendo en ese momento sus iguales franceses y británicos[31]. El proyecto duró tanto como su vida, pero las conclusiones finales no se parecieron en nada a las de Diderot, Hume, Condorcet o el propio Kant.

La «ciencia humana» de la Ilustración había terminado inevitablemente en una concepción cosmopolita y universal del mundo del hombre, que, a su vez, como hemos visto, era la expresión de algo tal vez difícil de sostener que se denominaba «civilización», la cual permitía un alto grado de diversidad, pero al mismo tiempo demandaba un alto grado de reciprocidad. Si, haciendo caso de la frase de Christian Wolff, nosotros –seamos quienes seamos– debemos tratar a los demás –sean ellos quienes sean– «como si fuéramos la misma persona», no cabe el retraimiento en unas «comunidades» que se definen a sí mismas y se aíslan, ni exigir respeto a «tradiciones» o costumbres que vulneren los derechos naturales –y con frecuencia los cuerpos– de los individuos, incluso en el caso de que tales individuos deseen aceptar su humillación: ni las muertes por «honor», ni la poligamia impuesta, ni la infibulación de las mujeres.

La opinión de Herder era muy distinta. Según él, jamás había existido el hombre en estado de naturaleza de Rousseau, «ese hombre natural... ese fantasma»[32]. Lejos de ser individuales, autónomos y morales, los seres humanos son sociables por naturaleza, y su carácter y su identidad se forjan únicamente en las sociedades que los rodean. Las épocas pasadas, que van desde el supuesto estado primitivo e incorrupto de la humanidad hasta nuestros días, las épocas que Voltaire y los suyos condenaban por «*el barbarismo, el miserable estado de la autoridad, la superstición y la estupidez, la carencia de ética y la vulgaridad*» (Herder era muy aficionado a la cursiva) fueron en realidad los momentos de formación de las condiciones de la vida humana. Los monasterios y los estados feudales, los caballeros, los reyes y los cortesanos de la época gótica no fueron un mero catálogo de errores humanos, sino los materiales de construcción sin los cuales «la Europa pobremente administrada desde el punto de vista civil» habría quedado en una «*tierra baldía*»[33].

Todo pueblo –todo *Volk*– era producto de un pasado colectivo; una entidad indivisible creada por la lengua y sobre todo por la cultura, caracterizada por su arte, su música y su poesía y, de modo especial en el caso de Herder, por su religión. Cosas todas que se desarrollaron poco a poco en el tiempo. La experiencia y el estudio le habían convencido de que «la historia del mundo ha de ser necesariamente una cadena de tradiciones sociales y plásticas»[34]. Basta con mirar alrededor para ver que «la naturaleza no ha establecido en vano sus fronteras entre los países remotos». Los pueblos que los habitan están inevitablemente «confinados en un mundo propio», tanto que la comunicación entre ellos parece prácticamente imposible. De ahí que los europeos no puedan hacerse una idea de «la imaginación y la pasión que bulle en el pecho de los negros; o que los hindúes no puedan concebir el deseo irrefrenable que lanza a los europeos a las cuatro esquinas del planeta»[35]. Cada pueblo tiene su modo de ser humano, que no puede intercambiar con modos ajenos. Por eso el colonizador (una raza particularmente nefanda de hombre) será antes o después víctima de una naturaleza triunfante. «¿Dónde se hallan ahora las conquistas, las fábricas y las invasiones de tiempos pasados?», se preguntaba Herder. La respuesta no era difícil. Aunque los rapaces europeos recorrían aún la faz de la tierra, él auguraba un tiempo en el que «la respiración del clima los disipe y consuma, de modo que no resulte difícil para el nativo propinar los últimos golpes al árbol podrido»[36].

La felicidad, que, junto con el dolor, se tuvo durante mucho tiempo por una experiencia común a todos los hombres, era para Herder no menos contingente y fragmentaria y se hallaba igualmente vinculada a una cultura concreta, a un espacio concreto. Herder no coincidía con Kant en que la felicidad fuera la «imagen borrosa» de algo mucho más importante para la condición humana[37], pero se negaba también a situarla en el centro de la naturaleza humana, por tanto, no tenía por qué representar lo mismo para todos los seres humanos en todas partes. «El ideal de la felicidad –escribió– *cambia* con las situaciones y con la dirección que marca la brújula», pues qué es sino «satisfacción de los deseos, consecución de las metas y amable satisfacción de las necesidades». No se trata de nada innato en el género humano, sino de «algo que surge de la tierra, del tiempo, del lugar». En cuanto a los hermosos relatos del progreso sin límites, esa «idea predilecta», como él decía, de que todo en la existencia humana conducía a *«a la mayor virtud y felicidad de los seres humanos»*, pregonada por los Kants, los Diderots y los Condorcets, no eran más que «cuentos, cuentos que no se cree nadie, al menos no los cree un auténtico discípulo de la historia y del corazón humano»[38].

Pese a todo, sería un error ver en Herder únicamente al «padre del nacionalismo alemán», como se le ha considerado con frecuencia. Ciertamente, fue un antirracionalista, pero no tenía nada del sujeto ignorante, sentimental e incapaz de pensar que por lo general identificamos con un «nacionalista». Fue, en muchos aspectos, un liberal, un republicano y un partidario de la igualdad, desde luego mucho más que Kant. Las culturas le parecían únicas e inconmensurables, pero este hecho, con algunas excepciones, no les restaba valor. En efecto, creía que compararlas resultaba infructuoso. Con todo, el relativismo de Herder tampoco era irreprochable. Por ejemplo, tenía un mal concepto de los chinos: «ese pueblo que la naturaleza ha dotados de unos ojillos pequeños, una nariz chata, una frente plana, una barba escasa, unas orejas grandes y unos vientres prominentes», pero este racismo –pues no cabe calificarlo de otro modo– aparece raramente en su obra y nunca se encuentra asociado a una teoría general de las diferencias raciales[39]. En general, las diferencias físicas, el color de la piel, la configuración y el tamaño del cráneo y todas las cosas que Kant, y los teóricos del racismo decimonónico, consideraban aspectos distintivos de las razas, le parecían completamente insignificantes. Debía existir una razón natural para la existencia de pueblos blancos, negros, cobrizos y amarillos; la más evidente, a su parecer, era el clima. Pero de ello no podía extraerse ninguna conclusión de importancia moral o intelectual. «Los negros –escribía– tienen derecho a creer que el hombre blanco es una degeneración, una rareza albina, así como hay blancos convencidos de que el negro es una bestia, un animal oscuro». La historia natural de la humanidad que Herder aspiraba a escribir no se basaría en lo que –aludiendo despectivamente a Kant– él mismo denominaba «las supuestas razas *(Rasen)*» humanas[40].

A Herder, el cosmopolitismo kantiano le parecía una trivialidad, un objetivo absurdo, destinado a convertirse en otra manifestación de la «monarquía universal». El propio

Kant lo temía, precisamente porque se trataba de forzar la unión de lo que estaba desunido por naturaleza. Los pueblos son esencialmente incomparables entre sí (lo que descalifica todo intento de establecer una moral estándar) y todos deben considerarse válidos en su diferencia. A Herder, lo que denominamos «etnocentrismo» le parecía también un absurdo, tanto como las ilusiones del «loco del Pireo», que estaba convencido de que todos los inventos humanos eran griegos por la sencilla razón de que eran los únicos que él conocía. «Los negros, los [nativos] americanos y los mongoles», escribía,

poseen talentos y predisposiciones que los europeos no tienen. Tal vez la suma es igual pero con proporciones y compensaciones diferentes. Podemos creer que lo que es susceptible de desarrollarse dentro del *tipo humano* en nuestro planeta se ha desarrollado ya o se desarrollará, porque, ¿quién podría impedirlo? Así pues, la forma original, el *prototipo humano,* no reside en una sola nación o zona de la tierra, porque es un concepto abstracto de todos los ejemplares de la naturaleza humana que habitan en ambos hemisferios. El *cherokee,* el *huswana,* el *mongol* y el *gonaqua* son letras de la gran palabra de nuestra especie, igual que el más civilizado de los ingleses o los franceses[41].

Sería una locura y un delito que esos ingleses y franceses civilizados pretendieran imponerse e imponer sus tan cacareados logros científicos al mundo entero. «Poned vuestra fragata rumbo a Otaheite –decía, dirigiéndose con desdén a Bougainville y a Cook–, ordenad que vuestros cañones rujan a lo largo de las costas de las Nuevas Hébridas; no seréis por eso superiores en vuestros conocimientos a los habitantes de las islas de los

Mares del Sur que manejan con arte las canoas construidas con sus propias manos»[42]. Superiores no, pero sí distintos. Y si esto es así, si nadie sabe en realidad qué es ser un africano o un indio, salvo los africanos y los indios, si todas las culturas son herméticas y están separadas por la propia naturaleza, no pueden existir unas premisas en las que basarse para evaluarlas (o juzgarlas), pero tampoco –y esto es lo que distingue con mayor claridad a Herder de sus predecesores ilustrados– motivos para interesarse por ellas. Y si, como Herder cree, las pasiones que un *Volk* inspira a otro son sobre todo «la *envidia* y el *sentido del honor de su propia raza* y de su *superioridad*» no existen motivos para suponer que los odios y los conflictos pueden desaparecer de este mundo.

Herder no fue un protonacionalista, ni tampoco un «protocomunitarista», si a eso vamos, pero su concepto de una humanidad dividida en naciones bien diferenciadas, con una cultura distinta e inalterable, influyó decisivamente en la idea de que la identidad humana está formada por las tradiciones y las costumbres, así como por las lenguas que de ellas se derivan; precisamente las mismas cosas que, al menos según la opinión de Hamann, Kant había omitido al construir un sujeto enteramente libre y plenamente maduro. Bastaría con un paso más para negar la existencia de una «naturaleza humana» o, en todo caso, para sostener su irrelevancia. No fue el caso de Herder, que tenía un concepto claro de la humanidad común a todos los pueblos, circunstancia que no impidió a varias generaciones posteriores, desde los nazis hasta los ideólogos del *apartheid,* considerarle uno de sus predecesores.

Entre los sucesores de Herder en el siglo XIX, la Ilustración dejaba de ser un periodo de liberación, para convertirse en una época de represión y limitaciones, de reducción de los amplios horizontes que solo el poder de la imaginación y la fuerza de las pasiones podían alcanzar. Una vez identificada la Ilustración en gran parte con Kant resultaba fácil considerarla un movimiento entregado en exclusiva al triunfo de la «razón» y, por ende, a la defensa de un concepto de humanidad insensible, indiferenciado y absolutista. Para los románticos, la naturaleza, esa fuerza que los ilustrados habían querido refrenar con la «civilización» (palabra que a finales del siglo XVIII significaba en alemán ni más ni menos que dominación tecnológica), era una corriente imparable que fluía a través de la humanidad y que, en palabras de Herder, hacía del hombre «el órgano sensorial de su Dios en todas las cosas vivas de la Creación»[43]. La Ilustración, que fue una idea de autodeterminación y libertad, se entendía ya como una forma de esclavitud; después de haber sido «aristocrática» se volvía –con el peor de los calificativos– «burguesa» o «pequeñoburguesa». Ya no representaba ni siquiera la esperanza de una «secta filosófica», sino una religión de tenderos. Henrich Heine llamaba a Kant el «gran destructor», que paradójicamente compartía sus valores «pequeñoburgueses» con Robespierre:

Los dos respondían a la misma honradez prosaica. Los dos poseían el mismo talento para la desconfianza, con la única diferencia de que en el uno esto se manifestaba contra el pensamiento y recibía el nombre de criticismo, mientras que en el otro iba dirigido contra la humanidad y se hacía llamar virtud republicana... La naturaleza los había destinado a pesar el café y el azúcar que adquirimos, pero el hado decidió que pesaran otras cosas, así que en la balanza del uno hubo un rey y en la del otro un dios... ¡Y los dos dieron el peso cumplido![44].

Desde Herder y Heine hasta Hegel y Martin Heidegger, el padre fundador del «posmodernismo», se gestó una opinión de la Ilustración tan fría, atonal, monótona y calculada como la burguesía que al parecer la compartía. La Ilustración había pretendido barrer la diferencia, el heroísmo y el deseo, y había puesto la urbanidad en el lugar de la pasión y el ingenio en el lugar de la sabiduría. Quiso también eliminar la religión, esto con una ferocidad aún mayor y más resuelta, para dejar en su lugar lo que Hegel denominó el «estigma de un anhelo insatisfecho»[45]. Y en su lugar quedó solo el sentimentalismo vacío del hombre piadoso; en palabras de Hegel, puro sentimiento, en tanto que el pensamiento quedaba relegado a la «pura cosa en sí». En el espacio que antes ocupaba un rico potencial para la expresión humana, donde sentimiento y capacidad de pensar habían sido complementarios, la Ilustración solo había dejado las estériles claridades del mundo cosmopolita y las insaciables demandas del «imperio de la razón»[46].

Peor aún, se había transformado en aquel universalismo que Anacharsis Cloots propugnaba en la Asamblea Nacional en nombre del «país antes llamado Francia», una distorsión más claramente encarnada tanto en la teoría como en la práctica por Napoleón. Parece que en noviembre de 1807, desde su cautiverio final, aislado en la rocosa isla de Santa Helena, Napoleón decía a su secretario Emmanuel Las Cases que aquel «gran proyecto» había servido para lograr «la concentración de los pueblos con una geografía común» en Europa, «desbaratados por las revoluciones y la política», para hacer de ellos «un mismo cuerpo nacional» gobernado por una indivisible «unidad de las leyes, los principios, las opiniones, los sentimientos, los pareceres y los intereses».

Napoleón no era más que un oportunista, que aun careciendo de posibilidades reales de volver al poder –y a Francia–, probablemente quería salvar un puesto honroso para sí en la historia, pero si alguna vez tuvo un objetivo político coherente o de alguna consistencia fue crear un Estado paneuropeo sometido a la soberanía de Francia y gobernado a ser posible por un miembro de su familia en cada zona. La «hermandad de repúblicas» de la nueva Europa acabaría teniendo un solo presidente (o emperador, en el caso de Napoleón), un solo código penal –el famoso código napoleónico–, un nuevo sistema racional de pesos y medidas (el sistema métrico), un único programa educativo y hasta un nuevo calendario, y todas aquellas cosas serían francesas. Pues «¿qué pueblo –escribía a Jérôme, el incompetente hermano que él mismo nombró rey de Westfalia–, después de disfrutar de los beneficios de una administración liberal y eficaz... querría volver al gobierno arbitrario de antes?». O como lo expuso con mayor brutalidad en otras ocasiones: «Lo que es bueno para Francia es bueno para todos»[47]. La filosofía de la Ilustración, que, como decían Horkheimer y Adorno, «inspiraba terror a la infamia en el siglo XVIII», acabó por «servir a la infamia absoluta con Napoleón»[48].

3

No obstante, por evidente que parezca, no existe una relación causal entre la Ilustración, la Revolución y las Guerras Napoleónicas que siguieron. Si la Ilustración hubiera sido precursora de la Revolución y del periodo napoleónico, si hubiera sido el instrumento intelectual que permitió a Saint-Just creer en la posibilidad de crear otra vez el mundo, entonces –paradójicamente quizá– no tendría la importancia que tiene hoy para nosotros. La Revolución transformó la sociedad europea y ejerció una enorme influencia, directa e indirecta, en la forja del mundo moderno, pero no porque llevara a la práctica nada parecido a lo que el filósofo inglés Bernard Williams ha llamado «la ilusión de Saint-Just», una ilusión desmentida por el tiempo sobre la posibilidad de revivir en Francia las virtudes que supuestamente habían sustentado a la República Romana[49]. Los liberales de la época posrevolucionaria, Alexis de Tocqueville, Benjamin Constant y John Stuart Mill, vieron en la Revolución –pese a sus excesos reconocidos y pese a que desembocara en el breve pero sangriento reinado de Napoleón– un mal necesario que en última instancia había abierto camino al orden liberal-democrático que sustituyó al Antiguo Régimen en toda Europa. En 1858, Tocqueville pensaba que había «regulado, coordinado y legalizado los efectos de una gran causa»[50]. Aquella «gran causa» era lo que en la actualidad podríamos llamar aproximadamente «democracia liberal» y que, a pesar de los pesares que Occidente experimentó a lo largo de los siglos (por no mencionar los pesares que causó al resto del mundo), continúa siendo el sistema político en el que vivimos la mayoría. Y ese sistema es también un hijo de la Ilustración.

Pero el auge del liberalismo posnapoleónico estuvo estrechamente relacionado con otro movimiento, que más tarde recibiría el nombre de «nacionalismo liberal», surgido en aquellos estados –Italia, Grecia, Polonia– que después de las Guerras Napoleónicas se hallaron aún bajo el yugo de una u otra de las grandes potencias. El «nacionalismo liberal», como su propio nombre indica, no fue, al contrario que los nacionalismos posteriores, la amenazadora pretensión de una superioridad expresada a gritos de «mi país es el mejor» por una población colérica e ignorante que culminaría en el fascismo y el nazismo, sino una reformulación ecuménica del patriotismo cívico en el que se basó en su momento el cosmopolitismo ilustrado.

La derrota definitiva de Napoleón en la batalla de Waterloo, el 18 de junio de 1815, puso fin al Imperio Francés de Europa, pero reforzó a los estados imperiales que contribuyeron a su caída: Gran Bretaña, Rusia, Austria y Prusia. «Veintidós años de guerra –escribía Giuseppe Mazzini en 1849– han dejado una Europa exhausta». Cuando al fin llegó la «paz largamente anhelada... y se alabó a los vencedores, las viejas dinastías, bendecidas por la victoria, recuperaron su poder interrumpido». El 25 de septiembre de 1815, Prusia, Rusia y Austria formaron la «Santa Alianza» con el objetivo de restaurar hasta donde se pudiera el equilibrio prerrevolucionario del poder en gran parte del continente europeo, circunstancia que supuso un terrible desencanto para aquellas naciones pequeñas que, como Polonia e Italia, quedaron en la órbita de una gran potencia. Para ellas, la Alianza tuvo poco de santa. En palabras de Mazzini, acabó con la secular separación de la Iglesia y el Estado que la Ilustración había luchado por consolidar, y dio paso a una nueva época en la que el «dualismo [la Iglesia y el Estado] de la era cristiana se convirtió en un pacto de mutuo amor». Así pues, «los nuevos dueños del mundo se aliaron contra el futuro». En lugar de mantener la paz entre los estados cristianos, como ellos proclamaban, el verdadero objetivo de esta «liga de potencias ilegítimas» consistía en perseguir a muerte todo «principio progresista», porque las grandes potencias habían visto con toda claridad que la derrota de Napoleón no significaba la destrucción de los principios revolucionarios, y mucho menos de la Ilustración, de donde antes o después podría resurgir un peligro para el porvenir de su autoridad. Por tanto, se aseguraron de que siempre que «una nación oprimida o en desventaja» hiciera algo por afirmar su identidad o «determinar libremente su futuro», la denominada Santa Alianza cayera sobre ella «para impedir el progreso y proteger a los opresores»[51]. Parecía que regresaba, al menos por un tiempo, aquella Europa cuya desaparición tanto lamentaba De Maistre, con sus reyes, sus clérigos y sus verdugos (y no es que ninguno de ellos hubiera faltado nunca).

Mazzini fue el constructor intelectual de la unidad italiana, un lector apasionado de Vico y de Herder, un hombre conocido y admirado en toda Europa por figuras tan dispares como John Stuart Mill y Friedrich Nietzsche, que lo consideraban uno de los personajes más heroicos y más nobles de la época, un auténtico *Übermensch*[51]. Y según el radical ruso Alexander Herzen, la «estrella resplandeciente» de las revoluciones democráticas de 1848[53]. Aunque él mismo se tenía por un político práctico, un hombre de acción dedicado a la creación de ideales realizables, que en 1849 fue durante pocos meses uno de los triunviros de la efímera República Romana, Mazzini pasó gran parte de su vida adulta en la pobreza y el exilio. Fue un patriota y un nacionalista (él jamás utilizó esta última palabra, pues hablaba solo de «nacionalidad»). Su voz era más clara y más potente que la de otros muchos y nunca hablaba con amargura, a pesar de sus padecimientos personales; era también menos grandilocuente que los filósofos alemanes que él tanto admiraba: Johann Gottlieb Fichte y August Wilhelm Schlegel. No obstante, igual que ellos, se mostraba ferozmente crítico de todas las manifestaciones de sectarismo que arraigaron en Europa a raíz de las Guerras Napoleónicas[54]. Tal vez al contrario que los nuevos amos del continente, Mazzini comprendió que por mucho que hubieran destruido a Napoleón y los ideales revolucionarios más extremos, ni habían podido ni podrían nunca con el nuevo ideal liberal de nación. No había sido «la fuerza bruta de los reyes», escribía, lo que acabó con Napoleón, sino la idea de nación que el francés había «ofendido con su arrogancia». La nueva nación posrevolucionaria, tal como Mazzini la imaginaba, fusionaría el anterior concepto de patria como devoción «a las leyes y a la libertad» con un sentido casi místico de su identidad como pueblo. El Estado-nación sería, en palabras de Hegel, «una entidad espiritual» y un «espíritu en su racionalidad sustancial y actualidad inmediata y... por tanto el poder inmediato sobre la *tierra*»[55].

Al contrario que la idea de «nación» que había sostenido el poder de los monarcas de la Europa medieval, la nación hegeliana estaba completamente separada de la divinidad y del soberano, al modo de la noción ilustrada de «patria». Se componía únicamente del pueblo. Para Hegel, la propia identidad humana es en sí expresión de lo que él denominaba un *Volksgeist*, un «espíritu del pueblo», que se manifiesta en las instituciones y las creencias –la cultura en el amplio sentido del término– de una nación. No sorprende que su ideal fuera la antigua *polis* griega, una comunidad parecida a un organismo vivo, en la que se ha trascendido la distinción entre medios y fines mediante lo que se convierte al mismo tiempo en un fin y un medio[56]. En efecto, esta devoción nacional será en el mundo posrevolucionario una parte activa de algo mayor que uno mismo. Mientras que la sujeción a un monarca, por muy voluntaria que fuera, representaba una especie de servilismo, la nueva ciudadanía suponía la unión del uno con la totalidad. Y esa unión era lo único capaz de garantizar la verdadera libertad. El patriotismo era para Hegel «esa disposición que, en las condiciones y circunstancias normales de la vida, habitualmente sabe que la comunidad es el fin y la base esencial». Una disposición, una confianza en que «mis intereses esenciales y particulares» en tanto que individuo «están preservados y contenidos en los intereses y los fines de otro (en este caso, el Estado) y en la relación de este último conmigo en tanto que individuo. En consecuencia, ese otro inmediatamente deja de ser otro para mí y yo, en mi conciencia de este hecho, soy libre»[57]. La libertad fue siempre el objetivo último, pero la libertad no se conseguiría con unos individuos que luchaban solos en un mundo cosmopolita ajeno a todos los apegos locales, como habían supuesto los desencaminados abogados de la Ilustración, sino únicamente formando parte de algo mayor, más grande, más comprometedor y más duradero que el ser. Para los que pensaban como Mazzini –a pesar de que criticaba a Hegel por su «adoración de la fuerza» y su exagerado estatismo–, aquella nación nueva era el único medio de que los diseminados pueblos de Europa se liberaran del yugo de la «Santa Alianza».

El objetivo del nuevo concepto de nacionalidad era el rejuvenecimiento y todo esfuerzo en ese sentido, escribía Mazzini, tenía como meta última la reconciliación del «país *(patrie)* con la humanidad». En su forma final esto suponía lo que él llamaba la «fusión» de los distintos pueblos de Europa. No obstante, como para Kant, se trataba de una posibilidad remota, de forma que nadie intentaría «imponer [en el presente] un mundo cuya hora aún no ha llegado». En un futuro próximo la humanidad podía esperar, eso sí, la «armonización», circunstancia que en la Europa fragmentada y discordante salida de la devastación de las Guerras Napoleónicas solo se conseguiría a través de la nación. A los que argumentaban que la nación era «una manifestación del pasado, un concepto medieval causante de mucho derramamiento de sangre, que continúa dividiendo el pensamiento de Dios en la tierra», Mazzini respondía que la nueva «nacionalidad» no debía ser «la amarga guerra del individualismo». No pretendía alimentar un nuevo sectarismo. «El nuestro no es un proyecto nacional –clamaba–, sino internacional»[58]. Denunciaba los tres pilares de la raza, la lengua y el clima en los que se había basado anteriormente el excepcionalismo[59]. Ni mucho menos se trataba de revivir las esperanzas de De Maistre en la firme alianza de la Iglesia y el Monarca dentro de una nación que era simplemente la sombra alargada de su gobernante. Y cuando ciertos «hombres honorables, movidos por las mejores intenciones» afirmaban «haber dejado de creer en la nación para creer en la humanidad porque somos cosmopolitas», Mazzini replicaba que el cosmopolitismo era «una idea algo anticuada» y «mucho más imprecisa y dificultosa que la idea de nacionalidad». El cosmopolitismo, tal como lo entendían aquellos «hombres honorables», se había convertido en «una reacción estéril contra un pasado que ya ha muerto para siempre en nuestro corazón»[60]. Naturalmente, decía, nosotros también somos cosmopolitas si con ello se quiere significar un sentido general de benevolencia y obligación hacia nuestros semejantes, así como «la destrucción de las barreras que separan a los pueblos y suscitan en ellos intereses opuestos». Pero esto no basta. En el mundo en que él vivía, el cosmopolitismo bien intencionado carecía de posibilidades, porque en última instancia el cosmopolita se ocupa solo de los individuos. Se sitúa, decía Mazzini, según su entendimiento de los círculos estoicos, «en el centro de un círculo inmenso que se extiende a su alrededor y cuyos límites quedan fuera de su alcance». Más que estar equivocado, es ineficaz. El cosmopolita hace lo que puede dentro de sus posibilidades, pero al final todo se resume en un acto de caridad, de «mera beneficencia», porque no puede ofrecer una solución a «los problemas sociales que nos ocupan hoy en día». La alternativa siempre había sido una versión rebajada de la visión cósmica de Marco Aurelio, en la que los cosmopolitas «terminan por situar su condado y hasta su pueblo en el centro de su edificio teórico». Dicho de otro modo, la idea se convierte de nuevo en lo que más temía Kant: el ideal cosmopolita expresado en forma de imperio universal o en lo que Mazzini denominaba significativamente nacionalidades «napoleónicas», que «gracias a Dios» ya no estaban en condiciones de imponerse por las armas –como Francia, Gran Bretaña, Bélgica y Alemania trataban de hacer fuera de Europa– con el «pretencioso estribillo de la consabida moral exclusiva y el liderazgo intelectual»[61]. Mazzini, como Kant (a quien nunca leyó, al menos en lo relacionado con este tema), pensaba que las nuevas naciones que surgirían del desplome del mundo posnapoleónico serían lo que Kant llamaba «repúblicas representativas» y que un día estarían en condiciones de unirse para formar los «Estados Unidos de Europa»[62].

4

Desde los tiempos de Mazzini, los «Estados Unidos de Europa» casi se han convertido en una realidad. Ciertamente ha surgido una federación europea con muchas de las instituciones que él esperó ver (y otras muchas que no pudo imaginar), y continúa siendo una Europa de las naciones. En cambio, el «nacionalismo liberal» sufrió algunos golpes brutales de tipo ideológico, como la degeneración en varios tipos de racismo que fundamentaron la época de la construcción de los imperios en la segunda mitad del siglo XIX, para terminar en aquella especie de némesis que fueron el fascismo y el nacionalsocialismo de mediados del siglo XX. Pocos pueblos de Occidente se atreven a llamarse «nacionalistas» después de 1945. Los americanos, tanto los del norte como los del sur, suelen ser menos tímidos que los europeos en la adoración de los símbolos de sus naciones, sus banderas, sus himnos, sus deportes y sus siempre escurridizos «valores», pero si bien les gusta pensar que su país es superior –sobre todo a los que se sitúan a la derecha–, por lo general prefieren ser patriotas que nacionalistas. En otras partes, el Próximo Oriente, los Balcanes, África y Asia coloniales e Irlanda, el nacionalismo se ha convertido, como en el caso de los italianos, los griegos y los polacos del siglo XIX, en una forma de liberar a los pueblos nativos del poder directo o indirecto de imperios extranjeros, pero, con escasas excepciones, los experimentos nacionalistas de los estados postimperiales no han conocido un final feliz. El nacionalismo, como el marxismo, es flor que crece en el semillero europeo y se adapta mal a otras latitudes. No debe asombrarnos que, después de varios años de desafortunados experimentos nacionalistas, los extremismos políticos islámicos le hayan dado la espalda al nacionalismo, que, junto con el marxismo, les parece otra manifestación de lo que Irán llama «*Occidentosis*»[63]. En el islam no existen las naciones, tan solo un pueblo que vive bajo un mismo Dios.

En la actualidad, tanto en Europa como en Estados Unidos existe otra forma de localismo, aún más estrecha, que recibe el nombre de «comunitarismo» –de definición imprecisa, pero consecuencias amplias–, que, como el nacionalismo, suele situarse contra la Ilustración. Una comunidad puede ser muchas cosas; puede coincidir con la nación o ser –como suele– algo de dimensiones más reducidas. Puede coincidir incluso con una diáspora formada por los inmigrantes procedentes de otra nación o zona del planeta. En los Estados Unidos, país formado en gran parte por inmigrantes bastante recientes, tales comunidades suelen darse nombres compuestos para subrayar su diferencia respecto a la nación propiamente dicha. Así como sus fundadores criollos se denominaron «angloamericanos» o «británicoamericanos», los americanos actuales se llaman «hispanoamericanos», «asiaticoamericanos», «italoamericanos», etc. O bien una comunidad puede ser aún más pequeña: una clase, una etnia, una cultura y hasta una parroquia o un pueblecito; en resumen, todas aquellas agrupaciones humanas más antiguas que la nación que los nacionalistas quisieron incluir sin éxito. Es inevitable que los comunitaristas tengan mucho en común con los nacionalistas del siglo XIX. Su forma de entender la comunidad se inspira en fuentes semejantes, sobre todo en Hegel y en Herder[64]. (No es coincidencia que el filósofo Charles Taylor –uno de los comunitaristas más sutiles y alusivos– escribiera su obra más importante sobre Hegel o que haya participado en el renovado interés por Herder que se vive en la actualidad). Como los antiguos nacionalistas, los comunitaristas sostienen que el cosmopolitismo ilustrado puede ser recomendable en teoría, pero que se basa en supuestos vagos y etéreos, alimentados exclusivamente de buenos sentimientos.

En un mundo real, habitado por seres reales, resulta sin remedio ineficaz y, tal vez, como la mayor de las ideas imprecisas, potencialmente letal. Peor aún, los cosmopolitas se equivocan de un modo absoluto. Los seres humanos se engañan cuando se imaginan haber sido los creadores de los mundos políticos y sociales que habitan; en realidad, ellos son criaturas de esos mundos. Empleando la impactante imagen de Martin Heidegger, los comunitaristas creen que hemos sido «arrojados» al mundo, por tanto no hemos tenido la menor oportunidad de elegir la zona de aterrizaje. Todas las comunidades habitadas por seres humanos, sean estas simples o complejas, han evolucionado durante largos periodos de tiempo. Todas pueden –o deberían– reconocerse en tanto que humanas y respetar la forma de organizarse que han tenido las demás. Quizá exista una única «naturaleza humana», como hoy sabemos que existe una única «raza» humana, pero eso solo quiere decir que ya no tenemos ningún derecho –si lo tuvimos alguna vez– a esclavizar, a exterminar e incluso a «desarrollar» a otros pueblos. Esta creencia en una humanidad común puede llevarnos incluso a la aceptación de que los «otros» tengan los mismos derechos políticos que «nosotros», pero nunca significa que compartamos nuestra identidad o nuestro mundo moral (en el mejor de los casos un concepto arriesgado) con nadie que habite más allá de nuestro inmediato entorno social. Si el individuo tiene una identidad moral se la debe únicamente a la comunidad a la que pertenece.

Hace unos treinta años, el filósofo británico Alasdair MacIntyre escribió una obra interesante y muy influyente titulada *Tras la virtud*, que empezaba con la visión de un futuro alternativo. MacIntyre pedía a sus lectores que imaginaran un mundo en el que se destruyera el conocimiento acumulado por las ciencias de la naturaleza. Supongamos que se produce una serie de desastres naturales y que la población, buscando un culpable, se vuelve contra los científicos. «Se producen levantamientos en todas partes, se queman los laboratorios, se lincha a los físicos y se destruyen los libros y los instrumentos». Imaginemos lo que supondría recuperar el conocimiento científico a partir de los fragmentos dispersos que quedaran en «unos instrumentos cuyo uso se ha olvidado, en capítulos incompletos de libros y en páginas sueltas de artículos no siempre legibles por estar rotas y quemadas». Quizá durante varios siglos, hasta que se lograra reconstruir todo el proceso de razonamiento científico, nadie sería consciente de estar haciendo ciencia, porque «se habría perdido el contexto necesario para dar sentido a su actividad». Eso fue lo que hizo la Ilustración. Pero no destruyó las ciencias naturales, sino la moralidad. Como los habitantes de esa pesadilla futurista que perdieron por completo el contacto con las ciencias naturales, «nosotros hemos perdido en gran parte, si no del todo, la comprensión tanto teórica como práctica de la moralidad»[65]. Y lo que es peor, *no lo sabemos*. Según MacIntyre, la solución, la forma de recuperar la moralidad perdida y anular las consecuencias de la Ilustración, está en resucitar el antiguo concepto aristotélico de «virtud» y con ello reconstruir nuestro mundo moral con una imagen parecida a las comunidades monásticas medievales.

La posición de MacIntyre es extrema y su descripción de la Ilustración históricamente excéntrica (aunque encaje a la perfección con sus argumentos en contra). Se trató, según él, de un fenómeno exclusivo del norte de Europa («los pueblos que hablan español, italiano, gaélico y lenguas eslavas no pertenecen a la Ilustración»), tan musical como filosófico –cuyos principales exponentes fueron Kant y Mozart– y los franceses, que eran «el pueblo más atrasado de las naciones ilustradas» quedaban excluidos. Su resultado y su epitafio fue *O lo uno o lo otro,* una obra escrita en 1842 por el filósofo y teólogo danés Søren Kierkegaard[66]. No obstante, y a pesar de estas excentricidades, ciertas versiones de la argumentación de MacIntyre –aguadas, despojadas de la mayor parte de su narración histórica y muchas veces filosóficamente empobrecidas– se convirtieron en lugares comunes. La Ilustración nos había apartado de nuestras raíces morales. Sosteniendo que la moralidad era un asunto de elección individual, que todas las personas, en palabras de Kant, llevan en su interior una ley moral, la Ilustración había producido una cultura falta de dirección y de metas. Y había sido así porque la Ilustración no solo se equivocaba en el caso de la moralidad, sino también en todo lo relacionado con nuestro ser social y ético; en resumen, con la vida. Todas estas cosas, lejos de proceder de nuestro interior, nos llegan de fuera. Se nos imponen y solo adquieren sentido en el contexto de la comunidad de pertenencia. Por tanto, resulta absurdo creer que, en ausencia de una comunidad en cualquiera de sus formas que las dote de un significado real, unas criaturas tan distintas en lo esencial podrían ponerse jamás de acuerdo en asunto tan peliagudo como el modo de vivir. Sin las pautas de la tradición (y algunos –entre ellos MacIntyre– añadirían sin los sistemas de creencias religiosas que tienen todas las sociedades humanas), los seres humanos se encuentran perdidos. La Ilustración, con su ideal de un mundo mayor, un mundo cosmopolita, hizo casi inconcebible la idea de comunidad. Fue un error, que al menos en el mundo occidental todavía estamos pagando.

Según MacIntyre, los ilustrados estaban convencidos de «la posibilidad de un debate racional entre cualquier punto de vista, independientemente de su origen, con cualquier otro» y de que «ese debate racional, si está bien dirigido, puede llegar a un resultado concluyente». Como a Hamann, a MacIntyre esto le parecía inevitablemente estéril, porque el tipo de dirección que puede aplicarse a un «debate racional» responde por necesidad a un «esquema teórico o conceptual» previo, y esos esquemas no existen con independencia de las formas de vida, las creencias y los usos y costumbres. En otras palabras, la propia «racionalidad» –como el concepto de «felicidad» de Herder– no es una categoría universal[67]. Lo que a un americano le parece un argumento racional puede parecerle una monserga a un iraní; o, más pertinente, lo que es una obviedad incuestionable para un ateo educado puede resultarle incomprensible a un creyente sin formación. Más aún, para MacIntyre el hombre no es una criatura racional, sino un contador de historias, un *Homo fabulans*. Sus sensibilidades morales son de tipo narrativo y las historias que cuenta no se refieren a la «humanidad» ni al cosmos, pues aunque de ambas cosas pueda decirse que en cierto sentido tienen historias, ninguna de ellas es pertinente u obligatoria. ¿Por qué debería preocuparse un individuo cualquiera de una nación occidental moderna de las actividades de unas sociedades de cazadores-recolectores o, si a eso vamos, por los progresos de los chinos o de los nuer? Tal vez sería una lectura interesante; tal vez los admiremos o nos inspiren piedad, pero nada pueden decirnos de cómo vivir nuestra vida. Lo que nos interesa de verdad son los relatos que afectan a los nuestros; de ahí la importancia de la historia y la genealogía para todos nosotros y para todas las naciones. Cada «comunidad» es la criatura de una sola historia, la mayor parte de las veces construida más o menos a fuerza de omisiones, distorsiones y elaboraciones. Por eso a los nacionalistas les importa tanto que las historias nacionales se cuenten en el colegio. El papel de esas historias en el relato nacionalista es lo que ha situado la Carta Magna, la Declaración de Independencia y la Constitución de los Estados Unidos o, en Francia, la *Declaración de los Derechos del Hombre y del Ciudadano,* en el puesto relevante que ocupan no solo en la historia oficial, sino también en el imaginario popular de sus respectivas naciones, aunque, como suele ocurrir, pocos ciudadanos conozcan su contenido. Todas las religiones y todos los sistemas políticos son también historias. Algunas ciertas, otras claramente falsas. Muchas veces no disponemos de medios para averiguarlo, pero lo importante es que creamos en ellas. Según MacIntyre, si alguien lo vio con claridad ese fue Giambattista Vico. «Porque fue Vico –decía con cierta intención–... el primero en ver... que las materias de la filosofía moral... solo se encuentran encarnadas en la vida histórica de los grupos sociales concretos»[68]. Para MacIntyre, como para todos los comunitaristas y para Hegel, «la comunidad es la base esencial y la finalidad». Fuera de ella no existe fundamento alguno para emitir un juicio moral, social, antropológico o religioso sobre cualquier cosa que ocurra dentro. Lo que los autores ilustrados calificaban habitualmente de «prejuicio», que, según Holbach, eran «la verdadera causa de todos los males que afligen a la humanidad desde todos los ángulos», eran en realidad las costumbres y las creencias comunes que construían la vida ética de una comunidad[69]. Como explicaba a los franceses Edmund Burke, siempre tan seguro del sentido común de sus paisanos, los ingleses, «en vez de analizar los prejuicios generales», emplean su sagacidad en descubrir la sabiduría latente que predomina en ellos. «Si encuentran lo que buscan, cosa que ocurre poco, les parece más inteligente continuar con el prejuicio y el grado de razón que le corresponda que prescindir del abrigo del prejuicio y quedarse solo con la razón desnuda». La palabra «prejuicio» era un término legal romano relacionado con la situación del caso antes de llevarlo ante el tribunal. Podría decirse, pues, que se corresponde con lo que el filósofo alemán Hans-Georg Gadamer, otra figura con simpatías comunitarias, llama la «preestructura» del conocimiento que todos necesitamos para dar sentido al mundo en que vivimos, precisamente para criticar «la crítica de la Ilustración a la religión»[70]. Porque sin esa «pre-estructura» nadie tiene un punto de referencia, un lugar del que partir para emitir los juicios que toda vida requiere, incluida la vida más «examinada», por emplear el término favorito de Sócrates.

Lo que soy, mi vida moral, todo lo que venero o aborrezco, me llega, por decirlo con MacIntyre, de «esta vida social concreta en la que habito». Esto no significa que, dada la oportunidad, no pueda hallar «formas de vida social semejantes en otras comunidades» que me parezcan igualmente afines a mí, sino que «privado de la vida de [mi] comunidad, no tengo motivos para ser moral»[71]. (No queda claro cómo puedo encontrar afín a mí la vida de otras comunidades si, por definición, el apego a la mía no es materia de elección. Por ejemplo, podría preferir Francia a Gran Bretaña porque, según lo que he visto, la vida de París me parece más afín a mí que la de Londres, pero, según la opinión de MacIntyre, no por eso formaré parte de la comunidad llamada «Francia». Por tanto, no tendré más razones para ser «moral» en la Francia a la que no podré pertenecer más que en un sentido legal que en la Inglaterra a la que ya no pertenezco. O, por lo menos, mi impulso a vivir una vida «moral» en cualquier parte no me vendrá de «esa vida social concreta en la que habito». Esto, a los ojos de MacIntyre, me convierte en un cosmopolita desarraigado y necesariamente amoral).

Semejante forma de entender la asociación humana afecta también al aspecto incuestionablemente más importante de la vida social en una comunidad: la justicia y las leyes, porque en el mundo que conciben MacIntyre y muchos otros comunitaristas no puede existir una justicia «global», ya que la justicia ha de ser materia de acuerdo entre los miembros de la tribu, la comunidad, la nación, etc. donde se aplica. Los animales contadores de historias y la vida social estructurada por esos relatos, tal como lo concibe MacIntyre, constituyen la fuente de la crítica de Jean-François Lyotard a lo que él denomina lo «cosmopolítico». (Lyotard no es propiamente un comunitarista, pues al parecer todos ellos se encuentran en el mundo de habla inglesa, pero el comunitarismo tiene mucho en común con el posmodernismo, como reconoce de un modo implícito MacIntyre). «El *Volk* –escribió Lyotard empleando el lenguaje que Herder introdujo en la filosofía– está recluido en el *Heim* [su país] y se identifica a sí mismo a través de los relatos»[72]. Lyotard ilustra su idea con el ejemplo, tal vez un poco extremo, de un pueblo de Centroamérica, los cashinahuas, que, al parecer, se consideran «la gente verdadera». Las historias que se cuentan, sus relatos «salvajes», como los llama Lyotard, versan solo sobre sí mismos. Son, como él lo expresa, resueltamente «anticosmopolíticos». Las «tradiciones –nos dice Lyotard– son opacas entre sí. El contacto entre comunidades acaba siempre en conflicto, porque los nombres y los relatos de una comunidad excluyen los nombres y los relatos de la otra». No existe ningún lugar en el que el conflicto se pueda resolver, ningún tribunal «ante el cual presentarse, argumentar y decidir», porque un tribunal semejante ha de ser «universal y humano y debe disponer de un derecho internacional, etc.», cosas que para Lyotard sencillamente no existen. Son creaciones ilusorias de la Ilustración, el principal apoyo del «metarrelato» ilustrado, que el modernismo ha superado triunfalmente[73]. Encerrados en su mundo de «relatos» incomunicables, los cashinahuas acaban siendo los auténticos posmodernos por el hecho de ser los premodernos perfectos. Tienen, en efecto, muchas de las características que Rousseau atribuye a sus salvajes o Diderot a sus tahitianos de ficción. Todo intento de consenso que supere los confines de la comunidad es para Lyotard un «valor anticuado y sospechoso». La justicia nunca se encuentra si no es en un medio determinado y, como si se tratara de un juego, «acordada por sus actuales jugadores y sujeta a una posible anulación». Puesto que no existe un tribunal capaz de establecer el valor (y la fuerza) de un contrato, por más que temporal, entre estos consensos diferentes, cada grupo debe quedar encerrado para siempre en su propio mundo y definido por sus propias costumbres y sus propios lenguajes. Si me enfrento al matrimonio concertado de niños, a la esclavitud o a la ablación de clítoris, solo podré decir: «Carezco de lenguaje para explicar y menos aún para juzgar esa actitud». Para Lyotard, todos vivimos de hecho como los cashinahuas, con la diferencia de que nosotros nos negamos a reconocerlo. Los posmodernistas hablan de lenguaje; los comunitaristas (y los multiculturalistas, que comparten sus premisas básicas), de «relatos», de «cultura», pero al final llegan a conclusiones casi idénticas.

Lo que es distinto es, sencillamente, distinto. No existe una posición universal sobre ninguna materia. Puede haber, eso sí, conversaciones entre diferentes «esferas de justicia», por emplear la expresión de Michael Walzer, pues «todo lenguaje –dice Lyotard con una confianza injustificada– es traducible». Pero no existe la posibilidad de un derecho auténtico entre naciones distintas, porque tendría que depender de un acuerdo a todas luces imposible. El sistema de castas de la India, por ejemplo, tan aparente y flagrantemente injusto para una sensibilidad laica y contemporánea, argumenta Walzer, sería justo si lo aceptaran todos sus afectados. (De hecho lo es –o eso dice él– y de esa manera la cuestión no procede)[74]. No podemos liberarnos de nuestro lenguaje o de las expectativas culturales de la comunidad a la que nos hemos visto «arrojados» más que de la propia piel. Y si todo lo que hacemos –y más importante, todo lo que pensamos– nos es dado y no hay lugar fuera de la comunidad para juzgarlo, será difícil que cambie nunca. Por tanto, un auténtico comunitarista no podrá explicar adecuadamente cómo han llegado a parecernos repugnantes la esclavitud, los matrimonios forzados, las peleas entre perros y osos o las ejecuciones públicas.

Para MacIntyre y otros muchos, estos «grupos sociales concretos» solo pueden hacerse inteligibles y abrigar la esperanza de sobrevivir y obtener el respeto y la lealtad que merecen si se basan en la religión, y no porque el mensaje de la mayoría de las religiones o los mitos que los sostienen contenga verdades. (Aunque supongo que MacIntyre, en su condición de católico practicante, pensará que al menos el cristianismo es verdadero), sino porque la religión, como Hegel reconocía, es el cemento supremo que mantiene unida a la comunidad. Claro está, no es el único. Las comunidades encuentran una identidad común gracias a un elevado número de aspectos, de los cuales el más insidioso es el de la raza, pero la religión ha demostrado con frecuencia que puede ser el último recurso. No admite cuestionamientos, exige solo obediencia y es capaz de producir lealtades apasionadas. No falta quien piensa, con el papa Benedicto XVI, que dejando aparte la atracción (o la verosimilitud) de la otra vida, sobre toda ley positiva debe haber siempre una ley superior cuya fuente solo puede provenir de una divinidad. De otro modo, ¿quién la obedecería? Es el antiguo argumento que expresó mejor que nadie Dostoievski en su famosa observación: «Da por sentado que no hay ni Dios ni inmortalidad del alma y dime, ¿por qué tengo que vivir rectamente y hacer buenas obras si voy a terminar en este mundo?.. Y si es así, en la medida en que pueda confiar en mi astucia y mi agilidad para eludir el peso de la ley, ¿por qué reprimirme de hurtar, robar o cortarle el cuello a otro hombre?»[75]. En el siglo XVII, Spinoza y Pierre Bayle creyeron encontrar la respuesta a esta pregunta, pero no es de las que convencen a una persona que, como Benedicto XVI, no confían en la existencia de una moralidad puramente laica o política.

Muchos comunitaristas achacan la culpa de que exista todo lo que detestan del mundo que habitan a la influencia del pernicioso universalismo ilustrado. Pero ellos, al contrario que sus semejantes más extremos, los cristianos y los musulmanes, no manifiestan ninguna hostilidad hacia la ciencia moderna. No suelen creer en la superioridad del hombre sobre la mujer o en la santidad del matrimonio entre «un hombre y una mujer»; tampoco son antiliberales o racistas u homófobos, pero creen en un mundo que se hace colectiva y no individualmente, un mundo de cambios lentos, un mundo en el que, por muy liberales o generosos que se muestren sus adalides, en la práctica resultaría insular, claustrofóbico, ignorante e intolerante.

Puede haber muchos que, como Alastair MacIntyre, preferirían vivir en una versión resucitada de la Edad Media, con las ventajas añadidas de los antibióticos y el agua corriente. Puede que Benedicto XVI añorara un mundo en el que la teología era aún la «madre de las ciencias», el «magisterium» dominante que tenía la última palabra, y en el que la Iglesia era la institución internacional más importante del mundo occidental y el laicismo una anomalía ligeramente estrafalaria. Puede que Charles Taylor crea de veras que estamos entrando en una edad poslaica. Pero el intento de revitalizar la religión con argumentos racionales como solución a la crisis de la modernidad (o posmodernidad) no parece más convincente en el siglo XXI de lo que fue a finales del XIX. No es probable que el cristianismo, en retirada desde el siglo XVII y largamente acostumbrado al disimulo y al compromiso, cause mucha impresión en el mundo moderno. Tal vez el islam sea harina de otro costal. Los extremistas musulmanes de una u otra laya sustituirán los principios del modernismo occidental por una ética de la fe (en cuanto al optimismo quizá equivocado con que se acogió la «Primavera Árabe», en el momento en que escribo esto –2012– hay ciertos signos de que sus posibilidades y su capacidad de influencia están en declive). No sorprende que fuera un «colega de Teherán» quien le dijera a Habermas que «el estudio comparativo de las culturas y la sociología religiosa demuestra que la secularización europea es el más ajeno de todos los desarrollos posibles... y que debe corregirse». Ni tampoco que cuando se lo dijeron al Papa, este respondiera que la observación no le parecía «carente de significado»[76]. Pero ¿hay alguien en Occidente, aparte del Papa y de unos cuantos exaltados de la derecha cristiana en Estados Unidos, que quiera de verdad un mundo gobernado por las teocracias o por cualquier confesión religiosa? El propio Benedicto XVI era consciente de los peligros de lo que él llamaba «las patologías de la religión»[77]. Charles Taylor, que se ha esforzado por tender puentes entre la sensibilidad ilustrada y una posible religión no dogmática, nos advierte contra los riesgos «de presentar las creencias como una mera forma de superstición sin mayores complicaciones»[78]. Hace bien, pero su propia advertencia nos demuestra hasta qué punto falla la línea de demarcación.

Por otra parte, la «religión» que está en auge hoy en día no es cosa sobre la que el papa Benedicto hubiera podido ejercer un gran control. Se trata de un fenómeno caótico, milenarista, intuitivo, patológico y en su mayoría falto de contenido teológico, que se ha vuelto contra sus fundadores. Los cristianos que abarrotan las «megaiglesias» de los Estados Unidos saben quién fue Cristo, pero probablemente nunca han oído hablar de San Pablo –el verdadero fundador de la Iglesia cristiana– y con toda seguridad no conocen a ninguno de los Padres de la Iglesia. Su fe es, en efecto, el reflejo de esas «patologías de la religión» que Benedicto temía acertadamente. Hume lo habría llamado «entusiasmo». A decir verdad, ahora, como en tiempos de Hume, existen en el mundo pocos ateos confesos. En 2007 ascendían solo al once por ciento de la población mundial, pero cabe suponer que ese porcentaje se localiza en las zonas más ricas y mejor educadas del mundo. La religión predomina en las zonas pobres, donde la población carece de una educación suficiente. En los países en desarrollo se tiene la impresión de estar a merced de unos predadores foráneos –es el caso de los musulmanes, y no les falta razón–, a los que no consideran solo «occidentales», sino también «irreligiosos»[79]. Para esos pueblos, la religión, como la «comunidad», se ha convertido en un refugio y en una ideología de protesta. La rama –o ramas– del islam que, al parecer, han ganado terreno en los países de la «Primavera Árabe» no son tan heterodoxas como las ramas del nuevo cristianismo, pero como ellas representan fundamentalmente un grito de protesta. Cuando las injusticias y las privaciones reales que motivan su protesta hayan terminado –suponiendo que terminen alguna vez–, el «entusiasmo» religioso desaparecerá con ellas. De momento, al menos, parece improbable que se cumpla la terrible predicción que hizo en 2007 el filósofo inglés John Gray: «la violencia de la fe dará forma al próximo siglo»[80].

5

Pero los oponentes de la Ilustración no se han preguntado por qué se quiso trastocar el mundo de virtud y de autoridad moral que, al parecer, había servido perfectamente a nuestros antepasados. Dicho de otro modo, ¿por qué se produjo la Ilustración? No caben explicaciones simplistas, al estilo de De Maistre y Burke, que lo achaquen a la venganza sanguinaria de unas minorías desheredadas que, de repente, de un modo inexplicable, se hicieron poderosas. Yo he tratado de responder no desde el punto de vista del conflicto entre la «razón» y la fe o entre la ciencia y la religión, sino partiendo del fracaso histórico del cristianismo para continuar proporcionando las certezas intelectuales y, por eso mismo, morales, que ofreció en otros tiempos. A mediados del siglo XVII, muchos europeos consideraban inoperante la estructura que sostenía la creencia monoteísta en una divinidad creadora que intervenía en todos los aspectos de su creación. Otro tanto les había ocurrido antes a Platón y Aristóteles con el paganismo. Dejando aparte los elementos estrictamente teológicos –lo único que se salvó de sus orígenes en el judaísmo–, todo lo que en el cristianismo se relaciona con el aspecto humano y la vida terrenal procede en exclusiva de fuentes paganas antiguas manipuladas por una élite clerical poderosa y muchas veces dotadas de una brillante imaginación. De ahí que se le haya denominado «judaísmo helenizado»[81]. La Ilustración se limitó a sustituir esta visión cristianizada de la condición humana por un relato menos dogmático y más atrayente, derivado en principio de un nuevo intento de recuperar la más pujante de las antiguas escuelas filosóficas.

Los que proclaman el «fracaso de la Ilustración» –que pretenden asociar a un fracaso de la modernidad– suelen tener en la cabeza la caricatura de un proyecto para reducir la vida humana a un mero conjunto de cálculos racionales. Si la Ilustración, como opina John Gray, no hubiera hecho otra cosa que «promover la razón autónoma y conceder a la ciencia un estatus privilegiado en comparación con las restantes formas de pensamiento», seguramente habría fracasado de verdad[82]. Pero, como hemos visto, fue mucho más. Se trató de crear un mundo de valores morales, sociales y políticos basados en una forma escrupulosa e imparcial de entender –hasta donde la mente humana es capaz– lo que significa ser humano. Hoy en día, la parte más educada de la población, al menos en Occidente, acepta ampliamente sus conclusiones y, en general, cree en la posibilidad de mejorar el mundo en el que vivimos mediante la ciencia y el conocimiento; y en la medida en que piensa así, cree también en la existencia de una «naturaleza humana» –aunque pocos emplean ya esa expresión– muy parecida en todas partes; en que la justicia que vale para los alemanes vale también para los hausa; y en que lo que quiere para sí mismo un hombre puede quererlo también una mujer. Esto es, aunque no niegan la importancia de las culturas ni el respeto a las diferencias, solo las aceptan cuando esas culturas se atienen a unos niveles mínimos de ética que todo ser racional es capaz de entender. Y creen que, si bien muchos de los derechos que disfrutamos nos vienen dados por los estados que habitamos, nos asisten también otros derechos en virtud de nuestra condición humana[83]. Y nos asisten tanto si hemos nacido en Madagascar como si somos mexicanos, hombres o mujeres, negros o blancos, cristianos, musulmanes o hindúes. Nos asisten sola y exclusivamente porque pertenecemos a la especie *Homo sapiens sapiens,* con todo lo esto implica necesariamente.

Gran parte de la población educada cree también en la posibilidad de algún tipo de justicia «global» o, cuando menos, en la posible existencia de un verdadero derecho para todas las naciones. En general, estaría de acuerdo con Kant en que un mundo auténticamente humano es aquel que todo individuo elegiría crear para sí mismo si no conociera de antemano la posición que iba a ocupar en él. Por esta razón, y no por otra, cree también que una sociedad justa ha de ser necesariamente laica. No pretende negar a los demás su derecho a tener un dios, pero no está dispuesta a aceptar que las leyes por las que se rige la vida de los seres humanos sean otra cosa que humanas, inteligibles y modificables. Tomando prestadas las palabras de Richard Rorty, a esa parte de la población le parece una buena idea «librarse de la pretensión de responsabilizarse de algo distinto a nuestros semejantes y superior a ellos»[84].

Si pensamos así es gracias a la Ilustración. Gracias a la Ilustración somos capaces de superar los estrechos mundos que nos han visto nacer y de pensar globalmente, de imaginar que toda nación tiene una cierta responsabilidad en el bienestar de las demás. Hoy en día, las naciones económicamente avanzadas envían miles de millones de dólares de ayuda financiera a los «países en desarrollo». Nunca en cantidad suficiente, dirán muchos, y dirán bien. Por otra parte, algunas veces se debe a motivos inconfesables. Se espera que el dinero facilite a las naciones donantes un cierto grado de «poder blando» en las partes del mundo potencialmente inestables; o que los beneficiarios evolucionen y se conviertan en provechosos socios comerciales. Pero también nos mueve un sentimiento menos específico y más generoso: les debemos la ayuda porque en esos países pobres hay seres humanos como nosotros que sufren. (No podría explicarse de otro modo que el porcentaje de la contribución mundial de Dinamarca, país que no tiene ninguna perspectiva de poder «duro» o «blando» en los países en desarrollo, supere en mucho el de Estados Unidos). Tampoco esto habría ocurrido sin la Ilustración[85].

La Ilustración fue un tiempo de transformación y consolidación, no de revolución, por eso la menospreciaron los románticos y la menosprecian sus herederos, los marxistas y los neomarxistas. Sin embargo, con su voluntad de transformar las ideas constantes y más significativas de la tradición filosófica de Occidente para hacerlas eficaces en un mundo que ya prescindía irremediablemente de Dios; y con su convicción en la naturaleza inacabada y cambiante de todo acto humano y, desde luego, de sí misma, la Ilustración creó ni más ni menos que el mundo moderno. En efecto, sin ella resultaría imposible imaginar un solo aspecto de la vida contemporánea en Occidente.

Pero, por jugar al mismo juego, permítaseme presentar otra versión del relato que empieza con el «y si...» de Alasdair MacIntyre.

Para empezar, ¿y si no hubiera existido la Reforma protestante?

Lutero, quemado por hereje en 1521, ha pasado a la historia como un fraile conflictivo de los muchos que deseaban recuperar la pureza de la Iglesia primitiva. La cristiandad, aunque siempre en conflicto, continúa unida. El descubrimiento de América ha introducido una cierta agitación en las universidades, pero se ha conseguido reprimir con éxito todo pensamiento contrario a las leyes divinas que gobiernan la naturaleza. Francia no ha conocido las Guerras de Religión, ni Gran Bretaña las Guerras Civiles. La rebelión de los Países Bajos, falta de cohesión ideológica y de ayuda externa, se ha sofocado inmediatamente. No ha estallado la Guerra de los Treinta Años. España continúa siendo la nación más rica y más poderosa de Europa, empeñada en una guerra sin fin con Francia. Copérnico, Galileo, Bacon, Descartes y Mersenne producen un nuevo tipo de Renacimiento que florece durante un cierto periodo bajo la férula de unos regímenes ligeramente tolerantes. Thomas Hobbes, en cambio, después de disfrutar de un breve éxito como matemático, entra en la Iglesia, igual que su padre, y muere, como él, amargado y alcohólico. John Locke es un oscuro doctor de Christ Church, en Oxford, célebre únicamente por haber logrado insertar con éxito una cánula de plata al final del intestino bajo del conde

Shaftesbury sin matarle durante el procedimiento. Newton adquiere cierta fama como astrólogo de talento y administrador competente y también como teólogo hasta cierto punto heterodoxo. A finales de siglo, el «renacimiento científico», como se llamaría después, se ha silenciado, porque, entre otras cosas, la teoría heliocéntrica y el atomismo de Descartes han colmado la paciencia de la Iglesia. La siguiente generación no dispone de nada sobre lo que construir. La «potente luz que se extiende por el mundo» y que Shaftesbury vio en 1706, cuando pensaba que «es imposible que las letras y el conocimiento no avancen como nunca antes», se ha quedado en una nube negra[86]. La cristiandad occidental se desploma ante su secular enemigo oriental, el Imperio Otomano. En 1683 los ejércitos del sultán Mehmed IV toman Viena. Rusia, o «Moscovia», como aún se denomina ella misma, presa fácil debido a su atraso y sus divisiones, es invadida en enero de 1699. España y Francia dominan aún el Mediterráneo occidental y gran parte del norte de Europa, pero, amenazadas por los irresistibles ejércitos otomanos, se encierran en una actitud teocrática y resistente a toda innovación (desde los relojes de maquinaria hasta las vacunas) que temen pueda ofender a su impredecible Dios. La *Encyclopédie* no pasa de ser una traducción poco inspirada de la *Cyclopaedia* de Chambers. Diderot consigue cierta fama literaria, pero muere encarcelado en el castillo de Vincennes en 1749. Rousseau vive y muere como un crítico musical tacaño; su novela *Julia, o la nueva Eloísa* obtiene un éxito modesto, pero el verdugo la quema en público en París. David Hume, tras un primer intento de revolucionar la filosofía rápidamente silenciado por los «hipócritas», trabaja en la biblioteca del St. Aloysius College de Glasgow y escribe una historia popular de los reyes de

Inglaterra. Voltaire adquiere fama y distinción como poeta y dramaturgo, pero al final se ve obligado a buscar refugio en Suiza, que aún conserva la fama de país tolerante con un cierto grado de independencia, donde, para espanto suyo, pronto le sigue Rousseau. Bougainville nunca sale de Francia y Banks se convierte en un hacendado dispéptico del condado de Lincoln, amante de la horticultura. Vico obtiene una cátedra de teología en la universidad de Nápoles, y Kant, que se dedica a dar conferencias sobre temas variados a los apáticos estudiantes de Königsberg, es conocido únicamente por su breve ensayo *Sobre lo bello y lo sublime.* Incapaces de renovarse científica y socialmente, las potencias europeas aún no dominadas por los otomanos comienzan un proceso de decadencia que finaliza en mayo de 1789, cuando el sultán Selim III entra en París. En pocos años se materializa la predicción que hizo en 1776 Edward Gibbon, dedicado a la historia de la Iglesia: «Ahora se enseña en las escuelas la interpretación del Corán y sus seguidores demuestran a un público circuncidado la santidad y la verdad que encierra la revelación de Mahoma»[87]. Formando una comunidad que va del Himalaya a las costas de Escocia, el Imperio Otomano se prolonga hasta el siglo xx. Ha superado en tamaño a la antigua Roma, pero, igual que ella, a lo largo de casi medio milenio de hegemonía, dentro de sus fronteras solo ha permitido cambios literarios y arquitectónicos. En todo lo demás, también igual que Roma, cree firmemente que no puede haber otra historia y, por tanto, no siente la necesidad de analizar sus creencias y sus ideales[88]. Siempre obediente a su dios, su profeta y sus leyes, continúa su curso histórico ininterrumpido. Una vez perdida toda aspiración a influir en el rumbo de los acontecimientos, la población espera algo que llegue de otra parte. Para estos europeos imaginarios, como para los romanos del poema de Constantinos Cavafis –o quizá son bizantinos–, «Esperando a los bárbaros», la solución solo puede llegar del otro lado de las fronteras del imperio con un pueblo rudo y extranjero. Sin embargo, los bárbaros no llegan nunca y hasta puede que ya no existan[89].

¿Una fantasía completamente imposible? Tal vez, pero lo que sucedió en el mundo islámico no fue muy distinto. Durante el reinado del califa al-Mansur (712-775) y de sus sucesores, Harun al-Rashid (786-809) y al-Mamum (813-833), surgió una escuela de filósofos, juristas y médicos helenizados: hombres como Abul Qasim al-Zahravi, conocido por «Albucasis»; el matemático y astrónomo Muhammad ibn Musa al-Juarismi, de quien ahora toma el nombre uno de los cráteres de la cara oculta de la Luna; Abu o Ibn Sina, llamado «Avicena» en Occidente, autor de un extenso tratado en el que reunió todo el conocimiento médico de la Grecia antigua (Aristóteles, Hipócrates y Galeno) accesible en su época; Muhammad ibn Ahmad al-Biruni, físico, astrónomo, matemático, químico, geógrafo e historiador, que en 1018, con instrumentos fabricados por él mismo, calculó el radio y la circunferencia de la Tierra con una diferencia de quince y doscientos kilómetros respecto a las estimaciones actuales; y Averroes, tan estimado en el mundo cristiano occidental que fue llamado «El comentador» (igual que Aristóteles era conocido por «El filósofo») y que es el personaje que se asoma por encima del hombro de Aristóteles en *La escuela de Atenas,* el fresco de Rafael que decora la capilla Sixtina. Pero Averroes no fue solo el mayor de los intelectuales musulmanes y tal vez el filósofo más influyente de su cultura, sino también el último. A finales del siglo XII el clero musulmán llevó a cabo un ataque concertado contra las traducciones del griego y contra todo conocimiento que no derivara del propio Corán o de las máximas del profeta. En 1189, cuando Averroes murió en su exilio de Marruecos, víctima de aquella guerra contra la «filosofía» y los filósofos propagada por todo el mundo islámico, el «Renacimiento árabe» moría con él. El poder islámico, suní y shía, bajo los gobernantes mongoles, turcomanos, safávidas y sasánidas mantuvo el dominio del centro y el occidente de Asia durante otros cuatrocientos años, periodo durante el cual los otomanos conquistaron amplias zonas del este de Europa. Sin embargo, en el interior del mundo islámico no hubo ninguna diferencia importante entre el siglo XII y el siglo XVII. Convencido de su superioridad, el islam rechazaba todos los intentos de cambio, especialmente los que, con razón o sin ella, consideraba originarios del Occidente cristiano.

Pero en este caso los bárbaros llegaron, primero en forma de austriacos, luego en forma de los rusos que el 26 de enero de 1699 impusieron a los otomanos un humillante tratado de paz en Karlowitz, la Voivodina, y por último en forma de franceses. Las potencias europeas no dejaron de recortar las fronteras del Imperio Otomano hasta que a principios del siglo XIX, los sultanes, desesperados por conservar lo que aún les quedaba, adoptaron poco a poco las técnicas, la educación y las leyes de Occidente y, en 1876, para consternación del clero, las constituciones de estilo europeo y hasta un parlamento, aunque bastante ineficaz. En 1919, después de equivocarse al elegir bando en la Primera Guerra Mundial, el Imperio Otomano, salvo la propia Turquía, fue desmantelado y repartido entre los victoriosos aliados.

Sin la Ilustración, la historia europea habría podido seguir una trayectoria parecida. Porque la ciencia que trata del hombre no es lo único que le debemos. Como he defendido aquí, Occidente le debe también nuestra forma de vida política y social. El concepto de «ciudadanía», que fundamenta todas las ideas políticas modernas entre nosotros, tiene su origen en Grecia y Roma, pero el significado moderno de la palabra y todo lo que ella implica es una creación de la Ilustración. La democracia liberal moderna –el sistema político que para bien y a veces para mal gobierna las sociedades modernas– es también un producto de la Ilustración, refinado e institucionalizado durante el siglo xix. Y aunque la idea de la sociedad de naciones es antigua, la forma de entenderla en un mundo compuesto por Estados-nación en expansión continua se debe también a la Ilustración. A fin de cuentas fue Jeremy Bentham, uno de sus últimos representantes, y en muchas ocasiones el más característico, quien inventó la expresión «derecho internacional».

Otros aspectos importantes de las sociedades modernas son evidentemente más antiguos y tienen raíces más profundas. Puede que el más sagrado sea la convicción de que la vida social y política debe estar sometida al imperio de la ley, pero no de cualquier ley, sino de una redactada y administrada por seres humanos, no por dioses, y que, por eso mismo, es susceptible de cambios y alteraciones. No hace falta adorar todos los principios de la Ilustración para saber que lo anterior es cierto. Solo un moderno De Maistre (por ejemplo, John Ashcroft, el que fue fiscal general de los Estados Unidos, que en cierta ocasión dijo ante un público de la Universidad Bob Jones: «Nosotros no tenemos más rey que Jesucristo», para luego añadir que la separación entre Iglesia y Estado le parecía «un muro de opresión religiosa») aspiraría a ver una fusión total de la Iglesia y el Estado, cosa que ninguna sociedad cristiana conoció jamás[90]. Por fortuna, no abundan.

Aún no sabemos lo que acabará por dar forma al siglo XXI, pero una cosa parece segura: si la fe del núcleo central de la Ilustración en la posibilidad de una humanidad común, de un mundo mayor que la comunidad, la familia, la parroquia o la patria puede ser aún primitiva e incompleta, no cabe duda de que en este momento tiene mayor presencia en nuestra vida – sea quien sea ese «nosotros»– que hace cincuenta años. «Gobernanza global», «patriotismo institucional», globalización, multiculturalismo no son únicamente temas de debate, sino también realidades en muchas partes del mundo. El cosmopolitismo, la firme creencia en la posibilidad de un auténtico sistema internacional de leyes, ha sido el principio animador de la Sociedad de Naciones y de las Naciones Unidas y la base de la Declaración Universal de los Derechos Humanos. «Ya resulta inconcebible que un Estado vuelva la espalda al derecho internacional alegando que se trata de una injerencia de los valores europeos», advertía en 1995 el «Informe de la Comisión para la Gobernanza Global» de la ONU, elocuentemente titulado *Nuestro vecindario global*. Esta ley puede ser de origen europeo, al menos en su significado actual (porque en otras muchas zonas del mundo existen conceptos parecidos), pero no es excusa para invalidarla. Según el informe, existe en la actualidad «una ética cívica mundial», basada en «un conjunto de valores esenciales compartidos por individuos con todo tipo de procedencias culturales, políticas, religiosas y filosóficas»[91]. Tal vez suene demasiado optimista para 1995, cuando acababa de terminar la guerra en Bosnia-Herzegovina, y puede que hoy lo parezca aún más. Pese a todo, Habermas está seguro de que «hemos comenzado la transición desde el derecho internacional clásico hasta lo que Kant llamaba la "condición cosmopolita"», y que «hablando en términos normativos» no existe «ninguna alternativa coherente a este desarrollo»[92]. La prueba es que disponemos de algunas instituciones cosmopolitas –ciertamente algo ruinosas y muchas veces ineficaces– no muy distintas a las que Kant soñaba: las Naciones Unidas, el Tribunal Internacional de Justicia, el Tribunal Penal Internacional, la Organización Internacional del Trabajo y la Organización Marítima Internacional. Tenemos instituciones económicas transnacionales y varios canales oficiales y oficiosos de comunicación entre los individuos y los estados. Y, por descontado, desde 1948 existe una «Declaración Universal de los Derechos Humanos» que, a pesar de la vaguedad de algunos enunciados –hay varios que no suscriben ni los países occidentales más escrupulosos–, ha influido en la política exterior de Occidente por lo menos desde finales de los años setenta. Junto con el ideal de «dignidad humana», ambas cosas constituyen lo que Habermas ha llamado «una utopía realista»[93]. Hay también cuando menos una confederación, la Unión Europea, que cumple muchas de las condiciones de la «Liga de las Naciones» kantiana. Cierto, se limita a Europa, aunque es una «Europa» cuya conciencia de sí misma, junto con sus fronteras, se halla en constante expansión, de modo que alguna vez puede que incluya (y debería hacerlo) a su antiguo enemigo secular: Turquía. En muchos aspectos se encuentra aún en embrión y en este momento atraviesa la primera crisis real de su breve existencia, pero mientras evoluciona ofrece un modelo que algún día proporcionará una alternativa al vacilante Estado-nación.

Los realistas, muy en su papel, clamarán que muchas de estas instituciones (salvando la Unión Europea) son simples foros en los que la gente se reúne a charlar, pero la conversación sirve y en este momento los estados la practican más que nunca. A otro nivel, hay pocos occidentales que puedan o quieran vivir su vida al margen de la que viven unos seres humanos muchas veces radicalmente distintos a ellos. El universo de seres comunicados que Kant creía necesario para sentar las bases de un futuro mundo cosmopolita puede estar lejos, pero está mucho más cerca hoy que, por ejemplo, en 1945.

Estas u otras cosas ni se logran ni se lograrán en el futuro manteniéndonos encerrados en nuestras comunidades y midiendo nuestra vida en relación con los horizontes que nuestros padres y nuestros abuelos fijaron por nosotros, o gobernando los actos y los deseos por las normas de aquellos que se han nombrado a sí mismos representantes en la tierra de una divinidad cuya existencia parece muy improbable. La mayor parte de los logros de la civilización moderna se debe a múltiples factores. La evolución de la medicina o las tecnologías de la información y el progreso de los medios de transporte, si bien son una herencia indirecta de la Ilustración, así como las revoluciones científica y técnica que la precedieron y la siguieron, no tienen una relación inmediata o directa con sus ideales, pero sí la tiene nuestra capacidad para enmarcar el conocimiento del mundo en algo mayor que el terruño, la propia cultura, la familia o la religión personal. Y en esto somos irremediablemente herederos de los constructores de la «ciencia del hombre» ilustrada. Aunque solo fuera por eso, la Ilustración sigue siendo importante para nosotros.

Notas

Prólogo a la edición española

1. La idea original de esta obra se remonta a 1999, cuando tuve la fortuna de pasar una parte del verano en Madrid como profesor visitante de Filosofía del Banco Bilbao Vizcaya. Fruto de aquella experiencia y de las largas charlas con mis colegas, en especial con el profesor José María Hernández, fue la publicación en el año 2002 de *La Ilustración y sus enemigos. Dos ensayos sobre los orígenes de la modernidad* (Península, 2002). Aquel libro, sin embargo, se ocupaba predominantemente de defender la concepción de la Ilustración frente a sus críticos «comunitaristas» y predominantemente católicos.

2. La formulación más extrema y exhaustiva de este punto de vista es la de Jonathan Israel, en particular en *Radical Enlightenment: Philosophy and the making of Modernity, 1650-1750* (Oxford University Press, 2001) y en *The Expanding Blaze: How the American Revolution ignited the world, 1775-1848* (Princeton University Press, 2017).

3. La defensa más reciente y extrema de este argumento la encontramos en la obra del historiador inglés J. C. D. Clark, *The Enlightenment: An Idea and its History* (Oxford University Press, 2024).

4. Immanuel Kant, *Critique of Pure Reason*, 100: A. XII.

5. El más extremo –y el más largo– es el intento de Johnatan Israel de demostrar que el contenido «radical» –lo que significa también «moderno»– de la Ilustración puede atribuirse a la continua influencia del filósofo judío del siglo XVII Baruch Spinoza (*La Ilustración radical: la filosofía y la construcción de la modernidad 1650-1750*, Fondo de Cultura Económica, México, 2012).

6. Véase más adelante.

7. *Encyclopédie ou dictionnaire raisonné des sciences, des arts et des metiers*, V, 304, París, 1755.

8. Philosophia scéptica extracta de la physica antigua y moderna recopilada en diálogo entre un Aristotélico, Cartesiano, Gassendisto y Scéptico para la instrucción de la curiosidad Española, 297, Sevilla, 1730.

9. *Memoirs of my Life and Writings*, en *Miscellaneous Works of Edward Gibbon*, John Barker Holroyd (ed.), I, 35, Londres, 1796.

10. *Reflexiones sobre el comercio español a Indias* [1762], 23, Vicente Llombart Roas (ed.), Ministerio de Economía y Hacienda, Madrid, 1988.

11. Véase más adelante.

12. «Elogio de Carlos III leído en la Real Sociedad Económica de Madrid el día 8 de noviembre de 1788», en *Obras completas* (Vicente Llombart Roas y Joaquín Ocampo Suárez-Valdés, eds.), 10, 669, Instituto Feijoo de Estudios del siglo XVIII, Gijón, 2008.

13. He intentado explicar con mayor detalle por qué creo que esto es así en *En busca de Europa* (Alianza Editorial, 2023). También he procurado argumentar que la Unión Europea podría ofrecer un paradigma para un futuro orden global en *Más allá de los estados. Poderes, pueblos y el orden global* (RBA, 2024).

Introducción

1. Keith Baker, *Condorcet from Natural Philosophy to Social Mathematics,* University of Chicago Press, Chicago y Londres, 1975.

2. Sobre Condorcet y la Revolución, véase Bronislaw Baczko, *Job mon ami. Promesses du bonheur et fatalité du mal,* pp. 354-375, Gallimard, París, 1997.

3. Según Simon Schama, *Citizens: A Chronicle of the French Revolution,* p. 722, Penguin Books, Londres, 1989. Una versión más realista de la historia dice que le detuvieron los agentes del Comité Revolucionario porque no pudo presentar ningún documento capaz de demostrar que fuera, como él pretendía, un tal Pierre Simon.

4. *Reflections on the Revolution in France* (ed. J. C. D. Clark), p. 190, Stanford University Press, Stanford (California), 2001.

5. *Considerations on France,* trad. Richard A. Lebrun, p. 29, Cambridge University Press, Cambridge, 1994.

6. Citado en Alain Pons, «Introduction» a *Esquisses d'un tableau historique des progrès de l'esprit humain* (ed. Alain Pons), p. 57, Flammarion, París, 1988.

7. Citado en Emma Rothschild, *Economic Sentiments: Adam Smith, Condorcet and the Enlightenment,* p. 189, Harvard University Press, Cambridge (Massachusetts) y Londres, 2001.

8. «Discours prononcé dans l'Académie française... a la réception de M. le marquis de Condorcet», en *Œuvres complètes de Condorcet,* X, p. 101, París, 1804.

9. *Esquisse d'un tableau historique des progrès de l'esprit humain,* pp. 265-9ww.

10. Según Plutarco, Sócrates también afirmó: «Yo no soy ni ateniense ni griego, sino ciudadano del mundo». Pero el contexto de la observación, durante una disertación sobre el destierro, y la ausencia de otras afirmaciones semejantes por su parte dificultan la interpretación.

11. Véase Mary Kaldor, *Global Civil Society: An Answer to War,* Polity Press, Cambridge, 2003, y *Cosmopolitan Democracy: An Agenda for a New World Order* (eds. Daniel Archibugi y David Held), Polity Press, Cambridge, 1995.

12. *Cosmopolitanism: Ethics in a World of Strangers,* p. XIV, W. W. Norton & Co., Nueva York y Londres, 2006.

13. Los textos se encuentran impresos en *Was ist Aufklärung? Beitragäge aus der Berlinischen Monatsschrift* (ed. Norbert Hinske), Darmstadt, Wissenchaftliche Buchgesellschaft, 1977. Para Alemania, véase H. Stuke, «Aufklärung», en *Geschichtliche Grundbegriffe, Historisches Lexikon zur politisch-sozialen Sprache in Deutschland* (eds. Otto Brunner, W. Conze, y R. Kosselleck), cap. I, p. 244, E. Klett, Stuttgart, 1972. Véase también H. B. Nisbet, «Was ist Aufklärung? The Concept of Enlightenment in Eighteenth century Germany», pp. 77-95, *Journal of European Studies*, 12, 1992.

14. «A Couple of Gold Nuggets from the... Wastepaper, or Six Answers to Six Questions», en James Schmidt, *What is Enlightenment? Eighteenth-Century Answers and Twentieth-Century Questions*, cap. 2, pp. 78-9, University of California Press, Berkeley y Los Ángeles, 1996.

15. «On the Question: What is Enlightenment?», en Schmidt, *What is Enlightenment?*, pp. 53-77.

16. «Thoughts on Enlightenment», en Schmidt, *What is Enlightenment?*, p. 65.

17. «On Freedom of Thought and the Press: For Princes, Minister and Writers», en Schmidt, *What is Enlightenment?*, pp. 87-99.

18. Citado en Rothschild, *Economic Sentiments*, p. 15.

19. *The Philosophy of the Enlightenment*, trad. Fritz C. A. Koelln y James P. Pettegrove, cap. XV, Princeton University Press, Princeton, 1951.

20. James Boswell, *Journal of a Tour to the Hebrides with Samuel Johnson, 1733* (eds. Frederick, A. Pottle y Charles H. Bennet), p. 189, McGraw-Hill, Nueva York, 1961.

21. Todos estos puntos de vista históricos están resumidos y analizados en Dan Edelstein, *The Enlightenment: A Genealogy*, pp.19-28, University of Chicago, Chicago, 2010.

22. Básicamente es la tesis de la magnum opus de Venturi, *Settecento riformatore*, Einaudi, Turín, 1969-1980.

23. *The Structural Transformation of the Public Sphere: An Enquiry into a Category of Bourgeois Society*, trad. T. Burgher, Harvard University Press, Cambridge (Massachusetts), 1989.

24. Todos estos puntos de vista históricos están resumidos y analizados en John Robertson, *The Case for Enlightenment: Scotland and Naples 1680-1760*, pp. 1-44, Cambridge University Press, Cambridge, 2005, y en Jonathan Israel, *Democratic Enlightenment: Philosophy, Revolution and Human Rights, 1750-1790*, Oxford University Press, Oxford, 2011.

25. *An Answer to the Question: «What is Enlightenment?»*, en *Practical Philosophy* (trad. y ed. Mary J. Gregor), 21: AK 8: 40, Cambridge University Press, Cambridge, 1996.

26. *Reflexionen zur Anthropologie*, no. 1524, AK 16: 898-9.

27. *Critique of Pure Reason* (trad. y ed. Paul Guyer y Allen W. Wood), 397: A317/B373-4, Cambridge University Press, Cambridge, 1998.

28. «Qu'est-ce que les Lumières?», en *Dits et écrits 1954-1988*, cap. IV, p. 562, Gallimard, París, 1994.

29. *Essai sur les éléments de philosophie ou sur les principes des connaissances humaines [1759]*, p. 19, Fayard, París, 1989.
30. *Critique of Pure Reason,* 100: A. XII.
31. *Système de la Nature,* en *Œuvres philosophiques complètes,* II, p. 165 (ed. Jean-Pierre Jackson), Editions Alive, París, 1999.
32. *Esquisse d'un tableau historique des progrès de l'esprit humain,* p. 74.
33. «A Couple of Gold Nuggets from the... Wastepaper, or Six Answers to Six Questions», en Schmidt, *What is Enlightenment?,* p. 80-1.
34. Para un análisis más detallado, véanse las pp. 428-33, más adelante.
35. *Treatise on the Origin of Language* en *Philosophical Writings* (trad. y ed. Michael N. Forster), pp. 151-2, Cambridge University Press, Cambridge, 2002. William Robertson e Isaac Iselin fueron historiadores, escocés y suizo respectivamente.
36. *Dialectic of Enlightenment,* trad. John Cumming, cap. 3, p. 12, Herder & Herder, Nueva York, 1972. Y véase también la excelente referencia en Yvonne Sherratt, *Continental Philosophy of Social Science: Hermeneutics, Genealogy and Critical Theory from Greece to the Twenty-First Century,* pp. 203-9, Cambridge University Press, Cambridge, 2006.
37. *Dialectic of Enlightenment,* pp. 86-9.
38. *Nuremberg Trial Proceedings,* vol. 18, martes 9 de julio de 1946, The Avalon Project, Yale Law School, http://avalon.law.yale.edu/imt/07-09-46.asp.
39. *Enlightenment's Wake: Politics and Culture at the Close of the Modern Age,* Routledge, Londres y Nueva York, 1997.
40. Véanse los comentarios de James Schmidt, *What is Enlightenment?,* p. 63, 1.
41. *An Answer to the Question: "What is Enlightenment?",* en *Practical Philosophy,* 17: AK 8: 35-6.
42. Un excelente estudio sobre lo que él entendía por dos «Ilustraciones», en Michael L. Frazer, *The Enlightenment of Sympathy: Justice and Moral Sentiments in the Eighteenth Century and Today,* Oxford University Press, Oxford, 2010.
43. Véanse las pp. 182-3 más adelante.
44. *The Post-Modern Condition: A Report on Knowledge,* trad. Geoff Bennington y Brian Massumi, Manchester University Press, p. XIII, Manchester, 1984.

Capítulo 1

1. *De la démocratie en Amérique,* cap. II, pp. 15-16, Gallimard, París, 1961.
2. *Essai sur les éléments de philosophie ou sur les principes des connaissances humaines,* pp. 9-12. Y véase Ernst Cassirer, *The Philosophy of the Enlightenment,* pp. 3–4, que comienza su magistral estudio con parte del mismo pasaje.
3. «Discours prononcé dans l'Académie française... a la réception de M. le marquis de Condorcet», en *Œuvres complètes de Condorcet,* X, pp. 101-5.

4. Véase Frank Manuel, *The Religion of Isaac Newton,* Oxford University Press, Oxford, 1974.

5. *Essai sur les éléments de philosophie ou sur les principes des connaissances humaines,* p. 57.

6. *Discours préliminaire de l'Encyclopédie,* en *Œuvres complètes de D'Alembert,* I, p. 67, París, 1821-2.

7. Citado en Quentin Skinner, «Thomas Hobbes: Rhetoric and the Construction of Morality» (Conferencia filosófica de Dawes Hicks), pp. 1-61, *Proceedings of the British Academy,* 76, 1991.

8. *Leviathan* (ed. Richard Tuck), pp. 461-2, (III, XLVI, 36), Cambridge University Press, Cambridge, 1991.

9. F. W. J. von Schelling, *On the History of Modern Philosophy,* trad. Andrew Bowie, p. 42, Cambridge University Press, Cambridge, 1994.

10. *Essai sur les moeurs et l'esprit des nations,* (ed. R. Pomeau), cap. II, p. 245, Classiques Garnier, París, 1990.

11. *Essai sur les moeurs et l'esprit des nations,* p. 217.

12. Steven Pinker, *The Better Angels of Our Nature: Why Violence has Declined,* p. 142, Viking, Nueva York, 2011.

13. Paul Hazard, *La Pensée européene du XVIIIe siècle,* p. 395, Librarie Arthème Fayard, París, 1963.

14. Citado en Theodore K. Rabb, *The Struggle for Stability in Early-Modern Europe,* p. 81, Oxford University Press, Nueva York, 1975.

15. Véase Benjamin Straumann, «The Peace of Westphalia as a Secular Constitution», *Constellations,* 15, 2008, pp. 173-88.

16. *On Liberty,* en *On Liberty and Other Writings* (ed. Stefan Collini), p. 11, Cambridge University Press, Cambridge, 1989. Sobre la tolerancia negativa véase Raymond Geuss, *History and Illusion in Politics,* pp. 73-88, Cambridge University Press, Cambridge, 2001.

17. «Letter to the *Edinburgh Review*», en *Essays on Philosophical Subjects* (ed. I. S. Ross), p. 243, The Clarendon Press, Oxford, 1980.

18. *Leviathan,* 85 (I, XII, 12).

19. *First Tract on Government,* en *Political Essays* (ed. Mark Goldie), pp. 48-9, Cambridge University Press, Cambridge, 1997.

20. *The Theory of Moral Sentiments* (eds. D. D. Raphael y A. L. Macfie), 318 [VII.III.2.2], Clarendon Press, Oxford, 1976.

21. *An Essay Concerning Human Understanding* (ed. Peter H. Nidditch), 66 (I, III, 2), Clarendon Press, Oxford, 1975.

22. Citado en Anthony Pagden, *European Encounters with the New World: From Renaissance to Romanticism,* pp. 89-90, Yale University Press, New Haven y Londres, 1993.

23. *An Anatomie of the World: The First Anniversary,* líneas 205-8, 213-18. [Ed. cast. citada: *Poesía completa,* Ediciones 29, Barcelona, 1986. Traducción de E. Caracciolo-Trejo].

24. *Second Meditation 7.* 25.

25. Véase Michael Oakeshott, «Introduction to Leviathan», en *Rationalism in Politics and Other Essays*, p. 268, Liberty Fund, Indianápolis, 1991.

26. «Droit naturel», en *Political Writings* (eds. John Hope Mason y Robert Wokler), p. 17, Cambridge University Press, Cambridge.

27. *Digest* I.I.1, pp. 3-4.

28. La mejor y más sucinta narración de esta compleja historia sigue siendo Alexander Passerin d'Entrèves, *Natural Law: An Introduction to Legal Philosophy* [1950], reedición con introducción de Cary J. Nederman, Transaction Publishers, New Brunswick y Londres, 1994.

29. *Summa contra gentiles* II. 68. Arthur O. Lovejoy, *The Great Chain of Being,* pp. 78-80, Harvard University Press, Cambridge (Massachusetts), 1936.

30. Explicado con gran lucidez e inteligencia en Annabel S. Brett, *Changes of State: Nature and the Limits of the City in Early-Modern Natural Law,* pp. 72-3, Princeton University Press, Princeton, 2011.

31. *Summa theologiae* Ia, 2ae, q.91 art.1 y 2; q. 93, a.1.

32. *De legibus ac deo legislatore* II. XIX. 4.

33. Sobre la utilización de Aristóteles por parte de la Iglesia, véase Ernst Kantorowicz, *The King's Two Bodies: A Study in Medieval Political Theology,* pp. 210-11, Princeton University Press, Princeton, 1957.

34. Sobre esto, véanse las pp. 140-141 más adelante.

35. Véase Ernst Bloch, *Natural Law and Human Dignity,* pp. 25-35, MIT Press, Cambridge (Massachusetts), 1986.

36. Walter Ullmann, «Some Observations on the Mediaeval Evaluation of the "Homo naturalis" and the "Christianus"», en *L'Homme et son destin d'après les penseurs du moyen âge. Actes du premier congrès international de philosophie médiévale,* pp. 145-51, Louvain-París, 1960.

37. *Divina comedia,* «Infierno», canto IV, vv. 37-42, versión poética de Abilio Echevarría, Alianza Editorial, Madrid, 2013.

38. *An Enquiry Concerning Human Understanding*, en *Enquiries Concerning the Human Understanding and the Principles of Morals,* (ed. L. A. Selby-Bigge), p. 22, n. 1, Clarendon Press, Oxford, 1970.

39. *Comentarios a la Secunda Secundae de Santo Tomás* (ed. Vicente Beltrán de Heredia), III, p. 11, Universidad de Salamanca, Salamanca, 1932-1952.

40. *Natural Law,* trad. T. M. Knoz (de *Über die Wissenschaftlichen Behandlungsarten des Naturrechts),* p. 59 y s., University of Pennsylvania Press, Filadelfia, 1975.

41. Todos estos ejemplos son de Francisco de Vitoria.

42. *An Essay Concerning Human Understanding* (I, IV, 25).

43. *Three Essays on Religion,* en *The Collected Works of John Stuart Mill,* X, pp. 373-402, Routledge, Londres, 1963-1991.

44. *The Complete Essays,* trad. M. A. Screech, pp. 127-9, Penguin Books, Londres, 1987.

45. «On the Cannibals», en *The Complete Essays,* pp. 231, 240-1 y 235-6.

46. *Dictionnaire philosophique* (ed. Alain Pons), pp. 66-7, Gallimard, París, 1994.

47. «On habit: and on never easily changing a traditional law», en *The Complete Essays*, p. 30. El comentario de La Mettrie está en el *Anti-Seneca or the Sovereign Good in Machine Man and Other Writings* (trad. y ed. Ann Thomson), p. 129, Cambridge University Press, Cambridge, 1996.
48. *An Essay Concerning Human Understanding,* 66 (I, III, 2).
49. *The Elements of Law, Natural and Political* (ed. Ferdinand Tönnies), 2ª edición, pp. 189-9 (2, 10, 8), Frank Cass, Londres, 1969.
50. «No procures la venganza, ni conserves la memoria de la injuria de tus conciudadanos. Amarás a tu prójimo como a ti mismo. Yo soy el Señor», Levítico 19:18. «Por eso, cuanto quisierais que os hagan a vosotros, hacédselo vosotros a ellos, porque esta es la ley de los profetas. Mateo», 7,12.
51. *Discours sur l'origine et les fondements de l'inégalité,* en *Œuvres complètes* (eds. Bernard Gagnebin y Marcel Raymond), III, p. 118, Bibliothèque de la Pléiade, París, 1959-1995.
52. *Émile ou l'education,* en *Œuvres complètes,* IV, p. 836.
53. *De Cive, On the Citizen,* (trad. y ed. Richard Tuck y Michael Silverthorne), p. 22 (1. 1), Cambridge University Press, Cambridge, 1998.
54. *De Cive, On the Citizen,* 25 (1.7).
55. *Leviathan,* p. 70 (I. XI).
56. Véase Richard Tuck, «The "Modern" Theory of Natural Law», en *The Languages of Political Theory in Early-Modern* Europe (ed. Anthony Pagden), pp. 99-119, Cambridge University Press, Cambridge, 1987.
57. «Defence of Seneca and Plutarch», en *The Complete Essays,* p. 821.
58. *De Cive,* 27 (1.7).
59. *Leviathan,* p. 91 (1. XIV), y véanse las observaciones en Brett, *Changes of State,* p. 109.
60. *Leviathan,* p. 1009 (1. XV). En efecto, el método de argumentación de Hobbes es curiosamente similar, de hecho, al de sus oponentes escolásticos a los que tanto desprecia, aunque las premisas de las que parte y las conclusiones a las que llega sean tan diferentes. Como ellos, acaba afirmando que la ley natural puede resumirse en un mandamiento: «Quiere para los demás lo que quieras para ti», si bien, como es característico en él, lo parafrasea en forma de negación: «No quieras para los demás lo que no quieras para ti».
61. *De iure belli ac pacis,* I, p. 40.
62. *De iure belli ac pacis,* I, p. 13.
63. Judith N. Shklar, «Subversive Genealogies», en *Political Thought and Political Thinkers,* pp. 132-60, University of Chicago Press, Chicago y Londres, 1998.
64. *Leviathan,* p. 89 (I, XIII, 62).
65. *Leviathan,* p. 9 (Introducción).
66. *Leviathan,* p. 77 (I, XII, 12).
67. *Leviathan,* p. 121 (II, XVIII).
68. «On the Common Saying: "This may be true in theory, but it is of no use in practice"», en *Practical Philosophy,* 302: AK 8: 804.

69. «Sensus Communis, an Essay on the Freedom of Wit and Humour», en *Characteristics of Men, Manners, Opinions Times* (ed. Lawrence E. Klein), p. 42, Cambridge University Press, Cambridge, 1999.
70. «Reflections upon Laughter», en *Philosophical Writings*, p. 46, J. M. Dent, Londres, 1994.
71. «Hobbisme», de la *Encyclopédie*, en *Political Writings*, p. 27.

Capítulo 2

1. Francisco de Vitoria, «On the American Indians», 3.1 en *Political Writings* (eds. Anthony Pagden y Jeremy Lawrance), p. 279, Cambridge University Press, Cambridge, 1991.
2. Anthony Pagden, «Human Rights, Natural Rights and Europe's Imperial Legacy», *Political Theory*, 31 (2003), pp. 171-99.
3. Véase, por ejemplo, Jürgen Habermas, *Theorie und Praxis. Sozialphilosophische Studien*, pp. 78-9, Suhrkamp, Frankfurt, 1978.
4. *An Enquiry Concerning the Principles of Morals*, en *Enquiries Concerning the Human Understanding and the Principles of Morals*, p. 298.
5. *An Inquiry into the Human Mind on the Principles of Common Sense* [1764] (ed. Derek R. Brookes), pp. 210-11, Edinburgh University Press, Edimburgo, 1997. Títiro, para quien Roma era una versión ampliada de su propia casa, aparece en la primera de las *Églogas* de Virgilio.
6. *An Inquiry into the Human Mind on the Principles of Common Sense*, p. 21.
7. Citado en E. C. Mossner, *The Life of David Hume*, p. 136, Oxford University Press, Oxford, 1980.
8. *Discours préliminaire de l'Encyclopédie*, en *Œuvres complètes de D'Alembert*, I, 17-99: 67.
9. *Mémoire A. M. de Mably*, en *Œuvres complètes*, IV, p. 31. Las mismas palabras se repiten en *Pour l'éducation de Sainte-Marie*, en *Oeuvres complètes*, IV, p. 51.
10. Debo esta información a Theodore Christov.
11. *Elementa jursiprudentiae universalis*, I Def. Iv. 1.
12. *De iure naturae et gentium libri octo*, VII. II. 13.
13. «Inaugural Lecture on the Social Nature of Man» [1730], en *Two texts on human nature* (ed. Thomas Meitner), p. 135, Cambridge University Press, Cambridge, 1993.
14. *De iure naturae et gentium*, III, 2, 1. Véase una versión ligeramente distinta del mismo pasaje en *On the Duty of Man and Citizen according to Natural Law* (ed. James Tully), p. 61, Cambridge University Press, Cambridge, 1991.
15. «Fragments politiques», en *Œuvres complètes*, III, p. 554.
16. Citado en Samuel Pufendorf, *On the Duty of Man and Citizen According to Natural Law*, pp. XXVII-XXVIII.

Notas

17. «Morality According to Prof. Kant: Lectures on Baumgarten's Practical Philosophy», en *Immanuel Kant, Lectures on Ethics* (eds. Peter Heath y J. B. Schneewind), 240: AK 29: 621, Cambridge University Press, Cambridge, 1997.

18. *Letter to Menoeceus,* p. 128.

19. *An Enquiry Concerning the Principles of Morals,* pp. 298-9 (Apéndice II). La opinión de Hume sobre el estoicismo no era, sin embargo, demasiado favorable. Según él, se trataba de «una forma más refinada de egoísmo» que «nos persuadiría de la inutilidad de toda virtud así como del deleite social» (p. 40 y cf. p. 101).

20. *Praktische Philosophie Herder,* 1794, AK 27: I.15; *Esquisse d'un tableau historique des progrès de l'esprit humain,* p. 148.

21. *De Finibus* III. p. 63.

22. Artículo «Éclectisme» de la *Encyclopédie,* en *Œuvres* (ed. Laurent Versini), cap. I, p. 300, Robert Laffont, París, 1994.

23. De hecho, como ha demostrado Emma Rothschild, el propio Smith utilizó poco esta imagen. No obstante, sus ideas sobre la interrelación de las actividades humanas tienen orígenes claramente estoicos. Véase Rothschild, *Economic Sentiments,* pp. 116-56.

24. *An Enquiry Concerning the Principles of Morals,* 217 (V.1).

25. *An Essay Concerning the Human Understanding,* 7 («Epistle to the Reader»). Para el contexto del análisis, véase Maurice Cranston, *John Locke: A Biography,* pp. 140-1, Oxford University Press, Oxford, 1985.

26. *Discours préliminaire de l'Encyclopédie,* en *Œuvres complètes de D'Alembert,* cap. I, p. 70.

27. Paul Hazard, *La Pensée européenne du XVIIIe siècle,* p. 49, Librairie Arthème Fayard, París, 1963.

28. *An Essay Concerning Human Understanding,* 10 («Epistle to the Reader»).

29. *An Essay Concerning Human Understanding,* 42 (1, 1, 2).

30. *An Essay Concerning Human Understanding,* 67 (1, 3, 3).

31. G. W. Leibniz, *New Essays on Human Understanding,* (trad. y ed. Peter Remnant y Jonathan Bennett), pp. 49 y 70, Cambridge University Press, Cambridge, 1981.

32. *An Enquiry Concerning the Human Understanding,* 22.

33. *Life, Unpublished Letters, and Philosophical Regimen of Anthony, Earl of Shaftesbury* (ed. Benjamin Rand), p. 414, S. Sonnenschein & Co., Londres, 1900. Que toda la tradición sobre el innatismo, desde los estoicos a los escolásticos, era en realidad el primer objetivo de Locke se hace evidente en la colección de textos conocidos como *Essays on the Law of Nature,* que eran de hecho disertaciones originalmente dadas por Locke en su calidad de censor de Filosofía Moral de la Christ Church, Oxford, en 1663-1664, que, en ciertos aspectos, constituyen un primer bosquejo de algunas partes del *Essay.* Aquí, el título del capítulo II del *Essay,* «No innate Principles in the Mind», aparece en forma de pregunta y respuesta: «¿Está el derecho natural grabado en la mente del hombre? No». Además, dado que Locke escribe en latín, el

vocabulario es mucho más cercano al de los escolásticos. Igual que en el caso de los escolásticos, los «principios» del *Essay* están tratados como *praeceptae*.

34. En *Œuvres*, I, p. 473. No era el único, Condillac, Helvecio y Holbach, entre otros, habían llegado a las mismas conclusiones. Véase Jorn Schosler, *John Locke et les philosophes français: la critique des idées innées en France au dix-huitième siècle*, Voltaire Foundation, Oxford, 1997, que resume brevemente los argumentos de algunos de ellos.

35. *An Essay Concerning Human Understanding*, 104 (II, 1).

36. *An Essay Concerning Human Understanding*, pp. 295-317 (II, 23). Una elegante relación de todo esto en Roy Porter, *The Creation of the Modern World: The Untold Story of the British Enlightenment*, pp. 63-4, Norton, Nueva York y Londres, 2000.

37. *Sir Isaac Newton's Mathematical Principles of Natural Philosophy and his System of the World* (ed. Florian Cajori), p. 398, University of California Press, Berkeley, 1946.

38. *An Essay Concerning Human Understanding*, pp. 45-6 (I, I, 5). Véase también Ian Hacking, *The Emergence of Probability: A Philosophical Study of Early Ideas about Probability, Induction and Statistical Inference*, Cambridge University Press, Cambridge, 1975.

39. *An Essay Concerning Human Understanding*, pp. 46-7 (I, I, 6-7).

40. *An Essay Concerning Human Understanding*, p. 159 (III, 11, 6-7).

41. *Correspondance* (ed. Theodore Besterman), cap. VI, p. 227, Institut et Musée Voltaire, Ginebra, 1953-1977.

42. *Œuvres*, I, 467.

43. «Reflections upon Laughter», en *Philosophical Writings*, 46.

44. *Life, Unpublished Letters, and Philosophical Regimen*, pp. 403-5.

45. *Second Characters or the Language of Forms* (ed. Benjamin Rand), pp. 106-7, Cambridge University Press, Cambridge, 1914.

46. Citado en Jonathan I. Israel, *Radical Enlightenment: Philosophy and the Making of Modernity 1650-1750*, p. 348, Oxford University Press, Oxford, 2001.

47. *An Essay Concerning Human Understanding*, p. 72 (I, III, 10) y cf. p. 78 (I, III, 18) y pp. 353-4 (II, 28, 10-11).

48. *A Treatise on Human Nature* (eds. L. A. Selby-Bigge y P. H. Nidditch), p. 183, Clarendon Press, 1978.

49. *Enquiries Concerning the Human Understanding*, p. 300.

50. «A Letter Concerning Enthusiasm», en *Characteristics of Men, Manners, Opinions*, p. 9.

51. Carta de noviembre de 1768 a Kant, en Immanuel Kant, *Correspondence*, (trad. y ed. Arnulf Zweig), p. 98, Cambridge University Press, Cambridge, 1999, y «Fragments on Recent German Literature» [1767-1768], en *Philosophical Writings*, 47.

52. Sobre la influencia de la estética de Shaftesbury, véase Paul Guyer, *Kant and the Experience of Freedom: Essays on Aesthetics and Morality*, p. 48-55,

Cambridge University Press, Cambridge, 1993. Para Stäudlin consúltese T. J. Hochstrasser, *Natural Law Theories in the Early Enlightenment*, p. 210, Cambridge University Press, Cambridge, 2000.

53. «Schöngeister», en «How Philosophy Can Become More Universal and Useful for the Benefit of the People» [1765], en *Philosophical Writings*, p. 6.

54. *A Methodical System of Universal Laws*, trad. George Turnbull [1741] (eds. Thomas Ahnert y Peter Schröder), p. 578, Liberty Fund, Indianápolis, 2008.

55. «How Philosophy Can Become More Universal and Useful for the Benefit of the People», pp. 6-7.

56. *A Treatise on Human Nature*, cap. XVII, p. 646. Adam Smith ofrece una lista parecida, donde añade a Hobbes y a Clarke, de los que se dice que «conforme a sus sistemas diferentes y contradictorios» añadieron algo «al cúmulo de observaciones con que el mundo había sido ya provisto antes de ellos». «Letter to the Edinburgh Review», en *Essays on Philosophical Subjects* (ed. I. S. Ross), p. 250, Clarendon Press, Oxford, 1980.

57. «An Inquiry Concerning Virtue or Merit», en *Characteristics of Men, Manners, Opinions, Times*, p. 170.

58. «Sensus Communis, an Essay on the Freedom of Wit and Humour», en *Characteristics of Men, Manners, Opinions, Times*, p. 51.

59. En «Sensus Communis», p. 325.

60. *An Essay on the Nature and the Conduct of the Passions and Affections with Illustrations on the Moral Sense* [1728] (ed. Aaron Garrett), p. 148, Liberty Fund, Indianápolis, 2002.

61. Diderot, *Histoire des Deux Indes*, en *Œuvres* III, p. 685. Sobre este texto véanse las pp. 233-35 más adelante.

62. Véase Frazer, *The Enlightenment of Sympathy*, pp. 18-19.

63. «An Inquiry concerning virtue or merit», en *Characteristics of Men, Manners, Opinions, Times*, p. 178.

64. «An Inquiry concerning virtue or merit», p. 173, y véase Charles Taylor, «Self-Interpreting Animals», en *Philosophy and the Human Sciences: Philosophical Papers*, I, p. 46, Cambridge University Press, Cambridge, 1985.

65. *A Treatise on Human Nature*, p. 386.

66. No es difícil ver adónde quería llegar Kant al acusar a Shaftesbury de ser excesivamente epicúreo, para asombro de Moses Mendelssohn. Ernst Cassirer, *Kant's Life and Thought*, trad. James Haden, pp. 236-7, Yale University Press, New Haven y Londres, 1981.

67. *Theory of Moral Sentiments* (eds. D. D. Raphael y A. L. Macfie), pp. 10-11, Clarendon Press, Oxford, 1976, que él consideró erróneamente basados en la novión de propiedad. Véase la nota 50.

68. *Theory of Moral Sentiments*, p. 9.

69. *Theory of Moral Sentiments*, pp. 11-12.

70. «Of National Characters», en *Essays Moral, Political and Literary* (ed. Eugene F. Miller), p. 202, Liberty Fund, Indianápolis, 1985.

71. *La logica per gli giovanetti. Classici italiani di economia politica,* Milán, 1835, cap. CCCLVIII, pp. 23 y 454. En 1758 Genovesi fue elegido para ocupar la recién creada cátedra de «Comercio y Mecánica» –a todos los efectos, economía política– la primera de su especie en Europa. Sobre Genovesi y Hume véase Robertson, *The Case for Enlightenment,* pp. 73-6, aunque no se ocupa de este asunto.
72. *An Enquiry Concerning the Principles of Morals,* p. 222 (v. II).
73. «Letter to the *Edinburgh Review*», en *Essays on Philosophical Subjects,* p. 198.
74. *Émile,* en *Œuvres complètes,* IV, p. 314. Para los vínculos entre Hobbes y Rousseau véase Richard Tuck, *The Rights of War and Peace: Political Thought and the International Order from Grotius to Kant,* pp. 197-200, Oxford University Press, Oxford, 1999.
75. *Discours sur l'origine de inégalité,* en *Œuvres complètes,* III, pp. 153-5.
76. «Lettre de J. J. Rousseau a M. de Voltaire» (18 de agosto de 1756), en *Œuvres complètes,* IV, p. 1072.
77. Véase E. J. Hundert, *The Enlightenment's Fable: Bernard Mandeville and the Discovery of Society,* pp. 237-49, Cambridge University Press, Cambridge, 1994.
78. «Letter to the *Edinburgh Review*», en *Essays on Philosophical Subjects,* p. 250.
79. *Discours sur l'origine de inégalité,* en *Œuvres complètes,* III, pp. 153-5.
80. *Anthropologie structurale deux,* p. 48, Plon, París, 1973.
81. *Theory of Moral Sentiments,* p. 10.
82. *A Treatise on Human Nature,* pp. 457 y 415.
83. «Droit naturel», en *Political Writings,* p. 20.
84. *Volonté generale.* No confundir con el empleo que hace Rousseau del mismo término, el cual, si bien igualmente genérico, se limita a la voluntad colectiva de los miembros de una sociedad vinculados entre sí por un contrato (o *pacte*).
85. «Discours prononcé dans l'Académie française... a la réception de M. le marquis de Condorcet», en *Œuvres complètes de Condorcet,* X, p. 103.

Capítulo 3

1. «Philosophie», en *Œuvres,* I, p. 464.
2. «Hobbisme», en *Political Writings,* p. 28.
3. «Hobbisme», en *Political Writings,* p. 28. El comentario de Hobbes Selden está citado en Alex Schulman, *The Secular Contract: The Politics of Enlightenment,* p. 25, Nueva York y Lndres, Continuum Books, 2011.
4. *Dictionnaire philosophique* (ed. Alain Pons), p. 78, Gallimard, París, 1994, «Athée, Athéisme».
5. *An Essay Concerning Human Understanding,* p. 10 («Epistle to the Reader»).

6. Véase Frank Manuel, *The Religion of Isaac Newton,* Oxford University Press, Oxford, 1974.

7. Véase Anthony Pagden, «The Search for Order: The "School of Salamanca" and the *ius naturae*», en *The Uncertainties of Empire,* cap. III, p. 164, Variorum, Aldershot, 1994.

8. *Du Contrat social,* en *Œuvres complètes,* III, p. 463.

9. *An Account of Denmark as it was in the Year 1692,* Londres, 1694, b3r.

10. Citado en Reinhart Koselleck, *Critique and Crisis: Enlightenment and the Pathogenesis of Modern Society,* p. 140, Berg, Oxford, Nueva York y Hamburgo, 1988.

11. Citado en David Bell, *The Cult of the Nation in France: Inventing Nationalism 1680-1800,* p. 30, Harvard University Press, Cambridge (Massachusetts), 2001.

12. *An Answer to the Question: «What is Enlightenment?»,* en *Practical Philosophy,* 21: AK 8: 41.

13. Véase David Carrithers, «The Enlightment Science and Society», en *Inventing Human Science: Eighteenth-Century Domains* (Christopher Fox, Roy Porter y Robert Wokler, eds.), pp. 232-70, University of California Press, Berkeley, Los Ángeles y Londres, 1995).

14. *Essai sur les éléments de philosophie ou sur les principes des connaissances humaines,* p. 58, Fayard, París, 1986.

15. Colosenses 3,11.

16. «The Diversity of Goods», en *Philosophy and the Human Sciences: Philosophical Papers,* II, p. 232, Cambridge University Press, 1985.

17. Véase J. B. Scheenwind, *The Invention of Autonomy: A History of Modern Moral Philosophy,* p. 480, Cambridge University Press, Cambridge, 1998.

18. *Addition aux pensées philosophiques,* en *Œuvres,* I, p. 47.

19. Para una reseña de estas sesiones, véase René Pomeau, *La Religion de Voltaire,* pp. 159-84, Librairie Nizet, París, 1956. A su muerte, Châtelet dejó un comentario de cinco volúmenes sobre el Antiguo y el Nuevo Testamento. Véase Ira O. Wade, *Voltaire and Madame du Châtelet: An Essay on the Intellectual Activity at Cirey,* Princeton University Press, Princeton, 1941.

20. *Histoire de l'établissement du christianisme* (1777), en *Œuvres complètes* de Voltaire, XXXI, p. 59, París, 1880.

21. *Dictionnaire philosophique,* pp. 164-5, «Christianisme».

22. *Dictionnaire philosophique,* p. 422, «Paul».

23. *Histoire critique de Jésus Christ,* Préface, en *Œuvres philosophiques complètes,* II, p. 657.

24. *OEuvres philosophiques complètes,* II, pp. 726-35.

25. «De la paix perpétuelle par le docteur Goodheart», en *L'Evangile du Jour,* pp. 13-14 y 26, Londres, 1770.

26. *Dieu et les hommes,* citado en Frank Manuel, *The Changing of the Gods,* p. 63, University Press of New England, Hanover y Londres, 1983.

27. *Dictionnaire philosophique,* p. 193, «Christianisme».

28. Estas reflexiones proceden del *Sermon des cinquante* («Sermón de los cincuenta») que Voltaire escribió probablemente en 1750-1752, siendo un huésped poco satisfecho de Federico II de Prusia. He utilizado las traducciones de Peter Gay, *Deism: An Anthology*, pp. 143-58, D. Van Nostrand & Co., Princeton, 1968.

29. «De la paix perpétuelle par le docteur Goodheart», en *L'Evangile du Jour*, p. 39.

30. La definición más conocida del «dios relojero» se debe a William Paley en 1802, aunque Bernard de Fontenelle empleó la analogía ya en 1686.

31. *Physics*, 267b pp. 18-26.

32. *Metaphysics*, 1072b pp. 213-29.

33. *Système de la nature* (II. 3), en *Œuvres philosophiques complètes*, II, p. 429.

34. *Dictionnaire philosophique*, p. 423, «Péché original».

35. *Essais de théodicée, sur la bonté de dieu, la liberté de l'homme et l'origine du mal*, p. 370, Garnier-Flammarion, París, 1969.

36. *Theory of Moral Sentiments*, pp. 235-6 [VI. ii. 3-6].

  * Traducción de Andrés Maylis, «Desastres y sociedad», revista semestral de la Red de Estudios Sociales en prevención de desastres de Latino América, 6, año 4, enero-junio 1966.

37. *Correspondence of Adam Smith* (eds. Ernest Campbell Mossner e Ian Simpson Ross), p. 34, Clarendon Press, Oxford, 1977.

38. *Histoire de l'etablissement du christianisme*, en *Œuvres complètes de Voltaire*, p. 113.

39. *Dictionnaire philosophique*, p. 490, «Théiste».

40. Citado en Lawrence E. Klein, *Shaftesbury and the Culture of Politeness: Moral Discourse and Cultural Politics in Early Eighteenth-Century England*, p. 158, Cambridge University Press, Cambridge, 1994.

41. «The Moralists, a Philosophical Rhapsody», en *Characteristics of Men, Manners, Opinions, Times*, p. 243. Shaftesbury habla aquí por boca de «Filocles».

42. *Dictionnaire philosophique*, p. 367, «Lois (Des)». El pasaje aparece también en J. B. Schneewind, *The Invention of Autonomy*, p. 461, y véanse sus comentarios sobre las creencias religiosas de Voltaire, pp. 460-2.

43. *Dictionnaire philosophique*, p. 491, «Théiste».

44. *An Inquiry into the Origin of Honour, and the Usefulness of Christianity in War* (Londres, 1732), pp. 27-8.

45. *Du Contrat social*, in *Œuvres complètes*, III, pp. 467-8.

46. *Du Contrat social*, pp. 385-6.

47. *Esquisse d'un tableau historique des progrès de l'esprit humain*, p. 172.

48. *Le fanatisme, ou Mahomet le prophète, Tragédie en cinq actes*. (Se representó por primera vez en Lille en abril de 1741), acto I, escena 5.

49. Citado en Maurice Cranston, *Philosophers and Pamphleteers: Political Theorists of the Enlightenment*, p. 44, Oxford University Press, Oxford, 1986.

50. *Histoire des deux Indes*, en *Œuvres*, III, p. 613.

51. Citado por Peter Gay, *The Enlightenment: An Interpretation*, II, p. 28, Knopf, Nueva York, 1966.

Notas

52. *Histoire des deux Indes,* en *Œuvres,* III, p. 614.

53. Citado en Émile Benveniste, «Civilisation: contribution a l'histoire du mot», en *Problèmes de linguistique générale,* p. 338, Gallimard, París, 1966.

54. Sobre Bayle véase en general Elizabeth Labroussse, *Pierre Bayle,* Martinus Nijhoff, La Haya, 1963, Israel, *Radical Enlightenment,* y Cassirer, *The Philosophy of the Enlightenment,* pp. 201-9.

55. Jonathan Israel, *Enlightenment Contested: Philosophy, Modernity and the Emancipation of Man, 1670-1752,* pp. 88-92, Oxford University Press, Oxford, 2006, y véase H. T. Mason, *Pierre Bayle and Voltaire,* Oxford University Press, Oxford, 1963.

56. *A Treatise on Human Nature,* pp. 240-1 (I iv-v).

57. *Machine Man,* en Thomson, *Machine Man and Other Writings,* pp. 22-3.

58. *The System of Epicurus,* en *Machine Man and Other Writings,* p. 110.

59. *History of Western Philosophy,* p. 521, George Allen & Unwin, Londres, 1946.

60. Citado en J. C. A. Gaskin, «Hume on Religion», en *The Cambridge Companion to Hume* (ed. David Fate Norton), p. 333, Cambridge University Press, Cambridge, 1993.

61. *L'Ingénu* [1767], en *Romans et contes* (ed. René Gros), p. 279, Classiques Garnier, París, 1954.

62. «De l'abus de la critique en matière de la religion», en *Œuvres complètes de D'Alembert,* I, p. 552.

63. «Réflexions philosophiques», en *Œuvres complètes* (ed. Roger Caillois), I, 1177, Bibliothèque de la Pléiade, París, 1949.

64. Carta a Sophie Volland, 30 de octubre de 1759, en *Correspondance de Denis Diderot* (ed. Georges Roth), II, p. 299, Les Editions de Minuit, París, 1955-1970.

65. Carta a C. de Beaumont, en *Œuvres complètes,* IV, p. 960.

66. *Jugement sur Émile,* en *Œuvres complètes de D'Alembert,* IV, p. 463.

67. *Émile,* en *Œuvres complètes,* IV, p. 589, y véase la brillante evocación de John McManners de los padecimientos del pobre Jean-Jacques en *Death in the Enlightenment: Changing Attitudes to Death in Eighteenth-Century France,* pp. 172-5, Oxford University Press, Oxford, 1985.

68. *De la suffisance de la religion naturelle,* en *Œuvres,* I, p. 57.

69. *De la suffisance de la religion naturelle,* en *Œuvres,* I, p. 55.

70. «My Own Life», en *Natural History of Religion* (ed. J. C. A. Gaskin), p. 9, Oxford University Press, Oxford, 1992.

71. Carta a Sophie Volland, 6 de octubre de 1765, en *Œuvres,* V, p. 537. Una versión ligeramente distinta en Mossner, *The Life of David Hume,* p. 483.

72. *Mémoires inédites de l'abbé Morellet: précédés d'un éloge historique de l'abbé Morellet par M. Leémontey* (París, 1823), pp. 113-15, y Mossner, *The Life of David Hume,* 484. Para una reseña más extensa, véase Alan Charles Kors, *D'Holbach's Coterie: An Enlightenment in Paris,* Princeton University Press, Princeton, 1976.

73. Carta a Horace Walpole, noviembre de 1766, en *The Letters of David Hume,* (ed. J. Y. T. Greig), II, p. 10, Clarendon Press, Oxford, 1932.

74. Porter, *The Creation of the Modern World,* pp. 104 y 127.

75. Véase por ejemplo la inacabada *opus magnum* de J. G. A. Pocock, *Barbarism and Religion,* Cambridge University Press, Cambridge, 1999, cuatro volúmenes hasta la fecha.

76. *Reflections on the Revolution in France,* pp. 254-5.

77. Carta del 18 de marzo de 1776, en *The Autobiography of Edward Gibbon,* (ed. Lord Sheffield), p. 181, Oxford University Press, Oxford, 1950.

78. *Lettres philosophiques* (ed. René Pomeau), p. 42, Flammarion, París, 1964.

79. *Lettres philosophiques,* p. 47.

80. Carta a Sophie Volland, 6 de octubre de 1765, en *Œuvres,* V, p. 537.

81. *Theory of Moral Sentiments,* p. 214 (VI. 1. 8).

82. Todo citado en Rothschild, *Economic Sentiments,* p. 54.

83. Recogido por un miembro anónimo del círculo de Smith que escribía bajo el pseudónimo de «Amicus», de «The Bee, or Literary Weekly Intelligencer» (11 de mayo de 1781), en *Lectures on Rhetoric and Belles Lettres* (ed. J. Bryce), p. 238, Clarendon Press, Oxford, 1983.

84. Para un análisis del lenguaje del «entusiasmo», véase Michael Heyd, *«Be Sober and Reasonable»: The Critique of Enthusiasm in the Seventeenth and Early Eighteenth Centuries,* E. J. Brill, Leiden, 1995.

85. «Of Superstition and Enthusiasm», en *Essays Moral, Political and Literary,* p. 74, y véase John Passmore, «Enthusiasm, Fanaticism and David Hume», en Peter Jones (ed.), *The «Science of Man» in the Scottish Enlightenment: Hume, Reid and their Contemporaries,* pp. 85-107, Edinburgh University Press, Edimburgo, 1989.

86. «A Letter Concerning Enthusiasm to my Lord ******», en *Characteristics of Men, Manners, Opinions,* Times, pp. 10-18.

87. *De la démocratie en Amérique,* II, pp. 37-47 (I.V).

88. «Letter to Dr. Joseph Priestley» [1803], en *Writings,* p. 1121, Library of America, Nueva York, 1984.

89. Citado en Gordon S. Wood, *Empire of Liberty: A History of the Early Republic,* p. 577, Oxford University Press, Oxford, 2009.

90. *Writings,* p. 285.

91. Véase la maravillosa narración de su fallecimiento en Darrin McMahon, *The Pursuit of Happiness: A History from the Greeks to the Present,* pp. 22-3, Penguin Books, Londres, 2007.

92. *Essai sur les règnes de Claude et de Néron,* en *Œuvres,* I, p. 1119.

93. *Anti-Seneca or the Sovereign Good,* en Thomson, *Machine Man and Other Writings,* p. 119.

94. Schneewind, *The Invention of Autonomy,* pp. 462-5.

95. «De l'abus de la critique en matière de la religión», en *Œuvres complètes de D'Alembert,* I, p. 553.

96. Passmore, «Enthusiasm, Fanaticism and David Hume», p. 86.

97. Gran parte de lo que sigue se encuentra en J. C. A. Gaskin, *Hume's Philosophy of Religion,* Macmillan, Nueva York, 1980, y «Hume on Religion», en *The Cambridge Companion to Hume,* pp. 313-44.
98. Carta a William Strachan, 9 de noviembre de 1776, en *Correspondence of Adam Smith.*
99. *An Enquiry Concerning Human Understanding,* p. 110 (X. 1).
100. Mossner, *The Life of David Hume,* pp. 100-1.
101. *An Enquiry Concerning Human Understanding,* p. 115 (X. 1).
102. *An Enquiry Concerning Human Understanding,* pp. 130-1.
103. *An Enquiry Concerning Human Understanding,* p. 10.
104. *An Enquiry Concerning Human Understanding,* p. 135.
105. *Lettre sur les Aveugles,* en *Œuvres,* I, pp. 167-8.
106. *Dialogues Concerning Natural Religion* (ed. J. C. A. Gaskin), p. 64, Oxford University Press, Oxford, 1993.
107. *Dialogues Concerning Natural Religion,* pp. 45 y 60. Hume emplea también el término «antropomorfismo» en p. 61.
108. *An Essay on the Nature and Conduct of the Passions and Affections with Illustrations on Moral Sense,* p. 116.
109. *Persian Letters,* trad. C. J. Betts, p. 124 (Carta 59), Viking-Penguin Inc., Nueva York, 1973.
110. *Dialogues Concerning Natural Religion,* p. 63.
111. *Dialogues Concerning Natural Religion,* p. 111.
112. «Of the Immortality of the Soul», en *Essays Moral, Political and Literary.*
113. *A Treatise on Human Nature,* p. 316 (II, xi).
114. *Dialogues Concerning Natural Religion,* p. 318 (II, xi).
115. *An Enquiry Concerning Human Understanding,* p. 135 (XI).
116. *Dialogues Concerning Natural Religion,* pp. 123-4.
117. «Of Suicide», en *Essays Moral, Political and Literary,* p. 587.
118. *Dialogues Concerning Natural Religion,* p. 122.
119. Judith N. Shklar, *Freedom and Independence: A Study of Hegel's «Phenomenology of Mind»,* p. 172, Cambridge University Press, Cambridge, 1976.
120. *Natural History of Religion,* p. 134; «On Superstition and Enthusiasm», en *Essays Moral, Political and Literary,* p. 74.
121. *Natural History of Religion,* p. 130.
122. *Rocks of Ages: Science and Religion in the Fullness of Life,* Ballantine Books, Nueva York, 1999.
123. «Of Superstition and Enthusiasm», en *Essays Moral Political and Literary,* pp. 71-2.
124. *Essai sur les éléments de philosophie ou sur les principes des connaissances humaines,* pp. 19-27.
125. *Essai sur les éléments de philosophie ou sur les principes des connaissances humaines,* p. 57.

Capítulo 4

1. *Essai sur les éléments de philosophie ou sur les principes des connaissances humaines* (ed. Catherine Kintzler), pp. 19-20, Fayard, París, 1986.
2. *Essai sur les éléments de philosophie,* pp. 25-6.
3. *Idée d'un systéme général de la Nature,* en *Œuvres philosophiques,* II, p. 215, Martinus Nijhoff, La Haya, 1975. Véase Israel, *Enlightenment Contested,* pp. 499-504.
4. *Discours sur l'origine et les fondements de l'inégalité,* en *Œuvres complètes,* III, p. 123.
5. *Sketches of the History of Man* [1788] (ed. James A. Harris), III, p. 714, Liberty Fund, Indianápolis, 2007.
6. Citado en Mossner, *The Life of David Hume,* p. 113.
7. «My Own Life», en *Principal Writings on Religion* (ed. Gaskin), pp. 3-4.
8. Citado en Mossner, *The Life of David Hume,* p. 112.
9. «Of Essay Writing», en *Essays Moral, Political and Literary,* pp. 533-6.
10. *Œuvres,* V, p. 575.
11. *A Fragment on Government* (1776) (eds. J. H. Burns y H. L. A. Hart), p. 51, n. 2, Cambridge University Press, Cambridge, 1988.
12. *A Treatise on Human Nature,* p. XVI, Introducción.
13. No debe confundirse con la distinción de Locke entre *cualidades* primarias y secundarias. Para Locke, las «cualidades secundarias» –por ejemplo, el calor que se desprende del fuego– «en realidad no son nada en los objetos mismos, sino capacidades que producen diversas sensaciones en nosotros por medio de las *cualidades primarias*». *An Essay Concerning Human Understanding,* pp. 10-11 (II, VIII). Hume, como Berkley y Holbach, sostenía que se trataba de una distinción espuria.
14. *A Treatise on Human Nature,* p. 13 (I, IV).
15. *A Treatise on Human Nature,* pp. XVII-XVIII, Introducción.
16. *Essay on Man,* epístola I, línea 4; epístola II, líneas 1-2.
17. *A Treatise on Human Nature,* p. XVIII, Introducción.
18. *Essai sur les éléments de philosophie,* p. 27.
19. *The Letters of David Hume,* I, p. 16.
20. «Soliloquy, or Advice to an Author», en *Characteristics of Men, Manners, Opinions, Times,* pp. 131-2.
21. «Discours prononcé dans l'Académie française... a la réception de M. le marquis de Condorcet», en *Œuvres complètes de Condorcet,* X, p. 100.
22. *An Enquiry Concerning the Human Understanding,* pp. 83-4 (VIII, 1).
23. *A Treatise on Human Nature,* p. XVI, Introducción.
24. Véase A. Child, *Making and Knowing in Hobbes, Vico, Dewey,* Berkeley y Los Ángeles, University of California Press, 1953, y Giulio Severino, *Principi e modificazioni in Vico,* pp. 17-25, Il Melangolo, Génova, 1981.
25. La *Nueva Ciencia* de Vico (*Scienza nuova*) conoció tres ediciones, cada una de ellas considerablemente diferente de la anterior. Las más importantes,

sin embargo, son la primera (1725) y la tercera (1744). He utilizado la numeración de los párrafos de la tercera edición –en lo sucesivo *NS*– y la primera –en lo sucesivo *NS1*. Cuando me ha sido posible, he utilizado las traducciones de *Vico Selected Writings* (ed. y trad. Leon Pompa), Cambridge University Press, Cambridge, 1982. La relación del principio del *verum ipsum factum* está en *NS* 331 (y cf. *NS* 349 y 374). Las explicaciones que ofrece Vico sobre la índole de su proyecto o, como él los llama, sus «descubrimientos», se encuentran en *NS* 386-99, y *NS1* 519-26.

26. Descrito en Robertson, *The Case for Enlightenment*, pp. 201-3.

27. *NS* 347. En su *Autobiografía* Vico cita a Grocio, junto con Platón, Tácito y Bacon, como principales fuentes de inspiración: *Vita di Giambattista Vico*, en *G. B. Vico Opere* (ed. F. Nicolini), V, 38-9, Laterza, Bari, 1911-1941.

28. Jules Michelet, *Discours sur le systeme et la vie de Vico* [1827], in *Œuvres complètes* (ed. Paul Viallaneix), 8 vols., I, pp. 283-350, París, 1971-1982. Para Vico como espinosista encubierto, véase Gino Bedani, *Vico Revisited: Orthodoxy, Naturalism and Science in the* Scienza Nuova, Berg, Oxford, Hamburgo y Munich, 1989 y, más recientemente, Israel, *Radical Enlightenment*, p. 669 y *Enlightenment Contested*, pp. 526-37.

29. Sobre Hobbes y sus esfuerzos por enseñar a los «ingleses a hablar de filosofía» en el sentido de «un *savant* juicioso y moderado, asediado desde todas partes por el fanatismo y la estupidez», véase Quentin Skinner, *Reason and Rhetoric in the Philosophy of Hobbes*, p. 436, Cambridge University Press, Cambridge, 1996.

30. «Letters for the Advancement of Humanity (1793-1797) –Tenth Collection», en *Herder. Philosophical Writings*, p. 393. Véase una comparación de otro tipo entre Hume y Vico en Robertson, *The Case for Enlightenment*, pp. 316-24.

31. *Truth and Method* [*Wahrheit und Methode*, 1965], p. 20-1, Sheen & Ward, Londres, 1975.

32. *Essai sur les éléments de philosophie*, p. 57; cf. Bernard Mandeville, «La palabra *moral*, sin duda, procede de *Mos*, y significa todo lo relativo a las costumbres», *An Inquiry into the Origin of Honour, and the Usefulness of Christianity in War*, III, Londres, 1732.

33. «Of National Characters», en *Essays Moral, Political and Literary*, p. 198.

34. *An Enquiry Concerning the Human Understanding*, pp. 46-7, V, 1.

35. *A Treatise on Human Nature*, XIX, Introducción.

36. El proyecto de Kant, sin embargo, era bastante diferente. Aunque señala que «la palabra alemana *Sitten*, como la latina *mores*, solo significa modos y costumbres», en la *Metaphysik der Sitten* de 1797 se ocupa expresamente de «la doctrina moral» o *Sittenlehre*. *The Metaphysics of Morals*, en *Practical Philosophy* (trad. y ed. Gregor), 372: AK 6: 216. «El hombre no extrae instrucciones de observarse y observar su naturaleza animal, ni de percibir las formas del mundo, las cosas que suceden y la conducta humana... Por el

contrario, es la razón la que dicta nuestras actuaciones, aunque no quepa hallar ejemplos, ni pueda darnos cuenta de las ventajas posibles para nosotros, que solo aprenderemos con la experiencia».

37. *A Treatise on Human Nature*, p. XVI, Introducción.

38. *De Civitate Dei*, XIV, I. Y cf. XII, p. 22, donde se aduce la necesidad de este «sentimiento de parentesco» para la creación de Eva.

39. «Of the Populousness of Ancient Nations», en *Essays Moral, Political and Literary*, p. 378.

40. *Essai sur les éléments de philosophie ou sur les principes des connaissances humaines*, p. 63.

41. *An Enquiry Concerning the Human Understanding*, pp. 83 y 84, VIII, 1.

42. «Of the Populousness of Ancient Nations», en *Essays Moral, Political and Literary*, p. 378.

43. *An Enquiry Concerning the Human Understanding*, pp. 84-5, VIII, 1.

44. «A Dialogue», en *An Enquiry Concerning the Principles of Morals*, pp. 327-8.

45. Benjamin Isaac, por ejemplo, afirmaba la existencia de algo que él llama «protorracismo» en la Antigüedad. Véase *The Invention of Racism in Classical Antiquity*, Princeton University Press, Princeton, 2004, y los ensayos en *The Origins of Racism in the West* (eds. Miriam Eliav-Feldon *et al.*), Cambridge University Press, Cambridge, 2009.

46. Véase Judith Shklar, «Jean D'Alembert and the Rehabilitation of History», en *Political Thought and Political Thinkers*, p. 301, y *De l'esprit des lois*, XVII, pp. 3-2.

47. *De L'Esprit*, p. 319, Fayard, París, 1988.

48. *A Treatise on Human Nature*, pp. 316-17, II, XI.

49. «Of National Characters», en *Essays Moral, Political and Literary*, p. 204.

50. «Essai sur les causes qui peuvent affecter les esprits et les caractères», en *Œuvres complètes*, II, pp. 61-2.

51. *A Treatise on Human Nature*, pp. 316-17, II, XI.

52. «On National Characters», en *Essays Moral, Political and Literary*, p. 208, n. 10. El ensayo original es de 1748, la nota se añadió a la edición de 1753, y en la edición de 1777, publicada al año siguiente de la muerte de Hume, se eliminó la frase «y en general toda otra especie de hombres (pues hay cuatro o cinco clases diferentes)». Véase Colin Kidd, *The Forging of Races: Race and Scripture in the Protestant Atlantic World*, pp. 93-95, Cambridge University Press, Cambridge, 2006.

53. *Émile ou de l'éducation*, en *Œuvres complètes*, IV, p. 267.

54. *On the Use of Teleological Principles in Philosophy*, trad. Günter Zöller, en *Anthropology, History and Education* (eds. Günter Zöller y Robert B. Louden), 209: AK 8: 174, Cambridge University Press, Cambridge, 2007.

55. *Observations on the Feeling of the Beautiful, and the Sublime*, trad. Paul Guyer, en *Anthropology, History and Education*, 59: AK 2: 253. Véase Pauline Kleingeld, *Kantand Cosmopolitanism: The Philosophical Ideal of*

World Citizenship, pp. 96-117, Cambridge University Press, Cambridge, 2012, y Sankar Muthu, *Enlightenment Against Empire,* p. 183, Princeton University Press, Princeton, 2003.

56. John H. Zamato, *Kant, Herder: The Birth of Anthropology,* pp. 304-5, Chicago y Londres, University of Chicago Press, 2002, y Thomas McCarthy, *Race, Empire and the Idea of Human Development,* pp. 42-68, Cambridge University Press, Cambridge, 2009.

57. «On the Different Races of Human Beings», trad. Holly Wilson y Günter Zöller, en *Anthropology, History and Education,* 86: AK 2: 431.

58. Kleingeld, *Kant and Cosmopolitanism,* pp. 111-17.

59. *Sketches of the History of Man,* I, pp. 41-2.

60. *Histoire des Deux Indes,* en *Œuvres,* III, pp. 737-44.

61. *Du Contrat Social,* I.II, en *Œuvres complètes,* III, p. 353.

62. *Examen critique des voyages dans l'Amérique septentrionale de M. le m.s. de Chastellux,* p. 104, Londres, 1786.

63. *Examen de cette question: Quel sera pour les colonies de l'Amérique le résultat de la Révolution Française, de la guerre qui en est la suite, et de la Paix que doit le terminer?,* pp. 5-6, Londres, 1797.

64. «A Discourse on the Love of Our Country», en *Political Writings* (ed. D. O. Thomas), p. 184, Cambridge University Press, Cambridge, 1991.

65. «Le Rêve de D'Alembert», en *Œuvres* I, p. 631. Véanse los comentarios sobre este pasaje en Charles Taylor, *A Secular Age,* p. 327, Harvard University Press, Cambridge (Massachusetts), 2007.

66. «Principes philosophiques sur la matière et le mouvement», en *Œuvres,* I, pp. 681-2, y véase Jean Starobinski, *Action et Réaction. Vie et aventures d'un couple,* pp. 53-97, Seuil, París, 1999.

67. Jacques Roger, *Buffon: un philosophe au Jardin du Roi,* París, 1989, y *Les Sciences de la vie dans la pensée française au XVIIIéme siécle,* París, 1963.

68. Citado en Otis Fellows, «Buffon and Rousseau: Aspects of a Relationship», *Proceedings of the Modern Languages Association,* 75, (1960), pp. 184-96.

69. «Letter to the *Edinburgh Review*», en *Essays on Philosophical Subjects,* p. 248.

70. Citado en Jean Starobinski, «Rousseau et Buffon», en *Jean Jacques Rousseau: La Transparence et l'obstacle,* p. 383, Gallimard, París, 1971. Formey también fue el autor de *The Beautiful Wolffian.* Véase la p. 278.

71. «De la nature de l'homme», en *De l'homme* (ed. Michèle Duchet), pp. 39-41, François Maspero, París, 1971.

72. *Histoire naturelle,* en *Œuvres complètes de Buffon avec la nomenclature linnéenne et la classification de Cuvier.* Revues sur l'édition de l'Imprimerie royale et annotées par M. Flourens (París, 1853-1855), II, pp. 336-8.

73. Starobinski, «Rousseau et Buffon», p. 388.

74. Michèle Duchet, *Anthropologie et histoire au siècle des lumières,* pp. 240-1, François Maspero, París, 1971.

75. Antonello Gerbi, *La Disputa del Nuovo Mondo. Storia di una polemica 1750-1900,* Riccardo Ricciardi, Milán, 1983.

76. Keith Thomson, «Jefferson, Buffon and the Moose», *American Scientist*, 98, 2010.

77. *Philosophical Review of the Successive Advances of the Human Mind*, en *Turgot on Progress, Sociology and Economics* (trad. y ed. Ronald L. Meek), p. 42, Cambridge University Press, Cambridge, 1973.

78. *An Enquiry Concerning the Human Understanding*, pp. 84-5 (VIII, 1). Para el empleo que hace Hume de la historia, véase Andrew Sabl, *Hume's Politics: Coordination and Crisis in the* History of England, Princeton University Press, Princeton (pendiente de publicación).

79. *The Philosophy of the Enlightenment*, p. 197, y cf. Peter Reill, *The German Enlightenment and the Rise of Historicism*, University of California Press, Berkeley, 1975.

80. Para las relaciones entre Voltaire, Robertson, Hume y Gibbon, véase Karen O'Brien, *Narratives of Enlightenment: Cosmopolitan history from Voltaire to Gibbon*, Cambridge University Press, Cambridge, 1997.

81. Véase Shklar, «Jean D'Alembert and the Rehabilitation of History», en *Political Thought and Political Thinkers* p. 301.

82. *Essai sur l'étude de la littérature* (ed. Robert Mankin), pp. 126-7, Voltaire Foundation, Oxford, 2010. Y véase Pocock, *Barbarism and Religion*, II, *The Narratives of Civil Government*, p. 23.

83. Citado en Cassirer, *Philosophy of the Enlightenment*, p. 216.

84. Citado en Bruce P. Lenman, «"From Savage to Scot" via the French and the Spaniards: Principal Robertson's Spanish Sources», en *William Robertson and the Expansion of Empire* (ed. Stewart J. Brown), p. 204, Cambridge University Press, Cambridge, 1997.

85. *The History of England: From the Invasion of Julius Caesar to the Revolution in 1688*, I, p. 2. Liberty Fund, Indianápolis 1983-1985.

86. «Older Critical Forestlet» (1767/8), en *Herder. Philosophical Writings*, pp. 265-6.

87. *NS* 7. Cassirer dijo de la *Nueva Ciencia* que había sido «la primera en abrir camino a una filosofía de la historia en el siglo XVIII», *The Philosophy of the Enlightenment*, p. 209.

88. «Fragment sur l'histoire générale», en *Essai sur les moeurs et l'esprit des nations* (ed. R. Pomeau), II, pp. 951-4, Classiques Garnier, París, 1990.

89. «Supplément a l'Essai sur les moeurs», en *Essai sur les moeurs et l'esprit des nations*, p. 906.

90. Pocock, *Barbarism and Religion*, II, pp. 72-162.

91. Citado en Cassirer, *Philosophy of the Enlightenment*, p. 216.

92. Donald Kelley, *Faces of History: Historical Inquiry from Herodotus to Herder*, p. 266, New Haven y Londres, Yale University Press, 1998.

93. «Account of the Life and Writings of Adam Smith LL. D.», en *Essays on Philosophical Subjects*, p. 292.

94. *De l'esprit des lois*, «Preface».

95. *De l'esprit des lois*, I, I.

96. *Between Facts and Norms: Contributions to a Discourse Theory of Law and Democracy* (trad. William Rehg), p. 46, MIT Press, Cambridge (Massachusetts), 1996.

97. Para la imaginación «al servicio directo de la razón», de Kant, véase Guyer, *Kant and the Experience of Freedom*, pp. 215-16.

98. *Idea for a Universal History with a Cosmopolitan Aim,* trad. Allen W. Wood, en *Anthropology, History and Education,* 108-9: AK 8: 17-18.

99. *The Conflict of the Faculties,* trad. Mary J Gregor y Robert Anchor, en *Religion and Rational Theology* (trad. y ed. Allen W. Wood y George di Giovanni), 297: AK 7: 79, Cambridge University Press, Cambridge, 1996.

100. *Idea for a Universal History with a Cosmopolitan Aim,* trad. Allen W. Wood, en *Anthropology, History and Education,* 109: AK 8: 18.

101. *Conjectural Beginning of Human History,* trad. Allen W. Wood, en *Anthropology, History and Education,* 163: AK 8: 109.

102. Citado en Schneewind, *The Invention of Autonomy,* p. 491.

103. *Conjectural Beginning of Human History,* en *Anthropology, History and Education,* 163: AK 8: 109.

104. *Esquisse d'un tableau historique des progrès de l'esprit humain,* p. 80.

105. *Conjectural Beginning of Human History,* en *Anthropology, History and Education,* 169: AK 8: 115.

106. *Discours sur l'origine et les fondements de l'inégalité,* p. 135, y véase Shklar, «Subversive Genealogies», en *Political Thought and Political Thinkers,* p. 132-60.

107. *Conjectural Beginning of Human History,* en *Anthropology, History and Education,* 166: AK 8: 112-13.

108. «From the Lectures of Professor Kant. Königsberg, Winter Semester, 1784-1785, Georg Ludwig Collins (on Baumgarten)», en *Lectures on Ethics,* 155-62: AK 27: 384-92.

109. *Critique of the Power of Judgment* (trad. y ed. Paul Guyer y Eric Mathews), 297-8: AK 5: 430-1, Cambridge University Press, Cambridge, 2000.

110. *The Idea for a Universal History with a Cosmopolitan Aim,* en *Anthropology, History and Education,* 111: AK 8: 20-1.

111. *De Cive,* p. 22 (1. 1).

112. *Discours sur l'origine et les fondements de l'inégalité,* en *Œuvres complètes,* III, pp. 169-70.

113. *Discours sur l'origine et les fondements de l'inégalité,* p. 193, y véanse las observaciones de Tzvetan Todorov, *La Vie commune. Essai d'anthropologie générale,* pp. 25-9, Seuil, París, 1995.

114. *Discours sur l'origine et les fondements de l'inégalité,* en *Œuvres complètes,* III, p. 197.

115. *The Idea for a Universal History with a Cosmopolitan Aim,* en *Anthropology, History and Education,* 111: AK 8: 21.

116. *The Idea for a Universal History with a Cosmopolitan Aim,* 113: AK 8: 22.

Notas

117. *An Answer to the Question: «What is Enlightenment?»*, en *Practical Philosophy*, 19-20: AK 8: 38-9.

118. *Nicomachean Ethics,* 109a.

119. *Critique of the Power of Judgment,* 297: AK 5: 430.

120. «Review of Herder's *Ideas on the Philosophy of Mankind*», trad. Allen W. Wood, en *Anthropology, History and Education,* 141: AK 8: 65.

121. *Critique of the Power of Judgment,* 250: AK 5: 378.

122. «Review of Herder's *Ideas on the Philosophy of Mankind*», en *Anthropology, History and Education,* 141-2: AK 8: 65.

123. *Conjectural Beginning of Human History,* en *Anthropology, History and Education,* 174: AK 8: 122.

124. *Conjectural Beginning of Human History,* en *Anthropology, History and Education,* 168: AK 8: 155.

125. *Critique of the Power of Judgment,* 299: AK 5: 432.

126. *The Idea for a Universal History with a Cosmopolitan Aim,* en *Anthropology, History and Education,* 110: AK 8: 19.

127. *The Conflict of the Faculties,* en *Religion and Rational Theology,* 300: AK 7: 83.

128. *Esquisse d'un tableau historique des progrès de l'esprit humain,* p. 80.

129. *The Conflict of the Faculties,* en *Religion and Rational Theology,* 297 AK 7: 80.

130. *Du Contrat Social,* en *Œuvres complètes,* III, p. 351.

131. *Pensée* 1266, cf. *L'Esprit de lois,* I, ii.

132. *Leviathan,* 89 1. XIII. 63).

133. Kinch Hoekstra, «Hobbes on the Natural Condition of Humankind», en *The Cambridge Companion to Hobbes's* Leviathan (ed. Patricia Springborg), pp. 109-27, Cambridge University Press, Cambridge, 2007.

134. *Caesarinus Fürstenerius,* en *The Political Writings of Leibniz* (ed. Patrick Riley), pp. 113-114, Cambridge University Press, Cambridge, 1972.

135. «Second Treatise of Government», en *Locke's Two Treatises of Government* (ed. Peter Laslett), p. 298 (III. 19), Cambridge University Press, Cambridge, 1960.

136. *Discours sur l'origine et les fondements de l'inégalité,* en *Œuvres complètes,* III, p. 132.

137. NS p. 127.

138. NS pp. 113-14.

139. «Report dated 1766», en *Lectures on Jurisprudence* (ed. R. L. Meek et al.), p. 398, Oxford University Press, Oxford, 1980.

140. *An Essay on the History of Civil Society* (ed. Fania Oz-Salzberger), p. 75, Cambridge University Press, Cambridge, 1995.

141. *An Essay on the History of Civil Society,* pp. 12 y 9.

142. *Théorie des loix civiles, ou principes fondamentaux de la société,* p. 221, Londres, 1767.

143. *Théorie des loix civiles,* pp. 208-9.

144. *An Enquiry Concerning the Principles of Morals,* p. 189, n. 1, III.1. Hume también observó que «el señor Hobbes no fue el primero en describir el estado natural como un estado de guerra, a pesar de lo que suele suponerse». Platón descartó la idea en *La república.* Cicerón, «por el contrario, lo considera cierto y universalmente conocido».
145. *Leviathan,* I, XII (p. 89).
146. *Discours sur l'origine et les fondements de l'inégalité,* en *Œuvres complètes,* III, pp. 132-3. Judith N. Shklar, *Men and Citizens: A Study of Rousseau's Social Theory,* p. 2, Cambridge University Press, Cambridge, 1969.
147. *Discours sur l'origine et les fondements de l'inégalité,* en *Œuvres complètes,* III, pp. 220-1 n.
148. *Histoire naturelle,* en *Œuvres,* II, pp. 200-1.
149. *L'Antiquité dévoilée par ses usages,* I, p. 8, Amsterdam, 1772. Parece que Boulanger se hace eco de Vico, aunque no hay pruebas de que lo leyera. Véase Vicenzo Ferrone, *I profeti dell'Illuminismo,* pp. 263-4, Laterza, Roma, 2000.

Capítulo 5

1. Citado en Muthu, *Enlightenment Against Empire,* p. 72.
2. Para su influencia y un relato detallado de la historia de su publicación, véase Jonathan Israel, *Democratic Enlightenment: Philosophy, Revolution and Human Rights,* 1750-1790, pp. 413-22, Oxford University Press, Oxford, 2011.
3. *Correspondance littéraire, philosophique et critique par Grimm, Diderot, Raynal, Meister etc.* (París, 1877) (ed. Maurice Tourneaux), IX, pp. 487-8. Sobre la asociación de Raynal con Choiseul y el Bureau des colonies, véase Michèle Duchet, *Anthropologie et Histoire au siècle des lumières. Buffon, Voltaire, Helvétius, Diderot,* p. 126, François Maspero, París, 1971.
4. Citado en Pierre-Victor, baron de Malouet, *Mémoires de Malouet publies par son petit-fils le baron Malouet,* 2 vols. (París, 1868), I, p. 180.
5. «Lettre apologétique de l'abbé Raynal a M. Grimm», en Diderot, *Œuvres philosophiques* (ed. Paul Vernier), p. 640, Garnier, París, 1956.
6. *Histoire des Deux Indes,* en *Œuvres,* III, p. 682.
7. Las opiniones de Diderot sobre el viaje en Anthony Pagden, *European Encounters with the New World,* pp. 156-62, Yale University Press, New Haven y Londres, 1993.
8. *Législation orientale* (Amsterdam, 1778), p. 181.
9. *Législation orientale,* pp. III-V, y véase Jennifer Pitts, «Empire and Legal Universalism in the Eighteenth Century», *American Historical Review,* 117 (2012), pp. 92-121.

10. Citado por Girolamo Imbruglia, "Tra Anquetil-Duperron e *L'Histoire de Deux Indies*. Libertà, dispotismo e feudalismo", *Rivista Storica Italiana*, 106 (1994), p. 141.

11. Carta a Michael Ainsworth, en *Life, Unpublished Letters, and Philosophical Regimen of Anthony, Earl of Shaftesbury*, pp. 403-5. La opinion de Shaftesbury sobre la diversidad en Daniel Carey, *Locke, Shaftesbury, and Hutcheson: Contesting Diversity in the Enlightenment and Beyond*, pp. 98-149, Cambridge University Press, Cambridge, 2006.

12. *Discours sur l'origine et les fondements de l'inégalité*, en *Œuvres Complètes*, III, p. 212.

13. *Émile ou l'éducation*, en *Œuvres complètes*, IV, p. 827.

14. «Soliloquy, or Advice to an Author», en *Characteristics of Men, Manners, Opinions, Times*, pp. 155 y 154 n.

15. Francis Hutcheson, *An Inquiry into the Original of our Ideas of Beauty and Virtue*, pp. 205-7, 3ª ed. Londres, 1729.

16. *Discours sur l'origine et les fondements de l'inégalité*, en *Œuvres Complètes*, III, p. 212.

17. Harry Liebersohn, *The Travelers' World: Europe to the Pacific*, pp. 202-5, Harvard University Press, Cambridge (Massachusetts) y Londres, 2006.

18. *Determination of the Concept of a Human Race*, trads. Holly Wilson y Günter Zöller, en *Anthropology, History and Education*, 145: AK 8: 91.

19. *A Voyage to the Cape of Good Hope, towards the Arctic Polar Circle and around the World* (Londres, 1785), III. La disputa de Kant con Forster en Kleingeld, *Kant and Cosmopolitanism*, pp. 92-123.

20. *Discours sur l'origine et les fondements de l'inégalité*, en *Œuvres Complètes*, III, pp. 213-14.

21. La relación más detallada de la Sociedad está en Jean-Luc Chappey, *La Société des observateurs de l'homme (1799-1804): des anthropologues au temps de Bonaparte*, Société des études robespierristes, París, 2005.

22. B. Kilborne, «Anthropological Thought in the Wake of the French Revolution: *la Société des observateurs de l'homme*», *European Journal of Sociology*, 23 (1982), pp. 73-91.

23. *Aux origines de l'anthropologie française. Les mémoires de la Société des Observateurs de l'Homme en l'an VIII* (eds. Jean Copans y Jean Jamin), pp. 129-32, Le Sycomore, París, 1978.

24. Neil Safier, *Measuring the New World: Enlightenment Science and South America*, University of Chicago Press, Chicago y Londres, 2008.

25. «Memoir from the King to serve as instructions to Mr De Bougainville... concerning the operations he will be undertaking», en *The Pacific Journal of Louis-Antoine de Bougainville 1767-1768* (trad. y ed. John Dunmore), p. XIV, Hakluyt Society, Londres, 2002.

26. Citado en Bernard Smith, *European Vision and the South Pacific*, pp. 129-30, Yale University Press, New Haven y Londres, 1985.

27. *Mémoires de l'Amérique septentrionale,* en *Œuvres complètes* (ed. Réal Ouellet) (avec la collaboration d'Alain Beaulieu), I, 669-75, Les Presses de l'Université de Montréal, Montreal, 1990.
28. *Mémoires de l'Amérique septentrionale,* p. 657.
29. «Judgment of the Works of the Earl of Shaftesbury», en *Political Writings* (ed. y trad. Patrick Wiley), p. 196, Cambridge University Press, Cambridge, 1972, y véase R. Ouellet, «Lahontan: les dernières années de sa vie | ses rapports avec Leibniz», *Revue d'histoire littéraire de la France,* 87 (1987), pp. 121-9.
30. *Observations on the Feeling of the Beautiful, and the Sublime,* en *Anthropology, History and Education,* 60: AK 2: 253.
31. *Notes on the State of Virginia,* en *Writings,* p. 188.
32. Citado en Sergio Moravia, *Il pensiero degli ideólogues. Scienza e filosofia in Francia (1780-1815),* p. 539, «La Nuova Italia» Editrice, Florencia, 1974.
33. *Histoire des navigations aux terres australes,* p. 79, París, 1756.
34. Para la posible influencia de De Brosses, véase Nicholas Thomas, *Cook: The Extraordinary Voyages of Captain James Cook,* pp. 16-17, Walker & Co., Nueva York, 2003.
35. *Supplément au voyage de Bougainville,* en *Political Writings,* p. 36.
36. *Voyage autour du monde par la frégate la Boudeuse et la flûte l'Étoile; en 1766, 1767, 1768, 1769* (ed. Michel Bideaux y Sonia Faessel), p. 57, Presse de l'Université de Paris-Sorbonne, París, 2001.
37. *Voyage autour du monde,* pp. 201-3.
38. *Voyage autour du monde,* pp. 224-5.
39. *Voyage autour du monde,* pp. 203-6.
40. *Observations de Mr. de la Condamine sur l'insulaire de Polynésie, amené de l'isle de Tayti en France par Mr. de Bougainville,* impreso en Philippe Despoix, *Le Monde mesuré. Dispositifs de l'exploration à l'âge des Lumières,* p. 172-5, Droz, Ginebra, 2005.
41. «Salon de 1761», en *Œuvres,* IV, p. 205.
42. *Voyage autour du monde,* p. 221.
43. *The* Endeavour *Journal of Joseph Banks 1768-1771* (ed. J. C. Beaglehole), I, 252, Angus & Robertson, Sydney, 1962.
44. «Thoughts on the Manners of Otaheite», en *The* Endeavour *Journal of Joseph Banks,* II, p. 330.
45. Véase el análisis en Thomas, *Cook,* p. 156-9.
46. *The* Endeavour *Journal of Joseph Banks,* I, p. 281-2.
47. «Journal de Charles-Othon de Nassau-Siegen», en *Bougainville et ses compagnons autour du monde 1766-1769, Journaux de Navigation* (ed. Étienne Taillemite), II, 396, Imprimerie Nationales, París, 2006.
48. Citado en Thomas, *Cook,* p. XXVI.
49. *Epodes,* XVI, p. 43-4.
50. Citado en Pamela Cheek, *Sexual Antipodes: Enlightenment Globalization and the Placing of Sex,* p. 142, y véanse pp. 139-64, Stanford University Press, Stanford (California), 2003.

51. Citado en Thomas, *Cook,* p. 156.

52. Citado en Smith, *European Vision and the South Pacific,* p. 46.

53. Para un análisis ecuánime, véase Thomas, *Cook,* p. 153-9.

54. Véase Jean Meyer, «Le Contexte des grands voyages d'exploration du XVIIIe Siècle», en *L'Importance de l'exploration maritime au siècle des Lumières: a propos du voyage de Bougainville* (eds. M. Mollat y E.Taillemite), pp. 28-35, Editions du Centre National de la Recherche Scientifique, París, 1982.

55. Jean Étienne Martin-Allanic, *Bougainville, navigateur et les découvertes de son temps,* p. 890, Presses Universitaires de France, París, 1964.

56. *Voyage autour du monde,* p. 234.

57. *Voyage autour du monde,* p. 237.

58. *Voyage autour du monde,* pp. 161-2.

59. Véase Georges Benrekassa, «Dit et non dit idéologique; à propos du *Supplément au voyage de Bougainville*», *Dix-huitième siècle, 5* (1973), pp. 29-40.

60. *Alzire, ou les Américains, tragédie,* p. 15, París, 1736.

61. «On the Cannibals», en *The Complete Essays,* 233.

62. *Relation abrégée d'un voyage fait dans l'intérieur de l'Amérique méridionale,* pp. 52-53, Maastricht, 1778.

63. *Treatise on the Origin of Languages,* en *Philosophical Writings,* p. 117.

64. *Briefe die neueste Literatur betreffend,* pp. 19, 43-4, G. Olms, Nueva York, 1974. Su ejemplo son los groenlandeses.

65. *Discours sus l'origine et les fondements de l'inégalité,* en *Oeuvres complètes,* III, p. 149.

66. *Dissertation sur les différents moyens dont les hommes se sont servis pour exprimer leurs idées,* en *Oeuvres de Mr. de Maupertuis,* III, p. 444, Lyón, 1756.

67. *Voyage autour du monde,* p. 161.

68. Prince Hoare, *Memoirs of Granville Sharp Esq.,* Londres, 1820, pp. 148-52, citado en parte en Faramerz Dabhoiwala, *The Origins of Sex: A History of the First Sexual Revolution,* p. 227, Allen Lane, Londres, 2012. Para los puntos de vista sobre la poligamia en el siglo XVIII, véase *The Origins of Sex,* pp. 25-31.

69. James Boswell, *Life of Johnson* (ed. R.W. Chapman), p. 723, Oxford University Press, Oxford, 1953.

70. Recogido en *Blackwood's Magazine,* enero 1823, vol. 13, p. 129, de «The Edinburg Review and Phrenological Journal».

71. *The Journals of Captain James Cook on his Voyages of Discovery* (ed. J. C. Bagehole), Hakluyt Society, Cambridge, 1955-1968, III, "The Voyage of the *Resolution* and *Discovery,* 1776-1789", pp. 239-59.

72. Citado en Daniel O'Quinn, *Staging Governance: Theatrical Imperialism in London 1770-1800,* p. 86, Johns Hopkins University Press, Baltimore, 2005.

73. *Mémoires historiques et philosophiques sur la vie et les œuvres de Denis Diderot* (París, 1821), p. 291. Véase Girolamo Imbruglia, «Dopo L'Encyclopédie. Diderot e la sagezza dell'immaginazione», *Studi settecenteschi*, 11-12 (1988-1989), 305-58.

74. *Salon de 1767*, en *Salons* (eds. Jean Seznec y Jean Adhemar), III, p. 148, Oxford University Press, Oxford, 1957-1967.

75. *Supplément au voyage de Bougainville*, en *Political Writings*, p. 74.

76. *Supplément au voyage de Bougainville*, pp. 48-9.

77. *Eléments de physiologie*, en Denis Diderot, *Œuvres complètes* (eds. Jules Assevat y Maurice Tourneaux), VIII, p. 352, París, 1875-1877.

78. *Supplément au voyage de Bougainville*, en *Political Writings*, p. 71.

79. Véanse pp. 188-89.

80. John Dunmore, *Monsieur Baret: The First Woman around the World, 1766-68*, Heritage Press, Greenhithe, 2002.

81. *Voyage autour du monde*, pp. 259-60.

82. «Journal de François Vivez, chirurgien sur L'Etoile», en *Bougainville et ses compagnons autour du monde 1766-1769*, II, p. 243.

83. «Observations sur le *Nakaz*», en *Œuvres*, III, p. 564.

84. *De l'esprit des Lois*, Preface.

85. *Bougainville et ses compagnons autour du monde 1766-1769*, II, p. 81.

86. *Supplément au voyage de Bougainville*, en *Political Writings*, p. 50-3.

87. *Lectures on Pedagogy*, trad. Robert B. Louden, en *Anthropology, History and Education*, 448 AK 9: 454.

88. *Supplément au voyage de Bougainville*, en *Political Writings*, p. 63.

89. *Réfutation suivie d'ouvrage de Helvétius intitulé L'Homme*, en *Œuvres*, 1, p. 903.

90. «Addresse a mon ami Mr Grimm», en *Salon de 1767*, en *Salons*, III, pp. 61 y 125.

91. *Supplément au voyage de Bougainville*, en *Political Writings*, pp. 41-2.

92. *The Task*, Libro I, líneas 633-48.

Capítulo 6

1. Carta a Sophie Volland, 30 de octubre de 1759, *Correspondance de Denis Diderot*, II, p. 299.

2. *Réfutation suivie de l'ouvrage d'Helvétius intitulé L'Homme*, en *Œuvres*, I, p. 786.

3. Sobre los «brahmanes», o gimnosofistas, véase el artículo de Diderot en la *Encyclopédie*, en *Œuvres*, I, pp. 282-3.

4. Carta a Pierre-Étienne Falconet, 6 de septiembre de 1768, en *Correspondance* (ed. Besterman), p. 848.

5. «Court essai sur le caractère de l'homme sauvage», en *Histoire des Deux Indes, Œuvres*, III, p. 599.

Notas

6. Sobre la historia de la palabra, véase Jean Starobinski, «Le Mot civilisation», en *Le Remède dans le Mal. Critique et legitimation de l'artifice à l'âge des Lumières,* pp. 11-59, Gallimard, París, 1989.

7. «Civilization», en *Essays on Politics and Society* (ed. J. M. Robson), *Collected Works of John Stuart Mill,* vol. 18, p. 119, Toronto University Press, Toronto, 1977.

8. Brett, *Changes of State,* pp. 2-3.

9. *L'Ami des hommes, ou Traité de la population,* París, 1756, p. 136, y Starobinski, «Le Mot civilisation», p. 14.

10. Según la opinión de Edward Glaeser, *The Triumph of the City: How our Greatest Invention Makes Us Richer, Smarter, Greener, Healthier and Happier,* Penguin, Nueva York, 2011. Véase también Paul Romer, citado en el *New York Times,* 16 de febrero de 2011, p. BI, y Steven Pinker, *The Better Angels of our Nature: Why Violence has Declined,* p. 179.

11. *Essai sur les moeurs et l'esprit des nations,* I, pp. 22-3.

12. Francescantonio Grimaldi, *Riflessioni sopra l'inegualianza tra gli uomini* [1779-80], en *Illuministi Italiani* (ed. Franco Venturi), V, p. 562, Milán y Nápoles, Riccardo Riccardi, 1958. Véase Robertson, *The Case for Enlightenment,* pp. 397-9.

13. Véase Istvan Hont y Michael Ignatieff, «Needs and Justice in the Wealth of Nations: An Introductory Essay», en *Wealth and Virtue: The Shaping of Political Economy in the Scottish Enlightenment* (eds. Hont y Ignatieff), pp. 253-76, Cambridge University Press, Cambridge, 1987.

14. *An Inquiry into the Nature and Causes of the Wealth of Nations* [1776] (ed. W. B. Todd), p. 24 [1.i], Clarendon Press, Oxford, 1976.

15. *Œuvres de Turgot* (ed. Gustave Schelle), I, pp. 243-5, Librairie Félix Alcan, París, 1913.

16. «Civilization», en *Essays on Politics and Society,* p. 120.

17. *Anthropology from a Pragmatic Point of View,* trad. Robert B. Louden, en *Anthropology, History and Education,* 422, AK 7: 326-7.

18. «Review of J. G. Herder's Ideas for the Philosophy of the History of Humanity», en *Anthropology, History and Education,* AK 8: 65, y *Reflexionen zur Anthropologie,* nº 1500 AK 15: 785.

19. Véase en general, Ronald L. Meek, *Social Science and the Ignoble Savage,* Cambridge, Cambridge University Press, 1976.

20. Véase «The Language of Sociability and Commerce: Samuel Pufendorf and the Theoretical Foundations of the "Four-Stages" Theory», en Istvan Hont, *Jealousy of Trade: International Competition and the Nation-State in Historical Perspective,* pp. 159-84, Harvard University Press, Cambridge (Massachusetts) y Londres, 2005.

21. *De l'esprit des lois,* XVIII, p. 11.

22. «Civilization», en *Essays on Politics and Society,* p. 122.

23. Sobre la indolencia del salvaje, véase Pocock, *Barbarism and Religion,* IV, pp. 79-96.

24. «Report of 1762-3», en *Lectures on Jurisprudence,* pp. 14-15.
25. *An Inquiry into the Nature and Causes of the Wealth of Nations,* p. 715, II, 2.
26. Pocock, *Barbarism and Religion,* IV, pp. 100-1.
27. *Esquisse d'un tableau historique des progrès de l'esprit humain,* p. 98.
28. *Histoire des Deux Indes,* en *Œuvres,* III, pp. 684-5, y véase Jimmy Klausen, «Of Hobbes and Hospitality in Diderot's Supplement to the Voyage of Bougainville», en *Polity,* 37 (2005), pp. 186-92.
29. *Conjectural Beginning of Human History,* en *Anthopology, History and Education,* 164: AK 8: 111 n.
30. *Essay on the Origin of Language which Treats of Melody and Musical Imitation,* trad. John H. Moran, en *On the Origin of Language,* pp. 31-47, 31, n. 2, University of Chicago Press, Chicago, 1966. Véase Jean Starobinski, «Rousseau et l'origine des langues», en *Jean Jacques Rousseau: la Transparence et l'obstacle,* pp. 356-79.
31. *Esquisse d'un tableau historique des progrès de l'esprit humain,* p. 93.
32. *Philosophical Review of the Successive Advances of the Human Mind,* en *Turgot on Progress, Sociology and Economics,* p. 41.
33. *De l'esprit des lois,* XVIII, p. 13.
34. «Report of 1762-1763», en *Lectures on Jurisprudence,* pp. 331-2, y véase Hont, *Jealousy of Trade,* p. 161.
35. *Esquisse d'un tableau historique des progrès de l'esprit humain,* p. 97.
36. «The Second Treatise of Government», p. 306, V. 28.
37. *Discours sur l'origine et les fondements de l'inégalité,* p. 163.
38. *Discours sur l'origine et les fondements de l'inégalité,* p. 170, citando *An Essay Concerning Human Understanding,* II, III, 18. El argumento de Locke, sin embargo, se refiere a la relación entre los nombres y las ideas, y nada tiene que ver con la fundación de la sociedad civil.
39. *Esquisse d'un tableau historique des progrès de l'esprit humain,* pp. 106 y 111.
40. *Plan of the Discourses on Universal History,* en *Turgot on Progress, Sociology and Economics,* p. 69.
41. *Conjectural Beginning of Human History,* en *Anthropology, History and Education,* 172-3: AK 8: 120.
42. *Sur les femmes,* en *Œuvres,* I, p. 957.
43. *Discours sur les sciences et les arts,* en *Œuvres complètes,* III, p. 7.
44. «The Second Treatise of Government», pp. 311-12 (V, 36-7).
45. «The Second Treatise of Government», p. 319 (V, 47).
46. La historia de Arístipo se refiere en el prefacio del libro sexto del arquitecto romano Vitruvio, *De architectura.* También es el origen del título del notable libro de Clarence J. Glacken, *Traces on the Rhodian Shore: Nature and Culture in Western Thought from Ancient Times to the Eighteenth Century,* University of California Press, Berkeley y Los Ángeless, 1967.
47. *De l'esprit des lois,* XVIII, p. 15.
48. *An Inquiry into the Nature and Causes of the Wealth of Nations,* p. 13 (I, 1).

49. Guillaume-Thomas Raynal, *Histoire philosophique et politique des établissements et du commerce des Européens dans les deux Indes* (ed. Anthony Strugnell et al.), I, p. 23, Centre International d'Études du XVIIIe siècle, París, 2010. *An Inquiry into the Nature and Causes of the Wealth of Nations,* pp. 626-7 (IV. vii).

50. *Le Spectateur américain, ou remarques générales sur l'Amérique septentrionale... Suivi de recherches philosophiques sur la découverte de l'Amérique,* p. 11, Ámsterdam, 1784.

51. *An Inquiry into the Nature and Causes of the Wealth of Nations,* p. 626 (IV. Vii).

52. *Histoire des Deux Indes*, en *Œuvres,* III, p. 689.

53. *Lettres philosophiques,* p. 67.

54. Sobre el vocabulario del comercio y la interpretación francesa de su significado global, véase Anoush Terjanian, *Commerce and its Discontents in Eighteenth Century French Political Thought,* Cambridge University Press, Cambridge, 2012.

55. *L'Ami des homes, ou traité de la population,* III, p. 5.

56. Anthony Pagden, «Commerce and Conquest: Hugo Grotius and Serafim de Freitas on the Freedom of the Seas», *Mare liberum,* 20 (2000), pp. 33-55.

57. *De l'esprit des lois,* XX, 1.

58. Citado en Rothschild, *Economic Sentiments,* p. 17.

59. Para el objetivo de Raynal, véase Pocock, *Barbarism and Religion,* IV, pp. 230-3.

60. En «Salon de 1769», *Œuvres* IV, pp. 872-4.

61. «Report dated 1766», en *Lectures on Jurisprudence,* pp. 540-2, y véase Christopher J. Berry, *The Idea of Luxury: A Conceptual and Historical Investigation,* pp. 170-3, Cambridge University Press, Cambridge, 1994.

62. *Supplément au voyage de Bougainville,* en *Political Writings,* p. 42.

63. *Teatro crítico universal. Discursos varios en todo género de materias, para desengaño de errores comunes,* I, pp. 350-1, Madrid, 1726.

64. *The History of Women from the Earliest Antiquity to the Present Time* [1779], I, pp. 151-3, Londres, 1782. Véase Dabhoiwala, *The Origins of Sex,* pp. 183-4.

65. Véase Evelyn Forget, «Cultivating Sympathy: Sophie Condorcet's Letters on Sympathy», *Journal of the History of Economic Thought,* 23 (2001), pp. 39-337.

66. Joan Wallach Scott, *Only Paradoxes to Offer: French Feminists and the Rights of Man,* pp. 19-56, Harvard University Press, Cambridge (Massachusetts), 1996.

67. Citado en Sylvana Tomaselli, «Civilization, Patriotism and Enlightened Histories of Women», en *Women, Gender and Enlightenment* (eds. Sarah Knott y Barbara Taylor), pp. 117-35, Palgrave Macmillan, Londres, 2005.

68. *The History of Women from the Earliest Antiquity to the Present Time,* I, pp. 152.

69. «Of Refinement in the Arts», en *Essays, Moral Political and Literary,* p. 271, y véase Rothschild, *Economic Sentiments,* p. 21.

70. *Discours sur les sciences et les arts,* en *Œuvres complètes,* III, p. 21 n.

71. Shklar, *Men and Citizens,* pp. 144-5.

72. «Discours prononcé dans l'Académie française... a la réception de M. le marquis de Condorcet», en *Œuvres complètes de Condorcet,* X, p. 103. Y véase Rothschild, *Economic Sentiments,* p. 235.

73. *The Spirit of Conquest and Usurpation and their Relation to European Civilization,* en *Political Writings* (ed. Biancamaria Fontana), p. 53, Cambridge University Press, Cambridge.

74. *Idea for a Universal History with a Cosmopolitan Aim,* en *Anthropology, History and Education,* 111: AK 8: 820-1.

75. Lionel Jensen, *Manufacturing Confucianism: Chinese Tradition and Universal Civilization* Duke University Pres, Durham (Carolina del Norte), 1997. Sobre la vida y la misión de Ricci, véase Michele Fontana, *Matteo Ricci. Un gesuita alla corte dei Ming,* Mondadori, Milán, 2005.

76. «On the Civil Cult of Confucius», en Daniel J. Gottfried Wilhelm Leibniz, *Writings on China* (ed. y trad. Cook y Henry Rosemont Jr.), p. 61, Open Court, Chicago y La Salle, 1994.

77. Véase D. E. Mungello, *The Great Encounter of China and the West, 1500-1800,* pp. 59-82, Rowman & Littlefield, Lanham (Mariland), 1999, y los ensayos en *The Chinese Rites Controversy: Its History and Meaning* (ed. Mungello), Steyler Verlag, Nettetal, 1994.

78. Según recoge Paul Hazard, *The European Mind 1680-1715,* p. 23, Meridian Books, Cleveland y Nueva York, 1963.

79. *Plan of the Discourses on Universal History,* en *Turgot on Progress, Sociology and Economics,* p. 96.

80. Prefacio a la *Novissima Sinica,* en Leibniz, *Writings on China,* pp. 45-46.

81. Citado en Franklin Perkins, «Virtue, Reason and Cultural Exchange: Leibniz's Praise of Chinese Morality», *Journal of the History of Ideas,* 63 (2002), pp. 447-64 y 460.

82. Prefacio a la *Novissima Sinica,* p. 51.

83. Citado en Perkins, «Virtue, Reason and Cultural Exchange», p. 455.

84. Prefacio a la *Novissima Sinica,* pp. 46-7.

85. *Essai sur les moeurs et l'esprit des nations,* I, p. 220. Epicteto, un estoico griego que vivió entre los siglos I y II, enseñó que la mejor solución contra los errores morales era la educación, no el castigo.

86. Prefacio a la *Novissima Sinica,* pp. 2-3.

87. Citado en Franklin Perkins, *Leibniz and China: A Commerce of Light,* p. 122, Cambridge University Press, Cambridge, 2004.

88. *Essai sur les moeurs et l'esprit des nations,* II, pp. 903-4.

89. *Histoire philosophique et politique des établissements et du commerce des Européens dans les deux Indes,* I, p. 102.

90. *A Fragment on Government,* 14 n.
91. Judith N. Shklar, *Montesquieu,* p. 122, Oxford University Press, Oxford, 1987.
92. Shklar, *Montesquieu,* p. 111.
93. Citado por D'Alembert en «Éloge de Montesquieu», en *Œuvres complètes de D'Alembert,* III, 456 n.
94. Carta a André Morellet, 26 de enero de 1766, en Cesare Beccaria, *Opere. Carteggio* (ed. Carlo Capra et al.), IV, p. 222, Mediobanca, Milán, 1994.
95. «Éclectisme», de la *Encyclopédie,* en *Œuvres,* I, p. 339.
96. Shklar, *Montesquieu,* p. 10.
97. «Éloge de Montesquieu», en *Œuvres complètes de D'Alembert,* III, p. 452.
98. *De l'esprit des lois,* XIX, p. 4.
99. «Account of the Life and Writings of Adam Smith LL.D.», en Adam Smith, *Essays on Philosophical Subjects,* p. 295.
100. *An Enquiry Concerning the Principles of Morals,* pp. 196-7, III, 2, aunque posteriormente añadió que la suposición de Montesquieu de que «todo derecho se fundamenta en *afinidades* y relaciones» era incompatible «con la verdadera filosofía».
101. Véase Cassirer, *The Philosophy of the Enlightenment,* pp. 209-10.
102. *De l'esprit des lois,* II, p. 1.
103. *De l'esprit des lois,* III, pp. 1-2.
104. Véase Michael Curtis, *Orientalism and Islam: European Thinkers on Oriental Despotism in the Middle East and India,* pp. 72-102, Cambridge University Press, Cambridge, 2009.
105. *De l'esprit des lois,* XVII, p. 3.
106. *Réflexions sur la monarchie universelle,* en *Œuvres complètes,* II, pp. 23-4.
107. *De l'esprit des lois,* XIX, p. 12.
108. *De l'esprit des lois,* V, p. 14.
109. *Persian Letters,* p. 234, Carta 131.
110. De la *Geographica,* colección manuscrita de escritos sobre diversas partes del mundo, descubierta después de la Segunda Guerra Mundial en el castillo de Montesquieu en La Brède por el erudito inglés Robert Shackleton. No obstante, no se sabe si el texto conocido como «Some remarks on China that I have taken from a conversation which I had with M. Ouanges» es, efectivamente, de Montesquieu o de alguien mejor informado sobre China que él mismo, quizá Nicolas Fréret, secretario de la Académie des Inscriptions, que conocía a Montesquieu. Véase la introducción de la *Geographica,* en *Œuvres complètes de Montesquieu,* pp. 16 y 109-12, Voltaire Foundation, Istituto Italiano per gli studi filosofici, Oxford, 2007, y la relación en Jonathan D. Spence, *The Chan's Great Continent: China in Western Minds,* pp. 88-94, W.W. Norton & Co., Nueva York y Londres, 1998.
111. Danielle Elisseeff, *Moi, Arcade interprète chinois du Roi-Soleil,* pp. 37-40, Arthaud, París, 1985.
112. Danielle Elisseeff, *Nicolas Fréret (1688-1749). Réflexions d'un humaniste du XVIIIe siècle sur la Chine,* pp. 37-51, Collège de France, París, 1978.

Notas

113. *De l'esprit des lois,* VIII, p. 21.
114. *Geographica,* en *Œuvres complètes de Montesquieu,* p. 124. Esto se repite con ligeras variaciones en la redacción en *Pensée,* p. 234.
115. *Geographica,* en *Œuvres complètes de Montesquieu,* p. 124.
116. *Pensée,* p. 271.
117. *De l'esprit des lois,* XIX, p. 4.
118. *De l'esprit des lois,* XIX, p. 14.
119. *Pensée,* p. 1079.
120. *Theory of Moral Sentiments,* p. 204 (V. 2. 7).
121. *Pensée,* p. 272.
122. *De l'esprit des lois,* XIX, p. 13.
123. *De l'esprit des lois,* XXVI, pp. 15-17, y véase Shklar, *Montesquieu,* pp. 70-4.
124. *De l'esprit des lois,* V, p. 14.
125. *De l'esprit des lois,* XII, p. 29.
126. *De l'esprit des lois,* XIX, p. 17.
127. *De l'esprit des lois,* XIX, p. 18.
128. Cf. *Laws* 697c; 712e-713a.
129. *De l'esprit des lois,* VIII, pp. 6 y 21.
130. *Essai sur les moeurs et l'esprit des nations,* I, p. 215.
131. *Spicilège,* p. 483. La palabra corresponde a la traducción del propio Montesquieu del término latino *spicilegium,* que significa colección de notas o de documentos inéditos.
132. *De l'esprit des lois,* V, p. 14.
133. Citado en Spence, *The Chan's Great Continent,* p. 69.
134. Spence, *The Chan's Great Continent,* p. 89.
135. Citado en Spence, *The Chan's Great Continent,* p. 55.
136. *Histoire des Deux Indes,* en *Œuvres,* III, pp. 657-8.
137. *On Language: On the Diversity of Human Language Construction and its Influence on the Mental Development of the Human Species* (ed. Michael Losonsky), trad. Peter Heath, pp. 232-3, Cambridge University Press, Cambridge, 1999; y sobre la aportación de Humboldt al desarrollo de la lingüística moderna, Steven Pinker, *The Language Instinct: How the Mind Creates Language,* p. 84, Morrow, Nueva York, 1994.
138. *Doutes proposes aux philosophes économistes sur l'ordre naturel et essentiel des sociétés politiques,* pp. 132-7, La Haya, 1768.
139. *Essai sur les moeurs et l'esprit des nations,* I, pp. 216 y 231.
140. *Plan of the Discourses on Universal History,* en *Turgot on Progress, Sociology and Economics,* p. 70.
141. *Histoire des Deux Indes,* p. 657.
142. *Reflexionen zur Anthropologie,* no. 1455a, AK 16: 637.
143. *Supplément au voyage de Bougainville,* en *Political Writings,* p. 38. «B» no se refiere aquí a Tahiti, sino a la «Isla de los Lanceros», Akiaki, en el archipiélago de Tuamotu.
144. «Droit natural», en *Political Writings,* p. 20.

Capítulo 7

1. *Pensée,* 350.
2. «Droit natural», en *Political Writings,* p. 20.
3. Véase Martha Nussbaum (con encuestados), *For Love of Country: Debating the Limits of Patriotism* (ed. Joshua Cohen), p. 9, Beacon Press, Boston, 1996.
4. *Essay on Man,* IV, pp. 363-70.
5. *Theory of Moral Sentiments,* p. 235 (VI. ii. 3. 1).
6. *Reflections on the Revolution in France,* y citado en Appiah, *Cosmopolitanism,* p. 152.
7. «Of National Characters», en *Essays Moral, Political and Literary,* p. 202.
8. *An Enquiry Concerning the Principles of Morals,* p. 224, V.II.
9. *A Treatise on Human Nature,* p. 317, y véase Sharon R. Krause, *Civil Passions: Moral Sentiment and Democratic Deliberation,* pp. 79-83, Princeton University Press, Princeton, 2008.
10. *An Enquiry Concerning the Principles of Morals,* 225 n., V. II.
11. Citado en Marcel Detienne, *Les Grecs et nous,* p. 13, Perrin, París, 2005.
12. «Miscellany III», en *Characteristics of Men, Manners, Opinions, Times,* p. 400.
13. Henry Sumner Maine, *Ancient Law* (1861, Dent, Londres. 1917), pp. 82 y 85.
14. Kantorowicz, *The King's Two Bodies,* pp. 336-7.
15. Citado en *Regicide and Revolution: Speeches at the Trial of Louis XVI* (ed. Michael Walzer), p. 4, Cambridge University Press, Cambridge, 1974.
16. *Leviathan,* p. 120, II. 17.
17. Citado en *Regicide and Revolution* (ed. Walzer), p. 25.
18. «The Trew Law of Free Monarchies», en Jacobo I de Inglaterra y VI de Escocia, *Political Writings* (ed. Johann Sommerville), p. 65, Cambridge University Press, Cambridge, 1994.
19. «A Speech to the Lord and Commons of the Parliament... March 21, 1609», en Jacobo I de Inglaterra y VI de Escocia, *Political Writings,* p. 181, citado también en *Regicide and Revolution* (ed. Walzer), p. 15, y véanse las pp. 14-34 para relación tan precisa como aguda de la teoría del derecho divino.
20. Colette Beaune, *Naissance de la nation en France,* pp. 208-10, Gallimard, París, 1985.
21. Citado en Liah Greenfeld, *Nationalism: Five Roads to Modernity,* p. 14, Harvard University Press, Cambridge (Massachusetts), 1992.
22. *Les Ruines, ou Méditations sur les révolutions des empires,* en *Œuvres* (eds. Anne y Henry Deneys), p. 267, Fayard, París, 1989.
23. Carta de Lady Mordaunt a John Locke, citada en *Locke's Two Treatises of Government,* p. 45.
24. *Leviathan,* p. 128 (II. 18).

25. *Ibíd.,* p. 121 (II 18).
26. *Hobbes à l'agrégation* (ed. Jean-François Bert), p. 42, Editions EHESS, París, 2011.
27. «Second Treatise of Government», en *Locke's Two Treatises of Government,* p. 344, VII, 90.
28. *An Essay on Toleration,* en *Political Essays,* pp. 135-6.
29. «Of the Origin of Government», en *Essays Moral, Political and Literary,* p. 37.
30. «On the Common Saying: "This may be true in theory, but it is of no use in practice"», en *Practical Philosophy,* 291: AK 8: 290 y *Reflexionen zur Rechtsphilosophie,* no. 7979, AK 19: 570. En *La metafísica de la moral* se refiere a la «patria» como aquella que está formada por los nacidos «desde la perspectiva de los derechos... de una madre común (la república)» y que constituyen «una familia *(gens, natio)*», *Practical Philosophy,* 482: AK 6: 343.
31. «Observation sur les Nakaz», en *Œuvres,* III, p. 507.
32. Edmund Burke, «Speech on the State of Representation of Commons in Parliament», en *Writings and Speeches* (ed. J. F. Taylor), VII, pp. 94-5, Little Brown, Nueva York, 1901.
33. *Reflections on the Revolution in France,* p. 261.
34. *De Officis,* I. 57. Aunque el término que Cicerón utiliza aquí es *caritas,* no *amor.* Véanse los comentarios de Maurizio Viroli, *For Love of Country: An Essay on Patriotism and Nationalism,* pp. 22-3, Clarendon Press, Oxford, 1995.
35. Como se explica en Kantorowicz, *The King's Two Bodies,* pp. 232-5.
36. Véase David Bell, *The Cult of the Nation in France,* pp. 51-4, con una brillante recreación de la escena y un análisis del discurso.
37. Marisa Linton, *The Politics of Virtue in Enlightenment France,* p. 159, Palgrave, Basingstoke, 2001.
38. Véase Peter Campbell, «The Language of Patriotism in France, 1750-1770», *e-France,* 1, 2007, p. 14, y «The Politics of Patriotism in France (1770-1788)», *French History,* 24: 4 (2010), pp. 550-75.
39. Citado en Campbell, «The Politics of Patriotism in France (1770-1788)», p. 552. Jaucourt parafrasea a Montesquieu.
40. Citado en Greenfeld, *Nationalism,* p. 163.
41. Anthony Pagden, *Worlds at War: The 2,500-year Struggle between East and West,* pp. 3-39, Oxford University Press, Nueva York, 2008.
42. «Miscellany III», en *Characteristics of Men, Manners, Opinions, Times,* 400, n. 10, y véase Viroli, *For Love of Country,* pp. 57-60.
43. Para la distinción en Francia entre *patrie* y *nation* véase Campbell, «The Politics of Patriotism in France (1770-1788)», p. 558.
44. *De L'esprit des lois,* IV, p. 5.
45. *De L'esprit des lois,* V, p. 2.
46. *Reflexionen zur Rechtsphilosophie,* no. 7979, AK 19: 570.
47. Citado en Ruth Scurr, *Fatal Purity: Robespierre and the French Revolution,* p. 275, Chatto & Windus, Londres, 2006.

48. *Considérations sur le gouvernement de Pologne,* en *Œuvres complètes,* III, p. 966.
49. Citado en Pocock, *Barbarism and Religion,* I, p. 241.
50. *De l'esprit des lois,* V, p. 19.
51. *The Idea of a Patriot King, in Bolingbroke, Political Writings* (ed. David Armitage), pp. 221 y 245, Cambridge University Press, Cambridge, 1997.
52. *The Idea of a Patriot King,* p. 294.
53. *Letters from a Citizen of the World to his Friends in the East* (Bungy [Londres], 1820), I, p. 19.
54. Citado en Roy Porter, *The Creation of the Modern World,* pp. 42-4.
55. Véase Colin Kidd, *British Identities before Nationalism: Ethnicity and Nationhood in the Atlantic World, 1600-1800,* Cambridge University Press, 1999.
56. Citado en Vincenzo Cuoco, *Saggio storico sulla rivoluzione di Napoli* [1801] (ed. Antonino de Francesco), p. 202, Les Belles Lettres, París, 2004. No cita su fuente.
57. Citado en Kleingeld, *Kant and Cosmopolitanism,* p. 25.
58. «Miscellany III», en *Characteristics of Men, Manners, Opinions, Times,* pp. 401-3.
59. Citado en Campbell, «The Language of Patriotism in France, 1750-1770», pp. 4-5.
60. *Letters for the Advancement of Humanity (1793-1797),* en Herder, *Philosophical Writings,* pp. 378-9.
61. Descrito y analizado en Jan-Werner Müller, *Constitutional Patriotism,* pp. 16-22, Princeton University Press, Princeton, 2007.
62. «A Discourse on the Love of Our Country», en *Political Writings* (ed. D. O. Thomas), p. 178, Cambridge University Press, Cambridge, 1991. Los comentarios de Burke están en «Letter to Philip Francis», 20 de febrero de 1790, en *Further Reflections on the Revolution in France* (ed. Daniel E. Ritchie), p. 181, Liberty Fund, Indianápolis, 1992.
63. «A Discourse on the Love of Our Country», pp. 178-9.
64. *Theory of Moral Sentiments,* pp. 154-5 (III. 3. 42).
65. *Theory of Moral Sentiments,* p. 235 (VI. 2. 3.1).
66. *Theory of Moral Sentiments,* p. 140 (III. 3. 10).
67. *Theory of Moral Sentiments,* p. 229 (III. 2. 4).
68. *De l'Esprit,* pp. 196-7.
69. *Teatro crítico universal,* III, pp. 223-4.
70. *Dictionnaire philosophique,* pp. 419-20, «Patrie».
71. «Kant on the Metaphysics of Morals: Vigilantius' lecture notes», en *Lectures on Ethics,* 406: AK 27: 674.
72. Quoted in Marc Belissa, «Introduction», en *Cosmopolitismes, patriotismes. Europe et Amériques 1773-1802* (eds. Marc Belissa y Bernard Cottret), p. 9, Les Perséides, Rennes, 2005.
73. *Le Cosmopolite ou le citoyen du monde,* Londres, 1761, pp. 3 y 43-4.

74. «Encyclopédie» de *Œuvres,* p. 428.
75. «Defence of Seneca and Plutarch», en *The Complete Essays,* p. 821.
76. *Epilogue to the Satires:* Dialogue 1. I. 41.
77. *Theory of Moral Sentiments,* pp. 228-30 (VI. ii. 3-5).
78. Carta de 24 de noviembre de 1767, *Œuvres,* V, p. 810.
79. *Gespräch unter vier Augen,* en *Werke,* pp. 42 y 127-8 (ed. J. G. Gruber), Berlín, 1824-27.
80. «Kant on the Metaphysics of Morals: Vigilantius' lecture notes», en *Lectures on Ethics,* 406: AK 27: 674.
81. *Theory of Moral Sentiments,* pp. 229-30 y 154-5 (VI. II. 2.5-6).
82. *Disputatio de Caritate,* I a 24.
83. *De Duobus Praeceptis Caritatis,* p. 5.
84. Véase Margaret C. Jacob, *Strangers Nowhere in the World: The Rise of Cosmopolitanism in Early-Modern Europe,* University of Pennsylvania Press, Filadelfia, 2006.
85. *Salon* de 1765, citado en Paul Hazard, «Cosmopolite», en *Mélanges d'histoire littéraire générale et comparée offerts à Fernand Baldensperger,* p. 360, Librairie Ancienne Honoré Champion, París, 1930. Se refería explícitamente a la casa de Holbach en la Rue Royale.
86. *La Scienza della legislazione* (ed.Vincenzo Ferrone et al.), I, p. 19, Centro di Studi sull'Illuminismo europeo «Giovanni Stiffoni», Venecia, 2003.
87. «On the Spirit of Patriotism», en *Political Writings,* pp. 193-4.
88. Carta de 22 de de febrero de 1768, *Œuvres,* V, p. 812.
89. «Spheres of Affection», en Nussbaum (con encuestados), *For Love of Country,* p. 125.
90. *Du Contrat social* (1ª versión) I, II, en *Œuvres Complètes,* III, p. 287. Este pasaje se eliminó de la versión definitiva.
91. *Discours sur l'origine et les fondements de l'inégalité,* en *Œuvres complètes,* III, p. 178.
92. *Émile,* en *Œuvres Complètes,* IV, p. 249.
93. Cf. John Rawls, *The Law of Peoples,* p. 119, Harvard University Press, Cambridge (Massachusetts), 1999. «El interés fundamental de una mentalidad cosmopolita no es la justicia de las sociedades, sino el bienestar de los individuos».
94. *De l'esprit des lois,* XXIV, p. 10.
95. *On the Fortune of Alexander,* p. 329.
96. *On Liberty,* en *On Liberty and Other Writings* (ed. Stefan Collini), p. 28, Cambridge University Press, Cambridge, 1898.
97. *The Meditations of the Emperor Marcus Aurelius Antoninus,* VI. 50. 58.
98. *Decline and Fall of the Roman Empire* (ed. David Womersley), cap. III, p. 103, Penguin, Londres, 1994.
99. Citado en Clifford Ando, *Imperial Ideology and Provincial Loyalty in the Roman Empire,* p. 63, University of California Press, Berkeley, Los Ángeles, y Londres, 2000.

100. Citado en Uday Singh Mehta, *Liberalism and Empire: A Study in Nineteenth-Century British Liberal Thought,* pp. 139-40, University of Chicago Press, Chicago, 1999.
101. «Réflexions sur la monarchie universelle en Europe», en *Œuvres complètes,* II, p. 19.

Capítulo 8

1. Israel, *Radical Enlightenment,* p. 85.
2. Véase Israel, *Enlightenment Contested,* pp. 654-6.
3. Donald F. Lach, «The Sinophilism of Christian Wolff (1679-1754)», en *Discovering China: European Interpretation in the Enlightenment* (eds. Julia Ching y Willard G. Oxtoby), pp. 118-30, University of Rochester Press, Nueva York, 1992, y Robert Louden, «"What Does Heaven Say?": Christian Wolff and Western Interpretations of Confucian Ethics», en *Confucius and the Analects: New Essays* (ed. Bryan W. Van Norden), pp. 73-93, Oxford University Press, Nueva York, 2002.
4. *Dictionnaire philosophique,* p. 160-1, «Chine (de la)».
5. A este respecto, véase T. J. Hochstrasser, *Natural Law Theories in the Early Enlightenment,* pp. 150-86, Cambridge University Press, Cambridge, 2000.
6. *Ius gentium methodo scientifica pertractatum,* II, pp. 7-9, Clarendon Press, Oxford, 1934.
7. *Ius gentium methodo scientifica pertractatum,* II, p. 9. Véase Tuck, *The Rights of War and Peace,* pp. 187-91.
8. Georg Cavallar, *The Rights of Strangers: Theories of International Hospitality, the Global Community and Political Justice since Vitoria,* p. 211, Ashgate, Aldershot, 2002.
9. *Ius gentium methodo scientifica pertractatum,* II, p. 11. Para la distinción que Wolff hace entre lo que él llama ley natural «pura» y la consensuada «voluntad de los pueblos», véase Martii Koskenniemi, *From Apology to Utopia: The Structure of International Legal Argument,* pp. 108-12, Cambridge University Press, Cambridge, 2005.
10. Citado en Scheenwind, *The Invention of Autonomy,* p. 436.
11. *Ius gentium methodo scientifica pertractatum,* II, p. 17.
12. *Fundamenta juris naturae et gentium ex sensu communi deducta* (Halle, 1718), p. 161 (LXXII). Para Thomasius véase Hochstrasser, *Natural Law Theories in the early Enlightenment,* pp. 111-49.
13. *An Enquiry into the Foundations of the Laws of Nations in Europe from the Time of the Greeks and Romans to the Age of Grotius* (Londres, 1795), pp. 1, XIII-XIV y 169, y véase Pitts, «Empire and Legal Universalism in the Eighteenth Century».
14. *Reflexionen zur Metaphysik,* no. 4866 AK 18: 14.

15. Véase, en general, Emmanuelle Jouannet, *Emer de Vattel et l'émergence doctrinale du droit international classique,* Pedone, París, 1998.
16. *Poliergie ou mélange du littérature et de poésies* (Amsterdam [en realidad, París], 1757), I, pp. 21-126.
17. «Réflexions sur le Discours de M. Rousseau touchant l'origine de l'inégalité parmi les hommes», en *Mélanges de littérature, de morale et de politique,* p. 82, Neuchâtel, 1760.
18. Véase David Armitage, *The Declaration of Independence: A Global History,* pp. 38-41, Harvard University Press, Cambridge (Massachusetts), 2008.
19. *Le Droit de gens, et les devoirs des citoyens, ou Principes de la loi naturelle* (Nimes, 1793), I, «Preface», pp. 12-13. Y véase Koskenniemi, *From Apology to Utopia,* pp. 112-22.
20. *Le Droit de gens, et les devoirs des citoyens,* I, pp. 147-50, y véase Tuck, *The Rights of War and Peace,* pp. 191-6.
21. «Réflexions sur la monarchie universelle en Europe», en *Œuvres complètes,* II, p. 34.
22. *Le Droit de gens, et les devoirs des citoyens,* I, pp. 149-50.
23. *Le Droit de gens, et les devoirs des citoyens,* I, p. 153.
24. *International Law,* p. 8, John Murray, Londres, 1888.
25. Jeremy Bentham, *Principles of International Law,* en *The Works of Jeremy Bentham* (Edinburgh, 1843), pp. 11, 546 y 557. Algunas selecciones de todo esto en *Early Notions of Global Governance: Selected Eighteenth-Century Proposals for «Perpetual Peace»* (ed. Esref Asku), University of Wales Press, Cardiff, 2008.
26. Kleingeld, *Kant and Cosmopolitanism,* pp. 40-3. Y véanse los comentarios en Tuck, *The Rights of War and Peace,* pp. 223-4.
27. Véase Merle J. Perkins, *The Moral and Political Philosophy of the Abbé de Saint-Pierre,* Droz, Ginebra, 1959.
28. «Of the Jealousy of Trade», en *Essays Moral, Political and Literary,* pp. 327-8.
29. «De la paix perpétuelle par le docteur Goodheart», en *L'Evangile du Jour,* p. 2.
30. «On the Works of the Abbé de St. Pierre» (1715), en *Political Writings,* p. 183.
31. Sobre los argumentos de la *Propuesta* y su relación con *Sobre la paz perpetua,* véase Massimo Mori, *La pace e la ragione Kant e le relazioni internazionali: diritto, politica, storia,* pp. 23-35, Il Mulino, Bolonia, 2004.
32. *Les Confessions,* en *Œuvres complètes,* I, pp. 408 y 422-3.
33. «Jugement sur le projet de paix perpétuelle», en *Œuvres complètes,* III, p. 591.
34. «Jugement sur le projet de paix perpétuelle», pp. 594-5.
35. «Jugement sur le projet de paix perpétuelle», p. 600.
36. *Toward Perpetual Peace. A Philosophical Project,* trad. Mary J. Gregor, en *Practical Philosophy,* 333: AK 8: 363.
37. *Toward Perpetual Peace,* 334: AK 8: 364-5 y *Anthropology from a Pragmatic Point of View,* en *Anthropology, History and Education,* 425: AK 7: 330.

38. *Idea for a Universal History with a Cosmopolitan Aim,* en *Anthropology, History and Education,* 144-5: AK 8: 24-5.

39. *Critique of the Power of Judgment,* 298: AK 5: 430.

40. *Conjectural Beginning of Human History,* en *Anthropology, History and Education,* 173: AK 8: 121.

41. *Reflexionen zur Anthropologie,* no. 1521, AK 16: 892. Era una creencia muy extendida en la época que la destrucción de Bizancio había producido una transferencia de la cultura griega a la Europa Occidental, que, a su vez, había llevado al Renacimiento.

42. *Conjectural Beginning of Human History,* en *Anthropology, History and Education,* 173: AK 8: 121.

43. *Critique of the Power of Judgment,* 300: AK 5: 432-3.

44. *Idea for a Universal History with a Cosmopolitan Aim,* en *Anthropology, History and Education,* 118: AK 8: 28. Sobre la guerra en la teoría de Kant de la evolución histórica, véase Yirmiahu Yovel, *Kant and the Philosophy of History,* Princeton University Press, Princeton, 1980, pp. 151-4, y Pierre Hassner, «Les Concepts de guerre et de paix chez Kant», *Revue Française de Science Politique,* 11 (1961), pp. 642-70.

45. *Zu ewigen Frieden: Ein philosophischer Entwurf.* «Zu» puede significar a la vez «a» y «hacia».

46. *Project pour rendre la paix perpétuelle en Europe,* pp. 22-3, Fayard, París, 1986.

47. *Toward Perpetual Peace,* en *Practical Philosophy,* 317: AK 8: 343.

48. *Idea for a Universal History with a Cosmopolitan Aim,* en *Anthropology, History and Education,* pp. 114-15: AK 8: 24, y véase «On the Common Saying: "This may be true in theory, but it is of no use in practice"», en *Practical Philosophy,* 309: AK 8: 313.

49. *Toward Perpetual Peace,* en *Practical Philosophy,* 318: AK 8: 344.

50. *Toward Perpetual Peace,* 324: AK 8:351.

51. *Reflexionen zur Anthropologie,* no. 1524, AK 16: 898-9.

52. *Toward Perpetual Peace,* en *Practical Philosophy,* 326: AK 8: 354.

53. *The Metaphysics of Morals,* en *Practical Philosophy,* 456: AK 6: 313, y «Kant on the Metaphysics of Morals: Vigilantius' lecture notes», en *Lectures on Ethics,* 340: AK 27: 591.

54. *Toward Perpetual Peace,* en *Practical Philosophy,* 326: AK 8: 354-5.

55. *The Metaphysics of Morals,* en *Practical Philosophy,* 485: AK 6: 347.

56. *La Politique naturelle,* en *Œuvres philosophiques complètes,* III, p. 589.

57. *Theory of Moral Sentiments,* p. 155, III. 3. 42.

58. «Kant on the Metaphysics of Morals: Vigilantius' lecture notes», en *Lectures on Ethics,* 339: AK 27: 591.

59. *Toward Perpetual Peace,* en *Practical Philosophy,* 327: AK 8:356.

60. *Toward Perpetual Peace,* 323 n.: AK 8: 350. Y véase Arthur Ripstein, *Force and Freedom: Kant's Legal and Political Philosophy,* pp. 182-231, Harvard University Press, Cambridge (Massachusetts), 2009.

61. *The Metaphysics of Morals,* en *Practical Philosophy,* 480: AK 6: 339

Notas

62. «On the Common Saying: "This may be true in theory, but it is of no use in practice"», en *Practical Philosophy*, 296-7: AK 8: 297.
63. *The Metaphysics of Morals*, en *Practical Philosophy*, 484: AK 6: 346.
64. *Toward Perpetual Peace*, en *Practical Philosophy*, 335: AK 8: 366.
65. *The Metaphysics of Morals*, en *Practical Philosophy*, 584: AK 6: 345-6.
66. *Toward Perpetual Peace*, en *Practical Philosophy*, 342: AK 8: 375.
67. *Toward Perpetual Peace*, 323-4: AK 8: 351.
68. Esta es la conclusión final de *An Inquiry into the Origin of Honour, and the Usefulness of Christianity in War* (1732): un profundo sentido del honor y la fe en el Dios cristiano son mecanismos poderosos para convencer a los hombres de que se maten los unos a los otros.
69. Zeev Maôz y Bruce Russett, «Normative and Structural Causes of Democratic Peace, 1946-1986», *American Political Science Review*, 87 (1993), pp. 624-38, y Otfried Höffe, *Kant's Cosmopolitan Theory of Law and Peace*, trad. Alexandra Newton, pp. 177-81, Cambridge University Press, Cambridge, 2006.
70. *Federalist X*, en James Madison, Alexander Hamilton, y John Jay, *The Federalist Papers* (ed. Isaac Kramnick), p. 126, Londres y Nueva York, Penguin, 1987.
71. *Toward Perpetual Peace*, en *Practical Philosophy*, 324: AK 8: 352.
72. «The Liberty of the Ancients Compared with that of the Moderns», en *Political Writings*, pp. 310-11.
73. *Toward Perpetual Peace*, en *Practical Philosophy*, 325: AK 8: 353.
74. *The Principles of Representative Government*, Cambridge University Press, Cambridge, 1997.
75. Véase en especial, Michael W. Doyle, «Kant, Liberal Legacies and Foreign Affairs», *Philosophy and Public Affairs*, 12 (1983), pp. 205-353.
76. *Toward Perpetual Peace*, en *Practical Philosophy*, 327 AK 8: 356.
77. *Critique of the Power of Judgment*, 300: AK 5: 432.
78. *Toward Perpetual Peace*, en *Practical Philosophy*, 327: AK 8: 356.
79. *Toward Perpetual Peace*, 328: AK 8: 357.
80. *Toward Perpetual Peace*, en *Practical Philosophy*, 336: AK 8: 367. En cuanto al tamaño, *The Metaphysics of Morals*, en *Practical Philosophy*, 487: AK 6: 350. Véase Ripstein, *Force and Freedom*, pp. 226-7. Sobre el antiiperialismo de Kant, Muthu, *Enlightenment against Empire*, pp. 120-72.
81. *Outlines of a Philosophy of the History of Man [Ideen zur Philosophie der Geschichte der Menschheit]*, trad. T. Churchill, p. 224, Londres, 1800.
82. *Religion within the Boundaries of Mere Reason*, trad. George di Giovanni, en *Religion and Rational Theology*, 81 AK 6: 35. Sobre la diversidad humana véanse las observaciones en las *lose Blätter*, AK 23: 167-9.
83. Sobre el empleo que da Kant a estos términos, véase Andrew Hurrell, «Kant and the Kantian Paradigm in International Relations», *Review of International Studies*, 16 (1990), pp. 183-205. En cuanto a los cambiantes puntos de vista de Kant sobre la preferencia de un estado de naciones

(Völkerstaat) a una federación *(Völkerbund),* véase Mori, *La pace e la ragione Kant e le relazioni internazionali,* pp. 103-14.

84. *Toward Perpetual Peace,* en *Practical Philosophy,* 336 AK 8: 367.

85. *The Metaphysics of Morals,* en *Practical Philosophy,* 483: AK 6: 344; *Idea for a Universal History with a Cosmopolitan Aim,* en *Anthropology, History and Education,* 114: AK 8: 24.

86. *Federalist XVIII,* en Madison, Hamilton, y Jay, *The Federalist Papers,* p. 160.

87. *Reflexionen zur Anthropologie,* no. 1420, AK 16: 618.

88. *Critique of the Power of Judgment,* 229: AK 5: 355.

89. Un análisis más amplio en Kleingeld, *Kant and Cosmopolitanism,* pp. 74-86.

90. Sobre lo que entendía Kant a este respecto, véase Kleingeld, *Kant and Cosmopolitanism,* pp. 81-2.

91. «Kant on the Metaphysics of Morals: Vigilantius' lecture notes», en *Lectures on Ethics,* 406: AK 27: 674, y véase Seyla Benhabib, con Jeremy Waldron, Bonnie Honig, y Will Kymlicka, *Another Cosmopolitanism* (ed. Robert Post), pp. 22-4, Oxford Unversity Press, Oxford, 2006.

92. *Toward Perpetual Peace,* en *Practical Philosophy,* 329-31: AK 8: 359-60.

93. Benhabib, con Waldron, Honig, y Kymlicka, *Another Cosmopolitanism,* p. 23. Véase la respuesta de Jeremy Waldron a la insistencia de Benhabib en la importancia que tenían para Kant las «comunidades políticas con el tamaño de un Estado», *Another Cosmopolitanism,* p. 89.

94. *Idea for a Universal History with a Cosmopolitan Aim,* en *Anthropology, History and Education,* 116-18: AK 8: 27, y véase Kleingeld, *Kant and Cosmopolitanism,* p. 76.

95. *The Conflict of the Faculties,* en *Religion and Rational Theology,* 297: AK 7: 79, y véanse pp. 152-6.

96. Pauline Kleingeld, «Approaching Perpetual Peace: Kant's Defence of a League of States and his Ideal of a World Federation», *European Journal of Philosophy,* 12 (2004), pp. 304-25.

97. *Anthropology from a Pragmatic Point of View,* en *Anthropology, History and Education,* 119: AK 7: 324.

98. *Critique of Pure Reason,* 397: A 316/B 372. Cf. *The Conflict of the Faculties,* en *Religion and Rational Theology,* 307: AK 7: 93.

99. *Toward Perpetual Peace,* en *Practical Philosophy,* 337: AK 8: 368.

100. *Idea for a Universal History with a Cosmopolitan Aim,* en *Anthropology, History and Education,* 116: AK 8: 26.

101. *Toward Perpetual Peace,* en *Practical Philosophy,* 327: AK 8:355.

102. *The Conflict of the Faculties,* en *Religion and Rational Theology,* 303: AK 7: 86-7.

103. *The Prelude,* 109-16.

104. Citado en G. P. Gooch, *Germany and the French Revolution,* pp. 41-3, Russell & Russell, Nueva York, 1966.

105. «Last Days of Immanuel Kant» [1827], en *Last Days of Immanuel Kant and Other Writings*, p. 112, Edimburgo, 1871.

106. François Azouvi y Dominique Bourel, *De Königsberg à Paris. La réception de Kant en France (1788-1804)*, p. 69, Vrin, París, 1991.

107. 13 nivôse an IV (3 de enero de 1796), citado en Alexis Philonenko, «Kant et le problème de la paix», en *Essais sur la philosophie de la guerre*, p. 27, Vrin, París, 1976.

108. Citado en Jacques Droz, *L'Allemagne et la révolution française*, p. 160, París, 1949, y Gareth Stedman Jones, «Kant, the French Revolution and the Definition of Republic», en *The Invention of the Modern Republic* (ed. Biancamaria Fontana), pp. 154-72, Cambridge University Press, Cambridge, 1994.

109. *An Answer to the Question: «What is Enlightenment?»*, en *Practical Philosophy*, 18: AK 8: 36; «On the Common Saying: "This may be true in theory, but it is of no use in practice"», en *Practical Philosophy*, 298: AK 8: 299, «una insurrección que acaba en rebelión es el delito mayor y más punible en una república, porque destruye sus fundamentos».

110. «On the Common Saying: "This may be true in theory, but it is of no use in practice"», en *Practical Philosophy*, 300: AK 8: 301 n. En cada uno de los tres casos cita, sin embargo, lo que él llama el «levantamiento»; iniciado en realidad no por el «populacho», sino por una asamblea representativa debidamente convocada.

111. *The Metaphysics of Morals*, en *Practical Philosophy*, 481: AK 6: 341-2. Hace una observación similar en las *Reflexionen zur Rechsphilosophie*, no. 8055, AK 19: 595-6. «En Francia la Asamblea Nacional podía cambiar la constitución incluso aunque se hubiese convocado solo para poner en orden las finanzas públicas. Sus miembros se convirtieron, en efecto, en los representantes de la asamblea del pueblo cuando el rey les permitió aprobar decretos en virtud de unos poderes plenos vagamente definidos».

112. *The Metaphysics of Morals*, en *Practical Philosophy*, 491-2: AK 6: 355, y véase Lewis W. Beck, «Kant and the Right of Revolution», en *Immanuel Kant: Critical Perspectives* (ed. Ruth F. Chadwick), III, pp. 399-41, Routledge, Londres y Nueva York, 1992.

113. *Vorarbeiten zu Über den Gemeinspruch: Das mag in der Theorie richtig sein, taugt aber nicht für die Praxis*, AK 23: 127.

114. *The Metaphysics of Morals*, en *Practical Philosophy*, 491-2: AK 6: 355.

115. Citado en Droz, *L'Allemagne et la révolution française*, p. 156. Y véase Frederick C. Beiser, *Enlightenment, Revolution and Romanticism: The Genesis of Modern German Political Thought, 1790-1800*, Harvard University Press, Cambridge (Massachusetts), 1992.

116. *Religion and Philosophy in German. A Fragment*, trad. John Snodgrass, p. 106, Beacon Press, Boston, 1959.

117. *Reflexionen zur Rechtsphilosophie*, no. 8077, AK 19: 609.

118. Georges Vlachos, *La Pensée politique de Kant*, pp. 553-4, Presses Universitaires de France, París, 1962.

119. «On the Common Saying: "This may be true in theory, but it is of no use in practice"», en *Practical Philosophy*, 305-7: AK 8: 307-10. La cita de Mendelssohn pertenece a su *Jerusalem: A Treatise on Ecclesiastical Authority and Judaism*, 1783.

120. *The Conflict of the Faculties*, en *Religion and Rational Theology*, 303: AK 7: 86-7.

121. *Esquisse d'un tableau historique des progrès de l'éprit humain*, pp. 266-7.

122. Citado en David Williams, *Condorcet and Modernity*, p. 92, Cambridge University Press, Cambridge, 2004.

123. Citado en Jeanne Morefield, *Covenants without Sword. Idealist Liberalism and the Spirit of Empire*, p. 99, Princeton University Press, Princeton y Oxford, 2005. Sobre el papel de Zimmern en la creación de la Sociedad de Naciones y, por ende, de las Naciones Unidas, véase Mark Mazower, *No Enchanted Palace: The End of Empire and the Ideological Origins of the United Nations*, pp. 66-103, Princeton University Press, Princeton y Oxford, 2009.

124. *Inevitable Peace*, p. 239, Harvard University Press, Cambridge (Massachusetts), 1948.

125. A propósito de los malabarismos de Kant sobre los diferentes conceptos de soberanía, véase Jürgen Habermas, *The Divided West* (ed. y trad. Ciaran Cronin), pp. 115-16, Polity Press, Cambridge, 2006.

Conclusión

1. «A Discourse on the Love of Our Country», en *Political Writings*, p. 177.

2. Citado en Scurr, *Fatal Purity*, p. 275.

3. Scurr, *Fatal Purity*, p. 2.

4. Citado en Gordon Wood, *Empire of Liberty*, p. 177.

5. *On the Aesthetic Education of Man*, trads. E. M. Wilkinson y L. A. Willoughby, p. 25, Oxford University Press, Oxford, 1982.

6. *Untersuchungen über die französische Revolution*, p. xi, Hanóver, 1793. Los comentarios de Jachmann sobre Rehberg pertenecen a una carta a Kant, 14 de octubre de 1790, *Correspondence*, 368, AK 11: 225; Rehberg no era formalmente discípulo de Kant.

7. *Untersuchungen über die französische Revolution*, p. 12.

8. *Untersuchungen über die französische Revolution*, p. 92.

9. «De la politique et de la morale» (enero de 1806), en *Mélanges littéraires politiques et philosophiques, Œuvres complètes*, X/2, p. 162, París, 1838.

10. *Religion and Philosophy in Germany: A Fragment*, trad. John Snodgrass, p. 106, Beacon Press, Boston, 1959.

11. Citado en Maurice Cranston, *The Solitary Self: Jean-Jacques Rousseau in Exile and Adversity*, p. 189, Chicago University Press, Chicago, 1977.

Notas

12. *An Answer to the Question: «What is Enlightenment?»*, en *Practical Philosophy*, 17: AK 8: 35.
13. «On the Influence of Enlightenment on Revolutions», en Schmidt, *What is Enlightenment?*, p. 217.
14. Citado en Elie Kedourie, *Arabic Political Memoirs and Other Studies*, p. 260, Frank Cass, Londres, 1974.
15. Citado en Isaiah Berlin, «Joseph de Maistre and the Origins of Fascism», en *The Crooked Timber of Humanity: Chapters in the History of Ideas*, p. 94, Alfred A. Knopf, Nueva York, 1991.
16. *Considerations on France*, 10, n. 3.
17. *Les Origines de la France contemporaine*, I, pp. 265-77, París, 1899.
18. *Considerations on France*, pp. 9-11, se cita también en Darrin M. McMahon, *Enemies of Enlightenment: The French Counter-Enlightenment and the Making of Modernity*, p. 99, Oxford University Press, Oxford, 2001.
19. *Enemies of Enlightenment*, p. 102.
20. *Les Soirées de Saint-Pétersbourg, ou Entretiens sur le gouvernement temporal de la providence*, en *Œuvres complètes de Joseph de Maistre*, V, p. 22, Lion y París, 1884-7.
21. *Les Soirées de Saint-Pétersbourg*, IV, p. 84.
22. Citado en Isaiah Berlin, *Against the Current: Essays in the History of Ideas*, p. 139, Penguin Books, Londres y New York, 1982.
23. «A Letter to a Member of the National Assembly», en *Further Reflections on the Revolution in France*, p. 48.
24. Citado en Appiah, *Cosmopolitanism*, p. XVI.
25. *Hegel on Hamann*, trad. Lise Marie Anderson, p. 7, Northwestern University Press, Evanston (Illinois), 2008.
26. Véase Robert Alan Sparling, *Johann Georg Hamann and the Enlightenment Project*, Toronto University Press, Toronto, 2011.
27. «Letter to Christian Jacob Krause», en Schmidt, *What is Enlightenment?*, p. 147.
28. *Metacritique on the Purism of Reason*, en Schmidt, *What is Enlightenment?*, p. 155.
29. «The Contingency of Languages», en *Contingency, Irony and Solidarity*, p. 5, Cambridge University Press, Cambridge, 1989.
30. «True and False Political Enlightenment» [1792], en Schmidt, *What is Enlightenment?*, pp. 212-16.
31. *Treatise on the Origin of Language*, en *Herder: Philosophical Writings*, p. 164. Véase Johan H. Zamato, *Kant, Herder: The Birth of Anthropology*, pp. 344-5.
32. *Treatise on the Origin of Language*, en *Herder: Philosophical Writings*, pp. 151-2.
33. *This too, a Philosophy of History*, en *Herder: Philosophical Writings*, pp. 307-12.
34. *Outlines of a Philosophy of the History of Man [Ideen zur Philosophie der Geschichte der Menscheit]*, trad. T. Churchill, p. 288, Londres, 1800.

35. *Outlines of a Philosophy of the History of Man,* p. 221.
36. *Outlines of a Philosophy of the History of Man,* p. 189.
37. Véanse pp. 160-1.
38. *This, too, a Philosophy of History,* en *Herder: Philosophical Writings,* p. 298.
39. «Reflections on the Philosophy of History», en *On World History: An Anthology* (eds. Hans Adler y Ernst A. Menze), p. 232, M. E. Sharpe, Armonk (Nueva York) y Londres, 1997.
40. «Letters for the Advancement of Humanity (1793-1797) –Tenth Collection», en *Herder: Philosophical Writings,* pp. 393-4. Véase *Herder: Philosophical Writings,* pp. 393-4, n. 33 para un análisis de la alusión de Herder al ensayo de Kant, *On the different Races of Man.*
41. *Herder: Philosophical Writings,* p. 395. Los «huswana» no han podido ser identificados. Los «gonaqua» son una tribu de joijoi que vive en Sudáfrica Occidental.
42. *Outlines of a Philosophy of the History of Man,* p. 241.
43. Charles Taylor, *Sources of the Self: The Making of the Modern Identity,* p. 369, Cambridge University Press, Cambridge, 1989.
44. *Religion and Philosophy in Germany,* p 58.
45. Shklar, *Freedom and Independence,* p. 171.
46. Véase Lewis P. Hinchman, *Hegel's Critique of the Enlightenment,* pp. 185-215, University of Florida Press, Tampa (Florida), 1984.
47. Napoleón a Las Cases, 11 de noviembre de 1816. Las Cases no era un testigo fiable; pero Napoleón había hecho una declaración similar ante el Corp législatif el 15 de febrero de 1805. Biancamaria Fontana, «The Napoleonic Empire and the Europe of Nations», en *The Idea of Europe: From Antiquity to the European Union* (ed. Anthony Pagden), pp. 122-3, Cambridge University Press, Cambridge, 2002.
48. *Dialectic of Enlightenment,* p. XII.
49. «St. Juste's Illusion», en *Making Sense of Humanity and Other Philosophical Papers 1982-1992,* Cambridge University Press, Cambridge, 1995.
50. *L'Ancien régime et la révolution* (ed. François Mélonio), p. 84, Flammarion, París, 1988.
51. «Towards a Holy Alliance of Peoples» (1849, escrito en italiano), en *A Cosmopolitanism of Nations: Giuseppe Mazzini's Writings on Democracy, Nation Building and International Relations* (ed. y trad. Stefano Recchia y Nadia Urbinati), pp. 117-19, Princeton University Press, Princeton, 2009.
52. Denis Mack Smith, *Mazzini,* p. 215, Yale University Press, New Haven y Londres, 1994.
53. Citado en Stefano Recchia y Nadia Urbinati, «Introduction: Giuseppe Mazzini's International Political Thought», en *A Cosmopolitanism of Nations,* p. 1.
54. Viroli, *For Love of Country,* pp. 144-5.
55. *Elements of the Philosophy of Right,* trad. H. B. Nisbet, 367, 368 (331, 335), Cambridge University Press, Cambridge, 1991.

56. Charles Taylor, *Hegel,* pp. 387-8, Cambridge University Press, Cambridge, 1975.
57. *Elements of the Philosophy of Right,* 288-9 (268).
58. «From a Revolutionary Alliance to the United States of Europe» (1850, originalmente escrito en italiano), en *A Cosmopolitanism of Nations,* p. 134.
59. «Humanity and Country» (1839, originalmente escrito en francés), en *A Cosmopolitanism of Nations,* pp. 53-7.
60. «Nationality and Cosmopolitanism» (1847, originalmente escrito en inglés), en *A Cosmopolitanism of Nations,* p. 58.
61. *A Cosmopolitanism of Nations,* p. 59.
62. «From a Revolutionary Alliance to the United States of Europe», pp. 132-5.
63. James P. Piscatori, *Islam in a World of Nation States,* p. 22, Cambridge University Press, Cambridge, 1986.
64. Véase Amy Gutman, «Communitarian Critics of Liberalism», *Philosophy and Public Affairs,* 14 (1985), pp. 308-22.
65. *After Virtue: A Study in Moral Theory,* pp. 1-2, University of Notre Dame Press, Notre Dame (Indiana), 1981.
66. *After Virtue,* pp. 37-8.
67. *Three Rival Versions of Moral Enquiry: Encyclopaedia, Genealogy and Tradition,* pp. 172-3, University of Notre Dame Press, Notre Dame (Indiana), 1990.
68. *Religion and Philosophy in Germany,* p. 265.
69. *Essai sur les préjugés,* en *Œuvres philosophiques complètes,* II, p. 12.
70. *Truth and Method,* pp. 234 y ss. Los conceptos de preestructura, precomprensión, etc., están tomados de Heidegger. Gadamer alude de pasada a Burke y seguramente era conocedor del pasaje que he citado.
71. «Is Patriotism a Virtue?», en, *Theorizing Citizenship,* pp. 216-17, State University of New York Press, Nueva York, 1995.
72. *The Differend: Phases in Dispute,* trad. Georges Van Den Abbeele, p. 151, University of Minnesota Press, Minneápolis, 1988.
73. *The Differend: Phases in Dispute,* p. 157.
74. *Spheres of Justice: A Defense of Pluralism and Equality,* pp. 314-15, Basic Books, Nueva York, 1983.
75. Carta a N. L. Ozmidov, 1878, en *Selected Letters of Fyodor Dostoyevsky,* trad. Andrew R. MacAndrew, p. 446, Rutgers University Press, New Brunswick 1987.
76. Jürgen Habermas y Joseph Ratzinger, *The Dialectics of Secularization: On Reason and Religion,* pp. 37 y 75, Ignatius Press, San Francisco, 2005.
77. Habermas y Ratzinger, *The Dialectics of Secularization,* p. 77. Para ser justos con Benedicto, lo que él pide no es una sumisión total a las ideas de la religión, sino en el espíritu de los Padres de la Iglesia, un mundo «purificado y estructurado por la religión».

78. *A Secular Age,* p. 772, Harvard University Press, Cambridge (Massachusetts), 2007.
79. Véase Cesare Merlini, «A Post-Secular World?», *Survival,* 53 (2011), pp. 117-30.
80. *Black Mass: Apocalyptic Religion and the Death of Utopia,* p. 210, Allen Lane, Londres y Nueva York, 2007.
81. Véase p. 24.
82. John Gray, *Enlightenment's Wake: Politics and Culture at the Close of the Modern Age,* p. 145, Routledge, Londres y Nueva York, 1997.
83. Sobre los orígenes ilustrados de los derechos humanos, véase Lynn Hunt, *Inventing Human Rights: A History,* W.W. Norton, Nueva York, 2007.
84. «The Continuity between the Enlightenment and "Postmodernism"», en *What's Left of Enlightenment?* (eds. Keith Michael Baker y Peter Hans Reill), p. 20, Stanford University Press, Stanford (California), 2002.
85. Véanse las pp. 351-52.
86. *The Life, Unpublished Letters and Philosophical Regimen of Anthony, Earl of Shaftesbury,* p. 353, y se cita en Roy Porter, *The Creation of the Modern World,* p. 3.
87. *Decline and Fall of the Roman Empire,* LII: 16. Pero Gibbon se refería a lo que podría haber sido de Europa si el ejército invasor árabe a las órdenes de Abderramán, gobernador de Al-Ándalus, no hubiera sufrido en el sur de Francia la derrota de Poitiers en octubre de 732.
88. Sobre las razones de que Roma no progresara más allá de la situación alcanzada en el siglo I, véase Aldo Schiavone, *The End of the Past: Ancient Rome and the Modern West,* trad. Margaret J. Schneider, Harvard University Press, Cambridge (Massachusetts) y Londres, 2000.
89. –¿Qué esperamos congregados en el foro?

    Es a los bárbaros que hoy llegan.

    –¿Por qué esta inacción en el Senado?
    ¿Por qué están ahí sentados sin legislar los Senadores?

    Porque hoy llegarán los bárbaros.
    ¿Qué leyes van a hacer los Senadores?
    Ya legislarán, cuando lleguen, los bárbaros

    –¿Por qué nuestro emperador madrugó tanto
    y en su trono, a la puerta mayor de la ciudad,
    está sentado, solemne y ciñendo corona?

    Porque hoy llegarán los bárbaros.
    y el emperador espera para dar
    a su jefe la acogida. Incluso preparó,
    para entregárselo, un pergamino.

En él muchos títulos y dignidades hay escritos.

–¿Por qué nuestros dos cónsules y pretores salieron
hoy con rojas togas bordadas;
por qué llevan brazaletes con tantas amatistas
y anillos engastados y esmeraldas rutilantes;
por qué empuñan hoy preciosos báculos
en plata y oro magníficante cincelados?

Porque hoy llegarán los bárbaros;
y espectáculos así deslumbran a los bárbaros.

–¿Por qué no acuden, como siempre, los ilustres oradores
a echar sus discursos y decir sus cosas?
Porque hoy llegarán los bárbaros
y les fastidian la elocuencia y los discursos.

–¿Por qué reina de pronto esta inquietud
y confusión? (¡Qué graves se han vuelto los rostros!)
¿Por qué calles y plazas aprisa se vacían
y todos vuelven a casa compungidos?

Porque se hizo la noche y los bárbaros no llegaron.
Algunos han venido de las fronteras
y contado que los bárbaros no existen.

¿Y qué va a ser de nosotros ahora sin bárbaros?
Esta gente, al fin y al cabo, era una solución.

(Constantinos Cafavis, *Poesía completa*, traducción de Pedro Bádenas
de la Peña, Alianza Editorial, Madrid, 2011).

Con ánimo parecido, John Gray decía –hace ya algún tiempo– que vivimos «entre las sombrías ruinas del proyecto ilustrado, que fue el proyecto
más importante de la era moderna», de las que solo un nuevo impulso exterior, tal vez procedente de Asia, puede salvarnos: *Enlightenment's Wake*,
p. 145.

90. Citado en Gary Wills, «A Country Ruled by Faith», *New York Review of
Books*, 53: 18 (16 de noviembre de 2006), p. 8.

91. *Our Global Neighborhood: Report of the Commission on Global Governance
of 1995*, Oxford University Press, Oxford, 1995. Se publicó para preparar
el Congreso Internacional sobre el Gobierno Global de 1998.

92. *The Divided West*, p. 19.

93. *Zur Verfassung Europas. Ein Essay*, Suhrkamp, Berlín, 2011.

Bibliografía

ALEXANDER, WILLIAM, *The History of Women from the Earliest Antiquity to the Present Time* [1779] (Londres, 1782).

ANDO, CLIFFORD, *Imperial Ideology and Provincial Loyalty in the Roman Empire* (Berkeley, Los Angeles y Londres: University of California Press, 2000).

ANQUETIL-DUPERRON, ABRAHAM HYACINTHE, *Législation orientale* (Amsterdam, 1778).

APPIAH, ANTHONY KWAME, *Cosmopolitanism: Ethics in a World of Strangers* (Nueva York y Londres: W. W. Norton & Co., 2006).

ARCHIBUGI, DANIELE y DAVID HELD (eds.), *Cosmopolitan Democracy: An Agenda for a New World Order* (Cambridge: Polity Press, 1995).

ARMITAGE, DAVID, *The Declaration of Independence: A Global History* (Cambridge, Mass.: Harvard University Press, 2008).

ASKU, ESREF (ed.), *Early Notions of Global Governance: Selected Eighteenth-Century Proposals for «Perpetual Peace»* (Cardiff: University of Wales Press, 2008).

AZOUVI, FRANÇOIS y DOMINIQUE BOUREL, *De Königsberg à Paris. La réception de Kant en France* (1788-1804) (París: Vrin, 1991).

BACZKO, BRONISLAW, Job *mon ami. Promesses du bonheur et fatalité du mal* (París: Gallimard, 1997).

BAKER, KEITH, *Condorcet: From Natural Philosophy to Social Mathematics* (Chicago y Londres: University of Chicago Press, 1975).

– y PETER HANS REILL (eds.), *What's Left of Enlightenment?* (Stanford, Calif.: Stanford University Press, 2002).

BANKS, JOSEPH, *The* Endeavour *Journal of Joseph Banks 1768-1771,* ed. J. C. Beaglehole (Sydney: Angus & Robertson, 1962).

BAYLY, C.A., *The Birth of the Modern World 1780-1914* (Malden y Oxford: Blackwell, 2004).

BEAUNE, COLETTE, *Naissance de la nation France* (París: Gallimard, 1985).

BECK, LEWIS W., «Kant and the Right of Revolution», en Ruth F. Chadwick (ed.), *Immanuel Kant: Critical Perspectives* (Londres y Nueva York: Routledge, 1992), III, 399-41.

BEDANI, GINO, *Vico Revisited: Orthodoxy, Naturalism and Science in the* Scienza Nuova (Oxford, Hamburgo y Munich: Berg, 1989).

BENHABIB, SEYLA, con JEREMY WALDRON, BONNIE HONIG y WILL KYMLICKA, *Another Cosmopolitanism,* ed. Robert Post (Oxford: Oxford University Press, 2006).

BEISER, FREDERICK C., *Enlightenment, Revolution and Romanticism: The Genesis of Modern German Political Thought, 1790-1800* (Cambridge, Mass.: Harvard University Press, 1992).

BELISSA, MARC y BERNARD COTTRET (eds.), *Cosmopolitismes, patriotismes. Europe et Amériques 1773-1802* (Rennes: Les Perséides, 2005).

BELL, DAVID, The *Cult of the Nation in France: Inventing Nationalism 1680-1800* (Cambridge, Mass.; Harvard University Press, 2001).

BENREKASSA, GEORGES, «Dit et non dit idéologique; à propos du *Supplément au voyage de Bougainville»*, *Dix-huitième siècle,* 5 (1973),29-40.

BENTHAM, JEREMY, The *Works of Jeremy Bentham* (Edimburgo, 1843).

– *A Fragment on Government,* ed. J. H. Burns y H. L. A Hart (Cambridge: Cambridge University Press, 1988).

BENVENISTE, ÉMILE, *Problèmes de linguistique générale* (París: Gallimard, 1966).

BERLIN, ISAIAH, *Against the Current: Essays in the History of Ideas* (Londres y Nueva York: Penguin Books, 1982).

– The *Crooked Timber of Humanity: Chapters in the History of Ideas* (Nueva York: Alfred A. Knopf, 1991).

BERRY, CHRISTOPHER J., The *Idea of Luxury: A Conceptual and Historical Investigation* (Cambridge: Cambridge University Press, 1994).

BLOCH, ERNEST, *Natural Law and Human Dignity* (Cambridge, Mass.: MIT Press, 1986).

BOLINGBROKE, HENRY St JOHN, VISCOUNT, *Bolingbroke, Political Writings,* ed. David Armitage (Cambridge: Cambridge University Press, 1997).

BONALD, LOUIS GABRIEL AMBROISE DE, *(Euvres completes* (París, 1838).

BOSWELL, JAMES, *Life of Johnson,* ed. R. W Chapman (Oxford: Oxford University Press, 1953).

– *Journal of a Tour to the Hebrides with Samuel Johnson,* 1733, ed. Frederick A. Pottle y Charles H. Bennet (Nueva York: McGraw-Hill, 1961).

BOUGAINVILLE, LOUIS-ANTOINE DE, *Voyage autour du monde par la frégate la Boudeuse et la flûte l'Étoile; en 1766, 1767, 1768 et 1769,* eds. Michel Bideaux y Sonia Faessel (París: Presse de l'Université de Paris-Sorbonne, 2001).

– The *PacificJournal ofLouis-Antoine de Bougainville* 1767-1768, trad. y ed. John Dunmore (Londres: Hakluyt Society, 2002).

BOULAINVILLER, HENRI DE, *(Euvres philosophiques* (La Haya: Martinus Nijhoff, 1975)·

BOULANGER, NICOLAS ANTOINE, *L'Antiquité dévoilée par ses usages* (Amsterdam, 1772).

BRETT, ANNABEL S., *Changes of State: Nature and the Limits of the City in Early-Modern Natural Law* (Princeton: Princeton University Press, 2011).

BRISSOT DE WARVILLE, JACQUES-PIERRE, *Examen critique des voyages dans l'Amérique septentrionale de M. le m.s. de Chastellux* (Londres, 1786).

Brown, Stewart J. (ed.), *William Robertson and the Expansion of Empire* (Cambridge: Cambridge University Press, 1997).

Buffon, Georges-Louis Leclerc de *Œuvres completes de Buffon avec la nomenclature linnéenne et la classification de Cuvier.* Revues sur l'édition de l'Imprimerie royale et annotées par M. Flourens (París, 1853-1855).

– *De l'homme,* ed. Michele Duchet (París: François Maspero, 1971).

Burke, Edmund, *Writings and Speeches,* ed. J. E Taylor (Nueva York: Little Brown, 1901).

– *Further Reflections on the Revolution in France,* ed. Daniel E. Ritchie (Indianapolis: Liberty Fund, 1992).

– *Reflections on the Revolution in France,* ed. J. C. D. Clark (Stanford, Calif.: Stanford University Press, 2001).

Campbell, Peter, «The Language of Patriotism in France, 1750-1770», *e-France,* 1 (2007), 14.

– «The Polities of Patriotism in France (1770-1788)», *French History,* 24: 4 (2010), 550-75.

Carey, Daniel, *Locke, Shtiftesbury, and Hutcheson: Contesting Diversity in the Enlightenment and Beyond* (Cambridge: Cambridge University Press, 2006).

Carrithers, David, «The Enlightenment Science of Society», en Christopher Fox, Roy Porter y Robert Wokler (eds.), *Inventing Human Science: Eighteenth-Century Domains* (Berkeley, Los Angeles y Londres: University of California Press, 1995), 232-70.

Cassirer, ernst, *The Philosophy of the Enlightenment,* trad. Fritz C. A. Koelln y James P. Pettegrove (Princeton: Princeton University Press, 1951).

– *Kant's Life ánd Thought,* transo James Haden (New Haven y Londres: Yale University Press, 1981).

Cavallar, Georg, *The Rights of Strangers: Theories of International Hospitality, the Global Community and Political Justice since Vitoria* (Aldershot: Ashgate, 2002).

CHAPPEY, JEAN-LUE, *La Société des observateurs de l'homme (1799-1804): des anthropologues au temps de Bonaparte* (París: Société des études robespierristes, 2005).

CHEEK, PAMELA, *Sexual Antipodes: Enlightenment Globalization and the Placing of Sex* (Stanford, Calif.: Sanford University Press, 2003).

CHILD, A., *Making and Knowing in Hobbes, Vico, Dewey* (Berkeley y Los Angeles: University of California Press, 1953).

Commission on Global Governance, *Our Global Neighbourhood: Report of the Commission on Global Governance of 1995* (Oxford: Oxford University Press, 1995).

CONDORCET, MARIE JEAN ANTOINE NICOLAS DE CARITAT, MARQUIS DE, *Œuvres completes de Condorcet* (París, 1804).

– *Esquisse d'un tableau historique des progres de l'esprit humain,* ed. Alain Pons (París: Flammarion,1988).

– *Essai sur les éléments de philosophie ou sur les principes des connaissances humaines* (París: Fayard, 1989).

CONSTANT, BENJAMIN, *Political Writings,* ed. Biancamaria Fontana (Cambridge: Cambridge University Press, 1988).

COOK, JAMES, The *Journals of Captain James Cook on his Voyages of Discovery,* ed. J. C. Bagehole (Cambridge: Hakluyt Soeiety, 1955-1968).

COPANS, JEAN y JEAN JAMÍN (eds.), *Aux origines de l'anthropologie franfaise. Les mémoires de la Société des Observateurs de l'Homme en l'an VIII* (París: Le Syeomore, 1978).

CRANSTON, MAURICE, *John Locke: A Biography* (Oxford: Oxford University Press, 1985).

– *Philosophers and Pamphleteers: Political Theorists of the Enlightenment* (Oxford: Oxford University Press, 1986).

CUOCO, VINCENZO, *Saggio storico sulla rivoluzione di Napoli* [1801], ed. Antonino de Francesco (París: Les Belles Lettres, 2004).

CURTIS, MICHAEL, *Orientalism and Islam: European Thinkers on Oriental Despotism in the Middle East and India* (Cambridge: Cambridge University Press, 2009).

D'ALEMBERT, JEAN-BAPTISTE LE ROND, *Œuvres completes de D'Alembert* (París, 1821-1822).

– *Essai sur les éléments de philosophie ou Sur les principes des connaissances humaines,* ed. Catherine Kintzler (París: Fayard, 1986).

DABHOIWALA, FARAMERZ, *The Origins of Sex: A History* of *the First Sexual Revolution* (Londres: Allen Lane, 2012).

DANIEL, NORMAN, *Islam, Europe and Empire* (Edimburgo: Edinburgh University Press, 1966).

DE BROSSES, CHARLES, *Histoire des navigations aux terres australes* (París, 1756).

DE MAISTRE, JOSEPH, *Œuvres completes de Joseph de Maistre* (Lyon y París, 1884-1887).

– *Les Origines de la France contemporaine* (París, 1899).

– *Considerations on France,* trad. Richard A. Lebrun (Cambridge: Cambridge University Press, 1994).

DE QUINCEY, THOMAS, «Last Days of Immanuel Kant» [1827], en *Last Days of Immanuel Kant and Other Writings* (Edimburgo: 1871).

DESPOIX, PHILIPPE, *Le Monde mesuré. Dispositifs de l'exploration* el *l'âge des Lumieres* (Ginebra: Droz, 2005).

DETIENNE, MARCEL, *Les Crees et nous* (París: Perrin, 2005).

DIDEROT, DENIS, *Œuvres completes,* eds. Jules Assevat y Maurice Tourneaux (París, 1875-1877).

– *Œuvres philosophiques,* ed. Paul Vernier (París: Garnier, 1956).

– *Correspondance de Denis Diderot,* ed. Georges Roth (París: Les Editions de Minuit, 1955-1970).

– *Salons,* eds. Jean Seznec y Jean Adhemar (Oxford: Oxford University Press, 1957-1967).

– *Political Writings,* eds. John Hope Mason y Robert Wokler (Cambridge: Cambridge University Press, 1992).

– *Œuvres,* ed. Laurent Versini (París: Robert Laffont, 1994).

DOSTOYEVSKY, FYODOR, *Selected Letters of Fyodor Dostoyevsky,* trad. Andrew R. MacAndrew, (New Brunswick: Rutgers University Press, 1987).

DOYLE, MICHAEL W., «Kant, Liberal Legacies y Foreign Affairs», *Philosophy y Public Affairs,* 12 (1983), 205-353.

DROZ, JACQUES, *L'Allemagne et la révolution française* (París: Presses Universitaires de France, 1949).

DUCHET, MICHELE, *Anthropologie et histoire au siecle des lumieres* (París, François Maspero, 1971).

DUNMORE, JOHN, MONSIEUR BARET: *The First Woman around the World,* 1766-1768 (Greenruthe: Heritage Press, 2002).

DURKHEIM, ÉMILE, *Hobbes à l'agrégation,* ed. Jean-François Bert (París: Editions EHESS, 2011).

EDELSTEIN, DAN, The *Enlightenment: A Genealogy* (Chicago: University of Chicago Press, 2010).

ELIAV-FELDON, MIRIAM, *et al.* (eds.), *The Origins of Racism in the West* (Cambridge: Cambridge University Press, 2009).

ELISSEEFF, DANIELLE, *Nicolas Fréret* (1688-1749). *Réflexions d'un humaniste du XVIIIᵉ siecle sur la Chine* (París: Collège de France, 1978).

– *Moi, Arcade interprete chinois du Roi-Soleil* (París: Arthaud, 1985).

FEIJOO, BENITO JERÓNIMO, *Teatro crítico universal. Discursos varios en todo género de materias, para desengaño de errores comunes* (Madrid, 1726).

FELLOWS, OTIS, «Buffon y Rousseau: Aspects of a Relationship», *Proceedings of the Modern Languages Association,* 75 (1960),184-96.

FERGUSON, ADAM, *An Essay on the History of Civil Society,* ed. Fania Oz-Salzberger (Cambridge: Cambridge University Press, 1995).

FERRONE, VINCENZO, *Scienza, natura, religione. Mondo newtoniano e cultura italiana nel primo settecento* (Nápoles: Jovene, 1982).

– *I profeti dell'Iluminismo* (Roma: Laterza, 2000).

FILANGIERI, GAETANO, *La Scienza della legislazione,* eds. Vincenzo Ferrone *et al.* (Venecia: Centro di Studi sull'Iluminismo europeo «Giovanni Stiffoni», 2003).

FONTANA, BIANCAMARIA, «The Napoleonic Empire and the Europe of Nations», en Anthony Pagden (ed.), The *Idea of Europe: From Antiquity to the European Union* (Cambridge: Cambridge University Press, 2002),122-3.

FONTANA, MICHELE, *Matteo Ricci. Un gesuita alla corte dei Ming* (Milán: Mondadori, 2005).

FORGET, EVELYN, «Cultivating Sympathy: Soprue Condorcet's Letters on Sympathy», *Journal of the History of Economic Thought*, 23 (2001),319-37.

FORSTER, GEORG, *A Voyage to the Cape of Good Hope, towards the Arctic Polar Circle and around the World* (Londres, 1785).

FOUCAULT, MICHEL, «Qu'est-ce que les Lumieres?», en *Dits et écrits* 1954-1988 (París: Gallimard, 1994) IV, 562-9.

FOUGERET DE MONBRON, LOUIS-CHARLES, *Le Cosmopolite ou le citoyen du monde* (Londres, 1761).

FRAZER, MICHAEL L., *The Enlightenment of Sympathy: Justice and Moral Sentiments in the Eighteenth Century and Today* (Oxford: Oxford University Press, 2010).

FRIEDRICH, CARL JOACHIM, *Inevitable Peace* (Cambridge, Mass.: Harvard University Press, 1948).

GADAMER, HANS-GEORG, *Truth and Method [Wahrheit und Methode,* 1965] (Londres: Sheen &Ward, 1975).

GASKIN, J. C. A., «Hume on Religion», en David Fate Norton (ed.), *The Cambridge Companion to Hume* (Cambridge: Cambridge University Press, 1993), 313-44.

– *Hume's Philosophy of Religion* (Nueva York: Macmillan, 1980).

GAT, AZAR, *War in Human Civilization* (Oxford: Oxford University Press, 2008).

GAY, PETER, The *Enlightenment: An Interpretation* (Nueva York: Knopf, 1966).

– *Deism: An Anthology* (Princeton: D. Van Nostrand & Co., 1968).

GENOVESI, ANTONIO, *La logica pergli giovanetti. Classid italiani di economia política* (Milán, 1835).

GERBI, ANTONELLO, *La Disputa del Nuovo Mondo. Storia di una polemica 1750-1900* (Milán: Riccardo Ricciardi, 1983).

GEUSS, RAYMOND, *History and Illusion in Politics* (Cambridge: Cambridge University Press, 2001).

GIBBON, EDWARD, *The Autobiography of Edward Gibbon,* ed. Lord Sheffield (Oxford: Oxford University Press, 1950).

– *Decline and Fall of the Roman Empire,* ed. David Womersley (Londres: Penguin, 1994).

– *Essai sur l'étude de la littérature,* ed. Robert Mankin (Oxford: Voltaire Foundation, 2010).

GLACKEN, CLARENCE J., *Traces on the Rhodian Shore: Nature and Culture in Western Thought from Ancient Times to the Eighteenth Century* (Berkeley y Los Angeles: University of California Press, 1967).

GLAESER, EDWARD, *The Triumph of the City: How our Greatest Invention Makes us Richer, Smarter, Greener, Healthier and Happier* (Nueva York: Penguin, 2011).

GOLDSMITH, OLIVER, *Letters from a Citizen of the World to his Friends in the East* (Bungy [Londres], 1820).

GOOCH, G. P., *Germany and the French Revolution* (Nueva York: Russell & Russell, 1966).

GOULD, STEPHEN JAY, *Rocks of Ages: Science and Religion in the Fullness of Life* (Nueva York: Ballantine Books, 1999).

GRAY, JOHN, *Enlightenment's Wake: Politics and Culture at the Close of the Modern Age* (Londres y Nueva York: Roudedge, 1997).

– *Black Mass: Apocalyptic Religion and the Death of Utopia* (Londres y Nueva York: Allen Lane, 2007).

GREENFELD, LIAH, *Nationalism: Five Roads to Modernity* (Cambridge, Mass.: Harvard University Press, 1992).

GRIMALDI, FRANCESCANTONIO, *Riflessioni sopra l'inegualianza tra gli uomini* [1779-80], en *Iluministi Italiani* ed. Franco Venturi (Milán y Nápoles: Riccardo Riccardi, 1958).

GUTMAN, AMY, «Cornmunitarian Critics of Liberalism», *Philosophy and Public Aifairs,* 14 (1985), 308-22.

GUYER, PAUL, *Kant and the Experience of Freedom: Essays on Aesthetics and Morality* (Cambridge: Cambridge University Press, 1993).

HABERMAS, JÜRGEN, *Theorie und Praxis. Sozialphilosophische Studien* (Frankfurt am Main: Suhrkamp, 1978).

– *The Structural Transformation of the Public Sphere: An Enquiry into a Category of Bourgeois Society,* trad. T. Burgher (Cambridge, Mass.: Harvard University Press, 1989).

– *Between Facts and Norms: Contributions to a DiscourseTheory of Law and Democracy,* trad. William Rehg (Cambridge, Mass.: MIT Press, 1996).

– *The Divided West,* ed. y trad. Ciaran Cronin (Cambridge: Polity Press, 2006).

– y Joseph Ratzinger, The *Dialectics of Secularization: On Reason and Religion* (San Francisco: Ignatius Press, 2005).

HACKING, IAN, *The Emergence of Probability: A Philosophical Study of Early Ideas about Probability, Induction and Statistical Inference* (Cambridge: Cambridge University Press, 1975).

HASSNER, PIERRE, «Les Concepts de guerre et de paix chez Kant», *Revue française de science politique,* 11 (1961), 642-670.

HAZARD, PAUL, «Cosmopolite», en *Mélanges d'histoire littéraire générale et comparée offerts à Fernand Baldensperger* (París: Librairie Ancienne Honoré Champion, 1930).

– *The European Mind 1680-1715* (Cleveland y Nueva York: Meridian Books, 1963).

– *La Pensée européene du XVIII" siecle* (París: Libraire Artheme Fayard, 1963).

HEGEL, GEORG WILHELM FRIEDRICH, *Natural Law,* trad. T. M. Knox *(Über die Wissenschaftliche Behandlungsarten des Naturrechts)* (Filadelfia: University of Pennsylvania Press, 1975).

– *Elements of the Philosophy of Right,* trad. H. B. Nisbet (Cambridge: Cambridge University Press, 1991).

– *Hegel on Hamann,* trad. Lise Marie Anderson (Evanston, Ill.: Northwestern University Press, 2008).

HEINE, HEINRICH, *Religion and Philosophy in German: A Fragment,* trad. John Snodgrass (Boston: Beacon Press, 1959).

HEINECCIUS, JOHANN GOTTLIEB, *A Methodical System of Universal Laws,* trad. George Turnbull [1741], eds. Thomas Ahnert y Peter Schroder (lndianapolis: Liberty Fund, 2008).

HELVÉTIUS, CLAUDE-ADRIEN, *De l'esprit* (París: Fayard, 1988).

HERDER, JOHANN GOTTFRIED von, *Outlines of a Philosophy of the History of Man [Ideen zur Philosophie der Geschichte der Menschheit],* trad. T. Churchill (Londres, 1800).

– *On World History: An Anthology,* eds. Hans Adler y Ernst A. Menze Armonk (Nueva York y Londres: M. E. Sharpe, 1997).

– *Philosophical Writings,* trad. y ed. Michael N. Forster (Cambridge: Cambridge University Press, 2002).

HEYD, MICHAEL, *«Be Sober and Reasonable»*: The *Critique of Enthusiasm in the Seventeenth and Early Eighteenth Centuries* (Leiden: E. J. Brill, 1995).

HINCHMAN, LEWIS P., *Hegel's Critique of the Enlightenment* (Tampa, Fla.: University of Florida Press, 1984).

HINSKE, NORBERT (ed.), *Was ist Aufklärung? Beiträge aus der Berlinischen Monatsschrift* (Darmstadt: Wissenschaftliche Buchgesellschaft, 1977).

HOARE, PRINCE, *Memoirs of Granville Sharp, Esq.* (Londres, 1820).

HOBBES, THOMAS, The *Elements of Law, Natural and Political,* ed. Ferdinand Tonnies, 2.ª ed. (Londres: Frank Cass & Co., 1969).

– *Leviathan,* ed. Richard Tuck (Cambridge: Cambridge University Press, 1991).

– *De Cive: On the Citizen,* trad. y ed. Richard Tuck y Michael Silverthorne (Cambridge: Cambridge University Press, 1998).

HOCHSTRASSER, T. J., *Natural Law Theories in the Early Enlightenment* (Cambridge: Cambridge University Press, 2000).

HOEKSTRA, KINCH, «Hobbes on the Natural Condition of Humankind», en Patricia Springborg (ed.), *The Cambridge Companion to Hobbes's* Leviathan (Cambridge: Cambridge University Press, 2007),109-27.

HÖFFE, OTFRIED, *Kant's Cosmopolitan Theory of Law and Peace,* trad. Alexandra Newton (Cambridge: Cambridge University Press, 2006).

HOLBACH, PAUL-HENRI THIRY, BARÓN DE, *Œuvres philosophiques completes,* ed. Jean-Pierre Jackson (París: Editions ALIVE, 1999).

HONT, ISTVAN, *Jealousy of Trade. International Competition and the Nation-State in Historical Perspective* (Cambridge, Mass. y Londres: Harvard University Press, 2005).

– y Michael Ignatieff (eds.), *Wealth and Virtue:The Shaping of Political Economy in the Scottish Enlightenment* (Cambridge: Cambridge University Press, 1987).

HORKHEIMER, MAX y THEODOR ADORNO, *Dialectic of Enlightenment,* trad. John Cumming (Nueva York: Herder & Herder, 1972).

HUMBOLDT, WILHELM VON, *On Language: On the Diversity of Human Language Construction and its Influence on the Mental Development of the Human Species,* ed. Michael Losonsky, trad. Peter Heath (Cambridge: Cambridge University Press, 1999).

HUME, DAVID, *The Letters of David Hume,* ed. J. Y. T. Greig (Oxford: Clarendon Press, 1932).

– *Enquiries Concerning the Human Understanding and the Principies of Morals,* ed. L. A. Selby-Bigge (Oxford: Clarendon Press, 1970).

– *A Treatise on Human Nature,* ed. L.A. Selby-Bigge y P. H. Nidditch (Oxford: Clarendon Press, 1978).

– *The History of England: From the Invasion of Julius Caesar to the Revolution in 1688* (Indianapolis: Liberty Fund, 1983-5).

– *Essays Moral, Political and Literary,* ed. Eugene E. Miller (Indianapolis: Liberty Fund, 1985).

- *Natural History of Religion,* ed. J. C. A. Gaskin (Oxford: Oxford University Press, 1992).

- *Dialogues Concerning Natural Religion,* ed. J. C. A. Gaskin (Oxford: Oxford University Press, 1993).

HUNDERT, E. J., *The Enlightenment's Fable: Bernard Mandeville and the Discovery of Society* (Cambridge: Cambridge University Press, 1994).

HURRELL, ANDREW, «Kant and the Kantian Paradigm in International Relations», *Review of International Studies,* 16 (1990), 183-205.

HUTCHESON, FRANCIS, *An Inquiry into the Origin of our Ideas of Beauty and Virtue* (3.ª ed., Londres, 1729).

- *Two Texts on Human Nature,* ed. Thomas Meitner (Cambridge: Cambridge University Press, 1993).

- *Philosophical Writings* (Londres: J. M. Dent, 1994).

- *An Essay on the Nature and Conduct of the Passions and Afections, with illustrations on Moral Sense,* ed. Aaron Garrett (Indianapolis: Liberty Fund, 2002).

IMBRUGLIA, GIROLAMO, «Dopo *L'Encyclopédie.* Diderot e la sagezza dell'immaginazione», *Studi settecenteschi,* 11-12 (1988-1989), 305-58.

ISAAC, BENJAMIN, *The Invention of Racism in Classical Antiquity* (Princeton: Princeton University Press, 2004).

ISRAEL, JONATHAN I., *Radical Enlightenment: Philosophy and the Making of Modernity 1650-1750* (Oxford: Oxford University Press, 2001).

- *Enlightenment Contested: Philosophy, Modernity and the Emancipation of Man, 1670-1752* (Oxford: Oxford University Press, 2006).

- *Democratic Enlightenment: Philosophy, Revolution and Human Rights, 1750-1790* (Oxford: Oxford University Press, 20n).

JACOB, MARGARET C., *Strangers Nowhere in the World: The Rise of Cosmopolitanism in Early-Modern Europe* (Filadelfia: University of Pennsylvania Press, 2006).

James VI y I, *Political Writings,* ed. Johann Sommerville (Cambridge: Cambridge University Press, 1994).

Jefferson, Thomas, *Writings* (Nueva York: Library of America, 1984).

Jensen, Lionel, *Manufacturing Confucianism: Chinese Tradition and Universal Civilization* (Durham, NC: Duke University Press, 1997).

Jouannet, Emmanuelle, *Emer de Vattel et l'émergence doctrinale du droit international classique* (París: Pedone, 1998).

Kaldor, Mary, *Global Civil Society: An Answer to War* (Cambridge: Polity Press. 2003).

Kames, Henry Home, Lord Kames, *Sketches of the History of Man,* ed. James A. Harris (Indianapolis: Liberty Fund, 2007).

Kant, Immanuel, *Kants gesammelte Schriften, Herausgegeben von der Königlich preussische Akademie der Wissenschaften* (Berlín: Walter de Gruyter, 1902-).

– *Religion and Rational Theology,* trad. y ed. Allen W. Wood y George di Giovanni (Cambridge: Cambridge University Press, 1996).

– *Practical Philosophy,* trad. y ed. Mary J. Gregor (Cambridge: Cambridge University Press, 1996).

– *Lectures on Ethics,* eds. Peter Heath y J. B. Schneewind (Cambridge: Cambridge University Press, 1997).

– *Critique of Pure Reason,* trad. y ed. Paul Guyer y Allen W. Wood (Cambridge: Cambridge University Press, 1998).

– *Correspondence,* trad. y ed. Arnulf Zweig (Cambridge: Cambridge University Press, 1999).

– *Critique of the Power of judgment,* trad. y ed. Paul Guyer y Eric Mathews (Cambridge: Cambridge University Press, 2000).

– *Anthropology, History and Education,* ed. Günter Zoller y Robert B. Louden (Cambridge: Cambridge University Press, 2007).

Kantorowicz, Ernst, *The King's Two Bodies: A Study in Medieval Political Theology* (Princeton: Princeton University Press, 1957).

KELLEY, DONALD, *Faces of History: Historical Inquiry from Herodotus to Herder* (New Haven y Londres: Yale University Press, 1998).

KIDD, COLIN, *British Identities before Nationalism: Ethnicity and Nationhood in the Atlantic World, 1600-1800* (Cambridge: Cambridge University Press, 1999).

– The *Forging of Races: Race and Scripture in the Protestant Atlantic World* (Cambridge: Cambridge University Press, 2006).

KILBORNE, B., «Anthropological Thought in the Wake of the French Revolution: *La Société des observateurs de l'homme*», *European Journal of Sociology,* 23 (1982),73-91.

KLAUSEN, JIMMY, «Of Hobbes and Hospitality in Diderot's *Supplement to the Voyage of Bourgainville*», en *Polity,* 37 (2005), 186-92.

KLEIN, LAWRENCE E., *Shaftesbury and the Culture of Politeness: Moral Discourse and Cultural Politics in Early Eighteenth-Century England* (Cambridge: Cambridge University Press, 1994).

KLEINGELD, PAULINE, «Approaching Perpetual Peace: Kant's Defence of a League of States and his Ideal of a World Federation», *European Journal of Philosophy, 12* (2004), 304-25.

Kant and Cosmopolitanism:The Philosophieal Ideal of World Citizenship (Cambridge: Cambridge University Press, 2012).

KORS, ALAN CHARLES, *D'Holbach's Coterie: An Enlightenment in Paris* (Princeton: Princeton University Press, 1976).

KOSELLEEK, REINHART, *Critique and Crisis: Enlightenment and the Pathogenesis of Modern Society* (Oxford, Nueva York y Hamburgo: Berg, 1988).

KOSKENNIEMI, MARTII, *From Apology to Utopia: The Structure of International Legal Argument* (Cambridge: Cambridge University Press, 2005).

KRAUSE, SHARON R., *Civil Passions: Moral Sentiment and Democratie Deliberation* (Princeton: Princeton University Press, 2008).

LA CONDAMINE, CHARLES-MARIE DE, *Relation abrégée d'un voyage fait dans l'intérieur de l'Amérique méridionale* (Maastricht, 1778).

LA METTRIE, LUCIEN OFFRAY DE, *Machine Man and Other Writings,* ed. y trad. Ann Thomson (Cambridge: Cambridge University Press, 1996).

LABROUSSSE, ELIZABETH, *Pierre Bayle* (La Haya: Martinus Nijhoff, 1963).

LAEH, DONALD E, «The Sinophilism of Christian Wolff (1679-1754)», en Julia Ching y Willard G. Oxtoby (eds.), *Discovering China: European Interpretation in the Enlightenment* (Rochester N. J.: University of Rochester Press, 1992), 118-30.

LAHONTAN, LOUIS-ARMAND DE LOM d'AREE, barón de, *Œuvres completes,* ed. Réal Ouellet (con la colaboración de Alain Beaulieu) (Montréal: Les Presses de l'Université de Montréal 1990).

LEIBNIZ, GOTTFRIED WILHELM, *Essais de théodicée, sur la bonté de dieu, la liberté de l'homme et l'origine du mal* (París: Garnier-Flammarion, 1969).

– *The Political Writings of Leibniz,* ed. Patrick Riley (Cambridge: Cambridge University Press 1972).

– *New Essays on Human Understanding,* trad. y ed. Peter Remnant y Jonathan Bennett (Cambridge: Cambridge University Press, 1981).

– *Writings on China,* ed. y trad. Daniel J. Cook y Henry Rosemont Jr. (Chicago y La Salle: Open Court, 1994).

LÉVI-STRAUSS, CLAUDE, *Anthropologie structurale deux* (París: Plon, 1973).

LIEBERSOHN, HARRY, *The Travelers' World: Europe to the Pacific* (Cambridge, Mass, y Londres: Harvard University Press, 2006).

LINGUET, SIMON-NICHOLAS HENRI, *Théorie des loix civiles, ou principes fondamentaux de la société* (Londres, 1767).

LINTON, MARISA, *The Politics of Virtue in Enlightenment France* (Basingstoke: Palgrave, 2001).

LOCKE, JOHN, *Locke's Two Treatises of Government,* ed. Peter Laslett (Cambridge: Cambridge University Press, 1960).

– *An Essay Concerning Human Understanding,* ed. Peter H.
Nidditch (Oxford: Clarendon Press, 1975).

– *Political Essays,* ed. Mark Goldie (Cambridge: Cambridge University Press, 1997)·

LOUDEN, ROBERT, «'What Does Heaven Say?': Christian Wolff
and Western Interpretations of Confucian Ethics», en Bryan W.
Van Norden (ed.), *Confucius and the Analects: New Essays,* (Nueva York: Oxford University Press, 2002), 73-93.

LOVEJOY, ARTHUR O., *The Great Chain of Being* (Cambridge,
Mass.: Harvard University Press, 1936).

LYOTARD, JEAN-FRANÇOIS, *The Post-Modern Condition: A Report
on Knowledge,* trads. Geoff Bennington y Brian Massumi (Manchester: Manchester University Press, 1984).

– *The Differend: Phases in Dispute,* trad. Georges Van Den Abbeele
(Minneapolis: University of Minnesota Press, 1988).

MABLY, GABRIEL BONNOT DE, *Doutes proposés aux philosophes économistes sur l'ordre naturel et essentiel des sociétés politiques* (La
Haya, 1768).

MCCARTHY, THOMAS, *Race, Empire and the Idea l'Human Development* (Cambridge: Cambridge University Press, 2009).

MACINTYRE, ALASDAIR, *After Virtue: A Study in Moral
Theory* (Notre Dame, Ind.: University of Notre Dame Press,
1981).

– *Three Rival Versions of Moral Enquiry: Encyclopaedia, Genealogy
and Tradition* (Notre Dame, Ind.: University of Notre Dame
Press, 1990).

– «Is Patriotism a Virtue?», en Ronald Beiner (ed.), *Theorizing
Citizenship* (Nueva York: State University of New York Press,
1995) 216-28.

MACK SMITH, DENIS, *Mazzini* (New Haven y Londres: Yale University Press, 1994)·

McMahon, Darrin M., *Enemies l'Enlightenment: The French Counter-Enlightenment and the Making of Modernity* (Oxford: Oxford University Press, 2001).

– *The Pursuit of Happiness: A History from the Greeks to the Present* (Londres: Penguin, 2007).

McManners, John, *Death in the Enlightenment: Changing Attitudes to Death in Eighteenth-Century France* (Oxford: Oxford University Press, 1985).

Madison, James, Alexander Hamilton y John Jay, *The Federalist Papers,* ed. Isaac Kramnick (Londres y Nueva York: Penguin Books, 1987).

Maine, Henry Sumner, *International Law* (Londres, 1888).

– *Ancient Law* [1861] (Londres: Dent, 1917).

Malouet, Pierre-Victor, barón de, *Examen de cette question: quel sera pour les colonies de l'Amérique le résultat de la Révolution franraise, de la guerre qui en est la suite, et de la paix que doit le terminer?* (Londres, 1797).

– *Mémoires de Malouet publiés par son petit-fils le baron Malouet,* 2 vols. (París, 1868).

Mandeville, Bernard, *An Inquiry into the Origin of Honour, and the Usefulness of Christianity in War* (Londres, 1732).

Mandrillon, Joseph, *Le Spectateur américain, ou remarques générales sur l'Amérique septentrionale .. Suivi de recherches philosophiques sur la découverte de l'Amérique* (Amsterdam,1784)·

Manin, Bernard, *The Principles of Representative Government* (Cambridge: Cambridge University Press, 1997).

Manuel, Frank, *The Religion of Isaac Newton* (Oxford: Oxford University Press, 1974)·

– *The Changing of the Gods* (Hanover y Londres: University Press of New England, 1983).

Maoz, Zeev y Bruce Russett, «Normative and Structural Causes of Democratic Peace, 1946-1986», *American Political Science Review,* 87 (1993), 624-38.

MARTIN-ALLANIC, JEAN ÉTIENNE, *Bougainville, navigateur et les découvertes de son temps* (París: Presses Universitaires de France, 1964).

MASON, H. T., *Pierre Bayle and Voltaire* (Oxford: Oxford University Press, 1963).

MAUPERTUIS, PIERRE LOUIS MOREAU DE, *Œuvres de Mr. de Maupertuis* (Lyons, 1756).

MAZOWER, MARK, *No Enchanted Palace:The End of Empire and the Ideological Origins of the United Nations* (Princeton y Oxford: Princeton University Press, 2009).

MAZZINI, GIUSEPPE, *A Cosmopolitanism of Nations: Giuseppe Mazzini's Writings on Democracy, Nation Building and International Relations,* ed. y trad. Stefano Recchia y Nadia Urbinati (Princeton: Princeton University Press, 2009).

MEEK, RONALD L., *Social Science and the Ignoble Savage* (Cambridge: Cambridge University Press, 1976).

MEHTA, UDAY SINGH, *Liberalism and Empire: A Study in Nineteenth-Century British Liberal Thought* (Chicago: University of Chicago Press, 1999).

MENDELSSOHN, MOSES (Friedrich Nicolia Gotthold Ephraim Lessing), *Briefe die neueste Literatur betreffend,* (Nueva York: G. Olms, 1974).

MERLINI, CESARE, «A Post-Secular World?», *Survival,* 53 (2011), 117-30.

MICHELET, JULES, *Œuvres completes,* ed. Paul Viallaneix, (París: Flammarion, 1971-1982).

MILL, JOHN STUART, *The Collected Works of John Stuart Mill* (Londres: Routledge, 1963-1991).

– *Essays on Polítics and Society,* ed. J. M. Robson, en *Collected Works of John Stuart Mill,* vol. 18 (Toronto: Toronto University Press, 1977).

– *On Liberty and Other Writings,* ed. Stefan Collini (Cambridge: Cambridge University Press, 1989).

MIRABEAU, VICTOR DE RIQUETI, marqués de, *L'Ami des hommes, ou Traité de la population* (París, 1756).

MOLESWORTH, SIR ROBERT, *An Account of Denmark as it was in the Year* 1692 (Londres, 1694).

MOLLAT, M. y E. TAILLERNITE (eds.), *L'Importance de l'exploration maritime au siecle des Lumieres:* el *propos du voyage de Bougainville* (París: Éditions du Centre national de la recherche scientifique, 1982).

MONTAIGNE, MICHEL DE, *The Complete Essays,* trad. M. A. Screech (Londres: Penguin, 1987).

MONTESQUIEU, CHARLES-LOUIS DE SECONDAT, baron de, *Œuvres completes,* ed. Roger Caillois (París: Bibliotheque de la Pléiade, 1949).

– *Persian Letters,* trad. C. J. Betts (Nueva York: Viking-Penguin Inc., 1973).

– *Œuvres completes de Montesquieu* (Oxford: Voltaire Foundation and Istituto italiano per gli studi filosofici, 2007).

MORAVIA, SERGIO, *Il pensiero degli idéologues. Scienza e filosofia en Francia (1781-1815)* (Florencia: La Nuova Italia Editrice, 1974).

MOREFIELD, JEANNE, *Covenants without Swords: Idealist Liberalism and the Spirit of Empire* (Princeton y Oxford: Princeton University Press, 2005).

MORELLET, ANDRÉ, *Mémoires (inédits) de l'abbé Morellet: précédés d'un éloge historique de l'abbé Morellet par M. Lémontey* (París, 1823).

MORI, MASSIMO, *La pace e la ragione. Kant e le relazioni internazionali: diritto, politica, storia* (Bolonia: Il Mulino, 2004).

MOSSNER, E. C, The *Life of David Hume* (Oxford: Oxford University Press 1980).

MÜLLER, JAN-WERNER, *Constitutional Patriotism* (Princeton: Princeton University Press, 2007).

MUNGELLO, D. E. (ed.), The *Chinese Rites Controversy: Its History and Meaning* (Nettetal: Steyler Verlag, 1994).

– The *Great Encounter of China and the West, 1500-1800* (Lanham, Md.: Rowman & Littlefield, 1999).

MUTHU, SANKAR, *Enlightenment against Empire* (Princeton: Princeton University Press, 2003).

NAIGEON, JACQUES-ANDRÉ, *Mémoires historiques et philosophiques sur la vie et les reuvres de Denis Diderot,* (París, 1821).

NEWTON, ISAAC, *Sir Isaac Newton's Mathematical Principles of Natural Philosophy and his System of the World,* ed. Florian Cajori (Berkeley: University of California Press, 1946).

NISBET, H. B., «Was ist Aufklärung? The Concept of Enlightenment in Eighteenth Century Germany», *Journal of European Studies,* 12 (1992), 77-95.

NUSSBAUM, MARTHA (with respondents), *For Love of Country: Debating the Limits of Patriotism,* ed. Joshua Cohen (Boston: Beacon Press, 1996).

O'BRIEN, KAREN, *Narratives of Enlightenment: Cosmopolitan History from Voltaire to Gibbon* (Cambridge: Cambridge University Press, 1997).

O'QUINN, DANIEL, *Staging Governance: Theatrical Imperialism in Londres 1770-1800* (Baltimore: Johns Hopkins University Press, 2005).

OAKESHOTT, MICHAEL, *Rationalism in Politics and other Essays* (Indianapolis: Liberty Fund, 1991).

OUELLET, R., «Lahontan: les dernieres années de sa vie | ses rapports avec Leibniz», *Revue d'histoire littéraire de la France,* 87 (1987), 121-9.

PAGDEN, ANTHONY, *European Encounters with the New World: From Renaissance to Romanticism* (New Haven y Londres: Yale University Press, 1993).

– *The Uncertainties of Empire* (Aldershot: Variorum, 1994).

– «Commerce and Conquest: Hugo Grotius and Serafim de Freitas on the Freedom of the Seas», *Mare liberum,* 20 (2000), 33-55.

– «Human Rights, Natural Rights and Europe's Imperial Legacy», *Political Theory, 31* (2003), 171-99.

– *Worlds at War: The 2.500-year Struggle between East and West* (Nueva York: Oxford University Press, 2008).

Passerin d'Entreves, Alexander, *Natural Law: An Introduction to Legal Philosophy* [1950], reedición con introducción de Cary J. Nederman (New Brunswick y Londres: Transaction Publishers, 1994).

Passmore, John, «Enthusiasm, Fanaticism and David Hume», en Peter Jones (ed.), The *«Science of Man» in the Scottish Enlightenment: Hume, Reid and their Contemporaries* (Edimburgo: Edimburgo University Press, 1989), 85-107.

Perkins, Franklin, «Virtue, Reason and Cultural Exchange: Leibniz's Praise of Chinese *Morality*», *Journal of the History of Ideas,* 63 (2002), 447-64, 460.

– *Leibniz and China: A Commerce of Light* (Cambridge: Cambridge University Press, 2004).

Perkins, Merle J., *The Moral and Political Philosophy of the abbé de Saint-Pierre* (Ginebra: Droz, 1959).

Philonenko, Alexis, «Kant et le probleme de la paix», en *Essais sur la philosophie de la guerre* (París: Vrin, 1976), 26-46.

Pinker, Steven, The *Language Instinct: How the Mind Creates Language* (Nueva York: Morrow, 1994).

– *The Better Angels of Our Nature: Why Violence has Declined* (Nueva York: Viking, 2011).

Piscatori, James P., *Islam in a World of Nation States* (Cambridge: Cambridge University Press, 1986).

Pitts, Jennifer, «Empire and Legal Universalism in the Eighteenth Century», *American Historical Review,* 117 (2012), 92-121.

Pocock, J. G. A., *Barbarism and Religion* (Cambridge: Cambridge University Press, 1999).

Pomeau, René, *La Religion de Voltaire* (París: Librairie Nizet, 1956).

Porter, Roy, The *Creation of the Modern World: The Untold Story of the British Enlightenment* (Nueva York y Londres: W. W. Norton, 2000).

Price, Richard, *Political Writings,* ed. D. O. Thomas (Cambridge: Cambridge University Press, 1991).

PUFENDORF, SAMUEL, *On the Duty of Man and Citizen according to Natural Law,* ed. James Tully (Cambridge: Cambridge University Press, 1991) .

RABB, THEODORE K., *The Struggle for Stability in Early-Modern Europe* (Nueva York: Oxford University Press, 1975).

RAWLS, JOHN, *The Law of Peoples* (Cambridge, Mass.: Harvard University Press, 1999)·

RAYNAL, GUILLAUME-THOMAS, *Histoire philosophique et politique des établissements et du commerce des Européens dans les deux Indes,* ed. Anthony Strugnell *et al.* (París: Centre International d'Études du XVIIIᵉ siecle, 2010).

REHBERG, AUGUST WILHELM, *Untersuchungen über die franzosische Revolution* (Hanover, 1793)·

REID, THOMAS, *An Inquiry into the Human Mind on the Principles of Common Sense* [1764], ed. Derek R. Brookes (Edimburgo: Edimburgo University Press, 1997).

REILL, PETER, *The German Enlightenment and the Rise of Historicism* (Berkeley: University of California Press, 1975).

RIPSTEIN, ARTHUR, *Force and Freedom Kant's Legal and Political Philosophy* (Cambridge, Mass.: Harvard University Press, 2009).

ROBERTSON, JOHN, *The Case for Enlightenment: Scotland and Naples 1680-1760* (Cambridge: Cambridge University Press, 2005).

ROGER, JACQUES, *Buffon: un philosophe au Jardin du Roi* (París: Fayard, 1989).

– *Les Sciences de la vie dans la pensée française au XVIIIᵉ siecle* (París: A. Colin, 1963).

RORTY, RICHARD, *Contingency, Irony and Solidarity* (Cambridge: Cambridge University Press, 1989).

ROTHSCHILD, EMMA, *Economic Sentiments: Adam Smith, Condorcet and the Enlightenment* (Cambridge, Mass. y Londres: Harvard University Press, 2001).

ROUSSEAU, JEAN-JACQUES, *Œuvres Completes,* eds. Bernard Gagnebin y Marcel Raymond (París: Bibliotheque de la Pléiade, 1959-1995).

– *Essay on the Origin of Language which Treats of Melody and Musical Imitation,* trad. John H. Moran, en *On the Origin of Language* (Chicago: University of Chicago Press, 1966).

Russell, Bertrand, *History of Western Philosophy* (Londres: George Allen & Unwin, 1946).

Sabl, Andrew, *Hume's Politics: Coordination and Crisis in the History of England* (Princeton: Princeton University Press, 2012).

Safier, Neil, *Measuring the New World: Enlightenment Science and South America* (Chicago y Londres: University of Chicago Press, 2008).

Saint-Pierre, Charles-Irénée Castel, abbé de, *Project pour rendre la paix perpétuelle en Europe* (París: Fayard, 1986).

Schama, Simon, *Citizens: A Chronicle of the French Revolution* (Londres: Penguin, 1989).

Scheenwind, J. B., *The Invention of Autonomy: A History* of *Modern Moral Philosophy* (Cambridge: Cambridge University Press, 1998).

Schelling, F. W. J. von, *On the History* of *Modern Philosophy,* trad. Andrew Bowie (Cambridge: Cambridge University Press, 1994).

Schiller, Friedrich, *On the Aesthetic Education of Man,* trads. E. M. Wilkinson y L. A. Willoughby (Oxford: Oxford University Press, 1982).

Schmidt, James, *What is Enlightenment? Eighteenth-Century Answers and Twentieth-Century Questions* (Berkeley y Los Angeles: University of California Press, 1996).

Schosler, Jorn, *John Locke et les philosophes français: la critique des idées innées en France au dix-hutieme siecle* (Oxford: Voltaire Foundation, 1997).

Schulman, Alex, *The Secular Contract: The Politics of Enlightenment* (Nueva York y Londres: Continuum Books, 2011).

Scott, Joan Wallach, *Only Paradoxes to Offer: French Feminists and the Rights of Man* (Cambridge, Mass.: Harvard University Press, 1996).

SCURR, RUTH, *Fatal Purity: Robespierre and the French Revolution* (Londres: Chatto & Windus, 2006).

SEVERINO, GIULIO *Principi e modificazioni in Vico* (Génova: Il Melangolo, 1981).

SHAFTESBURY, ANTHONY ASHLEY COPPER, Third Earl of Shaftesbury, *Life, Unpublished Letters, and Philosophical Regimen of Anthony, Earl of Shaftesbury,* ed. Benjamin Rand (Londres: S. Sonnenschein & Co., 1900).

– *Second Characters or the Language of Forms,* ed. Benjamin Rand (Cambridge: Cambridge University Press, 1914).

– *Characteristics of Men, Manners, Opinions, Times,* ed. Lawrence E. Klein (Cambridge: Cambridge University Press, 1999).

SHERRATT, YVONNE, *Continental Philosophy of Social Science: Hermeneutics, Genealogy and Critical Theory from Greece to the Twenty-First Century* (Cambridge: Cambridge University Press, 2006).

SHKLAR, JUDITH N., *Men and Citizens: A Study of Rousseau's Social Theory* (Cambridge: Cambridge University Press, 1969).

– *Freedom and Independence: A Study of Hegel's «Phenomenology of Mind»* (Cambridge: Cambridge University Press, 1976).

– *Montesquieu* (Oxford: Oxford University Press, 1987).

– *Political Thought and Political Thinkers* (Chicago y Londres: University of Chicago Press, 1998).

SKINNER, QUENTIN, «Thomas Hobbes: Rhetoric and the Construction of Morality» (Dawes Hicks Lecture on Philosophy), *Proceedings of the British Academy,* 76 (1991), 1-61.

– *Reason and Rhetoric in the Philosophy of Hobbes* (Cambridge: Cambridge University Press, 1996).

SMITH, ADAM, *An Inquiry into the Nature and Causes of the Wealth of Nations,* ed. W. B. Todd (Oxford: Clarendon Press, 1976).

– The *Theory of Moral Sentiments,* eds. D. D. Raphael and A. L. Macfie (Oxford: Clarendon Press, 1976).

– *Correspondence of Adam Smith,* ed. Ernest Campbell Mossner y Ian Simpson Ross (Oxford: Clarendon Press, 1977).

– *Essays on Philosophical Subjects,* ed. I. S. Ross (Oxford: Clarendon Press, 1980).

– *Lectures onjurisprudence,* ed. R. L. Meek *et al.* (Oxford: Oxford University Press, 1980).

– *Lectures on Rhetoric and Belles Lettres,* ed. J. Bryce (Oxford: Clarendon Press, 1983).

SMITH, BERNARD, *European Vision and the South Pacific* (New Haven y Londres: Yale University Press, 1985).

SPARLING, ROBERT Alan, *Johann Georg Hamann and the Enlightenment Project* (Toronto: Toronto University Press, 2ª ed).

SPENCE, JONATHAN D., *The Chan's Great Continent: China in Western Minds* (Nueva York y Londres: WW Norton & Co., 1998).

STAROBINSKI, JEAN, *Jean Jacques Rousseau: La Transparence et l'obstacle* (París: Gallimard, 1971).

– «Le Mot civilisation», en *Le Remede dans le Mal. Critique et légitimation de l'artifice al'âge des Lumieres* (París: Gallimard, 1989).

– *Action et réaction. Vie et aventures d'un couple* (París: Seuil, 1999).

STEDMAN JONES, GARETH, «Kant, the French Revolution and the Definition of Republic», en Biancamaria Fontana (ed.), *The Invention the Modern Republic* (Cambridge: Cambridge University Press, 1994), 154-'72.

STRAUMANN, BENJAMIN, «The Peace of Westphalia as a Secular Constitution», *Constellations,* 15 (2008), 173-88.

STUKE, H., «Aufklärung», en Otto Brunner, W. Conze, y R. Kosselleck (eds.), *Geschichtliche Grundbegriffe, Historisches Lexikon zur politisch-sozialen Sprache in Deutschland* (Stuttgart: Klett-Cotta, 1972).

TAILLEMITE, ÉTIENNE (ed.), *Bougainville et ses compagnons autour du monde 1766-1769, journaux de Navigation* (París: Imprimerie Nationale, 2006).

TAYLOR, CHARLES, *Hegel* (Cambridge: Cambridge University Press, 1975).

- *Philosophy and the Human Sciences: Philosophical Papers* (Cambridge: Cambridge University Press, 1985).
- *Sources of the Self: The Making of the Modern Identity* (Cambridge: Cambridge University Press, 1989).
- *A Secular Age* (Cambridge, Mass.: Harvard University Press, 2007).

TERJANIAN, ANOUSH, *Commerce and its Discontents in Eighteenth-Century French Political Thought* (Cambridge: Cambridge University Press, 2012).

THOMAS, NICHOLAS, *Cook:The Extraordinary Voyages of Captain james Cook* (Nueva York: Walker & Co., 2003).

THOMASIUS, CHRISTIAN, *Fundamenta juris naturae et gentium ex sensu communi deducta* (Halle, 1718).

TOCQUEVILLE, ALEXIS DE, *De la démocratie en Amérique* (París: Gallimard, 1961).
- *L'Ancien régime et la révolution,* ed. François Mélonio (París: Flammarion, 1988).

TODOROV, TZVETAN, *La Vie commune. Essai d'anthropologie générale* (París: Seuil, 1995).

TOMASELLI, SYLVANA, «Civilization, Patriotism and Enlightened Histories of Women», en Sarah Knott y Barbara Taylor (eds.), *Women, Gender and Enlightenment* (Londres: Palgrave Macmillan, 2005),117-35.

TOURNEAUX, MAURICE, *Correspondance littéraire, philosophique et critique par Grimm, Diderot, Raynal, Meister, etc.* (París, 1877).

TUCK, RICHARD, «The 'Modern' Theory of Natural Law», en Anthony Pagden (ed.), *The Languages of Political Theory in Early-Modern Europe* (Cambridge: Cambridge University Press, 1987),99-119.
- *The Rights of War and Peace: Political Thought and the International Order from Grotius to Kant* (Oxford: Oxford University Press, 1999).

TURGOT, ANNE ROBERT JACQUES, *Œuvres de Turgot,* ed. Gustave Schelle (París: Librairie Félix Alcan, 1913).

- *Turgot on Progress, Sociology and Economics,* trad. y ed. Ronald L. Meek (Cambridge: Cambridge University Press, 1973).

ULLMANN, WALTER, «Some Observations on the Mediaeval Evaluation of the 'Homo naturalis' and the 'Christianus'», en *L'homme et son destin d'apres les penseurs du moyen âge.* Actes *du premier congres international de philosophie médiévale* (Louvain y París: Nauwelaerts, 1960), 145-51.

VATTEL, EMER DE, *Poliergie ou mélange du littérature de de poésies* ('Amsterdam' [en realidad, París], 1757).

- *Mélanges de /ittérature, de morale et de politique* (Neuchâtel, 1760).

- *Le Droit de gens, et les devoirs des citoyens, ou Principes de la loi naturelle* (Nimes, 1793)·

VENTURI, FRANCO, *Settencento riformatore* (Turín: Einaudi, 1969-80).

VICO, GIAMBATTISTA, *G. B. Vico Opere,* ed. Fausto. Nicolini (Bari: Laterza, 1911-41).

Vico Selected Writings, ed. y trad. Leon Pompa (Cambridge: Cambridge University Press, 1982).

VIROLI, MAURIZIO, *For Love of Country: An Essay on Patriotism and Nationalism* (Oxford: Clarendon Press, 1995).

VITORIA, FRANCISCO DE, *Comentarios a la Secunda Secundae de Santo Tomás,* ed. Vicente Beltrán de Heredia (Salamanca: Universidad de Salamanca, 1932-1952).

- *Political Writings,* ed. Anthony Pagden y Jeremy Lawrance (Cambridge: Cambridge University Press, 1991).

VLACHOS, GEORGES, *La Pensée politique de Kant* (París: Presses Universitaires de France, 1962).

VOLNEY, CONSTANTIN-FRANÇOIS, *Les Ruines ou Méditations sur les révolutions des empires,* en *Œuvres,* ed. Anne y Henry Deneys (París: Fayard, 1989), 267.

VOLTAIRE (François-Marie Arouet), *Alzire, ou les Américains, tragédie* (París, 1736).

- *L'Evangile du jour* (Londres, 1770).

- *Œuvres completes de Voltaire* (París, 1880).

– *Correspondance,* ed. Theodore Besterman (Ginebra: Institut et Musée Voltaire, 1953-1977).

– *Romans et contes,* ed. René Gros (París: Classiques Garnier, 1954).

– *Lettres philosophiques,* ed. René Pomeau (París: Flammarion, 1964).

– *Essai sur les moeurs et l'esprit des nations,* ed. R. Pomeau (París: Classiques Garnier, 1990).

– *Dictionnaire philosophique,* ed. Alain Pons (París: Gallimard, 1994).

WADE, IRA O., *Voltaire and Madame du Châtelet: An Essay on the Intellectual Activity at Cirey* (Princeton: Princeton University Press, 1941).

WALZER, MICHAEL (ed.), *Regicide and Revolution: Speeches at the trial of Louis XVI* (Cambridge: Cambridge University Press, 1974).

– *Spheres of Justice: A Difense of Pluralism and Equality* (Nueva York: Basic Books, 1983).

WARD, ROBERT, *An Enquiry into the Foundations of the Laws of Nations in Europe from the Time of the Greeks and Romans to the Age of Grotius* (Londres, 1795).

WIELAND, CHRISTOPH, *Werke,* ed. J. G. Gruber (Berlín, 1824-1827).

WILLIAMS, BERNARD, *Making Sense of Humanity and Other Philosophical Papers 1982-1992* (Cambridge: Cambridge University Press, 1995).

WILLIAMS, DAVID, *Condorcet and Modernity* (Cambridge: Cambridge University Press, 2004).

WOLFF, CHRISTIAN, *Jus gentium methodo scientifica pertractatum* (Oxford: Clarendon Press, 1934).

WOOD, GORDON S., *Empire of Liberty: A History* of *the Early Republic* (Oxford: Oxford University Press, 2009).

YOVEL, YIRMIAHU, *Kant and the Philosophy of History* (Princeton: Princeton University Press, 1980).

ZAMATO, JOHN H., *Kant, Herder: The Birth* of *Anthropology* (Chicago y Londres: University of Chicago Press, 2002).